TRAITÉ
THÉORIQUE ET PRATIQUE

DE

DROIT CIVIL

DE LA SOCIÉTÉ, DU PRÊT, DU DÉPOT

PAR

G. BAUDRY-LACANTINERIE
DOYEN ET PROFESSEUR DE DROIT CIVIL
A LA FACULTÉ DE DROIT DE BORDEAUX

Albert WAHL
PROFESSEUR A LA FACULTÉ DE DROIT
DE LILLE

PARIS
LIBRAIRIE DE LA SOCIÉTÉ DU RECUEIL Gal DES LOIS ET DES ARRÊTS
ET DU JOURNAL DU PALAIS
ANCIENNE Mon L. LAROSE & FORCEL
22, RUE SOUFFLOT, 22
L. LAROSE, DIRECTEUR DE LA LIBRAIRIE
1898

TRAITÉ
THÉORIQUE ET PRATIQUE
DE DROIT CIVIL

DE LA SOCIÉTÉ, DU PRÊT, DU DÉPOT

TRAITÉ
THÉORIQUE ET PRATIQUE

DE

DROIT CIVIL

DE LA SOCIÉTÉ, DU PRÊT, DU DÉPOT

PAR

G. BAUDRY-LACANTINERIE
DOYEN ET PROFESSEUR DE DROIT CIVIL
A LA FACULTÉ DE DROIT DE BORDEAUX

Albert WAHL
PROFESSEUR A LA FACULTÉ DE DROIT
DE LILLE

PARIS
LIBRAIRIE DE LA SOCIÉTÉ DU RECUEIL G^al DES LOIS ET DES ARRÊTS
ET DU JOURNAL DU PALAIS
ANCIENNE M^on L. LAROSE & FORCEL
22, RUE SOUFFLOT, 22
L. LAROSE, DIRECTEUR DE LA LIBRAIRIE
1898

Bordeaux, Y. Cadoret, impr., rue Montméjan, 17.

DE LA SOCIÉTÉ, DU PRÊT, DU DÉPOT

DU CONTRAT DE SOCIÉTÉ

1. Les règles auxquelles est soumis le contrat de société sont réparties dans deux codes différents : le code civil (art. 1832 à 1873) et le code de commerce, dont les dispositions relatives à cette matière ont été complétées sur certains points et modifiées sur d'autres par plusieurs lois postérieures. Le code civil contient les règles qui gouvernent les sociétés *civiles,* le code de commerce, les règles particulières aux sociétés *commerciales,* c'est-à-dire à celles qui ont pour but une ou plusieurs opérations de commerce, ou qui revêtent la forme d'une société commerciale ; sous cette forme peut, il est vrai, se dissimuler une société civile, mais si, autrefois, on pouvait décider que la société dont l'objet est civil se trouve soumise, malgré la forme qu'elle revêt, aux règles de la société civile, cette solution est aujourd'hui contredite par la loi du 1er août 1893, qui a ajouté à la loi du 24 juil. 1867, sur les sociétés commerciales, un art. 68, ainsi conçu : « *Quel que soit leur objet, les sociétés en commandite ou* » *anonymes, qui seront constituées dans les formes du code* » *de commerce ou de la présente loi seront commerciales et* » *soumises aux lois et usages du commerce* ».

Bien que les sociétés civiles occupent une place restreinte dans le monde des affaires, les règles qui les régissent ont cependant une grande importance, parce qu'elles forment la base de la législation commerciale. C'est ce qui résulte de l'art. 1873 du code civil et de l'art. 18 du code de commerce.

On lit dans le premier : « *Les dispositions du présent titre ne » s'appliquent aux sociétés de commerce que dans les points » qui n'ont rien de contraire aux lois et usages du commerce* ». Le second dispose : « *Le contrat de société se règle par le » droit civil, par les lois particulières au commerce, et par les » conventions des parties* ».

CHAPITRE PREMIER

DÉFINITION ET CARACTÈRES DE LA SOCIÉTÉ

2. « *La société est un contrat par lequel deux ou plusieurs » personnes conviennent de mettre quelque chose en commun, » dans la vue de partager le bénéfice qui pourra en résulter* » (art. 1832).

Cette définition fait ressortir ou implique les caractères suivants :

1° La société est un contrat;

2° Ce contrat est consensuel;

3° Il est synallagmatique;

4° Il est à titre onéreux;

5° Il est commutatif;

6° Il a pour but la recherche de bénéfices;

7° L'ensemble des mises doit constituer un fonds commun;

8° Les bénéfices doivent être partagés.

3. 1° Le caractère contractuel de la société ne nécessite qu'une seule observation, c'est qu'il constitue en général un des traits par lesquels la société se distingue de la communauté ou indivision [1].

4. 2° Le caractère consensuel de la société n'est pas plus douteux [2]; quoique l'art. 1832 ne le proclame pas, il résulte suffisamment du silence de ce texte, puisque, dans notre droit, le consentement suffit à former les conventions. On ne peut opposer l'art. 1834, qui, en exigeant au-dessus de 150 fr. un écrit, ne fait que reproduire l'art. 1341 et, par suite, con-

[1] V. *infra.*

[2] Guillouard, *Tr de la soc.*, n. 7 et 79.

cerne exclusivement la preuve. Du reste, la société était considérée comme un contrat consensuel à Rome [1] et dans l'ancien droit [2].

Ceci n'est dit que pour les sociétés civiles; le point de savoir si les sociétés commerciales peuvent exister sans un écrit est controversé.

5. 3° Le caractère synallagmatique de la société résulte de la définition du code [3]; il produit d'importantes conséquences, que nous retrouverons plus loin [4].

6. 4° La société est un contrat à titre onéreux [5], puisque, d'après l'art. 1833, chaque associé doit fournir un apport. Ce n'est pas à dire que, si l'une des parties est dispensée de faire un apport, le contrat soit nécessairement nul. Il l'est sans doute quand la dispense est écrite dans l'acte, — car il contient une donation non revêtue des formes obligatoires, — à moins que cet acte ne soit authentique et que l'associé dispensé de l'apport n'accepte formellement la libéralité à lui faite [6].

Mais si l'acte relate un apport et que cet apport soit fictif, l'acte est valable comme donation déguisée [7], la jurisprudence validant les libéralités qui se présentent comme des contrats à titre onéreux.

De même, il peut y avoir donation indirecte si l'une des parties fait un apport moindre que les autres et participe autant qu'elles aux bénéfices [8]. Pothier le disait déjà [9].

Toutefois, pour qu'il y ait donation, il faut que la simula-

[1] L. 4, D., *pro soc.*, 17. 2.

[2] Domat, liv. I, tit. VIII, sect. 2, n. 6; Pothier, *Tr. du contr. de soc.*, n. 78; Argou, liv. III, ch. XXXII, p. 319.

[3] Guillouard, n. 8.

[4] V. *infra*, n. 152 s.

[5] Pothier, *Tr. du contr. de soc.*, n. 8 et 17. — Guillouard, n. 9 et 61.

[6] Cass. civ., 5 janv. 1886, S., 86. 1. 241. — Labbé, *Note*, S., 86. 1. 241; Laurent, XXVI, n. 142; Aubry et Rau, IV, p. 543, § 377, note 3; Pont, *Tr. des soc. civ.*, n. 59; Lyon-Caen et Renault, *Tr. de dr. com.*, II, n. 134; Houpin, *Tr. gén. des soc.*, I, n. 33. — Certains auteurs disent d'une manière absolue que l'acte est nul. — Guillouard, n. 61. — Les arrêts qu'ils citent (Cass., 6 avril 1853, S., 53. 1. 618, D., 53. 1. 193. — Caen, 17 juin 1852, S., 53. 2. 138) sont étrangers à la question.

[7] Pothier, n. 17; Guillouard, n. 9 et 65; Houpin, I, n. 33.

[8] Guillouard, n. 9.

[9] N. 17.

tion ait lieu dans un but de libéralité. Si elle a lieu dans le but de tromper les tiers et les associés auxquels on veut faire croire à la réalité de l'apport, la société est nulle [1].

Que la donation soit déguisée ou qu'elle soit apparente, elle porte sur des biens présents, et, par conséquent, même si elle est faite en dehors du mariage, elle est valable [2]. Pothier [3] affirmait, mais sans le démontrer, que la donation portait sur des biens à venir. Le donateur est immédiatement et irrévocablement dépouillé des bénéfices dont il gratifie le donataire ; sans doute l'absence de bénéfices pourra faire disparaître le produit de la donation ; mais il en est de même de toute donation dont l'exécution est reportée à une époque ultérieure.

7. Quoiqu'étant à titre onéreux, la société peut, comme nous l'avons dit, contenir une libéralité indirecte, c'est-à-dire que l'un des associés peut avoir eu l'intention de gratifier son co-associé en lui attribuant, dans les bénéfices ou les pertes, une portion supérieure à ses droits ou inférieure à sa part normale.

L'art. 854 présume la libéralité, en cas de société conclue par acte non authentique avec un successible, toutes les fois que le successible a tiré un avantage du contrat ; en conséquence, le rapport de cet avantage est ordonné.

Nous verrons également que la société universelle est considérée, au moins dans certains cas, en entier comme une donation déguisée.

8. 5° Le contrat de société est commutatif [4], ainsi que le disait Pothier [5] : car chacune des parties entend recevoir autant qu'elle donne. Sans doute le bénéfice peut être nul, mais le résultat de la vente ne peut-il pas aussi être une perte? La distinction entre les contrats commutatifs et les contrats aléatoires repose sur la nature des engagements con-

[1] Cass. req., 14 juin 1887, S., 87. 1. 407, D., 87. 1. 417.— V. *infra*, n. 46.

[2] Duranton, XVII, n. 324 ; Duvergier, *Tr. des soc.*, n. 54 ; Aubry et Rau, IV, p. 543, § 377, note 3 ; Pont, *Tr. des soc. civ.*, n. 59 ; Laurent, XXVI, n. 141 ; Lyon-Caen et Renault, *Tr. de dr. com.*, II, n. 14 ; Guillouard, n. 65.

[3] N. 8.

[4] Lyon-Caen et Renault, *Tr. de dr. com.*, II, n. 82 ; Guillouard, n. 10. — *Contra* Demangeat sur Bravard, I, p. 168.

[5] N. 72.

tractés par les parties et non pas sur les résultats éventuels de ces engagements.

S'il est faux de considérer le contrat de société comme un contrat aléatoire, il est plus inexact encore d'y voir, comme on l'a fait [1], un contrat étranger à cette classification; la raison invoquée en ce sens est que les bénéfices de chaque associé ne lui proviennent pas de son associé, mais du fonds commun auquel participent ses propres apports. Ce n'est pas là une raison sérieuse, car l'origine des bénéfices n'a rien à faire dans la question. Au surplus, la distinction entre contrats commutatifs et aléatoires est générale et comprend tous les contrats à titre onéreux.

Enfin on a soutenu que le contrat est à la fois commutatif et aléatoire [2] parce que, si chaque associé est tenu d'un apport certain, les bénéfices sont douteux. Nous avons réfuté l'argument tiré de cette dernière considération. Du reste, ce n'est pas faire rentrer un contrat dans une classification que de lui attribuer à la fois les caractères de toutes les catégories qui la composent.

La distinction n'a plus l'intérêt qu'elle offrait dans l'ancien droit, où les contrats commutatifs pouvaient être rescindés pour cause de lésion.

9. 6°-7° L'ensemble des mises doit constituer un fonds commun, destiné à une exploitation en vue de bénéfices à réaliser.

L'art. 1832 montre en effet qu'un des traits distinctifs du contrat de société est la recherche de bénéfices [3]; l'ancien droit était déjà en ce sens [4]. Mais le droit romain décidait le contraire; il voyait une société dans le contrat par lequel deux personnes faisaient en commun une opération pour éviter les frais qui seraient résultés d'actes séparés [5].

(1) Pont, n. 12.

(2) Bravard, I, p. 168.

(3) Ainsi l'acte par lequel plusieurs négociants chargent un tiers de souscrire en leur nom des risques maritimes avec la clause que les risques se diviseront de plein droit entre les comandants contient autant de mandats qu'il y a de négociants et n'est pas une société. — Trib. com. Marseille, 16 février 1892, *Rec. Marseille,* 92. 1. 149. — Pic, *Ann. dr. comm.*, 1893, *Doctr.*, p. 410.

(4) Pothier, n. 12.

(5) L. 52, § 12 et 13, D., *pro soc.*, 17. 2.

On a soutenu encore aujourd'hui que la recherche de bénéfices n'est pas essentielle à la société (1), en se fondant sur ce que la loi reconnaît les sociétés universelles, où les parties peuvent se contenter d'une jouissance commune sans profit, et la société formée pour l'usage d'une chose (C. civ. 1841). Il est facile de répondre que l'usage peut être mis en commun dans un but de lucre et qu'en raison des caractères essentiels que l'art. 1832 reconnaît à la société, ce but est supposé par la loi.

C'est en cela que la société se distingue de l'association. On prétend que l'association et la société ne constituent qu'un seul et même contrat (2). C'est, selon nous, une inexactitude. L'association est, comme la société, la réunion d'intérêts communs, coalisés dans un but actif (en cela elle se distingue de la communauté ou indivision), mais où les parties veulent ou bien se prémunir d'une perte, ou bien réaliser un but étranger à leurs intérêts matériels. Si l'association ne se distinguait pas de la société, comment qualifierait-on les congrégations religieuses, les cercles, les associations musicales et artistiques, etc.? Sans doute, dans la pratique, on voit souvent qualifier de sociétés ces sortes de réunions, de même que quelquefois, mais plus rarement, les sociétés sont traitées d'associations. Mais juridiquement les deux termes, comme les deux idées qu'ils contiennent, doivent être soigneusement distingués.

10. 8° Il faut que les parties aient l'intention de partager les bénéfices et chaque associé doit être appelé à participer aux bénéfices et aux pertes de l'entreprise.

C'est encore ce qui résulte de l'art. 1832 (3) et Pothier le disait également (4).

(1) Planiol, *Note*, D., 95. 2. 220. — C'est le système encore admis en Allemagne, où l'on considère notamment comme des sociétés les associations formées pour un divertissement ou un plaisir, pour l'instruction, pour la charité. — Eck, Holtzendorff's *Rechtslexikon*, v° *Societas*.

(2) Guillouard, n. 10 *bis* (ailleurs, n. 28 s. et 68 s., cet auteur qualifie d'associations, comme nous le faisons nous-mêmes, les réunions dont il va être parlé et les distingue de la société).

(3) Guillouard, n. 73.

(4) N. 12.

Il n'est pas, du reste, indispensable que la part de chacun soit fixée d'une manière irrévocable. On peut stipuler que l'un des associés n'aura droit à sa part de bénéfices qu'au cas où se réaliserait un événement déterminé ([1]). C'est encore ce que disait Pothier ([2]).

Le partage suppose un bénéfice *commun*. Si les parties doivent recueillir tour à tour le bénéfice entier, il n'y a pas véritablement une société, mais, comme nous le verrons, un contrat innommé qu'on peut faire rentrer dans les associations ; c'est ce qui arrive particulièrement si les parties mettent en commun les gains qu'elles font ou les biens qui leur appartiennent pour les répartir ensuite, ou si deux commerçants mettent en commun une certaine somme, pour former un capital dont chacun aura alternativement la jouissance exclusive pendant un temps déterminé. En effet, le bénéfice que chacun retire du capital pendant le temps qu'il en jouit, n'est pas partageable.

C'est par la même raison qu'il faut refuser de voir des sociétés dans les tontines ([3]), qui, du reste, consistant dans une mise en commun de valeurs appartenant à différentes personnes, sont des associations ; en même temps, elles constituent un contrat aléatoire entre des capitalistes, qui fournissent chacun une mise, en convenant que les parts des prémourants profiteront aux survivants. Chacun des contractants se propose bien, par conséquent, de réaliser un bénéfice ; mais ce bénéfice ne résulte pas de l'exploitation d'un fonds commun, et en tout cas il n'est pas partageable entre les contractants : de sorte que les tontines ne présentent ni le sixième ni le huitième caractère essentiels à l'existence de toute société.

Il va sans dire que l'existence effective de bénéfices n'est pas nécessaire pour qu'il y ait société ; il suffit que les contractants aient eu l'intention de faire des bénéfices ([4]).

11. Les sociétés constituent-elles des personnes morales ou

([1]) Guillouard, n. 73.
([2]) N. 13.
([3]) Aubry et Rau, IV, p. 543, § 377, note 5; Laurent, XXVI, n. 147; Lyon-Caen et Renault, *Traité*, II, n. 34 *bis;* Guillouard, n. 74.
([4]) L. 67, D., *pro soc.*, 17. 2; Guillouard, n. 72.

juridiques, c'est-à-dire des êtres de raison, ayant un patrimoine distinct de celui de chaque associé ?

La personnalité des sociétés commerciales ne fait guère de doute [1] ; l'art. 529 C. civ. et l'art. 69-6° C. pr. la supposent nécessairement. Mais la question est gravement controversée pour les sociétés civiles.

La cour de cassation, surtout dans des arrêts récents, a affirmé la personnalité des sociétés civiles [2]. La doctrine est généralement en sens contraire.

(1) Aubry et Rau, I, p. 188, § 54, notes 21 et 26 ; Lyon-Caen et Renault, II, n. 105 et 124 ; Guillouard, n. 21 ; Houpin, I, n. 12.

(2) Cass. req., 8 nov. 1836, S., 36. 1. 811, D. *Rép.*, v° *Exploit*, n. 99. — Cass., 21 juill. 1854, S., 54. 1. 489. — Cass., 9 mai 1864, S., 64. 1. 329, D., 64. 1. 232. — Cass., 18 nov. 1865, S., 66. 1. 415. — Cass. req., 23 fév. 1891, S., 92. 1. 73, D., 91. 1. 337. — Cass. req., 2 mars 1892, S., 92. 1. 497, D., 93. 1. 169. — Paris, 9 août 1831, S., 31. 2. 289. — Bordeaux, 2 avril 1832, S., 32. 2. 327. — Paris, 6 mars 1849, S., 49. 2. 427. — Orléans, 26 août 1869, D., 69. 2. 185. — Paris, 27 fév. 1878, D., 78. 2. 27. — Trib. civ. Lyon, 9 janvier 1892, *Mon. jud. Lyon*, 10 fév. 1892. — Cass. belge, 3 avril 1853, *Pasicr.*, 53. 1. 288. — Duranton, XVII, n. 334 et 388 ; Taulier, VI, p. 383 ; Proudhon, *Tr. des dr. d'usufr.*, IV, n. 2064 et 2065 ; Pardessus, *Cours de dr. comm.*, n. 975 et 976, 1089, 1207, et *Consult.*, citée par Duvergier, n. 382 ; Favard, *Rép.*, v° *Société*, chap. II, sect. IV, § 2 ; Troplong, I, n. 58 s. et II, n. 624, et Rapport sous Cass., 15 juillet 1846, S., 49. 1. 289 ; Duvergier, n. 141, 381 et 382 ; Massé et Vergé, IV, p. 414, § 719, note 10 ; Championnière et Rigaud, *Tr. d'enreg.*, III, n. 2743 ; Larombière, art. 1291 ; Foureix, *Tr. des soc. comm.*, n. 11 ; Molinier, *Tr. des soc. comm.*, n. 236 ; Delamarre et Lepoitvin, *Tr. de dr. comm.*, III, n. 13 s. ; Bédarride, *Tr. des soc.*, n. 9 ; Bravard, *Manuel de dr. comm.*, 5e édit., p. 85 s. et *Tr. de dr. comm.*, I, p. 173 ; Delangle, *Des soc. comm.*, I, n. 13 s. ; Vavasseur, *Traité des soc.*, 4e édit., I, n. 27 *bis* ; Houpin, I, n. 14. — *Contra* Cass. req., 29 juin 1853, S., 55. 1. 495, D., 54. 1. 288. — Cass. crim., 21 juillet 1854, S., 54. 1. 489. — Nancy, 18 mai 1872, S., 72. 2. 197, D., 73. 2. 103. — Douai, 11 juill. 1882, S., 83. 2. 49. — Alger, 19 janv. 1886, D., 87. 2. 169. — Trib. civ. Seine, 27 juill. 1874, S., 75. 2. 27. — Trib. com. Seine, 2 août 1878, *Droit*, 12 sept. 1878. — Trib. civ. Langres, 9 nov. ou déc. 1887, S., 88. 2. 119, D., 88. 3. 136. — Trib. civ. Evreux, 21 oct. 1887, S., 88. 2. 119, D., 88. 3. 136. — Trib. civ. Castres, 19 déc. 1895, *Rép. pér. de l'enregistr.*, n. 8742. — Cass. belge, 22 juin 1855, *Pasicr.*, 55. 2. 346. — Vincens, *Expos. de la législ. comm.*, I, p. 297, et *Tr. des soc. par act.*, p. 6 et 7 ; Toullier, XII, n. 82 ; Alauzet, *Comm. du code de comm.*, 3e édit., III, n. 371 ; Pont, I, n. 126 ; Demolombe, IX, n. 415 ; Aubry et Rau, IV, p. 546, § 377, notes 16 s. ; Thiry, *Rev. crit.*, V, 1854, p. 412 et 1855, p. 289 s. ; Demangeat sur Bravard, p. 174, note 1 ; Boistel, *Précis de dr. comm.*, n. 163 s. ; Lyon-Caen et Renault, II, n. 105 et 140 ; Ruben de Couder, *Dict. dr. com.*, v° *Société*, n. 97 ; Guillouard, n. 24 s. ; Laurent, XXVI, n. 181 s., 221 et 223 ; Frémery, *Etudes de dr. comm.*, IV, n. 30 s. ; Mongin, *Note, Pand. franç.*, 92. 1. 97 ; Rauter, *De la soc. civ.*, p. 184 s. ; Rodière et Pont, *Tr. du contrat de mar.*, I, n. 334 ; Boncenne, *Théor. de la proc. civ.*, II, p. 132 ; Carré et Chauveau, *Lois de la proc.*, I, quest. 287 *bis* ; Meynial,

Nous croyons que, dans notre droit actuel, les sociétés civiles ne forment pas, en règle générale, des personnes morales. En effet c'est un principe certain qu'une collection quelconque d'intérêts ou d'individus ne peut pas acquérir la personnalité civile sans l'adhésion de l'autorité publique, qui, régulièrement, doit résulter d'une loi. Existe-t-il un texte de loi consacrant d'une manière certaine la personnalité des sociétés civiles ? Toute la question est là.

Le seul argument de la cour de cassation est que « les textes du code civil, notamment les art. 1850, 1852, 1867, 1845 à 1848, 1855, 1859, personnifient la société d'une manière expresse, en n'établissant jamais des rapports d'associé à associé, et en mettant toujours les associés en rapport avec la société ». En d'autres termes, dans ces articles, le législateur, opposant la *société* aux associés considérés individuellement, lui fait jouer le rôle de propriétaire, de créancière ou de débitrice, supposant bien ainsi qu'elle constitue une personne fictive distincte de celle des associés. L'argument n'est pas décisif ; car il se peut fort bien que, dans la pensée du législateur, le mot *société* ne désigne que les associés considérés au point de vue de leurs intérêts collectifs. En d'autres termes, chaque associé a deux catégories d'intérêts de nature très distincte : d'abord des intérêts qui lui sont communs avec ses coassociés, et puis des intérêts personnels qui lui appartiennent soit en vertu de sa qualité d'associé, soit à tout autre titre ; il est vraisemblable que, lorsque la loi parle de la *société*, elle n'emploie cette expression, à la suite de Pothier, que comme une formule abrégée pour désigner les associés envisagés exclusivement au point de vue de leurs intérêts collectifs, par opposition à ces mêmes associés envisagés au point de vue de leurs intérêts individuels, de sorte que le législateur aurait ainsi personnifié la société pour la commodité du langage (comme nous le ferons constamment dans le cours de notre étude sur cette matière), sans avoir pour cela l'intention de la personnifier au point de vue juridique.

Notes, S., 92. 1. 73 et 497 ; Pic, *Ann. de dr. comm.*, VI, 1892, *Doctr.*, p. 219. — La loi belge du 18 mai 1873 (art. 2) a décidé expressément en ce dernier sens.

Du reste deux observations détruisent entièrement la portée de l'argument.

En premier lieu, il est à remarquer que les textes qui emploient le mot de *société* sont tous relatifs aux rapports des associés entre eux ; aucun d'eux n'a trait aux relations des associés avec les tiers, et la question de la personnalité civile ne se pose qu'à ce dernier point de vue ; les rapports des associés entre eux se règlent de la même manière, que la société constitue ou non une personne morale.

En outre, l'on peut rapprocher des textes qu'on nous oppose ceux du titre *du contrat de mariage* qui qualifient de communauté la société formée entre époux communs ; ces textes sont beaucoup plus nombreux que ceux invoqués par nos adversaires ; un certain nombre d'entre eux concernent les rapports des époux avec les tiers, et cependant, si quelques auteurs ont tiré autrefois de cette expression la doctrine que la communauté est une personne morale, cette doctrine est universellement rejetée aujourd'hui, et par la jurisprudence elle-même.

On a également voulu tirer parti, en faveur de la personnalité civile, de l'art. 1860, qui, innovant sur le droit romain et l'ancien droit, interdit aux associés d'aliéner les biens sociaux, alors qu'autrefois ils pouvaient aliéner leur part de ces biens. Mais ce texte peut fort bien s'expliquer autrement : l'aliénation peut entraver la marche de la société et la loi a voulu éviter ce résultat.

On n'est pas plus heureux en invoquant l'art. 8 de la loi du 21 avril 1810, qui accorde la personnalité aux sociétés minières, « conformément à l'art. 529 C. civ. ». Ces dernières expressions ne signifient pas que l'art. 529 doit être appliqué aux sociétés civiles, mais au contraire que l'art. 529 est, par extension, déclaré englober les sociétés minières ; évidemment la loi de 1810 a voulu, à raison de l'importance des sociétés minières, déroger, en leur faveur, au droit commun.

Les textes que nous venons de passer en revue ne fournissent donc qu'une induction assez faible à l'appui de la personnalité des sociétés civiles. Ceux qu'on peut leur opposer fournissent au contraire une induction très forte en faveur de la thèse contraire. C'est d'abord l'art. 69-6° C. pr., qui dispose : « Seront assignés... 6° les sociétés *de commerce*, tant qu'elles existent, en leur maison sociale... » Voilà une conséquence certaine de la personnalité civile, que la loi ne consacre qu'en ce qui concerne les sociétés de commerce; pourquoi ne l'aurait-elle pas consacrée en ce qui concerne les sociétés civiles, si ces dernières étaient aussi des personnes morales? Citons encore les art. 1862 et 1863, desquels il résulte que les associés qui se sont obligés en cette qualité ne sont tenus que pour leur part. Le créancier est donc forcé de s'adresser à tous les associés pour obtenir satisfaction complète, et chaque associé peut le forcer à recevoir sa part dans la dette. Décision qui serait inexplicable, si la société civile était une personne morale; car alors le créancier n'aurait qu'un seul débiteur, la société, et ne pourrait être forcé de recevoir un paiement partiel (arg. art. 1220 et 1244).

On peut tirer un argument semblable de l'art. 1849, qui oblige l'associé auquel aurait été payée, par le débiteur devenu depuis insolvable, sa part entière dans la créance commune, de rapporter cette part à la société ; ce texte suppose ainsi la validité du payement, fait à l'associé, de sa part dans la créance et ne permet pas aux autres créanciers du débiteur insolvable d'exercer contre lui la répétition de l'indû et de concourir avec la société sur la somme payée à l'associé. Si le payement fait à l'associé est valable, c'est évidemment que l'associé a un droit personnel à faire valoir la créance pour sa part.

Deux autres textes fournissent un argument *a contrario :* l'art. 529, qui, comme nous l'avons vu, reconnaît la personnalité morale aux sociétés *de commerce*, l'art. 8 de la loi du 21 avril 1810, qui, voulant la conférer aux sociétés de mines qui sont des sociétés civiles, prend la peine d'émettre une disposition expresse en ce sens.

Admettons même que le doute puisse exister sur la valeur des divers arguments que nous avons tirés des textes. On doit alors reconnaître que la question doit être résolue par l'examen de l'ancien droit dont il est naturel de supposer, jusqu'à preuve contraire, que le C. civ. a consacré les traditions. Or la personnalité des sociétés civiles n'a, antérieurement à ce siècle, jamais été soutenue.

Sans doute, en droit romain, on admettait la personnalité d'un certain nombre d'associations; mais cette personnalité avait un caractère exceptionnel; elle ne pouvait être conférée que par une autorisation formelle de l'Etat; cette concession n'était accordée qu'aux associations qui touchaient au droit public.

En principe donc, la personne des associés ne se fondait pas dans celle de la société (1). « *Nemo*, dit un texte, *societatem contrahens rei suæ dominus esse desinit* » (2). Un autre nous apprend qu'en dehors de certaines associations déterminées, les sociétés n'ont pas de personnalité civile (3). On a également cité en ce sens (mais ils sont moins sûrs) des textes qui autorisent les associés à aliéner leur part sociale (4).

Quelques textes parlent sans doute de la communauté entre associés (5), mais, comme ceux mêmes du C. civ. dont la jurisprudence a tiré un faux argument pour établir la théorie de la personnalité civile, ils n'entendent parler que des intérêts communs des associés. Ils disent que, comme l'hérédité, la société « *personæ vice fungitur* » (6), mais l'hérédité elle-même n'est pas une personne morale. Ils disent aussi que la *bonorum possessio* peut être demandée au nom d'une société (7), mais veulent sans doute uniquement parler de celles des sociétés qui constituent une personne morale, ou bien désignent les associés sous le nom de *société*. Ils disent enfin que l'associé créancier de la société peut obtenir son payement intégral de l'associé qui détiendra les fonds de la société (8), mais cette solution se justifie indépendamment de toute idée de personnalité.

(1) Guillouard, n. 25; Accarias, *Précis de dr. rom.*, I, n. 185.

(2) L. 13, § 1, D., *de præscr. verb.*, 19. 5.

(3) L. 1, D., *quod cujuscumq. universit.*, 3. 4. — V. aussi L. 1, D., *de colleg. et corp.*, 47. 22.

(4) L. 13, D., *pro soc.*, 17. 2. — L. 3, C., *de com. rer. alien.*, 4. 52.

(5) L. 65, § 14, D., *pro soc.*, 17. 2. — L. 3, § 4, D., *de bon. poss.*, 37. 1. — L. 22, D., *de fidej. et mandat.*, 46. 1.

(6) L. 22, D., *de fidej. et mandat.*

(7) L. 3, § 4, D., *de bon. pos.*, 37. 1.

(8) L. 65, § 14, D., *pro soc.*, 17. 2.

On n'entend parler, dans l'ancien droit, de personnes morales que le jour où sont créées les associations collectives qui, comme la province ou la commune, ont des intérêts et ont besoin d'avoir des droits. Mais la personnalité ne s'étend pas aux sociétés. On finit par emprunter au droit romain l'idée que la personnalité émane de l'autorité souveraine et on la subordonne à la concession royale ou seigneuriale, et, en fait, cette autorisation n'est donnée, comme en droit romain, qu'aux associations qui représentent un intérêt public. Cette théorie va tellement loin que si les sociétés taisibles, autrefois constituées sans autorisation, viennent à se dissoudre, une autorisation est nécessaire pour qu'elles se reforment (1).

La nécessité d'une autorisation est proclamée par Loisel (2), Domat (3), Ferrière (4), Pothier (5). Le second dit formellement que cette autorisation est réservée aux sociétés « établies pour un bien public ». Pothier, dans son *Traité des sociétés,* auquel sont empruntées les dispositions du titre *Des sociétés,* ne fait même pas mention de la question de la personnalité. Il en est de même de Domat. Mais, en décidant que la propriété des objets échus à un associé par le partage remonte au jour de son entrée en société, que la chose apportée « devient commune entre les associés », Pothier repousse la personnalité.

Les sociétés commerciales elles-mêmes n'avaient aucune personnalité; les auteurs spéciaux n'en parlent pas. Evidemment c'est par les grandes compagnies qui avaient un but commercial et passaient pour toucher à l'intérêt public, que la théorie de la personnalité des sociétés commerciales s'est introduite (6). C'est seulement à la fin de l'ancien droit que la personnalité s'est affirmée (7). Encore dans les travaux préparatoires du code civil, on voit affirmer que les sociétés commerciales n'ont la personnalité que si elles ont été établies

(1) Cout. de Nivernais, ch. VIII, art. 15.
(2) Liv. III, tit. III, regl. 22.
(3) *Dr. public,* liv. I, tit. XV, sect. 2, n. 1.
(4) *Dict. de dr. et de prat.,* v° *Communauté.*
(5) *Tr. des personnes,* n. 210.
(6) Meynial, *Note,* S., 92. 1. 499.
(7) Emerigon, *Des assurances,* I, p. 324.

par une loi [1]. A plus forte raison a-t-on admis la même idée pour les sociétés civiles.

Ce qui démontre bien plus encore l'intention des rédacteurs du code, c'est que le tribunal d'appel de Rouen proposa [2] sans succès qu'on proclamât la personnalité civile des sociétés et qu'on défendît la saisie du fonds social pour les dettes de la société.

Il est vrai que certains auteurs, dans l'ancien droit, reconnaissaient la personnalité de toute espèce de société. Ainsi Balde, pour refuser d'admettre la compensation entre la créance de l'associé sur un autre associé et la dette de l'associé vis-à-vis de la société, se fondait sur ce que cette dette existait envers la personne sociale (*corpus societatis*) [3]. Mais cette opinion ne l'avait pas emporté.

Il est d'autant plus dangereux d'admettre la personnalité des sociétés civiles que cette personnalité a pour les tiers les plus grands inconvénients : la loi n'a pas voulu admettre l'existence des sociétés commerciales sans la subordonner à des formalités dont le but est de les révéler aux tiers. Non seulement on ne doit pas supposer qu'elle ait créé la personnalité des sociétés civiles sans édicter également des formalités obligatoires, mais on ne peut souhaiter de voir ainsi opposée aux tiers une personnalité occulte et de laquelle ils n'ont pu se préoccuper. C'est tellement vrai, qu'après avoir reconnu la personnalité des associations en participation, qui sont des sociétés commerciales [4], la jurisprudence a fini par la nier, parce que ces associations ne sont pas soumises à la publicité [5].

Toutefois si on se place sur le terrain législatif, et à condition d'admettre la nécessité de ces formalités, on doit faire des vœux en faveur de la reconnaissance de la personnalité

[1] Fenet, XI, p. 16.

[2] Fenet, V, p. 544.

[3] Sur la loi 9, C., *de comp.*

[4] Cass., 19 juin 1821, S. chr. — Paris, 9 août 1831, S., 31. 2. 259. — Bordeaux, 2 avril 1832, S., 32. 2. 327. — Paris, 22 nov. 1834, S., 35. 2. 69.

[5] Cass., 2 juin 1834, S., 34. 1. 603. — Cass., 15 juill. 1846, S., 49. 1. 289. — V. *infra*, p. 16, note 2.

des sociétés civiles (1). La société est la réunion des intérêts communs des associés. Ces intérêts se fortifient par la concession de la personnalité à la société, il n'en est pas autrement de la société civile que de la société commerciale.

Notre solution est en général celle des lois étrangères (2).

12. Certains auteurs ont prétendu que la personnalité devait être au moins reconnue aux sociétés civiles qui ont un siège fixe où est établi leur domicile (3). Ils se fondent sur ce que la personnalité des sociétés commerciales est précisément basée sur l'existence d'un siège social; la preuve, disent-ils, c'est que l'art. 8 de la loi du 21 avril 1810 décide en ce sens pour les sociétés minières.

Cet argument est purement divinatoire. Du reste, les considérations sur lesquelles nous nous sommes fondés pour nier la personnalité, ne perdent rien de leur importance dans le cas où la société a un siège fixe. En législation même, on peut douter de la valeur de l'opinion que nous combattons; la personnalité ne se comprend que pour les sociétés dont l'existence est révélée aux tiers par des formalités spéciales. L'existence d'un siège fixe ne peut être assimilée à une de ces formalités.

12 *bis*. Il y a cependant des exceptions au principe; c'est ainsi que la loi du 21 avril 1810, en déclarant meubles les droits des associés dans les sociétés minières (art. 8 al. final), confère implicitement la personnalité civile à ces sociétés (4). D'autre part, on admettait généralement, même avant la loi du 1er août 1893, que les sociétés civiles *à forme commerciale* constituaient des personnes morales (5). Aujourd'hui cette dernière solution ne peut plus faire de difficulté, la loi du

(1) Guillouard, n, 23 et 27; Meynial, *Note*, S., 92. 1. 73.

(2) Le C. civ. espagnol de 1888 refuse la personnalité aux sociétés civiles « dont les clauses demeurent secrètes entre les associés ». — *Allemagne*. On admet que les sociétés civiles n'ont aucune personnalité. — Windscheid, *Lehrb. d. Pandekt*, II, § 407, note 4; Eck, *loc. cit.* — Pour la Belgique, *supra*, p. 8, note 2.

(3) Demolombe, IX, n. 415. — *Contra* Guillouard, n. 23.

(4) Trib. civ. Saint-Etienne, 24 déc. 1883, sous Cass. civ., 26 oct. 1892, S., 93. 1. 321. — Laurent, XXVI, n. 421 s.; Guillouard, n. 25, p. 43 et n. 362; Féraud-Giraud, *Code des mines*, I, n. 182; Delecroix, *Des sociétés de mines*, n. 148 s.; Lyon-Caen et Renault, II, n. 133.

(5) Douai, 6 avril 1889, *Rev. des mines*, 1891. 360.

1er août 1893 ayant assimilé ces sociétés aux personnes morales [1].

Nous examinerons ultérieurement si les associations constituent des personnes civiles.

13. En revanche, si les sociétés commerciales forment des personnes morales, il faut excepter l'association en participation [2]; car elle n'existe en réalité qu'entre les parties et non vis-à-vis des tiers; non seulement elle ne forme pas une personne morale, mais elle n'existe même pas pour le public.

14. L'intérêt qui s'attache à la question de savoir si les sociétés civiles sont des personnes morales, est considérable. Cet intérêt apparaît sous les points de vue suivants. Si l'on refuse à la société civile la personnalité juridique, il faut décider que, pendant toute la durée de la société, les biens qui forment le fonds social appartiennent par indivis aux divers associés et que par suite le partage, qui sera effectué après la dissolution de la société, rétroagira au jour où l'indivision a pris naissance (arg. art. 883 et 1872), c'est-à- dire pour chaque bien à dater du jour où la société en a fait l'acquisition. Chaque associé sera donc considéré comme ayant toujours été propriétaire des biens mis dans son lot, et comme n'ayant jamais eu la propriété des autres effets de la société attribués par le partage à ses consorts, et par suite le résultat du partage déterminera la nature mobilière ou immobilière du droit de chaque associé. Au contraire, si l'on reconnaît aux sociétés civiles la personnalité juridique, on est conduit à décider que,

[1] Houpin, I, n. 13.

[2] Cass., 2 juin 1834, S., 34. 1. 603. — Cass., 19 mars 1838, S., 38. 1. 343. — Cass., 15 juil. 1846, S., 49. 1. 289. — Cass., 5 mai 1858, S., 59. 1. 223, D., 58. 1. 222. — Cass., 13 avril 1864, S., 64. 1. 173, D., 64. 1. 305. — Cass., 19 fév. 1868, S., 68. 1. 297. — Cass., 22 déc. 1874, S., 75. 1. 214. — Cass. req., 22 juin 1893, S., 94. 1. 25, D., 93. 1. 484. — Paris, 19 avril 1831, S., 31. 2. 202. — Rouen, 19 janv. 1844, S., 44. 2. 393. — Paris, 17 nov. 1848, S., 49. 2. 200. — Bastia, 25 avril 1855, S., 55. 2. 422. — Aix, 2 mai 1871, S., 71. 2. 261, D., 72. 2. 165. — Poitiers, 22 déc. 1887, S., 88. 2. 1. — Poitiers, 8 déc. 1892, D., 93. 2. 111. — Rennes, 4 janv. 1894, D., 94. 2. 120. — Troplong, I, n. 480 s.; Duvergier, n. 407; Ruben de Couder, *Dict. de dr. com.*, v° *Société en particip.*, n. 25; Aubry et Rau, I, p. 190, § 54, note 31; Pont, I, n. 124 et II, n. 1801; Rousseau, n. 1772 s.; Vavasseur, I, n. 315; Poulle, *Tr. des assoc. en particip.*, n. 73 s.; Guillouard, n. 22; Lyon-Caen, *Note*, S., 88. 2. 1; Boistel, *Précis de dr. com.*, I, n. 366; Rivière, *Répét. écrites sur le C. com.*, p. 150; Laurin, *Cours élément. de dr. com.*, n. 527; Houpin, I, n. 12.

pendant toute sa durée, la société est seule propriétaire des biens composant le fonds social. Chaque associé n'a donc, tant que la société dure, qu'un droit de créance contre la société pour obtenir, s'il y a lieu, sa part dans les bénéfices, par conséquent un droit mobilier, alors même que le fonds social comprendrait des immeubles [1]. L'indivision ne commence entre les associés qu'au jour où la personne morale meurt, c'est-à-dire au jour de la dissolution de la société, et c'est seulement à cette époque que le partage rétroagit.

Cependant certains auteurs prétendent que même dans notre opinion l'associé n'a qu'un droit mobilier tant que dure la société [2]; dans ce système, l'art. 529 C. civ., qui, dans les sociétés de commerce, qualifie le droit des associés de droit mobilier, ne se rattacherait pas à la personnalité morale, mais bien à l'idée que les associés, réunis pour faire des bénéfices, ont pour seul objet le partage de fruits, lesquels sont mobiliers. Nous ne nous attarderons pas à réfuter cette ingénieuse conception, qui a contre elle, selon nous, le texte de la loi et la tradition, mais dont la discussion excède les limites de notre sujet.

Dans l'opinion que nous venons de signaler, on consent toufois à admettre le caractère immobilier des parts dans les sociétés constituées pour une exploitation immobilière, parce qu'alors les bénéfices sont constitués par le produit d'immeubles, et on applique cette solution aux sociétés commerciales ayant un pareil objet [3].

15. Dans le système de la personnalité civile, l'associé n'a qu'un droit mobilier sur toute la masse sociale, même sur les immeubles. Donc s'il laisse un successeur aux meubles et un autre successeur aux immeubles, sa part dans la société appartient tout entière au premier [4].

(1) V. en ce sens, pour les sociétés commerciales, — Nancy, 19 fév. 1881, S., 82. 2. 161.

(2) Mongin, *Etude sur la situation juridique des sociétés dénuées de personnalité. Rev. crit.*, XIX, 1890, p. 712, s., §3.

(3) Mongin, *op. cit.*, p. 718.

(4) V. notre *Tr. des succ.*, n. 4408 et s.

De même cette part tombe dans la communauté légale si l'associé est marié sous ce régime (1).

Au contraire, dans notre opinion, on peut décider soit que la part sociale appartiendra au légataire de meubles ou d'immeubles suivant le résultat du partage social (2), soit qu'elle appartiendra immédiatement au successeur des meubles pour les meubles, et au successeur des immeubles pour les immeubles. La solution de la question dépend du point de savoir si l'effet déclaratif du partage est applicable aux droits des successeurs des copartageants.

De même, on décidera, suivant les opinions sur la portée de l'effet déclaratif, ou que le partage déterminera si les biens sociaux attribués à l'associé tombent dans la communauté légale (3), ou qu'ils y tomberont pour la part de l'associé sur les meubles sociaux.

De même encore, si l'un des associés est mineur, l'aliénation de son droit a lieu, suivant les opinions, dans la forme requise pour la vente de ses meubles ou celle de ses immeubles (4).

16. Si la société civile forme une personne morale, l'appel interjeté contre elle sera régulièrement notifié par une copie unique à son avoué (5). Au contraire, si elle n'est pas une personne morale, l'appel doit être notifié à l'avoué de chaque associé.

Si la société est une personne civile, l'assignation est donnée à sa requête ou contre elle et elle este en son propre nom; c'est ce que décide la cour de cassation (6). Cependant elle avait jugé pendant un certain temps que l'assignation doit être donnée à la requête de tous les associés, par la raison que, les associés n'étant pas solidaires, il importe aux tiers de connaître leurs noms (7). Cette raison était évidemment insuf-

(1) Trib. civ. Lyon, 4 avril 1884, S., 86. 2. 25. — V. notre *Tr. des succ., loc. cit.*
(2) En ce sens Guillouard, n. 26.
(3) En ce sens Guillouard, n. 26.
(4) V. pour les sociétés commerciales Cass. req., 15 nov. 1887, S., 88. 1. 410.
(5) En ce sens Cass. req., 2 mars 1892, précité.
(6) Cass., 21 juill. 1854, S., 54. 1. 489, D., 55., 1. 41. — Cass., 18 nov. 1865, S., 66. 1. 415.
(7) Cass., 11 nov. 1829, S. chr. — Cass., 8 nov. 1836, S., 36. 1. 811. — Cass., 26 mai

fisante pour admettre que le principe de la personnalité soit mis en échec. L'assignation est donnée aux associés dans notre doctrine.

Dans la doctrine qui refuse la personnalité civile aux sociétés, elles ne peuvent ester en justice en leur propre nom ; le nom de tous les associés doit figurer dans l'assignation et les actes de procédure [1]. Cependant, tout en reconnaissant que cette dernière manière de procéder est licite, certains auteurs [2] ont prétendu que la société peut agir en son propre nom ; en effet, disent-ils, la solution contraire dérive de la maxime « Nul ne plaide par procureur » ; or cette maxime n'est pas d'ordre public et les associés peuvent y renoncer. A notre avis, cela n'est pas exact; si la société ne peut figurer dans les actes de procédure, ce n'est pas parce qu'elle constituerait un mandataire agissant en son propre nom, mais parce qu'elle n'a aucune existence reconnue par la loi. La preuve que tel est bien le motif de la solution, c'est que la société, même déclarant représenter les associés dont elle donnerait les noms, ne peut agir en justice.

17. Un des effets de la personnalité civile des sociétés, c'est qu'en conformité de la jurisprudence constante qui attribue aux personnes morales la capacité des personnes réelles, elles peuvent recevoir des libéralités [3].

18. Nous verrons encore qu'à la question se rattache le point de savoir si les créanciers personnels des associés peuvent concourir avec les créanciers de la société sur les biens de cette dernière, s'il peut s'opérer une compensation entre les créances et les dettes de la société et celles qui sont personnelles à l'associé.

19. Les administrateurs et mandataires d'une société non pourvue de la personnalité morale, n'ont d'action en recours que contre les associés. Si au contraire la société est une

1841, S., 41. 1. 483. — Cass., 30 août 1859, S., 60. 1. 359, D., 59. 1. 365. — V. en ce sens, pour les sociétés commerciales, Nancy, 19 fév. 1881, S., 82. 2. 161.

(1) Trib. civ. Evreux, 21 oct. 1887, S., 88. 2. 119, D., 88. 3. 136. — Trib. civ. Langres, 9 déc. 1887, S., 88. 2. 119, D., 88. 3. 136. — Guillouard, n. 26.

(2) Mongin, *Rev. crit.*, 1890, p. 712 s., § 4.

(3) Cass. req., 2 janv. 1894 (motifs), S., 94. 1. 129, D., 94. 1. 84. — Cotelle, *Rapport*, sous Cass. req., 2 janv. 1894, précité.

personne morale, ils n'ont d'action que contre elle, sauf s'ils sont, en fait, mandataires des associés [1].

20. Dans la théorie de la personnalité, les associés ne peuvent, comme nous le verrons, ni aliéner ni hypothéquer les biens de la société pendant le cours de celle-ci. Il le peuvent dans la doctrine contraire. Même distinction pour les hypothèques légales et judiciaires.

21. Enfin, au point de vue fiscal, l'art. 69, § 4 de la loi du 22 frim. an VII portant que les cessions de parts d'intérêt dans les sociétés sont soumises à un droit de 50 cent. p. 100, les cessions de droit dans une société civile bénéficient de cette disposition si la société civile est une personne morale [2]. Au contraire, si elle n'est pas une personne morale, la cession est soumise aux droits plus élevés exigibles sur les ventes de meubles et d'immeubles [3].

CHAPITRE II

CONTRATS QUI CONSTITUENT DES SOCIÉTÉS

21 *bis*. Les caractères que la loi attribue, explicitement ou implicitement, au contrat de société servent à déterminer les contrats qui sont des sociétés et à les distinguer des autres actes ou conventions.

Ainsi l'ensemble des mises doit constituer un fonds commun. La souscription de risques maritimes par plusieurs personnes, sans solidarité, n'est pas une société [4].

Mais la mise en commun d'immeubles pour les exploiter et répartir les bénéfices est une société [5].

22. La société doit être distinguée de la vente.

La distinction est en général très simple.

[1] Sur ce dernier point Cass. req., 4 juil. 1893, S., 94. 1. 166.

[2] Cass., 14 fév. 1870, S., 70. 1. 136. — Cass., 27 juil. 1870, S., 70. 1. 401. — Cass., 17 août 1870, S., 70. 1. 435. — Cass., 4 déc. 1871, S., 71. 1. 245. — Cass., 6 mars 1872, S., 72. 1. 88. — Cass., 14 nov. 1877, S., 78. 1. 44.

[3] Trib. civ. Castres, 19 déc. 1895, *Rép. périod. de l'enreg.*, 1896, n. 8742.

[4] Trib. com. Marseille, 16 fév. 1892, *Rec. Marseille*, 92. 1. 149. — V. *supra*, n. 9.

[5] Nancy, 28 juil. 1891, *Gaz. Pal.*, 91. 2. 552 (mines).

On a cependant pu se demander s'il y a vente ou société dans la convention par laquelle le propriétaire d'une coupe de bois la cède à un tiers, avec la clause que la coupe sera exploitée « à moitié perte et profit ». On pense généralement qu'il y a là une vente, mais on autorise les parties à stipuler que le contrat est une société [1]. Cette opinion, à notre avis, oublie que la nature d'une convention ne dépend pas de la volonté des parties. Nous pensons que ce contrat est une société, par la raison que, d'après les termes du contrat, les *pertes* comme les bénéfices se répartissent entre les deux parties : si les frais d'exploitation dépassent le produit, chacune des deux parties subira une perte; or il est très vrai que le prix d'une vente peut consister dans une part des bénéfices que réalisera l'acheteur, mais une vente ne peut, sans perdre son caractère, mettre le vendeur en perte.

Au contraire, si le cessionnaire doit payer un prix calculé suivant les quantités d'arbres abattus ou les produits extraits de ces arbres, il y a vente [2].

On s'est également demandé s'il y a vente ou société dans le contrat par lequel un auteur cède à un éditeur la propriété d'une œuvre moyennant une part des bénéfices de la publication.

Ici encore on décide qu'il y a vente [3], sauf si les parties ont eu l'intention de s'associer. Nous répondons ici encore qu'il n'appartient pas aux parties de fixer la nature de leur convention. Cette convention est, selon nous, une vente, car l'auteur ne participe pas aux pertes que peut faire subir à l'éditeur l'excédant des frais de tirage et de publicité sur les produits de la vente.

Mais le contrat passé entre un auteur et un éditeur, aux termes duquel le livre du premier est publié à frais communs et avec répartition des bénéfices, est une société [4].

[1] Cass., 2 déc. 1842, D. *Rép.*, v° *Société*, n. 130. — Pont, n. 94; Laurent, XXVI, n. 153; Guillouard, n. 19; Houpin, *Tr. gén. des soc.*, I, n. 9.

[2] Cass., 7 janv. 1835, S., 35. 1. 540 (chêne-liège). — Houpin, *loc. cit.*

[3] Paris, 10 mars 1843, S., 43. 2. 139. — Pont, n. 94; Laurent, XXVI, n. 153; Guillouard, n. 19 et 77; Houpin, *loc. cit.*

[4] Paris, 20 avril 1894, *Gaz. Pal.*, 94. 1. 730.

23. Le contrat par lequel on cède un fonds de commerce moyennant l'abandon d'une partie des bénéfices est une vente et non une société : le vendeur n'a, en effet, rien à voir dans l'exploitation et, d'autre part, le cédant ne participe pas aux pertes. On peut rapprocher cette solution de celle que nous donnons sur le contrat par lequel un patron promet à son employé une portion des bénéfices (1).

De même, le contrat par lequel un officier public ou ministériel cède son étude moyennant l'abandon d'une part des bénéfices est une vente (2).

Cette dernière solution est très importante : les sociétés formées pour l'exploitation des offices ministériels sont illicites; si donc la convention en question constituait une société, elle serait nulle. Considérée comme une vente, elle est valable (3) pour les raisons mêmes qui nous font admettre la validité de la convention analogue intervenue au sujet de la rétribution d'un clerc : rien n'interdit de faire consister un prix dans une quotité des produits de la chose vendue ou louée. Cette convention n'a pas, du reste, les inconvénients d'une société, car le vendeur n'a aucun droit de gestion ni d'immixtion; on objecte qu'il est investi « *d'une manière implicite* d'un pouvoir de contrôle » (4); cela n'est évidemment pas exact.

La question peut être assez pratique. Il est vrai, comme on l'a dit, que les traités relatifs aux cessions d'offices sont soumis au contrôle de la chancellerie; il est possible aussi, comme

(1) V. *infra*, n. 29.

(2) Troplong, I, n. 96; Duvergier, n. 59; Pont, n. 45; Guillouard, n. 48; Houpin, *loc. cit.*

(3) Cass. civ., 23 juin 1868, S., 69. 1. 67, D., 68. 1. 452. — Toulouse, 14 nov. 1835, S., 36. 2. 155. — Troplong, *loc. cit.;* Duvergier, *loc. cit.;* Pont, *loc. cit.* — *Contra* Cass. civ., 10 déc. 1878, S., 80. 1. 61, D., 79. 1. 8. — Paris, 2 janv. 1838, D. *Rép.*, v° *Société*, n. 154. — Déc. min. just., 3 fév. 1837, S., 38. 2. 48. — Guillouard, *loc. cit.;* Durand, *Des off. minist.*, n. 288; Garsonnet, *Tr. de proc.*, I, p. 385, § 99, note 18. (Ce dernier auteur fait exception pour le cas où la stipulation d'un prélèvement « n'est ni l'objet principal ni même la condition accessoire de la cession d'office et qu'elle représente uniquement le prix de cession de la clientèle et la rémunération d'un patronage que le cédant promet de fournir au cessionnaire auprès des clients de l'étude »).

(4) Guillouard, *loc. cit.*

on le prétend, que la chancellerie n'accepte pas comme mode de paiement du prix l'attribution d'une part de bénéfices au vendeur; mais est-il nécessaire, comme on le soutient également, que le mode de paiement du prix soit définitif? Pourrait-on qualifier de contre-lettre non obligatoire la convention qui, ultérieurement, fixerait un nouveau moyen d'acquitter le prix?

24. Le bail doit être également distingué de la société; il y a société et non point bail lorsque le propriétaire confie son immeuble à un tiers, même sous le nom de bail, moyennant un loyer représentant la plus forte partie des locations que le prétendu preneur retirera de l'immeuble; cette convention ne peut être qualifiée exactement de bail, d'abord parce que le prétendu preneur ne jouit pas de la chose louée, ensuite parce qu'il ne s'oblige pas personnellement au paiement d'un loyer [1]. La convention est-elle, comme on l'a prétendu, un mandat salarié [2]? Nous ne le pensons pas ; le mandat oblige le mandataire à faire quelque chose pour le compte du mandant; or, dans l'espèce, le prétendu preneur ne s'engage à faire aucune démarche pour louer l'immeuble. En réalité, le contrat s'analyse dans une société pour l'exploitation d'un immeuble appartenant à l'un des associés, avec gestion confiée à l'autre associé, et partage inégal des bénéfices.

La question est très importante, car la société ne finit qu'au terme fixé et le mandat est révocable à volonté; l'opinion que nous combattons est donc forcée d'admettre que la convention en question peut être révoquée au gré du concédant [3], et cela seul la condamne; car cette révocabilité n'a certainement pas été dans l'intention des parties.

Il y a également société et non pas bail [4] dans la convention par laquelle un propriétaire confie son magasin à un tiers sous la condition de lui remettre une portion du produit des droits du magasinage ; ici une partie des autorités qui voyaient

[1] Lyon, 2 déc. 1868, S., 69. 2. 284, D., 71. 2. 168. — Laurent, XXVI, n. 152 *bis;* Guillouard, *Tr. du contr. de louage*, I, n. 11 et 62; Houpin, n. 6.

[2] V. les autorités précitées.

[3] *Contra* Bordeaux, 2 juil. 1847, S., 48, 2. 247.

[4] Guillouard, *Tr. du contr. de louage*, I, n. 12.

un mandat dans l'hypothèse précédente reconnaissent qu'il s'agit d'une association en participation (1).

Mais il s'agit bien d'un bail et non pas d'une société, si au prix fixe de location s'ajoute une partie des bénéfices. En effet, la fixation d'un prix uniforme est incompatible avec le contrat de société, tandis que la fixation d'un loyer variable, surtout comme appoint à un loyer fixé, n'est pas incompatible avec le contrat de louage.

25. La cession par un preneur de ses droits indivis dans un bail est-elle une cession de bail ou un contrat de société? Cette question ne nous paraît pas susceptible d'une réponse absolue. Il se peut que les parties aient entendu s'associer pour exploiter en commun la chose louée, participer aux frais et se répartir les bénéfices. En ce cas, il y aura société. Il se peut aussi que les parties aient voulu simplement, sans mêler leurs efforts, participer au bail.

26. En principe, la cession du droit indivis d'habiter une maison est un bail; il n'y a pas de bénéfice à partager.

Au contraire, la cession du droit indivis dans un bail de chasse ou dans un bail de terrains, fait dans un but de spéculation, est, en principe, une société (2).

En tous cas, le juge du fait décide souverainement s'il y a bail ou société (3).

27. Le cas le plus fréquent de cessions faites dans ces conditions est la cession *du droit au bail d'une chasse* consenti sans but de spéculation; c'est une cession de bail. On a décidé que cette cession ne pouvait être une véritable cession de bail par la raison que le droit à la chasse est concédé *intuitu personæ,* qu'il ne peut, en conséquence, se transmettre aux héritiers du cessionnaire (4); mais, outre que la cession de ce droit, même considérée comme cession de bail, ne se transmet peut-être pas aux héritiers du cessionnaire,

(1) Guillouard, *op. cit.*, I, n. 62.

(2) Douai, 15 mars 1893, sous Cass. req., 31 janv. 1894, S., 94. 1. 237, D., 94. 1. 532 (bail de chasse; cet arrêt en conclut que le décès de l'une des parties met fin au contrat).

(3) Cass. req., 31 janv. 1894, précité.

(4) Douai, 15 mars 1893, sous Cass. req., 31 janv. 1894, précité.

ce raisonnement conduirait à dire que le bail de chasse lui-même n'est pas un bail.

Mais on n'a pas osé soutenir que la cession du droit indivis à une location de chasse fût une véritable société ; on y a vu un contrat innommé, participant de la cession de bail et de la société (¹).

28. Nous nous sommes demandé ailleurs s'il faut voir une société ou un bail dans le métayage (²) ou le cheptel (³).

29. La distinction entre le louage d'ouvrage et la société est importante : le louage d'ouvrage, sans cesser aujourd'hui à la volonté de l'un des contractants, peut du moins prendre fin par cette volonté appuyée de motifs légitimes, tandis qu'un associé ne peut se retirer à contre temps. La capacité, en outre, n'est pas la même dans le louage d'ouvrage que dans la société. A la différence de l'associé, le loueur d'ouvrage n'est pas tenu des pertes de l'entreprise. Il n'a pas de droit de contrôle à exercer sur les actes du maître (⁴).

Le contrat entre un patron et un employé dont la rémunération consiste, soit dans une portion des bénéfices, soit dans une remise sur les affaires qu'il procure au patron est un louage d'ouvrage (⁵).

Est également un louage d'ouvrage l'acte par lequel deux officiers ministériels (comme un avoué ou un huissier) ou un avoué et un agréé stipulent qu'ils se confieront respectivement les affaires qui rentrent dans leurs attributions réciproques.

Cet acte nous paraît licite (⁶). Nous avons déjà dit que seule la société formée pour l'exploitation d'un office public est nulle. On a cependant prétendu que la convention dont nous parlons blesse l'ordre public, parce qu'elle spécule relative-

(¹) Douai, 15 mars 1893, précité. — L'arrêt précité de la cour de cassation maintient cette interprétation du juge de fait comme étant souveraine.

(²) V. notre *Tr. du contr. de louage*, n. 1090.

(³) V. notre *Tr. du contr. de louage*, n. 2112, 2143.

(⁴) Cass., 9 nov. 1869, D., 70. 1. 213. — Laurent, XXVI, n. 152 *bis;* Guillouard, *Traité du contrat de société*, n. 11.

(⁵) V. notre *Traité du contrat de louage*, n. 1403 et s.

(⁶) On a cité en ce sens Cass., 13 janv. 1835, S., 35. 1. 17, qui est étranger à la question. — *Contra* Laurent, XXVI, n. 158; Guillouard, n. 49.

ment aux procès. Nous cherchons en vain où se trouve cette spéculation; au surplus, rien n'interdit de faire des procès un objet de spéculation; c'est même là, il faut le reconnaître, le trait caractéristique de certaines professions et de certains offices.

La mission de recouvrer une créance ou tout autre droit moyennant une part des bénéfices est encore un louage d'ouvrage [1].

30. La société peut être mêlée à un autre contrat.

Ainsi l'associé peut consentir un prêt à la société ou lui verser des fonds en compte-courant [2].

En ce cas l'associé sera un emprunteur ou un dépositaire en ce qui concerne les sommes versées; il sera donc un créancier [3].

Cela est très important à constater, car, tandis que sa part de bénéfices ne lui est attribuée qu'après le payement des créanciers, il viendra, pour ce qui lui est dû comme créancier, en concours avec les autres créanciers [4].

Nous distinguerons ultérieurement la société du mandat, notamment en examinant le contrat par lequel mission est donnée de vendre un objet avec droit de garder tout ce qui excèdera un certain chiffre [5].

Enfin la société doit, comme nous le verrons, être distinguée du prêt; il est, comme nous le montrerons, assez délicat de déterminer la nature du contrat par lequel un bailleur de fonds stipule, comme rémunération, une part dans les bénéfices d'une entreprise [6].

31. Nous distinguerons également la société de la communauté ou indivision et de l'association.

(1) V. notre *Traité du contrat de louage*, n. 2065.
(2) Guillouard, n. 222.
(3) Guillouard, n. 222.
(4) Cass., 21 juillet 1879, S., 82. 1. 349, D., 82. 1. 77. — Guillouard, n. 222.
(5) V. notre *Tr. du mandat*.
(6) V. ce que nous disons à propos du prêt, *infra*.

CHAPITRE III

FORME ET PREUVE DU CONTRAT DE SOCIÉTÉ

SECTION PREMIÈRE

DE LA FORME DU CONTRAT. DE LA PROMESSE D'ENTRER EN SOCIÉTÉ

32. Nous avons déjà vu que la société civile est un contrat consensuel, par suite soustrait à toute espèce de formes, pourvu que le consentement soit donné par les associés [1]. Telle était la solution admise en droit romain et dans l'ancien droit.

Il n'y a d'exception que pour le cas où une disposition de l'acte est de nature telle qu'elle doit être constatée dans un acte authentique. Il en est ainsi pour l'apport d'un brevet d'invention [2], ou pour le cas où les gérants reçoivent un pouvoir d'hypothéquer les immeubles; la loi du 1er août 1893 (art. 6) qui permet de conférer ce mandat dans un acte de société sous-seing privé n'est pas applicable aux sociétés civiles [3].

33. La promesse d'entrer en société, faite par une partie envers l'autre, mais sans réciprocité, est valable [4]; elle donne lieu, en cas d'inexécution, à des dommages-intérêts [5]. Mais on décide que celui qui a promis d'entrer en société ne peut être déclaré associé [6], car, dit-on, la formation de la société exige la volonté personnelle de s'associer. L'argument nous paraît insuffisant, car il conduirait à dire que l'associé peut également se retirer dans le cours de la société sous la simple sanction de dommages-intérêts; nous ne voyons aucun inconvénient à permettre au juge, conformément à l'art. 1142, de déclarer obligatoire la promesse de s'associer et d'en ordonner l'exécution forcée par la réalisation des apports.

(1) V. *supra*, n. 4.
(2) V. *infra*.
(3) V. notre *Tr. du mandat*.
(4) Guillouard, n. 33 ; Houpin, I, n. 27.
(5) Guillouard, n. 33; Houpin, *loc. cit.*
(6) Guillouard, n. 33.

Pour les sociétés commerciales, il en est de même; on a soutenu cependant que la promesse n'est alors nullement obligatoire et ne peut donner lieu à des dommages-intérêts, les sociétés commerciales exigeant pour leur constitution des formalités spéciales [1]. Cette opinion n'est pas exacte [2]. Il est de principe que toute promesse, à moins d'être contraire à l'ordre public, est obligatoire; si, du reste, la société commerciale, irrégulièrement constituée, est nulle, les formalités de sa constitution ne sont pas exigées pour la promesse d'entrer en société. Enfin on peut tirer argument du caractère obligatoire, reconnu par tout le monde, de la promesse de prêt et de la promesse d'hypothèque.

Si la promesse de constituer une société est intervenue entre tous les futurs associés, la société doit être regardée comme constituée; on peut invoquer en ce sens l'art. 1589.

34. La forme du contrat de société est réglée par la loi du lieu où il est passé [3].

SECTION II

PREUVE DU CONTRAT

35. La preuve du contrat de société, dans l'ancien droit, n'obéissait pas d'une manière complète aux principes. En mettant même à part les sociétés commerciales, que l'ordonnance de 1673 assujettissait à la rédaction d'un écrit, à l'enregistrement dans un greffe et à l'affichage, on distinguait entre les sociétés universelles et les sociétés particulières.

Ces dernières étaient soumises au droit commun et on leur appliquait l'ordonnance de Moulins, qui interdisait la preuve testimoniale au-dessus de 100 livres.

Cette même solution, malgré la généralité du texte de l'ordonnance, n'était pas universellement reçue pour les sociétés

(1) Paris, 24 février 1860, D., 60. 2. 84. — Toulouse, 22 juin 1872, S., 73. 2. 169, D., 72. 2. 156.

(2) Paris, 11 avril 1861, *Journ. trib. de com.*, X, p. 375. — Paris. 1er mai 1862, *Journ. trib. de com.*, XI, p. 314. — Paris, 2 déc. 1887, D., 88. 5. 332. — Houpin, *loc. cit.*

(3) Trib. com. Marseille, 7 février 1878, *Jurispr. com. et marit. de Marseille*, 1878, p. 93, *Journ. dr. int.*, V, 1878, p. 381.

universelles ; on y faisait souvent échec en admettant les sociétés taisibles.

Les sociétés taisibles ou communautés de pain et de pot étaient des sociétés universelles qui se formaient, sans qu'aucune convention fût nécessaire, par une habitation en commun pendant un an et un jour ([1]).

Déjà certaines coutumes les avaient rejetées. Il en était ainsi, par exemple, de l'ancienne coutume d'Orléans (art. 80).

Le texte général de l'ordonnance de Moulins aboutissait à prohiber les sociétés taisibles au-dessus de 100 livres.

Il a été reconnu dans les travaux préparatoires que la règle posée par l'art. 1834, et d'après laquelle la preuve par témoins ne serait pas admise au-dessus de 150 fr., a eu surtout pour but, en rappelant le droit commun, de supprimer l'exception admise encore par quelques coutumes pour les sociétés taisibles ([2]).

Aujourd'hui donc, en ce qui concerne la preuve, le contrat de société demeure soumis de tous points aux règles du droit commun ([3]). Par conséquent, son existence ne peut, en principe, être prouvée par témoins qu'en matière n'excédant pas 150 fr. Si l'objet de la société dépasse ce chiffre, un écrit sera nécessaire. Cependant, même au-dessus de 150 fr., l'existence de la société pourra être prouvée par témoins, s'il y a un commencement de preuve par écrit (art. 1347) ([4]) ou si le titre

([1]) Cpr. Coquille, *Cout. de Nivernais*, ch. XXII ; Pothier, n. 79.

([2]) Obs. du Trib. d'appel de Paris, Fenet, V, p. 279. — Rapport de Bouteville au tribunat, Fenet, XIV, p. 406. — Discours de Gillet au Corps législatif, Fenet, XIV, p. 420.

([3]) Cass., 12 déc. 1825, S. chr. — Cass., 19 juill. 1852, S., 53. 1. 33, D., 52. 1. 299. — Cass., 17 fév. 1858, S., 58. 1. 461, D., 58. 1. 124. — Paris, 17 avril 1807, S. chr. — Bruxelles, 28 juin 1810, S. chr. — Turin, 10 avril 1811, S. chr. — Nancy, 17 janv. 1829, S. chr. — Duranton, XVII, n. 336; Troplong, I, n. 200; Duvergier, n. 66; Aubry et Rau, IV, p. 548, § 378, note 1; Pont, n. 133 s.; Laurent, XXVI, n. 171; Guillouard, n. 81; Houpin, I, n. 59.

([4]) Cass., 12 déc. 1825, S. chr. — Cass., 17 avril 1834, S., 34. 1. 276. — Cass., 19 juill. 1852, S., 53. 1. 33, D., 52. 1. 299. — Cass., 17 fév. 1858, S., 58. 1. 461, D., 58. 1. 124. — Cass. req. (et non civ.), 18 déc. 1889, S., 93. 1. 467. — Nancy, 17 janv. 1829, S. chr. — Orléans, 26 août 1869, S., 70. 2. 113, D., 69. 2. 185. — Besançon, 12 juin 1889, *Gaz. Pal.*, 89. 2. 450. — Troplong, I, n. 200; Duvergier, n. 69; Aubry et Rau, IV, p. 549, § 378, note 3; Pont, n. 149 s.; Laurent, XXVI, n. 176; Houpin, *loc. cit.*

a été perdu par suite d'un cas fortuit, imprévu et résultant d'une force majeure (art. 1348). Dans tous les cas, les règles ordinaires sur l'aveu et l'interrogatoire sur faits et articles [1] et le serment [2] devront être appliquées. Nous le répétons, c'est le droit commun de tous points.

Au premier abord, l'art. 1834 paraît contredire le principe que nous venons de formuler. En effet, cet article, en déclarant applicable à la société une des règles du droit commun en matière de preuve, semble insinuer que les autres ne doivent pas recevoir leur application. Ce texte, qui est la reproduction presque littérale de l'art. 1341, est ainsi conçu : « *Toutes sociétés doivent être rédigées par écrit, lorsque leur objet est d'une valeur de plus de cent cinquante francs. — La preuve testimoniale n'est point admise contre et outre le contenu de l'acte de société, ni sur ce qui serait allégué avoir été dit avant, lors ou depuis cet acte, encore qu'il s'agisse d'une somme ou valeur moindre de cent cinquante francs* ». Mais les travaux préparatoires de la loi lèvent tous les doutes, en montrant, comme nous l'avons vu, que l'art. 1834 a eu pour seul but d'exclure toute exception relative aux sociétés taisibles. En d'autres termes, notre code autorise les sociétés universelles, au moins celle de tous biens présents (art. 1837); mais leur existenee ne résultera plus du seul fait de la cohabitation et de la vie en commun pendant un certain temps et ne pourra même pas être prouvée par témoins au-dessus de 150 fr. [3]. C'est le droit commun. Le législateur a voulu qu'il devînt applicable de tous points en ce qui concerne la preuve des sociétés: et s'il ne signale que cette application particulière, ce n'est pas pour exclure les autres, mais parce que celle-là aurait pu soulever quelques doutes à cause de l'ancienne pratique.

36. Pour savoir si l'*objet de la société* est ou non d'une

[1] Auteurs précités.

[2] Auteurs précités.

[3] Trib. civ. Lyon, 8 juill. 1887, *Mon. jud. Lyon*, 12 déc. 1887. — Paris, 19 janv. 1894, *Gaz. Pal.*, *Table*, 1er sem. 1894, vo *Société comm.*, n. 3 (impl. : la société de fait pour l'exploitation d'une distillerie résulte d'une déclaration faite à la Régie dans laquelle les associés ont pris leur qualité et du fait reconnu par les parties que l'une d'elles était chargée de la tenue d'une caisse commune).

valeur supérieure à 150 fr., et si par suite la preuve testimoniale de l'existence du contrat doit être rejetée ou admise, il faut considérer l'ensemble des apports faits par les associés, sans se préoccuper d'ailleurs du montant de la demande [1]. Ainsi deux personnes forment une société dans laquelle elles apportent chacune une mise de 50 fr., total 100 fr. : la société réalise des bénéfices considérables, 10,000 fr. par exemple, et l'un des associés en réclame sa part à l'autre; il pourra prouver par témoins le fondement de sa demande, c'est-à-dire l'existence de la société. En sens inverse, si les apports réunis des associés représentent une valeur supérieure à 150 fr., la demande que l'un des associés formerait contre l'autre ne pourrait pas être prouvée par témoins, alors même que l'actif de la société se trouverait actuellement réduit à un chiffre inférieur à 150 fr. Quand la loi dit qu'il doit être passé acte de toutes sociétés dont l'objet est d'une valeur de 150 fr. (art. 1834), elle se place évidemment, pour apprécier la valeur de l'intérêt engagé, au moment où les parties contractent; car elles ne peuvent pas lire dans l'avenir. Du reste, cette solution est admise pour l'interprétation de l'art. 1341, qui s'exprime dans les mêmes termes que l'art. 1834.

C'est donc à tort qu'on soutient que l'objet de la société, c'est la part que le demandeur réclame dans la société. En admettant que l'expression soit susceptible de deux interprétations, nous avons indiqué les raisons décisives pour lesquelles la première doit l'emporter. Du reste, il est faux que la réclamation du demandeur soit l'objet de la société, elle n'est que l'objet de la demande.

37. Si l'écrit qui constate la formation de la société est sous seing privé, il devra satisfaire aux exigences de l'art. 1325, c'est-à-dire qu'il devra être rédigé en autant d'originaux qu'il y a d'associés, et que chaque original devra contenir la mention de l'accomplissement de cette formalité [2]. En effet,

(1) Cass., 5 janv. 1875, S., 75. 1. 72, D., 77. 1. 39. — Turin, 24 mars 1807, S. chr. — Troplong, I, n. 202; Larombière, art. 1341, n. 15; Demolombe, XXX, n. 34 et 35; Aubry et Rau, IV, p. 549, § 378, note 2; Pont, n. 145 et 146; Laurent, XXVI, n. 175; Guillouard, n. 88; Houpin, *loc. cit.* — *Contra* Duranton, XVII, n. 343.

(2) Pont, n. 135; Laurent. XXVI, n. 173.

l'art. 1325 donne cette solution pour tous les contrats synallagmatiques et la société doit, nous le savons, être rangée parmi ces derniers. Il faudrait un texte formel pour que l'opinion contraire pût être admise.

Cette opinion contraire est cependant consacrée par la jurisprudence et admise par quelques auteurs [1]. Ce qui lui enlève toute valeur, c'est qu'elle ne tient pas compte de l'art. 1325, dont elle paraît ignorer l'existence. Ses partisans se contentent de dire que l'écrit signé des parties est une véritable preuve par écrit et que l'art. 1834 ne réclame pas autre chose. Il n'est pas douteux qu'en effet l'écrit ne soit en lui-même une preuve suffisante, mais à ce point de vue il en est de tous les contrats comme de la société et, pour tous les contrats synallagmatiques, l'art. 1325 exclut cependant cette solution.

On nous oppose encore que nous sommes forcés de reconnaître qu'un aveu constaté par écrit fait foi contre celui qui a avoué, quoique l'écrit ne soit pas rédigé en double. Or, dit-on, il n'y a pas dans l'écrit qui constate la société autre chose qu'un aveu de l'existence de la société. Nous trouvons cet argument singulier; il est certain que l'aveu fait foi quoique l'écrit qui le constate ne soit pas rédigé en double; mais l'aveu fait également foi quoiqu'il ne soit pas constaté par écrit. Du reste, si l'objection était sérieuse, elle ne laisserait rien subsister de l'art. 1325.

Mais, comme nous venons de le dire et conformément au droit commun, l'écrit qui n'est pas rédigé dans le but spécial de prouver la formation de la société peut, s'il contient l'aveu d'une partie, servir de preuve contre cette partie quoiqu'il ne soit pas rédigé en double [2].

38. Il résulte de l'art. 1834 que les modifications au pacte social ne peuvent être prouvées par témoins, même au-dessous de 150 fr., si l'acte de société a été rédigé par écrit. Cela est conforme à l'art. 1341.

Mais il en est autrement s'il existe un commencement de

[1] Paris, 17 avril 1807, S. chr. — Bruxelles, 28 fév. 1810, S. chr. — Turin, 10 avril 1811, S. chr. — Troplong, I, n. 205; Guillouard, n. 83.

[2] Pont, n. 135, Laurent, XXVI, n. 178.

preuve par écrit (1); telle est, en effet, la solution admise dans l'interprétation de l'art. 1341.

39. Les juges peuvent, malgré l'art. 1834, recourir aux simples présomptions pour interpréter l'acte de société (2). C'est encore le droit commun.

40. L'art. 1834, malgré les difficultés qu'on a soulevées sur ce point, ne s'applique qu'aux droits prétendus par les associés, soit entre eux, soit contre les tiers. Au contraire, les tiers qui agissent contre les associés peuvent démontrer l'existence de la soulte par tous les moyens de preuve et notamment par témoins et par présomptions (3). En effet, il est de principe que les tiers peuvent par tous les moyens établir l'existence d'une convention et que l'art. 1341 ne leur est pas opposable; on ne peut se prévaloir davantage contre eux de l'art. 1834, qui n'est qu'une application de l'art. 1341. Du reste, nous avons montré que, d'après l'opinion générale, la théorie de la preuve testimoniale, telle qu'elle est établie dans les art. 1341 s., doit être tout entière appliquée à la société. Or, dans cette théorie, figure l'art. 1348 qui permet de prouver par témoins un acte dont on n'a pu se procurer une preuve par écrit et telle est la situation des tiers, auxquels on ne peut reprocher de ne pas avoir entre les mains un exemplaire de l'acte de société.

Il est donc inutile d'insister sur une objection qu'on a tirée des termes absolus de l'art. 1834. Il n'est guère plus sérieux de soutenir que le tiers a pu se procurer une preuve par écrit, en exigeant que l'acte de société lui fût représenté. Sans doute, il a pu l'exiger; mais quel aurait été le résultat de cette représentation? de prouver au tiers l'existence de la société; elle ne permettra pas au tiers de prouver lui-même l'existence de la société quand il agira contre les associés, car il n'aura

(1) Cass., 19 juil. 1852, S., 53. 1. 33, D., 52. 1. 299. — Paris, 26 janv. 1883, sous Cass. civ., 4 nov. 1885, S., 88. 1. 365.

(2) Cass., 25 nov. 1872, S., 73. 1. 385. — Cass., 1er mars 1882, S., 84. 1. 231. — Cass. civ., 4 nov. 1885, S., 88. 1. 365 (étendue de l'apport).

(3) Cass., 23 nov. 1812, S. chr. — Cass., 21 mai 1878, S., 79. 1. 175, D., 78. 1. 456. — Troplong, I, n. 210; Aubry et Rau, IV, p. 548, § 378, note 3; Pont, n. 158; Guillouard, n. 87; Houpin, I, n. 59. — *Contra* Duvergier, n. 76 s.; Laurent, XXVI, n. 178.

plus l'acte de société entre les mains. Dira-t-on qu'il lui est possible d'exiger qu'un exemplaire de l'acte de société lui soit confié pour servir éventuellement de preuve contre les associés? Ce serait l'absurdité même, un obstacle à toutes les transactions, enfin une solution incompatible avec l'art. 1325, qui n'exige que la rédaction d'un nombre d'exemplaires égal au nombre des parties.

41. Les règles de preuve que nous venons d'établir s'appliquent à toutes les sociétés civiles.

Elles s'appliquent spécialement aux *sociétés fromagères* qui s'établissent dans le Jura entre le propriétaire d'un troupeau de vaches et celui du châlet où doivent être fabriqués les fromages dont ils se partageront les produits (1). On a cependant soutenu et jugé que ces sociétés, quel qu'en soit le chiffre, peuvent être prouvées par témoins (2). Mais on n'a pu rien répondre à la généralité du texte de l'art. 1834; on s'est contenté de dire que, de temps immémorial, l'usage est que les sociétés fromagères peuvent être prouvées par témoins. On a ajouté, ce qui est moins sérieux encore, qu'à raison de leur diffusion, ces sociétés doivent être considérées, pour tous les habitants de la région, comme des « communautés préexistantes » auxquelles ils se contentent d'adhérer.

On a pensé que l'antiquité de l'usage pourrait justifier une dérogation législative à l'art. 1834 (3). En 1865, une commission de personnes notables du Doubs et du Jura avait élaboré un projet dont l'art. 1er était ainsi conçu : « Les associations fromagères ou fruitières établies dans les départements de l'Est pour la fabrication des fromages, dits de Gruyère, sont des sociétés civiles et d'une nature spéciale. Elles se constituent avec ou sans écrit, sont représentées vis-à-vis des tiers et en justice par leurs gérants et peuvent être prouvées par témoins ».

(1) Besançon, 23 avril 1845, S., 46. 2. 655, D., 47. 2. 15. — Pont, n. 138; Laurent, XXVI, n. 175; Guillouard, n. 85; Houpin, I, n. 61.

(2) Besançon, 28 déc. 1842, S., 46. 2. 655, D., 47. 2. 15. — Besançon, 8 janv. 1851, 25 mars 1857, 11 janv. 1862, 4 déc. 1862, 12 mars 1867, S., 67. 2. 281, D., 67. 2. 33.

(3) Guillouard, n. 85.

42. Les règles du droit commun sur la preuve s'appliquent également aux sociétés minières ([1]). On a soutenu cependant qu'elles peuvent être établies sans écrit et par la volonté tacite des parties; on s'est fondé sur ce que l'art. 8 de la loi du 21 avril 1810 considère comme meubles « les actions ou intérêts dans une société ou *entreprise* pour l'exploitation des mines »; donc, dit-on, la loi admet à côté de la société régulière, l'entreprise, qui est évidemment la société de fait. Cette interprétation est divinatoire; car, en admettant que l'entreprise soit distincte de la société, rien ne prouve que l'entreprise soit une société d'un autre genre; et en fût-il même autrement, qu'il faudrait un texte pour admettre au point de vue de la preuve une dérogation au droit commun. Du reste, il a été dit dans les travaux préparatoires de la loi de 1810 que les sociétés des mines sont, en ce qui concerne les intérêts privés, soumises au droit commun. Enfin la désignation de l'entreprise à côté de la société s'explique très bien si on remarque que l'art. 8 a pour but d'assimiler, au point de vue du caractère mobilier de la part sociale, la société minière aux sociétés commerciales et de reproduire l'art. 529 C. civ., qui, à côté de ces dernières, signale également les entreprises; dans un texte comme dans l'autre, ce terme est une redondance et désigne la société.

43. La société entre concubins, en la supposant licite, n'échappe pas aux règles de l'art. 1834 ([2]); elle doit être prouvée par écrit à partir de 150 fr., sauf l'aveu ou le serment.

([1]) Cass., 18 juin 1862, S., 62. 1. 878. — Trib. civ. Saint-Etienne, 29 mai 1889, *Pand. franç.*, 90. 2. 95. — Guillouard, n. 363; Féraud-Giraud, *Code des mines*, I, n. 189. — *Contra* Cass. belge, 13 janv. 1843, *Pasicr.*, 43. 1. 85. — Cass. belge, 4 mars 1858, *Pasicr.*, 58. 1. 89. — Liège, 5 déc. 1847, *Pasicr.*, 48. 2. 26. — Bruxelles, 1er août 1871, *Pasicr.*, 74. 2. 77. — Peyret-Lallier, *De la législ. des mines*, I, n. 134 et 135; Delecroix, *Des soc. de mines*, n. 520 s.

([2]) Paris, 19 août 1851, S., 52. 2. 209, D., 54. 2. 84. — Bordeaux, 19 mars 1868, D., 68. 2. 222. — Paris, 13 juin 1872, S., 74. 2. 37, D., 73. 2. 169. — Pont, n. 69 et 139; Laurent, XXVI, n. 149 et 175; Guillouard, n. 86; Houpin, I, n. 62. — V. cep. Rennes, 19 déc. 1833, S., 52. 2. 209.

CHAPITRE IV

DES CONDITIONS ESSENTIELLES A L'EXISTENCE ET A LA VALIDITÉ DU CONTRAT DE SOCIÉTÉ

44. L'art. 1833 dispose : « *Toute société doit avoir un objet* » *licite et être contractée pour l'intérêt commun des parties.* » *Chaque associé doit y apporter ou de l'argent, ou d'autres* » *biens, ou son industrie* ».

Les quatre conditions, que l'art. 1108 déclare essentielles pour la formation ou la validité de toute convention (consentement, capacité, objet et cause licites), sont évidemment requises pour la validité du contrat de société. On ne sait trop pourquoi la loi mentionne ici l'une de ces conditions, celle relative à l'objet, sans parler des autres.

Nous avons dit déjà que le contrat de société n'est soumis à aucune forme obligatoire, étant consensuel.

Indépendamment des conditions que le droit commun requiert pour la perfection de tous les contrats en général (art. 1108), le contrat de société renferme divers éléments qui lui sont propres et que nous avons déjà étudiés [1].

SECTION PREMIÈRE

DU CONSENTEMENT ET DES VICES DU CONSENTEMENT

45. Le consentement est évidemment nécessaire pour la formation de la société comme de tout autre contrat [2]. Domat [3] en faisait déjà l'observation.

Nous examinerons plus tard si la communauté ou indivision exige également le consentement.

46. De ce que la société est subordonnée au consentement des parties, il résulte que la société simulée n'a aucun effet [4].

(1) V. *supra*, n. 2 s.

(2) Paris, 7 fév. 1824, S. chr. — Guillouard, n. 30; Houpin, I, n. 24.

(3) Liv. I, tit. VIII, sect. II, §§ 1 et 2.

(4) Trib. civ. Clermont, 8 fév. 1895, *Gaz. Pal.*, 95. 1. 620 (société formée entre certains des membres d'une ancienne société sous le nom de celle-ci dans le seul

47. Comme tous les contrats, la société peut être annulée pour violence ou dol [1]. Il y aura dol, par exemple, si l'un des associés dissimule les charges grevant son apport [2]; mais le fait seul que l'une des parties obtient des avantages excessifs n'est pas un dol, en l'absence de manœuvres frauduleuses [3].

La société peut également être annulée, conformément au droit commun, pour erreur sur l'objet du contrat ou sur l'une des conditions essentielles [4].

Les autres causes d'erreur ne sont pas plus une cause de nullité dans la société que dans tout autre contrat [5].

Cependant, il y a lieu de faire exception pour l'erreur sur la personne [6]. Cette solution est la conséquence de l'*affectio societatis*, laquelle témoigne de la nécessité d'une entente personnelle entre les associés; l'art. 1865 al. 3, en rangeant la mort d'un associé au nombre des causes de dissolution, consacre implicitement la même idée.

Toutefois il en est autrement si l'associé sur la personne duquel on s'est trompé n'est qu'un bailleur de fonds et ne prend aucune part à la gestion de la société [7].

SECTION II

DE LA CAPACITÉ ET DU POUVOIR

48. On admet que la capacité nécessaire à celui qui veut entrer en société est celle de s'obliger [8]; la capacité d'admi-

but de se faire attribuer la correspondance adressée à l'ancienne société). — Trib. com. Seine, 8 mars 1895, *Gaz. Pal.*, 95. 1. 575 (la société entre le propriétaire d'un fonds de commerce et un tiers, pour faire disparaître le gage de ses créanciers, est nulle). — V. *supra*, n. 6.

(1) Trib. féd. suisse, 6 juil. 1894, *Ann. dr. com.*, 1895, *Doctr.*, p. 148. — Guillouard, n. 31; Houpin, I, n. 24.

(2) Trib. civ. Seine, 30 mars 1893, *Rev. des soc.*, 93. 284.

(3) Trib. féd. suisse, 6 juil. 1894, précité.

(4) V. Cass., 9 juin 1841, S., 41. 1. 579, D. *Rép.*, v° *Société*, n. 77. — Houpin, *loc. cit.*

(5) Guillouard, n. 31.

(6) Pont, n. 21; Guillouard, n. 31; Larombière, art. 1110, n. 14; Houpin, *loc. cit.*

(7) Larombière, *loc. cit.*

(8) Cass., 4 janv. 1843, S., 43. 1. 644. — Pont, n. 28; Guillouard, n. 34; Houpin, I, n. 17.

nistrer ne suffit pas, puisque l'associé est tenu des dettes de la société (¹).

Peut-être même faut-il, pour le cas où les apports sont faits en propriété, usufruit ou nue propriété, exiger de l'associé la capacité d'aliéner quand elle est soumise à des conditions plus rigoureuses que la capacité de s'obliger; car il aliène définitivement au profit de ses coassociés la plus grande partie de son apport et même, en considérant la société comme une personne morale, il aliène au profit de cette dernière la totalité de son apport.

49. Nous verrons qu'une capacité spéciale est requise en matière de société universelle (²).

50. La femme mariée ne peut entrer en société sans l'autorisation de son mari (³); elle ne le peut même pas si elle est séparée de biens, la séparation de biens ne conférant à la femme que le pouvoir d'administrer.

L'autorisation du mari peut, ici comme partout ailleurs, être tacite (⁴). Mais l'autorisation de faire le commerce ne tiendrait pas lieu de l'autorisation spéciale d'entrer en société (⁵).

La femme séparée de corps, recouvrant sa pleine capacité civile, peut entrer en société sans l'autorisation de son mari.

51. De son côté, le mari, même sous le régime dotal et à moins d'un mandat conféré par la femme (sous le régime dotal, ce mandat doit être conféré par le contrat de mariage), ne peut mettre les immeubles de la femme en société. Le mari autorisé à céder les biens dotaux de la femme *moyennant un prix* peut les mettre en société, car il s'agit bien là d'un acte à titre onéreux. Le prix est dans les bénéfices que recueillera le mari (⁶); il est sans doute aléatoire, mais le contrat de mariage n'exige pas que le prix soit ferme.

(¹) Pont, n. 28; Houpin, *loc. cit.* — V. cep. pour l'ancien droit Argou, liv. III, ch. XXXII, p. 319.

(²) V. *infra*, n. 127 s.

(³) Cass., 27 avril 1841, S., 41. 1. 385. — Pont, n. 33; Guillouard, n. 34; Houpin, n. 20.

(⁴) Mêmes autorités.

(⁵) Cass., 9 nov. 1859, S., 60. 1. 74. — Lyon, 28 mars 1866, S., 67. 2. 146. — Lyon-Caen et Renault, I, n. 254 et II, n. 77; Houpin, *loc. cit.*

(⁶) Cass. req., 14 fév. 1893, S., 93. 1. 350, D., 93. 1. 261. — Cotelle, *Rapport*, sous Cass. req., 14 fév. 1893, précité.

52. On admet en général que les sociétés entre époux sont nulles, comme dérogeant à l'immutabilité des conventions matrimoniales [1]. Le droit romain décidait, il est vrai, le contraire [2].

D'autre part l'égalité qui règne entre associés serait une dérogation à la puissance maritale que les époux ne peuvent modifier (C. civ., art. 1388).

Enfin les sociétés entre époux faciliteraient les libéralités déguisées, interdites entre époux.

Il y a un motif spécial pour les sociétés commerciales : l'associé est nécessairement commerçant; or, les art. 5 et 220 C. com. défendent que la femme soit réputée commerçante si le commerce qu'elle exerce n'est pas séparé de celui de son mari.

[1] Cass. crim., 9 août 1851, S., 52. 1. 281, D., 52. 1. 160. — Cass. req., 7 fév. 1860, S., 60. 1. 414, D., 60. 1. 115. — Cass. civ., 7 mars 1888, S., 88. 1. 305, D., 88. 1. 349 (société en participation; l'arrêt s'exprime en termes généraux). — Cass. req., 8 déc. 1891, S., 92. 1. 293, D., 92. 1. 117 (société universelle de gains; l'arrêt s'exprime en termes généraux). — Paris, 14 avril 1856, S., 56. 2 369, D., 56. 2. 231. — Paris, 9 mars 1859, S., 59. 2. 502, D., 60. 2. 12. — Metz, 22 août 1861, S., 62. 2. 330. — Paris, 24 mars 1870, S., 71. 2. 71, D., 72. 2. 43. — Dijon, 27 juillet 1870, S., 71. 2. 268. — Dijon, 22 déc. 1875, S., 76. 2. 79, D., 76. 5. 102. — Paris, 24 janv. 1885, sous Cass. req., 6 fév. 1888, S., 90. 1. 49, D., 88. 1. 401. — Nancy, 16 janv. 1886, *Rec. des soc.*, 87. 37. — Caen, 21 avril 1886, *Rec. Caen*, 86. 246. — Toulouse, 13 déc. 1886, *Gaz. Trib. Midi*, 13 fév. 1887 (sociétés commerciales). — Nimes, 18 déc. 1886, sous Cass. req., 12 juill. 1887, *Ann. dr. com.*, 88. 1. (société universelle de gains). — Agen, 28 mai 1886, *Rec. d'Agen*, 86. 168 (sociétés commerciales entre époux mariés sous le régime de la communauté réduite aux acquêts). — Paris, 10 déc. 1893, D., 97. 2. 125. — Trib. com. Marseille, 23 nov. 1892, *Rec. Marseille*, 93. 1. 41. — Trib. com. Marseille, 27 mars 1893, *Rev. des soc.*, 1894, p. 76. — Massé, *Dr. com.*, II, n. 1267; Paris, *Le dr. com. franç.*, n. 432 *ter*; Bravard, *Tr. de dr. com.*, I, p. 153; Guillouard, n. 35 et *Tr. du contrat de mar.*, I, n. 229 (V. cep. *Tr. de la vente*, I, n. 145); Brugnon, *De la femme mariée commerçante*, p. 131 s. et 160 s.; Bressolles, *De la femme du commerçant*, n. 24 s.; Planiol, *Revue crit.*, 1888, p. 275 s.; Troplong, *Tr. du contr. de mar.*, I, n. 206; Lacointa, *Note*, S., 88. 1. 305. — C. cité de Brooklyn, 1885, *Journ. dr. int.*, XIII, 1886, p. 737. — C. sup. Caroline du sud, 29 nov. 1887, *Journ. dr. int.*, XVII, 1890, p. 371. — *Contra* Amiens, 3 avril 1851, S., 51. 2. 312, D., 51. 2. 221. — Trib. civ. Lyon, 31 juill. 1867, D., 67. 3. 87. — Trib. com. Bruxelles, 14 mars 1853, D., 54. 3. 80. — Molinier, *Dr. com.*, I, n. 177; Alauzet, *Dr. com.*, I, n 152; Boistel, *Précis de dr. com.*, n. 102; Beudant, *Cours de dr. civ. franç.*, I, n. 313, p. 439; Laurent, XXII, n. 319, XXVI, n. 140; Labbé, *Note*, S., 90. 1. 49; Pont, n. 35 s. et 217. — C. sup. Missisipi, 20 fév. 1888, *Alb. law journ.*, XXXVII, p. 312.

[2] L., 16, D., *De alim. vel. cib. leg.*, 34. 1.

53. Il importe peu que les époux soient séparés de biens [1]. L'opinion contraire permettrait aux époux, contrairement à l'art. 1451, qui les oblige à adopter, s'ils veulent faire cesser la séparation, leur régime primitif, d'établir entre eux une communauté restreinte.

54. L'une des causes de la nullité étant que la société déroge à la puissance maritale, la société est nulle alors même qu'elle est réalisée dans le contrat de mariage [2], quoiqu'elle ne contrevienne pas, en ce cas, à l'immutabilité des conventions matrimoniales.

55. On a objecté à la nullité des sociétés entre époux que la société ne déroge pas au contrat de mariage, dans le cas au moins où elle est particulière, car elle affecte certains biens seulement à la prospérité d'une industrie déterminée, tandis que le contrat de mariage règle le sort du patrimoine tout entier ; on ajoute que la société doit être encouragée comme pouvant être une cause d'enrichissement. Mais ces deux objections ne répondent pas aux considérations qui précèdent.

56. Certains auteurs admettent la validité des sociétés particulières et même des sociétés universelles entre époux s'ils n'y font pas entrer les biens acquis à titre gratuit [3].

D'autres autorisent seulement la société particulière [4].

D'autres encore veulent que le juge examine en fait si la société compromet le principe de l'immutabilité [5].

Mais ces distinctions sont contraires aux motifs sur lesquels nous nous sommes fondés.

57. Notamment les sociétés en nom collectif contractées entre époux sont nulles [6].

(1) Cass. civ., 7 mars 1888, précité. — Paris, 9 mars 1859, précité. — Paris, 24 mars 1870, précité. — Dijon, 27 juil. 1870, précité. — Caen, 21 avril 1886, précité. — Trib. civ. Seine, 24 juin 1891, *Droit*, 22 juil. 1891 (pour l'exploitation d'un fonds de commerce de la femme). — Lacointa, *loc. cit.*

(2) Nîmes, 18 déc. 1886, précité.

(3) Duranton, XVII, n. 347.

(4) Troplong, *Tr. du contr. de mar.*, I, n. 209.

(5) Pont, n. 35.

(6) Cass. crim., 9 août 1851, précité (pour les époux communs). — Cass. req., 7 fév. 1860, précité. — Paris, 14 avril 1856, précité. — Metz, 22 août 1861, précité. — Paris, 24 mars 1870, précité. — Paris, 24 janv. 1885, précité. — Massé,

La société en participation entre époux est également nulle ([1]).

58. Les sociétés entre les deux époux et un tiers sont aussi nulles ([2]). Ici encore l'abus d'influence de l'un des époux sur l'autre peut être redouté, et le principe de l'immutabilité des conventions matrimoniales n'est pas sauvegardé.

Cependant les deux époux peuvent se rencontrer comme commanditaires ([3]) ou comme actionnaires d'une société anonyme ([4]).

59. Le mariage des deux associés entraîne la dissolution de la société ([5]).

On décide que cette dissolution ne peut être opposée que par ceux qui ont contracté avec les époux depuis le mariage ([6]).

60. La société entre concubins n'est pas illicite. Sans doute, s'il est dit dans l'acte de société que les concubins s'associent comme tels, que leur association a pour objet la communauté de l'existence, cette société est nulle; ce n'est pas seulement parce que les relations de concubinage sont immorales, c'est encore, et surtout, parce que la liberté des personnes n'est pas dans le commerce et que nul ne peut aliéner sa liberté individuelle.

Mais la société de biens que forment les concubins n'a rien

loc. cit.; Troplong, *loc. cit.* — *Contra* Amiens, 3 avril 1851, précité. — Trib. civ. Lyon, 31 juill. 1867, précité. — Trib. com. Bruxelles, 14 mars 1853, précité. — Delsol, *Rev. prat.*, I, 1856, p. 433 et s.; Pont, n. 37; Laurent, *loc. cit.*; Labbé, *loc. cit.*

([1]) Cass. req., 27 juin 1893, S., 94. 1. 25, D., 93. 1. 488.

([2]) Cass., 9 août 1851, précité. — Paris, 14 avril 1856, précité. — Metz, 22 août 1865, précité. — Paris, 24 janvier 1885, précité. — Paris, 10 décembre 1893, précité. — Lacointa, *loc. cit.*; Bressolles, *op. cit.*, n. 34. — V. cep. Labbé, *loc. cit.* — Il en est autrement si les deux époux ne forment qu'une seule partie au contrat; dans ce cas les époux ne sont pas associés l'un à l'autre, c'est la communauté qui est associée à un tiers. — Paris, 24 janvier 1885, sous Cass. req., 6 février 1888, S., 90. 1. 49, D., 90. 1. 401. — Houpin, *Journ. des soc.*, 1894, p. 81. — Et cela même si la signature sociale est attribuée à la femme et s'il est stipulé qu'en cas de prédécès du mari la femme restera associée avec le tiers. Même arrêt.

([3]) Lacointa, *loc. cit.*

([4]) Lacointa, *loc. cit.*

([5]) Paris, 9 mars 1859 (motifs), S., 59. 2. 502. — Dijon, 27 juil. 1870, S., 71. 2. 268. — Nîmes, 18 déc. 1886, sous Cass., 12 juill. 1887, S., 87. 1. 384. — Lacointa, *Note*, S., 88. 1. 305.

([6]) Dijon, 27 juil. 1870, précité. — Lacointa, *loc. cit.*

que de valable, quand ils ne la donnent pas eux-mêmes comme étant la conséquence nécessaire de la communauté des personnes (¹); il importerait même peu, selon nous, que la société de biens fût constatée par le même acte que la société de personnes; pour que la première soit valable, il suffit que les parties ne fassent pas apparaître une indivisibilité entre les deux sociétés. Nous nous demandons comment l'immoralité de la société des personnes pourrait rejaillir sur la société de biens, que tout le monde peut former, qui est possible entre des personnes étrangères l'une à l'autre comme entre les parents les plus proches, et dont la gestion, la liquidation, toutes les opérations en un mot, peuvent intervenir sans que les tribunaux aient aucunement à examiner les relations illicites des parties entre elles.

Nous avons vu seulement que l'existence de cette société donne lieu à quelques difficultés de preuve.

61. Le mineur non émancipé et l'interdit judiciaire ne peuvent entrer en société (²), n'ayant même pas la capacité d'administrer. Leur tuteur ne peut davantage les mettre en société, puisqu'il n'a que le pouvoir d'administrer. La société exige l'autorisation du conseil de famille et l'homologation du tribunal, car ce sont les conditions nécessaires soit pour un emprunt, soit pour une aliénation immobilière (³).

A l'interdit judiciaire, il faut assimiler l'interdit légalement (⁴).

(¹) Paris, 19 août 1851, S., 52. 2. 209, D., 54. 2. 84. — Bordeaux, 19 mars 1868, D., 68. 2. 222. — Paris, 13 juin 1872, S., 74. 2. 37, D., 73. 2. 169. — Lyon, 8 mars 1889, *Ann. dr. com.*, III, 1889, p. 118. — Paris, 16 mai 1890, *Gaz. Trib.*, 30 mai 1890. — Trib. civ. Lyon, 8 juil. 1887, *Mon. jud. Lyon*, 12 déc. 1887. — Trib. civ. Seine, 14 fév. 1891, *Droit*, 27 fév. 1891. — Pont, n. 69 et 139; Laurent, XXVI, n. 149 et 175. — *Contra* Guillouard, n. 86 (Toutefois la doctrine de cet auteur n'est pas nette; il commence par dire que « les concubins, dont la loi n'a pas à connaître la vie privée, peuvent établir entre eux une société » : il ajoute qu'ils doivent le faire « d'après les règles du droit commun, ce qui leur est difficile, à *moins qu'ils n'aient perdu tout sentiment de pudeur* »; cela semble indiquer que, pour la validité de leur société, les concubins doivent constater qu'ils sont concubins. Enfin, M. Guillouard ajoute que la société donne lieu aux mêmes actions que toute autre société annulée comme ayant un but illicite).

(²) Pont, n. 28; Guillouard, n. 34; Houpin, I, n. 18.

(³) Pont, *loc. cit.*; Houpin, *loc. cit.*

(⁴) Pont, n. 31; Houpin, *loc. cit.*

Au contraire, l'individu placé dans un établissement d'aliénés peut entrer en société s'il n'est pas, au moment où il contracte, en état de démence [1].

Le mineur émancipé, qui n'a que la capacité d'administrer, ne peut pas davantage entrer en société [2]. Il le peut cependant avec l'autorisation du conseil de famille et l'homologation du tribunal.

62. L'individu pourvu d'un conseil judiciaire, qui n'a même pas le droit d'administrer son patrimoine, ne peut entrer en société sans l'assistance de son conseil [3]. On admet même qu'il ne le peut pas avec l'autorisation de son conseil judiciaire, parce que cette autorisation ne saurait « lui conférer la capacité de contracter seul, en vertu d'une autorisation générale, préalable et indéterminée, des engagements indéfinis ». Cela équivaut donc, ajoute-t-on, à la levée du conseil judiciaire par le conseil judiciaire lui-même [4]. Nous ne croyons pas cette opinion exacte, l'individu pourvu d'un conseil judiciaire pouvant faire toutes espèces d'actes avec l'assistance de son conseil, même des donations.

63. Les associés peuvent évidemment entrer en société par l'intermédiaire d'un mandataire [5].

Le mandat doit être exprès [6], ou du moins il ne doit pas rester de doute sur les pouvoirs conférés au mandataire [7].

Si un tiers déclare agir au nom d'une partie dont il n'est pas mandataire, mais qu'il veut engager dans la société en se portant fort pour elle, la ratification de cette partie, conformément au droit commun (art. 1120), entraîne la formation de la société [8]. Entre les parties, cette ratification est rétro-

[1] V. cep. Pont, n. 30; Houpin, *loc. cit.*

[2] Pont, n. 28; Guillouard, n. 34; Houpin, *loc. cit.*

[3] Cass., 3 déc. 1850, S., 50. 1. 777, D., 51. 1. 42. — Trib. civ. Seine, 22 juin 1893, *Pand. franç.*, 94. 2. 51. — Guillouard, n. 34; Houpin, I, n. 19.

[4] Cass., 3 déc. 1850, précité. — Demolombe, VIII, n. 761; Laurent, V, n. 351; Guillouard, n. 34; Houpin, *loc. cit.*

[5] Pont, n. 16; Guillouard, n. 32; Houpin, I, n. 25.

[6] Pont, n. 16; Guillouard, n. 32; Houpin, I, n. 25.

[7] Cass., 20 mars 1860, S., 61. 1. 61, D., 60. 1. 398. — Pont, n. 16; Guillouard, n. 32; Houpin, *loc. cit.* — V. cep. Cass., 4 mars 1843, S., 43. 1. 144.

[8] Larombière, art. 1120, n. 7; Pont, n. 17; Guillouard, n. 32 *bis*; Houpin, I, n. 26.

active ([1]). Vis-à-vis des tiers, elle ne l'est pas ([2]), conformément à la doctrine généralement admise sur la ratification des actes d'un gérant d'affaires.

64. Comme tout autre acte à titre onéreux, et par application de l'art. **1167** C. civ., le contrat de société peut être révoqué sur la demande des créanciers de l'associé qui a eu pour but de soustraire son actif au gage de ses créanciers, à condition que ses co-associés soient complices ([3]).

La complicité de tous les co-associés est nécessaire.

SECTION III

DE L'OBJET ET DE LA CAUSE

65. L'objet de la société (avec lequel se confond la cause, comme dans tous les contrats synallagmatiques), est le but qu'elle poursuit ([4]) ou plus exactement (car on pourrait également considérer la recherche des bénéfices comme le but de la société) la nature de l'exploitation. L'art. **1834** qualifie également d'objet la réunion des apports, mais cela est impropre.

L'art. **1833** exige que l'objet de la société soit licite.

Quoique la question de savoir si l'objet est licite présente des difficultés sérieuses d'application, le principe n'a rien de particulier à la société : les art. **1108, 1131** et **1133** exigent d'une manière générale que les contrats aient un objet licite. Le droit romain appliquait déjà cette solution à la société ([5]), et il en était de même de l'ancien droit ([6]).

66. Sont nulles les sociétés ayant les objets suivants :

([1]) Pont, n. 17; Guillouard, n. 32 *bis*; Houpin, *loc. cit.*

([2]) Cass., 6 avril 1842, S., 42. 1. 597. — Cass., 4 août 1847, S., 47. 1. 649, D., 47. 1. 309. — Larombière, art. 1120, n. 7; Pont, n. 17; Demolombe, XXIV, n. 30; Guillouard, n. 32 *bis*; Houpin, *loc. cit.* — *Contra* Laurent, XXVI, n. 138.

([3]) Trib. com. Seine, 23 janv. 1894, *Gaz. Pal.*, 94. 1. 403. — Trib. com. Seine, 27 fév. 1894, *Gaz. Pal.*, 94. 1. 405, *Journ. Trib. com.*, 95. 180. — V. *supra*, n. 46.

([4]) Guillouard, n. 42.

([5]) L. 44, 57 et 71, D., *pro soc.*, 17. 2. — L. 35, § 2, D., *de contrah. empt.*, 18. 1. — L. 1, § 14, D., *de tit. et rat. dist.*, 27, 3.

([6]) Domat, liv. I, tit. VIII, sect. 1, § 11; Pothier, n. 14; Argou, liv. III, ch. XXXII, p. 321.

L'usure [1].

L'exploitation d'une maison de tolérance [2] ou d'une maison de jeu [3], par exemple d'un casino de ville d'eaux [4]. Nous examinerons s'il en est de même quand l'exploitation doit avoir lieu à l'étranger [5].

Les avances à faire à des joueurs [6].

Un objet portant atteinte à la liberté du commerce ou de l'industrie [7].

L'exercice illégal de la médecine [8].

La société formée pour le partage des gains du jeu entre personnes dont l'une s'engage à jouer ou parier avec l'argent avancé par l'autre, et à la charge de partager les bénéfices, est nulle [9], car tous les contrats consistant dans un jeu ou pari sont nuls.

[1] Pothier, n. 14.

[2] Trib. com. Montargis, 28 juin 1888, *Droit*, 13 mars 1889. — Pothier, n. 14; Treilhard, *Exposé des motifs au corps législatif*, Fenet, XIV, p. 394.

[3] Cass., 16 août 1864, S., 65. 1. 23. — Trib. civ. Charleroi, 12 janv. 1897, *Pas.*, 97. 3. 103. — Lyon-Caen et Renault, II, n. 7; Guillouard, n. 53; Houpin, I, n. 29. — Un cercle n'est pas illicite par cela seul que parmi ses actes entre l'exploitation d'une maison de jeu, Chambéry, 28 janv. 1892, *Rec. Grenoble*, 92. 2. 53.

[4] Chambéry, 28 avril 1890, *Ann. de comm.*, IV, 1890, *Jurispr.*, p. 233. — Même restriction que pour les cercles, Chambéry, 28 janv. 1892, précité.

[5] V. *infra*, n. 77.

[6] Trib. com. Seine, 8 déc. 1887, *Gaz. Pal.*, 88. 1. *Suppl.*, 5. — Trib. civ. Seine, 15 mars 1894, *Gaz. Pal.*, 94. 2. 147. — Pothier, n. 14; Treilhard, *loc. cit.*

[7] Trib. com. Dunkerque, 28 août 1888, *Gaz. Pal.*, 88. 2. 362 (association entre canotiers qui se divisent en groupes et stipulent une pénalité contre ceux qui remorquent des navires affectés à un autre groupe que le leur).

[8] Il était admis, même avant la loi du 30 nov. 1892, que le médecin qui s'associe avec un tiers et couvre de son nom l'exercice illégal de la médecine pratiqué par ce dernier est co-auteur de la contravention. — Cass., 25 avril 1857, S., 57. 1. 619. — Cass., 17 déc. 1859, S., 60. 1. 298. — Toulouse, 12 août 1859, S., 59. 2. 625. — Dubrac, *Tr. de jurispr. médicale*, n. 333. — Aujourd'hui la loi du 30 nov. 1892 (art. 16) dispose qu'il y a exercice illégal de la médecine de la part de « toute personne qui, munie d'un titre régulier, sort des attributions que la loi lui confère, notamment en prêtant son concours aux personnes désignées dans les paragraphes précédents (celles qui pratiquent l'exercice illégal de la médecine), à l'effet de les soustraire aux prescriptions de la loi »; le médecin qui couvre de son nom l'exercice illégal de la médecine par un tiers commet donc une infraction. — Alger, 17 mars 1894, S., 95. 2. 237. — Pabon, *Manuel jurid. des médecins*, n. 21; Lechopié et Floquet, *La nouv. législ. médicale*, p. 155; Roland, *Les médecins et la loi du 30 nov. 1892*, n. 244.

[9] Trib. civ. Nice, 12 juin 1894, *Gaz. Trib.*, 11 août 1894. — Argou, liv. III,

La société ayant pour objet la contrebande est nulle [1]. Il en est ainsi, comme nous le verrons, même si la contrebande doit être faite à l'étranger [2].

Est illicite également la société ayant pour objet la vente d'objets qui ne sont pas dans le commerce, par exemple les remèdes secrets [3].

Est illicite la société formée pour faire obtenir à des tiers, moyennant finances, une faveur, par exemple des décorations [4]. La loi du 4 juillet 1889 a sanctionné le caractère illicite du trafic des décorations, en punissant ce trafic d'une peine grave.

Même solution pour les fonctions publiques [5].

67. La société relative à l'exploitation d'une fonction publique est également nulle [6]; car la fonction est accordée à la personne et il n'appartient pas plus à celui qui l'occupe de la mettre en société que de l'aliéner.

Ainsi est nulle la convention par laquelle un candidat à une fonction publique s'engage envers un autre candidat à se retirer, moyennant la charge imposée à ce dernier de partager avec le premier les bénéfices de sa fonction [7].

68. La société formée pour l'exploitation d'un office public ou ministériel est nulle comme étant illicite [8]. Les offices

ch. XXXII, p. 321; Houpin, n. 29. — *Contra* Haute-cour d'Angleterre, 22 nov. 1875, *Journ. dr. int.*, III, 1876, p. 38 (rendu par interprétation de la loi anglaise, qui s'exprime de la même manière que l'art. 1965). — V. notre *Tr. des contrats aléatoires*.

(1) Paris, 18 février 1837, D. *Rép.*, v° *Société*, n. 150 et 173, et *Obligations*, n. 593. — Pothier, n. 14; Treilhard, *loc. cit.*; Troplong, n. 86; Duvergier, n. 30; Chardon, *Dol et fraude*, III, n. 415; Pont, n. 43; Larombière, art. 1133, n. 34; Delangle, *Soc.*, I, n. 103; Guillouard, n. 53; Laurent, XXVI, n. 133; Fuzier-Herman, *C. civ. annoté*, art. 1133, n. 41; Houpin, I, n. 29.

(2) V. *infra*, n. 77.

(3) Paris, 15 janvier 1838. — Paris, 28 nov. 1868. — Paris, 5 fév. 1889, *Gaz. Pal.*, 89. 1. 620. — Trib. civ. Châlons, 28 déc. 1866, sous Cass., 16 mars 1869, S., 69. 1. 325. — Guillouard, n. 44; Houpin, I, n. 29.

(4) Guillouard, n. 44.

(5) Guillouard, n. 44; Houpin, I, n. 29.

(6) Guillouard, n. 45.

(7) Lyon, 12 janv. 1822, D. *Rép.*, v° *Société*, n. 159. — Guillouard, n. 45.

(8) Cass. req., 26 fév. 1851, S., 51. 1. 327, D., 51. 1. 253. — Cass., 15 janv. 1855, S., 55. 1. 257, D., 55. 1. 5. — Cass. civ., 6 août 1872, S., 73. 1. 67, D., 72. 1. 294. — Cass., 25 janv. 1887, S., 87. 1. 224. — Cass., 11 déc. 1888, S., 89. 1. 80. —

sont, en effet, comme les fonctions publiques, conférés par le gouvernement, et quoique la nomination des officiers publics soit, en général, faite sur la présentation de leurs prédécesseurs, elle n'est faite qu'au profit de personnes qui sont considérées comme présentant des garanties suffisantes de moralité et de capacité; ces garanties disparaîtraient si l'association pour l'exercice d'un office public était possible. Du reste, l'art. 91 de la loi du 28 avril 1816 n'admet, en matière d'office, que le contrat de cession, et il déroge à la règle d'après laquelle les offices sont intransmissibles. Sans doute, il arrive que, par le décès d'un officier public, l'office soit en co-propriété entre ses héritiers, mais la co-propriété n'a pas les inconvénients de la société, qui permet aux associés de s'immiscer dans la gestion, et, d'ailleurs, ce qui est alors en indivision ce n'est pas l'office, mais le prix qui en sera retiré, puisqu'aucun des héritiers n'a, comme tel, le droit de gérer l'étude.

Cette solution a été donnée pour les offices d'avoué [1], d'huissier [2], de notaire [3], de courtier maritime [4].

Il n'y a d'exception que pour les charges d'agent de change.

Rennes, 29 nov. 1839, D. *Rép.*, v° *Office*, n. 352. — Rennes, 28 août 1841, S., 41. 2. 494, D. *Rép.*, v° *Office*, n. 352. — Nîmes, 7 déc. 1848, D., 49. 2. 203. — Toulouse, 18 janv. 1866, S., 66. 2. 107, D., 66. 2. 6. — Rennes, 19 janv. 1881, S., 81. 2. 181, D., 81. 2. 104. — Rennes, 15 avril 1886, S., 86. 2. 213. — Caen, 18 janv. 1888, S., 90. 2. 97. — Poitiers, 13 janv. 1890, *Rec. de Poitiers*, 90. 82. — Pau, 8 juin 1891, S., 94. 2. 127, D., 93. 2. 174. — Troplong, I, n. 89 s.; Duvergier, n. 59 s.; Larombière, art. 1128, n. 18; Laurent, XXVI, n. 157 s.; Aubry et Rau, IV, p. 550, § 378, note 4; Demolombe, XXIV, n. 338; Pont, n. 37; Durand, *Des cessions et transm. d'office*, n. 279 s.; Lyon-Caen et Renault, *Traité*, II, n. 72; Guillouard, n. 45; Garsonnet, *Tr. de proc.*, I, p. 385, § 99; Wahl, *Note*, S., 94. 2. 290, § 2, n. 4; Houpin, I, n. 29 et *Journ. des soc.*, 1893, p. 566.

[1] Rennes, 28 août 1841, S., 41. 2. 494, D. *Rép.*, v° *Office*, n. 352. — Trib. civ. Nantes, 9 mai 1839, S., 39. 2. 434.

[2] Cass., 9 fév. 1852, S., 52. 1. 190, D., 53. 1. 70. — Cass., 12 fév. 1878, S., 78. 1. 153. — Riom, 3 août 1841, S., 41. 2. 492, D. *Rép.*, v° *Office*, n. 362. — Paris, 4 fév. 1854, S., 54. 2. 148, D., 54. 2. 149. — Toulouse, 18 janv. 1866, S., 66. 2. 107, D., 66. 2. 6. — Pau, 8 juin 1891, précité.

[3] Cass., 15 janv. 1855, S., 55. 1. 257, D., 55. 1. 5. — Paris, 31 janv. 1840, S., 40. 2. 81. — Paris, 15 fév. 1840, S., 40. 2. 81. — Lyon, 29 juin 1849, D., 50. 2. 155.

[4] Bordeaux, 8 juin 1853, D., 53. 2. 109. — Rennes, 19 janv. 1881, S., 81. 2. 181, D., 81. 2. 104. — Rennes, 15 avril 1886, précité. — Fabre *Des Courtiers*, I, n. 82; Boistel, *Précis de dr. com.*, n. 589; Ruben de Couder, *Dict. dr. com.*, v° *Courtiers*, n. 33 s. — V. cep. Alger, 26 juil. 1860, S., 61. 2. 61, D., 60. 2. 187.

Leur caractère illicite était reconnu par la jurisprudence avant la loi du **2 juil. 1862**, qui a permis aux agents de change près les bourses pourvues d'un parquet de s'adjoindre des bailleur de fonds intéressés, qui participeront aux produits de la charge.

De même les sociétés entre officiers publics pour la mise en commun des produits de leurs charges est nulle ([1]).

La cession d'une part dans un office est également nulle ([2]).

Un notaire n'ayant pas le droit de recevoir les actes auxquels il est intéressé, une société formée pour réaliser des opérations qui devront être constatées par actes passés devant lui est aussi illicite ([3]).

Nous avons examiné ailleurs s'il faut admettre la validité du contrat par lequel un officier ministériel promet à son clerc, pour les services que lui rend ce dernier, une part des bénéfices de l'étude, ou de celui par lequel un officier public cède sa charge moyennant l'abandon d'une partie des produits ([4]).

Il va sans dire que la société pour l'exploitation d'un cabinet d'agent d'affaires est valable ([5]).

69. Il ne suffit pas qu'une fonction soit constituée en monopole pour que la société conclue en vue de son exploitation soit nulle, il faut encore que le monopole soit créé, partiellement du moins, dans un intérêt général ; s'il est créé dans un intérêt purement pécuniaire, une société peut être formée pour son exploitation ([6]).

Ainsi le concessionnaire d'un chemin de fer peut faire une société de ce genre ([7]). De même pour un facteur à la halle ([8]).

([1]) Montpellier, 28 août 1830, D. *Rép.*, v° *Huissier*, n. 128. — Riom, 3 août 1841, S., 41. 2. 492. D. *Rép.*, v° *Office*, n. 362. — Angers, 23 avril 1842, D. *Rép.*, v° *Commissaire-priseur*, n. 50. — Durand, *op. cit.*, n. 288; Garsonnet, I, p. 386, § 99, note 17.

([2]) Caen, 18 janv. 1888, S., 90. 2. 97 (courtier maritime) et les arrêts précités.

([3]) Dijon, 25 juin 1884, sous Cass., 14 mai 1888, S., 89. 1. 12. — Houpin, I, n. 29.

([4]) V. *supra*, n. 29.

([5]) Paris, 5 déc. 1871 (agence d'expropriation), cité par Houpin, I, n. 30. — Houpin, *loc. cit.*

([6]) Paris, 3 avril 1884, *Rev. des soc.*, 85. 15. — Guillouard, n. 52; Houpin, I, n. 30.

([7]) Toulouse, 9 déc. 1885, *Rev. des soc.*, 86. 456. — Houpin, I, n. 45.

([8]) Paris, 5 mars 1881, S., 81. 2. 130, D., 82. 2. 39. — Guillouard, n. 52; Houpin, I, n. 30.

70. Il existe certaines professions qui ne sont ni des fonctions publiques, ni des offices publics et pour l'exercice desquelles des conditions spéciales de capacité sont exigées.

Tels sont les pharmaciens. La société conclue pour l'exercice de cette profession est-elle valable?

On a soutenu d'une manière générale qu'elle est nulle ([1]) et on a même appliqué cette solution au cas où la société est formée avec un médecin ([2]), et peut-être aussi avec une personne ayant un diplôme de pharmacien.

La raison qu'on invoque est que les conditions de capacité exigées par la loi sont éludées. Elles le sont surtout, ajoute-t-on, si la société est formée avec un médecin, que l'on s'expose à placer entre son devoir médical et l'intérêt de l'officine à la prospérité de laquelle il est associé ([3]).

L'argument est, il est à peine nécessaire de le remarquer, entièrement sans valeur quand il s'agit d'une société entre deux pharmaciens; aussi les sociétés de ce genre sont-elles très fréquentes dans les grandes villes et on ne s'est jamais avisé de les faire déclarer nulles.

Mais s'il en est ainsi, l'argument n'a pas plus de valeur quand la société est formée entre un pharmacien et un médecin. On sait que, dans nos lois, le diplôme de médecin permet d'exercer les fonctions de pharmacien; la situation est donc la même que si la société était conclue entre deux pharmaciens. Qu'entend-on exprimer par cette formule que le médecin est placé entre son devoir médical et l'intérêt de l'officine? Sans doute que le médecin aura tendance à imposer des remèdes nombreux à ses malades, peut-être au détriment de leur santé! Si le législateur avait eu cette crainte, il aurait interdit aux médecins d'exercer la profession de pharmacien.

Nous n'interdirons même pas la société entre le pharmacien et un tiers ([4]). Il faut songer que le pharmacien est un

([1]) Paris, 27 mars 1862, S., 62. 2. 381, D., 62. 2. 105. — Paris, 31 mai 1866, S., 67. 2. 49. — Laurent, XXVI, n. 162; Guillouard, n. 51.

([2]) Laurent, XXVI, n. 162; Guillouard, n. 51.

([3]) Laurent, *loc. cit.;* Guillouard, *loc. cit.*

([4]) Lyon, 22 mai 1861, S., 62. 2. 39. — *Contra* Houpin, I, n. 29 et les auteurs précités.

commerçant, que des capitaux lui sont nécessaires pour acquérir et gérer son fonds de commerce, qu'une commandite est pour lui aussi utile que pour tout autre commerçant. Si l'associé trouvait dans cette qualité le droit de fabriquer et de vendre les produits, la société serait sans doute illicite; mais ordinairement l'associé ne peut s'ingérer que dans la comptabilité et dans la partie matérielle de l'exploitation. En ce qui concerne ces deux points, l'immixtion n'a rien de dangereux pour le public. Une société de ce genre n'est donc pas comparable avec celle qui est formée au sujet d'un office ministériel et qui permet à l'associé de dénaturer le caractère que doit avoir un office ministériel.

Il est essentiel toutefois que la gérance ne soit pas confiée à l'un des associés non muni du diplôme nécessaire, sinon la société est nulle (1).

71. Une société est illicite quand elle est faite en vue d'un commerce ou d'une industrie réservés à l'Etat ou à un tiers qui en a obtenu la concession ou à des personnes déterminées qui en ont le monopole.

Il en serait ainsi pour la fabrication des allumettes, ou pour la négociation de valeurs susceptibles d'être cotées à la bourse (2); la société pour l'exploitation d'une maison de coulisse est donc nulle.

Mais les syndicats financiers sont valables (3).

Aussi le syndicat formé pour le placement des actions d'une société n'est pas nul (4).

72. Sont nulles les sociétés contractées pour échapper à un impôt, par exemple une société entre deux marchands de liquides pour frauder le Trésor ou une caisse municipale (5).

(1) Trib. comm. Lyon, 17 déc. 1889, *Ann. dr. com.*, IV, 1890, *jurispr.*, p. 67. — Trib. comm. Seine, 30 juin 1894, *Gaz. Trib.*, 29 juillet 1894.

(2) Trib. civ. Seine, 8 déc. 1887, cité par Houpin, I, n. 28. — Lyon-Caen et Renault, *Traité*, II, n. 69; Guillouard, n. 53; Houpin, *loc. cit.*

(3) Trib. civ. Seine, 6 juill. 1881, Trib. com. Seine, 9 et 21 juin 1882, cités par Cosson, *L'agiotage et les syndicats financiers*, p. 6. — Cosson, *loc. cit.*

(4) Paris, 28 avril 1887 sous Cass. civ., 23 déc. 1889, S., 91. 1. 321 (particulièrement s'il est fait entre tous les souscripteurs primitifs).

(5) Cass., 8 nov. 1880, S., 81. 1. 248, D., 81. 1. 115. — Limoges, 18 août 1879, S., 79. 2. 248, D., 80. 2. 131. — Guillouard, n. 53; Fuzier-Herman, sur l'art. 1133, n. 51; Houpin, I, n. 29.

73. Suffit-il qu'un acte soit interdit à une personne, en raison de sa profession, pour que la société conclue entre cette personne et un tiers en vue de l'accomplissement de cet acte soit nulle ? La négative nous paraît certaine ; quand la loi ou l'administration considèrent des actes déterminés comme incompatibles avec l'exercice d'une profession, la révocation ou d'autres mesures disciplinaires peuvent bien être prononcées en cas de contravention, mais l'acte n'est pas nul, car, en lui-même, il n'est pas illicite.

Ainsi un officier public, auquel il est interdit d'exercer le commerce, fait valablement des actes de commerce et la jurisprudence permet qu'il soit déclaré en faillite. De même un officier public pourra s'associer pour faire le commerce.

Cependant on décide généralement que la société formée entre un notaire et un tiers pour l'acquisition d'immeubles et leur revente en détail est nulle [1]. Des deux arguments qu'on a invoqués en ce sens, le premier, tout au moins, est fort singulier ; on a dit que la loi du 25 ventôse an XI interdit aux notaires de recevoir des actes dans lesquels ils sont personnellement intéressés [2]. Cela est très exact, mais est-il impossible de supposer que le notaire se serve d'un acte sous-seing privé ou s'adresse à l'un de ses confrères ?

On dit encore que l'art. 12 de l'ord. du 4 janv. 1843 interdit aux notaires de faire des spéculations sur les immeubles. Nous avons répondu par avance à cette considération : une défense de ce genre n'est sanctionnée que par des mesures disciplinaires, l'acte fait par le notaire est évidemment valable et ni son vendeur ni son acquéreur ne peuvent se voir opposer la nullité. Pourquoi en serait-il autrement d'un associé ?

74. Est nulle la société formée entre un tiers et un fonctionnaire, un employé ou un officier public pour se partager les bénéfices d'actes que ce dernier n'a pas le droit de faire.

Ainsi en est-il d'un traité passé entre un fournisseur et un

[1] Dijon, 25 juin 1884 sous Cass., 14 mai 1888, S., 89. 1. 12. — Besançon, 9 janv. 1889, D., 90. 2. 19. — Guillouard, n. 50; Fuzier-Herman, sur l'art. 1133, n. 102.

[2] Guillouard, *loc. cit.*

officier d'administration [1], et cela même si cette association n'est pas réprimée par la loi criminelle [2]. De même pour la société entre un commis et un tiers pour se partager les bénéfices d'une opération illicite faite au détriment du commerçant [3].

75. Est nulle encore, la société formée pour entraver le commerce ou la liberté des conventions, par exemple la société formée pour empêcher que des immeubles mis en adjudication dépassent un certain prix [4].

De même, la société ayant pour objet des manœuvres destinées à hausser le prix d'une denrée est nulle [5].

Il en est ainsi également des sociétés formées pour l'accaparement d'une marchandise [6].

76. La société constituée pour aider au fonctionnement d'une entreprise illicite, par exemple d'une congrégation non autorisée, est nulle [7].

76 *bis*. Une société pour une exploitation soumise à l'autorisation du gouvernement n'est pas illicite [8]. Elle est simplement conditionnelle.

77. On s'est demandé si l'objet de la société, illicite en sup-

(1) Aix, 22 juin 1878, S., 79. 2. 19. — Guillouard, n. 53.

(2) Aix, 22 juin 1878, précité. — Guillouard, *loc. cit.*

(3) Agen, 11 fév. 1887, *Rec. d'Agen*, 87. 296.

(4) Cass., 23 avril 1834, S., 34. 1. 746. — Laurent, XXVI, n. 161; Pont, n. 41; Guillouard, n. 53; Houpin, I, n. 29.

(5) Treilhard, *loc. cit.* — La société entre plusieurs fabricants de céramique d'une même région, pour mettre en commun, afin de les vendre à prix égal, leurs produits, avec clause que les associés vendront exclusivement ces produits à la société dans la proportion des apports de chacun, est valable, alors que les associés forment la minorité des fabricants de la région, ne se sont engagés que pour un temps et un rayon limité, et n'ont pas eu l'intention de se créer un monopole. Paris, 14 avril 1891, S., 92. 2. 150. — Grenoble, 1er mai 1894, S., 94. 2. 277, D., 95. 2. 221.

(6) Cass., 2 avril 1851, D., 54. 5. 119. — Bourges, 11 août 1826, sous Cass., 18 juin 1828, S. chr., D. *Rép.*, vo *Obligations*, n. 613. — Aubry et Rau, IV, p. 323, § 345; Fuzier-Herman, *C. civ. annoté*, sur l'art. 1133, n. 16 s.

(7) Cass., 26 fév. 1849, S., 49. 1. 245, D., 49. 1. 44 (société universelle de gains entre membres d'une communauté non autorisée). — Caen, 20 juil. 1846, S., 47. 2. 278.

(8) *Contra* Bordeaux, 29 avril 1891, *Gaz. Trib.*, 19 sept. 1891 (agence d'émigration; cet arrêt en conclut que les associés peuvent se retirer tant que l'autorisation n'est pas intervenue).

posant que l'exploitation doive avoir lieu en France, est également illicite quand l'exploitation doit avoir lieu à l'étranger. Par exemple, une société conclue pour faire la contrebande ou exploiter une maison de jeu à l'étranger, est-elle illicite?

Quoique la négative compte des partisans très sérieux ([1]), l'affirmative nous paraît certaine ([2]). Outre qu'il serait choquant de voir un tribunal français sanctionner des engagements que la loi française considère comme immoraux, nous ne voyons pas comment un changement de latitude modifierait le caractère de la société contractée. Du reste, on sait que, d'une manière générale, les tribunaux français n'ont pas, d'après les principes du droit international, le droit de méconnaître les lois étrangères et doivent appliquer ces lois toutes les fois qu'un contrat régi par elles leur est soumis; pourquoi, dès lors, pourraient-ils ne pas tenir compte de lois qui considèrent comme illicite une société également considérée comme illicite en France?

On objecte qu'il appartient à chaque peuple de se suffire à lui-même pour l'exécution de ses lois de police. Cette objection repose sur une confusion; il ne s'agit pas ici des lois de police, lesquelles touchent au droit criminel et ont, en effet, un caractère territorial; il s'agit de lois qui rentrent dans le droit civil et, par suite, doivent être respectées dans tous les États.

Cette solution a, au point de vue pratique, l'avantage qu'étant basée sur des raisons de droit international, elle oblige également les tribunaux étrangers à considérer comme nulles

([1]) Cass., 25 août 1835, S., 35. 1. 673. — Paris, 22 fév. 1849, S., 49. 2. 144, D., 49. 2. 105. — Trib. civ. Seine, 12 mars 1847, *Gaz. Trib.*, 13 mars 1847. — Haute-Cour justice Angleterre, Chancellerie, 18 avril 1891, *Anal. Journ. dr. int.*, XIX, 1892, p. 743 (société pour la concession de la loterie d'un État étranger). — Larombière, art. 1133, n. 41; Aubry et Rau, IV, p. 550, § 378, note 7; Fuzier-Herman, art. 1133, n. 12.

([2]) Paris, 31 mars 1849, S., 49. 2. 464, D., 49. 2. 214. — Trib. civ. Seine, 29 juil. 1865, *Gaz. Trib.*, 25 août 1865. — Pont, n. 43 et 44; Brocher, *Cours de dr. intern. privé*, II, n. 160; Lyon-Caen et Renault, *Traité*, II, n. 70 et 71; Guillouard, n. 54; Frèrejouan du Saint, *Jeu et pari*, n. 272; Despagnet, *Dr. int.*, n. 486; Weiss, *Id.*, p. 638; Surville et Arthuys, *Id.*, n. 248; Bossion, *Du conflit des lois en ce qui concerne la subst. des oblig.*, p. 310; Vavasseur, I, n. 38. — Cpr. *Journ. dr. international*, XX, 1893, p. 810 s.

les sociétés formées pour une exploitation illicite en France.

Enfin Pothier était en ce sens (¹).

Ainsi la société formée par l'exploitation d'une maison de jeu à l'étranger est nulle (²).

Il en est de même d'une société qui se propose la contrebande à l'étranger (³).

Tout en décidant le contraire en principe, la cour de cassation admet cependant la nullité de la société qui, en même temps que la contrebande, se propose pour but d'acheter la connivence des employés des douanes (⁴). Cette distinction ne peut se justifier.

Il va sans dire que, pour les partisans de l'opinion que nous avons combattue, la société formée pour une exploitation illicite à l'étranger est valable même si elle est formée entre un Français et un sujet du pays où l'exploitation doit avoir lieu (⁵). Car s'il est vrai que les tribunaux français n'aient pas à se préoccuper de la loi étrangère, la nationalité des parties en cause n'importe pas.

On doit aussi aller, dans cette opinion, jusqu'à dire que les tribunaux français doivent reconnaître la validité d'une société de ce genre formée exclusivement entre sujets des pays étrangers ; la raison est toujours la même.

78. La société garde-t-elle son caractère illicite si l'opération qu'elle a pour but de réaliser à l'étranger, considérée comme illicite par la loi française, n'est pas interdite par la loi du pays où elle doit être exécutée?

La question s'est élevée pour la société ayant pour but l'exploitation d'une maison de jeu dans un pays où cette exploitation est autorisée.

(¹) *Tr. du contr. d'assur.*, n. 58.

(²) Paris, 31 mars 1849, S., 49. 2. 464, D., 49. 2. 214. — Trib. civ. Seine, 31 mars 1849, S., 49. 2. 464. — Despagnet, *Précis de dr. int. privé*, n. 420 ; Guillouard, n. 54 ; Frèrejouan du Saint, *Du jeu et pari*, n. 272. — *Contra* Paris, 22 fév. 1849, S., 49. 2. 144, D., 49. 2. 105. — Trib. civ. Seine, 12 mars 1847, *Gaz. Trib.*, 13 mars. — Larombière, art. 1133, n. 41 ; Aubry et Rau, IV, p. 550, § 378, note 7 ; Fuzier-Herman, *C. civ. annoté*, sur l'art. 1133, n. 12.

(³) Guillouard, *loc. cit.* — *Contra* Larombière, *loc. cit.* ; Aubry et Rau, *loc. cit.* ; Fuzier-Herman, sur l'art. 1133, n. 42.

(⁴) Cass., 25 août 1835, S., 35. 1. 673.

(⁵) Larombière, art. 1133, n. 41.

On a prétendu que la société doit être, malgré cette dernière circonstance, considérée comme illicite vis-à-vis des tribunaux français, parce qu'elle est « contraire aux lois éternelles et universelles de la morale » ([1]), et on a rappelé que c'est en effet sur des considérations de morale que se sont fondés les rédacteurs du code civil en refusant toute action en vertu du jeu ([2]).

Cette considération ne nous paraît pas déterminante ; la loi française ne peut avoir la prétention d'être, à un point de vue absolu, la consécration de la morale ; elle ne peut penser qu'à appliquer les idées de justice et d'ordre public qui préoccupent ses sujets, et n'ignore pas que de pareilles idées changent avec les pays. Du reste, les considérations de droit international sur lesquelles nous nous sommes fondés conduisent à la même solution.

L'opinion contraire aboutirait aux plus singuliers résultats, car il faudrait aussi dire que les tribunaux français n'ont pas le droit de sanctionner les sociétés faites pour l'exploitation des offices publics dans un pays où cette exploitation est autorisée, les sociétés pour la fabrication du tabac dans un pays où cette fabrication est libre.

Réciproquement, nous pensons que les tribunaux français doivent proclamer le caractère illicite d'une société conclue pour une exploitation qui doit avoir lieu dans un pays où elle est regardée comme illicite alors même qu'en France elle est jugée tout autrement.

79. Une société est valable quoiqu'elle soit constituée en vue d'opérations à faire dans un pays étranger et que, pour mener à bout ces opérations, elle soit obligée de rompre un blocus établi par sa loi nationale ([4]).

80. Il peut arriver que l'objet d'une société d'illicite devienne licite. Ainsi la loi du 2 juillet 1862 a autorisé les sociétés pour l'exploitation d'une charge d'agent de change nulles jusqu'alors.

([1]) Paris, 31 mars 1849, S., 49. 2. 464, D., 49. 2. 214. — Pont, n. 44 ; Lyon-Caen et Renault, *Traité*, II, n. 71 ; Guillouard, n. 54 ; Brocher, *op. cit.*, II, n. 160.

([2]) Guillouard, *loc. cit.*

([3]) Ballot, *Rev. dr. fr. et étr.*, VI, 1849, p. 803 s.

([4]) C. Alabama, *Journ. dr. int.*, IV, 1887, p. 266.

Dans ce cas, l'action en nullité continue-t-elle à pouvoir être dirigée contre une société antérieure à la loi qui déclare licite l'objet de cette société? On a admis la négative, par la raison qu'il y a de la part des associés, qui continuent à exécuter le contrat de société, ratification de la nullité [1]; on oublie que la nullité est absolue et, par suite, non susceptible de ratification.

SECTION IV

SANCTION DES CONDITIONS D'EXISTENCE ET DE VALIDITÉ DES SOCIÉTÉS

§ I. *Personnes qui peuvent provoquer la nullité de la société.*

81. Par application de la disposition générale de l'art. 1125, la nullité de la société pour cause d'incapacité ne peut être demandée que par l'incapable seul [2].

L'associé incapable ne peut être mis par ses associés en demeure de déclarer s'il entend ou non provoquer la nullité [3]. Cette solution ressort suffisamment de l'art. 1304, qui donne à l'incapable, pour se prononcer, dix ans à partir du jour où il est devenu capable; ses co-contractants ne peuvent lui enlever le bénéfice du délai que lui accorde la loi; du reste, on décide en ce sens pour la généralité des actes passés par l'incapable. Enfin la solution contraire contredit l'abrogation des actions provocatoires.

Pour soutenir que le principe n'est pas applicable en matière de société, on s'est prévalu de ce que, la société étant un contrat successif, l'incapable ne peut laisser indéfiniment ses co-associés dans l'incertitude. Si cet argument avait quelque valeur, nous ne voyons pas pourquoi il se restreindrait à la société : dans la vente, qui n'est pas un contrat successif, la partie capable n'a-t-elle pas le même intérêt à savoir si l'incapable intentera une action en nullité? Du reste, il ne s'agit pas de laisser indéfiniment les associés capables dans l'incer-

[1] Paris, 12 juil. 1880, *Journ. de soc.*, 1880, p. 589. — Lyon-Caen, *Rev. crit.*, X, 1881, p. 275.

[2] Lyon-Caen et Renault, II, n. 81; Guillouard, n. 41; Houpin, I, n. 23.

[3] *Contra* Lyon-Caen et Renault, II, n. 81; Guillouard, n. 41; Houpin, *loc. cit.*

titude, puisqu'au bout d'un certain temps l'action en nullité cesse de pouvoir être intentée.

82. Par exception, la nullité des sociétés entre époux, qui repose sur l'ordre public, peut être invoquée par tout intéressé [1].

83. Conformément au droit commun, la nullité fondée sur les vices du consentement ne peut être invoquée que par les personnes dont le consentement a été vicié.

Au contraire, la nullité pour défaut de consentement ou pour objet illicite peut être invoquée par tout intéressé.

§ II. *Temps pendant lequel la nullité peut être opposée.*

84. Ici encore il y a lieu d'appliquer le droit commun.

Si la société entre époux est nulle, les motifs sur lesquels est fondée la nullité, — contravention aux art. 1099, 1388 et 1395 C. civ. — commandent de décider que cette nullité est d'ordre public [2]. Elle ne peut donc pas être ratifiée, au moins pendant le mariage [3].

Mais, après la dissolution du mariage, la société peut-elle être ratifiée? On a décidé l'affirmative [4], par application sans doute de la jurisprudence qui décide qu'une nullité d'ordre public disparait par une confirmation intervenue après que les motifs de nullité ont disparu [5].

§ III. *Effets de la nullité.*

I. *Entre quelles personnes se produit la nullité.*

85. Un contrat nul, quelle que soit la cause de sa nullité, est nul vis-à-vis de tout le monde.

La nullité d'une société est donc prononcée vis-à-vis de

(1) Paris, 24 mars 1870, S., 71. 2. 71. — Lacointa, *Note*, S., 88. 1. 305, — notamment par le syndic de la faillite de la société; Lacointa, *loc. cit.*

(2) Paris, 14 avril 1856, S., 56. 2. 369, D., 56. 2. 231. — Lacointa, *Note*, S., 88. 1. 305; Labbé, *Note*, S., 90. 1. 49.

(3) Paris, 14 avril 1856, précité. — Lacointa, *loc. cit.* — Décidé de même que la nullité peut être opposée en appel. — Paris, 10 déc. 1893, D., 97. 2. 125.

(4) Cass. req., 6 fév. 1888, S., 90. 1. 49, D., 88. 1. 401.

(5) Cass., 31 janv. 1833, S., 33. 1. 471.

tous les associés, alors même qu'un seul d'entre eux est l'auteur des faits, par exemple des manœuvres frauduleuses, qui ont entraîné la nullité [1].

Mais la nullité prononcée à la demande d'un associé contre certains de ses coassociés n'est pas opposable aux autres associés [2]. La justification de cette solution est, non pas, comme on l'a dit [3], dans le caractère synallagmatique du contrat, mais dans le caractère relatif de l'autorité de la chose jugée.

86. Nous étudions plus loin les effets de la nullité vis-à-vis des tiers [4].

II. *Effets de la nullité entre les parties.*

A. *Restitution des apports et des avances.*

87. La société dont l'objet est illicite est nulle et même inexistante ; elle ne peut donc engendrer aucun effet : le néant ne saurait rien produire. Il en résulte que chaque associé a le droit de répéter le montant de ses apports, car ils se trouvent avoir été effectués sans cause.

Cette solution est admise par tout le monde [5]. Elle n'est pas contestable pour ceux qui, comme nous, admettent que, malgré la nullité de la société, les bénéfices qui sont entre les mains d'un associé doivent être partagés entre tous les associés [6]. Mais les auteurs qui soutiennent la solution contraire par le motif qu'un acte nul ne produit aucun effet, permettent cependant aux associés de reprendre leur apport [7]. Cela est peu logique [8], puisqu'un acte nul ne peut produire aucun

[1] Trib. féd. suisse, 6 juill. 1894, *Ann. dr. com.*, 1895, *doctrine*, p. 148.

[2] Douai, 12 fév. 1848, S., 49. 2. 670, D., 50. 2. 8. — Pont, n. 8 ; Guillouard, n. 8.

[3] Guillouard, n. 8.

[4] V. *infra*, n. 102 s.

[5] Cass., 15 janv. 1555, S., 55. 1. 257, D., 55. 1. 5. — Cass., 14 mai 1888, S., 89. 1. 12. — Nantes, 23 juin 1845, D., 45. 4. 377 — et les auteurs cités, *infra*, note 7.

[6] Laurent, XXVI, n. 165 s.

[7] Duvergier, n. 31 ; Aubry et Rau, IV, p. 551, § 378, note 9 ; Pont, n. 53 ; Lyon-Caen et Renault, *Traité*, II, n. 73 ; Guillouard, n. 58 et 86 ; Houpin, I, n. 31. — *Contra* Delamarre et Lepoitvin, *Tr. du contr. de commission*, I, n. 65 ; Troplong, I, n. 105.

[8] Laurent, XXVI, n. 166.

effet; c'est par une subtilité excessive qu'on prétend que l'associé demandeur en restitution de ses apports invoque non pas le fonctionnement de la société, mais la nullité même de la société; se prévaloir de la nullité de la société pour le fonctionnement de laquelle ont été versés les apports, n'est-ce pas affirmer que les apports ont été versés à une société nulle, et n'est-on pas obligé, pour appuyer cette réclamation, de démontrer que la société était nulle et de s'appesantir ainsi sur son caractère illicite? En vain dit-on encore que si les apports doivent être restitués, c'est que précisément, à cause de la nullité de la société, le détenteur de ces apports ne peut assigner à sa détention aucune cause légitime. Est-ce donc au détenteur qu'il appartient de prouver la cause légitime de sa détention? N'est-ce pas, aux termes de l'art. 1315, le demandeur qui doit prouver que son action est fondée?

88. En cas d'annulation d'une société pour incapacité, pour défaut de consentement ou pour vices du consentement, les parties doivent être remises dans le même état que si elles n'avaient pas contracté [1]. Ici donc on est d'accord pour admettre que les apports doivent être restitués.

89. Il existe une hypothèse où les apports ne peuvent être repris, et même doivent être versés dans la masse à partager entre les associés s'ils ne l'ont pas encore été; c'est celle où l'un des associés a fait apport d'industrie; comme cet apport ne peut être repris, les autres apports doivent, par compensation, être partagés entre les associés [2], mais seulement pour une portion correspondante au temps pendant lequel l'industrie a été fournie [3].

En outre, dans ce même cas, le versement de l'apport doit être accompagné de ses intérêts à partir du jour où ces intérêts devaient courir d'après les principes du contrat de société, et cela pour la totalité de l'apport [4].

90. Les sommes que l'un des associés a avancées à l'autre en vue des opérations sociales doivent lui être restituées [5],

[1] Guillouard, n. 41 et 59.
[2] Riom, 15 mars 1894, *Rec. Riom*, 95. 356.
[3] Riom, 15 mars 1894, précité.
[4] Riom, 15 mars 1894, précité.
[5] Cass. civ., 14 mai 1888, S., 89. 1. 12.

quelle que soit la cause de la nullité. Elles portent même intérêt à partir du jour où elles ont été reçues, comme étant indues [1].

B. *Répartition des bénéfices et du fonds social.*

91. Etudions d'abord le cas où la société est nulle à raison du caractère illicite de son objet.

En ce qui concerne les bénéfices réalisés, on maintiendra les partages qui en auraient été faits entre les associés, aucun d'eux ne pouvant puiser dans la société qui n'a pas d'existence légale une action pour les attaquer [2]. Il suit de là que si, au moment où la nullité est prononcée, tous les bénéfices sont partagés, la nullité n'a aucun effet en dehors de la restitution des apports.

92. Mais que décider quant aux bénéfices non partagés qui se trouvent entre les mains de l'un des associés? Les autres peuvent-ils en demander leur part? La négative est généralement admise [3]. Une société inexistante, dit-on, ne peut engendrer au profit des prétendus associés une action en partage. Les bénéfices resteront donc où ils sont, par application de la maxime *In pari turpitudine melior est causa possidentis.* On ne peut donner aux associés le droit de les réclamer qu'en leur permettant de s'appuyer sur le pacte social, lequel doit, à raison de son caractère illicite, rester ignoré. C'est du reste en ce sens que décidait Pothier [4].

L'opinion contraire nous paraît préférable [5]. Il est tout

[1] Cass. civ., 14 mai 1888, précité.

[2] Guillouard, n. 57; Houpin, I, n. 31.

[3] Cass., 10 janv. 1865, S., 65. 1. 110, D., 65. 1. 290. — Cass., 8 nov. 1880, S., 81. 1. 248, D., 81. 1. 115. — Paris, 4 fév. 1854, S., 54, 2. 148, D., 54. 2. 149. — Limoges, 18 août 1879, S., 79. 2. 248, D., 80. 2. 131. — Dijon, 25 juin 1884, sous Cass., 14 mai 1888, S., 89. 1. 12. — Paris, 1er avril 1895, *Droit,* 23 mai 1895 (participants à une caisse de jeu). — Trib. com. Lyon, 17 déc. 1889, *Ann. dr. com*, IV, 1890, p. 67. — Trib. civ. Seine, 15 mars 1894, *Gaz. Pal.*, 94. 2. 147. — Trib. civ. Nice, 12 juin 1894, *Gaz. Trib.*, 11 août 1894. — Duranton, XVII, n. 327; Troplong, n. 99 s.; Duvergier, n. 25 s.; Aubry et Rau, IV, p. 551, § 378, note 8; Pont, n. 54 s.; Lyon-Caen et Renault, *Traité,* II, n. 74; Guillouard, n. 57; Fuzier-Herman, sur l'art. 1133, n. 52; Houpin, I, n. 31.

[4] N. 36.

[5] Cass., 24 août 1841, S., 42. 1. 68. — Cass., 15 déc. 1851, S., 52. 1. 21, D., 52. 1. 71. — Cass., 13 mai 1862, S., 62. 1. 825, D., 62. 1. 338. — Cass., 7 fév. 1865, S.,

d'abord fort singulier que l'associé qui détient un profit illicite soit mieux traité que celui qui détient un profit licite. D'un autre côté, si le contrat est immoral, ce n'est pas une raison pour rendre plus immoral encore le partage des bénéfices en donnant tout à l'un, en vertu de la circonstance toute fortuite qu'il détient les gains, et rien aux autres. Il y a, en outre, contradiction entre la solution de nos adversaires et la doctrine, pourtant généralement admise, qui permet aux associés de reprendre leurs apports; la reprise des apports se fonde évidemment aussi sur le contrat qui les constate, c'est-à-dire sur le pacte social. Nous ajouterons que, d'après l'opinion qui paraît l'emporter aujourd'hui, les prestations faites en vertu d'un contrat illicite peuvent être répétées; il n'y a pas de raison pour refuser d'appliquer cette solution à la société. Enfin, on reconnaît bien que si les bénéfices ne sont pas entre les mains d'un associé, le juge peut liquider la société conformément aux conventions.

Il résulte de là que si deux personnes ont acheté en commun un billet d'une loterie interdite et que le porteur se soit fait payer le lot gagné, l'autre associé a une action en partage de ce lot [1].

93. Supposons encore que les bénéfices soient entre les mains d'un tiers, d'un gérant par exemple ; on ne peut évidemment les lui laisser, ils ne lui appartiennent pas. Comment faire cependant pour l'obliger à les restituer, dans l'opinion d'après laquelle toute action fondée sur le contrat de société est nulle? Le gérant qui tient son droit du contrat de société refusera de restituer; s'il consent à la restitution, il faudra répartir les bénéfices entre les associés; comment procèdera-t-on si aucun d'eux n'a le droit d'intenter une action en partage? On voit à quelles inextricables difficultés conduit le système que nous avons combattu.

65. 1. 235, D., 65. 1. 289. — Cass. civ., 15 nov. 1876, S., 77. 1. 409, D., 77. 1. 70. — Lyon, 9 déc. 1850, S., 50. 2. 634, D., 51. 2. 10. — Paris, 10 mai 1860, S., 60. 2. 465, D., 60. 2. 89. — Paris, 17 mars 1861, S., 62. 2. 381, D., 62. 2. 105. — Besançon, 9 janv. 1889, D., 90. 2. 19. — Laurent, XXVI, n. 166 s.

[1] *Contra* C. supr. Emp. d'Allemagne, 7 déc. 1886, *Journ. dr. int.*, XVII, 1890, p. 133. — C. supr. Suède, 17 mars 1886, *Journ. dr. int.*, XVI, 1889, p. 923. — C. sup. Luxembourg, 18 avril 1890, *Gaz. Pal.*, 90. 2. 327.

94. En tout cas la nullité n'est pas en principe un obstacle à la demande en partage du fonds social [1].

Il est admis en général qu'une société nulle doit être réglée par le juge suivant l'intention des parties [2]; il peut ordonner le règlement conformément aux stipulations du pacte social et, à défaut de stipulations, conformément au droit commun [3].

Il en est ainsi, par exemple, pour les sociétés relatives à l'exploitation des offices ministériels [4].

95. Quant aux sociétés nulles parce que certains des associés n'avaient pas la qualité nécessaire pour en faire partie (sociétés de pharmacie entre personnes dont certaines ne sont pas munies des diplômes nécessaires), il y a lieu d'attribuer le fonds social aux personnes qui ont cette qualité, moyennant une indemnité payable aux autres [5].

96. Si la nullité est prononcée pour cause d'incapacité des parties ou pour défaut de consentement, il est clair que l'associé qui détient les bénéfices n'a pas le droit de les conserver; on ne peut, ici, refuser l'action aux autres associés sous le prétexte que la société est illicite. Donc les bénéfices seront partagés [6].

En principe, ce sont les stipulations du pacte social qui seront observées à cet égard [7]. Ainsi décidé pour les sociétés entre époux [8].

97. En admettant que la société entre concubins soit nulle, on dit que la femme, dans l'opinion qui lui interdit de réclamer sa part de bénéfices, peut alors réclamer des gages de

(1) Cass., 15 nov. 1876, S., 77. 1. 409, D., 77. 2. 70.

(2) Cass. civ., 13 mai 1862, S., 62. 1. 825, D., 62. 1. 338.

(3) Cass. civ., 13 mai 1862, précité. — Cass. civ., 5 janv. 1886, S., 86. 1. 241, D., 86. 1. 122. — Paris, 12 fév. 1885, D., 86. 2. 191. — Grenoble, 24 déc. 1889, D., 92. 2. 617. — Poitiers, 13 janv. 1890, *Rec. de Poitiers*, 90. 82. — Pau, 8 juin 1891, S., 94. 2. 127, D., 93. 2. 174. — Lyon-Caen et Renault, *Traité*, II, n. 225.

(4) Poitiers, 13 janv. 1890, précité. — Pau, 8 juin 1891, précité.

(5) Trib. com. Lyon, 17 déc. 1889, *Ann. dr. com.*, IV, 1891, *Jurispr.*, p. 67.

(6) Cass. civ., 7 mars 1888, S., 88. 1. 305. — Guillouard, n. 60; Lacointa, *Note*, S., 88. 1. 305.

(7) Houpin, I, n. 23. — V. cep. Pont, n. 37 et 217.

(8) Cass. crim., 9 août 1851, S., 52. 1. 281, D., 52. 1. 161. — Cass. req., 27 juin 1893, S., 94. 1. 25, D., 93. 1. 488. — Trib. civ. Seine, 24 juin 1891, *Droit*, 22 juil. 1891. — *Contra* Trib. com. Marseille, 23 nov. 1892, *Rec. Marseille*, 93. 1. 41.

domestique si elle en a fait les fonctions [1]; il serait, dit-on, contraire à l'équité que l'homme avec lequel elle a vécu s'enrichît à ses dépens. Nous nous étonnons de voir invoquer cet argument par les auteurs qui ne reculent pas devant l'iniquité d'une solution qui laisse, en cas de société illicite, tous les bénéfices entre les mains d'un seul associé. A un autre point de vue encore, il nous paraît peu logique de permettre à la femme de réclamer des gages de domestique : il faudrait qu'elle prouvât l'existence d'un contrat de louage d'ouvrage, or ce contrat n'existe pas.

98. Les tribunaux ne peuvent pas donner à l'un des membres d'une société déclarée nulle le droit d'acquérir par préférence l'actif social [2].

99. Lorsqu'une société est nulle, l'un des associés ne peut néanmoins reprendre le consentement qu'il a donné, en se retirant ou après la dissolution, aux autres associés de se servir de son nom dans la raison sociale ou la dénomination de la maison de commerce [3].

C. *Effets entre les associés pour l'avenir.*

100. Une société nulle ne produit aucun effet pour l'avenir; il en est ainsi notamment de la nullité pour cause illicite [4]. Ce n'est pas seulement parce qu'un contrat dont la nullité est d'ordre public ne produit aucun effet, c'est aussi parce que tout acte nul cesse, pour l'avenir, d'être obligatoire.

Ainsi les associés ne peuvent être obligés de réaliser leurs apports [5].

[1] Guillouard, n. 86 (qui cite en ce sens Cass., 14 mars 1870, S., 70. 1. 364. Cet arrêt est étranger à la question; il se rattache à la théorie d'après laquelle l'inexécution d'une promesse de mariage oblige à la réparation du préjudice causé et décide que celui qui par une promesse de mariage s'est assuré des services de domesticité d'une femme, doit lui rembourser la valeur de ces services au cas où il n'exécute pas cette promesse).

[2] Toulouse, 6 mars 1893, D., 93. 2. 504.

[3] Trib. com. Marseille, 27 mars 1893, *Rev. des Soc.*, 1894, p. 76 (pour la société entre époux).

[4] Guillouard, n. 56; Houpin, I, n. 31.

[5] Guillouard, n. 56.

101. De ce que la société nulle ne produit aucun effet pour l'avenir, on a conclu que la marque de fabrique de cette société ne peut pas être vendue, mais doit être détruite [1]. Cette solution n'est pas acceptable ; la valeur de la marque de fabrique fait partie de l'actif; elle appartient comme tout l'actif aux associés.

III. *Effets de la nullité entre les associés et les tiers.*

102. Les associés peuvent opposer la nullité aux tiers [2]; car c'est un principe certain qu'un acte nul ne produit aucun effet. On a objecté l'art. 42 du code de commerce et l'art. 56 de la loi du 24 juillet 1867, qui donnent, en effet, la solution contraire, mais concernent uniquement les sociétés commerciales; du reste ces textes s'expliquent si l'on songe qu'ils sanctionnent l'omission de formalités exigées uniquement dans l'intérêt des tiers.

La jurisprudence fait une distinction [3]. Elle admet bien que la nullité peut être opposée aux tiers s'ils ont connu le caractère illicite de la société (ce qui est, à vrai dire, le cas le plus habituel), mais elle ne l'admet pas dans le cas contraire, par la raison que les associés ne peuvent se prévaloir vis-à-vis d'un tiers de la faute qu'ils ont seuls commise. La raison est insuffisante pour répondre à l'argument que nous avons employé.

Du principe que nous avons admis il résulte que la femme qui a contracté société avec son mari peut opposer la nullité de la société aux tiers qui ont contracté avec son mari [4].

103. Il est évident que, de leur côté, les tiers peuvent opposer la nullité aux associés [5], sauf s'il s'agit d'une nullité pour incapacité ou vices du consentement.

[1] Toulouse, 6 mars 1893, D., 93. 2. 504. — *Contra* L. S., *Note*, D., 93. 2. 504.

[2] Laurent, XXVI, n. 169 ; Lyon-Caen et Renault, II, n. 74 ; Guillouard, n. 60 ; Houpin, I, n. 31. — *Contra* Talon, *Et. sur le contr. de soc.* (cité par Guillouard), p. 89.

[3] Rennes, 9 avril 1851, S., 52. 2. 261, D., 53. 2. 208. — Lyon, 28 fév. 1853, S., 53. 2. 383, D., 53. 2. 207. — Pont, n. 50.

[4] C. cité Brooklyn, 1885, *Journ. dr. int.*, XIII, 1886, p. 737.

[5] Guillouard, n. 60 ; Houpin, *loc. cit.*

CHAPITRE V

DES DIVERSES ESPÈCES DE SOCIÉTÉS

SECTION PREMIÈRE

DES SOCIÉTÉS CIVILES ET DES SOCIÉTÉS COMMERCIALES

104. L'intérêt de la distinction entre les sociétés civiles et les sociétés commerciales a sensiblement diminué depuis que la loi du 1er août 1893 a entièrement assimilé aux sociétés commerciales les sociétés civiles à forme commerciale [1].

Mais cet intérêt est resté cependant très considérable; la distinction subsiste. Il est important de déterminer dans laquelle de ces deux classes rentre une société déterminée si, en fait, cette société n'a pas revêtu les formes commerciales. Ce qu'il importe de dire, c'est qu'aujourd'hui la distinction existe, non plus entre les sociétés civiles et les sociétés commerciales, mais entre les sociétés civiles non revêtues de la forme commerciale, d'une part, et, d'autre part, les sociétés civiles revêtues de la forme commerciale et les sociétés commerciales.

Voici les principaux intérêts de la distinction :

1° Des formes particulières et des mesures de publicité sont exigées pour les sociétés commerciales; elles sont seulement, comme nous venons de le voir, autorisées pour les sociétés civiles;

2° Les sociétés commerciales constituent des personnes morales; on discute la question de savoir s'il en est de même des sociétés civiles;

3° Dans les sociétés commerciales, les associés peuvent limiter leur responsabilité au montant de leurs apports; il n'en est peut-être pas de même dans les sociétés civiles;

4° Mais, dans les sociétés civiles, chaque associé ne peut être poursuivi que pour sa part; dans les sociétés commerciales, les associés indéfiniment responsables peuvent être poursuivis solidairement;

(1) V. *infra*, même n°.

5° La mort d'un associé ne dissout pas toujours les sociétés commerciales ; elle dissout toujours les sociétés civiles ;

6° La prescription des actions dirigées contre les membres d'une société commerciale est de 5 ans (C. co., art. 64) ; elle est de 30 ans contre les membres d'une société civile ;

7° La société commerciale peut être mise en faillite ou en liquidation judiciaire ; la société civile ne peut être mise qu'en déconfiture ;

8° La compétence n'est pas la même.

La loi du 1er août 1893, dans l'art. 68 qu'elle ajoute à la loi du 24 juil. 1867, s'exprime ainsi : « Quel que soit leur objet, les sociétés en commandite ou anonymes qui seront constituées dans les formes du C. co. ou de la présente loi seront commerciales et soumises aux lois et usages du commerce » (1).

105. On était, avant la loi du 1er août 1893, d'accord pour reconnaître que le caractère civil ou commercial de la société ne dépend pas de sa forme et qu'une société civile par son objet reste telle malgré la forme commerciale que lui attribueraient les parties (2). Cette dernière solution a cessé d'être exacte, la loi du 1er août 1893 ayant entièrement assimilé aux sociétés commerciales les sociétés civiles à forme commerciale. Toutefois, il reste vrai que les sociétés commerciales par leur objet, ne peuvent emprunter les formes des sociétés civiles, c'est-à-dire se constituer sans l'observation des formes exigées par le C. co.

La qualité des parties n'influe pas davantage sur le carac-

(1) Le projet soumis à la Chambre (Thellier de Poncheville) n'allait pas aussi loin ; il n'appliquait pas aux sociétés civiles à forme commerciale les règles de fond des sociétés commerciales (*Journ. off.*, 22 janv. 1890, déb. parl., p. 62). L'art. 68 est une innovation que la commission a introduite dans le but d'empêcher que les tiers ne soient, par la forme de la société, induits en erreur, et aussi de ne pas laisser les sociétés civiles prendre les avantages de la forme commerciale (limitation des pertes aux apports, etc.) sans en accepter les inconvénients (faillite). (Rapport Clausel de Coussergues, 9 avril 1892, *Journ. off.*, doc. parl., Chambre, sept. 1892, p. 970). Un amendement contraire (Bardoux, Sénat, 3 juil. 1893, *Journ. off.* du 4, déb. parl., p 1028) a été rejeté (Sénat, 13 juil. 1893, *Journ. off.* du 14, déb. parl., p. 1147).

(2) Cass., 27 mars 1866, S., 66. 1. 211. — Cass., 26 fév. 1872, S., 72. 1. 175. — Cass., 28 janv. 1884, S., 86. 1. 465. — Rouen, 1er avril 1881, S., 82. 2. 153.

tère de la société; ainsi, une société est commerciale par son objet quoiqu'aucun des associés ne soit commerçant et, réciproquement, une société reste civile par son objet quoique tous ses membres soient commerçants ([2]).

Le caractère civil ou commercial d'une société se détermine donc par l'objet de cette société : elle est commerciale si son objet rentre dans les actes de commerce désignés par le code de commerce, elle est civile dans le cas contraire ([3]). C'est, en effet, sur ces bases qu'on se fonde pour savoir si une convention quelconque est civile ou commerciale.

106. Lorsqu'une société a pour objet à la fois des opérations civiles et des opérations commerciales, elle doit être réputée commerciale ([4]), à moins, comme nous le verrons, que la dernière catégorie d'opérations ne soit destinée qu'à rendre possibles les opérations de la première espèce. Car, en tant qu'elle a un objet commercial, la société doit accomplir toutes les formalités nécessaires à la constitution des sociétés commerciales et ces formalités sont indivisibles.

Dans une autre opinion, il faut considérer l'objet principal de la société ([5]).

Une société civile devient en tout cas commerciale quand

([1]) Pont, n. 104; Guillouard, n. 91.

([2]) Pont, n. 104; Guillouard, n. 91.

([3]) Cass. civ., 21 juil. 1873, S., 73. 1. 456, D., 74. 1. 127. — Cass. req., 12 déc. 1887, S., 88. 1. 319, D., 88. 1. 429. — Cass. req., 23 oct. 1889, S., 91. 1. 63, D., 89. 1. 474. — Paris, 15 fév., 17 et 29 août 1868, S., 68. 2. 229. — Lyon, 13 fév. 1878, S., 78. 2. 325, D., 79. 2. 99. — Rouen, 1er avril 1881, S., 82. 2. 153, D., 82. 2. 92. — Paris, 24 juil. 1886, *Journ. des soc.*, 88. 29. — Orléans, 28 juil. 1887, S., 90. 2. 42, D., 88. 2. 258. — Rouen, 16 juin 1890, S., 92. 2. 309. — Alger, 24 mai 1894, *Rev. algér.*, 94. 2. 351. — Pont, n. 118; Vavasseur, n. 4 s.; Ruben de Couder, *Dict. dr. com.*, v° *Société*, n. 89 s.; Lyon-Caen et Renault, *Traité*, II, n. 92; Guillouard, n. 91; Houpin, I, n. 67, — et les décisions citées dans les notes suivantes.

([4]) Gand, 1er mai 1880, *Jurispr. d'Anvers*, 82. 2. 37, *Anal. Journ. dr. int.*, IX, 1882, p. 637 (société immobilière qui a pour objet aussi l'ouverture de rues, les constructions d'égouts, l'ouverture de crédit à des constructeurs, etc.). — Trib. civ. Seine, 24 août 1888, *Journ. dr. int.*, IX, 1882, p. 306 (société immobilière à laquelle ses statuts permettent d'acheter et vendre divers produits, recevoir de l'argent en dépôt, affréter des navires, etc.). — V. à propos des sociétés minières, *infra*, n. 114.

([5]) Limoges, 31 oct. 1893, *Rev. soc.*, 94. 297. — Trib. com. Seine, 31 mars 1894, *Rev. soc.*, 94. 254. — Bruxelles, 2 avril 1890, S., 91. 4. 38. — Houpin, I, n. 67.

elle vient à se livrer à des opérations de commerce répétées et habituelles [1].

107. Une société de transports est commerciale.

Il en est ainsi notamment d'une compagnie de chemins de fer [2].

Une société formée pour obtenir la concession d'un chemin de fer est également commerciale, car elle se propose ou de revendre la concession ou de l'exploiter; or les deux objets sont commerciaux [3].

108. La société formée pour l'achat et la revente d'immeubles est civile [4]; on admet en effet généralement que l'achat d'immeubles pour les revendre n'est pas une opération commerciale, les modes de transmission des immeubles ne s'alliant pas à la célérité des actes commerciaux. Il n'en est autrement que si la société a en même temps d'autres objets, comme les entreprises de démolition et de reconstruction, etc. [5].

La société formée pour l'achat et la location d'immeubles est également civile [6].

(1) Trib. com. Albi, 15 juil. 1892, *Journ. des soc.*, 92. 447. — Trib. civ. Nantes, 22 oct. 1892, *Rec. de Nantes*, 92. 1. 426. — Trib. com. Seine, 11 mai 1894, *Gaz. Pal.*, 94. 2. 105. — V. à propos des sociétés minières, *infra*, n. 114.

(2) Cela a été décidé même pour l'administration des chemins de fer de l'Etat, qui n'est pas d'ailleurs une société. — Cass. req., 8 juill. 1889, S., 90. 1. 473. — Trib. confl., 22 juin 1889, cité sous Cass., 8 juill. 1889, S., 90. 1. 473 (motifs). — Cass. belge (Ch. réun.), 27 mai 1852, S., 90. 1. 473 (note). — Cass. belge, 7 mai 1869, *Pasicr.*, 69. 1. 330. — *Contra* Cass. belge, 14 nov. 1844, S., 45. 2. 564.

(3) Cass. req., 8 nov. 1892, S., 93. 1. 32, D., 93. 1. 78. — Cass. req., 27 déc. 1892, D., 93. 1. 78.

(4) Cass. req., 29 avril 1885, S., 86. 1. 118. — Aix, 22 mai 1855, D., 56. 2. 108. — Aix, 27 déc. 1855, D., 56. 2. 108. — Bordeaux, 4 août 1856, D., 57. 2. 77. — Paris, 29 août 1868, S., 68. 2. 329. — Paris, 8 mars 1889, S., 89. 2. 225, D., 90. 2. 233. — Aix, 30 nov. 1893, *Gaz. Pal.*, 93. 2. 2e p., 11. — Trib. com. Seine, 11 mai 1894. *Gaz. Pal.*, 94. 2. 16, *Ann. dr. comm.*, 94. 1. 74, *Lois nouv.*, 94. 2. 163. — Bruxelles, 18 mars 1879, D., 84. 2. 99. — Bruxelles, 10 août 1886, *Pasicr.*, 87. 1. 6. — Cass. Hollande, 7 fév. 1889, *Anal. journ. dr. int.*, XVIII, 1891, p. 618. — Laurent, XXVI, n. 228; Guillouard, n. 92; Houpin, I, n. 68. — Exposé des motifs (de la loi du 1er août 1893) Thellier de Poncheville, *Journ. off.*, avril 1890, *Doc. parl.*, p. 125. — *Contra* Bruxelles, 14 avril 1887, *Pasicr.*, 87. 2. 281. — Aix, 23 juill. 1881, S., 83. 2. 35. — Demangeat sur Bravard, VI, p. 316; Ollivier, *Rev. prat.*, I, p. 241; Garsonnet, *Rev. crit.*, XXXV, 1869, p. 347, n. 12.

(5) Cass. req., 29 avril 1885, S., 86. 1. 118. — Guillouard, n. 92.

(6) Paris, 31 mars 1887, *Rev. des soc.*, 87, n. 432. — Trib. civ. Seine, 24 août

Il en est de même de celle qui est formée pour la mise en valeurs d'immeubles [1], ou pour la revente ou la location d'immeubles après l'édification de constructions [2].

La société formée pour la construction de l'immeuble d'un tiers est encore civile [3].

109. Une société formée pour l'exploitation d'un fonds de commerce est commerciale [4].

Il en est autrement d'une société pour exploiter un cabinet de dentiste ou de médecin [5].

110. On admet généralement que l'auteur qui publie ses œuvres ne fait pas acte de commerce.

N'est donc pas commerciale la société formée pour la rédaction et la publication d'un ouvrage [6] ou d'un recueil périodique [7].

111. La société formée pour l'exploitation d'eaux minérales ou thermales est civile [8], sauf si l'exploitation porte en même

1881, *Journ. dr. int.*, IX, 1882, p. 306. — Cass. Hollande, 7 fév. 1889, précité. — Guillouard, n. 92; Houpin, I, n. 68. — V. cep. Trib. com. Seine, 17 janv. 1888, *Gaz. Trib.*, 1er fév. 1888.

(1) Aix, 11 janv. 1887, *Gaz. Pal.*, 87. 2. 586. — Trib. civ. Seine, 24 août 1891, précité. — Trib. com. Seine, 11 mai 1894, précité. — Cass. Hollande, 7 fév. 1889, précité. — Bruxelles, 14 juill. 1893, *Pasicr.*, 94. 2. 64. — *Contra* Trib. com. Seine, 12 déc. 1885, *Journ. trib. com.*, 87. 89.

(2) Cass. Hollande, 7 fév. 1889, précité. — Lyon, 27 juin 1895, *Ann. dr. com.*, IX, 95. 70. — Trib. civ. Lyon, 9 janv. 1892, *Mon. jud. Lyon*, 10 fév. 1892. — Trib. com. Marseille, 11 juill. 1888, *Rec. Marseille*, 88. 1. 337.

(3) Poitiers, 20 mars 1895, *Ann. dr. com.*, 95. 65 (Cependant cet arrêt décide le contraire pour le cas où les entrepreneurs s'engagent à fournir les pierres de la construction, même en les extrayant d'une carrière leur appartenant). — Lyon, 27 juin 1895, *Mon. jud. Lyon*, 23 juill. 1895 (société qui loue à une ville des terrains pour y élever des constructions qui appartiennent à la ville, alors même qu'elle fournit les matériaux). — Cpr. aussi en sens contraire, Cass. req., 29 avril 1885, S., 86. 1. 118.

(4) Lyon, 5 fév. 1889, *Mon. jud. Lyon*, 13 avril 1889 (imprimerie, librairie ou exploitation de journaux). — Décidé qu'une société constituée pour répandre les idées de spiritisme est commerciale si son but réel est d'exploiter une librairie. — Trib. civ. Bordeaux, 4 avril 1892, *Droit*, 2 sept. 1892.

(5) Trib. com. Seine, 19 août 1892, *Gaz. Pal.*, 92. 2. 339 (même si accessoirement on y vend des articles afférents à la prothèse dentaire).

(6) Trib. com. Seine, 17 sept. 1887, *Journ. trib. com.*, 89. 166.

(7) Rome, 18 juil. 1889, S., 91. 4. 19.

(8) Cass. req., 27 mars 1866, S., 66. 1. 211, D., 66. 1. 428.— Metz, 16 mars 1865, S., 65. 2. 65. — Montpellier, 18 août 1874, S., 74. 2. 299. — Paris, 4 fév. 1875, S., 75. 2. 289. — Montpellier, 10 août 1883, S., 84. 2. 36. — Grenoble, 12 fév. 1889,

temps sur des hôtels ([1]), et à moins que ces hôtels ne soient l'accessoire de l'établissement d'eaux ([2]).

Mais elle est civile si, même en fait seulement, elle se livre à des opérations commerciales ([3]).

112. La société ayant pour but l'exploitation, par un procédé quelconque, des produits du sol est civile.

Ainsi est civile la société qui se propose l'élevage des chevaux, l'établissement d'un dépôt d'étalons et d'une école de dressage, le tout à l'aide des ressources du sol ([4]).

Il en est de même de la société qui a pour but l'exploitation, dans un but lucratif, du droit de chasse ([5]).

113. La société formée pour la vente des produits d'un fonds est une société civile ([6]); la loi, en effet, ne considère pas comme un acte de commerce une vente de ce genre, puisque l'art. 638 refuse de ranger au nombre des actes de commerce la vente par un propriétaire, cultivateur ou vigneron, des denrées provenant de son crû.

Ainsi est civile la société pour l'extraction et la vente du pétrole ([7]).

Il en est ainsi même si les produits du sol ont été préalablement préparés, car la loi ne distingue pas ([8]). Ainsi est civile la société pour la conversion de betteraves en sucres s'il

Rec. Grenoble, 89. 89. — Lyon, 28 fév. 1894, *Mon. jud. Lyon*, 4 sept. 1894. — Trib. civ. Seine, 27 mai 1895, *Ann. dr. com.*, 95. 65. — Lyon-Caen et Renault, I, n. 124; Guillouard, n. 93; Houpin, I, n. 68; Bourgeois, *Ann. dr. com.*, IV, 1890, p. 120. — *Contra* Lyon, 31 juil. 1889, *Mon. jud. Lyon*, 3 déc. 1889.

([1]) Metz, 16 mars 1865, précité. — Grenoble, 13 juin 1893, S., 94. 2. 36. — Trib. com. Seine, 16 avril 1894, *Loi*, 9 mai 1894 (motifs). — Lyon-Caen et Renault, *loc. cit.*

([2]) A moins aussi qu'elle ne se livre au commerce de toutes eaux minérales. Lyon, 31 juil. 1889, *Ann. dr. com.*, 1890, *Jurispr.*, p. 97.

([3]) Trib. com. Seine, 16 avril 1894, précité.

([4]) Caen, 28 mars 1887, S., 88. 2. 231. — Orléans, 28 juill. 1887, S., 90. 2. 42, D., 88. 2. 258. — Guillouard, n. 93.

([5]) Cass. crim., 18 nov. 1865, S., 66. 1. 415, D., 66. 1. 455. — Orléans, 19 nov. 1887, D., 88. 2. 162. — S'il n'y a pas un but lucratif, le contrat est une association.

([6]) Trib. civ. Annecy, 24 juil. 1886, *Gaz. Pal.*, 87. 1, *Suppl.*, 74. — Guillouard, n. 93; Houpin, I, n. 68.

([7]) Trib. com. Seine, 27 mai 1891, *Loi*, 22 juill. 1891.

([8]) Pont, n. 106; Guillouard, n. 93.

ne s'agit que de betteraves poussées sur un champ appartenant à la société.[1].

114. La société formée pour obtenir la concession d'une mine est civile [2].

La société formée pour l'exploitation d'une mine ou carrière est également civile [3], puisqu'elle a pour but la vente des produits du sol. Du reste, l'art. 32 de la loi du 21 avril 1810 porte que « l'exploitation des mines n'est pas considérée comme un commerce ». Cela est exact, soit si les produits doivent être vendus à des tiers [4], soit s'ils doivent être vendus aux associés eux-mêmes [5].

Il en est de même de la société formée pour la recherche d'une mine et l'exécution de travaux destinés à en apprécier la valeur, si les personnes qui font cette recherche ont l'intention d'exploiter elles-mêmes la mine une fois découverte [6].

[1] Cass., 12 mai 1875, S., 76. 1. 376, D., 76. 1. 320. — Guillouard, n. 93.

[2] Trib. com. Marseille, 18 oct. 1888, *Rec. Marseille*, 89. 1. 53.

[3] Cass., 31 janv. 1865, S., 65. 1. 123. — Cass. req., 28 janv. 1884, S., 86. 1. 465, D., 84. 1. 145. — Cass., 28 oct. 1885, S., 86. 1. 108. — Cass. req., 12 déc. 1887, S., 88. 1. 319, D., 88. 1. 428. — Cass., 11 juin 1888, S., 90. 1. 516, D., 89. 1. 293. — Toulouse, 19 avril 1844, S., 45. 2. 18, D., 45. 4. 251. — Lyon, 13 fév. 1878, S., 78. 2. 325. — Paris, 27 fév. 1878, D., 78. 2. 257. — Amiens, 26 fév. 1881, S., 82. 2. 188. — Douai, 23 août 1882, D., 85. 2. 105. — Douai, 24 déc. 1883, D., 85 2. 105. — Lyon, 24 juin 1887, *Gaz. Pal.*, 87. 2. 426. — Paris, 30 nov. 1889, *Gaz. Trib.*, 27 déc. 1889.— Bordeaux, 3 fév. 1890, *Rec. Bordeaux*, 90. 1. 225.— Nancy, 31 déc. 1885, *Rev. des mines*, 86. 235. — Rennes, 19 fév. 1892, *Rec. Angers*, 92. 151. — Paris, 21 mai 1892, S., 92. 2. 270. — Trib. com. Marseille, 14 oct. 1886, *Rec. Marseille*, 86. 1. 301. — Trib. civ. Saint-Etienne, 16 juin 1891, *Mon. jud. Lyon*, 20 juin 1891. — Cass. belge, 13 mai 1886, *Rev. des mines*, 86. 324. — Trib. civ. Castres, 19 déc. 1895, *Rép. pér. de l'Enreg.*, n. 8742. — Trib. com. Nantes, 22 oct. 1892, *Rec. Nantes*, 92. 1. 426. — Bruxelles, 30 janv. 1879, *Pasicr.*, 79. 2. 88, *An. journ. dr. int.*, IX, 1882, p. 435. — Bruxelles, 2 fév. 1882, D., 83. 2. 1. — Douai, 12 juin 1893, *Droit*, 26 août 1893. — Limoges, 31 oct. 1893, D., 95. 2. 556. — Trib. civ. Saint-Etienne, 24 déc. 1883, sous Cass. civ., 26 oct. 1892, S., 93. 1. 321. — Trib. com. Albi, 5 avril 1892, *Gaz. Pal.*, 92. 1, *Suppl.*, 50 (alors même qu'elle met une grande quantité de valeurs en circulation). — Trib. civ. Seine, 3 janv. 1888, *Gaz. Trib.*, 25 fév. 1888. — Pont, n. 109; Laurent, XXVI, n. 126; Guillouard, n. 94 et 360; Lyon-Caen, *Note*, S., 86. 1. 465; Féraud-Giraud, *Code des mines*, I, n. 162 s.; Delecroix, *Des sociétés de mines*, n. 169 s.; Houpin, I, n. 68; *Exposé des motifs* Thellier de Poncheville, *loc. cit.*

[4] V. les autorités précitées.

[5] *Contra* Bordeaux, 3 fév. 1890, précité.

[6] Rouen, 19 août 1857, D., 57. 2. 183. — Trib. civ. Seine, 3 janv. 1888, *Gaz. Trib.*, 25 fév. 1888. — Pont, n. 110; Laurent, XXVI, n. 227; Guillouard, n. 95; Féraud Giraud, *op. cit.*, I, n. 171; Delecroix, *op. cit.*, n. 532 s.

Mais il en est autrement si elles se proposent de vendre leurs droits (1), car alors la société a un but de spéculation.

La société de mines ne perd pas son caractère civil à raison de la commercialité d'actes qu'elle accomplit accessoirement à son objet principal et pour tirer le meilleur parti de ce dernier (2), par exemple la fabrication des briquettes ou de charbons agglomérés (3), le traitement et le transport des minerais (4), l'achat de brai ou goudron (5), la construction d'un chemin de fer nécessité par les transports dans la mine (6).

Il en est de même de la transformation des produits (7); car nous avons vu qu'elle ne modifie pas le caractère civil d'une société.

Peu importe même que, dans ces divers buts, la société achète certaines matières (8).

Mais il en est autrement si les actes commerciaux que fait la mine sont importants et étrangers à l'exploitation de la mine (9), par exemple si la société achète des produits d'autres mines pour les revendre avec ses propres minerais (10), ou

(1) Pont, n. 110; Laurent, XXVI, n. 227; Guillouard, n. 95; Féraud-Giraud, *loc. cit.*; Delecroix, *loc. cit.*

(2) Cass., 28 janv. 1884, S., 86. 1. 465, D., 84. 1. 145. — Cass. req., 12 déc. 1887, S., 88. 1. 319, D., 88. 1. 428 (société qui livre les pierres extraites après les avoir façonnées). — Cass. req., 11 juin 1888, S., 90. 1. 516 (par exemple si les statuts réservent à la société « le droit de se livrer aux opérations qui pourraient devenir nécessaires à l'intérêt social »). — Amiens, 26 fév. 1881, S., 82. 2. 188. — Guillouard, n. 94 et 360; Houpin, *loc. cit.*

(3) Lyon, 13 fév. 1878, D., 79. 2. 99. — Lyon, 24 juin 1887, précité. — Bruxelles, 30 janv. 1879, précité. — Guillouard, n. 94 et 360; Houpin, *loc. cit.*

(4) Paris, 1er avril 1876, D., 79. 2. 99. — Trib. civ. Vervins, 24 fév. 1886, *Rev. des mines*, 87. 177 (cependant ce jugement décide le contraire, si le traitement est l'objet principal de la société). — Guillouard, n. 94 et 360; Houpin, *loc. cit.*

(5) Lyon, 13 fév. 1878, D., 79. 2. 99. — Guillouard, n. 94 et 360; Houpin, *loc. cit.*

(6) Paris, 8 janv. 1876, D., 79. 2. 99. — Trib. com. Nantes, 17 sept. 1894, *Rec. Nantes*, 94. 1. 166 (alors même que ce chemin de fer transporterait des voyageurs). — Guillouard, n. 94; Houpin, *loc. cit.*

(7) *Contra*, Guillouard, n. 94.

(8) Bruxelles, 30 janv. 1879, précité.

(9) Agen, 2 juin 1886, *Rev. des soc.*, 87. 364. — Rennes, 19 fév. 1892, précité. — Limoges, 31 oct. 1893, D., 95. 2. 556.

(10) Cass., 1er juill. 1878, S., 78. 1. 414, D., 79. 1. 218. — Cass. req., 28 oct. 1885, S., 86. 1. 118. — Trib. civ. Bruxelles, 10 nov. 1895, *Pasicr.*, 95. 3. 199. — Colmar, 4 juin 1862, D., 62. 2. 163. — Dijon, 1er avril 1874, D., 75. 2. 81. — Douai, 12 juin

si elle se livre au commerce de la houille alors que son sol ne produit que des matières différentes [1], ou si elle se livre au commerce et à la fabrication du coke et autres produits [2].

Le juge du fait décide souverainement quel est l'objet principal de l'exploitation [3].

Il suffit, pour que la société de mines soit commerciale, qu'elle ait pour objet de se livrer à des opérations commerciales; il n'est pas nécessaire qu'elle s'y livre effectivement, puisque la nature civile ou commerciale d'une société dérive du but qu'elle se propose. Toutefois la jurisprudence décide le contraire [4].

En tout cas, la société reste commerciale quoiqu'après avoir procédé à des opérations commerciales elle ait cessé ces opérations depuis un certain temps [5].

115. Comme toutes les sociétés civiles, les sociétés minières sont des sociétés de personnes. On soutient cependant qu'elles sont des sociétés de capitaux par la raison qu'elles comprennent un très grand nombre de personnes étrangères les unes aux autres, ne se connaissant pas et ne s'étant pas, par conséquent, choisies pour leurs aptitudes, et qu'en outre la direction, à cause des aptitudes qu'elle nécessite, a besoin généralement d'être confiée à des tiers [6].

En vertu de quel texte ou de quel principe les sociétés civiles qui comprennent des personnes nombreuses et inconnues les unes aux autres sont-elles des sociétés de capitaux? Ne faudrait-il pas aussi bien décider que les sociétés civiles autres que les sociétés minières sont, si, en fait, leurs membres sont

1893, *Droit*, 26 août 1893. — Paris, 7 août 1894, S., 95. 2. 309. — Guillouard, n. 95 et 300 ; Houpin, I, n. 69.

(1) Cass. req., 1er août 1893, S., 94. 1. 22, D., 94. 1. 126. — Limoges, 31 oct. 1893, D., 95. 2. 556, *Ann. dr. com.*, 94. 132. — Houpin, *loc. cit.*

(2) Douai, 12 juin 1893, précité. — Paris, 7 août 1894, précité. — Houpin, *loc. cit.* — Décidé aussi que la société qui a pour objet l'extraction des lignites et, en outre, la fabrication des briquettes au moyen d'un mélange de lignites et de charbons gras, est commerciale. — Trib. civ. Seine, 21 fév. 1893, *Droit*, 22 avril 1893.

(3) Cass. req., 12 déc. 1887, précité.

(4) Cass. req., 11 juin 1888, S., 90. 1. 516 (motifs). — Cass. req., 1er août 1893, S., 94. 1. 22, D., 94. 1. 126 (impl.). — Paris, 21 mai 1892, S., 92. 2. 270.

(5) Cass. req., 1er août 1893, précité.

(6) Guillouard, n. 366; Delecroix, *Des sociétés de mines*, n. 163 s.

très nombreux, des sociétés de capitaux? Qui fera la distinction? N'arrive-t-il pas souvent enfin que les sociétés minières ont pour objet une exploitation peu importante et interviennent entre personnes peu nombreuses et se connaissant les unes les autres?

L'opinion que nous combattons a surtout été soutenue pour permettre à l'associé de céder son droit sans l'assentiment de ses co-associés; nous verrons plus tard si cette dernière solution est exacte.

116. Une société formée pour l'exploitation d'un canal est civile [1]. On ne peut objecter que cette société a pour objet une entreprise de transports, car ce n'est pas elle qui effectue les transports; elle se contente de percevoir des taxes sur les transports.

Il en est ainsi alors même que la société se propose de construire le canal qu'elle exploitera; cette construction n'est pas l'objet de la société, elle n'est que le moyen de rendre l'exploitation possible [2]. D'ailleurs, un canal est un immeuble et nous avons dit que la société relative à la construction d'un immeuble est civile.

Aussi la société formée pour la construction d'un canal est-elle également civile [3].

117. Une société ayant pour objet l'exploitation de l'éclairage et de la force électrique, qu'elle met en œuvre par des machines et des ouvriers, transforme des produits et fait, par conséquent, une entreprise de manufactures; elle est donc commerciale [4]. On objecterait à tort qu'une société ayant

(1) Trib. civ. Seine, 12 fév. 1890, *Gaz. Pal.*, 90. 1. 344. — Bruxelles, 2 avril 1890, S., 91. 4. 38. — Lyon-Caen et Renault, *Traité*, I, n. 124; Thaller, *Ann. dr. com.*, III, 1889, *Doctr.*, p. 18 s.; Boistel, *Note*, D., 90. 2. 233; *Note*, S., 89. 2. 225; Houpin, I, n. 68. — De même la société pour l'obtention d'une concession d'eaux destinées à alimenter un canal d'irrigation. — Cass., 6 janv. 1874, S., 77. 1. 27, D., 77. 1. 235. — Lyon-Caen et Renault, *Traité*, I, n. 124; Bourgeois, *loc. cit.*

(2) Paris, 8 mars 1889 (Comp. de Panama), S., 89. 2. 225, D., 90. 2. 233. — Trib. civ. Seine, 4 fév. 1889, S., 90. 2. 225. — Bruxelles, 2 avril 1890, S., 91. 4. 38. — *Note*, S., 89. 2. 225; Boistel, *Note*, D., 90. 2. 233; Lyon-Caen et Renault, *loc. cit.* — *Contra* Trib. com. Seine, 18 fév. 1889, *Gaz. Pal.*, 89. 1. 375.

(3) Thaller, *Ann.*, *op. cit.*, p. 20. — De même la société pour le dessèchement d'un lac. — Ch. Bourgeois, *Ann. dr. com.*, *loc. cit.* — *Contra* Trib. com. Seine, 15 avril 1889, *Ann. dr. com.*, IV, 1890, *Jurispr.*, 20.

(4) Lyon, 4 juil. 1890, S., 92. 2. 275, D., 91. 2. 81. — Cass. Rome, 13 sept. 1887,

pour objet un service public ne saurait être commerciale [1].

Il en est de même d'une société qui a pour objet la distribution de l'eau dans une commune [2].

Mais si cette société a pour objet de mettre en exploitation l'eau d'une propriété, elle porte sur les produits du sol et est civile [3].

118. Une société d'entraînement et d'engagement d'un cheval est également civile [4].

119. Une société formée pour la perception d'impôts ou de taxes est civile, parce que son objet ne peut avoir un caractère différent de celui qu'il aurait eu entre les mains de l'État ou de la commune [5].

120. Les sociétés de crédit sont essentiellement commerciales [6].

Il en est de même d'une société qui offre au public, contre des versements, un certain nombre de primes attribuées par voie de tirage au sort [7].

Mais une société qui fait des opérations de bourse n'est pas nécessairement commerciale, il y a lieu de considérer le but de ces opérations [8].

121. Les sociétés coopératives de consommation sont des

Journ. dr. int., XVI, 1889, p. 510. — V. cep. Thaller, *Ann. dr. com.*, V, 1891, *Doctr.*, p. 186.

(1) Cass. Rome, 13 sept. 1887, précité.

(2) Rennes, 25 nov. 1874, *Rec. Nantes*, 75. 1. 133. — Paris, 1er mars 1888, *Gaz. Pal.*, 88. 1. 653. — Gand, 3 déc. 1881, *Pasicr.*, 82. 2. 96, *Journ. dr. int.*, IX, 1882, p. 639. — Houpin, I, n. 68. — *Contra* Paris, 24 mars 1888, *Ann. dr. com.*, 88. 124.

(3) Cass., 21 juil. 1873, S., 73. 1. 456, D., 74. 1. 127. — Cass., 16 juin 1874, S., 74. 1. 345, D., 74. 1. 445. — Guillouard, n. 193; Lyon-Caen et Renault, I, n. 124; Bourgeois, *Ann. dr. com.*, 1890, p. 20.

(4) Rouen, 11 avril 1891, *Loi*, 17 mars 1892.

(5) Trib. civ. Ussel, 18 janv. 1896, *Gaz. Pal.*, 96. 1. 515 (société ayant pour but l'acquisition des concessions d'abattoirs, alors même qu'elle a aussi pour but la construction des abattoirs, car c'est un objet accessoire). — Une société concessionnaire d'un marché à bestiaux est civile. — Lyon-Caen et Renault, *Traité*, I, p. 99, note 3. — *Contra* Trib. com. Seine, 28 juin 1872, S., 74. 2. 249.

(6) Paris, 18 mai 1893, *Journ. soc.*, 1894, p. 297 (société pour faire des avances aux pensionnaires de l'État, gérer des immeubles, etc.). — Houpin, I, n. 169.

(7) Lyon, 26 juin 1895, *Mon. jud. Lyon*, 7 nov. 1895.

(8) Ainsi une société civile qui fait des reports pour se procurer des fonds en vue de ses opérations ne devient pas commerciale. — Trib. com. Seine, 11 mai 1894, sous Paris, 10 juil. 1894, S., 96. 2. 57. — Wahl, *Note*, S., 96. 2. 57.

sociétés civiles [1], si on les considère comme des sociétés [2]. Elles n'ont pas un objet de spéculation, car elles revendent aux associés eux-mêmes les marchandises qu'elles achètent.

Il en est de même des sociétés coopératives de production [3]. Mais il est préférable de voir dans les sociétés coopératives des associations, car les associés n'y cherchent pas le gain.

Si elles vendent à des tiers, ce sont des sociétés commerciales [4].

121 *bis*. Les sociétés d'assurances à primes sont des sociétés commerciales [5], car elles ont pour but de faire des bénéfices sur les contrats passés avec les assurés ; du reste l'art. 633 C. com. attribue formellement ce caractère aux sociétés d'assurances maritimes.

Quant aux sociétés d'assurances mutuelles, nous montrerons, en parlant des associations, que ce ne sont pas des sociétés, mais de simples associations. A supposer que ce soient des sociétés, elles sont, ainsi que nous le dirons, civiles.

122. En admettant que les sociétés fondées pour l'éducation et l'instruction soient de véritables sociétés et non pas des associations (nous montrerons, à propos des associations, l'exactitude de la première solution), elles constituent des sociétés civiles [6]. Il est, quoiqu'on ait dit en faveur de cette doctrine le contraire, impossible de méconnaître que ces sociétés ont un but de lucre et, si on le niait, il faudrait leur

(1) Bourges, 19 janv. 1869, S., 69. 2. 323, D., 69. 2. 2. 133. — Paris, 20 mars 1888, D., 89. 2. 280. — Trib. com. Nantes, 26 juin 1886, *Rec. Nantes*, 86. 220. — Trib. civ. Marseille, 24 juill. 1891, *Rec. d'Aix*, 91. 2. 268. — Guillouard, n. 96 ; Lyon-Caen et Renault, *Traité*, I, n. 115 ; Thaller, *Ann. dr. com.*, IX, 1895, *Doctr.*, p. 186.

(2) V. à propos des associations, *infra*.

(3) Décidé que la société coopérative dont le but est d'utiliser le lait appartenant aux propriétaires associés est civile alors même qu'elle utilise accessoirement le petit lait en engraissant des porcs. Trib. civ. Niort, 8 nov. 1892, *Gaz. Pal.*, 92. 2. *Suppl.*, 43.

(4) Trib. com. Nantes, 26 juin 1886, précité.

(5) Cass., 8 avril 1828, S. chr. — Cass., 16 juill. 1872, S., 72. 1. 277. — Cass. civ., 5 février 1894, S., 94. 1. 277, D., 94. 1. 136 (incendie). — Grenoble, 18 juillet 1830, S. chr. — Caen, 12 mai 1846, D., 47. 2. 138. — Paris, 6 mars 1888, D., 89. 2. 256. — Trib. com. Seine, 9 mai 1890, *Loi*, 4 juin 1890. — Cologne, 1er février 1847, D., 47. 2. 142. — Guillouard, n. 97.

(6) Paris, 23 juil. 1852, D., 54. 2. 102. — Laurent, XXVI, n. 229 ; Guillouard, n. 99 ; Houpin, I, n. 68.

refuser le caractère de sociétés, car il n'y a pas de société où il n'y ait pas recherche de bénéfices. Mais la recherche du gain n'est que la caractéristique de la société en général et, pour qu'une société soit commerciale, il faut en outre qu'elle fasse les actes de commerce ; or l'instruction et l'éducation ne sont pas rangées par le code de commerce parmi les actes de commerce.

123. Les sociétés formées pour l'exploitation d'un cercle, quand elles ont un but lucratif (dans le cas contraire, ce ne sont pas des sociétés) (¹), constituent des associations commerciales (²), car on admet généralement que l'entrepreneur d'un cercle est commerçant.

Une société pour ouvrir une exposition est également commerciale, si les organisateurs veulent faire un profit (³).

124. Les juges du fait décident souverainement quel est l'objet de la société (⁴).

Mais la cour de cassation a le droit de déterminer si cet objet est civil ou commercial (⁵), car il ne s'agit pas là d'une question de fait.

SECTION II

DES SOCIÉTÉS UNIVERSELLES ET DES SOCIÉTÉS PARTICULIÈRES

125. « *Les sociétés sont universelles ou particulières* », dit l'art. 1835.

§ I. *Des sociétés universelles.*

126. L'origine des sociétés universelles est des plus anciennes ; il est probable que ce genre de société a toujours existé.

(¹) En tous cas, ce ne sont pas des sociétés commerciales. — Trib. com. Seine, 11 mars 1892, *Droit*, 4 avril 1892. — V. à propos des associations, *infra*.

(²) Paris, 5 janv. 1888, S., 90. 2. 146, D., 89. 2. 140. — Cpr. Chambéry, 28 janv. 1892, *Rec. Grenoble*, 92. 2. 53. — Alauzet, *Dr. com.*, VIII, n. 2981 ; Houpin, I, n. 54.

(³) Trib. com. Seine, 11 déc. 1885, *Journ. trib. com.*, 87. 87 (exposition du travail). — Décidé qu'elle est commerciale s'il doit y avoir des droits d'entrée, alors même que les organisateurs veulent honorer la mémoire d'un auteur et donner à l'État l'entreprise après réussite, pourvu qu'il y ait de leur part une spéculation. — Trib. com. Seine, 14 fév. 1890, *Journ. trib. com.*, 91. 98.

(⁴) Guillouard, n. 9.

(⁵) Pont, n. 105 ; Guillouard, n. 91. — *Contra* Cass., 8 janv. 1840, S., 40. 1. 19. — Cass., 8 mai 1867, S., 67. 1. 313, D., 67. 1. 225.

Le droit romain distinguait deux sortes de sociétés universelles :

La société de tous biens (*omnium bonorum*) absorbait même les biens à venir des associés, y compris ceux qui étaient acquis à titre gratuit, et en exceptant seulement les biens d'une origine illicite. La société était également chargée de toutes les dettes, présentes et futures, des associés.

La société de tous gains (*omnium quæ ex quæstu veniunt*) ne comprenait que les biens à venir acquis à titre onéreux, et le revenu des biens présents et des biens à venir acquis à titre gratuit. La société était chargée du passif correspondant aux biens qui y étaient compris.

Ces deux mêmes espèces de sociétés étaient reconnues dans l'ancien droit [1]. La première était très fréquente en dehors d'une convention formelle (société taisible).

I. *Entre quelles personnes peut intervenir une société universelle.*

127. En matière de société universelle, la loi exige des conditions spéciales de capacité.

« *Nulle société universelle ne peut avoir lieu qu'entre per-* » *sonnes respectivement capables de se donner ou de recevoir* » *l'une de l'autre, et auxquelles il n'est point défendu de s'avan-* » *tager au préjudice d'autres personnes* » (art. 1840).

Le législateur est parti de cette idée que la stipulation d'une société universelle dissimule presque toujours une donation. « Ce que vous avez expressément défendu, disait Treilhard en son Exposé des motifs [2], ce qu'on ne peut faire directement, il serait inconséquent et dérisoire de le tolérer indirectement : il ne faut donc pas que, sous les fausses apparences d'une société, on puisse éluder les dispositions d'une loi qui a défendu de donner, et que ce qui est illicite devienne permis, en déguisant sous les qualités d'associés celles de donateur et de donataire ».

De là deux règles : 1° « Nulle société universelle ne peut » avoir lieu qu'entre personnes respectivement capables de

(1) Domat, liv. I, tit. 8, sect. 3, § 3 et 4 ; Pothier, n. 28, 29 et 43 ; Argou, liv. III, ch. XXXII, p. 320.

(2) Fenet, XIV, p. 396.

» se donner ou de recevoir l'une de l'autre ». Ainsi une société universelle ne pourrait pas valablement être contracté entre un père et son enfant adultérin (arg. art. 908).

Une incapacité réciproque de se donner n'est pas exigée pour que l'art. 1840 soit applicable ; il suffit que l'un des associés soit incapable de donner à l'autre [1]. Ainsi la société universelle entre un pupille et son tuteur est nulle tant que le compte de tutelle n'est pas apuré, parce que le pupille ne peut donner au tuteur et quoique le tuteur puisse donner au pupille [2].

La société ne peut pas davantage être formée avec les proches parents, indiqués par l'art. 911, d'une personne incapable de recevoir [3] : l'art. 911 considère ces parents comme étant interposés, dans le cas où une libéralité leur est faite.

128. L'effet de la nullité prononcée par application de l'art. 1840 est d'effacer rétroactivement la société, c'est-à-dire de remettre les parties dans le même état que si elles n'avaient pas contracté [4]. Il s'agit, en effet, d'une nullité prononcée pour incapacité et les nullités de ce genre, même en matière de société, sont rétroactives.

129. 2° Si l'avantage que l'une des parties procure à l'autre, en contractant avec celle-ci une société universelle, dépasse la quotité disponible déterminée par les art. 913 et s., 1094 et 1098, il y aura lieu à la réduction. Nous traduisons ainsi la restriction que la partie finale de notre article exprime en termes fort obscurs [5]. Il nous paraît difficile de l'entendre, avec quelques auteurs [6], en ce sens que les personnes qui laissent des héritiers réservataires à leur décès n'ont pu valablement pendant leur vie contracter une société universelle avec qui que ce soit. S'il en était ainsi, l'existence des sociétés

(1) Pont, n. 218; Guillouard, n. 37; Houpin, I, n. 71.

(2) Pont, n. 218; Guillouard, n. 37.

(3) Guillouard, n. 38; Houpin, *loc. cit.*

(4) Guillouard, n. 41.

(5) Troplong, I, n. 305 s.; Pont, n. 224 s.; Massé, *Note*, S., 39. 1. 546; Aubry et Rau, IV, p. 553, § 379, note 7; Guillouard, n. 39 et 114; Houpin, I, n. 71. — Cpr. Cass., 25 juin 1837, S., 39. 1. 546.

(6) Duvergier, n. 119; Laurent, XXVI, n. 242. — Cpr. Nîmes, 18 déc. 1886, sous Cass., 12 juill. 1887, cité *infra*.

universelles serait bien précaire, puisque leur validité ne serait jamais assurée qu'après le décès des associés sans héritiers réservataires.

Il a du reste été dit au Tribunat, par le rapporteur Boutteville, que le but de l'art. 1840 est de mettre le projet *en parfait accord avec nos lois sur les successions, donations et testaments* (1).

En vain dit-on que notre opinion a le grave inconvénient de provoquer des difficultés pour la fixation du montant des avantages sujets à réduction. Ces difficultés se produisent au même degré pour les autres conventions, dans le cas où elles contiennent également un avantage sujet à réduction.

On n'est pas mieux fondé à prétendre que l'art. 1840 annule formellement les sociétés faites au préjudice d'héritiers réservataires, il les interdit simplement, se contentant par là d'indiquer qu'elles ne doivent pas être considérées comme des sociétés.

Ajoutons qu'il est généralement reconnu que les donations déguisées sont valables et qu'elles sont seulement réductibles à la quotité disponible ; il faudrait des expressions très formelles pour que l'art. 1840 dût être considéré comme dérogeant à ce principe.

Mais il résulte expressément de l'art. 1840 que tout avantage est, en cas d'atteinte à la réserve, soumis à la réduction ; il n'est aucunement nécessaire que la société ait pour but de frustrer les héritiers réservataires (2) ; le résultat seul doit être examiné.

130. A supposer même que les sociétés entre époux soient valables, la société universelle entre époux qui ont des enfants d'un précédent mariage est réductible dans les limites de l'art. 1098 (3).

131. Entre concubins, la société universelle est valable (4),

(1) Fenet, XIV, p. 407.

(2) V. cep. Guillouard, n. 41 *in fine*.

(3) Décidé même qu'elle est nulle. Nîmes, 18 déc. 1886, sous Cass., 12 juill. 1887, S., 87. 1. 384. — Cet arrêt va jusqu'à admettre que la société fondée avant le mariage devient nulle par le mariage.

(4) Lyon, 8 mars 1889, *Ann. dr. com.*, III, 89, p. 118.

car les concubins sont aujourd'hui capables de se faire des libéralités.

Mais le concubinage en lui-même ne suffit pas à démontrer la société universelle [1].

132. L'art. 1840 s'applique même à la société universelle de *gains* [2], car sa disposition est conçue en termes absolus. Cette application est, du reste, très critiquable [3], car une société où n'entrent que les revenus des biens des associés ne permet pas des libéralités très sérieuses.

133. Faut-il conclure de l'art. 1840 que, même entre personnes capables de s'avantager, la société universelle soit une donation déguisée? On l'a soutenu [4]. Il en résulterait que si l'un des associés est héritier de l'autre, il devrait rapporter à sa succession les bénéfices résultant de la société.

Ce sont là des solutions inadmissibles : on ne peut, en l'absence d'un texte formel, supposer une donation déguisée là où les parties ont affirmé faire un contrat à titre onéreux. Restreinte à l'hypothèse pour laquelle la loi l'a émise, cette hypothèse est très plausible; on peut croire que des personnes qui ne pouvaient s'avantager ont voulu tourner cette prohibition, mais quelle apparence y a-t-il que des personnes capables de se faire des libéralités réciproques aient, si elles ont voulu s'avantager, recouru à une société universelle?

134. Dans notre opinion, l'art. 1840 n'ordonne pas entre cohéritiers le rapport des avantages résultant d'une société à titre universel, puisqu'il n'y voit pas une donation. Le rapport n'est donc exigé que dans les conditions fixées par le droit commun, c'est-à-dire par la disposition générale de l'art. 854; le rapport est de plein droit si l'acte de société est sous seing privé; il n'est dû, si l'acte est authentique, qu'en cas de fraude, c'est-à-dire à la condition que l'association

(1) Paris, 16 mai 1890, *Gaz. Trib.*, 30 mai 1890. — Trib. civ. Seine, 13 déc. 1888, *Gaz. Pal.*, 89. 1. 113.

(2) Nîmes, 18 déc. 1886, sous Cass., 12 juil. 1887, précité. — Pont, n. 215; Guillouard, n. 37; Houpin, *loc. cit.*

(3) Guillouard, n. 37.

(4) Guillouard, n. 36.

constituât véritablement une donation déguisée et eût pour but de procurer un avantage au successible.

Les auteurs qui considèrent la société universelle comme étant, en toute hypothèse, une donation déguisée, décident très logiquement que le cohéritier doit à ses cohéritiers le rapport des avantages résultant de la société universelle, même si cette société est faite sans fraude et par acte authentique [1].

135. Si la société universelle entre personnes capables de se faire des libéralités est une donation, il faudra conclure qu'elle est révocable pour cause d'ingratitude ou de survenance d'enfants.

La dernière de ces deux solutions est acceptée par plusieurs auteurs [2]. Ils invoquent à l'appui de cette solution l'observation faite au conseil d'Etat par Réal que « d'après le principe adopté, la survenance d'enfants détruira la société de tous les biens » [3]. Cette observation, qui en elle-même serait insuffisante, est du reste contredite par la réponse qu'y fit Cambacérès : « Si la société donne quelque avantage à l'autre associé, on le réduira à la portion disponible » [4]. Ainsi la société peut être l'objet d'une réduction seulement si, en fait, elle contient une donation indirecte ; c'est une solution indiscutable.

136. La capacité exigée pour contracter une société universelle est la même que pour toute autre société. En dehors du cas où elle intervient entre personnes incapables de donner et de recevoir — en ce cas elle est toujours nulle — la société universelle, nous l'avons montré, n'est pas une donation ; si elle est réductible au profit des héritiers réservataires, c'est là une solution exceptionnelle, qui d'ailleurs se justifie suffisamment par l'idée que la société universelle, quoique constituant un acte à titre onéreux, est présumée, vis-à-vis des héritiers réservataires, contenir au profit de l'associé survivant une libéralité indirecte.

(1) Guillouard, n. 40.
(2) Pont, n. 221 ; Guillouard, n. 38 ; Houpin, I, n. 71.
(3) Fenet, XIV, p. 373.
(4) Fenet, *loc. cit.*

II. *Diverses espèces de sociétés universelles*

137. « *On distingue deux sortes de sociétés universelles,* » *la société de tous biens présents, et la société universelle de* » *gains* » (art. 1836).

Aucune d'elles ne joue un grand rôle dans la pratique.

Les dénominations du Code sont peu exactes, puisque la société de biens présents comprend certains biens à venir et, en outre, quelquefois les gains, et que la société de tous gains comprend les meubles des associés.

A. *Société universelle de tous biens présents.*

138. « *La société de tous biens présents est celle par laquelle* » *les parties mettent en commun tous les biens meubles et im-* » *meubles qu'elles possèdent actuellement, et les profits qu'elles* » *pourront en tirer. — Elles peuvent aussi y comprendre toute* » *autre espèce de gains; mais les biens qui pourraient leur* » *advenir par succession, donation ou legs, n'entrent dans cette* » *société que pour la jouissance : toute stipulation tendant à* » *y faire entrer la propriété de ces biens est prohibée, sauf* » *entre époux, et conformément à ce qui est réglé à leur* » *égard* » (art. 1837).

139. Le projet du C. civ. n'admettait que la société de tous gains, il prohibait la société de tous biens [1]; sur la proposition du tribunal d'appel de Paris, qui, pour demander le rétablissement de la société de tous biens, se fondait sur l'intérêt qu'elle peut avoir pour les indigents [2], on se décida à rétablir cette dernière, mais on la limita aux biens présents. Treilhard, dans son Exposé des motifs, justifiait par diverses raisons l'exclusion des biens à venir [3].

1° Les donations de biens à venir sont interdites en principe dans notre droit; or la possibilité de contracter une société universelle comprenant tous les biens à venir aurait fourni un moyen facile d'éluder cette prohibition; 2° il est désirable que les parties puissent apprécier l'importance des

[1] Fenet, II, p. 371.
[2] Fenet, V, p. 280.
[3] Fenet, XIV, p. 397.

apports qu'elles font à la société; comment le pourraient-elles en ce qui concerne les biens à échoir par succession, donation ou legs ? 3° Il pourrait se produire dans la suite une inégalité choquante entre les parties. 4° En tant qu'elle s'applique aux biens à échoir par succession, la prohibition pourrait se rattacher aussi à la règle qui interdit dans notre droit les pactes sur succession future.

De ces considérations, une seule est vraiment juridique, celle qui concerne la prohibition des donations de biens à venir; la dernière l'est également quand il s'agit de biens qui doivent provenir des successions; les deux autres n'ont pas une grande portée, car elles se réduisent à dire que la société portant sur des biens à venir est aléatoire; or les contrats aléatoires sont autorisés.

Néanmoins, comme ces considérations ont guidé les rédacteurs du code, on doit admettre la nullité des sociétés des biens à venir même si elles sont formées par contrat de mariage, quoique les donations de biens à venir par contrat de mariage soient autorisées.

140. En l'absence de convention relative à la composition de la société de tous biens présents, elle comprend exclusivement dans son actif, outre les gains, les biens actuellement possédés par les associés, c'est le langage de l'art. **1837**.

Le mot *possédés*, quoique critiqué par certains auteurs [1], nous paraît rigoureusement exact, car, à notre avis, il ne s'agit pas seulement ici des biens dont les associés sont propriétaires, mais aussi de ceux dont ils sont possesseurs à un titre quelconque [2]. On est bien forcé d'admettre qu'un associé peut apporter les immeubles dont il est possesseur et qu'il est en voie de prescrire [3]. Nous ne voyons pas pourquoi il n'en serait pas de même des meubles. Nous ne voyons pas davantage pourquoi il n'en serait pas encore de même des biens possédés à titre de location.

La propriété sous condition suspensive est une propriété actuelle [4], car la condition est rétroactive.

[1] Guillouard, n. 106.
[2] *Contra* Guillouard, n. 106.
[3-4] Guillouard, n. 106.

141. Il résulte de l'art. 1837 que les biens à venir acquis à titre onéreux peuvent entrer en société; ils n'y entrent pas de plein droit, la première partie de l'article fournit un argument *a contrario*. Y entrent-ils de plein droit pour la jouissance? la question se pose également pour les biens acquis à titre gratuit dont nous allons nous occuper.

Les biens acquis à titre gratuit ne peuvent entrer dans la société universelle que pour la jouissance; mais y entrent-ils de plein droit pour cette jouissance, ou une stipulation formelle est-elle nécessaire? La première solution nous paraît la plus sûre [1]. D'une part, l'art. 1837 dit que ces biens « n'entrent dans la société que pour la jouissance », et cela indique très clairement qu'ils y entrent de plein droit; l'argument est d'autant plus fort que pour les gains l'art. 1837 venait de s'exprimer tout autrement; d'autre part, la société universelle de gains comprend également la jouissance des biens à venir, et on peut tirer de cette dernière solution un argument *a fortiori*, la société de tous gains comprenant moins sur certains points et rarement plus que la société de tous biens.

142. L'art. 1836 dispose que la société de biens à venir peut comprendre toute espèce de gains. On peut donner pour exemple les gains résultant de l'exercice de l'état ou de la profession des parties.

Il résulte de l'art. 1836 que les gains ne sont pas de plein droit compris dans la société.

143. Tous les biens présents des associés entrant dans la société universelle de biens présents, toutes leurs dettes présentes y tombent aussi [2]. C'est une application de la règle *Non sunt bona nisi deducto ære alieno,* qui s'applique à toutes les aliénations à titre universel. On peut tirer parti en ce sens de l'ancien droit qui, faisant rentrer dans la société les biens présents en même temps que les biens à venir, imposait

[1] Duranton, XVII, n. 351; Aubry et Rau, IV, p. 352, § 379. — *Contra* Troplong, I, n. 276; Duvergier, n. 93; Pont, n. 170; Laurent, XXVI, n. 236; Guillouard, n. 107; Houpin, n. 72.

[2] Troplong, I, n. 277; Duvergier, n. 98; Pont, n. 179 s.; Laurent, XXVI, n. 237; Guillouard, n. 108; Houpin, I, n. 72.

à la société le paiement des dettes présentes et futures [1].

Quant aux dettes futures, elles restent à la charge des associés pour le capital [2]. Cette solution comporte une exception pour les dettes provenant des biens apportés à la société lors de sa formation, en vertu du principe que nous avons reproduit plus haut [3]. Pour la même raison, la société supporte les dettes provenant des biens acquis à titre onéreux pendant le cours de la société.

Les auteurs qui ne font rentrer pour la jouissance dans la société les biens futurs acquis à titre gratuit qu'en vertu d'une convention formelle, décident très logiquement qu'en l'absence de cette convention la société ne répond même pas des intérêts des dettes futures, mais qu'il en est autrement si cette convention est intervenue [4].

Pour nous, qui faisons rentrer la jouissance des biens à venir de plein droit dans la société, nous imposons également à la société le paiement des intérêts des dettes futures.

En aucun cas, l'entretien des associés et de leur famille ou l'entretien de leurs enfants n'est de plein droit à la charge de la société [5].

144. La société qui porte à la fois sur les biens présents et à venir est nulle en son entier et non pas seulement pour les biens à venir [6]. Deux idées ont été invoquées en ce sens; si la première est très douteuse, la seconde n'est guère contestable. On a dit d'abord que la condition de faire entrer dans la société des biens à venir est une condition illicite et que, d'après l'art. **1172**, les conditions illicites annulent l'acte tout entier; c'est dénaturer singulièrement la convention que de dire que la mise des biens à venir en société est une condi-

(1) Pothier, n. 37; Domat, liv. I, tit. VIII, sect. 3, § 2.

(2) Troplong, I, n. 277; Duvergier, n. 98; Pont, n. 179 s.; Laurent, XXVI, n. 237; Guillouard, n. 108; Houpin, I, n. 72.

(3) Pont, n. 179 s.; Guillouard, n. 108; Houpin, *loc. cit.*

(4) Troplong, *loc. cit.;* Duvergier, *loc. cit.;* Pont, *loc. cit.;* Laurent, *loc. cit.;* Guillouard, *loc. cit.*

(5) Pont, n. 180, 181 et 185; Houpin, I, n 72.

(6) Troplong, I, n. 276; Duvergier, n. 103; Aubry et Rau, IV, p. 552, § 379, note 3; Larombière, art. 1172, n. 52; Pont, n. 188; Laurent, XXVI, n. 134; Guillouard, n. 104.

tion; on sait que le C. civ. définit tout autrement la condition.

Il faut donc s'en tenir à l'idée, d'ailleurs certaine, que, dans la pensée des parties, l'acte est indivisible.

En s'en tenant à ce dernier motif, on est conduit à adopter une solution que le premier motif conduirait à rejeter : comme la nullité entière de l'acte repose sur la volonté des parties, elles peuvent manifester une volonté contraire, et cela est très rationnel; elles ne pourraient pas manifester cette volonté si on justifiait l'art. 1837 par l'art. 1172, car le principe posé par l'art. 1172 est d'ordre public.

De même, le juge peut faire dériver souverainement cette volonté des circonstances.

B. *Société universelle de gains.*

145. « *La société universelle de gains renferme tout ce que » les parties acquerront par leur industrie, à quelque titre que » ce soit, pendant le cours de la société ; les meubles que cha- » cun des associés possède au temps du contrat y sont aussi » compris; mais leurs immeubles personnels n'y entrent que » pour la jouissance seulement* » (art. 1838).

Comme nous l'avons déjà remarqué, la composition active de cette société ne répond pas au nom qu'elle porte; elle est dans une certaine mesure une société de biens présents, puisqu'elle comprend les meubles présents.

En droit romain, la société de tous gains ne comprenait pas les meubles présents (1); mais il en était autrement dans l'ancien droit (2).

Aujourd'hui, la société de tous gains comprend trois éléments :

1° Les meubles présents ; nous avons indiqué à propos de la société de tous biens ce qu'il faut entendre par les biens présents;

2° La jouissance des immeubles présents. C'est là sans doute ce qu'il faut entendre par la jouissance des immeubles

(1) L. 7 s., D., *pro soc.*, 17. 2.
(2) Cout. d'Orléans, art. 214.

personnels; la jouissance des immeubles futurs n'y est pas comprise [1], car celle des meubles futurs en est également exclue; du reste, le sens des mots « immeubles personnels » est indiqué par le rapprochement de la disposition relative aux meubles présents. Il faut ajouter que la dénomination même de la société doit conduire à en exclure les valeurs qui ne proviennent pas de gains. Ce sont bien, objecte-t-on, des gains. Comment peut-on ainsi qualifier les biens acquis moyennant l'abandon d'autres biens?

3° Tout ce que les parties acquièrent par leur industrie. La société comprend donc les produits du travail de toute nature [2] — comme le disait déjà le droit romain [3] — mais eux seulement [4]. Elle ne comprend pas les produits d'un don de fortune [5].

Cependant, il en est autrement d'un délit [6], car le délit est un acte d'industrie; ainsi, le produit d'un vol entre en société. Nous savons que cette solution paraît étrange à première vue, elle n'a cependant rien que de juridique et même d'équitable. En droit, nous le répétons, il s'agit bien là du produit de l'industrie; sans doute, il est de principe qu'aucune action ne peut se fonder sur un fait illicite, mais l'associé qui prétend partager le produit du délit de son associé ne se fonde pas sur le fait illicite de ce dernier, il se fonde sur l'existence d'un gain partageable et c'est au contraire pour refuser de partager que l'associé coupable serait forcé de prouver l'origine illicite de sa possession.

Dans tous les cas, les sommes versées entre les mains d'un associé pour la réparation d'un délit commis à son préjudice n'entrent pas en société; elles ne constituent pas un gain, puisqu'elles remplacent dans son patrimoine une autre valeur qui en est sortie.

146. Il va sans dire que la composition fixée par l'art. 1838

(1) *Contra* Duvergier, n. 106; Pont, n. 202; Laurent, XXVI, n. 238; Guillouard, n. 110.
(2) Guillouard, n. 110.
(3) L. 8, D., *pro soc.*, 17. 2.
(4) Guillouard, n. 110.
(5) Guillouard, n. 110; Houpin, I, n. 73.
(6) *Contra* Guillouard, n. 110; Houpin, *loc. cit.*

n'a rien d'obligatoire. La société de tous gains peut comprendre d'autres biens que ceux indiqués dans l'art. 1838, mais elle deviendra alors une société de tous biens.

Réciproquement, la société de tous gains peut ne comprendre qu'une partie des éléments fixés par l'art. 1838. Cela nous paraît évident, car la loi n'a voulu, comme nous l'a montré l'Exposé des motifs, qu'empêcher les parties de comprendre dans les sociétés universelles des éléments trop nombreux. Aussi sommes-nous étonnés de voir certains auteurs [1] considérer l'admission des meubles présents dans la société comme un obstacle à la diffusion des sociétés de tous gains; cette admission n'est pas obligatoire.

147. Comme au sujet de la société de tous biens, la loi ne parle pas des dettes. Tout le mobilier présent des associés tombant dans la société, nous en concluons que leurs dettes mobilières présentes y tombent également [2]; il est de tradition que les dettes mobilières sont une charge de l'universalité mobilière. Le législateur a fait l'application de ce principe à la communauté (art. 1409-1°), et tout porte à croire qu'il a entendu en faire aussi l'application à la société. Telle était, d'ailleurs, la solution de Pothier [3].

Quelques auteurs appliquent le principe que le législateur suit pour la répartition du passif des successions échues aux époux sous le régime de la communauté (art. 1411 s.) : ce qui conduit à dire que toutes les dettes de chaque associé, sans distinction entre celles qui sont mobilières et celles qui sont immobilières, tombent à la charge de la société proportionnellement à la valeur des meubles de cet associé comparée à celle de ses immeubles, pour un tiers par exemple si la valeur du mobilier apporté par l'associé est par rapport à ses immeubles comme 1 est à 2, et représente par suite le tiers de son actif total [4].

Pour justifier ce système, on se contente de le dire plus équitable (cela n'est pas douteux), sans remarquer qu'il est

[1] Guillouard, n. 109.
[2] Troplong, I, n. 295; Duvergier, n. 111; Laurent, XXVI, n. 239.
[3] N. 52.
[4] Bugnet sur Pothier, n. 52, note 3; Pont, n. 206; Guillouard, n. 111.

exceptionnel et qu'il contredit le principe élémentaire et indiscuté d'où nous sommes partis.

Les intérêts des dettes contractées au cours de la société sont à la charge de la société dans l'opinion qui confère à la société la jouissance des biens des associés [1]. Il en est autrement dans l'opinion contraire.

Les dettes contractées au cours de la société sont pour le principal à la charge de l'associé qui les contracte [2]. Il en est cependant autrement de celles qui sont contractées dans l'intérêt de la société [3].

Comme dans la société de tous biens, l'entretien des associés et de leur famille, ainsi que l'établissement de leurs enfants, ne sont pas à la charge de la société [4].

C. *Interprétation des sociétés universelles.*

148. « *La simple convention de société universelle, faite sans » autre explication, n'emporte que la société universelle de » gains* » (art. 1839). Toute société universelle entraîne une aliénation, et dans le doute il est naturel d'admettre que les parties ont adopté la société qui emporte l'aliénation la moins étendue, par conséquent la société universelle de gains. C'est le motif donné par le tribun Boutteville dans son rapport au Tribunat [5]. Il avait conduit à la même solution en droit romain [6] et dans l'ancien droit [7].

§ II. *De la société particulière.*

149. « *La société particulière est celle qui ne s'applique » qu'à certaines choses déterminées, ou à leur usage, ou aux » fruits à en percevoir* » (art. 1841).

(1) Guillouard, n. 112.
(2) Pont, n. 209; Guillouard, n. 112; Houpin, n. 73.
(3) Pont, n. 209; Guillouard, n. 112.
(4) Pont, *loc. cit.*; Houpin, *loc. cit.*
(5) Fenet, XIV, p. 407.
(6) L. 7, D., *pro soc.*, 17. 2.
(7) Pothier, n. 43. — On décidait que la société de *tous biens* comprenait seulement les gains et non pas les biens qui adviendraient à titre gratuit. Argou, liv. III, ch. XXXII, II, p. 320. Mais il en était autrement de la société de *tous les biens qui arriveront aux associés.* Argou, *loc. cit.*, p. 321.

« *Le contrat par lequel plusieurs personnes s'associent, soit* » *pour une entreprise désignée, soit pour l'exercice de quelque* » *métier ou profession, est aussi une société particulière* » (art. 1842).

Les sociétés particulières sont de beaucoup les plus fréquentes.

On considère souvent les sociétés commerciales comme étant nécessairement des sociétés particulières, parce qu'elles ont pour objet un genre de commerce spécial ou une entreprise commerciale déterminée (1). C'est en effet le cas habituel, mais rien n'empêcherait qu'une société fût créée pour exercer le commerce d'une manière générale.

CHAPITRE VI

POINT DE DÉPART DE LA SOCIÉTÉ

150. « *La société commence à l'instant même du contrat,* » *s'il ne désigne une autre époque* » (art. 1843).

151. Il résulte de l'art. 1843 qu'à défaut de fixation d'un point de départ dans l'acte de société, le jour de la rédaction de l'acte doit être considéré comme point de départ ; on semble considérer cette solution comme absolue (2). Il nous semble cependant que, conformément au droit commun, on doit suppléer à la fin de l'article : *sauf preuve du contraire*. Du reste, l'art. 1843 a voulu simplement reproduire les idées de Pothier, qui disait : « Ce temps, qui doit être exprimé, fait la matière d'une clause du contrat » (3).

(1) Guillouard, n. 115 et 116.
(2) L. 1. D., *pro soc.*, 17. 2. — Pothier, n. 64 ; Guillouard, n. 18.
(3) N. 64.

CHAPITRE VII

OBLIGATIONS DES ASSOCIÉS ENVERS LA SOCIÉTÉ

SECTION PREMIÈRE

OBLIGATION DE FOURNIR LES APPORTS

§ I. *Nécessité, montant et nature de l'apport.*

152. « *Chaque associé est débiteur envers la société de tout* » *ce qu'il a promis d'y apporter* », dit l'art. 1845 al. 1.

153. Chacun des contractants doit donc s'engager à fournir une mise, c'est-à-dire à apporter, soit en propriété, soit en jouissance, quelque chose dans la société. Ce n'est que la conséquence du caractère onéreux du contrat de société ; nous avons montré quel est le caractère et quels sont les effets du contrat de société qui ne contient pas l'indication d'apports de la part de chaque associé, ou qui attribue à certains associés des apports fictifs [1].

D'ailleurs il n'est nullement nécessaire que les mises soient de la même valeur [2]. Il n'est pas nécessaire non plus qu'elles soient de la même nature : ainsi celui-ci peut apporter son industrie, tandis que celui-là apporte de l'argent et cet autre un immeuble [3]. Sur ce dernier point, le droit romain [4] et l'ancien droit [5] donnaient une solution conforme.

Il va sans dire que l'origine de l'acquisition de l'objet apporté importe peu [6] ; l'apport est valable, que l'associé en soit devenu propriétaire par vente, succession, donation, etc.

154. L'apport en société constitue une véritable vente si, en échange de son apport, le prétendu associé reçoit, non pas

(1) V. *supra*, n. 6 s.
(2) Guillouard, n. 62.
(3) Guillouard, n. 62; Houpin, I, n. 33.
(4) L. 1, C., *pro soc.*, 4. 37; § 3, *Inst., De soc.*, 3. 25.
(5) Pothier, n. 8 et 9.
(6) Guillouard, I, n. 63.

un droit à une part de bénéfices, mais un prix soustrait aux éventualités sociales (1).

Ainsi l'associé est un vendeur si, en échange de l'apport, il reçoit des obligations émises par la société, car ce sont des valeurs à revenu fixe; il en est autrement si l'associé reçoit des actions émises par la société (2), car il reste soumis aux pertes et aux gains de la société.

Si la société prend à sa charge les dettes grevant l'apport, il s'opère également une mutation (3).

L'apport fait moyennant la charge imposée à la société de payer une dette de l'associé est une vente passible du droit de mutation (4).

De même, l'associé est un bailleur s'il transmet une jouissance à la société d'une manière définitive (5).

Si l'apport est fait moyennant un prix soustrait aux éventualités de la fortune sociale, l'associé, étant alors un véritable vendeur, jouit pour ce prix du privilège du vendeur (6). De même, si l'apport est fait en partie moyennant une part dans les bénéfices et en partie moyennant un prix, il y a privilège du vendeur pour ce prix.

Au contraire, nous verrons que, pour la restitution de l'apport fait moyennant une part dans les bénéfices, l'associé ne jouit d'aucun privilège.

En sa qualité de vendeur, l'associé qui a fait un apport moyennant un prix peut, si ce prix ne lui est pas payé, intenter une action en résolution du contrat de société en ce qui le concerne.

(1) Houpin, I, n. 34.

(2) Trib. civ. Lyon, 15 mai 1894, *Gaz. Trib.*, 10 juin 1894, *Journ. soc.*, 94. 496 (pas de privilège du vendeur).

(3) Cass. civ., 15 fév. 1888, S., 90. 1. 35. — Cass. civ., 18 juil. 1888, S., 90. 1. 182. — Cass. civ., 29 juil. 1890, S., 91. 1. 183. — Cass. req., 24 avril 1893, S., 94. 1. 196. — Cass. civ., 14 nov. 1893, S., 94. 1. 517. — Cass. req., 5 fév. 1894, S., 95. 1. 52. — Cass. civ., 15 janv. 1896, S., 97. 1. 469.

(4) V. les arrêts précités.

(5) Trib. civ. Rouen, 16 sept. 1882, *Rép. pér. de l'Enreg.*, n. 6068. — Trib. civ. Rouen, 28 fév. 1889, *Rép. pér. de l'Enreg.*, n. 7247 (charge pour la société de payer les loyers à échoir). — Houpin, I, n. 49.

(6) Cass., 13 juill. 1841, S., 41. 1. 731. — Aubry et Rau, III, p. 168, § 263, note 11; Pont, *Tr. des priv. et hyp.*, I, n. 197; Guillouard, n. 185; Houpin, I, n. 41.

Si l'apport est fait en partie moyennant une part de bénéfices et en partie moyennant un prix, l'action en résolution produit son effet même en ce qui concerne l'apport fait moyennant une part de bénéfices, car la clause dont l'inexécution partielle entraîne la résolution est indivisible.

155. Les apports sont fixés d'une manière définitive. Sans doute les associés peuvent, par l'acte de société ou par un acte postérieur, convenir que dans des circonstances déterminées, les apports seront augmentés. Ils peuvent également convenir que la majorité des associés décidera ultérieurement s'il y a lieu à augmentation des apports (1).

Mais, à défaut de convention sur ce point, la majorité ne peut forcer la minorité à augmenter les apports (2). On ne peut, en effet, modifier une convention sans l'assentiment de tous ceux qui y ont participé. Il est impossible d'accepter l'opinion (3) d'après laquelle l'augmentation d'apports peut être décidée pour la majorité si cette augmentation a pour but non pas d'étendre les affaires sociales, mais de remplir l'objet même de la société. Le seul droit des associés est alors, comme nous le verrons, de demander la dissolution de la société.

156. La nullité de la société pour absence d'apports peut être invoquée non seulement par les tiers, mais par les associés (4).

Mais nous avons montré que la société peut être valable comme donation, quoique certains des associés ne fassent pas d'apport (5).

157. Si l'apport de tous les associés est soustrait aux risques sociaux (par exemple s'ils apportent uniquement une chose achetée en commun et dont la société payera le prix), la société n'en sera pas moins valable (6). On a décidé le contraire par le motif qu'il n'y a pas alors de véritable ap-

(1) Guillouard, n. 197; Houpin, I, n. 52; Lyon-Caen et Renault, II, n. 33 *bis*.

(2) Duvergier, n. 216; Pont, n. 314; Lyon-Caen et Renault, II, n. 33 *bis*; Guillouard, n. 197; Houpin, I, n. 52.

(3) Pardessus, *Cours de dr. com.*, IV, n. 995.

(4) Paris, 26 nov. 1885, S., 87. 2. 17. — Lyon-Caen, *Note*, S., 87. 2. 17.

(5) V. *supra*, n. 6 s.

(6) Lyon-Caen, *Note*, S., 87. 2. 17.

port [1]. C'est une erreur : l'apport consiste soit dans la différence entre la valeur totale de la chose et la valeur que la part indivise de chacun des associés avait entre ses mains, soit dans la différence entre le prix de la chose et sa valeur.

§ II. *Des objets qui peuvent être apportés.*

158. On peut mettre en société *de l'argent, ou d'autres biens, ou son industrie*, dit l'art. **1833**. Les mots *ou d'autres biens* sont on ne peut plus généraux, et comprennent par conséquent tous les biens, même incorporels. L'industrie est peut-être un instrument d'acquisition des biens plutôt qu'un bien à proprement parler, et c'est sans doute pour ce motif que la loi en a fait une mention spéciale, après avoir parlé de tous les biens en général.

On peut également apporter la découverte d'un secret [2], un brevet d'invention [3], une marque de fabrique [4], un fonds de commerce [5].

159. Nous avons déjà vu que l'apport d'un office, d'une fonction publique, etc., est illicite [6].

Le crédit peut-il faire l'objet d'une mise sociale ? A notre avis, il y a lieu de distinguer. Nous répondons négativement en ce qui concerne le crédit *politique*, cela est, du reste, admis par tout le monde [7]. On ne peut trafiquer sans immoralité du crédit ; évidemment la personne qui s'engagerait à mettre son crédit politique à la disposition d'un tiers ferait un acte illicite ; or l'apport constitue une aliénation. C'est en ce sens que décidait Pothier [8], si le droit romain était en sens

(1) Paris, 26 nov. 1885, S., 87. 2. 17. — Cet arrêt dit aussi que la société est nulle parce que les associés ne contribuent pas aux pertes. V. *infra*.
(2) Guillouard, n. 63.
(3) Houpin, I, n. 33.
(4) Paris, 11 fév. 1888, *Rec. soc.*, 88. 527. — Houpin, *loc. cit.*
(5) Houpin, *loc. cit.*
(6) V. *supra*, n. 66 s.
(7) Troplong, I, n. 114 et 115 ; Duvergier, n. 18 s. ; Aubry et Rau, IV, p. 543, § 377, note 2 ; Pont, n. 64 et 65 ; Laurent, XXVI, n. 143 ; Lyon-Caen et Renault, *Tr. de dr. com.*, II, n. 32 ; Guillouard, n. 64 ; Houpin, I, n. 33.
(8) N. 10.

contraire (¹); Treilhard, dans son Exposé des motifs (²), et le tribun Gillet, dans son discours au corps législatif (³), s'expriment dans le même sens.

Il faut décider tout autrement pour le crédit *commercial*, qui peut faire l'objet d'un contrat intéressé (⁴). D'ailleurs le crédit commercial, attaché au nom de l'un des associés, sera souvent pour la société un levier d'une extrême puissance, et on ne voit pas pourquoi il ne pourrait pas faire l'objet d'une mise, aussi bien que l'industrie; on ne voit pas pourquoi un commerçant ne pourrait pas tirer parti du crédit que lui a procuré son travail, alors qu'un industriel peut tirer parti des connaissances qui lui proviennent également de son travail.

Le crédit commercial, objecte-t-on, n'est autre chose que le nom d'une personne, dégagé de ses actes et, par conséquent, constitue une chose abstraite dont la valeur ne peut être appréciée. Si cette qualification était exacte, ne seraitelle pas aussi vraie de l'industrie? Du reste, il est faux que le nom d'une personne n'ait pas de valeur appréciable; quand ce nom est une garantie de bénéfices, on peut facilement évaluer le profit que la société peut en tirer.

C'est cependant cet argument qui servit, dans la discussion au Conseil d'Etat, à Treilhard et à Berlier pour repousser l'apport du crédit commercial; mais leur opinion, insuffisamment motivée, ne peut servir d'objection à notre système; il faut dire aussi qu'un autre orateur, Pelet, la combattait.

(¹) L. 88, D., *pro soc.*, 17. 2.

(²) Fenet, XIV, p. 398.

(³) Fenet, XIV, p. 419.

(⁴) Malepeyre et Jourdain, *Des soc. com.*, p. 38; Rousseau, *Des soc. com.*, I, n. 61; Duranton, XVII, n. 318; Massé et Vergé, IV, p. 424, § 713, note 6; Pardessus, *Dr. com.*, III, n. 984; Boistel, *Précis de dr. com.*, n. 154; Alauzet, *Comm. sur les soc.*, I, n. 390; Bédarride, *Des soc.*, I, n. 30; Duvergier, n. 20; Pont, I, n. 65; Lyon-Caen et Renault, *Traité*, II, n. 32; Ruben de Couder, *Dict.*, v° *Société*, n. 40; Delangle, *Des soc. com.*, I, n. 60; Deloison, *Des soc. com.*, I, p. 51; Guillouard, n. 64; Lyon-Caen, *Note*, S., 87. 2. 17; Houpin, *loc. cit.*; Eck, Holzendorff's *Rechtslexikon*, v° *Societas*. — *Contra* Trib. civ. Charleroi, 26 mars 1879, *Jurispr. d'Anvers*, 80. 2. 105, *Anal. journ. dr. int.*, IX, 1882, p. 637. — Laurent, XXVI, n. 143; Aubry et Rau, IV, p. 543, § 377, note 2. — D'autres auteurs subordonnent la validité à la condition que l'apporteur coopère aux affaires sociales. — Troplong, I, n. 115; Vavasseur, I, n. 77.

159 *bis.* Le nom peut également faire l'objet d'un apport [1]. Toutefois, si le propriétaire du nom ne prend pas une part active à la gestion, il peut y avoir simple prêt ou location du nom.

A supposer que ce nom soit de nature à opérer une confusion entre les produits de la société et d'autres produits connus, la société sera illicite et la personne lésée pourra l'empêcher de fonctionner en exerçant une action en concurrence déloyale [2].

160. Une ouverture de crédit peut également faire l'objet d'un apport en société [3].

161. On peut apporter des choses futures [4].

§ III. *De la transmission des apports entre l'associé et la société.*

162. Un objet peut être apporté à la société en propriété ou en jouissance.

163. Des difficultés peuvent s'élever, à défaut d'explication formelle, sur le point de savoir si l'apport est fait à titre de propriété ou à titre de jouissance.

On a pensé que le juge déciderait souverainement si l'apport était fait à titre de propriété ou de jouissance [5]. Il nous semble au contraire que l'apport doit être considéré comme fait à titre de propriété, si l'acte ou les circonstances ne démontrent pas le contraire [6]. Dire qu'on apporte une chose, c'est dire qu'on en apporte la propriété, car la propriété d'une chose se confond, on le sait, avec cette chose elle-même.

Quelques-uns pensent que, dans le cas où l'un des asso-

(1) Trib. civ. Seine, 2 août 1890, *Le dr. industriel*, 90. 340.

(2) Trib. civ. Seine, 26 janv. 1887, *Loi*, 2 fév. 1887. — Trib. civ. Seine, 2 août 1890, précité.

(3) Trib. civ. Charleroi, 26 mars 1879, *Jurispr. d'Anvers*, 80. 2. 105, *Journ. dr. int.*, IX, 1882, p. 637.

(4) Toulouse, 9 déc. 1885, *Rev. soc.*, 86. 456. — Pont, n. 61; Houpin, I. n. 33.

(5) Cass. req., 7 juin 1886, S., 90. 1. 406 (brevet d'invention). — Pont, n. 63; Lyon-Caen et Renault, *Traité*, II, n. 28; Guillouard, n. 187; Houpin, I, n. 33.

(6) Duranton, XVII, n. 408; Pardessus, *Cours de dr. com.*, IV, n. 990; Duvergier, n. 204.

ciés n'apporte que son industrie, les biens apportés par les autres associés doivent être présumés apportés en jouissance (1). Ils se fondent sur ce que, l'apport en industrie n'étant fait que pour la durée de la société, on doit supposer qu'il en est de même des autres apports (2). Cela est tout à fait inexact, car rien n'empêche que, les uns apportant leur industrie ou un usufruit, les autres apportent une propriété.

La question peut, en certains cas, dépendre de la nature de l'objet; ainsi on doit supposer que le nom commercial d'un associé est apporté par lui à titre de jouissance (3).

L'industrie n'est jamais apportée qu'en jouissance.

I. *Apport en propriété.*

164. La chose, dont l'apport en propriété a été promis à la société, peut être un corps certain ou une chose fongible.

Si c'est un corps certain, la situation respective de l'associé débiteur de l'apport et de la société est à peu près celle de vendeur à acheteur.

De là il suit que, dans ses rapports avec l'associé, la société devient, indépendamment de toute tradition, propriétaire de l'apport promis, par le seul effet du consentement, et que les risques sont immédiatement pour son compte. Elle supportera donc les détériorations et même les pertes survenues par cas fortuit, sans que l'associé voie pour cela ses droits dans la société diminuer ou périr; car il n'est pas sans mise, puisque sa mise a été effectuée par le transport de la propriété promise. Le reste ne le regarde plus, les risques n'étant pas pour son compte.

Cette solution est généralement admise (4), quoiqu'à première vue l'art. 1867 al. 1 lui soit contraire. L'art. 1867 porte en effet que la perte de l'apport, avant que la mise en

(1) Duranton, *loc. cit.*; Pardessus, *loc. cit.*

(2) Duvergier, *loc. cit.*

(3) Bordeaux, 30 mars 1892, *Gaz. Pal.*, 93. 2. 2e p., 4.

(4) Trib. civ. Seine, 26 nov. 1886, *Gaz. Trib.*, 29 déc. 1886. — Duranton, XVII, n. 467; Troplong, II, n. 925 s; Duvergier, n. 421 s.; Aubry et Rau, IV, p. 568, § 384, note 5; Pont, n. 256, 377 s.; Laurent, XXVI, n. 268; Guillouard, n. 153, 176 et 184; Houpin, I, n. 40 et 86.

soit effectuée, entraîne la dissolution de la société. Mais on est presque d'accord pour admettre que ce texte est relatif seulement, comme nous le verrons, au cas où la société n'est pas, par exception, devenue immédiatement propriétaire de l'apport.

Du reste, Pothier [1] s'exprimait de la même manière: « Il est évident, disait-il, que chacun des associés est débiteur à la société de tout ce qu'il a promis d'y apporter. Mais, lorsque les choses qu'il a promis d'y apporter sont des corps certains et déterminés, si ces choses viennent à périr sans la faute de cet associé, et avant qu'il ait été constitué en demeure par son associé de les apporter à la société, il est quitte de son obligation, de même que s'il les avait apportées. »

Cependant un auteur a proposé de prendre l'art. 1867 al. 1 à la lettre et de décider que l'apport est toujours aux risques de l'associé, jusqu'au moment où la tradition en a été faite à la société [2]. Cette dérogation aux principes s'expliquerait par l'idée que la loi a considéré de plein droit l'associé comme étant en demeure, et l'on sait que les risques sont à la charge du débiteur en demeure (C. civ., 1302). L'historique de la rédaction de l'art. 1846 le prouverait, car le troisième projet de Cambacérès faisait courir les intérêts de la somme due du jour de la mise en demeure de l'associé et l'art. 1846 y a substitué le jour où il s'est engagé à fournir le capital; pourquoi l'art. 1867 n'aurait-il pas un sens analogue? La conclusion nous paraît forcée; l'art. 1846 contient une disposition dérogatoire au droit commun, qu'on ne peut étendre. D'autre part, on ne saurait justifier par une mise en demeure légale l'explication que nous venons de reproduire; car il ne saurait y avoir de mise en demeure, même légale, qu'à partir du jour où la livraison doit être effectuée; or, l'art. 1867 ne distinguant pas, il faut, si on lui attribue la volonté de mettre les risques à la charge de l'associé, mettre ces risques à sa charge même si la perte se produit avant le jour fixé pour la livraison.

[1] N. 110.

[2] Etienne, *Essai d'une nouvelle interprétation de l'art. 1867 C. civ.*, *Rev. étr. et franç. de législ.*, VIII, 1842, p. 353 s.

164 *bis*. Par exception, et conformément à l'art. 20 de la loi du 5 juillet 1844, qui donne cette solution pour les cessions des brevets d'invention, l'apport d'un brevet d'invention doit être constaté par acte authentique ([1]). L'assimilation de l'apport à la cession se justifie par les arguments que nous invoquerons à propos de l'enregistrement du brevet ([2]).

165. Si la chose, dont l'apport en propriété a été promis à la société, est une chose déterminée seulement quant à son espèce, par exemple cent hectolitres de froment, dix chevaux, de l'argent, etc., la société ne devient propriétaire que lorsque la détermination en a été faite d'un commun accord. Le plus souvent cette détermination se confond avec la tradition : ce qui excuse, sans le justifier, le langage de certains auteurs qui disent que la société devient propriétaire par la tradition. Les risques ne passent à la société qu'à partir du moment où elle est devenue propriétaire ([3]).

166. La propriété est acquise à la société d'une manière définitive et irrévocable, de telle sorte que si, lors de la dissolution, les apports sont compris dans le lot de l'associé qui les a faits, une mutation nouvelle s'opère ([4]). On a soutenu cependant que la mutation résultant de l'apport est subordonnée à la condition résolutoire qu'elle ne soit pas comprise dans le lot de l'auteur de l'apport; c'était la doctrine de Pothier ([5]). Elle est évidemment erronée dans le cas où la société constitue un être moral; elle n'est pas moins inexacte dans le cas contraire ([6]).

II. *Apport en jouissance.*

167. L'apport en jouissance peut se concevoir de deux manières. Peut-être les parties ont-elles entendu que la société acquerra sur l'objet auquel s'applique l'apport un droit réel de jouissance, un droit d'usufruit; les rapports respectifs

([1]) Houpin, I, n. 44.
([2]) V. *infra*, n. 176.
([3]) Pothier, n. 112; Duranton, XVII, n. 396; Duvergier, n. 147 s.; Pont, n. 403 s.; Laurent, XXVI, n. 269; Guillouard, n. 154 et 186; Houpin, I, n. 46 et 86.
([4]) Testoud, *Rev. crit.*, XIV, 1885, p. 162.
([5]) *Tr. du contr. de société*, n. 179.
([6]) V. Wahl, *Note*, S., 96. 1. 417.

de l'associé qui a promis l'apport et de la société seront alors ceux d'un nu-propriétaire et d'un usufruitier. Mais peut-être aussi (ce sera beaucoup plus fréquent) les parties ont-elles entendu conférer à la société un droit personnel de jouissance sur l'objet de l'apport; dans ce cas, les rapports respectifs de l'associé et de la société seront ceux d'un bailleur et d'un preneur : l'associé sera tenu de faire jouir la société et non pas seulement, comme dans le cas précédent, de la laisser jouir. Quant à savoir si, dans telle hypothèse déterminée, les parties ont entendu conférer à la société un droit *réel* ou un droit *personnel* de jouissance, on comprend bien que ce n'est plus une question de fait, rentrant à ce titre dans le domaine du juge en cas de contestation [1]. Elle présente une extrême importance au point de vue des risques.

a. — Nous supposerons d'abord qu'il a été dans l'intention des parties de conférer à la société un droit personnel de jouissance. Dans ce cas, l'apport de l'associé est un apport successif : il s'est engagé à faire jouir la société pendant toute sa durée. Cette obligation ne peut plus être remplie par l'associé lorsque la chose dont il a promis la jouissance est venue à périr. A dater de ce moment, l'associé se trouve donc sans mise et, comme il est essentiel à l'existence de la société que chaque associé ait une mise, la loi, ainsi que nous le verrons, déclare la société dissoute (art. 1867 al. 2). Dans notre première hypothèse, les risques sont donc toujours à la charge de l'associé.

b. — Les parties ont entendu conférer à la société un droit réel de jouissance, un droit d'usufruit. Alors, pour savoir à la charge de qui sont les risques, il faut distinguer si l'associé est demeuré propriétaire de son apport ou s'il en a transmis la propriété à la société; il faut distinguer, en d'autres termes, si l'on se trouve dans le cas d'un véritable usufruit ou d'un quasi-usufruit. Dans la première hypothèse, les risques seront pour le compte de l'associé, mais la société, en cas de perte de la chose, perdra son usufruit [2]; dans la

[1] V. *infra*, n. 170.

[2] Pont, n. 381 s.; Laurent, XXVI, n. 272; Lyon-Caen et Renault, II, n. 28; Guillouard, n. 156; Houpin, I, n. 47. — V. *infra*, n. 187.

deuxième, la perte sera pour le compte de la société. C'est une application de la règle *Casum sentit dominus*.

168. Reste à savoir dans quels cas l'associé demeure propriétaire des choses dont il a promis l'usufruit à la société, dans quels cas au contraire il lui en transmet la propriété. L'art. 1851 répond à la question : « *Si les choses dont la jouissance seulement a été mise dans la société sont des corps certains et déterminés, qui ne se consomment point par l'usage, » elles sont aux risques de l'associé propriétaire. — Si ces » choses se consomment, si elles se détériorent en les gardant, » si elles ont été destinées à être vendues, ou si elles ont été » mises dans la société sur une estimation portée par un inventaire, elles sont aux risques de la société. — Si la chose a été » estimée, l'associé ne peut répéter que le montant de son » estimation* ».

Ainsi, lorsque l'apport en usufruit porte sur un corps certain et déterminé qui ne se consomme point par l'usage, l'associé, en principe, et sauf les exceptions que nous indiquerons tout à l'heure, demeure propriétaire, et les risques sont pour son compte. Il faut s'entendre toutefois : les risques sont pour le compte de l'associé demeuré propriétaire, en ce sens que, si la chose périt par cas fortuit, la société sera libérée de l'obligation de la lui restituer lors de sa dissolution ; mais à un autre point de vue les risques sont au compte de la société, car elle perdra son droit d'usufruit, comme nous l'avons dit, si la chose périt. En un mot, la chose est aux risques de l'associé pour la nue propriété, aux risques de la société pour l'usufruit : si la chose périt par cas fortuit, chacun perdra le droit réel qu'il y avait, l'associé la nue propriété, la société l'usufruit ; et l'associé n'en conservera pas moins tous ses droits dans la société. On ne peut pas dire ici qu'il est sans mise ; car il a complètement rempli la seule obligation dont il est tenu, celle de conférer à la société un droit réel de jouissance. Ce droit, une fois acquis à la société, a nécessairement péri pour elle.

Au contraire, dans les quatre cas suivants, qu'indique l'art. 1851 al. 2, la société devient, en qualité de quasi-usufruitière, propriétaire des biens dont la jouissance lui est conférée, et demeure à ce titre chargée des risques, en ce sens que la perte de la chose ne la libère pas de l'obligation d'en restituer la contre-valeur :

1° *Si les choses se consomment.* Le droit de jouir emporte nécessairement ici pour la société celui de consommer, puisqu'il s'agit de choses dont on ne peut jouir autrement ; donc la société devient propriétaire, car le propriétaire seul a le droit de consommer. — Il va sans dire cependant que le contraire peut être décidé.

2° *Si elles se détériorent en les gardant.* On ne peut guère supposer que l'intention des parties ait été de réduire l'associé, qui apporte de semblables choses en jouissance, à les reprendre en nature, c'est-à-dire considérablement diminuées de valeur, lors de la dissolution de la société.

Nous examinerons plus loin si la société peut cependant obliger l'associé à reprendre ces apports en nature.

3° *Si elles sont destinées à être vendues.* La société ne peut pas vendre sans être propriétaire ; on doit donc supposer que l'intention des parties a été de lui transférer la propriété.

4° *Si elles ont été mises dans la société sur une estimation.* Il importe peu d'ailleurs que l'estimation soit contenue, comme la loi le suppose, dans un inventaire ou dans tout autre titre [1]. L'estimation emporte vente au profit de la société, parce que telle a été vraisemblablement l'intention des parties. C'est donc le prix d'estimation qui devra être restitué lors de la dissolution de la société. Aucune distinction n'est à faire entre les meubles et les immeubles [2], quoique dans d'autres situations l'estimation des immeubles n'emporte pas vente.

Dans les trois autres cas, nous verrons que l'associé aurait droit à la restitution de choses semblables à celles qu'il a livrées à la société ou d'une somme suffisante pour se les procurer.

169. Dans le cas où l'estimation d'un immeuble a été faite, l'associé qui a apporté cet immeuble ne peut demander la

[1] Guillouard, n. 163 ; Houpin, I, n. 80.
[2] Laurent, XXVI, n. 276 ; Guillouard, n. 162 ; Houpin, *loc. cit.*

rescision de l'acte de société en se basant sur l'art. 1674, pour lésion de plus de sept douzièmes dans l'estimation [1]. En effet, l'art. 1674 est un texte exceptionnel et on est d'accord pour décider qu'il ne peut être étendu à des cas analogues ; or la mise en société n'est pas une véritable vente, car la loi considère la société comme un contrat distinct de la vente. Du reste, le motif de décider en sens contraire n'existe même pas en matière de société ; car si on peut être forcé par une nécessité pressante, et pour se procurer de l'argent, de vendre, on ne peut être forcé d'entrer en société.

170. Si l'apport est fait à titre de jouissance, comment distinguer si cette jouissance est un usufruit ou une jouissance personnelle, analogue au bail ? On a prétendu qu'il faut présumer soit l'usufruit [2], soit la jouissance personnelle [3]. Il n'y a, selon nous, aucune raison de présumer l'un ou l'autre [4] ; le juge décidera.

La différence est très importante, comme nous l'avons dit, et comme nous le verrons encore à propos de la transcription et de la garantie.

171. La jouissance peut être apportée soit pour la durée de la société, soit pendant un temps déterminé.

Dans ce dernier cas, si la société se termine avant l'expiration de la durée de la jouissance, cette jouissance fait partie de l'actif et peut être aliénée dans l'intérêt des copartageants [5].

§ IV. *De la transmission des apports vis-à-vis des tiers.*

172. Il faut ici distinguer suivant la nature des objets.

Conformément à l'art. 1141 C. civ., l'apport de meubles n'est parfait vis-à-vis des tiers que par la tradition, en ce sens qu'un tiers qui de bonne foi aurait reçu de l'associé le meu-

[1] Troplong, II, n. 698 ; Duvergier, n. 175 ; Pont, n. 402 ; Guillouard, n. 163 ; Houpin, *loc. cit.*

[2] Troplong, II, n. 538 ; Duvergier, n. 168.

[3] Duranton, XVII, n. 393.

[4] Pont, n. 276 ; Laurent, XXVI, n. 248 ; Lyon-Caen et Renault, *Traité*, II, n. 28 ; Guillouard n. 188.

[5] Cass. req., 7 juin 1886, S., 90. 1. 406 (brevet d'invention).

ble apporté antérieurement à la société en deviendrait propriétaire (C. civ., 1141 et 2279).

173. L'apport d'immeubles en société est soumis à la transcription ([1]). En d'autres termes, s'il s'agit d'immeubles, la société ne devient propriétaire, vis-à-vis des tiers, qu'à partir de la transcription. On a soutenu le contraire par la raison que l'apport en société n'est pas une véritable mutation, et, pour justifier cet argument, on s'est fondé sur l'art. 68, § 3, n. 4 de la loi du 22 frim. an VII, qui dispense du droit de mutation l'apport en société. Ce raisonnement est évidemment inexact : il est certain que l'apport en société est une mutation, puisque l'associé qui fait l'apport perd, au profit de la société, la propriété de cet apport; quant à la loi du 22 frim. an VII, elle se justifie, comme le démontrent ses travaux préparatoires, par une faveur qu'on a voulu accorder aux associés. Au surplus, l'art. 1er de la loi du 23 mars 1855 exige la transcription de « tout acte entre vifs translatif de propriété immobilière ».

Cette transcription n'est pas nécessaire si l'apport porte sur un immeuble commun à tous les associés ([2]), dans l'opinion qui nie la personnalité morale de la société, car il ne s'opère alors aucune mutation de propriété; il en est autrement dans le système contraire.

Quoique le droit proportionnel de transcription soit exigé lors de l'enregistrement sur les « actes emportant mutation de propriété immobilière » (L. 21 vent. an VII, art. 19) et sur tous les actes qui sont « de nature à être transcrits » (L. 28 avr. 1816, art. 54), la cour de cassation n'admet pas que l'acte de société donne lieu, sur les apports immobiliers, au droit de transcription ([3]).

([1]) Cass., 8 mars 1875, S., 75. 1. 449, D., 76. 1. 369. — Cass. req., 25 avril 1893, D., 93. 1. 320 (apport dans une société anonyme moyennant l'attribution d'actions). — Amiens, 10 juill. 1883, *Journ. des soc.*, 87. 451. — Paris, 18 déc. 1884, *Rev. soc.*, 85. 470. — Rennes, 11 juill. 1892, *Gaz. Pal.*, 93. 1, 2e p., 26. — Mourlon, *De la transcr.*, I, n. 52; Flandin, *De la transcr.*, I, n. 266; Troplong, *De la transcr.*, n. 63; Aubry et Rau, II, p. 291, § 209, et IV, p. 551, § 378, note 10; Lyon-Caen et Renault, II, n. 21; Guillouard, n. 177 et *Tr. de la vente*, II, n. 795; Houpin, I, n. 40.

([2]) Cass. req., 25 avril 1893, précité. — Amiens, 10 juill. 1883, précité. — Houpin, *loc. cit.*

([3]) Cass. (5 arrêts), 23 mars 1846, S., 46. 1. 312. — Cass., 5 janv. 1848, S., 48. 1. 97.

Etant donné le système de la cour de cassation, le droit de transcription ne devrait pas être perçu, si les parties soumettent l'acte de société à la transcription, puisque cette transcription est inutile, et que, dans l'opinion de la cour de cassation, l'acte n'est pas de nature à être transcrit. On décide néanmoins le contraire ([1]); cette solution très contestable se rattache à une théorie générale de la jurisprudence, d'après laquelle le droit proportionnel de transcription est exigible, lors de la transcription à la conservation des hypothèques, sur les actes mêmes dont la transcription est inutile ([2]).

174. L'apport d'un usufruit immobilier est soumis la transcription comme l'apport d'une propriété immobilière ([3]). L'apport d'une jouissance personnelle (à titre de bail) est soumis à la transcription si elle excède dix-huit ans ([4]). En effet, l'art. 2, n. 4 de la loi du 23 mars 1855 soumet à la transcription les baux de plus de dix-huit ans; sans doute on doit interpréter restrictivement les textes qui subordonnent la translation de propriété ou de jouissance à l'accomplissement d'une formalité; mais ce n'est pas déroger à cette règle que d'assimiler au bail une transmission qui y est analogue et peut-être identique; les raisons de décider sont trop évidemment les mêmes pour que l'hésitation soit possible.

Ce qui surtout doit contribuer à faire adopter cette opinion, c'est qu'en la rejetaut on est conduit à décider que, quelle que soit la durée de la jouissance considérée, l'apport n'est pas soumis à transcription; l'esprit de la loi de 1855 répugne à cette solution, qui n'a jamais été soutenue.

Mais on a cru pouvoir y échapper en prétendant que, quelque faible que soit sa durée, l'apport de la jouissance d'un immeuble est soumis à transcription ([5]). On assimile la jouissance personnelle à l'usufruit, ce qui revient à traiter de la même manière deux sortes de jouissances très distinctes l'une

([1]) Cass., 6 déc. 1864, S., 65. 1. 49. — *Contra* Wahl, *Note*, S., 92. 1. 97 et *Rev. crit.*, 1893, p. 129 s.

([2]) V. Wahl, *loc. cit.*

([3]) Houpin, I, n. 47.

([4]) Flandin, *Tr. de la transcr.*, I, n. 269; Lyon-Caen et Renault, *Traité*, II, n. 27.

([5]) Mourlon, *Tr. de la transcr.*, I, n. 52 Guillouard, n. 190; Houpin, I, n. 49.

de l'autre; et c'est bien médiocrement justifier cette assimilation (en admettant même que cette formule ait un sens), que de dire que l'apport d'une jouissance « est un usufruit avec quelque chose de plus ». Il est, en tout cas, fort singulier que, pour avoir refusé d'assimiler l'apport d'une jouissance personnelle à un bail, on soit amené à exiger pour cet apport des formalités plus rigoureuses que s'il s'agissait d'un bail.

175. S'il s'agit d'une créance cédée à la société, elle n'est transmise vis-à-vis des tiers que par l'accomplissement des formalités prescrites par l'art. 1690 ([1]). D'abord, on ne voit pas pourquoi ces formalités, jugées nécessaires quand il s'agit d'une vente proprement dite, ne le seraient pas au même degré quand la transmission de propriété s'opère par un apport en société; rationnellement, il serait absurde de distinguer. Ensuite, par ses termes généraux, l'art. 1690 s'applique à toute cession et l'apport en société, en admettant qu'il ne soit pas une vente, est bien une cession. On peut même soutenir que l'apport en société est une vente, car l'associé transfère une chose moyennant un prix qui consiste dans sa part éventuelle de bénéfices et d'actif.

L'opinion contraire se contente donc à tort de nous opposer ce raisonnement étroit que l'art. 1690 doit être restreint littéralement à la vente. N'est-on pas d'accord pour appliquer ce texte à la donation ou à l'échange?

En vain dit-on encore que l'art. 1690 se justifie mal; c'est là un singulier point de vue, car il faut se placer en face des idées auxquelles a obéi le législateur et, certainement, s'il avait cru que l'art. 1690 fût difficile à justifier, il ne l'aurait pas introduit dans notre code.

En tous cas, il est certain que, dans l'opinion contraire, il faut appliquer l'art. 1328 C. civ. et exiger, pour que l'apport

([1]) Cass. civ., 24 déc. 1894, S., 95. 1. 69, D., 95. 1. 236. — Paris, 30 mars 1868, sous Cass., 28 avril 1869, S., 69. 1. 313, D., 69. 1. 445. — Paris, 18 déc. 1884, D., 86. 2. 15. — Nimes, 16 juil. 1895 (impl.), *Mon. Trib. Midi*, 4 août 1895. — Troplong, II, n. 766; Duvergier, n. 379; Aubry et Rau, IV, p. 551, § 378, note 11; Pont, n. 259; Lyon-Caen et Renault, II, n. 21; Huc, *Tr. de la cession et de la transm. des créances*, I, n. 282; Houpin, I, n. 42. — *Contra* Bordeaux, 15 août 1868, D., 69. 2. 111. — Laurent, XXVI, n. 245; Guillouard, n. 178 et *Tr. de la vente*, II, n. 795.

en société d'une créance soit opposable aux tiers, que l'acte de société ait acquis date certaine ([1]).

Notre solution est exacte même si au lieu d'apporter distinctement une créance, l'associé apporte tous ses biens, parmi lesquels se trouve une créance ([2]).

En tous cas, elle est indiscutable si l'apport est fait à titre onéreux ([3]).

De même, si une société se dissout pour faire place à une nouvelle société, la signification du nouvel acte de constitution doit être faite aux débiteurs de l'ancienne société ([4]).

175 *bis*. Mais si le débiteur paye la dette à l'associé sans avoir eu connaissance de la société, le payement sera valable même après que la société aura eu date certaine ([5]) ou qu'elle aura été publiée ([6]), la publication n'étant pas faite pour rendre l'acte de société opposable au débiteur.

176. L'apport d'un brevet d'invention est soumis vis-à-vis des tiers à l'enregistrement prescrit pour les cessions du brevet d'invention par l'art. 20 de la loi du 5 juill. 1844 ([7]). On objecte qu'à la différence de la cession l'apport en société conserve à l'apporteur une portion indivise des droits apportés; mais l'objection est erronée dans le système de la jurisprudence, d'après lequel la société, même civile ([8]), est une personne morale qui devient propriétaire des apports; et d'autre part, l'argument conduirait à dire que la vente d'une portion indivise d'un brevet n'est pas soumise à l'enregistre-

([1]) Guillouard, n. 178 et *Tr. de la vente, loc. cit.*

([2]) Cass., 28 avril 1869, précité. — Huc, *loc. cit.*

([3]) Cass., 18 janv. 1871, S., 71. 1. 84. — Huc, *loc. cit.*

([4]) *Contra* Guillouard, *Tr. de la vente,* II, n. 796.

([5]) Guillouard, *Tr. de la vente, loc. cit.*

([6]) Guillouard, *Tr. de la vente, loc. cit.*

([7]) Trib. civ. Seine, 14 mars 1884, *Loi*, 28 mai 1884. — Lyon-Caen et Renault, II, n. 21; Lyon-Caen, *Rev. crit.*, XII, 1883, p. 655 s., XIV, 1885, p. 412; Houpin, I, n. 44, *Journ. des soc.,* 1891, p. 241; Allard, *Tr. des brevets d'invention,* n. 87; Pouillet, *Ibid.*, n. 306. — *Contra* Cass. crim., 24 mars 1864, S., 64. 1. 374. — Cass. crim., 24 nov. 1866, *Bull. crim.*, 1866, n. 246. — Cass. crim., 19 juin 1882, S., 83. 1. 17. — Trib. Douai, 11 juill. 1888, *Journ. soc.*, 90. 84. — Huard, *Rép. de législ. en mat. de brevets*, p. 456; Renouard, *Tr. des brevets*, n. 171; Bédarride, *Brevets d'inv.*, I, n. 254; Ruben de Couder, *Dict. de dr. com.*, v° *Brevets d'inv.*, n. 402.

([8]) D'ailleurs, dans le cas tranché par l'arrêt du 19 juin 1882 précité, il s'agissait d'une société commerciale.

ment; d'un autre côté, la loi de 1844 a obéi à un but de publicité qui en commande l'application à tout transport de propriété.

L'apport d'une licence n'est pas soumis à l'enregistrement, car la licence ne transporte que la jouissance du brevet (¹).

§ V. *Intérêts et fruits des apports.*

A. *Fruits.*

177. L'associé n'est débiteur des fruits de la chose apportée qu'à partir du jour où il est mis en demeure de délivrer la chose à la société (²). Cette solution est toutefois très contestée. On n'a pas pu nier qu'elle ne fût imposée par le droit commun et Pothier l'admettait explicitement (³). Mais on a tiré en sens contraire argument de l'art. 1846, qui, quand l'apport est d'une somme d'argent, fait courir les intérêts de plein droit et sans sommation. Il nous semble que l'art. 1846 fournit, au contraire, en faveur de notre doctrine, un argument *a contrario* très puissant, car si la loi l'a ainsi décidé pour les sommes d'argent seules, alors qu'elle venait de parler des apports de corps certains, c'est évidemment qu'elle a voulu admettre pour ces derniers une solution contraire. Du reste il est à remarquer que si l'art. 1846 déroge à l'art. 1153, d'après lequel une demande en justice est nécessaire pour faire courir les intérêts des sommes d'argent, les dérogations de ce genre sont très nombreuses; au contraire, les hypothèses où les fruits des choses dues sont dus de plein droit sont très rares. Enfin un argument dispense de tous les autres, c'est qu'une dérogation au droit commun ne peut ni être admise sans texte ni, si elle est consacrée par un texte, être étendue.

Pothier (⁴) disait que, malgré l'absence de mise en demeure, l'associé est tenu de restituer les fruits qu'il a effectivement

(¹) Lyon-Caen, *Rev. crit.*, XII, 1883, p. 657; Houpin, *loc. cit.*

(²) Troplong, II, n. 531; Duvergier, II, n. 152; Laurent, XXVI, n. 250. — *Contra* Duranton, XVII, n. 399; Aubry et Rau, IV, p. 554, § 380; Pont, n. 263; Guillouard, n. 183; Houpin, I, n. 39; Lyon-Caen et Renault, II, n. 29.

(³) N. 115.

(⁴) *Loc. cit.*

perçus; cela nous paraît certain dans toutes les opinions [1] : la société étant devenue propriétaire dès la convention, les fruits lui appartenaient et n'ont pu être perçus qu'à son profit.

178. A partir de la mise en demeure, l'associé est également, par application du droit commun, passible de dommages-intérêts.

Mais il n'est pas passible de dommages-intérêts tant qu'il n'est pas en demeure [2]. C'est encore la solution imposée par le droit commun. Sans doute, l'art. 1846 décide le contraire pour les apports de sommes d'argent, mais c'est à tort qu'on a tiré argument de ce texte pour soutenir l'opinion contraire; nous avons déjà fait remarquer que l'art. 1846 est exceptionnel et ne peut s'étendre. On a même soutenu que l'art. 1846 fournit un argument *a fortiori*, parce qu'il déroge en même temps à la règle que les dommages-intérêts dus pour inexécution d'une obligation de sommes ne peuvent dépasser l'intérêt légal; l'*a fortiori* nous échappe. Même si la distinction entre l'apport de sommes d'argent et celui de corps certain ne pouvait se justifier, elle devrait être admise, mais une considération, à notre avis, l'explique : la société a plus immédiatement besoin d'argent que de corps certains; aucune entreprise ne peut sans argent se mettre en mouvement, tandis qu'il se peut que le retard dans la livraison de toutes autres choses ne cause à la société aucun préjudice.

B. *Intérêts.*

179. Au cas particulier où l'apport promis consiste en une somme d'argent, l'art. 1846 al. 1 dispose : « *L'associé qui* » *devait apporter une somme dans la société, et qui ne l'a* » *point fait, devient, de plein droit et sans demande, débiteur* » *des intérêts de cette somme, à compter du jour où elle devait* » *être payée* ».

C'est une exception à la règle qu'une demande en justice est nécessaire pour faire courir les intérêts moratoires (art.

(1) Guillouard, n. 183.

(2) *Contra* Duranton, XVII, n. 398; Aubry et Rau, IV, p. 554, § 380; Guillouard, n. 183; Houpin, I, n. 40.

1153 al. 3). Elle nous paraît avoir un fondement analogue à celle que consacre l'art. 1652 al. 3, en matière de vente : l'associé ayant droit, aussitôt que le contrat est devenu parfait, à sa part des profits réalisés, il est juste qu'à dater de cette époque il fasse jouir lui-même la société de la somme qu'il lui a promise. Dans l'ancien droit, les intérêts n'étaient dus, comme les dommages-intérêts en cas d'apport portant sur une chose différente, qu'à partir de la mise en demeure (1).

L'associé ne pourrait même se soustraire à l'obligation de payer les intérêts en démontrant que le retard n'a pas causé de préjudice à la société (2). D'abord le droit commun commande cette solution, et si l'art. 1846 a dérogé au droit commun, c'est pour aggraver les obligations de l'associé et non pour les diminuer. Ensuite l'art. 1846 s'exprime en termes absolus.

180. Les intérêts ne peuvent être exigés que pendant cinq ans après leur exigibilité par application de l'art. 2277 (3). Ce texte, en effet, parle d'une manière générale de « tout ce qui est payable par années ou à des termes périodiques plus courts » ; or, les intérêts de la mise sociale sont exigibles aux époques qui conviennent aux associés créanciers. L'art. 2277 est d'ailleurs fondé sur un motif très général, à savoir que l'accumulation des intérêts provoquerait la ruine du débiteur.

On a proposé de faire exception à cette règle pour le cas où, à défaut de dispositions sur l'administration de la société, chaque associé est chargé d'administrer. Dans ce cas, dit-on, l'associé débiteur ne peut invoquer la prescription, parce qu'il est en faute de ne l'avoir pas lui-même interrompue (4). Nous ne saurions souscrire à cette solution : on peut d'autant moins reprocher à l'associé de n'avoir pas interrompu la prescription, que les autres associés, qui, par hypothèse, ont également le droit d'administrer, pouvaient agir contre lui pour le forcer au payement.

(1) Pothier, n. 116.

(2) Aix, 1er mars et 12 juil. 1869, S., 70. 2. 73, D., 70. 2. 219. — Laurent, XXVI, n. 249 ; Guillouard, n. 192 ; Houpin, I, n. 50.

(3) Cass., 17 fév. 1869, S., 69. 1. 256. — Trib. Seine, 3 déc. 1888, *Rev. soc.*, 89. 345. — Aubry et Rau, IV, p. 554, § 380, note 1 ; Guillouard, n. 193 ; Houpin, I, n. 50.

(4) Guillouard, n. 103 ; Houpin, I, n. 50.

181. Il peut se faire que l'intérêt légal de la somme que l'associé est en retard de verser ou qu'il a puisée dans la caisse sociale pour ses affaires particulières ne suffise pas pour indemniser la société du préjudice qu'elle a souffert. Alors il y a lieu d'appliquer le dernier alinéa de notre article : « *Le tout sans préjudice de plus amples dommages-inté-* » *rêts, s'il y a lieu* ». Nouvelle dérogation à l'art. 1153 (voyez l'alinéa 1er de cet article). Elle est fondée sur ce que l'on ne s'associe pas pour retirer de ses fonds l'intérêt légal seulement.

181 *bis*. L'art. 1846, que nous venons d'analyser, se résume donc dans cette double proposition : 1° chaque associé est de plein droit en demeure de verser à l'époque convenue les sommes qui représentent le montant de son apport; 2° faute de satisfaire à cette obligation, il peut être condamné à des dommages et intérêts supérieurs à l'intérêt légal des sommes dont il est débiteur.

SECTION II

OBLIGATION DE GARANTIE

182. Dans la société particulière, l'associé dont l'apport consiste en un corps certain est tenu à la garantie envers la société. Pothier [1] justifiait déjà cette obligation par l'excellente raison que le contrat de société est, « de même que le contrat de vente, un contrat commutatif ».

La garantie existe dans toute société, sauf cependant, comme le remarquait Pothier [2], dans la société universelle [3], car alors l'associé s'est engagé à apporter non pas un corps certain, mais l'ensemble de son patrimoine; aussi l'art. 1845 ne fait-il naître l'action en garantie qu'en cas d'apport d'un corps certain. C'est pour la même raison que le vendeur d'une *universitas*, comme d'une hérédité, n'est pas tenu à garantie.

183. Les obligations de l'associé comme garant sont celles

(1) N. 113.

(2) N. 114.

(3) Duvergier, n. 167; Aubry et Rau, IV, p. 555, § 380; Pont, n. 266; Laurent, XXVI, n. 247; Guillouard, n. 179.

d'un vendeur, si l'apport est fait en propriété. C'est ce qui résulte de l'art. 1845 al. 2, ainsi conçu : « *Lorsque cet apport » consiste en un corps certain, et que la société en est évincée, » l'associé en est garant envers la société, de la même manière » qu'un vendeur l'est envers son acheteur* ».

Il suit de là tout d'abord que l'éviction oblige l'associé à fournir des dommages-intérêts à la société (1). Nous examinerons plus loin, en parlant des causes de dissolution, s'il ne faut pas aller plus loin et autoriser les autres associés à réclamer la dissolution de la société.

Toutefois, les dommages-intérêts ne sont pas dus si l'auteur de l'apport remplace l'objet dont la société est évincée par un objet équivalent (2).

Les dommages-intérêts sont calculés suivant la valeur de la chose au moment où a été constituée la société (3).

184. L'obligation de garantie s'applique aux servitudes passives grevant l'immeuble apporté et non déclarées par le propriétaire, ou aux servitudes actives déclarées par ce dernier et qui n'existent pas (4). C'est en effet une des hypothèses où, d'après la loi, il y a lieu à garantie pour cause d'éviction.

Enfin l'obligation de garantie s'ouvre en cas de vices cachés de la chose (5), quoiqu'il ne s'agisse pas ici d'éviction et que, par conséquent, on ne puisse pas appliquer l'art. 1845. Car la garantie des vices s'inspire des mêmes motifs que la garantie de l'éviction et elle est la conséquence du caractère onéreux du contrat.

185. Si les immeubles apportés sont hypothéqués, l'associé est tenu à garantie (6). On objecte que le passif hypothécaire

(1) Cass. req., 14 juin 1887, D., 87. 1. 417. — Cass. civ., 22 fév. 1892, S., 94. 1. 49, D., 94. 1. 147 (motifs). — Paris, 14 avril 1883, D., 84. 2. 122. — Lyon-Caen et Renault, *Traité*, II, n. 17 ; Pont, n. 270 ; Guillouard, n. 180 ; Houpin, I, n. 36.

(2) Pardessus, *Cours. de dr. com.*, IV, n. 989 ; Duvergier, n. 164 ; Pont, n. 271 ; Guillouard, n. 180.

(3) Houpin, *loc. cit.*

(4) Pont, n. 273 et 274 ; Lyon-Caen et Renault, II, n. 19 ; Guillouard, n. 182 Houpin, I, n. 37.

(5) Duvergier, n. 166 ; Pont, n. 273 ; Guillouard, n. 182 ; Lyon-Caen et Renault *loc. cit.* ; Houpin, *loc. cit.*

(6) *Contra* Cass. civ., 22 fév. 1892, S., 94. 1. 49, D., 94. 1. 147.

n'est pas à la charge de la société ; mais la société est tenue de le payer sauf son recours contre le débiteur, lequel peut être insolvable.

Il en est ainsi même des immeubles qui ne sont hypothéqués que pour une partie de leur valeur [1], car, quoi qu'on dise, l'éviction partielle donne lieu à garantie.

186. L'associé doit fournir la contenance promise. Toutefois, et quoique certains auteurs aient donné à cette obligation un caractère absolu, il nous paraît y avoir lieu d'appliquer les tempéraments indiqués par les art. 1617 et suivants [2]. Ces textes sont, il est vrai, relatifs à la vente seulement ; mais, comme il n'y a aucune raison de distinguer entre la vente et les autres contrats à titre onéreux (l'art. 1765 notamment, en matière de louage, renvoie aux art. 1617 et suiv.), on ne doit pas hésiter à donner en matière de société les mêmes solutions ; du reste, nous avons montré que la société est une véritable vente, et on peut trouver dans l'art. 1845, qui, au point de vue de la garantie, assimile la vente et la société, une nouvelle raison de décider en ce sens. Tous les auteurs admettent bien, malgré le silence de l'art. 1845, que la garantie pour raison des vices doit être étendue de la vente à la société ; si l'analogie paraît assez forte pour justifier cette extension, nous ne voyons pas comment on peut, sans contradiction, refuser d'appliquer à la société les art. 1617 et s.

186 *bis*. L'apporteur d'une créance doit la garantie dans les limites fixées par les art. 1693 et s. C. civ. pour le cas de cession de créance ; il garantit l'existence seule de la créance et non pas la solvabilité du débiteur, à moins d'une volonté contraire, qui doit être expresse en ce qui concerne la solvabilité future [3].

187. L'associé qui fait un apport en usufruit est tenu, en ce qui concerne cet usufruit, de la même garantie que celui

(1) *Contra* Cass. civ., 22 fév. 1892, précité.

(2) Paris, 16 août 1860, sous Cass., 14 janv. 1862, S., 62. 1. 533, D., 62. 1. 591. — Duranton, XVII, n. 293 ; Troplong, II, n. 534 ; Pont, n. 265 ; Laurent, XXVI, n. 246 ; Lyon-Caen et Renault, II, n. 17 ; Houpin, I, n. 38. — *Contra* Duvergier, n. 156 ; Guillouard, n. 181.

(3) Lyon-Caen et Renault, II, n. 20 ; Houpin, I, n. 42.

qui fait un apport en propriété [1]. A la différence de l'associé qui fait un apport en jouissance personnelle, il n'est pas responsable de la perte fortuite de la chose apportée [2].

188. Si l'associé s'est obligé à faire jouir la société, alors ses obligations comme garant sont celles d'un bailleur envers le preneur.

Ainsi il doit procurer à la société la jouissance paisible de la chose [3]. De plus, comme nous le dirons, la société se dissout en cas de perte fortuite de la chose.

189. En ce qui concerne la garantie en cas d'apport d'industrie, l'art. 1847 s'exprime ainsi : « *Les associés qui se sont* » *soumis à apporter leur industrie à la société, lui doivent* » *compte de tous les gains qu'ils ont faits par l'espèce d'in*» *dustrie qui est l'objet de cette société* ». Mais l'associé ne devrait pas compte à la société des gains qu'il aurait réalisés par l'exercice d'une autre industrie [4]. Ainsi celui qui a promis l'apport de son industrie à une société créée pour la fabrication de la porcelaine, ne doit pas compte à la société des profits qu'il a réalisés en spéculant sur la vente des grains. Toutefois il peut lui être défendu par une clause de l'acte de société de se livrer à une industrie autre que celle pour l'exercice de laquelle la société a été formée.

D'un autre côté, dans la société universelle, les associés qui mettent en commun tous leurs gains doivent nécessairement apporter toutes les industries auxquelles ils peuvent se livrer [5].

Enfin l'associé qui néglige l'industrie dont il a fait l'apport, pour se livrer à une autre industrie, doit des dommages-intérêts [6].

(1) Guillouard, n. 189.
(2) Pont, n. 277; Lyon-Caen et Renault, n. 28; Guillouard, n. 189; Houpin, I, n. 47. — V. *supra*, n. 167.
(3) Guillouard, n. 190.
(4) Lyon, 18 juin 1856, D., 57. 2. 71. — Laurent, XXVI, n. 251; Lyon-Caen et Renault, II, n. 31; Houpin, I, n. 51.
(5) Guillouard, n. 195.
(6) Lyon, 18 juin 1856, D., 57. 2. 71. — Duranton, XVII, n. 400; Troplong, II, n. 548 et 549; Bugnet sur Pothier, n. 120, note 1; Duvergier, n. 211; Pont, n. 302 s.; Laurent, XVI, n. 251; Lyon-Caen et Renault, *loc. cit.*; Guillouard, n. 195; Houpin, *loc. cit.*

Si la privation de l'industrie promise par un associé a, en dehors de la perte du gain, causé à la société un autre préjudice, l'associé doit la réparation de ce préjudice [1]. L'art. 1847 ne dit pas le contraire; il porte simplement que l'associé a l'obligation de tenir compte à la société de tous ses gains, il n'indique pas la sanction de cette obligation, laquelle sanction doit, en conséquence, être empruntée au droit commun.

189 *bis*. Si l'apport porte sur une invention, l'associé doit divulguer cette invention à la société [2]. S'il ne le faisait pas, la transmission au profit de la société ne serait pas complète.

Si cette invention a fait l'objet d'un brevet, l'associé doit garantir la réalité du brevet, sa validité [3]; il ne garantit pas la bonté du procédé [4].

SECTION III

OBLIGATION DE TENIR COMPTE DES VALEURS SOCIALES DONT L'ASSOCIÉ A TIRÉ PROFIT

190. Après avoir disposé, dans son premier alinéa, que l'associé qui omet de faire l'apport de la somme d'argent promise est tenu des intérêts de plein droit et peut être, en outre, condamné à des dommages-intérêts, l'art. 1846 ajoute : « *Il en est de même à l'égard des sommes qu'il a prises dans* » *la caisse sociale, à compter du jour où il les en a tirées pour* » *son profit particulier* » (art. 1846 al. 2).

Ainsi, les intérêts courent de plein droit [5] et ils peuvent

[1] Aubry et Rau, IV, p. 554, § 380, note 2.

[2] Lyon, 8 juil. 1892, *Mon. jud. Lyon*, 10 nov. 1894 (décide avec raison que, faute d'exécution de cette obligation, la dissolution de la société peut être demandée). — Pont, n. 274; Houpin, II, n. 43 (ces auteurs cependant font exception pour le cas où les procédés seraient notoirement connus, parce qu'alors il y aurait un vice apparent).

[3] *Contra* Malepeyre et Jourdain, *Soc. com.*, p. 45.

[4] Malepeyre et Jourdain, *loc. cit.*

[5] L. 1, § 1, D., *de usur. et fruct.*, 22. 1. — L. 60, pr., D., *pro soc.*, 17. 2. — Cass., 21 juil. 1884, S., 86. 1. 291, D., 85. 1. 471 (motifs). — Troplong, II, n. 513; Pont, n. 318; Laurent, XXVI, n. 256; Guillouard, n. 198; Houpin, I, n. 80. — V. cep. Trib. com. Nantes, 8 sept. 1894, *Rec. Nantes*, 95. 1. 92 (pour les prélèvements mensuels exagérés).

dépasser le taux légal. Ils sont dus jusqu'au moment de la restitution [1].

Ce n'est là qu'un exemple : l'associé est tenu évidemment aussi des dommages-intérêts sans mise en demeure pour les valeurs autres qu'une somme d'argent et dont il prive la société à son profit personnel. Il n'y a pas, comme en matière d'apport, de raison de distinguer entre les sommes d'argent et les valeurs d'une autre nature. Le motif sur lequel est fondé l'art. 1846 conduit, au contraire, à une solution générale : la loi a voulu punir l'abus de confiance commis par l'associé; d'un autre côté, il est de principe qu'un délit commis emporte de plein droit mise en demeure. Le rapprochement de l'art. 1846, avec le passage de Pothier [2] d'où il est extrait fournit enfin un argument très sûr : « Chacun des associés doit rapporter à la masse commune tout ce qu'il a perçu du fonds commun et il en est par conséquent débiteur envers la société. *Par exemple,* si l'un des associés a tiré de la caisse de la société quelque somme d'argent pour l'employer à ses affaires particulières, il n'est pas douteux qu'il est débiteur de cette somme envers la société ».

191. L'art. 1846 doit être largement interprété à un autre point de vue. Quoiqu'il ne parle que des sommes prises dans la caisse sociale, il s'applique évidemment aux sommes enlevées à la société avant d'être entrées dans sa caisse [3], par exemple à un loyer ou fermage [4] ou à un prix de vente touché et détourné par l'associé, à la somme qu'il devait lui-même payer et n'a pas payée [5]. La raison de décider est la même, et nous avons vu que l'art. 1846 a voulu seulement fournir un exemple.

D'autre part, l'art. 1846 s'applique non seulement aux sommes provenant des apports ou des bénéfices, mais encore

(1) Pont, n. 323 et 326; Laurent, XXVI, n. 257; Guillouard, n. 199; Houpin, I, n. 80.

(2) N. 118.

(3) Cass., 28 juin 1825, S. chr. — Grenoble, 4 mars 1826, S. chr. — Pont, n. 320; Laurent, XXVI, n. 156; Guillouard, n. 199; Houpin, *loc. cit.*

(4) Guillouard, n. 199; Houpin, *loc. cit.*

(5) Guillouard, n. 199; Houpin, *loc. cit.*

à celles qui proviennent de versements faits en sus de leurs apports par des associés [1].

192. L'art. 1846 s'applique même si l'associé n'a tiré aucun profit des valeurs qu'il a détournées. On ne tient donc aucun compte du profit qu'il en a tiré pour calculer le montant des dommages-intérêts [2]; la loi exige seulement, mais exige toujours la réparation du préjudice.

Mais quant aux intérêts des sommes d'argent détournées, ils sont dus en toute hypothèse, non seulement si l'associé n'a tiré aucun profit de ses détournements [3], mais encore si la société n'en a souffert aucun préjudice [4].

193. L'art. 1846 s'applique non seulement aux sociétés particulières, mais encore aux sociétés universelles [5]. Le texte ne distingue pas; une distinction, d'ailleurs, ne se comprendrait pas.

Pothier [6] cependant adoptait la solution contraire et son opinion a été reproduite par certains auteurs modernes [7]; elle se fonde sur ce que la société universelle, prenant les revenus de tous les biens des associés, doit supporter les intérêts des dettes qui grèvent ces biens, et que dès lors il s'établit une confusion entre les intérêts dus par l'associé à la société et les intérêts perçus par la société. Ce raisonnement ne nous paraît pas exact; si la société est, en général, tenue de supporter les intérêts des dettes des associés, on ne peut lui imposer l'obligation de supporter les intérêts des dettes que les associés ont contractées envers elle-même, intérêts qui, au surplus, sont mis à leur charge à un titre en quelque sorte pénal, et qu'enfin l'art. 1846 oblige, sans aucune distinction, l'associé personnellement à payer.

194. Le fait qu'un associé a employé les valeurs sociales

(1) *Contra* Trib. com. Marseille, 19 nov. 1886, *Rec. Marseille*, 87. 34.

(2) Pont, n. 324; Laurent, XXVI, n. 258; Guillouard, n. 201; Houpin, *loc. cit.*

(3) Guillouard, n. 199; Houpin, *loc. cit.*

(4) Cass., 22 mars 1813, S. chr. — Cass., 21 juil. 1884, S., 86. 1. 291, D., 85. 1. 471 (motifs). — Laurent, XXVI, n. 156; Guillouard, n. 199; Houpin, *loc. cit.*

(5) Pont, n. 319.

(6) N. 119.

(7) Guillouard, n. 202; Houpin, I, n. 80.

à son profit personnel ne peut se présumer, il doit être démontré, conformément au droit commun.

Toutefois, si cet associé est un gérant, l'emploi à son profit personnel doit être présumé et c'est à lui, s'il veut échapper à l'art. 1846, qu'il appartient de démontrer que les valeurs détournées n'ont pas été employées à son profit [1], car sa qualité de gérant lui impose l'obligation d'employer les valeurs sociales au profit de la société, et, cette obligation existant de plein droit à sa charge, il doit démontrer qu'il l'a accomplie.

SECTION IV

OBLIGATION DE VEILLER AUX INTÉRÊTS DE LA SOCIÉTÉ

195. Chaque associé est tenu de veiller et de pourvoir en bon père de famille aux intérêts de la société. Il ne peut donc pas sacrifier l'intérêt social à son intérêt personnel, mais il peut en sens inverse sacrifier son intérêt personnel à l'intérêt social.

En droit romain, l'associé n'était tenu de fournir pour les affaires sociales que l'activité qu'il fournissait à ses propres affaires [2]; c'était un des cas exceptionnels où la faute légère dont étaient tenues toutes les personnes obligées envers autrui, s'appréciait *in concreto*. La raison en était le *jus fraternitatis* qui présidait aux relations des associés entre eux.

C'était également la solution de l'ancien droit; on ajoutait, ce qui n'était pas douteux, que s'il s'agissait de fautes lourdes, confinant au dol, l'associé ne pouvait pas s'excuser en prétendant qu'il commettait les mêmes fautes dans la gestion de ses propres affaires [3].

Aujourd'hui l'art. **1850** porte que : « *Chaque associé est » tenu envers la société des dommages qu'il a causés par sa*

(1) Cass., 22 mars 1813, S., chr. — Pont, n. 323; Aubry et Rau, IV, p. 561, § 381 *bis*, note 7; Houpin, *loc. cit.*

(2) L. 72, D., *pro soc.*, 17. 2.

(3) Domat, liv. I, tit. VIII, sect. IV, § 3; Pothier, n. 124. — Cependant Argou, II, liv. III, ch. XXXII, p. 323, dit que les associés « doivent répondre de toutes les fautes qu'ils font ».

» *faute* ». Le code a donc, quoique ce point ait été autrefois controversé, rejeté la théorie traditionnelle : l'associé, comme tout obligé, est responsable de sa faute, sans restriction; il doit jouir en bon père de famille et doit réparer les conséquences de la faute que ne commettrait pas un bon père de famille, même s'il la commet dans la gestion de ses propres affaires [1]. L'art. **1850** ne fait que tirer une application particulière de l'art. **1137**, qui soumet toute personne obligée de veiller à la conservation de la chose « à y apporter tous les soins d'un bon père de famille ». Les travaux préparatoires sont également formels en ce sens [2].

196. Les associés peuvent s'obliger à ne vendre qu'à la société les produits de leur fabrication [3].

197. La faute ne s'entend pas seulement de la faute active (*in committendo*); l'associé est également responsable de sa faute passive (*in omittendo*) [4]. C'est déjà ce que disaient le droit romain [5] et Pothier [6].

Ainsi l'associé est responsable si par sa faute il omet de faire une acquisition qui serait avantageuse pour la société [7], s'il n'a pas exercé une surveillance suffisante sur les employés [8], s'il a laissé se détériorer faute de soins les biens sociaux [9].

Il résulte *a contrario* de l'art. **1850** que l'associé ne répond pas du cas fortuit [10]. C'est, du reste, la solution adoptée par

(1) Duvergier, n. 324; Pont, n. 353 et 354; Laurent, XXVI, n. 253; Guillouard, n. 205; Houpin, I, n. 81. — *Contra* Duranton, XVII, n. 403; Troplong, n. 566 s.; Aubry et Rau, IV, p. 101, § 308 note 28.

(2) Fenet, XIV, p. 373 et 374.

(3) Grenoble, 1er mai 1894, S., 94. 2. 277, D., 95. 2. 221. — Et dans ce cas ils ne peuvent se fournir ces produits à eux-mêmes. — Même arrêt. — V. *supra*, p. 52, note 5.

(4) Paris, 21 janv. 1852, D., 52. 2. 278. — Lyon, 3 déc. 1857, S., 58. 2. 471, D., 59. 2. 171. — Pont, II, n. 536; Guillouard, n. 206; Houpin, I, n. 81.

(5) L. 52, § 11, D., *pro soc.*, 17, 2.

(6) N. 124.

(7) L. 52, § 11, D., *pro soc.*, 17, 2; Pothier, n. 124; Pont, II, n. 536; Guillouard, n. 206.

(8) Paris, 21 janv. 1852, D., 52. 2. 278. — Lyon, 3 déc. 1857, S., 58. 2. 471, D., 59. 2. 171. — Pont, II, n. 536; Guillouard, n. 206.

(9) Pont, *loc. cit.*; Guillouard, *loc. cit.*

(10) Guillouard, n. 207; Houpin, *loc. cit.*

l'art. 1148 pour tous les débiteurs. Enfin le droit romain (1) et l'ancien droit (2) décidaient dans le même sens.

Toutefois, et conformément au droit commun, l'associé est tenu du cas fortuit provoqué par sa faute (3). Par exemple, il est tenu du vol provenant de l'insuffisance de sa surveillance (4).

198. En droit romain, l'associé qui avait commis des fraudes était déclaré infâme.

Cette sanction avait déjà disparu dans l'ancien droit (5).

199. De l'obligation imposée à l'associé de veiller aux intérêts de la société, la loi tire diverses conséquences.

1° « *Chaque associé est tenu envers la société des dommages* » *qu'il lui a causés par sa faute, sans pouvoir compenser avec* » *ces dommages les profits que son industrie lui aurait procu-* » *rés dans d'autres affaires* » (art. 1850). D'ailleurs, la compensation n'a lieu qu'entre personnes respectivement débitrices l'une de l'autre (art. 1289) ; or, l'associé est bien débiteur envers la société à raison du préjudice qu'il lui a causé par sa faute ; mais la société n'est pas débitrice envers lui pour le profit qu'il lui a procuré par son industrie. C'était, du reste, déjà la solution de l'ancien droit (6).

Mais l'associé peut compenser avec les pertes qu'il a causées à la société le profit qu'il lui a procuré *dans la même affaire* (7). Cette solution résulte *a contrario* de l'art. 1850 ; elle est, du reste, fort équitable, car les résultats d'une affaire doivent s'apprécier en bloc ; elle est, en outre, très juridique, parce qu'une opération unique est indivisible et ne peut se scinder. Sans doute, s'il fallait ici encore, comme on l'a proposé, recourir aux principes de la compensation, on serait amené à admettre la solution contraire ; car l'associé n'est pas créan-

(1) L. 52, § 3, D., *pro soc.*, 17, 2.

(2) Domat, liv. I, tit. 8, sect. 4, § 4.

(3) Domat, *loc. cit.*

(4) Domat, *loc. cit.* — V. *supra*, p. 120, note 8.

(5) Argon, liv. III, ch. XXXII, p. 325.

(6) Domat, liv. I, tit. 8, sect. 4, § 8 ; Pothier, n. 124 ; Argou, liv. III, ch. XXXII, p. 323.

(7) Duranton, XVII, n. 403 ; Duvergier, n. 331 ; Pont, n. 261 ; Guillouard, n. 204 ; Houpin, I, n. 81. — *Contra* Laurent, XXVI, n. 255.

cier des profits procurés à la société, au contraire il en est débiteur, puisqu'il en doit la restitution à la société; mais il ne s'agit pas ici, comme dans le cas précédent, de compensation; il s'agit d'apprécier dans son ensemble une opération unique.

L'associé commet une faute si, en cas de conflit entre son intérêt et celui de la société, il ne donne pas la préférence à ce dernier (1). Quoique cette solution soit contraire au droit commun, elle doit être admise en matière de société. Tout d'abord elle est imposée par la tradition et cet argument est très puissant si l'on songe qu'aujourd'hui l'associé est plus strictement tenu de sa faute qu'autrefois. Ensuite elle est implicitement sanctionnée par le code, qui en fait deux applications, dans les art. 1848 et 1849, car les solutions données par ces deux textes sont également contraires au droit commun et ne se justifient que par l'obligation imposée à l'associé de mettre les intérêts sociaux au-dessus de ses intérêts propres.

L'associé ne peut donc pas mettre obstacle à une opération projetée par la société, en invoquant le préjudice que cette opération lui causerait (2).

200. 2° « *Lorsque l'un des associés est, pour son compte* » *particulier, créancier d'une somme exigible envers une* » *personne qui se trouve aussi devoir à la société une somme* » *également exigible, l'imputation de ce qu'il reçoit de ce* » *débiteur doit se faire sur la créance de la société et sur la* » *sienne dans la proportion des deux créances, encore qu'il* » *eût par sa quittance dirigé l'imputation intégrale sur sa* » *créance particulière : mais s'il a exprimé dans sa quittance* » *que l'imputation serait faite en entier sur la créance de la* » *société, cette stipulation sera exécutée* » (art. 1848). — Exemple : Un débiteur qui doit 1.200 fr. à la société et 600 fr. à l'un des associés, paie 300 fr. à cet associé. Celui-ci devra verser 200 fr. à la caisse sociale et garder seulement

(1) Paris, 26 avril 1850, S., 50. 2. 329, D., 50. 2. 129. — Pont, n. 327; Laurent, XXVI, n. 259; Guillouard, n. 208; Houpin, I, n. 85 *bis*. — V. cep. Cass., 16 nov. 1870, S., 71. 1. 94, D., 70. 1. 350.

(2) Paris, 26 avril 1850, précité. — Guillouard, n. 214; Houpin, *loc. cit.*

100 fr. pour lui, donnant ainsi à la société le double de ce qu'il garde, parce que la créance de la société est deux fois plus considérable que la sienne. Il en sera ainsi, alors même que, dans la quittance qu'il a délivrée au débiteur, l'associé aurait imputé les 300 fr. pour le tout sur sa propre créance. Il n'a pas le droit de faire une semblable imputation, parce qu'il sacrifierait l'intérêt social à son intérêt personnel. Cette règle était déjà posée par Pothier [1].

L'art. 1848 suppose que la créance de la société et celle de l'associé sont toutes deux exigibles. Il s'applique, croyons-nous, à plus forte raison, si la créance de la société est seule exigible [2], car les intérêts de l'associé sont encore moins favorables alors que dans le cas contraire.

Mais il ne s'applique pas si la créance de l'associé est seule exigible [3]. En ce cas, l'imputation ne peut être inspirée par le désir qu'aurait l'associé de mettre ses intérêts au-dessus des intérêts sociaux, car l'imputation en faveur de la créance exigible dérive de la loi.

Il faut décider pour les mêmes motifs, et en tirant un argument implicite de l'art. 1848, que ce texte cesse de s'appliquer toutes les fois que l'imputation est légale [4].

L'art. 1848 doit être également écarté dans le cas où l'imputation est faite par le débiteur, conformément à l'art. 1253 [5]. Dans ce cas encore on ne peut rendre l'associé responsable de l'imputation. On a objecté que l'associé pourrait profiter de cette solution pour obtenir du débiteur une imputation favorable à ses intérêts; mais la possibilité d'une fraude ne peut conduire à rejeter une solution conforme aux principes.

Au reste, il est certain que si cette fraude existe réellement, l'art. 1848 reprendra son application [6].

[1] N. 121.
[2] V. cep. Guillouard, n. 210.
[3] Guillouard, n. 210.
[4] Larombière, art. 1256, n. 6; Guillouard, n. 210.
[5] Troplong, II, n. 559; Duvergier, n. 336; Larombière, art. 1256, n. 6; Pont, n. 333; Laurent, XXVI, n. 260; Guillouard, n. 211. — *Contra* Duranton, XVII, n. 401.
[6] Guillouard, n. 211.

Ce que l'art. 1848 dit de l'imputation doit s'appliquer à la compensation (1). D'une part, les motifs de décider sont absolument les mêmes; les auteurs qui ont affirmé, au contraire, que la compensation n'est pas un fait volontaire de l'associé ont été victimes d'une confusion : la compensation, quoique légale, ne s'opère que si l'une des parties l'invoque; c'est, en effet, un principe élémentaire que les tribunaux ne peuvent la suppléer; elle est légale seulement en ce sens qu'une fois invoquée par les parties, elle est rétroactive et est censée s'être opérée au jour de la coexistence des deux dettes.

D'autre part, et quoiqu'on ait contesté ce point, l'art. 1848 n'est pas un texte restrictif, non susceptible d'être étendu. Il est, en effet, la conséquence logique de l'obligation imposée à l'associé de mettre les intérêts sociaux au-dessus des siens.

Il va sans dire que si, au lieu d'être opposée par l'associé, la compensation est opposée par celui qui est en même temps son débiteur et son créancier, la solution contraire doit l'emporter.

201. L'art. 1848 est applicable à tout associé. Il s'applique d'abord et sans difficulté à l'associé administrateur (2) ou à l'associé chargé d'administrer à défaut d'administrateur nommé (3).

Mais il ne s'applique pas moins au cas où un gérant a été désigné, aux associés non administrateurs (4). Non seulement le texte est général, mais, quoi qu'on ait dit, les motifs auxquels il a obéi s'opposent à toute distinction. Car on ne voit pas pourquoi l'associé non administrateur ne serait pas obligé de préférer l'intérêt de la société au sien propre; il est tenu de sa faute; pourquoi ne serait-il pas tenu des conséquences de sa faute? On objecte à tort que l'associé non administrateur n'a pas le droit de donner quittance des sommes dues à la société; rien ne l'empêche du moins de faire des diligences pour le recouvrement de ces sommes.

(1) Massé et Vergé, IV, p. 434. — *Contra* Duvergier, n. 339; Pont, n. 340; Laurent, XXVI, n. 262; Guillouard, n. 212.

(2) Guillouard, n. 211 *bis*.

(3) Guillouard, n. 211 *bis*.

(4) Duranton, XVII, n. 401; Massé et Vergé, IV, p. 434. — *Contra* Troplong, n. 558; Duvergier, n. 341; Larombière, art. 1256, n. 6; Pont, n. 338; Guillouard, n. 211 *bis*.

202. 3° « *Lorsqu'un des associés a reçu sa part entière de » la créance commune, et que le débiteur est depuis devenu » insolvable, cet associé est tenu de rapporter à la masse com- » mune ce qu'il a reçu, encore qu'il eût spécialement donné » quittance* pour sa part » (art. 1849).

Ce texte est emprunté au droit romain [1] et à l'ancien droit [2]. Pothier rattachait déjà la solution qu'il donnait à l'obligation qu'ont les associés de préférer l'intérêt de la société au leur propre. Ce motif est encore exact [3]. Certains cependant pensent que l'art. 1849 est dû à l'idée que la société seule, à l'exclusion de l'associé, est créancière [4]; c'est supposer, ce qui est, on le sait, très douteux, que la société est douée de la personnalité morale; en tout cas, elle ne jouissait pas de cette personnalité dans l'ancien droit, où cependant la même solution était admise.

202 *bis*. L'associé qui fait pour son compte une opération qu'il devait faire pour le compte de la société doit restituer à cette dernière tout le profit qu'il a fait [5]. C'est encore une suite de son obligation de mettre au-dessus de ses intérêts ceux de la société.

De même, l'associé ne peut s'opposer à une opération projetée pour le compte de la société en invoquant le préjudice que cette opération lui causerait [6].

Enfin, comme le disait Pothier [7], l'associé qui vend sa part dans un objet pour un prix supérieur à celui qui est obtenu pour le surplus de cet objet doit tenir compte à la société de la totalité du prix qu'il a obtenu [8].

203. Nous commenterons, en parlant de l'administration, l'art. 1859-3°, d'après lequel chaque associé est tenu de contribuer aux dépenses. Nous parlerons également plus loin de l'obligation qui incombe aux associés de contribuer aux pertes.

(1) L. 63, § 5, D., *pro soc.*, 17. 2.
(2) Pothier, n. 122.
(3) Pont, n. 341; Laurent, XXVI, n. 263; Guillouard, n. 213.
(4) Troplong, II, n. 560; Duvergier, n. 342.
(5) Cass., 25 août 1835, S., 35. 1. 673. — Guillouard, n. 201.
(6) V. *supra*, n. 199.
(7) N. 122.
(8) Pont, n. 347; Laurent, XXVI, n. 265; Guillouard, n. 214.

204. Nous verrons que le détournement, par un associé, de biens sociaux, peut donner lieu à la dissolution judiciaire de la société accompagnée de dommages-intérêts contre l'auteur du détournement.

Il peut également donner lieu à des dommages-intérêts prononcés d'une manière principale.

Enfin la restitution peut être ordonnée ; mais il n'y a jamais lieu, par application des art. 792 et 1477 C. civ., de décider que l'auteur du détournement est privé de sa part dans les objets détournés. Ces textes sont spéciaux à la succession et à la communauté et ne peuvent être étendus [1].

205. L'associé, sauf dans le cas où il apporte son industrie [2], a le droit d'exploiter un commerce ou une industrie semblables à ceux qui rentrent dans l'objet de la société [3].

Il a ce droit même s'il a lui-même apporté le fonds de commerce ou d'industrie [4].

Toutefois il doit veiller à ce qu'aucune confusion ne s'établisse au préjudice de la société entre le fonds qu'il exploite et celui qu'exploite la société [5].

SECTION V

SANCTION DES OBLIGATIONS DE L'ASSOCIÉ

206. Ainsi que nous l'avons déjà remarqué, l'associé qui n'accomplit pas ses obligations peut être condamné à des dommages-intérêts [6].

207. Si l'un des associés ne remplit pas ses obligations, ses coassociés peuvent également, comme nous le verrons, provoquer la dissolution judiciaire de la société.

Mais ils peuvent aussi, quoique aucun texte ne les y auto-

(1) V. notre *Traité des Successions*, n. 2480 et les autorités y citées.

(2) V. *supra*, n. 189.

(3) Trib. civ. Seine, 25 juin 1895 (impl.), *Droit*, 13 août 1895.

(4) Trib. civ. Seine, 25 juin 1895, précité.

(5) Trib. civ. Seine, 25 juin 1895, précité (ce jugement va jusqu'à dire que le fonds de l'associé ne peut être établi dans le voisinage de celui de la société ou au moins que sur les prospectus et imprimés l'adresse de l'usine de l'associé ne peut être indiquée).

(6) V. *supra*, n. 177 s. — V. aussi, n. 204.

rise formellement, demander simplement l'exclusion de leur coassocié qui a méconnu ses obligations [1]; ce n'est que l'application de la règle qui, dans tous les contrats synallagmatiques, admet la résolution comme sanction de l'inexécution des engagements, et l'exclusion est bien une résolution, puisque la société est considérée à l'égard de l'associé exclu comme dissoute.

Toutefois un associé peut refuser d'accomplir ses obligations envers ses co-associés tant que ses derniers n'ont pas accompli les leurs [2]. C'est la conséquence du caractère synallagmatique du contrat.

Il peut aussi, comme nous le verrons, demander la dissolution de la société si ses co-associés ne remplissent pas leurs obligations.

208. L'exclusion doit être prononcée par le tribunal; cependant il peut être convenu que le droit d'exclusion, au lieu d'être réservé au tribunal, appartiendra aux associés eux-mêmes.

Dans ce cas l'associé exclu peut faire déclarer l'exclusion nulle si elle est faite sans l'observation des formes prescrites par l'acte de société [3].

Il peut, en même temps, demander des dommages-intérêts [4].

209. La société dont un associé a été exclu reste la même; il ne se forme pas une nouvelle société [5].

210. Il va sans dire que du jour de son exclusion l'associé exclu perd tout droit aux bénéfices ainsi qu'aux appointements que le contrat a pu stipuler à son profit.

211. Mais l'exclusion ne prend date que du jour où le jugement qui l'a prononcée a acquis force de chose jugée [6].

(1) Paris, 18 nov. 1893, *Gaz. Pal.*, 94. 1. 10.

(2) Cass., 8 nov. 1830, D. *Rép.*, v° *Société*, n. 78. — Guillouard, n. 8; Eck, *loc. cit.*

(3) Trib. civ. Lyon, 1er fév. 1894, *Mon. jud. Lyon*, 6 avril 1894. — Trib. civ. Bordeaux, 2 avril 1894, *Rec. de Bordeaux*, 94. 2. 69. — Par exemple sans l'avoir entendu s'il devait être entendu. — Trib. civ. Bordeaux, 2 avril 1894, précité.

(4) Trib. civ. Lyon, 1er fév. 1894, précité.

(5) *Contra* Eck., *loc. cit.* (qui cite le § 8 *Inst.*, *de soc.*, et l. 65, § 9, D., *pro soc.*, 17. 2).

(6) Décidé cependant que si un associé, après avoir signifié qu'il se considérait

212. L'associé exclu peut exiger que son nom disparaisse et de la raison sociale [1] et des imprimés de la société [2] : d'une part son nom est resté sa propriété ; il n'a pas eu l'intention de l'aliéner définitivement au profit de la société, il n'a même pas eu le droit de l'aliéner, car on admet généralement que le nom est inaliénable. D'autre part, comme nous allons le dire, les tiers ignorant l'exclusion pourraient avoir le droit de réclamer l'exécution des engagements sociaux à l'associé qui continuerait à figurer en nom dans la société.

212 *bis*. Tant que le nom de l'associé exclu n'a pas disparu de la raison sociale, les tiers qui traitent avec la société dans l'ignorance de l'exclusion peuvent considérer l'associé exclu comme obligé à leur égard aussi bien que tous les associés [3]. En effet, si (ce qu'il faut supposer pour que tous les associés soient obligés) les tiers ont traité avec un administrateur de la société ou avec un associé agissant dans les limites de ses pouvoirs, ils ont, en réalité, traité avec le mandataire de tous les associés ; l'exclusion de l'un des associés a, sans doute, révoqué le mandat conféré à ce dernier ; mais on sait que le mandataire engage le mandant vis-à-vis des tiers qui ignorent la révocation du mandat.

213. Les tribunaux peuvent fixer un délai pendant lequel l'associé exclu ne pourra exercer un commerce ou une industrie similaires à ceux qu'exerce la société [4].

comme étranger à la société, a été exclu, ses droits cessent du jour où il a fait la dite signification. Trib. com. Seine, 3 nov. 1892, *Gaz. Pal.*, 93. 1. 72. — Décidé aussi que le juge du fait fixe la date de l'événement qui a exclu un associé. — Cass., 16 mars 1891, S., 92. 1. 10.

(1) Paris, 18 nov. 1893, *Gaz. Pal.*, 94. 1. 10. — Trib. com. Seine, 3 nov. 1892, *Gaz. Pal.*, 93. 1. 72.

(2) Paris, 18 nov. 1893, cité *infra*. — Trib. com. Seine, 3 nov. 1892, précité.

(3) Paris, 18 nov. 1893, *Gaz. Pal.*, 94. 1. 10.

(4) Paris, 18 nov. 1893, *Gaz. Pal.*, 94. 1. 10.

CHAPITRE VIII

DROITS DES ASSOCIÉS ENVERS LA SOCIÉTÉ

SECTION PREMIÈRE

INDEMNISATIONS DES DÉPENSES FAITES ET DES OBLIGATIONS CONTRACTÉES POUR LA SOCIÉTÉ

214. Aux termes de l'art. 1852 : « *Un associé a action* » *contre la société, non seulement à raison des sommes qu'il* » *a déboursées pour elle, mais encore à raison des obligations* » *qu'il a contractées de bonne foi pour les affaires de la* » *société, et des risques inséparables de sa gestion* ».

Cette disposition, qui fournit une solution de bon sens, est empruntée au droit romain et à l'ancien droit [1].

Parmi les dépenses faites pour la société, on peut citer les frais de voyage [2], les frais d'envoi de sommes ou de marchandises [3], les frais de douane et d'octroi [4], les prêts faits régulièrement à la société [5], les salaires des ouvriers [6], les réparations nécessaires [7].

Ajoutons que, la société prenant à sa charge certaines dettes grevant l'apport social (ainsi que nous le montrerons en étudiant les droits des créanciers), l'associé qui a payé ces dettes a un recours contre la société [8].

215. L'associé a droit en outre à l'intérêt jusqu'au remboursement effectif.

[1] L. 38, § 1, L. 52, §§ 10, 12 et 15, L. 67, D., *pro soc.*, 17. 2. — L. 27, D., *De negot. gest.*, 3. 5. — L. 18, § 3, D., *fam. ercisc.*, 10. 2. — Domat, liv. I, tit. VIII, sect. IV, n. 11 et 12; Pothier, n. 127 s.

[2] Domat, *loc. cit.*; Guillouard, n. 165; Houpin, I, n. 85.

[3] Guillouard, n. 165 ; Houpin, *loc. cit.*

[4] Cass., 17 fév. 1886, D., 86. 1. 443. — Guillouard, n. 165; Houpin, *loc. cit.*

[5] Cass., 7 mai 1844, S., 45. 1. 53, D., 51. 5. 494. — Guillouard, n. 165; Houpin, *loc. cit.*

[6] Domat, *loc. cit.*

[7] Domat, *loc. cit.*

[8] Cass., 29 mai 1877, S , 78. 1. 402. — Rouen, 29 déc. 1871, S., 72. 2. 51. — Houpin, I, n. 44.

C'était déjà la solution donnée dans l'ancien droit [1]. Elle résulte, aujourd'hui, principalement de ce que l'associé agit comme un mandataire de la société. En effet, ou bien il est administrateur, ou bien il n'y a pas d'administrateur et alors tous les associés ont mandat d'administrer, ou enfin, hors de ces deux cas, il s'agit par hypothèse de dépenses faites dans l'intérêt de la société, et chaque associé a le droit, en sa qualité de propriétaire indivis, de faire les actes nécessaires aux intérêts de la société. On peut donc, en ces diverses hypothèses, invoquer l'art. 2001 qui accorde des intérêts de plein droit au mandataire pour les dépenses qu'il a faites. Nous ajoutons que cette solution est évidemment voulue par le législateur, car elle est le corollaire de l'art. 1846, qui oblige l'associé à payer de plein droit des intérêts pour les sommes qu'il a prises dans l'actif social. Enfin la solution contraire aurait le grand inconvénient de distraire les associés de l'administration de la société et de les empêcher de faire les actes avantageux aux intérêts communs [2].

Ces motifs sont, on le voit, assez généraux pour que la solution que nous donnons soit absolue et notamment pour que l'associé ait droit aux intérêts quoique la société ait des administrateurs et qu'il ne figure pas parmi ces derniers [3]. On a cependant soutenu [4] que dans cette dernière hypothèse l'associé n'est qu'un gérant d'affaires, et qu'il a droit, de plein droit, aux intérêts dans l'opinion seulement qui, à ce point de vue, assimile le gérant d'affaires au mandataire.

216. L'associé a également droit aux intérêts des intérêts qui lui sont dus ; mais il n'y a pas droit de plein droit, ni même en vertu d'une demande spéciale formée arbitrairement à cet effet ; il n'y a droit que dans les conditions prescrites par l'art. 1154, dont la disposition, très générale, comme on le sait, par ses termes et par les motifs sur lesquels elle repose, s'applique également au mandataire.

(1) Domat, *loc. cit.*; Pothier, *loc. cit.*

(2) Cass., 21 juil. 1884, S., 86. 1. 291. — Duranton, XVII, n. 411 ; Troplong, II, n. 603; Duvergier, n. 348 ; Aubry et Rau, IV, p. 558, § 351, note 5 ; Pont, n. 413; Guillouard, n. 166; Houpin, *loc. cit.*

(3) Pont, n. 413.

(4) Guillouard, n. 166.

Cependant on a décidé et soutenu que l'associé a de plein droit la faculté de réclamer les intérêts des intérêts ([1]). Le motif suivant a été invoqué : l'associé ne retire aucun profit des intérêts, il rentre dans ses débours. — Ne pourrait-on pas en dire autant du mandataire ? Au surplus, l'art. 1154 se restreint-il aux créanciers qui retirent profit des intérêts ? Les motifs dont il s'est inspiré (crainte de voir le débiteur trop obéré par la capitalisation des intérêts) ne s'appliquent-ils plus en matière de société ?

Il est, en tous cas, une question que soulève l'opinion contraire, qu'elle ne résout pas et qui ne laisse pas d'être délicate. A partir de quel moment se produit la capitalisation ? Se fait-elle jour par jour, mois par mois, année par année ?

217. En second lieu, l'associé peut recourir contre la société « à raison des obligations qu'il a contractées de bonne foi pour les affaires de la société ».

Par exemple, comme le supposaient le droit romain ([2]) et Pothier ([3]), l'associé vend un immeuble de la société ; cette vente l'obligeant à garantie, il peut se faire protéger par la société contre les risques d'éviction, et, si l'éviction le force à indemniser l'acquéreur, se faire rembourser cette indemnité par la société ([4]).

218. Enfin l'associé peut se faire couvrir par la société des « risques inséparables de sa gestion », c'est-à-dire se faire rembourser les frais dépensés ou les pertes subies dans l'exercice et comme conséquence de ses obligations d'associé, par exemple :

La perte provenant d'un vol opéré à son préjudice alors qu'il voyageait pour le compte de la société ([5]);

de l'accident dont il est victime pendant qu'il travaille ou dirige des travaux pour le compte de la société ([6]);

([1]) Cass., 24 mars 1869, S., 70. 1. 315, D., 70. 1. 105. — Guillouard, n. 167 ; Houpin, *loc. cit.*

([2]) L. 67, D., *pro soc.*, 17. 2.

([3]) N. 127.

([4]) Guillouard, n. 169.

([5]) L. 52, § 4, D., *pro soc.*, 17. 2 ; Guillouard, n. 169 ; Houpin, I, n. 85.

([6]) Guillouard, n. 169 ; Houpin, *loc. cit.*

d'un naufrage dont il est victime pendant un voyage accompli pour le compte de la société [1].

219. Il va sans dire qu'en cas d'imprudence de l'associé, le droit à l'indemnité disparaît ou s'atténue suivant que cette imprudence a causé tout entière la perte ou y a contribué [2].

Ainsi l'associé qui dans un voyage emporte des objets qui lui sont inutiles ne peut, en cas de vol de ces objets, recourir contre la société.

220. C'est contre les associés et non contre la société que doit agir l'associé pour se faire rembourser les sommes qui lui sont dues, puisque, d'après nous, la société n'est pas une personne morale [4]. Il en est autrement dans l'opinion qui considère la société comme une personne morale [5].

Les associés ne sont pas, d'ailleurs, tenus solidairement envers leur co-associé [6]; la solidarité, en effet, ne peut résulter que d'un texte (art. 1202). Il est vrai que les mandants sont tenus solidairement envers les mandataires; mais, si l'associé qui a fait des dépenses pour le compte de la société est mandataire de ses co-associés, il est aussi mandant pour sa part; on peut, du reste, lui appliquer l'art. 1214.

L'insolvabilité de l'un des associés contre lesquels existe le recours doit évidemment, dans l'opinion qui considère les co-associés comme des débiteurs solidaires, retomber à la charge de tous les associés, de l'associé créancier comme des associés débiteurs.

Il en est encore de même, quoique cela soit plus contestable, dans l'opinion contraire [7]; car c'est là, on peut le dire, un risque couru par l'associé dans l'intérêt de la société et pour lequel il aura recours contre elle. C'était, du reste, la solution admise par le droit romain et par l'ancien droit [8].

(1) Houpin, *loc. cit.*

(2) Cpr. Guillouard, n. 169.

(3) Pothier, n. 129 ; Guillouard, n. 169.

(4) Laurent, XXVI, n. 280; Guillouard, n. 170.

(5) Houpin, I, n. 85.

(6) Cass., 15 nov. 1831, S., 32. 1. 10. — Cass., 8 janv. 1862, S., 62. 1. 477, D., 63. 1. 75. — Pont, n. 426; Laurent, XXVI, n. 280; Guillouard, n. 170; Houpin, *loc. cit.*

(7) Pont, n. 425; Guillouard, n. 170 *bis*; Houpin, *loc. cit.* — *Contra* Laurent, XXVI, n. 280.

(8) L. 67, D., *pro soc.*, 17. 2; Domat, liv. I, tit. VIII, sect. 4, § 15; Pothier, n. 132.

SECTION II

DROIT D'USER DES CHOSES APPARTENANT A LA SOCIÉTÉ

221. « Aux termes de l'art. 1859-2° : *Chaque associé peut » se servir des choses appartenant à la société, pourvu qu'il » les emploie à leur destination fixée par l'usage, et qu'il ne » s'en serve pas contre l'intérêt de la société, ou de manière » à empêcher ses associés d'en user selon leur droit* ». On a critiqué la formule de ce texte [1], laquelle est empruntée à Pothier [2]. On a dit que le droit accordé à l'associé de se servir des choses de la société est, en réalité, l'exception et non la règle, attendu que ce droit ne peut guère être exercé sans méconnaître les restrictions qu'a apportées l'art. 1859-2° lui-même à son exercice.

L'exactitude de la formule importe peu; la règle de l'art. 1859-2° est suffisamment claire.

Ainsi, comme le disait Pothier [3], l'associé pourra se servir d'une maison destinée à l'habitation des associés ou non destinée à être louée.

Il pourra, comme le disait aussi Pothier [4], se servir du cheval appartenant à la société pendant le temps où ce cheval sera inutile à la société elle-même.

222. Chaque associé peut, comme nous le montrerons, forcer ses co-associés à contribuer aux dépenses.

223. Il a, dans certaines conditions, comme nous le dirons également, le droit d'administrer la société.

SECTION III

DROIT DE CÉDER SA PART OU DE S'ASSOCIER UN TIERS

§ I. *Association avec un tiers.*

224. Le contrat de société implique des rapports personnels et de confiance entre les associés : il est fait *intuitu per-*

[1] Duvergier, n. 360; Laurent, XXVI, n. 323; Guillouard, n. 249.
[2] N. 84 et 85.
[3-4] *Loc. cit.*

sonæ. De là il suit que, si chaque associé peut traiter de ses droits dans la société et les céder à une tierce personne, il ne peut pas, du moins sans le consentement de ses coassociés, traiter de sa qualité d'associé et l'abdiquer au profit d'un tiers qu'il mettrait à sa place. L'art. 1861 consacre cette double proposition : « *Chaque associé peut, sans le consente-* » *ment de ses associés, s'associer une tierce personne relative-* » *ment à la part qu'il a dans la société : il ne peut pas, sans* » *ce consentement, l'associer à la société, lors même qu'il en* » *aurait l'administration.* »

Trois solutions doivent être distinguées :

1° L'associé peut vendre librement sa part, de même que ses créanciers peuvent la saisir. Nous nous occuperons ultérieurement de cette hypothèse.

2° Il ne peut, sans l'assentiment de ses coassociés, associer un tiers à sa part.

La société s'étant formée par le consentement de tous les associés, l'affiliation d'un nouveau membre n'est possible qu'autant que tous les associés y consentent, car nous avons dit que la société repose sur un lien de confiance mutuelle; le consentement donné par la majorité ne suffirait pas, car il s'agit d'une modification à apporter au pacte social (1). Aussi le droit romain (2) et l'ancien droit (3) étaient-ils déjà en ce sens.

Le consentement peut être tacite (4). Aussi la règle posée par l'art. 1861 n'est applicable qu'aux sociétés par intérêt, dans lesquelles la considération de la personne est dominante. On s'accorde à reconnaître qu'elle est étrangère aux sociétés par actions, qui sont des sociétés de capitaux (5). Non seulement la part sociale est alors assez impersonnelle pour que la personne de l'associé soit indifférente, mais on doit supposer, par cette raison même, que les associés ne veulent

(1) Besançon, 28 déc. 1842 et 23 avril 1845, S., 46. 2. 655, D., 47. 2. 15. — Aubry et Rau, IV, p. 559, § 581, note 11; Laurent, XXVI, n. 332; Guillouard, n. 254; Houpin, I, n. 98.

(2) L. 19 et 20, D., *pro soc.*, 17. 2. — L. 47, D., *De reg. jur.*, 50. 17.

(3) Domat, liv. I, tit. VIII, sect. II, § 5; Pothier, n. 91.

(4) Guillouard, n. 254.

(5) Cass., 1er ventôse an X, S. chr. — Pont, n. 598; Guillouard, n. 254.

pas se connaître et qu'en réalité dans leur esprit l'association se forme entre les capitaux.

La distinction entre l'action et l'intérêt est très délicate, elle rentre dans le droit commercial.

La preuve du consentement doit être faite conformément au droit commun; ainsi elle doit, en général, être faite par écrit, elle ne peut être faite par témoins qu'avec un commencement de preuve par écrit [1].

Le fait qu'accidentellement les associés ont admis le croupier à s'immiscer dans la société ou que son nom figure dans des actes passés par la société n'est pas nécessairement une preuve de ce consentement [2].

Il va sans dire que le consentement des associés peut être donné d'avance et que, par exemple, le contrat social peut autoriser la cession par chaque associé de sa part à un tiers, qui se substituera à ses droits et à ses obligations [3]. Cela seul justifie la solution que nous venons de donner à propos des sociétés par actions, et, au surplus, on ne peut rien objecter à cette conséquence de la liberté des conventions.

Cette clause est opposable aux tiers sans qu'il soit nécessaire de la porter à leur connaissance par une clause du traité passé avec eux [4]. En effet, l'acte de société est tout entier opposable aux tiers, puisque c'est cet acte qui détermine les proportions dans lesquelles chaque associé est tenu; du reste le tiers qui traite avec les associés se prévaut, pour leur faire exécuter leurs engagements, de l'acte de société; cet acte doit donc leur être opposable. On objecte qu'à la différence des sociétés commerciales, les sociétés civiles ne sont pas soumises à une publication qui soit de nature à les faire connaître des tiers; cette objection se retourne contre ses auteurs; car on sait que, précisément, les sociétés civiles produisent de plein droit vis-à-vis des tiers les effets que les

[1] Cass., 7 fév. 1826, S. chr. — Pont, n. 606; Laurent, XXVI, n. 333; Guillouard, n. 254; Houpin, I, n. 98.

[2] Trib. com. Seine, 14 déc. 1891, *Gaz. Pal.*, 92. 1. 407.

[3] Paris, 23 janv. 1868, S., 69. 2. 105, D., 68. 2. 244. — Aubry et Rau, IV, p. 559, § 381; Pont, n. 609; Lyon-Caen, *Note*, S., 69. 2. 105; Guillouard, n. 255.

[4] Paris, 23 janv. 1868, précité. — *Contra* Aubry et Rau, *loc. cit.*; Lyon-Caen, *loc. cit.*; Guillouard, *loc. cit.*

sociétés commerciales ne produisent qu'à des conditions et des formalités rigoureuses. On objecte encore que, d'après l'art. 1863, les associés sont tenus envers les tiers par parts égales si l'acte ne modifie pas cette obligation; ce texte, qui d'ailleurs s'explique fort bien, est étranger à la question, puisqu'il règle l'obligation d'associés qui contractent avec les tiers, et que notre question suppose un associé devenu en partie étranger à la société et ne contractant pas avec les tiers.

Si le consentement des associés n'est (ce qui est le cas le plus pratique) donné que postérieurement à l'acte de société, ce consentement n'est opposable aux tiers qu'après avoir été porté à leur connaissance. Ici les arguments que nous venons de faire valoir perdent toute leur valeur; les tiers peuvent refuser de tenir compte d'un acte dont ils n'ont pas à avoir connaissance.

225. 3° L'un des associés n'a pas besoin du consentement des autres pour s'associer une tierce personne relativement à la part qu'il a dans la société; c'est affaire entre lui et le sous-associé qu'il a choisi. Il se forme alors une petite société dans la grande, *societas societatis*. Ulpien disait : « *Si socius eum admisit, ei soli socius est* » (1). Les jurisconsultes de l'ancien droit se servaient d'expressions analogues (2). Le sous-associé porte le nom de *croupier*, parce que, dit-on, l'associé le prend en *croupe* et le fait chevaucher avec lui.

Il y a bien une société dans ce contrat (3), quoique certains auteurs y voient une communauté (4). Le mot *s'associer* qu'emploie l'art. 1861 l'indique; les expressions par lesquelles le droit romain et les anciens auteurs caractérisaient la convention en sont une autre preuve. L'intention des parties conduit au même résultat, car leur but est de se partager les bénéfices de l'association. On y trouve également l'apport réciproque. Enfin, quoique certains partisans même de notre

(1) L. 19, D., *pro soc.*, 17. 8.

(2) Domat, liv. I, tit. 8, sect. 2, § 5; Pothier, n. 91; Argou, liv. III, ch. XXXII, p. 320.

(3) Troplong, II, n. 757; Pont, n. 618; Laurent, XXVI, n. 337; Guillouard, n. 260; Houpin, I, n. 99.

(4) Duvergier, n. 260.

opinion l'aient nié (et cette négation devrait conduire à reconnaître dans le contrat une communauté), le croupier joue dans le contrat un rôle actif; il n'a sans doute pas le droit de se mêler à la société principale, mais cela importe peu puisqu'il n'en est pas membre; il suffit que le croupier, et on ne peut lui refuser ce droit, ait un droit de contrôle dans la sous-société qu'il a formée avec l'associé et puisse exiger que ce dernier lui rende compte et fasse un emploi judicieux des bénéfices qu'il touche.

A plus forte raison le contrat n'est-il pas une vente; aussi n'est-il pas, même si la société comprend des créances, sujet à signification [1].

226. Il résulte de la théorie traditionnelle, formellement consacrée par l'art. **1861**, que le croupier reste étranger à la société [2]. On peut donc qualifier cette société de société en participation [3].

Pothier[4] et des auteurs modernes[5] en concluent que si le croupier commet une faute qui cause un dommage à la société, les associés ne peuvent agir directement que contre l'associé, sauf à ce dernier à se faire indemniser par le croupier.

Cette conséquence nous paraît inexacte. D'une part, il est certain que si les associés n'ont pas contre le croupier d'action contractuelle, ils peuvent agir directement contre lui en vertu de l'art. **1382**, qui oblige tous ceux qui ont causé par leur faute un préjudice à le réparer. D'autre part, nous ne voyons pas quelle serait la source d'une action directe des associés contre celui d'entre eux qui a contracté une sous-société avec un croupier. Nous ne contestons pas que si l'associé a mêlé son croupier aux opérations de la société et si l'intervention du croupier a été fâcheuse, l'associé n'ait commis une faute personnelle dont il doit réparation. Mais, cette hypothèse mis à part, l'associé ne saurait être responsable

(1) Bordeaux, 5 août 1868, S., 69. 2. 77, D., 69. 2. 111. — Troplong, n. 766; Pont, n. 637 et 638; Guillouard, n. 261.

(2) Guillouard, n. 262; Houpin, I, n. 99.

(3) Thaller, *Note*, D., 87. 1. 65.

(4) N. 93.

(5) Guillouard, n. 262.

des fautes de son croupier; on n'est, en effet, responsable que des fautes de son préposé (art. 1384).

Le croupier étant étranger à la société, les associés autres que celui avec lequel il a contracté ne peuvent agir contre lui pour le contraindre à payer sa part des dettes sociales ou des frais sociaux (1). Mais le cédant peut évidemment agir contre le croupier. Aussi décide-t-on que les co-associés ont également le droit d'agir contre le croupier du chef de leur co-associé qui a contracté une société avec le croupier (2).

En définitive, et dans ses rapports avec son associé, le croupier participe aux pertes ou aux bénéfices dans la mesure où il a acquis les droits de cet associé (3).

227. La clause de l'acte de société « qu'en cas de mort de l'un des associés la société continuera avec ses héritiers » n'est pas opposable dans les rapports entre l'associé et son croupier (4).

228. Les tiers ne peuvent agir directement pour l'exécution des engagements sociaux contre l'associé d'un associé (5).

229. La question de savoir si les causes de dissolution des sociétés sont applicables à la société formée entre l'associé et le croupier dépend de celle de savoir si ces causes sont applicables à la société en participation (6).

Dans tous les cas, en cas de décès du croupier, ses héritiers ont droit aux bénéfices qui sont une suite nécessaire des opérations (7).

230. Dans une société de chasse comme dans toute autre société, le cessionnaire ou l'associé de l'un des associés reste étranger à la société (8).

(1) Trib. com. Seine, 8 août 1889, *Ann. dr. comm.*, XIII, 1889, *Jurispr.*, p. 271, *Gaz. Pal.*, 89. 2. 480. — Troplong, II, n. 763; Pont, n. 634; Laurent, XXVI, n. 338; Guillouard, n. 262.

(2) Troplong, *loc. cit.;* Pont, *loc. cit.;* Laurent, *loc. cit.;* Guillouard, *loc. cit.*

(3) Guillouard, n. 263.

(4) Thaller, *Note*, D., 87. 1. 65. — *Contra* Lyon, 23 juin 1884, sous Cass., 1er mars 1886, S., 89. 1. 468, D., 87. 1. 65.

(5) Trib. com. Seine, 8 août 1889, *Ann. dr. comm.*, III, 1889, *Jurispr.*, p. 271, *Gaz. Pal.*, 89. 2. 480.

(6) Cpr. Thaller, *Note*, D., 87. 1. 65.

(7) Cass. req., 1er mars 1886, S., 89. 1. 468, D., 87. 1. 65.

(8) Cass. req., 24 août 1876, D., 77. 1. 196. — Liège, 23 juil. 1879, *Pasicr.*, 80.

Il suit de là que s'il se livre à la chasse dans les lieux consacrés à la société, il peut être poursuivi correctionnellement.

Les solutions qui viennent d'être données se complètent par celles que nous allons développer à propos de la cession des droits d'un associé.

§ II. *Cession des droits de l'associé.*

231. Il faut appliquer à la cession des droits d'un associé ce que la loi dit de la sous-association conclue entre l'associé et un tiers : tous les droits étant cessibles, la part sociale peut être cédée, mais cette cession n'est pas opposable aux autres associés.

Ainsi l'auteur d'un livret d'opéra peut céder ce livret sans l'assentiment de l'auteur de la musique (1).

232. Le contrat par lequel l'associé cède à un tiers la totalité de ses droits est une vente de ses droits sociaux (2) ; il est impossible d'y voir une société, puisqu'il n'y a là ni apports communs, ni bénéfices à partager, ni *affectio societatis*.

La cession de droits sociaux n'est pas en elle-même soumise à l'art. 1690 C. civ., puisqu'elle ne porte pas sur une créance, mais sur une part de propriété (3).

Mais la cession d'une part sociale doit être signifiée pour être opposable aux tiers si la société comprend des créances (4), conformément au principe général de l'art. 1690.

Elle doit être également signifiée pour être opposable à la société, quand elle est autorisée par la convention (5).

Mais la signification est inutile à l'égard de la société

2. 41, *Anal. Journ. dr. int.*, IX, 1882, p. 638 (et cela même si chacun des associés s'était assigné un canton distinct, ce lotissement ayant lieu pour satisfaire aux convenances de chacun, et ne supprimant pas l'intérêt commun à la conservation du gibier).

(1) Trib. civ. Seine, 27 fév. 1894, *Gaz. Pal.*, 94. 1. 574.

(2) Pont, n. 619; Guillouard, n. 260 ; Houpin, I, n. 99.

(3) *Contra* Duranton, XVII, n. 444 ; Troplong, II, n. 755 ; Duvergier, n. 379; Guillouard, *Tr. de la vente*, II, n. 794; Houpin, I, n. 98.

(4) Guillouard, n. 258 et 261.

(5) Guillouard, n. 258.

dans le cas contraire, puisque, même signifiée, la cession est inopposable à la société [1].

233. On admet généralement que la cession de part dans une société minière doit être effectuée par endossement, transfert, tradition manuelle ou signification faite conformément à l'art. 1690, suivant la forme que revêt cette part.

Il est très exact que si le titre est nominatif il sera cédé par un transfert, s'il est à ordre par un endossement et s'il est au porteur par la tradition manuelle. Sur tous ces points, il ne peut y avoir de doute : c'est l'application du droit commun.

Mais ce que nous contestons, c'est qu'au cas où le droit de l'associé ne consiste pas dans un titre commercial, il faille recourir, pour parfaire la cession, aux formalités de l'art. 1690; ces formalités ne sont applicables qu'à la cession des créances, et le droit de l'associé, comme de tout associé dans toute société, est un droit de propriété. En vain dit-on que, d'après l'art. 8 de la loi du 21 avril 1810, la part dans une société minière est meuble; la vente des meubles est-elle donc soumise à une signification? Du reste, la loi de 1810 n'a ainsi caractérisé la part dans une société de mines que pour donner la personnalité morale à la société.

234. La cession est inopposable aux associés, même lorsqu'en fait la société n'est pas contractée *intuitu personæ* [2], car la loi s'exprime, à propos de la sous-association, en termes généraux.

Ainsi lorsqu'un auteur et un éditeur ont formé une société pour l'édition d'un livre, le contrat ne se transmet pas au tiers qui a succédé à l'éditeur dans l'exploitation de son commerce [3].

(1) Guillouard, n. 258 et *Tr. de la vente*, II, n. 794.

(2) *Contra* Nancy, 28 juil. 1891, *Gaz. Pal.*, 91. 2. 552 (société pour l'exploitation en commun de terres).

(3) Bonnet, *Concl.*, *Gaz. Pal.*, 94. 1. 730. Tout en reconnaissant que l'exploitation d'un livre par un auteur et un éditeur en compte à demi est une véritable société, la cour de Paris (20 avril 1894, *Gaz. Pal.*, 94. 1. 730), perdant de vue les principes, a décidé que le point de savoir si le contrat se transmettait au successeur de l'éditeur dépendait de celui de savoir si l'auteur, en contractant avec l'éditeur, n'avait pas ou au contraire avait agi en fait *intuitu personæ*.

235. On a soutenu que, par exception, dans les sociétés de mines les associés peuvent céder leurs droits en tout ou en partie sans l'assentiment leurs co-associés [1] ; on s'est fondé sur l'idée que les sociétés minières sont des sociétés de capitaux; c'est, comme nous l'avons montré, une erreur [2]. On a ajouté que la personne des associés importe peu à leurs coassociés ; cet argument, qui n'est guère que la reproduction du précédent, n'est pas toujours exact et, en tout cas, ne répond pas aux termes généraux de l'art. 1861. On a dit encore que la durée illimitée des sociétés minières rend indispensable le droit de cession; mais, d'une part, l'art. 1861 ne fait pas exception pour les sociétés illimitées au principe qu'il édicte; d'autre part, l'associé qui ne veut pas être engagé d'une manière illimitée trouve dans l'art. 1869 le droit de quitter la société quand cela lui convient.

Nous conclurons aussi de là qu'en cas de cession l'associé cédant n'est pas dégagé de ses obligations envers la société [3].

236. Il va sans dire que les co-associés du cédant peuvent consentir à la cession comme à la sous-association; ils peuvent aussi considérer le cessionnaire comme un associé [4].

Mais de ce qu'ils l'ont autorisé à s'occuper de la gestion, on ne peut conclure qu'ils lui ont attribué les droits d'un associé [5].

237. En dehors du cas où la société a consenti à la cession, le cessionnaire n'a aucun droit direct contre la société, par exemple pour obtenir le versement entre ses mains de la part de bénéfices appartenant au cédant; il peut seulement agir du chef de ce dernier.

Ainsi le cessionnaire d'une part d'agent de change ne peut agir directement contre l'agent pour obtenir sa part de béné-

(1) Liège, 27 juin 1838, *Pas.*, 38. 2. 175. — Laurent, XXVI, n. 422; Guillouard, n. 367; Delecroix, *Des Sociétés de mines*, n. 167 et 302 s.

(2) V. *supra*, n. 115.

(3) *Contra* Cass., 23 vent. an VIII, S. chr. — Paris, 22 mai 1851, S., 52. 2. 577. — Laurent, XXVI, n. 422 ; Guillouard, n. 368; Delecroix, *op. cit.*, n. 311 s.

(4) Paris, 14 janv. 1893, S., 94. 2. 269 (motifs).

(5) Paris, 25 fév. 1893, *Gaz. Pal.*, 93. 1. 576.

fices (1). Mais il peut agir comme exerçant les droits du cédant et en vertu de l'art. 1166 C. civ. (2).

238. Le cessionnaire de l'associé ne peut pas davantage critiquer l'attribution de bénéfices faite à ce dernier et prétendre que les bénéfices auraient dû lui être remis (3).

Cependant il en est autrement si l'attribution a été faite frauduleusement et pour lui nuire (4). Il agira alors en vertu de l'art. 1382 C. civ.

239. Le cessionnaire de la part d'un associé, n'étant pas lui-même associé, ne peut réclamer la communication des livres de la société (5). Son associé ne peut même pas lui déléguer ce droit, qui est personnel (6).

Le cessionnaire ne peut pas davantage critiquer les actes de la société (7), à moins qu'ils ne soient le résultat d'un concert frauduleux dirigé contre lui (8).

Il ne peut exercer les actions de son cédant que dans les limites où les créanciers de ce dernier peuvent le faire par application de l'art. 1166 (9).

Les actions sociales ne lui appartiennent pas (10).

Réciproquement, aucune obligation contractuelle ne lie le cessionnaire envers la société; cependant, les droits conférés à un tiers par l'un des associés permettent aux autres associés de réclamer à ce dernier et au tiers des dommages-intérêts s'ils leur nuisent, en vertu de l'art. 1382 C. civ. Tel est le cas où un colocataire d'une chasse confère à un tiers le droit de chasser (11).

(1) Paris, 8 juill. 1893, *Loi*, 26 déc. 1893.
(2) Paris, 8 juil. 1893, précité.
(3) Paris, 8 juil. 1893, *Loi*, 26 déc. 1893.
(4) Paris, 8 juil. 1893, précité.
(5) Paris, 7 déc. 1892, *Gaz. Pal.*, 93. 1, 2e p., 18. — Paris, 14 janv. 1893, S., 94. 2. 269. — Paris, 25 fév. 1893, *Gaz. Pal.*, 93. 1. 576. — Lyon-Caen et Renault, *Traité*, II, n. 271.
(6) Paris, 14 janv. 1893, précité.
(7) Paris, 7 déc. 1892, précité.
(8) Paris, 7 déc. 1892, précité.
(9) Trib. com. Seine, 14 déc. 1891, *Gaz. Pal.*, 92. 1. 407.
(10) Paris, 25 fév. 1893, précité.
(11) Trib. com. Troyes, 19 nov. 1889, *Gaz. Pal.*, 90. 1. 75 (pour l'action des associés contre le tiers).

240. L'acquéreur a le droit de se faire rembourser par son vendeur tous les bénéfices touchés par ce dernier [1]. Il peut même, en sa qualité de créancier de son vendeur, faire saisie-arrêt des bénéfices dus à ce dernier.

Réciproquement il supporte toutes les pertes. Il a donc l'obligation de les rembourser à son vendeur si ce dernier les a payées [2]. De même pour les dettes [3]. Il peut même être actionné par les co-associés ou par les créanciers de la société, exerçant les droits du vendeur, leur débiteur direct.

Il doit aussi rembourser à son cédant la perte causée à celui-ci par l'insolvabilité de ses associés [4].

Le cessionnaire qui n'est pas agréé par les co-associés du cédant ne peut, de ce chef, exercer une action en garantie contre ce dernier [5], car il devait savoir que ce consentement était nécessaire.

241. Vis-à-vis des tiers, l'associé qui a cédé sa part n'est dégagé que des dettes sociales postérieures à la signification de la cession [6]. Il reste tenu des dettes antérieures [7].

Toutefois la clause contraire peut être insérée dans l'acte de société [8]. Et cette clause est opposable de plein droit aux tiers, sans qu'il en doive être fait mention dans le contrat passé avec eux [9].

Vis-à-vis de ses co-associés, le cédant reste tenu même des dettes postérieures [10].

[1] Troplong, II, n. 762; Duvergier, n. 380; Pont, n. 627 et 628; Guillouard, n. 263; Houpin, I, n. 99.

[2] Mêmes auteurs.

[3] Mêmes auteurs.

[4] Mêmes auteurs.

[5] Lyon, 21 juill. 1892, *Gaz. Pal.*, 92. 2. 733 (surtout si la cession est faite aux risques et périls du cessionnaire).

[6] Douai, 18 juin 1883, sous Cass. req., 2 juil. 1884, S., 86. 1. 169.

[7] Douai, 18 juin 1883, précité. — Trib. com. Albi, 15 juil. 1892, *Journ. des soc.*, 92. 447. — Lyon-Caen, *Note*, S., 69. 2. 105.

[8] Paris, 28 janv. 1868, S., 69. 2. 105. — Trib. com. Albi, 15 juil. 1892, précité. — Lyon-Caen, *Note*, S., 69, 2. 105; Beudant, *Rev. crit.*, XXXIV, p. 149; Aubry et Rau, IV, p. 559, § 381.

[9] Paris, 28 janv. 1868, précité. — *Contra* Douai, 18 juin 1883, précité. — Lyon-Caen, *loc. cit.*

[10] *Contra* Trib. com. Albi, 15 juil. 1892, précité.

§ III. *Retrait social.*

242. Le contrat social porte fréquemment que si l'un des associés trouve à vendre sa part, la société se réserve un droit de préférence, c'est-à-dire la faculté d'acquérir elle-même cette part; c'est ce qu'on appelle le *retrait social,* fort improprement, puisque ce droit consiste aussi bien à acquérir directement de l'associé sa part qu'à reprendre l'acquisition faite par un tiers.

Le contrat peut déterminer les conditions sous lesquelles la société a le droit d'acquérir cette part, le point de savoir si l'associé doit notifier son désir de vendre, etc. Ces clauses sont obligatoires [1].

Si le contrat est muet sur ces conditions, les tribunaux décident si la société a exercé son droit dans un délai suffisant pour qu'elle ne puisse pas être réputée y avoir renoncé [2] et si la société a été suffisamment informée [3].

L'avis peut être donné par l'associé dans une forme quelconque, même verbalement [4].

243. Le retrait social peut évidemment être exercé contre l'aliénation, même si elle est déguisée sous la forme d'un autre acte [5].

Mais il ne peut être exercé contre l'acte par lequel l'associé s'associe lui-même un tiers [6], puisque ce tiers reste étranger à la société.

Il ne peut être exercé davantage contre le tiers auquel un associé donne sa part en nantissement [7].

244. En dehors d'une convention, les associés ne peuvent

(1) Cass., 17 avril 1834, S., 34. 1. 276. — Douai, 10 janv. 1839, S., 39. 2. 495. — Guillouard, n. 256.

(2) Guillouard, n. 256; Houpin, I, n. 98.

(3) Guillouard, n. 256; Houpin, *loc. cit.*

(4) Douai, 10 janv. 1839, S., 39. 2. 495. — Pont, n. 610 s.; Laurent, XXVI, n. 334; Guillouard, n. 256.

(5) Cass., 24 nov. 1856, S., 57. 1. 516, D., 56. 1. 429. — Guillouard, n. 257.

(6) Pont, n. 612; Laurent, XXVI, n. 336; Guillouard, n. 257.

(7) Cass., 24 nov. 1856, S., 57. 1. 516, D., 56. 1. 429. — Rouen, 2 janv. 1847, S., 48. 2. 660, D., 51. 2. 232. — Pont, n. 612; Laurent, XXVI, n. 336; Guillouard, n. 257.

exercer le retrait social. On ne pourrait soutenir le contraire qu'en appliquant à la société l'art. 841 C. civ., relatif au retrait successoral. Encore ce texte ne permettrait-il aux associés d'opérer le retrait qu'après la dissolution de la société, et pour éviter l'accès du cessionnaire au partage. Mais l'art. 841 n'est pas, malgré le renvoi fait par l'art. 1872 aux règles du partage de succession, applicable en matière de succession [1].

SECTION IV

RÉPARTITION DES BÉNÉFICES ET DES PERTES

§ I. *Principes généraux sur la répartition des pertes et des bénéfices.*

245. Après le prélèvement des sommes nécessaires à l'acquittement des dépenses sociales, le surplus est réparti entre les associés à titre de bénéfices.

Il arrive souvent d'ailleurs que certains des associés figurent eux-mêmes parmi les personnes entre les mains desquelles sont payées les dépenses sociales.

Aussi nous avons déjà fait remarquer que si l'un des associés a fait un prêt à la société, ou y a versé une somme en compte-courant, il doit, jusqu'à concurrence du prêt ou du compte-courant, être considéré comme un créancier [2]. Il peut donc, comme tout autre créancier, prélever les intérêts et, lors de l'échéance du capital, les sommes prêtées, avant la répartition des bénéfices.

246. Par un argument de réciprocité tiré de l'art. 1846 [3], on décide généralement que les intérêts des sommes avancées par un associé à la société courent de plein droit [4].

[1] V. notre *Traité des successions*, n. 3330 et les autorités qui y sont citées.

[2] V. *supra*, n. 30.

[3] V. *supra*, n. 179.

[4] Cass., 24 mars 1869 (impl.), S., 70. 1. 315. — Cass. req., 21 juil. 1884, S., 86. 1. 291. — Riom, 1er juil. 1835, sous Cass., 25 mai 1839, S., 39. 1. 705. — Delvincourt, III, p. 459, note 11; Duranton, XVII, n. 411; Duvergier, n. 348; Massé et Vergé, IV, p. 436, § 717, note 6; Troplong, II, n. 603; Pont, I, n. 413; Aubry et Rau, IV, p. 558, § 381, note 5. — *Contra* Poitiers, 15 mai 1822, S. chr. — Colmet de Santerre, VIII, n. 32 *bis*, II.

Mais cette opinion est des plus douteuses : l'art. 1846 est exceptionnel ; il s'explique, en outre, par un motif spécial : la situation très grave où peut se trouver la société qui n'a pas à sa disposition les fonds sur lesquels elle comptait.

247. L'associé n'a pas d'action solidaire contre ses coassociés pour les avances qu'il a faites dans l'intérêt de la société [1].

248. Il peut être convenu que les associés ou certains d'entre eux prélèveront mensuellement une somme déterminée pour leur travail.

Ces prélèvements sont de véritables salaires ; le juge peut les déclarer insaisissables en tout ou en partie, à raison de leur caractère alimentaire [2].

Nous avons dit également qu'un associé peut remplir vis-à-vis de la société le rôle de vendeur ou de bailleur [3].

249. Les sommes et valeurs attribuées à un associé comme administrateur, gérant ou directeur de la société lui sont allouées à titre de louage d'ouvrage et non d'attribution de bénéfices [4].

Les sommes et valeurs attribuées comme prix de denrées sont un prix de vente et non une attribution de bénéfices [5].

Mais il en est autrement de la part de bénéfices attribuée en rémunération d'un apport d'industrie [6].

(1) Cass., 16 fév. 1874, S., 74. 1. 301. — Cass. civ., 17 juil. 1889, S., 91. 1. 394. — Ruben de Couder, v° *Soc. en nom collectif*, n. 420 s. ; Pont, I, n. 426 ; Laurent, XXVI, n. 280 ; Guillouard, n. 170.

(2) Paris, 5 mars 1895, S., 96. 2. 139, D., 95. 2. 448.

(3) V. *supra*, n. 153.

(4) Sol. de la régie, janv. 1873, citée par Garnier, *Rép. gén. de l'enreg.*, v° *Imp. direct sur le revenu*, n. 35 (qui en conclut exactement qu'elles ne sont pas passibles de la taxe sur le revenu établi par l'art. 1er de la loi du 29 juin 1872, sur les « revenus et tous autres produits » des parts sociales). — Wahl, *Note*, S., 93. 1. 433.

(5) Trib. civ. Cognac, 26 janv. 1875, *Journ. de l'enreg.*, art. 20120, *Rép. périod. de l'enreg.*, art. 4371 (même conclusion). — Wahl, *loc. cit.*

(6) Cass. civ., 26 avril 1893, S., 93. 1. 433. — Wahl, *Note*, S., 93. 1. 433. — L'arrêt précité admet cependant que s'il est convenu que cette part atteindra un minimum déterminé à prélever sur les frais généraux, il y a jusqu'à concurrence de ce minimum louage d'ouvrage. L'affaire avait trait à l'impôt sur le revenu ; la régie elle-même convenait que jusqu'à concurrence de ce minimum les sommes allouées constituaient le prix d'un louage d'ouvrage et échappaient à l'impôt (V. les notes qui précèdent). La cour de cassation, sans y réfléchir, a donné à la régie acte de cette concession, qui n'est pas justifiée ; en effet, il est faux que, comme

250. On a décidé que le juge des référés peut statuer sur les prélèvements mensuels stipulés dans l'acte de société, par la raison que ce sont des appointements et non des parts de bénéfices [1].

251. Le partage doit s'appliquer tant aux bénéfices qu'à la perte [2]. L'art. 1831 ne parle à la vérité que de la participation aux bénéfices, parce qu'il définit la société en partant du point de vue auquel se placent les parties elles-mêmes lorsqu'elles contractent [3] ; elles s'associent pour faire un bénéfice ; c'est là le but unique qu'elles poursuivent, mais elles ne l'atteignent pas toujours ; cette observation a été faite aux travaux préparatoires [4].

252. La part de chaque associé dans le bénéfice et dans la perte est fixée par la convention des parties [5]. L'art. 1853 donne, en ne fixant la répartition des bénéfices et des pertes que si l'acte de société est muet, implicitement cette solution ; elle dérive, au surplus, des principes et de la tradition [6] ; les travaux préparatoires la consacrent [7].

Si le contrat ne détermine que la répartition des bénéfices, la répartition des pertes a lieu dans la même proportion [8]. On doit, en effet, supposer que les parties ont adopté cette solution d'équité et que, si elles ne se sont pas prononcées sur elle, c'est qu'elles n'ont pas songé à l'éventualité d'entreprises malheureuses. Telle était, du reste, la règle admise dans l'ancien droit.

253. La clause qui répartit inégalement les pertes doit

le prétendait la régie, ce minimum, étant pris sur les frais généraux, échappait aux risques sociaux ; par cela même que l'attribution est stipulée au profit d'un associé comme tel en échange de son apport, elle subit le sort de toutes les attributions de cette nature et ne peut avoir pour résultat de lui donner un droit de préférence sur les créanciers de la société.

(1) Paris, 5 mars 1895, *Gaz. Pal., Table*, 1er *sem.* 1895, vo *Référé*, n. 6 et 7.

(2) Guillouard, n. 78.

(3) V. *supra*, n. 9.

(4) Fenet, XIV, p. 405 et 419.

(5) Guillouard, n. 218.

(6) Domat, liv. I, tit. 8, sect. 1, § 6.

(7) Rapport du tribun Boutteville, Fenet, XIV, p. 410.

(8) Amiens, 27 mai 1840, S., 42. 2. 113. — Gand, 7 déc. 1895, *Pas.*, 96. 2. 265. — Duvergier, n. 240 ; Aubry et Rau, IV, p. 556, § 380, note 9 ; Pont, n. 434 ; Lyon-Caen et Renault, *Traité*, II, n. 47 ; Guillouard, n. 219.

être observée d'une manière absolue, même si les apports des associés ont été égaux et sont perdus [1]; il n'y a pas lieu de décider que jusqu'à concurrence du montant de ces apports les pertes doivent être réparties également. En effet, les apports suivent le sort de la société elle-même ; une fois perdus, ils ne peuvent entrer en ligne de compte pour la répartition des pertes ; du reste, la clause en face de laquelle nous nous plaçons est absolue.

Réciproquement, la clause qui répartit également les pertes doit être observée d'une manière absolue, même si les apports des associés ont été inégaux [2]; il n'y a pas lieu de décider que les parties doivent d'abord contribuer aux pertes pour une somme inversement proportionnelle à leur apport; l'opinion contraire équivaut à autoriser le prélèvement des apports, alors qu'en cas de perte des apports eux-mêmes, rien n'existe plus qui puisse être prélevé.

254. Il nous paraît évident que toutes les clauses qui fixent la part des associés dans la perte sont de plein droit, à condition d'être valables, opposables aux tiers sans qu'il soit nécessaire de les rappeler dans les contrats passés avec ces derniers [3]. En effet, l'art. 1855, en prohibant certaines clauses, édicte implicitement la validité absolue de toutes les autres, et ce serait les soumettre à une condition arbitraire que d'exiger qu'elles soient rappelées dans les contrats passés avec les tiers. La jurisprudence s'est cependant affirmée en sens contraire [4]; elle décide, par exemple, que la clause limitant la responsabilité d'un associé à ses apports est exclusivement opposable aux tiers qui en ont eu connaissance par le contrat passé avec eux-mêmes.

(1) Cass., 11 janv. 1865, S., 65. 1. 12, D., 65. 1. 9. — Duvergier, n. 15, 220 et 278; Aubry et Rau, IV, p. 557, § 380, note 10; Laurent, XXVI, n. 283; Guillouard, n. 220 *bis*.

(2) Cass., 27 mars 1861, S., 61. 1. 315, D., 61. 1. 61. — Cass., 11 janv. 1865, précité. — Aubry et Rau, IV, p. 557, § 380, note 11; Pont, n. 460; Laurent, XXVI, n. 284; Guillouard, n 221.

(3) Labbé, *Note*, S., 84. 1. 361.

(4) Cass., 21 fév. 1883, S., 84. 1. 361, D., 83. 1. 217. — Cass., 2 juill. 1884, S., 86. 1. 309. — Lyon, 8 août 1873, S., 74. 2. 105. — Douai, 23 mars 1878, S., 78. 2. 305. — Guillouard, n. 242.

Cette opinion a un grave tort qu'on n'a pas aperçu : elle supprime radicalement les clauses qui modifient la responsabilité, elle les réduit à l'état de lettre morte ; elle exige en effet que cette clause soit stipulée à nouveau dans tous les contrats passés avec les tiers et il est clair que cette dernière stipulation suffirait, alors même que le contrat de société ne contiendrait aucune indication sur la limitation de responsabilité.

L'argument qui séduit la jurisprudence c'est que les tiers ont le droit de compter sur la responsabilité proportionnelle des associés, établie par l'art. 1863 [1]. Cet argument nous paraît être d'une valeur médiocre ; l'art. 1863 ne pose pas un principe absolu, il présume une convention lorsqu'il n'y a pas de convention expresse, et la preuve en est que des modifications à ce texte sont autorisées. Comment d'ailleurs les tiers pourraient-ils se plaindre ? Lorsqu'ils passent un contrat avec des associés, qui disent agir au nom d'une société, la prudence la plus élémentaire leur commande de se faire représenter l'acte de société pour s'assurer de son existence et en examiner les clauses.

255. La loi consacre pour les parties une faculté dont elles n'usent guère dans la pratique, celle de laisser la fixation des parts à l'arbitrage de l'un des associés ou d'un tiers. C'est l'objet de l'art. 1854, ainsi conçu : « *Si les associés sont convenus de s'en rapporter à l'un d'eux ou à un tiers pour le règlement des parts, ce règlement ne peut être attaqué s'il n'est évidemment contraire à l'équité. — Nulle réclamation n'est admise à ce sujet, s'il s'est écoulé plus de trois mois depuis que la partie qui se prétend lésée a eu connaissance du règlement, ou si ce règlement a reçu de sa part un commencement d'exécution* ».

Cette disposition est empruntée au droit romain [2] et à l'ancien droit [3]. Si on ne conçoit guère que les parties en fassent usage, elle n'a rien que de parfaitement équitable.

Si le tiers ou l'associé chargés de fixer la répartition des bénéfices refusent ou sont incapables de remplir cette mis-

(1) Cass., 21 fév. 1883, précité. — Guillouard, *loc. cit.*
(2) L. 75 et 81, D., *pro soc*, 17. 2.
(3) Domat, liv. I, tit. VIII, sect. II, § 11 ; Pothier, n. 74.

sion, la société sera-t-elle nulle ou faudra-t-il dire que la clause seule tombe et que dès lors les bénéfices seront proportionnels aux apports par application de l'art. 1853 al. 1er? La première solution a un grand nombre de partisans [1]; elle se fonde sur ce qu'en un cas semblable l'art. 1592 décide qu'il n'y a pas vente. Nous n'acceptons pas ce rapprochement [2]. Sans parler du caractère arbitraire de l'art. 1592, nous remarquons que la loi n'aurait pu maintenir la vente qu'en décidant que le prix serait fixé par les tribunaux; or la volonté des parties a pu être interprétée comme écartant ce mode de fixation du prix; rien de pareil ne peut être supposé en matière de société, puisqu'en cette matière les apports sont évalués d'après une base légalement déterminée, à défaut de convention. D'un autre côté (et cet argument nous paraît probant), la vente dont le prix n'est pas fixé est une vente sans prix, par conséquent une vente nulle; une société où la répartition des bénéfices n'est pas faite n'est pas nulle, puisque l'art. 1853, en présence d'une pareille hypothèse, fournit les bases d'une évaluation.

Nous déciderons de même que si les parties se réservent de désigner plus tard le tiers qui fournira l'évaluation des apports, et ne font pas cette désignation ou ne s'accordent pas sur le choix du tiers, le juge pourra désigner la personne chargée de cette mission [3].

256. L'art. 1854 permet aux associés d'attaquer le règlement « évidemment contraire à l'équité ». Cette solution, empruntée au droit romain [4] et à l'ancien droit [5], ne se justifie que par la tradition. Elle est opposée à cette règle du droit commun que les conventions font loi entre les parties contractantes (art. 1134); les parties qui ont convenu de se confier à un arbitre sont, en principe, liées par ses décisions. L'art. 1854 se rattache à ce *jus fraternitatis*, qui, en droit

(1) Duranton, XVII, n. 425; Troplong, II, n. 625; Duvergier, n. 245; Guillouard, n. 230; Houpin, I, n. 114.

(2) Pont, n. 471.

(3) Duranton, XVII, n. 425; Duvergier, n. 248; Pont, n. 473. — *Contra* Troplong, II, n. 526; Guillouard, n. 230.

(4) L. 79, D., *pro soc.*, 17. 2.

(5) Domat, *loc. cit.*; Pothier, *loc. cit.*

romain, présidait aux rapports entre associés. Aujourd'hui que la société n'est plus un contrat différent des autres, et où chaque associé y recherche légitimement la satisfaction de ses seuls intérêts, l'art. 1854 n'a plus de raison d'être.

Les termes de l'art. 1854 subordonnent la rescision du règlement à la condition que l'équité soit évidemment lésée ; il faut donc une injustice tellement grave qu'elle apparaisse au premier coup d'œil et éveille contre l'arbitre des soupçons de fraude. Mais il n'est aucunement nécessaire, comme on l'a prétendu au cours des travaux préparatoires, que, par analogie de l'art. 1674, l'associé demandeur soit lésé de plus des sept douzièmes [1].

257. L'art. 1854 indique le délai de l'action en nullité du règlement, le point de départ de ce délai et les fins de non recevoir contre les actions.

Le rôle du tribunal nous paraît être uniquement d'apprécier le règlement ; ce règlement une fois annulé, le tribunal ne peut y substituer sa propre décision, ou plutôt il est tenu de se conformer à l'art. 1853 et de répartir les bénéfices proportionnellement aux apports.

Il va sans dire que l'action en nullité du règlement n'est pas incompatible avec l'action en nullité du partage pour cause de lésion, laquelle se prescrit par dix ans [2].

258. Si les associés ont négligé de fixer eux-mêmes leurs parts respectives dans le gain et dans la perte ou de confier soit à l'un d'eux, soit à un tiers le soin d'opérer cette fixation, ou si celui qui a été chargé de cette mission la remplit mal et que sa décision soit annulée comme évidemment contraire à l'équité, dans tous ces cas la loi intervient, et, adoptant la solution qui lui paraît le plus conforme à l'équité non moins qu'à l'intention probable des parties, elle décide que la part de chaque associé soit dans le gain, soit dans la perte sera proportionnelle à sa mise : « *Lorsque l'acte de société ne dé-* » *termine point la part de chaque associé dans les bénéfices*

[1] Aubry et Rau, IV, p. 358, § 381, note 4 ; Pont, n. 476 ; Guillouard, n. 231 ; Houpin, I, n. 114.

[2] Massé et Vergé, IV, p. 435, note 4 ; Pont, n. 477 ; Guillouard, n. 232 ; Houpin, I, n. 114.

» *ou pertes, la part de chacun est en proportion de sa mise* » *dans le fonds de la société* », dit l'art. **1853** al. 1.

Il paraît certain qu'en pareille hypothèse le droit romain répartissait, au contraire, d'une manière égale les pertes et les bénéfices entre associés [1]. Un texte dit : « *Æquales partes et in lucro et in damno spectantur* » [2]. C'était également la solution donnée dans l'ancien droit [3]; cependant Pothier exigeait une répartition proportionnelle dans le cas où les apports étaient estimés [4].

C'est cette dernière exception qui aujourd'hui est la règle ; qu'il y ait ou non estimation, la répartition est proportionnelle [5]. L'opinion de certains auteurs d'après lesquels, à défaut d'estimation, les apports sont considérés comme égaux [6], et qui, par conséquent, reproduisent la théorie de Pothier, n'est pas admissible en présence des termes formels de l'art. **1853** et de la règle qu'il ne saurait y avoir de présomption sans texte.

259. Les bénéfices étant proportionnels aux apports, l'associé qui fait des apports successifs, prévus sans limitation par le contrat, a droit à une augmentation de bénéfices proportionnelle à l'augmentation de son apport. Quelques auteurs ont exprimé l'avis contraire ; ils décident qu'en ce qui concerne son apport nouveau, l'associé est réputé être un créancier [7], par la raison qu'il ne saurait dépendre du gérant, en faisant un appel de fonds, de modifier la participation des associés aux bénéfices.

Nous ne croyons pas ce raisonnement exact. D'une part, il ne nous paraît pas admissible qu'un associé qui fait un apport conformément au droit que lui donne le contrat ne soit pas

(1) Accarias, *Précis de dr. romain*, II, n. 626 ; Girard, *Manuel de dr. rom.*, 2e éd., p. 566, note 7.

(2) § 1, *Inst.*, *de sociel.*, III, 25. — V. aussi Gaius, *Comm.*, III, § 150; L. 29, *pr.*, D., *pro soc.*, 17. 2.

(3) Domat, liv. I, tit. VIII, sect. 1, § 4; Pothier, n. 73; Argou, II, liv. III, ch. XXXII, p. 321.

(4) N. 73.

(5) Troplong, II, n. 615; Duvergier, n. 225; Pont, n. 483; Laurent, XXVI, n. 297 ; Lyon-Caen et Renault, *Traité*, II, n. 50 ; Guillouard, n. 223.

(6) Duranton, XVII, n. 426 ; Pardessus, IV, n. 985.

(7) Nancy, 14 mars 1868, cité *infra*. — Guillouard, n. 228 ; Houpin, I, n. 112.

dans la situation ordinaire des associés : il remplit ses obligations d'associé, pourquoi n'aurait-il pas les bénéfices qui sont le corollaire de ces obligations ? D'autre part, on ne réfléchit pas sans doute qu'en considérant l'associé, pour ses apports nouveaux, comme un créancier, on lui donne le droit de se comporter comme tel et, en cas de perte, de prélever ces apports nouveaux en concours avec les créanciers sociaux ; c'est une solution préjudiciable à ces derniers ainsi qu'aux autres associés, et contraire à la volonté des parties. Enfin, qu'y a-t-il d'exorbitant à permettre au gérant, en faisant des appels d'apports, de modifier indirectement la répartition des bénéfices ? Cette situation ne se produit-elle pas tous les jours ? n'est-ce pas notamment ce qui arrive quand des actionnaires sont mis en demeure de verser le complément de leurs titres, jusqu'alors partiellement libérés ? On reconnaît sans difficulté que, dans ce dernier cas, l'actionnaire qui a entièrement libéré ses titres a droit à une portion de bénéfices plus forte que celui qui ne les a libérés qu'à moitié. La pratique n'a jamais songé que le système contraire, dont l'iniquité serait manifeste, pût être appliqué. Comment en serait-il autrement dans les sociétés civiles ?

Il faut également repousser cette solution, adoptée par un arrêt [1], que si des apports nouveaux doivent être versés sur la demande du gérant, ces apports n'augmentent pas la part des associés qui les versent dans les bénéfices, même à titre de créanciers. On ne saurait admettre qu'un apport ne fût pas rémunéré ; en vain dit-on que le rémunérer, c'est permettre au gérant d'étendre ou de restreindre à sa guise la part de ses associés. Le gérant, sous le contrôle de ses coassociés et du tribunal, devra faire les appels de fonds que nécessitera la situation de la société et ne pourra pas en faire d'autres.

259 *bis*. La loi ajoute : « *A l'égard de celui qui n'a apporté* » *que son industrie, sa part dans les bénéfices ou dans les per-* » *tes est réglée comme si sa mise eût été égale à celle de l'asso-* » *cié qui a le moins apporté* » (art. 1853 al. 2).

[1] Rennes, 29 avril 1881, sous Cass. civ., 1er août 1883, S., 86. 1. 20, D., 84. 1. 357.

Cette disposition est certainement exceptionnelle, puisqu'elle substitue l'arbitraire du législateur à l'évaluation du juge, et nous en concluons qu'elle ne s'appliquerait pas à l'associé qui, en sus de son industrie, a apporté quelque autre chose dans la société. Dans ce cas la mise de l'associé devrait être évaluée par le juge en cas de contestation [1].

On a proposé un autre procédé [2] : l'associé, a-t-on dit, commencera par prendre, pour son industrie, une part égale à celle de l'associé dont l'apport est le moins élevé, conformément à l'art. 1853; pour le surplus de son apport, il prendra une part proportionnelle à la valeur de ce surplus. Ce système est évidemment en partie d'accord avec l'esprit de l'art. 1853 ; il a cependant l'inconvénient d'étendre une règle qui, comme nous l'avons remarqué, est exceptionnelle. D'un autre côté, ses partisans n'ont pas réfléchi que, dans l'hypothèse où l'apport en nature ou en argent de l'associé qui en même temps apporte son industrie est inférieur au moins élevé des autres apports, il est illogique de donner à son apport en industrie la valeur de ce dernier apport au lieu de lui attribuer la valeur de l'apport que cet associé a fait lui-même.

260. L'art. 1853 ne paraît pas applicable davantage dans le cas où l'un des autres associés a apporté, en même temps que son industrie, autre chose ; ici encore on ne pourrait sans arbitraire étendre l'art. 1853.

261. Il n'est pas applicable non plus si tous les associés ont fait un apport en industrie, car la comparaison prescrite par l'art. 1853 est alors impossible. Les juges décideront comme dans tous les cas où la loi est restée muette ; ils évalueront l'industrie de chaque associé [3], et évidemment ils ne seront pas forcés de donner la même valeur à toutes les industries. Toutefois la jurisprudence adopte un autre système ; elle décide, sans en donner de motifs, que tous les apports

[1] Cass., 14 juin 1865, S., 67. 1. 207, D., 66. 1. 133. — Pont, n. 491 ; Laurent, XXVI, n. 299 ; Guillouard, n. 225 *bis ;* Houpin, I, n. 113.

[2] Troplong, II, n. 619 ; Duvergier, n. 232 ; Aubry et Rau, IV, p. 557, § 381, note 3.

[3] Pont, n. 492 ; Troplong, n. 692 ; Lyon-Caen et Renault, *Traité*, II, n. 52 ; Guillouard, n. 226 ; Houpin, I, n. 113.

sont réputés égaux [1], et pose cette règle en termes trop absolus pour que le juge puisse y déroger. On ne peut attacher d'importance à cette affirmation sans preuve.

Quelques auteurs pensent qu'en législation ce système est le meilleur, à cause de la difficulté d'évaluer les apports [2]. Nous ne sommes pas de cet avis : nous préférons les difficultés aux injustices ; or il est inique d'établir *a priori*, sans même autoriser la preuve contraire, que deux apports faits par des personnes dont les aptitudes sont généralement différentes doivent avoir la même valeur.

Mais l'art. 1853 est applicable si certains seulement des associés ont apporté leur industrie.

262. On ne peut assimiler à l'apport d'industrie l'apport du crédit commercial ; à défaut d'estimation, le juge en fixera la valeur.

263. Il résulte du texte général de l'art. 1853 que l'associé qui a fait un apport d'industrie participe, dans la mesure de la valeur attribuée à son apport par la loi, au partage de tout l'actif net, sans qu'il y ait lieu de défalquer préalablement la valeur des apports faits par les autres associés [3].

264. L'apport d'industrie ne donne droit aux bénéfices que pour le temps pendant lequel cet apport a été fourni, car, à la différence des autres apports, qui sont fournis à la société une fois pour toutes et d'une manière définitive, l'apport d'industrie est successif et n'est complètement fourni qu'à la dissolution de la société.

Si donc les bénéfices attribués à l'apport d'industrie ont été fixés eu égard à la durée de la société, et que la société soit dissoute avant le terme fixé, les bénéfices attribués à cet apport subiront une réduction proportionnelle au temps dont la durée de la société aura été abrégée [4].

[1] Cass. req., 16 nov. 1886, S., 88. 1. 423, D., 87. 1. 391 (comme le fait remarquer M. Guillouard, *loc. cit.*, cet arrêt n'a qu'une autorité limitée, car la question qu'il tranche ne lui était pas posée). — Nancy, 14 mars 1868, S., 69. 2. 214, D., 69. 2. 92.

[2] Guillouard, n. 226.

[3] Guillouard, n. 353.

[4] Colmar, 16 juin 1863, sous Cass., 14 juin 1865, S., 67. 1. 207, D., 66. 1. 133. — Aubry et Rau, IV, p. 557, § 381, note 1 ; Pont, n. 304 et 489 ; Laurent, XXVI, n. 300 ; Lyon-Caen et Renault, *Traité*, II, n. 52 ; Guillouard, n. 227.

De même, s'il n'a rien été stipulé, l'associé qui a apporté son industrie n'a pas droit aux bénéfices pendant le temps qu'il a passé à l'écart de la société [1]. En décidant le contraire et en l'obligeant simplement à indemniser la société des bénéfices dont son absence l'a privée, la cour de cassation [2] a oublié que l'apport d'industrie est successif et qu'un associé ne saurait avoir droit aux bénéfices quand il ne fait pas d'apport.

§ II. *Clauses interdites au sujet de la répartition des pertes et des bénéfices.*

265. Tout en autorisant les parties à se mouvoir dans un cercle très vaste, la loi ne leur laisse pas cependant le champ tout à fait libre. Deux sortes de limitations viennent ici restreindre leur liberté d'action.

I. *Clauses relatives aux bénéfices.*

266. « *La convention qui donnerait à l'un des associés la » totalité des bénéfices est nulle* » (art. 1855 al. 1). « Les jurisconsultes romains, dit Pothier, ont donné à cette espèce de convention le nom de *société léonine,* par allusion à la fable du lion qui, ayant fait une société avec d'autres animaux pour aller à la chasse, s'empara seul de toute la proie » [3]. Il est de l'essence de la société que chaque associé puisse espérer avoir sa part du profit en vue duquel le contrat a été formé. Aussi cette clause était-elle déjà interdite à Rome [4] et dans l'ancien droit [5].

Cette clause est nulle même si l'associé qui est privé des bénéfices est également déchargé des pertes [6], car la loi ne distingue pas; au surplus, cette clause est, aussi bien que celle qui n'affranchirait pas des pertes le même associé, contraire

(1) Houpin, I, n. 113.

(2) Cass. req., 16 nov. 1886, S., 88. 1. 423, D., 87. 1. 391 (l'associé s'était tenu éloigné de la société pendant son service militaire, qui avait duré près de cinq ans).

(3) N. 12. — V. Argou, liv. III, chap. XXXII, p. 322.

(4) L. 29, § 27, D., *pro soc.*, 17, 2.

(5) Pothier, n. 12.

(6) Pont, n. 438; Laurent, XXVI, n. 285; Guillouard, n. 233.

à l'essence de la société; enfin, comme on ne songe pas, en entrant en société, aux éventualités de perte, elle ne diffère pas sérieusement, au point de vue de l'intention des parties, de cette dernière clause.

267. A la clause dont parle l'art. 1855 doit être assimilée celle par laquelle l'un des associés est privé de tout droit aux bénéfices [1].

268. Il ne faut pas, du reste, accepter d'une manière absolue la solution donnée par la loi. On n'a pas voulu interdire à l'un ou à plusieurs des associés de renoncer aux bénéfices dans le but de faire une libéralité à leurs co-associés [2], car on est parti de l'idée que ceux des associés qui renoncent à leur part dans les bénéfices obéissent à la pression exercée sur eux, et, en cas d'intention libérale, cette pression n'existe pas.

Ainsi d'une part la société prétendue léonine est valable comme donation si ceux des associés qui renoncent à leur part dans les bénéfices obéissent à une intention libérale [3]; cette intention doit être demontrée.

Mais d'autre part une donation apparente peut déguiser une société léonine, et alors elle est nulle.

269. L'art. 1855 est limitatif. Toutes les stipulations qu'il ne prohibe pas demeurent donc permises, en vertu du principe de la liberté des conventions.

Ainsi la part qui est attribuée à un associé dans le gain et dans la perte peut ne pas être exactement proportionnelle au montant de ses apports [4]. Toutefois si on attribue à l'un des associés une part de bénéfices presque nulle, il va sans dire que la clause est illicite aussi bien que si cet associé était entièrement privé des bénéfices [5].

De même, il n'est pas nécessaire que chaque associé soit appelé à supporter dans la perte une part égale à celle qui lui

(1) Eck, *loc. cit.*
(2) Eck, *loc. cit.*
(3) Eck, *loc. cit.*
(4) Argou, liv. III, ch. XXXII, p. 322; Duranton, XVII, n. 422; Aubry et Rau, IV, p. 545, § 377 note 11; Pont, n. 464; Laurent, XXVI, n. 287; Guillouard, n. 234; Houpin, I, n. 115; Eck, *loc. cit.*
(5) Laurent, XXVI, n. 287.

est attribuée dans le gain; ainsi on peut convenir que l'un des associés aura droit à la moitié du gain et ne supportera que le quart de la perte : ce qui ne signifie pas que cet associé pourra réclamer la moitié du profit résultant des bonnes opérations et ne devra supporter qu'un quart de la perte occasionnée par les mauvaises, mais bien qu'à la dissolution de la société cet associé aura droit à la moitié du bénéfice résultant de l'ensemble des opérations, si la société a prospéré, et ne devra supporter qu'un quart de la perte, si la liquidation de la société fait apparaître un déficit. En un mot, la convention qui assigne aux associés des parts inégales dans le gain et dans la perte doit être appliquée au bénéfice net ou à la perte nette (1). C'est déjà ce qu'on admettait en droit romain (2) et dans l'ancien droit (3).

A cette même condition on peut convenir que l'un des associés participera au gain et non pas à la perte (4).

270. Ces diverses clauses peuvent déguiser une libéralité et faire de la société un contrat à titre onéreux mélangé de donation (5).

271. Il peut être stipulé que tous les bénéfices de la société appartiendront au survivant des associés (6). Cette clause, qu'il faut tout d'abord distinguer de la tontine, en ce que, dans cette dernière, les parties ne se proposent pas la réalisation de bénéfices (7), ne contrarie pas l'art. 1855 ; sans doute, on pourrait croire qu'elle est englobée dans les termes généraux de cette disposition, mais il ne faut pas oublier que l'art. 1855 a voulu simplement prohiber la société léonine, celle où l'un des associés abuse de son influence sur l'autre pour

(1) Laurent, XXVI, n. 294; Guillouard, n. 245; Houpin, *loc. cit.*; Eck, *loc. cit.*

(2) § 2, Inst., *De soc.*, 3. 25.

(3) Domat, liv. I, tit. VIII, sect. I, n. 6; Pothier, n. 20; Argou, *loc. cit.*

(4) Argou, *loc. cit.*

(5) Vangerow, *Lehrb. d. Pandekt.*, III, § 651, note 4; Windscheid, *Ibid.*, II, § 405, notes 15, 17; Sintenis, *Gem. Civilrecht*, II, § 121, note 35.

(6) Rouen, 31 juill. 1867 sous Cass., 17 août 1868, S., 69. 1. 22. — Gand, 25 juil. 1879, *Pasicr.*, 79. 2. 10, *Journ. dr. int.*, IX, 1882, p. 642. — Troplong, II, n. 646; Pont, n. 441 s.; Lyon-Caen et Renault, II, n. 44; Guillouard, n. 236; Boileux, VI, p. 319; Pardessus, *Cours de dr. comm.*, III, n. 997; Lyon-Caen, *Note*, S., 88. 2. 73; Houpin, *loc. cit.* — *Contra* Duvergier, n. 268 Laurent, XXVI, n. 288.

(7) V. *supra*, n. 10.

se faire attribuer tous les bénéfices ; ce n'est pas évidemment le cas ici. On peut ajouter (à titre subsidiaire, car les règles de la communauté ont un caractère très spécial), que l'art. 1525 autorise la même clause en matière de communauté. Enfin elle était considérée dans l'ancien droit comme valable [1].

Cette convention est aléatoire et ne constitue pas une donation [2].

272. Il nous paraît certain qu'on peut convenir que l'un des associés ne touchera pas de bénéfices avant que les bénéfices n'aient atteint un chiffre déterminé [3]; c'est ce que disait Pothier [4].

De même on peut stipuler, dans le but d'intéresser l'associé gérant à la diminution des dépenses, que cet associé n'aura droit à aucuns bénéfices si les dépenses atteignent un chiffre déterminé [5].

273. Rien n'empêche qu'en vertu de la convention l'un des associés ait le droit de choisir entre sa part de bénéfices et une somme fixe [6] ; cette clause n'a rien de léonin quoiqu'elle donne éventuellement à cet associé une situation supérieure à celle de ses coassociés.

Toutefois il va sans dire que la clause sera léonine, si, en fait, la somme fixe est tellement élevée qu'elle doive être fatalement supérieure aux bénéfices [7], car alors les autres associés ne participeront pas aux bénéfices.

274. La clause portant qu'en cas de décès de l'un des associés, la liquidation de la société ne sera faite qu'un an après par les soins de l'associé survivant, qui, dans cet intervalle profitera des bénéfices et supportera les pertes, ne

[1] Pothier, n. 13 ; Rousseau de Lacombe, *Recueil de jurispr. civ.*, v° *Société*, 2e p., sect. 3, n. 21.
[2] Gand, 25 juil. 1879, précité.
[3] Pont, n. 441 ; Guillouard, n. 237 ; Houpin, I, n. 115.
[4] N. 13.
[5] Cass., 15 nov. 1858, S., 59. 1. 382, D., 59. 1. 39. — Aubry et Rau, IV, p. 546, § 377, note 15; Pont, n. 444 ; Guillouard, n. 238 ; Houpin, *loc. cit.*
[6] Cass., 7 déc. 1836, S., 37. 1. 650. — Pont, n. 448 ; Laurent, XXVI, n. 289; Lyon-Caen et Renault, II, n. 45 ; Guillouard, n. 237 ; Houpin, *loc. cit.*
[7] Lyon-Caen et Renault, *loc. cit.* ; Guillouard, *loc. cit.*

déroge pas à l'art. 1855 ([1]); elle a pour but de prolonger la gestion des affaires sociales jusqu'à la fin des entreprises en cours, et ne prolonge pas la société, laquelle est dissoute par le décès.

II. *Clauses relatives à la perte.*

275. « *Il en est de même de la stipulation qui affranchirait » de toute contribution aux pertes, les sommes ou effets mis » dans le fonds de la société par un plusieurs des associés* » (art. 1855 al. 2). Cette stipulation est donc prohibée comme la précédente.

En la prohibant, le code a rompu avec la tradition. En droit romain, cette clause était valable, à la condition cependant que l'apport de l'associé dispensé des pertes fût supérieur à l'apport des autres associés ([2]). Dans l'ancien droit, on admettait que certains associés pouvaient être dispensés des pertes parce que ce privilège pouvait être compensé par la supériorité de leurs apports ([3]). Le code a considéré cette clause comme léonine ([4]). Cela est difficile à comprendre, car il se peut qu'une différence dans les apports justifie une différence de traitement relativement à la perte. On a aussi prétendu que le code a craint que la clause en question ne déguisât un prêt usuraire ([5]), mais cette clause peut fort bien s'expliquer sans prêt usuraire; du reste le code civil ne limitait pas le taux de l'intérêt et au contraire l'ancien droit, qui admettait la validité de notre clause, limitait ce taux. Enfin on a dit que les associés ne seraient pas, en présence d'une clause de ce genre, suffisamment intéressés à la bonne gestion de la société ([6]); mais si la loi avait obéi à cette pensée, elle aurait restreint la nullité au cas où les apports de l'associé gérant sont affranchis de la perte.

276. En vertu de l'art. 1855, on décide que la clause qui

([1]) Cass., 17 août 1868, S., 69. 1. 22. — Guillouard, n. 233.

([2]) L. 29, § 1, D., *pro soc.*, 17. 2.

([3]) Domat, liv. I, tit. VIII, sect. I, § 9; Pothier, n. 20, 24, 25 et 75.

([4]) Discours de Gillet au corps législatif, Fenet, XIV, p. 422; Guillouard, n. 239.

([5]) Laurent, XXVI, n. 290; Delvincourt, III, p. 454, note 4; Pont, n. 451. — *Contra* Planiol, *Note*, D., 90. 1. 409.

([6]) Lyon-Caen, II, n. 40; Planiol, *loc. cit.*

garantit par une hypothèque le remboursement d'un apport est nulle [1]. Mais c'est, à notre avis, aller beaucoup trop loin; ce n'est pas affranchir un apport de la perte que d'assurer son remboursement.

277. La seule clause interdite est celle qui soustrairait l'apport aux pertes d'une manière absolue; celle qui le soustrairait aux pertes dans une hypothèse convenue [2], par exemple dans le cas où la dissolution de la société arriverait par un événement déterminé, est valable [3]; cela résulte du langage de l'art. 1855 et de son but.

278. La stipulation qui affranchit des pertes l'un des associés est nulle même si, par compensation, l'autre ou les autres associés ont une part plus forte dans les bénéfices [4]. L'art. 1855 s'exprime en termes absolus ; du reste, sans être sans doute aussi préjudiciable à l'associé chargé des pertes que la clause qui n'est pas corrigée par la même compensation, cette clause peut être léonine. Pothier, il est vrai, en admettait la validité; il permettait à un associé de prendre les trois quarts dans le gain et toute la perte, à la condition que « l'espérance du gain se trouvant pour le moins en raison double du risque de la perte, le prix de l'espérance du quart dans le gain qu'il cède équipolle au prix du risque de sa moitié dans la perte dont il se charge » [5]. Mais l'art. 1855, nous le répétons, est trop général pour autoriser cette restriction. On dit, il est vrai, que l'associé qui se charge de la perte moyennant une part plus forte dans les bénéfices devient un assureur, et que, dès lors, il se mêle à la société un contrat d'assurance valable ; cet argument ne répond pas davantage à l'objection tirée de l'art. 1855.

279. Ce que la loi défend, c'est de convenir qu'un associé retirera son apport intact d'une société dont les opérations

(1) Bordeaux, 3 fév. 1890, *Rec. de Bordeaux*, 90. 1. 225.

(2) Guillouard, n. 237.

(3) Aix, 4 nov. 1886, S., 88. 2. 73. — Lyon-Caen, *Note*, S., 88. 2. 73.

(4) Cass., 16 janv. 1867, S., 67. 1. 173, D., 84. 1. 222. — Paris, 15 avril 1883, D., 84. 2. 122. — Aubry et Rau, IV, p. 545, § 377, note 10 ; Pont, n. 455 s. ; Laurent, XXVI, n. 293 ; Lyon-Caen et Renault, II, n. 46 ; Guillouard, n. 243. — *Contra* Troplong, II, n. 653.

(5) N. 23.

se soldent en définitive par un déficit ; mais notre texte ne s'oppose nullement à ce que l'on convienne que la part d'un associé dans la perte sera limitée à son apport, ou, en d'autres termes, que cet associé ne contribuera pas aux pertes au-delà de sa mise [1].

De même est valable la clause qui fait supporter à l'un des associés une part dans les pertes moindre qu'aux autres associés [2], à moins que cette part ne soit absolument insignifiante [3].

Il a même été décidé par la cour de cassation qu'un associé peut céder sa part de bénéfices à ses coassociés moyennant une somme à forfait, si cette somme est payable à terme et si la situation de la société peut faire craindre qu'elle ne soit pas payée [4]. Si cette solution est exacte, c'est que l'apport n'est alors autre chose qu'un prêt ; le motif invoqué par la cour de cassation nous paraît donc erroné.

Lorsque l'apport de l'un des associés consiste dans la jouissance d'un capital, il peut être valablement stipulé que cet associé ne participera qu'aux bénéfices et non pas aux pertes ; car il est exposé, en réalité, par l'absence de bénéfices, à perdre son apport tout entier [5].

280. La plupart des auteurs disent que la disposition de l'art. 1855 al. 2 n'est pas applicable à l'associé qui n'a apporté que son industrie dans la société [6]. On pourrait donc vala-

[1] Cass. req., 5 déc. 1887, S., 90. 1. 467 (l'associé dont l'apport consiste dans l'abandon d'une partie de la somme qui lui est due par ses coassociés peut stipuler qu'il lui sera attribué un tiers des bénéfices). — Paris, 15 mars 1866, S., 66. 2. 235. — Paris, 27 juil. 1869, S., 70. 2. 47. — Pont, n. 452 ; Laurent, XXVI, n. 292; Guillouard, n. 242; Houpin, I, n. 117. — V. cep. Cass., 21 fév. 1883, S., 84. 1. 361, D., 83. 1. 217 (cet arrêt exige que les décharges de ce genre soient indiquées dans les contrats passés par les associés avec les tiers. V. sur ce point *supra*, n. 254).

[2] Cass. req., 9 juil. 1885, S., 88. 1. 477, D., 86. 1. 301 (motifs). — Duranton, XVII, n. 417 ; Aubry et Rau, IV, p. 545, § 377, note 11 ; Guillouard, n. 240 ; Houpin, *loc. cit.*

[3] Cass., 11 avril 1837, S., 37. 1. 275. — Guillouard, n. 240.

[4] Cass. req., 9 juil. 1885, précité.

[5] Cass. req., 20 déc. 1893, S., 94. 1. 484, D., 94. 1. 224. — En supposant que ce soit là une société, V. notre *Tr. du prêt.*

[6] Troplong, II, n. 654 s. ; Duvergier, n. 257 ; Aubry et Rau, IV, p. 546, § 377, note 53; Pont, n. 452 s. ; Laurent, XXVI, n. 291 et 292 ; Lyon-Caen et Renault, *Traité*, II, n. 40 ; Guillouard, n. 241 ; Houpin, I, n. 118.

blement convenir qu'il sera affranchi de toute contribution aux pertes, tandis que cette convention ne serait pas valable pour l'associé dont l'apport consiste dans des *sommes* ou des *effets* (arg. art. 1855 al. 2). A notre avis, il y a là un malentendu. La situation de l'associé qui n'a apporté que son industrie à la société nous paraît être exactement la même, au point de vue de la contribution aux pertes, que celle de l'associé qui a apporté une somme ou des effets. L'un comme l'autre peut être dispensé de contribuer aux pertes au delà de sa mise, et ne peut pas être dispensé d'y contribuer jusqu'à concurrence de sa mise. — Mais alors, dira-t-on, pourquoi la loi n'a-t-elle formulé le principe qu'à l'égard de l'associé dont l'apport consiste dans des *sommes ou effets* (art. 1855, al. 2)? Par une raison bien simple : c'est qu'il ne peut pas être question, pour l'associé qui n'a apporté que son industrie, de la retirer à la dissolution de la société, lorsque le budget social est au-dessous du pair : par la force même des choses, cet associé perdra son apport, en ce sens qu'il se trouvera avoir fourni son industrie à la société en pure perte, et la loi a jugé inutile de le dire. — Le langage vicieux que nous venons de signaler était déjà employé dans les travaux préparatoires [1]. Des codes étrangers le reproduisent [2].

La situation est à peu près la même pour l'associé qui n'a apporté que son crédit à la société : peut-il être question de l'autoriser à retirer son apport, en cas de faillite ou de déconfiture de la société? Evidemment non. Il contribuera donc nécessairement aux pertes jusqu'à concurrence de sa mise, en ce sens que son crédit pourra se trouver plus ou moins fortement ébranlé par le désastre de la société. Mais on peut convenir qu'il n'y contribuera pas au delà, c'est-à-dire que, dans ses rapports avec ses associés, ceux-ci supporteront seuls l'excédent du passif de la société sur son actif.

281. Lorsqu'il est convenu que le prix de l'apport d'un associé lui sera remboursé par la société, on ne peut soutenir qu'il y ait là un apport soustrait aux pertes [3]; car, comme

[1] Discours du tribun Gillet au corps législatif, Fenet, XIV, p. 422.
[2] Espagne, C. civ., art. 1961.
[3] V. cep. Paris, 26 nov. 1885, S., 87. 2. 17 (motifs).

nous l'avons montré, ce prétendu associé ne fait pas réellement partie de la société.

Nous avons dit, au contraire, que si le prix de tous les apports doit être remboursé par la société, les apporteurs sont des associés; mais, quoique le contraire ait été décidé ([1]), leurs apports n'échappent pas aux pertes et la société n'est pas nulle ([2]), car les apports consistent dans l'excédent de valeur de l'immeuble sur le prix et ils sont exposés aux fluctuations de la société.

282. Enfin il faut remarquer que la clause qui affranchit un apport de la perte est valable si cet apport est en réalité un prêt ([3]), car il est de l'essence du prêt que les mauvaises fortunes de la société n'influent pas sur lui.

Aussi admettrons-nous que cette clause est toujours valable si elle est stipulée au profit de l'associé commanditaire ([4]), car elle n'a d'autre effet que de supprimer la seule différence qui existe entre la commandite et le prêt.

De même, l'associé peut, en dehors de son apport, valablement consentir à la société un prêt qui lui sera remboursable même en cas de pertes ([5]).

Il n'est pas moins certain, comme nous le dirons, que si l'associé ne peut se faire affranchir de la perte par ses coassociés, il peut s'en faire affranchir par un tiers, moyennant une prestation qu'il fournira; c'est un contrat d'assurance dont la validité est certaine ([6]).

283. Les clauses qui affranchissent un associé de la perte ne sont pas nulles seulement si elle font partie de l'acte de société; elles le sont encore si elles sont contenues dans un acte postérieur ([7]). La loi ne distingue pas, et même dans

([1]) Paris, 26 nov. 1885, précité.

([2]) Lyon-Caen, *Note*, S., 87. 2. 17.

([3]) Laurent, XXVI, n. 293; Guillouard, n. 245.

([4]) Trib. civ. Lyon, 12 juil. 1892, cité par Thaller, *loc. cit. infra* (mais ce jugement est basé sur un motif erroné; c'est que la clause équivaut à mettre son apport en jouissance seulement dans la société). — V. cep. Douai, 26 avril 1888, *Ann. dr. com.*, 1888, p. 204. — Bonfils, *Rev. crit.*, XXIV, 1895, p. 545; Thaller, *Ann. dr. com.*, VI, 1892, *Doct.*, p. 298.

([5]) Trib. civ. Seine, 29 juin 1892, *Loi*, 20 août 1892.

([6]) V. *infra*, n. 285.

([7]) Cass. req., 14 juin 1882, S., 82. 1. 423, D., 84. 1. 222. — Cass. req., 16 janv.

le cours de la société on peut craindre qu'un associé ne profite de son influence ou de l'utilité que présente la continuation de sa coopération pour se faire consentir des avantages particuliers.

284. Ces clauses sont-elles nulles quand la garantie fournie à l'un des associés contre la perte émane de l'un de ses coassociés, et non pas de la société ? La jurisprudence adopte avec raison l'affirmative (1).

Cette solution est exacte même pour l'associé commanditaire (2), alors cependant que la garantie accordée à ce dernier par la société est licite, car, tandis que dans ce dernier cas la commandite se convertit en prêt, il en est autrement quand la garantie est fournie par les associés.

Certains auteurs soutiennent que la garantie de l'un des associés est valable si elle est faite dans un contrat indépendant de l'acte de société et nulle dans le cas contraire (3). Cela est inacceptable (4).

285. Mais les promesses de ce genre peuvent être faites par un tiers (5), même par la femme de l'un des coasso-

1867, S., 67. 1. 173, D., 84. 1. 222. — Paris, 14 avril 1883, D., 84. 2. 122. — Guillouard, n. 244.

(1) Cass. req., 16 janv. 1867, S., 67. 1. 173, D., 84, 1. 222. — Cass. req., 14 juin 1882, S , 82. 1. 423, D., 84. 1. 222. — Cass. req., 9 juill. 1885 (motifs), S., 88. 1. 477, D., 86. 1. 301. — Cass. civ., 11 juill. 1894, S., 94. 1. 452, D., 94. 1. 531. — Aix, 4 nov. 1886 (impl.), S., 88. 2. 73. — Douai, 26 avril 1888, *Ann. dr. com.*, 1888, p. 204 (et cela même si la convention est distincte de l'acte de société). — Lyon, 11 mai 1894, *Mon. jud. Lyon*, 22 sept. 1894. — Pont, I, n. 488; Delvincourt, III, p. 453; Taulier, VI, p. 352; Duvergier, n. 274; Malepeyre et Jourdain, p. 83; Laurent, XXVI, n. 293; Lyon-Caen, *Note*, S., 88. 2. 73; Planiol, *Note*, D., 90. 1. 409; Houpin, I, n. 120. — *Contra* Troplong, II, n. 653; Boileux, VI, p. 318; Pardessus, *Cours de dr. com.*, III, n. 998.

(2) Cass. civ , 11 juill. 1894, précité. — Douai, 26 avril 1888, précité. — Lyon, 11 mai 1894, précité. — Bonfils, *Rev. crit.*, XXIV, 1895, p. 546.

(3) Duranton, XVII, n. 418.

(4) Cass. req., 14 juin 1882, précité. — Planiol, *loc. cit.*

(5) Aix, 4 nov. 1886, précité. — Douai, 26 avril 1888 précité. — Delvincourt, III, p. 453; Boileux, VI, p. 319; Duranton, XVII, n. 418; Pardessus, III, n. 998; Pont, n. 458; Lyon-Caen, *Note*, S., 88. 2. 73; Lyon-Caen et Renault, II, p. 34, note 1; Planiol, *loc. cit.*; Houpin, I, n. 120; Guillouard, n. 245. — On a cependant soutenu qu'elles sont nulles si elles sont faites à la même époque que l'acte de société, par ce motif qu'il y a contradiction à courir un risque et à s'assurer contre ce risque, *Ann. dr. com.*, II, 1888, *jurisp.*, p. 205. Cela est complètement faux : le but de l'assurance est précisément d'assurer une personne contre le risque qu'elle court.

ciés [1]; elles constituent alors simplement une assurance; l'art. 1855 n'est pas méconnu, puisque, dans les rapports entre les associés, aucun apport n'est affranchi des pertes.

Il importe même peu que les promesses soient faites dans l'acte même de société [2].

Faites solidairement par un associé et un tiers, elles sont entièrement valables vis-à-vis de ce dernier, les codébiteurs ne pouvant opposer une exception de nullité personnelle à leur codébiteur [3].

286. On a décidé qu'un associé ou la société contractent valablement auprès d'une compagnie d'assurances une assurance dont ils payeront les primes et dont le montant égal à l'apport de son coassocié doit être versé à ce dernier si son apport est absorbé par les dettes et à l'associé ou à la société dans le cas contraire [4]. Cette solution, qu'on a essayé de justifier par l'idée que l'indemnité d'assurance payable à un tiers est réputée, d'après la jurisprudence, n'avoir fait jamais partie du patrimoine de l'assuré, ne paraît pas exacte [5], car il reste vrai qu'un associé est, par le fait de son coassocié ou de la société, garanti contre les pertes.

287. En présence de la jurisprudence, l'art. 1855 trouve rarement son application, car l'acte contraire à l'art. 1855 est généralement considéré comme un prêt [6].

III. *Sanction des prohibitions.*

288. La clause qui viole l'une ou l'autre des prohibitions formulées par l'art. 1855 est nulle. Cette nullité entraîne, à notre avis, celle de la société elle-même [7]. Il est vrai que l'art. 1855

(1) Douai, 26 avril 1888, précité.

(2) Aix, 4 nov. 1886, précité. — Lyon-Caen, *loc. cit.*

(3) Douai, 26 avril 1888, précité.

(4) Cass. civ., 9 juin 1890, S., 90. 1. 305, D., 90. 1. 409. — Aix, 4 nov. 1886, S. 88. 2. 73. — Lyon-Caen, *Note*, S., 88. 2. 73; Crépon, *Note*, S., 90. 1. 305.

(5) Trib. civ. Brignoles, 4 mars 1886, sous Aix, 4 nov. 1886, précité. — Planiol, *Note*, D., 90. 1. 409; Thaller, *Ann. dr. com.*, V, 1891, *Jurisp.*, p. 188 et VI, 1892, *Doctr.*, p. 298.

(6) V. notre *Tr. du prêt.*

(7) Paris, 26 nov. 1885, S., 87. 2. 17 (impl.) — Bordeaux, 3 fév. 1890, *Rec. Bordeaux*, 90. 1. 225. — Duranton, XVII, n. 422; Troplong, II, n. 662; Duvergier,

n'annule par son texte que la clause illicite, mais s'il ne se prononce pas sur la validité de l'acte de société, c'est évidemment pour laisser cette question sous l'empire du droit commun; or, dans la pensée des parties, les différentes clauses du contrat sont certainement indivisibles : il est clair que celle d'entre elles qui stipule des avantages particuliers n'était disposée à entrer dans la société qu'en vue de ces avantages. Du reste, on peut invoquer par analogie (mais non pas directement comme on l'a fait, car la clause relative à la répartition des pertes et bénéfices n'est pas une véritable condition, c'est-à-dire un événement futur et incertain) l'art. 1172 C. civ., d'après lequel la condition illicite « rend nulle la convention qui en dépend ». Enfin les travaux préparatoires sont formels. Dans l'exposé des motifs de Treilhard au corps législatif [1], on lit : « La société est un contrat consensuel et la loi ne peut voir ce consentement véritable dans un contrat de société dont un seul recueillerait tout le profit ». Le rapport de Boutteville au tribunat porte également [2] : « Une convention qui donnerait à l'un des associés tous les profits et l'affranchirait de toutes les pertes, n'est pas une société ».

La nullité de la société peut être invoquée, non seulement par les tiers, mais encore par les associés [3].

La liquidation de la société ainsi déclarée nulle est faite suivant les bases que fixeront les tribunaux. En principe, il y aura lieu de répartir l'actif et le passif en proportion des apports. Telle est, en effet, la solution qu'on applique dans les autres cas de nullité. L'opinion générale exige même ici que la liquidation soit toujours faite de cette manière [4].

Dans une autre opinion, on appliquerait les règles de la simple indivision, par la raison que, la société étant nulle, les parties ont en réalité été dans l'indivision.

n. 277; Aubry et Rau, IV, p. 545, § 377, note 9; Pont, n. 467; Laurent, XXVI, n. 295; Lyon-Caen et Renault, II, n. 48; Guillouard, n. 206; Thaller, *Ann. dr. com.*, VI, 1892, *doctr.*, p. 299; Houpin, I, n. 107.

[1] Fenet, XIV, p. 395.

[2] Fenet, XIV, p. 411.

[3] Paris, 26 nov. 1885, précité. — Lyon-Caen, *Note*, S., 87. 2. 17.

[4] Aubry et Rau, IV, p. 545, § 377; Lyon-Caen et Renault, *Traité*, II, n. 48; Guillouard, n. 247.

§ III. *Époques de la répartition des bénéfices et des pertes.*

289. Les bénéfices sont payables aux époques fixées par le contrat de société. La convention est entièrement libre [1].

A défaut de convention sur ce point, les tribunaux fixent, en se conformant à l'usage et à l'intention présumée des parties, l'époque où les bénéfices doivent être payés. En général, la répartition annuelle sera décidée, — car l'usage est en ce sens, — et elle doit avoir lieu au moment de l'inventaire [2].

On a soutenu cependant qu'en principe le payement ne peut, à défaut de convention, être exigé qu'à la fin de la société [3]. Cette solution est très singulière ; elle oblige les associés à attendre, pour les punir d'un oubli involontaire, pendant un temps souvent très long, les sommes sur lesquelles ils comptent, comme sur des revenus périodiques, pour faire face à des dépenses également périodiques ; elle est surtout entièrement inadmissible dans le cas fréquent où la société a une durée illimitée.

Cette solution serait pourtant juridique si on admettait avec certains auteurs qu'il n'y a pas, à proprement parler, de bénéfices avant la fin de la société, et que le bénéfice est exclusivement l'excédent total des recettes sur l'excédent total des dépenses [4]. Rien n'est, à notre avis, plus faux qu'une pareille idée : le bénéfice est le gain net d'une société ; or ce gain peut être considéré aussi bien jour par jour, mois par mois, an par an qu'en bloc après la dissolution de la société. L'opinion contraire aboutirait logiquement à décider que si la société se solde définitivement par un déficit, les associés doivent rembourser aux créanciers les bénéfices touchés dans les années de prospérité.

290. Il y a perte dès le moment où un exercice social se

(1) Douai, 1er août 1894, *Pand. franç.*, 95. 2. 208. — Duvergier, n. 222 ; Pont, n. 431 ; Lyon-Caen et Renault, *Traité*, II, n. 55 et 56 ; Guillouard, n. 220 ; Houpin, I, n. 110.

(2) Douai, 1er août 1894, précité. — Houpin, *loc. cit.*

(3) Guillouard, n. 220.

(4) En ce sens Guillouard, n. 220.

solde par un déficit; et c'est ce déficit qui, en toute hypothèse, doit être réparti suivant les proportions fixées par la loi ou par le contrat; on ne peut soutenir que la perte commence seulement après que le capital social aura été absorbé. Ainsi dans le cas où, les apports étant inégaux, la perte doit être néanmoins répartie également entre les associés, l'associé qui aura fait l'apport le plus considérable ne peut exiger que le déficit d'un exercice social soit comblé à l'aide des apports, et que l'excédent du déficit sur les apports soit réparti conformément au contrat [1].

CHAPITRE IX

ADMINISTRATION DE LA SOCIÉTÉ

SECTION PREMIÈRE

DU CAS OU IL A ÉTÉ NOMMÉ DES GÉRANTS

291. Nous supposerons avec la loi que les fonctions d'administrateurs ou de gérants sont confiées à des associés. Dans le cas contraire, il se produit entre les associés et le gérant un contrat de louage d'ouvrage [2] : vis-à-vis des tiers, la situation des associés est la même que si les gérants avaient été pris parmi ces derniers.

§ I. *Nomination des gérants.*

292. La nomination des gérants peut être faite par une clause spéciale du contrat de société ou par un acte postérieur.

Le gérant nommé par une clause spéciale du contrat porte le nom de gérant *statutaire*, parce que sa nomination fait partie des statuts de la société.

A raison de cette circonstance, le gérant statutaire ne peut être nommé qu'avec le consentement de tous les associés [3] ; toutes les clauses des statuts font, en effet, partie de la con-

(1) Douai, 1er août 1894, précité.
(2) V. notre *Tr. du louage*, n. 1211 et 1573.
(3) Pont, n. 499 ; Laurent, XXVI, n. 302 ; Guillouard, n. 132.

vention, et une convention exige la volonté de tous les contractants.

Il semble même que le gérant ne peut être nommé postérieurement à la formation de la société que par le consentement unanime des associés, car l'art. 1859 permet, en l'absence du gérant, à tout associé de gérer, et c'est lui enlever ce droit que de nommer un gérant. Toutefois, les statuts peuvent décider le contraire (¹).

293. On peut nommer un ou plusieurs administrateurs. La loi prévoit les deux hypothèses et règle les complications qui résultent de la seconde.

Cependant, l'art. 7 de la loi du 27 avril 1838 porte que les sociétés minières doivent, si elles en sont requises par le préfet, justifier que les travaux d'exploitation sont soumis à une direction unique. Mais, comme il ne s'agit là que de la direction de l'exploitation, il peut néanmoins y avoir pour la gestion divers administrateurs (²); du reste la loi de 1838 n'a exigé l'unité de direction que pour assurer davantage la vie de l'ouvrier ; or, à ce point de vue, le nombre des administrateurs chargés de contracter au nom de la société, de passer les marchés avec les fournisseurs ou les acquéreurs, etc., importe peu.

Pour la même raison, il peut, dans ces mêmes sociétés comme dans les autres, ne pas y avoir d'administrateurs nommés, et nous verrons qu'alors ce sont les associés qui administrent.

§ II. *Cessation des pouvoirs des gérants.*

294. Comme la nomination du gérant statutaire est une des conditions de la société, son mandat est irrévocable, ou du moins il ne peut pas être révoqué *ad nutum* comme un mandat ordinaire, mais seulement pour *cause légitime*.

Autre est la situation du gérant nommé par un acte posté-

(¹) On admet même que les statuts sont réputés autoriser la nomination du gérant par la majorité quand ils portent *qu'un gérant sera désigné*. Pont, n. 499 ; Lyon-Caen et Renault, II, n. 252 ; Houpin, I, n. 88. Mais cela nous paraît douteux, cette clause n'étant pas suffisamment explicite.

(²) Cass., 15 avril 1834, S., 34. 1. 650. — Guillouard, n. 364.

rieur à la formation du contrat. C'est un mandat ordinaire qui lui est conféré, et ce mandat peut être révoqué conformément aux règles du droit commun.

Ces deux solutions, déjà données par Pothier [1], résultent de l'art. 1856 (2e al.), ainsi conçu : « *Ce pouvoir ne peut être » révoqué sans cause légitime, tant que la société dure ; mais » s'il n'a été donné que par acte postérieur au contrat de » société, il est révocable comme un simple mandat* ».

Mais il n'y a là qu'une interprétation de la volonté des parties.

D'une part on peut convenir que le mandat donné par l'acte de société est révocable [2] ; car évidemment les parties peuvent renoncer à une solution édictée dans leur intérêt.

D'autre part on peut convenir que le gérant nommé postérieurement sera irrévocable [3], à condition que tous les associés non gérants participent à cette clause [4]. Car tout mandat peut être déclaré irrévocable. Dans ce cas la révocation ne pourra être faite que pour cause légitime.

Nous verrons cependant, en étudiant le mandat, que les administrateurs d'une société anonyme ne peuvent être déclarés irrévocables [5].

295. Les causes légitimes de révocation sont d'une manière générale les fautes commises dans l'administration, c'est-à-dire l'incapacité et l'infidélité, ou, en d'autres termes, la contravention aux obligations que le contrat de société, la loi ou la bonne foi imposent au gérant [6]. C'est une application de la règle qui autorise la résolution d'une convention pour inexécution des obligations.

296. De qui la révocation doit-elle émaner ? Il faut distinguer suivant qu'elle est possible sans aucun motif à l'appui ou qu'elle suppose un motif légitime.

(1) N. 71.

(2) Cass., 25 nov. 1872, S., 73. 1. 385. — Troplong, I, n. 669 ; Duvergier, n. 294 ; Pont, n. 506 et *Tr. des soc. com.*, n. 1437 ; Guillouard, n. 133 ; Lyon-Caen et Renault, II, n. 509 ; Houpin, I, n. 90 et 210.

(3) Mêmes auteurs.

(4) Guillouard, n. 133.

(5) V. notre *Tr. du mandat*.

(6) Houpin, I, n. 90. — Cpr. Guillouard, n. 132.

Dans le premier cas l'intervention du tribunal est évidemment inutile [1]. Mais on se demande si la volonté de tous les associés est nécessaire.

Suivant les uns, la révocation supposerait nécessairement le concours de tous les associés non gérants ; d'autres estiment que la volonté de la majorité serait suffisante, mais nécessaire [2]; enfin quelques-uns pensent que la révocation pourrait résulter de la volonté d'un seul [3]. Nous sommes de l'avis de ces derniers. Le gérant n'a qualité pour administrer qu'autant qu'il représente tous les associés; or il cesse de représenter celui qui a révoqué son mandat; donc il n'a plus alors les pouvoirs nécessaires pour gérer. Si les parties veulent que le consentement de tous ou de la majorité soit nécessaire pour la révocation, il faut qu'elles s'expliquent sur ce point en conférant le mandat; car c'est une dérogation au droit commun, et elle ne saurait par suite être présumée. En vain les partisans de la seconde opinion objectent-ils que dans une société la majorité lie la minorité ; cette considération est inexacte en elle-même, elle est, en outre, étrangère à la question, car il s'agit ici d'un acte spécial, le mandat, dont le maintien est subordonné à la volonté des mandants. Il est certain, en tout cas, que l'associé qui invoque l'infidélité ou l'incapacité de l'administrateur peut, sans le concours de ses coassociés, obtenir du tribunal la révocation de l'administrateur; telle est, en effet, comme nous allons le voir, la solution au cas où l'administrateur n'est révocable que pour des motifs légitimes; il en est de même, à plus forte raison, quand la révocation n'est pas déclarée être subordonnée à l'existence d'un motif légitime.

Dans le second cas, le tribunal seul peut apprécier si le motif de la révocation est légitime [4].

Mais la révocation peut-elle être sollicitée par un seul associé

[1] Guillouard, n. 135.

[2] Duvergier, n. 293; Aubry et Rau, IV, p. 562, § 382, note 1; Laurent, XXVI, n. 306; Guillouard, n. 135; Houpin, I, n. 90.

[3] Duranton, XVII, n. 434; Troplong, II, n. 680; Pont, n. 511.

[4] Cass. req., 8 déc. 1890 (motifs), S., 91. 1. 68. — Cass. req., 8 mars 1892, S., 96. 1. 509. — Guillouard, n. 134.

ou faut-il le concours de tous ou de la majorité? La première opinion est la plus exacte [1]; elle est adoptée même par la plupart des auteurs qui, dans le cas où la révocation dépend de la seule volonté des associés, exigent le concours de la majorité d'entre eux. La révocation est ici fondée sur ce que l'administrateur a méconnu ses obligations, or il était tenu de ces obligations vis-à-vis de tous les associés.

Le pacte social peut, d'ailleurs, donner aux associés eux-mêmes le droit de révoquer le gérant pour les causes légitimes qu'ils apprécieront [2].

297. Lorsque le gérant cesse ses pouvoirs par l'expiration du terme fixé, les associés administrent désormais en commun [3]. Mais divers auteurs pensent qu'en cas de révocation de l'associé nommé par l'acte de société, la société est dissoute [4]. Ils se fondent sur ce que la nomination de ce gérant a été une des conditions du pacte social. Nous n'apercevons aucune relation entre ces deux idées [5]; si la nomination du gérant a été une clause du pacte social, il n'en est pas de même de son maintien. L'opinion de ces auteurs est, en outre, contraire à l'effet ordinaire de la révocation du mandat, car cette révocation a pour seule conséquence de remettre le mandant à la tête de ses affaires. Enfin cette même opinion met les associés dans une cruelle alternative pour maintenir une société peut-être prospère; ils sont forcés de laisser à la tête de cette société un gérant incapable ou infidèle. Cette dernière observation seule démontre qu'en entrant en société les associés n'ont pas entendu subordonner le maintien du pacte social au maintien du gérant; leur volonté, étant certaine, doit être observée. Nous admettrons donc que les associés prendront en commun la gestion de la société.

Que si l'associé gérant a été désigné après le commence-

(1) Troplong, I, n. 676; Pont, n. 508; Guillouard, n. 134, Houpin, I, n. 90. — *Contra* Duvergier, n. 293.

(2) Cass., 9 mai 1859, S., 60. 1. 442.

(3) Houpin, I, n. 89.

(4) Cass., 21 mai 1889, *Rev. soc.*, 89. 499. — Pont, n. 502, 510 et 511; Vavasseur, I, n. 150; Lyon-Caen et Renault, II, n. 508 *bis;* Guillouard, n. 137; Houpin, I, n. 89, 91 et 213.

(5) Cass. req., 9 mai 1860, S., 60. 1. 621. — Paris, 28 fév. 1850, S., 50. 2. 447.

ment de la société, on est d'accord pour admettre que sa révocation n'entraîne pas la dissolution de la société ([1]) et que désormais, à moins qu'un nouveau gérant ne soit désigné, les associés administreront en commun ([2]).

Il est également certain qu'on peut convenir que la révocation du gérant statutaire n'entraînera pas la dissolution de la société ([3]).

298. De ce que le gérant statutaire ne peut être révoqué que pour causes légitimes, on conclut qu'il ne peut également donner sa démission que pour causes légitimes, sous peine de dommages-intérêts ([4]), dont l'appréciation est le rôle du juge du fait ([5]). Mais si ces causes légitimes existent, la démission est valable ([6]).

Quant au gérant non statutaire, il peut donner sa démission librement ([7]), sauf cependant dans les hypothèses où un mandataire ne peut renoncer à son mandat ([8]) et notamment si la renonciation au mandat lui a été interdite ([9]), ou si elle est faite de manière à léser la société ([10]). Toutes ces solutions continuent l'assimilation faite par la loi entre le gérant et un mandataire.

299. Le gérant étranger est-il révocable dans les mêmes conditions que le gérant associé? Il est certain que, comme le gérant associé, le gérant étranger est révocable *ad nutum* s'il n'a pas été désigné dans les statuts. La question de savoir si un seul des associés peut le révoquer sans le consente-

([1]) Pont, n. 502, 510 et 511; Lyon-Caen et Renault, II, n. 313; Guillouard, n. 137; Houpin, I, n. 89 et 91.

([2]) Mêmes auteurs.

([3]) Cass. req., 9 mai 1860, S., 60. 1. 621. — Cass. req., 8 mars 1892, précité. — Paris, 28 fév. 1850, S., 50. 2. 447. — Houpin, I, n. 91.

([4]) Cass. req., 8 déc. 1890, S., 91. 1. 68. — Paris, 12 fév. 1883, *Rev. soc.*, 83. 604. — Rouen, 4 juil. 1888, *Rev. soc.*, 88. 473. — Malepeyre et Jourdain, p. 123; Vavasseur, I, n. 149; Houpin, I, n. 89.

([5]) Cass. req., 8 déc. 1890, précité (le grand âge et la faiblesse peuvent être considérés comme causes légitimes). — Houpin, *loc. cit.*

([6]) Cass. req., 8 déc. 1890, précité. — Lacour, *Ann. dr. com.*, V, 1891, *Jurispr.*, p. 61; Houpin, *loc. cit.*

([7]) Houpin, I, n. 89.

([8]) Cass. req., 8 déc. 1890, précité (impl.). — Houpin, I, n. 89.

([9]) Houpin, *loc. cit.*

([10]) Vavasseur, I, n. 149; Houpin, *loc. cit.*

ment des autres, se présente ainsi de la même manière que pour le gérant associé. Nous admettons donc l'affirmative.

Quant au gérant étranger désigné par les statuts, est-il, comme le gérant associé, irrévocable sauf en cas d'incapacité ou d'indignité? Nous admettons qu'il est révocable [1]. La raison sur laquelle se fonde la solution contraire de l'art. 1856 n'est pas applicable ici : il n'y a pas eu de convention synallagmatique faite avec le gérant et dont celui-ci peut invoquer toutes les clauses, il n'y a eu qu'un contrat de mandat soumis aux règles ordinaires de ce contrat. On a objecté que cette clause fait partie du pacte social, lequel est irrévocable. Mais le pacte social n'est irrévocable qu'entre les parties qui ont réciproquement stipulé et qui se sont associées; le gérant étranger n'est pas du nombre.

Cette dernière solution n'est exacte que si on considère le gérant étranger comme un mandataire; elle doit être écartée si on regarde le gérant étranger comme un locateur d'ouvrage, car le louage d'ouvrage n'est révocable qu'en cas d'inexécution des conditions et sur l'ordre du tribunal. Nous examinerons, en étudiant le mandat, dans quelle classe rentre le contrat passé avec le gérant étranger [2].

La révocation du gérant étranger a pour effet de placer désormais les parties dans la même situation que s'il n'y avait pas eu de gérant; les associés administreront en commun [3].

300. Le gérant révoqué par sa faute peut être condamné à des dommages-intérêts envers chacun des associés [4].

300 *bis*. Il va sans dire que la mort du gérant désigné soit par les statuts, soit en dehors des statuts met fin à ses pouvoirs [5].

[1] Pont, n. 498; Guillouard, n. 136; Houpin, I, n. 90. — *Contra* Laurent, XXVI, n. 304.
[2] V. notre *Tr. du mandat*.
[3] Guillouard, n. 137.
[4] Cass., 9 juin 1874, S., 74. 1. 296. — Guillouard, n. 138; Houpin, I, n. 91.
[5] Houpin, I, n. 89.

§ III. *Des pouvoirs de l'associé gérant.*

I. *Cas où il n'existe qu'un associé gérant.*

301. Quels sont les pouvoirs de l'associé gérant? S'ils ont été fixés par la convention des parties, elle fera loi sur ce point. Dans le cas contraire, on déterminera les pouvoirs du gérant d'après la nature de la société et le but en vue duquel elle a été contractée [1]. On doit naturellement supposer que les associés ont entendu conférer au gérant les pouvoirs nécessaires pour mener l'entreprise à bonne fin. Cette formule résulte de l'art. 1856, ainsi conçu : « *L'associé chargé de l'administration par une clause spéciale du contrat de société, » peut faire, nonobstant l'opposition des autres associés, tous » les actes qui dépendent de son administration, pourvu que » ce soit sans fraude* ».

Le langage de cet article (d'ailleurs incomplet en ce que les solutions qu'il donne sont également applicables au gérant non statutaire ou au gérant étranger) [2], est bien supérieur à celui de Pothier [3], d'après lequel les droits de l'administrateur sont ceux d'un mandataire général.

Ainsi, dans une société créée pour l'achat et la vente d'immeubles, le gérant a évidemment le droit de revendre les immeubles achetés [4]; c'est l'essence même de sa fonction. Pothier reconnaît lui-même que le gérant peut vendre les choses destinées à être vendues [5]. Tel n'est pourtant pas le droit d'un administrateur général.

Quelques solutions générales doivent être posées en ce qui concerne les actes dont le but de la société n'exige pas l'accomplissement.

302. Tout administrateur peut donner à bail les biens qu'il administre; le gérant peut donc donner à bail des immeu-

(1) Aubry et Rau, IV, p. 562, § 382, note 2; Pont, n. 515 et 516; Laurent, XXVI, n. 307; Guillouard, n. 124; Houpin, I, n. 92.
(2) Laurent, XXVI, n. 313; Guillouard, n. 139; Houpin, *loc. cit.*
(3) N. 66.
(4) Guillouard, n. 124 et 251; Houpin, *loc. cit.*
(5) *Loc. cit.*

bles de la société [1]. Il peut également donner des meubles à bail.

En partant de l'idée que les pouvoirs de l'administrateur ne peuvent aller contre le but de la société, on fait, avec raison, exception pour les biens qui, d'après le but de la société, ne seraient pas destinés à être loués [2].

Le bail consenti par l'administrateur peut-il excéder neuf ans? La loi, pour un certain nombre d'administrateurs, décide que les baux qu'ils consentent ne peuvent excéder neuf ans. Nous avons examiné, dans notre *Traité du contrat de louage*, si cette solution s'applique aux administrateurs dont la loi n'a pas parlé et nous avons résolu cette question par la négative. Donc le gérant de la société peut valablement donner les immeubles sociaux à bail pour plus de neuf ans [3].

L'administrateur de la société peut-il également prendre à bail les immeubles d'autrui pour le compte de la société? On a soutenu qu'il a le droit de le faire, mais seulement pour une durée de neuf ans [4]. Cette solution est, selon nous, inadmissible. D'une part, nous rappelons que les pouvoirs de l'administrateur dépen du but de la société; donc il ne peut louer que les immeubles nécessaires au fonctionnement de la société. D'autre part, la restriction à neuf ans du droit de prendre à bail n'a pu être mise en avant que par inadvertance; car si en certains cas la loi impose cette restriction au bailleur, elle ne l'impose jamais au preneur.

303. Les libéralités ou cadeaux faits par l'administrateur, par exemple à des correspondants, sont valables s'ils sont conformes à l'usage suivi par la société [5]. Il en est de même des gratifications d'usage aux employés.

Mais en principe le gérant n'a pas droit d'aliéner [6], car l'aliénation est l'opposé de l'administration; il peut cepen-

(1) Cass., 7 mars 1837, S., 37. 1. 940. — Cass., 19 nov. 1838, S., 39. 1. 307. — Pont, n. 522; Guillouard, n. 127; Houpin, I, n. 92.

(2) Pont, *loc. cit.*; Guillouard, n. 127 ; Houpin, *loc. cit.*

(3) *Contra* Guillouard, n. 127; Houpin, *loc. cit.*

(4) Guillouard, n. 127; Houpin, *loc. cit.*

(5) Rennes, 11 juill. 1889, *Rec. de Nantes*, 90. 1. 273.

(6) Guillouard, n. 125, 126 et 251.

dant, comme nous l'avons dit, aliéner si l'aliénation est le but même de la société.

Il n'a pas le droit d'emprunter [1]. Car, d'une manière générale, la capacité d'emprunteur est celle d'aliéner.

On n'a pas soutenu d'une manière absolue que l'emprunt fût permis à l'administrateur [2]. Mais certains auteurs l'ont autorisé à faire des emprunts modérés [3], par la raison inexacte que l'emprunt est alors un acte d'administration. Ils ont aussi invoqué l'art. 1852, qui, en obligeant la société à rembourser les sommes dépensées pour son compte par les associés, démontrerait la possibilité d'un emprunt. Il est à peine utile de faire remarquer que si l'art. 1852 avait cette signification, il autoriserait tout emprunt, quel qu'en fût le montant; du reste, l'art. 1852 s'explique tout autrement : il n'est qu'une application des règles de la gestion d'affaires.

Suivant d'autres auteurs, les tribunaux devraient juger en fait si l'emprunt est fait dans l'intérêt de la société et s'il n'est pas exagéré; ces deux conditions réunies, l'emprunt serait légitime [4]. Cette opinion, comme la précédente, oublie que la capacité d'emprunter est identique à celle d'aliéner; toutes deux, en outre, soumettent la validité de l'emprunt à une condition dont le prêteur devra s'enquérir et dont l'examen est délicat.

L'administrateur ne peut davantage hypothéquer [5], car, d'a-

[1] Cass., 22 août 1844, S., 45. 2. 209, D., 45. 1. 21. — Douai, 15 mai 1844, S., 44. 2. 403. — Alger, 18 mai 1863, S., 63. 2. 156, D., 63. 5. 353. — Laurent, XXVI, n. 309; Guillouard, n. 125; Houpin, *loc. cit.*

[2] V. cep. Paris, 26 juin 1841, D. *Rép.*, v° *Société*, n. 1299.

[3] Troplong, I, n. 684.

[4] Pont, n. 524.

[5] Cass. req., 21 avril 1841, S., 41. 1. 395, D. *Rép.*, v° *Priv. et hyp.*, n. 1223-3°. — Cass. civ., 7 mai 1844, S., 45. 1. 53, D., 51. 5. 484. — Cass. req., 3 mai 1853, S., 53. 1. 617, D., 53. 1. 186. — Cass., 27 janv. 1868, S., 68. 1. 53, D., 69. 1. 410. — Cass. civ., 29 janv. 1895 (2 arrêts), S., 95. 1. 73, D., 95. 1. 430. — Paris, 11 déc. 1866, D., 67. 2. 165. — Paris, 5 juill. 1877, S., 77. 2. 295, D., 77. 2. 168. — Troplong, II, n. 686; Pont, n. 526; Laurent, XXVI, n. 308; Guillouard, n. 126; Lyon-Caen et Renault, *Traité*, II, n. 260; Baudry-Lacantinerie et de Loynes, *Tr. du nantiss., des priv. et hyp.*, II, n. 1414; Thaller, *Ann. dr. com.*, 1887, *Jurispr.*, p. 7; Houpin, *loc. cit.* — *Contra*, Rataud, *Rev. crit.*, XI, 1882, p. 209; Labbé, *Note*, S., 86. 1. 97; Pont, *Tr. des priv. et hyp.*, II, n. 1440; Gillard, *De la constit. de l'hyp. convent.*, n. 234 s.; Boistel, *Précis de dr. com.*, n. 187 *bis*.

près l'art. 2124, la capacité d'hypothéquer est celle d'aliéner.

Nous examinerons, à propos du mandat, si le pouvoir qui confère à l'administrateur le droit d'hypothéquer doit être authentique.

Il ne peut donner main-levée que des créances soldées [1]; il ne peut pas davantage faire remise d'une dette [2], mais il peut recevoir le payement de dettes échues ou non [3].

Il choisit et révoque les employés [4]; il entreprend les réparations nécessaires et même utiles [5].

304. L'administrateur ne peut transiger [6]. Ce n'est pas là, en effet, un acte d'administration, c'est le plus dangereux des actes de disposition. La seule objection qu'on ait faite à cette doctrine, c'est que la transaction peut être fort utile à la société. En admettant que cette objection conduisît à empêcher d'une manière absolue la transaction, elle ne serait pas cependant décisive, car en bien des hypothèses la transaction est absolument interdite; ainsi la femme dotale et l'héritier bénéficiaire ne peuvent transiger, ni personne en leur nom. L'objection n'a même pas cette portée en matière de société, car, quand la transaction sera réellement utile, le gérant recueillera facilement l'assentiment de ses coassociés, qui lui est nécessaire. Nous ajoutons que notre solution était celle du droit romain [7] et de l'ancien droit [8].

De même l'administrateur ne peut compromettre [9], car le compromis exige toujours des conditions de capacité ou de pouvoir au moins égales à celles que nécessite la transaction; on sait enfin que le droit de compromettre est refusé par l'art. 1003 C. pr. à ceux qui n'ont pas la libre disposition des droits sur lesquels ils compromettent.

(1) Houpin, *loc. cit.*
(2) Troplong, II, n. 689; Houpin, *loc. cit.*
(3) Houpin, *loc. cit.*
(4) Lyon, 26 août 1857, S., 57. 2. 703. — Houpin, *loc. cit.*
(5) Houpin, *loc. cit.*
(6) Troplong, I, n. 690; Pont, n. 528; Laurent, XXVI, n. 310; Guillouard, n. 124 *bis*; Houpin, *loc. cit.* — *Contra* Pardessus, *Cours de dr. com.*, IV, n. 1014 Duvergier, n. 320.
(7) L. 60, D., *De procurat.*, 3. 3.
(8) Pothier, *loc. cit.*
(9) V. les auteurs cités *supra*, note 6.

305. En principe, l'administrateur ne peut faire aucune innovation sur les biens de la société [1]; il ne peut, par exemple, construire sur les terrains, modifier les constructions, etc., car ce droit n'appartient pas, en général, aux administrateurs dont les pouvoirs se restreignent à la gestion. On a invoqué dans le même sens l'art. 1859-4°. Mais ce texte n'interdit les innovations qu'aux associés administrant la société à défaut de gérant; on pourrait concevoir que le gérant eût des pouvoirs plus larges.

Les innovations avantageuses à la société sont elles-mêmes interdites [2].

Toutefois le gérant peut faire les modifications imposées pour le but de la société [3], suivant le principe que nous avons développé.

Ainsi, il va sans dire que si la société a pour but la construction d'habitations sur des terrains, l'administrateur peut faire ces constructions.

De même, l'administrateur peut remplacer un matériel hors d'usage [4] ou qui n'est plus en rapport avec l'état de l'industrie [5].

306. On décide que le gérant peut intenter les actions mobilières de la société [6], parce que ce droit est accordé à tous les administrateurs des biens d'autrui : mari commun, tuteur.

Mais le gérant ne peut intenter les actions immobilières [7], parce qu'elles sont interdites aux administrateurs des biens d'autrui.

307. L'associé gérant ne peut, même sous sa responsabilité, se substituer un tiers [8]. Il n'est pas, en effet, un simple

(1) Cass., 14 fév. 1853, S., 53. 1. 424, D., 53. 1. 45. — Cass., 17 avril 1855, S., 55. 1. 652, D., 55. 1. 213. — Toulouse, 30 mai 1828, S. chr. — Troplong, II, n. 697 s.; Duvergier, n. 321 ; Pont, n. 518 s.; Guillouard, n. 129; Houpin, *loc. cit.*

(2) Duvergier, n. 321.

(3) Duvergier, n. 321; Guillouard, n. 129.

(4) Guillouard, n. 129.

(5) Guillouard, n. 129.

(6) Troplong, II, n. 691; Duvergier, n. 316 s.; Pont, n. 530; Laurent, XXVI, n. 311; Guillouard, n. 128; Houpin, *loc. cit.*

(7) Voir dans le même sens les auteurs précités.

(8) *Contra* Sénégal, 6 juill. 1894 (motifs), *Gaz. Pal.*, 94. 2, *Supp.*, 29.

mandataire, mais garde sa qualité d'associé, qui l'oblige à exécuter toutes les obligations qu'il a contractées, notamment celle de consacrer son temps à la gestion de la société.

308. Les divers actes interdits à l'administrateur peuvent être autorisés par la société. Mais l'unanimité est nécessaire, comme nous le montrerons en parlant du cas où il n'y a pas d'administrateur; la majorité ne suffirait pas.

Ainsi l'unanimité est nécessaire pour autoriser un emprunt [1], constituer une hypothèque [2], ou intenter une action immobilière [3].

Elle est nécessaire pour autoriser un appel de fonds [4].

D'autre part, les statuts ou une convention postérieure peuvent augmenter les pouvoirs du gérant; les tiers peuvent évidemment se prévaloir des clauses de cette nature.

Les statuts peuvent également diminuer les pouvoirs des gérants; les tiers peuvent se voir opposer les clauses de cette nature, car le gérant tire ses pouvoirs de l'acte de société, que les tiers doivent consulter pour s'assurer de la nature et de la réalité de ces pouvoirs [5]. Au contraire, une stipulation qui, postérieurement à la formation de la société, réduirait les pouvoirs du gérant, ne serait pas opposable aux tiers s'ils n'en avaient pas connaissance.

309. L'administrateur qui ne remplit pas dignement ses fonctions peut, comme nous l'avons vu, être révoqué.

Il peut aussi être condamné à des dommages-intérêts pour les fautes commises dans sa gestion [6]. C'est l'application de l'art. 1850, qui donne ce droit contre tous les associés, et de l'art. 1992, d'après lequel le mandataire répond de son dol et de sa faute.

Le mandat d'administrer émanant de chaque associé, chacun d'eux peut aussi intenter l'action en dommages-intérêts pour sa part [7].

[1] Guillouard, n. 371.
[2] Houpin, *loc. cit.*
[3] Houpin, *loc. cit.*
[4] Guillouard, *loc. cit.*
[5] *Contra* Houpin, I, n. 92 (qui cite dans le même sens, Lyon, 31 août 1872).
[6] Cass., 28 mai 1889, S., 90. 1. 9. — Guillouard, n. 138.
[7] Cass., 9 juin 1874, S., 74. 1. 296, D., 76. 1. 387. — Guillouard, n. 138.

II. *Cas où plusieurs associés ont été nommés gérants.*

310. Au cas particulier où il a été nommé plusieurs associés administrateurs, la loi dispose :

« *Lorsque plusieurs associés sont chargés d'administrer,* » *sans que leurs fonctions soient déterminées, ou sans qu'il* » *ait été exprimé que l'un ne pourrait agir sans l'autre, ils* » *peuvent faire chacun séparément tous les actes de cette ad-* » *ministration* » (art. 1857).

« *S'il a été stipulé que l'un des administrateurs ne pourra* » *rien faire sans l'autre, un seul ne peut, sans une nouvelle* » *convention, agir en l'absence de l'autre, lors même que* » *celui-ci serait dans l'impossibilité actuelle de concourir aux* » *actes d'administration* (art. 1858).

Ces solutions étaient déjà données par Pothier ([1]). Il ajoutait que « si cette administration a été partagée entre eux, comme si l'un a été préposé pour faire les achats, l'autre pour vendre les marchandises, chacun d'eux ne peut faire que les actes qui dépendent de la partie d'administration qui lui a été confiée ». Cette dernière solution n'a pas cessé d'être exacte; elle a pu paraître assez évidente pour que les rédacteurs du code se crussent dispensés de l'exprimer.

Il résulte expressément de l'art. 1858, comme de Pothier, que les associés nommés pour gérer en commun ne peuvent agir les uns sans les autres, même si certains d'entre eux sont dans l'impossibilité d'agir. Ce texte est trop formel pour qu'on puisse admettre une exception qui a été proposée relativement aux cas urgents. Du reste, il est contraire aux règles du mandat qu'un mandataire puisse être suppléé par un autre mandataire. En vain dit-on que les associés n'ont pas songé à cette hypothèse; cela importe peu, car le mandataire ne peut se prévaloir, pour outrepasser ses pouvoirs, de ce que vraisemblablement son mandant, s'il avait prévu le cas, l'y aurait autorisé. On nous oppose l'hypothèse, sans doute

([1]) N. 72.

([2]) Troplong, I, n. 707; Laurent, XXV, n. 312; Guillouard, n. 131. — *Contra* Duranton, XVII, n. 438; Duvergier, n. 303; Aubry et Rau, IV, p. 362, § 382, note 3; Guillouard, n. 131.

émouvante, où il s'agit d'empêcher un éboulement ou une inondation. Ne remarque-t-on pas que tout tiers, même non intéressé, peut alors agir comme gérant d'affaires et que ce droit, à plus forte raison, appartient aux administrateurs?

311. On a prétendu que dans les sociétés minières, même en l'absence d'une clause formelle ou en dépit de toute clause contraire, jamais un administrateur ne peut agir seul [1]. Nous ne comprenons pas cette opinion : il a été entendu aux travaux préparatoires de la loi de 1810, qu'au point de vue des relations privées, les sociétés minières sont soumises aux autres règles des sociétés civiles, et du reste la loi de 1810 ne contient aucune dérogation, ni explicite ni implicite, à cette règle. En vain objecte-t-on l'unité de direction nécessaire à la sécurité des ouvriers. La loi a exigé cette unité de direction dans l'exploitation et a employé le seul moyen pratique de l'amener, c'est d'interdire la nomination de plusieurs directeurs; mais, tout le monde en convient, il peut être nommé plusieurs administrateurs; dès lors pourquoi ces administrateurs n'auraient-ils pas leurs pouvoirs ordinaires? Au surplus, la sécurité des ouvriers ne peut être compromise que par l'exploitation et non par l'administration.

§ III. *Droits des associés non gérants.*

312. Les associés non gérants n'ont pas le droit d'intervenir dans l'administration [2], puisqu'ils ont délégué au gérant leur droit d'administrer. L'art. 1856 suppose cette solution, car il permet au gérant de faire les actes d'administration, malgré l'opposition des autres associés.

Il en est ainsi même s'il s'agit d'un administrateur nommé au cours de la société [3]; quoiqu'alors cette nomination ne soit pas une clause du pacte social, elle n'en constitue pas moins une convention faite entre les associés, et suivant laquelle ils se sont implicitement engagés les uns envers les autres à ne pas troubler l'administration du gérant.

[1] Delecroix, *Des sociétés de mines*, n. 424 s. ; Guillouard, n. 365.
[2] Guillouard, n. 139.
[3] Guillouard, n. 139.

313. Les associés n'ont pas plus le droit de s'immiscer dans l'administration du gérant étranger que dans celle du gérant associé [1]. Les considérations que nous avons invoquées en parlant du gérant associé nommé au cours de la société s'appliquent ici entièrement; les associés se sont engagés les uns envers les autres à ne pas participer à la gestion.

Par suite, si l'associé non gérant contracte envers les tiers un engagement, non seulement, comme nous le verrons, les tiers ne peuvent exiger des autres associés l'exécution de cet engagement, mais l'associé lui-même, après y avoir satisfait, ne peut pas demander que la société l'indemnise [2]; c'est ce que disait Pothier [3]. Il en est ainsi particulièrement s'il s'agissait d'une obligation que l'associé était tenu de remplir d'après ses engagements avec la société [4].

Toutefois, comme le voulait également Pothier [5], si, en dehors de ce dernier cas, l'engagement a tourné au profit de la société, une indemnité est due par cette dernière à l'associé jusqu'à concurrence du profit [6]. En effet, l'associé a voulu faire l'affaire de la société, et il est de règle que celui dont l'affaire a été faite doit une indemnité jusqu'à concurrence de son enrichissement, quoique les conditions de la gestion d'affaires ne se trouvent pas réunies; si de son côté, comme nous le montrerons, le tiers n'a pas d'action contre la société pour l'exécution de l'engagement, c'est qu'il n'a pas songé à la société et n'a traité qu'avec l'associé.

SECTION II

DU CAS OU IL N'A PAS ÉTÉ DÉSIGNÉ DE GÉRANT

§ I. *Administration de la société.*

314. Dans l'hypothèse où les parties n'ont pas pourvu à l'administration de la société par la nomination d'un ou de

(1) Guillouard, n. 139.
(2) Guillouard, n. 265.
(3) N. 105.
(4) Cass., 13 mai 1835, S., 35. 1. 854.
(5) N. 105.
(6) Guillouard, n. 265.

plusieurs gérants, chaque associé est censé avoir reçu mandat de tous les autres à l'effet de gérer. C'est ce que dit l'art. 1859 al. 1 : « *A défaut de stipulations spéciales sur le mode » d'administration, l'on suit les règles suivantes : — Les asso- » ciés sont censés s'être donné réciproquement le pouvoir d'ad- » ministrer l'un pour l'autre. Ce que chacun fait, est valable » même pour la part de ses associés, sans qu'il ait pris leur » consentement, sauf le droit qu'ont ces derniers, ou l'un d'eux, » de s'opposer à l'opération avant qu'elle soit conclue* ».

Donc, chaque associé a le droit d'administrer, mais ce droit seulement [1]. Ce droit est-il égal à celui d'un administrateur nommé par les associés? On l'a pensé [2]; mais, à notre avis, il est moindre. D'abord, l'art. 1859 dit expressément que l'associé a seulement le droit d'administrer et nous avons vu que l'administrateur a souvent des pouvoirs très étendus. Ensuite d'autres textes nous montreront que les pouvoirs de l'associé sont inférieurs à ceux de l'administrateur. Enfin, il est naturel qu'un gérant, auquel tous les associés ont délégué leurs droits d'administration, ait des pouvoirs supérieurs à ceux d'un associé ordinaire, dont les pouvoirs sont limités par les pouvoirs rivaux de ses coassociés.

315. A défaut d'administrateurs, le droit d'administrer appartient aux associés dans toutes les sociétés, la loi ne faisant aucune distinction.

On soutient cependant généralement que, dans les sociétés minières, les associés n'ont pas ce droit [3]. Ce n'est pas, comme on pourrait le croire, parce que, dans ces sortes de sociétés, la direction doit être unique : l'unité de direction s'entend, comme nous l'avons montré et comme tout le monde le reconnaît, dans un tout autre sens. C'est parce que, la société minière constituant une personne morale, les associés ne sont que des créanciers et non pas des propriétaires.

Ce raisonnement est singulier : les associés n'ont-ils pas

[1] Cass., 4 fév. 1852, S., 52. 1. 245, D., 52. 1. 82. — Pont, n. 553; Guillouard, n. 141.

[2] Guillouard, n. 141.

[3] Laurent, XXVI, n. 423; Guillouard, n. 364; Delecroix, *Des sociétés de mines*, n. 365 s.; Féraud-Giraud, *Code des mines*, I, n. 214.

un droit au patrimoine commun quand la société est une personne morale? Et, en admettant qu'il en soit autrement, n'ont-ils pas le droit d'administrer? Les sociétés commerciales sont bien des personnes morales et cependant les associés en nom collectif peuvent administrer; d'après la jurisprudence, les sociétés civiles sont également des personnes morales, et cependant la loi permet à leurs membres d'administrer. Enfin, si les associés ne peuvent administrer, qui administrera? La réponse sera sans doute que l'administration appartient aux administrateurs nommés par les associés, mais ils ne sont pas forcés d'en nommer.

316. Chacun des associés a notamment le droit de poursuivre le recouvrement d'une dette sociale [1].

On a conclu de là que si l'un des associés saisit à tort, au nom de la société, des biens appartenant à un tiers, les autres associés sont responsables [2].

317. Il résulte de l'art. 1859 que l'opposition d'un seul associé suffit pour empêcher l'acte d'être accompli [3], c'est ce que décidait le droit romain [4].

318. La formule employée par l'art. 1859 paraît bien conférer à chaque associé un droit absolu d'opposition, un droit de *veto* [5]. Malgré cela, l'opinion générale décide que la volonté de la majorité lie la minorité [6]. Ce sont surtout des considérations d'utilité pratique qui ont dicté cette solution. Est-ce là une base suffisante? Nous en doutons; les majorités n'ont pas d'autre droit que ceux qui leur sont conférés par la loi ou par la volonté des parties. Sans doute notre système peut offrir des inconvénients, il permet à tout associé d'entraver l'administration de la société, — encore l'objection disparaît

(1) C. supr. Missouri, 1882, *Journ. dr. int.*, 1883, p. 418.

(2) C. supr. Missouri, 1882, précitée.

(3) Trib. com. Nantes, 17 oct. 1891, *Rec. Nantes*, 91. 1. 429. — Guillouard, n. 143; Houpin, I, n. 95.

(4) L. 28, D., *comm. divid.*, 10. 3.

(5) Trib. com. Nantes, 17 oct. 1891, *Rec. Nantes*, 91. 1. 429. — Laurent, XXVI, n. 144.

(6) Pardessus, *Cours de dr. comm.*, IV, n. 979; Troplong, n. 720 et 721; Duvergier, n. 286 et 287; Aubry et Rau, IV, p. 563, § 382, note 8; Pont, n. 565; Guillouard, n. 144; Houpin, *loc. cit.*

elle si on permet au tribunal de lever l'opposition —; mais, dans le cas où cet associé croit préjudiciable l'acte proposé, pourquoi l'obligerait-on à l'accepter ? On est bien forcé de convenir qu'un seul des associés peut empêcher l'aliénation des biens sociaux, quelqu'avantage qu'elle présente; et c'est le cas de répéter avec le droit romain : « *In re pari potiorem esse causam prohibentis* » (1). Que si l'opposition est faite de mauvaise foi, nous verrons que les conséquences en retombent sur l'associé de qui elle émane. Il est, dit-on, inadmissible que la minorité fasse la loi à la majorité ? N'est-ce pas ce qui se produit pour l'aliénation ?

Toutefois il va sans dire, comme nous le montrerons en parlant des mesures interdites aux associés, que le pacte social ou une convention postérieure peuvent conférer à la majorité le droit de lier la minorité.

319. Si l'opposition de la minorité doit être accueillie, le tribunal a-t-il le droit de la lever dans le cas où elle lui paraîtrait injustifiable ? L'affirmative a été décidée (2), mais sans base rationnelle.

320. En supposant, contrairement à notre opinion, que la majorité fasse la loi à la minorité, il reste à déterminer la manière de calculer la majorité.

Certains auteurs demandent une majorité absolue, par la raison que c'est la règle ordinaire dans les assemblées (3). Ce système repose sur une pétition du principe ; il n'y a pas, en réalité, de règle absolue; la loi, dans chaque hypothèse où elle exige la majorité, fixe la manière de la calculer. On sait même que, dans les assemblées générales des sociétés par actions, à défaut de majorité absolue obtenue dans une première réunion, la loi permet, dans une seconde, à la majorité relative de statuer. On a encore dit, en faveur de ce premier système, que, dans le sens exact, la majorité désigne la majorité absolue. Il est, au contraire, certain pour tout le monde que l'expression de majorité, sans épithète, s'applique à la majorité relative, comme à la majorité absolue.

(1) L. 28, D., *comm. divid.*, 10. 3. — V. aussi L. 11, D., *si serv. vind.*, 8. 5.
(2) Trib. com. Nantes, 17 oct. 1891, *Rec. de Nantes*, 91. 1. 429.
(3) Guillouard, n. 146 ; Houpin, *loc. cit.*

D'autres auteurs se contentent de la majorité relative, sans plus de raison.

D'autres encore veulent que s'il y a plus de deux avis, les tribunaux tranchent la question; ainsi les tribunaux pourraient adopter l'opinion qui a recueilli le moins grand nombre de voix!

Enfin certains auteurs [1] obligent, s'il y a plus de deux opinions, les partisans des opinions ayant obtenu le moins grand nombre de voix, à se rallier aux deux qui en ont obtenu le plus grand nombre; ils se fondent sur l'art. 171 C. pr., qui, en effet, impose cette obligation aux membres des tribunaux, mais qui ne peut s'étendre.

La question, en somme, nous paraît insoluble.

321. Il nous paraît certain que la majorité se calcule d'après le nombre de voix et non d'après l'intérêt des associés dans la société [2]; car il résulte de l'art. 1859 qu'au point de vue du droit d'administration tous les associés, quel que soit le montant de leurs droits, sont placés sur le même rang.

322. L'acte accompli au mépris de l'opposition est entièrement nul [3]. Sans doute il est fâcheux pour les tiers de se voir opposer la nullité à raison d'une opposition qu'ils ont pu ne pas connaître; mais il ne serait pas moins fâcheux que les associés fussent obligés de se conformer à un contrat qu'ils avaient le droit d'empêcher et qu'ils ont en effet empêché. Du reste la nullité dérive de ce principe que la sanction normale des prohibitions de la loi, est, à défaut d'un texte spécial, la nullité. Enfin elle est également d'accord avec les principes du mandat; l'associé remplit le rôle d'un mandataire de ses coassociés et l'acte interdit par le mandant au mandataire n'engage pas le premier.

323. L'opposant peut-il être condamné à des dommages-intérêts au cas où son opposition a été préjudiciable à la

(1) Duvergier, n. 289.

(2) Troplong, II, n. 722; Duvergier, n. 288; Pont, n. 566; Laurent, XXVI, n. 321 et 322; Guillouard, n. 146; Houpin, *loc. cit.* — *Contra* Pardessus, *Cours de dr. comm.*, IV, n. 979.

(3) Pont, n. 557; Laurent, XXVI, n. 318; Guillouard, n. 143. — V. cep. Houpin, *loc. cit.*

société ? Certains auteurs admettent l'affirmative [1], par la raison qu'aux termes de l'art. 1992, tout mandataire est responsable de la faute commise dans sa gestion. Il suffit, pour répondre à cet argument, de dire que la situation de l'associé qui fait opposition n'est pas celle d'un mandataire faisant acte de gestion, mais d'un mandant révoquant le mandat qu'il a confié.

D'autres pensent au contraire que l'opposan n'est tenu à aucuns dommages-intérêts [2], parce qu'il a usé d'un droit.

Cette dernière opinion est exacte en principe. Cependant si l'opposant a commis plus qu'une faute, un dol, c'est-à-dire a fait opposition dans le seul but de nuire à la société, il peut être condamné à des dommages-intérêts, car c'est un principe reconnu qu'on ne peut user d'un droit méchamment et dans le seul but de nuire à autrui.

On verra même que des oppositions répétées et mal fondées peuvent donner lieu à la dissolution de la société.

324. « *Chaque associé a le droit d'obliger ses associés à » faire avec lui les dépenses qui sont nécessaires pour la con- » servation des choses de la société* » (art. 1859, al. 3). Le droit romain [3] et Pothier donnaient cette solution [4].

Toutefois ils permettaient aux associés d'échapper, en abandonnant leur part dans la société, à l'obligation de contribuer aux dépenses. Cette restriction ne peut plus être admise aujourd'hui, en l'absence d'un texte [5], car l'associé a contracté implicitement, en entrant dans la société, l'obligation de contribuer aux dépenses, et nul ne peut se soustraire, de sa propre autorité, à une obligation personnelle.

On a prétendu que, pour que la dépense soit jugée nécessaire, il faut que la majorité des associés l'ait ainsi décidé [6]. Cette condition nous paraît être de trop, car la nécessité d'une dépense dépend du caractère de cette dépense ; il suf-

(1) Duranton, XVII, n. 439 ; Aubry et Rau, IV, p. 563, § 383, note 10.
(2) Guillouard, n. 147.
(3) L. 12, D., *comm. divid.*, 10-3.
(4) N. 86.
(5) Bugnet sur Pothier, *loc. cit.* ; Guillouard, n. 215. — *Contra* Troplong, II, n. 735.
(6) Troplong, II, n. 736 ; Guillouard, n. 216.

fira donc qu'un seul associé ait fait ou veuille faire une dépense nécessaire pour qu'il puisse, sans demander l'avis de la majorité, obliger son co-associé à y contribuer. En cas de contestation, le tribunal décide si la dépense est nécessaire.

On décide aussi que si une chose appartenant à la société est perdue, son remplacement n'est pas une dépense nécessaire et ne peut être voté que par l'unanimité des associés [1]. Cela ne nous paraît pas exact d'une manière absolue.

325. La question de savoir dans quelles conditions un associé a le droit d'agir en justice pour le compte de la société est réglée par la loi du pays où se trouve le siège de la société [2].

§ II. *Actes excédant l'administration.*

326. « *L'un des associés ne peut faire d'innovations sur les* » *immeubles dépendant de la société, même quand il les sou-* » *tiendrait avantageuses à cette société, si les autres associés* « *n'y consentent* ». (art. 1859, al. 4).

Cette solution est empruntée au droit romain [3] et à Pothier [4]. Elle était alors, comme elle est aujourd'hui, formulée en termes absolus. Cependant des auteurs [5] autorisent les innovations conformes au but de la société, par la raison que ce sont des actes d'administration. Que ce soient des actes d'administration, même quand ils sont nécessités par le but de la société, c'est ce que nous contestons : rien n'est plus contraire à l'acte d'administration que l'acte de disposition et, en supprimant une partie d'un immeuble ou en y ajoutant, l'associé fait acte de disposition; on objecte encore que l'associé gérant a, dans ce cas, le droit de faire l'innovation; cela est vrai, mais nous avons montré que les pouvoirs de l'associé gérant sont et doivent être supérieurs à ceux de l'associé non gérant. Notre réfutation se complètera par ce que nous dirons de l'aliénation.

[1] Troplong, II, n. 737; Pont, *loc. cit.;* Guillouard, n. 216.
[2] Trib. empire Allemagne, 17 févr. 1871, *Journ. dr. int.*, I, 1874, p. 81.
[3] L. 28, D., *Comm. divid.*, 10, 3.
[4] Domat, liv. I, tit. VIII, sect. 4, § 22; Pothier, n. 87 et 88.
[5] Guillouard, n. 142.

Il va sans dire que les changements ou les aménagements insignifiants peuvent être faits par tous les associés [1]. Ce sont des actes de bon administrateur et non de propriétaire.

327. L'art. 1860 nous révèle une différence entre le gérant dont les pouvoirs résultent d'un mandat exprès, et celui qui n'est investi que du mandat tacite dont la loi suppose l'existence lorsque les parties n'ont fait aucune convention relativement à l'administration de la société. Le premier, nous l'avons vu, est investi du pouvoir de vendre, sans le consentement de ses coassociés, les objets mobiliers dépendant du fonds social, si, d'après le but de la société, ils sont destinés à être vendus. Le même droit n'appartient pas au second [2]. « *L'associé qui n'est point administrateur* [l'associé » qui gère sans mandat exprès], *ne peut aliéner ni engager* » *les choses même mobilières qui dépendent de la société* ».

Ce texte est très clair, sa clarté s'augmente encore pour qui le rapproche de Pothier, qui donnait formellement la même solution [3] et séparait en même temps l'associé non gérant de l'associé gérant. La même solution était aussi donnée par le droit romain [4]. Nous avons enfin montré que cette différence de pouvoirs s'explique très bien. Il est impossible, objecte-t-on, d'administrer sans faire les aliénations nécessitées par le but de la société. Cette objection n'est pas convaincante; en dehors de l'aliénation, il reste encore à chaque associé des droits assez variés, il peut prendre ou donner à bail les immeubles, surveiller les employés, etc.

328. Si l'associé ne peut aliéner les meubles, à plus forte raison ne peut-il pas aliéner les immeubles; ce point n'est pas contesté, il résulte des mots « les choses même mobilières » que l'art. 1860 contient.

Mais on décide généralement que, comme l'associé gérant, l'associé non gérant peut aliéner les immeubles si la société

[1] Pont, n. 578; Laurent, XXVI, n. 325; Guillouard, n. 142; Houpin, I, n. 93.

[2] Rennes, 22 avril 1843, D. *Rép.*, v° *Société*, n. 503. — Aubry et Rau, IV, p. 563, § 382, note 5; Laurent, XXVI, n. 327. — *Contra* Duranton, XVII, n. 435; Duvergier, n. 369; Pont, n. 582 s.; Guillouard, n. 142 et 251; Houpin, I, n. 95.

[3] N. 89.

[4] L. 68, *pr.*, D., *pro soc.*, 17, 2.

a pour but l'achat et la revente d'immeubles [1]. Cette solution est, pour nous, inacceptable.

329. La justification de l'art. 1860, en ce qui concerne les défenses faites aux associés, est très simple : les biens sociaux appartiennent à tous les associés, chacun d'eux n'est pas propriétaire unique de ces biens, il n'a sur eux qu'un droit de propriété indivise ; il ne peut donc aliéner ce qui ne lui appartient pas [2]. Cette explication est beaucoup plus nette que celle qui considère le droit de chaque associé comme grevé d'une *servitude d'indivision* au profit des autres [3].

Quelques auteurs invoquent simplement l'intérêt de la société et l'intérêt des parties [4]. Nous venons de montrer qu'il n'est pas nécessaire de recourir à cette explication et de regarder ainsi l'art. 1860 comme un texte dérogatoire au droit commun.

330. L'aliénation est interdite même si elle ne porte que sur la jouissance des biens sociaux.

Ainsi l'un des copropriétaires d'un ouvrage ne peut céder le droit d'en faire une nouvelle édition sans le consentement de ses copropriétaires [5].

De même, si le livret et la musique d'un opéra ont été composés par deux auteurs différents, aucun d'eux ne peut sans l'autorisation de l'autre autoriser la publication ou l'exécution de l'ouvrage [6].

331. Mais, en interdisant l'aliénation, l'art. 1860 ne veut pas dire que l'aliénation soit nulle et ne produise aucun effet au profit de l'acquéreur. Il signifie simplement que les pouvoirs accordés à l'associé, comme tel, ne vont pas jusqu'à l'aliénation [7]. En effet, l'art. 1860 est placé dans la section relative aux rapports des associés entre eux et, en outre, il

(1) Cass., 10 mars 1818, S. chr. — Guillouard, n. 141 ; Houpin, *loc. cit.*

(2) Mongin, *Et. sur la situation jurid. des soc. dénuées de personnalité, Rev. crit.*, XIX, 1890, p. 703, § 1.

(3) Boistel, n. 158.

(4) Thiry, *Rev. crit.*, V, 1854, p. 438 ; Pont, n. 591 ; Lyon-Caen et Renault, *Traité*, II, n. 117 ; Colmet de Santerre, n. 49 *bis*, II.

(5) Trib. civ. Seine, 19 mars 1891, *Droit*, 20 mai 1891.

(6) Trib. civ. Seine, 27 fév. 1894, *Gaz. Pal.*, 94. 1. 574.

(7) V. les auteurs cités note 4, p. 193, *infra*. — *Contra* Mongin, *op. cit.*, p. 701 et 703.

suit immédiatement une disposition qui a trait également aux pouvoirs des associés et leur permet d'administrer la société. Enfin l'art. 1860 est emprunté à Pothier (1), qui, après le droit romain (2), exprime très nettement cette pensée, et c'est également le sens que le rapporteur du tribunat donne à l'art. 1860 (3).

La validité de l'aliénation doit donc être résolue par les principes généraux de l'indivision (4).

Toutefois, dans la doctrine qui reconnaît à la société la personnalité civile, l'aliénation doit être déclarée nulle, parce qu'elle porte sur un objet propre à la société, c'est-à-dire appartenant à autrui.

Nous verrons également si les créanciers de l'associé peuvent saisir sa part dans les choses indivises.

331 *bis*. De même nous admettons que pendant le cours de la société les associés peuvent hypothéquer leur part dans les immeubles sociaux (5); l'hypothèque est subordonnée aux mêmes éventualités que toute hypothèque sur des biens indivis.

Au contraire, dans la doctrine de la personnalité, cette hypothèque est nulle; c'est ce qu'a décidé expressément la cour de cassation (6).

Même solution pour le nantissement (7).

332. Il résulte de l'art. 1860 que les associés ne peuvent faire un emprunt pour le compte de la société (8); l'unanimité est nécessaire pour la validité de cet emprunt.

333. Les actes interdits aux associés par la loi ne peuvent être permis qu'avec le consentement de tous leurs coassociés (9),

(1) N. 89.
(2) L. 68, D., *pro soc.*, 17, 2.
(3) Fenet, XIV, p. 412.
(4) Duvergier, n. 371; Thiry, *Rev. crit.*, V, 1854, p. 438; Pont, n. 587 s.; Laurent, XXVI, n. 328; Guillouard, n. 252; Meynial, *Note*, S., 92. 1. 75, n. 2. — V. notre *Tr. des succ.*, III, n. 4384 et s.
(5) *Contra* Mongin, *op. cit.*, p. 701.
(6) Cass. req., 22 fév. 1891, S., 92. 1. 73, D., 91. 1. 337.
(7) *Contra* Mongin, *loc. cit.*
(8) Trib. civ. Troyes, 7 déc. 1892, *Gaz. Pal.*, 93. 1, *Suppl.*, 46.
(9) Cass., 10 mars 1841, S., 41. 1. 357. — Cass., 22 août 1844, S., 45. 1. 209, D., 45. 1. 21. — Cass., 14 fév. 1853, S., 53. 1. 424, D., 53. 1. 45. — Cass., 17 avril

cela est admis par les auteurs mêmes qui subordonnent, en cas d'opposition, la validité des actes d'administration à l'assentiment de la seule majorité. Nous nous fondons sur les raisons que nous avons invoquées pour donner la même solution sur cette dernière question ; ceux qui donnaient la solution opposée se contentent de dire que le contrat de société ne peut être modifié sans le consentement unanime ; cela n'est guère intelligible.

Il est évident que les statuts peuvent décider que le droit d'autoriser les actes excédant l'administration appartiendra à la majorité (1).

La majorité se forme alors de la manière que nous avons indiquée à propos de l'administration.

CHAPITRE X

RAPPORTS DES ASSOCIÉS ET DE LA SOCIÉTÉ AVEC LES TIERS

SECTION PREMIÈRE

EFFETS DES ENGAGEMENTS CONTRACTÉS ENVERS LES TIERS

§ I. *Engagements contractés au nom personnel des associés*

334. Les engagements, qu'un ou plusieurs associés contractent *en leur nom personnel*, ne peuvent pas avoir pour résultat d'obliger directement les autres associés envers les créanciers (2). Ceux-ci n'auront donc d'action que contre celui ou ceux qui ont figuré au contrat ; du moins ils ne pourront

1855, S., 55. 1. 652, D., 55. 1. 213. — Douai, 15 mai 1844, S., 44. 2. 403. — Orléans, 20 juill. 1853, S., 53. 2. 485. — Lyon, 9 janvier 1870, D., 71. 2. 111. — Aubry et Rau, IV, p. 563, § 382, note 9 ; Pont, n. 562 ; Laurent, XXVI, n. 320 ; Guillouard, n. 145.

(1) Cass., 7 mai 1844, S., 45. 1. 53. — Cass., 13 mars 1878, S., 78. 1. 401, D., 78. 1. 315. — Guillouard, n. 145.

(2) Cass., 16 nov. 1870, D., 70. 1. 350. — Merlin, *Quest.*, v° *Société*, § 2 ; Duranton, XVII, n. 449 ; Duvergier, n. 404 ; Aubry et Rau, IV, p. 564, § 383, note 2 ; Pont, n. 641 ; Laurent, XXVI, n. 343 ; Guillouard, n. 265.

agir contre les autres que du chef des associés avec lesquels ils ont traité, par l'action indirecte de l'art. 1166 [1].

Ainsi la société n'est pas tenue de l'engagement pris par un associé vis-à-vis d'un tiers de ne pas exercer un commerce déterminé [2].

La société n'est même pas tenue des engagements de l'associé dans les limites où elle s'est enrichie et par une action *de in rem verso* [3]. Cela résulte *a contrario* de l'art. 1864, qui n'accorde cette action contre la société que si elle s'est enrichie par l'effet d'un engagement pris en son nom. On comprend, du reste, que le tiers qui n'a compté avoir pour obligé que l'un des associés ne trouve pas dans l'existence de la société un droit qu'il ne prévoyait pas. Nous ajoutons que le droit commun conduit à la même solution ; il va sans dire, par exemple, qu'un emprunteur n'est pas tenu envers un tiers de la restitution de la somme prêtée si cette somme avait été avancée par le tiers. Enfin Pothier était dans le même sens [4].

Nous avons déjà examiné si, de son côté, l'associé qui s'est engagé peut se faire indemniser par ses coassociés [5].

335. Quant la loi parle d'un engagement contracté par l'associé en son nom personnel, elle se place évidemment en face des termes de la convention passée par lui ; ainsi l'associé qui contracte est tenu de son engagement pour le tout, même alors qu'il agit au nom de la société, s'il ne fait pas connaître au tiers cette circonstance [6].

Il en est ainsi dans le cas même où le tiers a su que l'engagement était contracté pour le compte de la société, car il a été en droit de penser que l'associé voulait s'engager personnellement.

(1) Guillouard, n. 265.

(2) V. cep. Trib. com. Seine, 21 janv. 1895, *Loi*, 15 fév. 1895.

(3) Cass., 12 mars 1850, S., 50. 1. 255, D., 50. 1. 86. — Cass., 16 fév. 1853, S., 53. 1. 209, D., 56. 1. 47. — Aix, 10 mars 1854, S., 55. 2. 245. — Troplong, II, n. 772 s. ; Delamarre et Le Poitvin, *Tr. du contrat de commission*, II, n. 250 ; Aubry et Rau, IV, p. 564, § 383, note 2 ; Pont, n. 651 et 652 ; Laurent, XXVI, n. 347 ; Guillouard, n. 265 ; Houpin, I, n. 101. — *Contra* Merlin, Duranton, Duvergier, *loc. cit.*

(4) N. 105.

(5) V. *supra*, n. 313.

(6) Pont, n. 646 ; Laurent, XXVI, n. 345 ; Guillouard, n. 266.

De même la société n'est pas engagée dans les limites de son profit, même si le tiers a su que l'engagement était contracté pour cette dernière, si cette circonstance n'était pas indiquée par l'associé.

§ II. *Engagements contractés au nom de la société.*

336. Si l'engagement est contracté au nom de la société, la société est-elle engagée? Deux hypothèses doivent être distinguées.

I. *Engagements contractés par tous les associés.*

337. Si l'engagement a été contracté par tous les associés, la société est incontestablement obligée.

Il n'est d'ailleurs pas nécessaire que l'engagement soit pris sous la signature sociale, il suffit qu'il soit pris au nom de la société [1].

338. Quand la société est tenue à raison de l'engagement contracté, dans quelle mesure chaque associé pourra-t-il être poursuivi par le créancier? L'art. 1863 répond, pour le cas d'une obligation contractée par tous les associés : « *Les asso-* » *ciés sont tenus envers le créancier avec lequel ils ont con-* » *tracté, chacun pour une somme et part égale, encore que la* » *part de l'un d'eux dans la société fût moindre, si l'acte n'a* » *pas spécialement restreint l'obligation de celui-ci sur le pied* » *de cette dernière part* ».

Ainsi, pour déterminer l'étendue de l'obligation de chaque associé envers le créancier, il n'y a pas à se préoccuper de la part de chacun des contractants dans la société. Le créancier peut ignorer ces parts ; quand même il les connaîtrait, rien ne prouve, si le contrat ne s'explique pas à ce sujet, qu'il ait entendu avoir chaque associé pour débiteur dans la mesure de sa part sociale. Le droit commun, quand plusieurs débiteurs s'engagent conjointement, c'est l'obligation par parts viriles. Il doit être appliqué, à moins que les parties n'y aient dérogé par une stipulation formelle. Si les associés entendent

[1] Douai, 24 avril 1890, D., 91. 2. 244.

s'obliger chacun pour sa part sociale et non pour sa part virile, il faut qu'ils le disent.

Cette solution était déjà admise dans l'ancien droit [1], mais elle est contraire au droit romain [2].

Ainsi il ne suffirait pas, pour que la solution contraire dût être admise, que le tiers eût connaissance de la fixation des parts sociales par l'acte de société [3]. Nous venons de donner la raison de cette solution; c'est à tort qu'on l'a rattachée à la question de savoir si la clause des statuts qui permet à l'associé de céder sa part est opposable aux tiers; cette dernière question peut être résolue par l'affirmative sans qu'il en faille dire autant de celle qui nous occupe.

A plus forte raison, la clause d'un acte de société qui restreint en deça de sa part virile (à son apport par exemple) la part d'un associé dans les dettes n'est-elle pas par elle-même opposable aux tiers [4].

Mais tout ce qu'a voulu dire l'art. **1863**, c'est, croyons-nous, que le tiers n'est lié que par une convention passée avec lui; il n'est pas nécessaire, malgré les termes de l'art. **1863**, que l'acte fasse mention de cette convention spéciale [5]; il est clair que le seul but du législateur a été d'empêcher qu'on n'opposât aux tiers les clauses de l'acte de société sans les avoir prévenus; il n'a pas voulu toucher la question de preuve; ainsi, et sauf les difficultés de la preuve, les associés pourront démontrer qu'une stipulation, non inscrite dans l'acte passé avec le tiers, est intervenue pour modifier la responsabilité légale des associés.

339. Si l'art. **1863** permet aux tiers de poursuivre les associés pour leur part virile, il ne le leur impose pas. Quoiqu'on

(1) Pothier, n. 104.

(2) L. 11, § 2, D., *de duob. reis*, 45. 2; L. 44, § 1, D., *de æd. ed.*, 21. 1. — Et en ce dernier sens le droit allemand, Eck, *loc. cit.*

(3) Cass. req., 21 fév. 1883, S., 84, 1. 361, D., 83. 1. 217. — Douai, 23 mars 1878, S., 78. 2. 305, D., 79. 2. 109 (créanciers qui font partie de la société). — Rouen, 16 juin 1890, S., 92. 2. 309. — Duvergier, n. 391; Pont, n. 661 et *Rev. crit.*, XIII, 1884, p. 524; Laurent, XXVI, n. 352; Guillouard, n. 268.— *Contra* Houpin, I, n. 104.

(4) Bruxelles, 2 fév. 1882, D., 83. 2. 1. — Rouen, 16 juin 1890, S., 92. 2. 309. — Trib. civ. Rouen, 30 mai 1888, *Journ. des soc.*, 91. 228. — *Contra* Paris, 28 janv. 1868, D., 68. 2. 244.

(5) *Contra* Guillouard, n. 268.

ait soutenu le contraire [1], les tiers peuvent invoquer l'acte de société pour poursuivre chaque associé proportionnellement à sa part virile, si cette part est supérieure à sa part proportionnelle. Il est, en effet, de principe que le créancier peut se prévaloir des conventions qui modifient entre les débiteurs le poids de la dette. On objecte à tort que l'art. 1863 part de l'idée que les dettes se divisent proportionnellement entre les associés; l'art. 1863 permet aux parties de déroger à ce principe, à condition que les tiers approuvent cette dérogation.

340. L'art. 1863 s'applique dans toutes les sociétés civiles, car il ne fait aucune distinction, et on ne voit, du reste, aucune raison de distinguer.

Ainsi l'art. 1863 s'applique aux sociétés de mines [2]. On a cependant soutenu que les associés n'y sont tenus que proportionnellement à leur part sociale [3]. L'art. 1863, a-t-on dit, suppose que l'engagement est contracté par tous les associés, et dans les sociétés minières, c'est le directeur qui contracte; c'est donc la société qui est tenue, et comme c'est une société de capitaux, les capitaux sont tenus dans la proportion où ils ont été apportés.

Nous avons montré que les sociétés minières ne sont pas plus que toutes les autres sociétés civiles des sociétés de capitaux. Nous ajoutons que la règle de l'art. 1863 est posée d'une manière générale et, par conséquent, ne souffre pas de restriction; que l'art. 1863 repose sur le défaut de publicité du contrat social, c'est-à-dire sur une raison commune aux sociétés civiles ordinaires et aux sociétés minières; qu'enfin, dans ces dernières comme dans les autres, l'administrateur qui contracte agit au nom des associés.

Nous ne croyons même pas qu'il soit nécessaire, comme on l'a prétendu [4], de distinguer en législation, à ce point de vue, les sociétés minières des autres sociétés civiles.

[1] Trib. civ. Epernay, 19 fév. 1892, *Journ. des soc.*, 94. 482. — Pont, *Rev. crit.*, XIII, 1884, p. 527.

[2] Guillouard, n. 370.

[3] Laurent, XXVI, n. 429; Delecroix, *Des sociétés de mines*, n. 444.

[4] Guillouard, n. 370.

L'art. 1863 s'appliquait même aux sociétés à forme commerciale [1] avant la loi du 1er août 1893, qui a soumis ces sociétés aux règles des sociétés commerciales.

II. *Engagements contractés par un associé.*

341. Si l'engagement a été contracté par un seul associé, il ne suffit plus, pour que la société soit obligée, que l'engagement ait été contracté en son nom; il faut en outre que l'associé qui a pris l'engagement eût pouvoir d'agir au nom des autres, ou que l'engagement ait tourné au profit de la société. Si cette condition fait défaut, l'associé qui a pris l'engagement sera seul obligé, bien qu'il ait parlé au nom de tous. C'est ce que dit l'art. 1864 : « *La stipulation que l'obligation est contractée pour le compte de la société, ne lie que l'associé contractant et non les autres, à moins que ceux-ci ne lui aient donné pouvoir, ou que la chose n'ait tourné au profit de la société* » [2].

Le pouvoir existera non seulement si l'associé a reçu mandat général d'administrer, mais encore s'il a accompli un acte qu'il avait reçu mandat spécial de faire [3], ou si, à défaut de gérant, il a agi dans la limite des pouvoirs appartenant à chaque associé [4].

Que si l'associé n'avait pas mandat d'administrer ou s'il a dépassé ce mandat, la société est tenue dans les limites de son enrichissement [5]; c'est une dérogation à l'art. 1998, d'après lequel le mandataire n'est tenu qu'en cas de ratification de ce qui a été fait au-delà du mandat [6].

Quant à l'associé qui a contracté au nom de la société, il n'est tenu que pour sa part, comme les autres [7].

(1) Rouen, 16 juin 1890, S., 92. 2. 309.

(2) Allemagne, jugement dans Seuffert, *Arch.*, XII, p. 60 et 270. — Eck, *loc. cit.* — C. gén. prussien, I, 17, §§ 206 à 210.

(3) Duvergier, n. 385; Troplong, II, n. 807; Pont, n. 647; Laurent, XXVI, n. 344; Guillouard, n. 266; Houpin, I, n. 102.

(4) V. *supra*, n. 314 s.

(5) Cass., 7 juillet 1868, S., 68. 1. 357, D., 69. 1. 319. — Bordeaux, 11 avril 1845, S., 46. 2. 315, D., 45. 4. 482. — Trib. civ. Epernay, 19 février 1892, *Journ. des sociétés*, 94. 482. — Guillouard, n. 466 *bis*; Houpin, I, n. 102. — Il a même été décidé qu'elle est tenue pour le tout. — Lyon, 23 mars 1892, *Droit*, 29 sept. 1892.

(6) Pont, n. 648; Guillouard, n. 266 *bis*. — *Contra* Laurent, XXVI, n. 346.

(7) Pont, n. 646; Laurent, XXVI, n. 345; Guillouard, n. 266; Houpin, *loc. cit.*

342. Le gérant a le pouvoir suffisant pour engager ses coassociés [1]; de ce qu'il a le pouvoir d'administrer, il résulte que, vis-à-vis même des tiers, il est réputé, dans ses actes d'administration, contracter pour la société; par suite il n'est engagé que pour sa part et ses coassociés sont eux-mêmes engagés pour leur part.

On a cependant soutenu que le gérant qui, sans mandat formel, contracte au nom de la société, n'engage que lui vis-à-vis des tiers, mais s'engage pour toute la dette [2]. On a dit en ce sens que la société est inopposable aux tiers en vertu de l'art. 1165. Mais, d'une part, par la convention les tiers se sont engagés implicitement à accepter la société pour débitrice, de sorte que l'art. 1165 est ici sans application; d'autre part, l'art. 1121 C. civ. permet aux tiers de poursuivre les coassociés du gérant en se fondant sur le droit qu'a ce dernier, dans ses rapports avec ses coassociés, de les engager.

343. Il résulte de l'art. 1864 que les engagements pris régulièrement par un associé sous la signature sociale sont obligatoires pour la société même s'ils sont pris en réalité pour le compte de l'associé [3].

Il en est autrement, bien entendu, si les tiers ont su que l'associé n'agissait pas pour le compte de la société [4].

On a décidé également que ces engagements ne peuvent être mis à la charge de la société s'ils ont pour but de réduire arbitrairement l'apport de l'associé en mettant à la charge de la société la dette de l'apport [5]; cela nous paraît difficile à admettre.

344. Nous avons vu que la clause de l'acte de société qui modifie les obligations des associés vis-à-vis des tiers est inopposable aux tiers qui contractent avec tous les associés.

(1) Dijon, 20 mars 1889, *Gaz. Pal.*, 89. 1. 735.

(2) Pont, n. 647; Laurent, XXVI, n. 344; Guillouard, n. 266; Duranton, XVII, n. 447; Mouchet, *Rev. bourguignonne de l'enseign. sup.*, I, 1891, p. 245 s. Le premier de ces auteurs assimile au pouvoir une clause expresse des statuts.

(3) Cass., 7 mai 1851, S., 51. 1. 321. — Cass. civ., 28 mai 1889, S., 92. 1, 395 (engagements pour assurer le payement de marchandises fournies à l'associé).

(4) Cass., 21 fév. 1860, S., 60. 1. 415. — Bordeaux, 12 août 1868, S., 69. 2. 108. — Montpellier, 2 juin 1876, S., 76. 2. 320.

(5) Cass. civ., 28 mai 1889, S., 92. 1. 397.

345. Au cas où l'associé qui a parlé au nom de la société avait des pouvoirs suffisants, chacun de ses coassociés sera, sauf stipulation contraire, obligé envers le créancier pour sa part virile et non pour sa part sociale [1]. Il importe peu d'ailleurs que l'associé, qui a contracté l'engagement, fût muni d'un pouvoir exprès, donné soit par une clause du contrat de société, soit par un acte postérieur, ou qu'il fût seulement investi du mandat tacite de l'art. 1859.

Ici encore il faut excepter le cas où la part sociale serait supérieure à la part virile [2].

Mais si le mandat conféré à l'un des associés ne lui permet d'obliger ses co-associés que dans une certaine limite, par exemple jusqu'à concurrence de leurs mises, ce mandat est opposable aux tiers [3].

345 *bis*. La jurisprudence a eu l'occasion de faire l'application de la règle que la société est engagée par les actes que fait un associé en dehors de ses pouvoirs, dans les limites où elle s'est enrichie [4].

346. Si l'associé qui a contracté l'engagement n'avait pas de pouvoirs suffisants pour obliger la société et que celle-ci ne soit tenue que parce que l'engagement lui a profité, alors chaque associé ne pourra être poursuivi que dans la mesure du profit qu'il retire personnellement de l'acte, par conséquent pour sa part sociale et non pour sa part virile [5]. Les associés sont, en effet, tenus, comme la société elle-même (art. 1864), pour avoir tiré profit de la dette et ils ne partagent le profit de la société que dans les limites de leur part sociale.

Il en est ainsi, quoique certains auteurs paraissent croire le

(1) Trib. civ. Epernay, 19 fév. 1892, *Journ. des soc.*, 94. 482. — Guillouard, n. 268 ; Pont, *Rev. crit.*, XIII, 1884, p. 524 ; Houpin, I, n. 203.

(2) *Contra* Trib. civ. Epernay, 19 fév. 1892, précité.

(3) Trib. civ. Epernay, 19 fév. 1892, précité.

(4) Cass. req., 6 fév. 1893, D., 93. 1. 318 (une société qui, par les manœuvres frauduleuses d'un associé, a reçu, en payement des sommes qui lui étaient dues par un tiers, des sommes détournées par ce tiers d'une société dont il faisait lui-même partie, est tenue de restituer ces sommes à cette dernière société).

(5) Cass. req., 18 mars 1824, S. chr. — L. 82, D., *pro soc.*, 17, 2. — Troplong, II, n. 820 ; Duvergier, n. 402 ; Pont, n. 659 et *Rev. crit.*, XIII, 1884, p. 526 ; Laurent, XXVI, n. 353 ; Guillouard, n. 269 ; Houpin, *loc. cit.*

contraire ([1]), même dans l'opinion qui donne à la société une personnalité civile. Si on admet ce dernier système, il en résultera sans doute que la société pourra être l'objet de poursuites dirigées contre elle, mais non pas que les associés seront tenus pour leur part virile.

347. Les actes faits par un associé au nom de la société et qui ne rentrent pas dans l'objet de la société, rendent responsable envers les tiers l'associé qui les a faits ([2]).

348. Il faut même noter qu'une personne qui, par ses agissements, se fait passer pour associé est tenue comme tel vis-à-vis des tiers qui lui attribuent cette qualité ([3]).

Il en est autrement vis-à-vis des tiers qui ont ignoré les agissements de cette personne ([4]), ou ont su qu'elle n'est pas associée.

III. *Solidarité entre les associés.*

349. La solidarité entre les associés est de droit dans certaines sociétés commerciales; elle n'a jamais lieu dans les sociétés civiles qu'en vertu d'une stipulation formelle ([5]). Tel est le sens de l'art. 1862, ainsi conçu : « *Dans les sociétés » autres que celles de commerce, les associés ne sont pas tenus » solidairement des dettes sociales, et l'un des associés ne » peut obliger les autres si ceux-ci ne lui en ont conféré le » pouvoir.* » C'est une solution traditionnelle ([6]).

Mais le défaut de solidarité n'empêche pas l'indivisibilité, conformément au droit commun, dans les hypothèses où elle résulte des principes ([7]).

Que si la société civile a une forme commerciale, les associés sont tenus solidairement, à raison de l'assimilation aujourd'hui établie entre les sociétés de ce genre et les sociétés commerciales. Avant même la loi du 1er août 1893, qui a fait

([1]) Guillouard, *loc. cit.*
([2]) Angleterre, Cour d'appel, 19 mai 1883, *Journ. dr. int.*, XIII, 1886, p. 359.
([3]) Cour supr. États-Unis, 5 mai 1884, *Journ. dr. int.*, XII, 1885, p. 581.
([4]) C. supr. États-Unis, 5 mai 1884, précité.
([5]) Cass., 7 avril 1886, S., 89. 1. 463. — Guillouard, n. 267; Houpin, I, n. 103.
([6]) Pothier, n. 183.
([7]) Cass., 10 déc. 1845, S., 46. 1. 623. — Bruxelles, 28 nov. 1806, S. chr. — Laurent, XXVI, n. 350; Guillouard, n. 267.

cette assimilation, cette solution était généralement admise [1].

Mais il ne suffit pas qu'une société civile ait la personnalité morale pour que la règle de la solidarité lui soit applicable, car l'art. 1862 fait de la solidarité une règle spéciale aux sociétés de commerce.

Ainsi, quoique les sociétés minières constituent des personnes morales, la solidarité n'y existe pas [2].

350. La solidarité peut être stipulée dans une convention passée avec les tiers.

Elle peut également figurer dans une clause du pacte social et les tiers peuvent se prévaloir de cette clause [3].

SECTION II

DROITS DES CRÉANCIERS SOCIAUX ET DES CRÉANCIERS DES ASSOCIÉS SUR LES BIENS DE LA SOCIÉTÉ ET DES ASSOCIÉS

§ I. *Droits des créanciers relativement à la gestion.*

351. Les créanciers d'un associé ne peuvent émettre la prétention de s'immiscer dans la gestion [4] ni même de la contrôler [5], car la gestion est un acte essentiellement personnel.

On verra également qu'ils ne sont pas recevables à demander, pour une cause quelconque, la dissolution de la société [6].

Les créanciers de la société ne peuvent pas davantage se mêler à la gestion.

§ II. *Droits respectifs accordés aux créanciers de la société et des associés sur les biens de la société.*

352. Les conflits qui peuvent s'élever entre les créanciers sociaux et les créanciers des associés relativement à leurs

(1) Aix, 4 juin 1868, D., 69. 2. 242. — Pont, n. 655; Laurent, XXVI, n. 350; Guillouard, n. 270.

(2) Laurent, XXVI, n. 429; Guillouard, n. 370.

(3) Dijon, 2 juin 1893, *Revue bourguignonne de l'enseignement supérieur*, III, 1893, p. 891.

(4) Trib. com. Nantes, 27 août 1887, *Rec. Nantes*, 87. 374. — Houpin, I, n. 106.

(5) Trib. com. Nantes, 27 août 1887, précité.

(6 V. *infra*.

droits et actions sur les biens de la société sont délicats à résoudre; ils dépendent du point de savoir si la société civile forme une personne morale.

On doit d'ailleurs noter qu'un créancier personnel de l'associé peut être en même temps créancier de la société et revendiquer alors, suivant son intérêt, l'une ou l'autre de ces qualités.

Ainsi la société est censée avoir pris à sa charge les dettes qui grèvent spécialement l'apport de l'associé et qui sont en même temps charges de la jouissance, telles que les annuités d'un brevet d'invention (1).

De même, dans les sociétés universelles, les dettes de l'associé deviennent dettes sociales.

353. Dans l'opinion d'après laquelle les sociétés civiles constituent des personnes morales, les créanciers de la société ont le droit de se faire payer sur les biens dépendant de la société par préférence aux créanciers personnels des associés (2). Ceux-ci ne sont pas, en effet, créanciers de la *société*. Au contraire, ce droit de préférence sera refusé aux créanciers sociaux si l'on admet que la société civile n'est pas investie de la personnalité juridique (3), car alors les biens de la société devront être considérés comme biens des associés, qui en sont copropriétaires par indivis, et les créanciers sociaux comme des créanciers personnels des divers associés; or, les créanciers d'un même débiteur viennent tous par concurrence, à moins qu'il n'y ait entre eux des causes légitimes de préférence (art. 2093). Les créanciers de l'associé n'ont sans doute pas, comme nous le montrerons, le droit de saisir les biens sociaux, mais ils peuvent néanmoins, si la saisie est faite par les créanciers sociaux, concourir avec ces derniers sur la somme qui représente la part de leur débiteur.

(1) Cass., 29 mai 1877, S., 78. 1. 402. — Rouen, 29 déc. 1871, S., 72. 2. 51. — Trib. civ. Seine, 26 mars 1895, *Droit*, 5 juin 1895.

(2) Paris, 1er juin 1831, S., 31. 2. 591. — Paris, 9 août 1831, S., 31. 2. 259. — Duvergier, n. 406; Troplong, II, n. 865; Houpin, I, n. 106. — En ce sens pour les sociétés commerciales, Cass., 26 août 1879, S., 79. 1. 454.

(3) Cass., 2 juin 1834, S., 34. 1. 603. — Cass., 19 mars 1838, S., 38. 1. 343. — Paris, 19 avril 1831, S., 31. 2. 591. — Laurent, XXVI, n. 360; Lyon-Caen, *Traité*, II, n. 109; Colmet de Santerre, art. 1864, n. 53 *bis*, XI; Meynial, *Note*, S., 92. 1. 74.

Cependant certains auteurs n'ont pas cru que la négation de la personnalité civile conduisît à cette conséquence [1]. L'art. 1860, disent-ils, interdisant à l'associé d'aliéner les biens sociaux, lui interdit implicitement de s'obliger sur ces mêmes biens; non seulement donc ses créanciers ne peuvent pas saisir sa part dans les biens sociaux, et peuvent seulement saisir sa part d'intérêt dans la société, mais, si les biens sociaux sont saisis par des créanciers sociaux, les créanciers personnels des associés ne viennent pas en concours avec eux.

Il y a dans ce raisonnement, à notre avis, une double contradiction : d'une part, si l'on rejette la personnalité de la société, le droit des associés dans la société comprend uniquement leur droit dans les biens de la société et il ne saurait être question d'une part d'intérêt dans la société; en disant le contraire, on fait une concession à la doctrine de la personnalité. D'autre part, si l'argument tiré de l'art. 1860 était sérieux, il ne serait pas suffisant de réduire les créanciers de l'associé sur les biens de la société à un droit primé par celui des créanciers sociaux; il faudrait refuser aux créanciers de l'associé tout droit quelconque sur les biens de la société, car, l'aliénation étant entièrement nulle, l'engagement ne le serait pas moins.

Il faut ajouter que l'art. 1860 ne dit pas ce qu'on lui fait dire; il signifie seulement, comme nous l'avons montré, que l'associé n'a pas, dans ses rapports avec ses co-associés, le *pouvoir* d'aliéner; il ne tranche pas la question de validité de l'aliénation à l'égard des tiers [2].

On objecte, d'autre part, que le prix des biens sociaux est lui-même un bien social et, comme tel, échappe aux créanciers de la société. Cela supposerait qu'il peut y avoir, dans une société qui n'a pas de personnalité, des biens sociaux, ce qui implique une contradiction dans les termes mêmes; il ne peut y avoir dans une société de ce genre que des biens indi-

(1) Mongin, *Etude sur la situation juridique des sociétés dénuées de personnalité*, *Rev. crit.*, XIX, 1890, p. 700, § 1; Thiry, *Rev. crit.*, V, 1854, p. 412 s.; Demangeat sur Bravard, I, p. 176; Aubry et Rau, IV, p. 566, § 383, note 7; Guillouard, n. 273 (V. cep. n. 261).

(2) V. *supra*, n. 331.

vis, et les sommes et créances, se divisant de plein droit entre les associés, ne sont pas indivises.

En vain objecte-t-on encore que l'associé soumet son apport à toutes les éventualités de la société et consent, par conséquent, à l'affecter aux créanciers sociaux. Une pareille affectation ne peut être faite au préjudice des créanciers de l'associé; car il est de principe que nul ne peut, sans remplir les formalités du nantissement ou de l'hypothèque, donner à certains de ses créanciers un droit de préférence sur les autres.

On a dit également que le concours des créanciers personnels entrave le fonctionnement de la société; que les créanciers sociaux, insuffisamment payés, recourront sur d'autres biens sociaux et ainsi que les créanciers personnels, qui ne peuvent saisir les biens sociaux, arriveront indirectement à cette saisie. Ces considérations nous paraissent un peu puériles; car le point de savoir si une personne jouit d'un droit ne peut être résolu par l'examen des conséquences indirectes que produirait la concession de ce droit. D'autre part, c'est une pétition de principe que d'affirmer que les créanciers personnels ne peuvent entraver le fonctionnement de la société.

354. En admettant que les créanciers sociaux aient un droit de préférence sur les créanciers des associés, ce droit de préférence survit-il à la dissolution de la société?

Non, pensons-nous, dans la théorie de la personnalité civile, parce que la dissolution de la société fait disparaître cette personnalité; car, une fois la dissolution opérée, l'associé prend la place de la société disparue et c'est à lui qu'appartient une part des biens sociaux. Les créanciers de la société deviennent créanciers de l'associé et ne sauraient, dès lors, avoir un droit de préférence sur les autres créanciers de l'associé.

Oui, au contraire, pour les auteurs qui, sans admettre la personnalité civile de la société, fondent le droit de préférence des créanciers sociaux sur ce que l'associé a soumis ses apports aux éventualités des opérations sociales [1]. C'est

[1] En ce sens Demangeat, *loc. cit.*

d'une manière définitive alors que sa part est affectée aux créanciers sociaux.

355. Le concours des créanciers personnels est également admis après la dissolution de la société par les auteurs qui veulent empêcher que les créanciers personnels entravent le fonctionnement de la société ou provoquent indirectement l'expropriation des biens sociaux (¹). Car ils ont le droit de poursuivre eux-mêmes cette expropriation, non pas, sans doute, dès la dissolution de la société, mais après le partage. D'un autre côté, on ne peut les accuser d'entraver le fonctionnement d'une société qui n'existe plus.

356. Si, selon nous, les créanciers sociaux n'ont aucun droit de préférence sur les créanciers personnels, ces derniers cependant n'ont pas le droit de saisir, tant que dure la société, la part de leur débiteur dans les biens sociaux (²). Ce sont, en effet, des biens indivis entre leur débiteur et des tiers; or, l'art. 2205 défend aux créanciers de l'un des copropriétaires de saisir et faire vendre les biens indivis. Cet argument est suffisant et il est inutile, comme on l'a fait, d'invoquer l'art. 1860, qui n'a trait qu'à l'aliénation directe et, du reste, ne tranche pas la question de la validité de l'aliénation.

Les créanciers d'un associé peuvent, au contraire, saisir sa part dans les profits de la société (³).

Mais l'adjudicataire demeure étranger à la société et ne peut, par suite, s'immiscer dans son administration ni en demander la liquidation et le partage avant sa dissolution (⁴), il acquiert seulement le droit d'agir contre la société pour

(¹) Aubry et Rau, *loc. cit.;* Guillouard, n. 273; Thiry, *Rev. crit.*, VII, 1855, p. 289 s.; Pont, n. 666.

(²) Paris, 10 juin 1869, D., 70. 1. 304. — Aubry et Rau, IV, p. 560, § 381 *bis;* Pont, n. 592; Thiry, *Rev. crit.*, VII, 1855, p. 301; Laurent, XXVI, n. 360; Mongin, *op. cit.*, p. 701 et 705, § 1; Lyon-Caen et Renault, *Traité*, II, n. 273; Houpin, *loc. cit.;* Guillouard, n. 271 et 273.

(³) Paris, 2 mai 1811, S. chr. — Paris, 13 août 1834, S., 34. 2. 674. — Alger, 11 juin 1866, S., 67. 2. 46. — Trib. civ. Seine, 12 juin 1834, S., 34. 2. 674. — Aubry et Rau, IV, p. 560, § 381 *bis*, notes 3, 4 et 5; Laurent, XXVI, n. 357 s.; Mongin, *op. cit.*, p. 702, § 1; Thiry, *Rev. crit.*, VII, p. 304 s.; Guillouard, n. 252 *bis* et 271.

(⁴) Cass., 11 mars 1806, S. chr. — Paris, 13 août 1834, S., 34. 2. 674. — Alger, 18 juin 1866, précité. — Aubry et Rau, *loc. cit.*, notes 2 et 5; Laurent, *loc. cit.;* Guillouard, n. 271.

réclamer la part à laquelle l'associé a droit dans le profit [1]. Sa situation est identique à celle du croupier.

Il peut également, comme nous le verrons, demander le partage après la dissolution de la société et peut-être aussi en cas de déconfiture de l'associé dont il a acquis la part.

357. Quant aux créanciers sociaux, ils peuvent, cela est inutile à dire, saisir les biens de la société [2].

358. Après la dissolution de la société, et tant que le partage n'a pas été effectué, le droit de saisie continue à être refusé aux créanciers personnels des associés ; l'art. 2205 garde, en effet, sa valeur [3].

Si on a soutenu le contraire [4], c'est en rattachant la question à l'art. 1860, qui, nous le répétons, y est étranger, et en interprétant à tort ce texte comme mettant à la charge des associés une obligation personnelle qui cesse lors de la dissolution de la société.

359. Dans les sociétés qui constituent des personnes morales, les créanciers de la société sont certainement, sur les biens sociaux, préférés, comme nous l'avons dit, aux créanciers des associés.

Il en est ainsi, par exemple, dans les sociétés minières [5].

360. Il va sans dire que, dans toutes les opinions, les droits des créanciers personnels diffèrent par leur étendue de ceux qui appartiennent aux créanciers sociaux ; les créanciers sociaux, qu'ils soient considérés comme créanciers de la société ou des associés, ont une action sur tous les biens de la société ; les créanciers personnels d'un associé n'ont d'action que sur la part de ce dernier dans les biens.

Ainsi, les créanciers sociaux peuvent opérer une saisie-arrêt sur la totalité d'une créance sociale [6] ; au contraire les créanciers d'un associé ne peuvent agir que sur la part lui appartenant divisément dans cette créance [7].

[1] Aubry et Rau, *loc. cit.*; Guillouard, n. 252 *bis*.

[2] Mongin, *op. cit.*, p. 706, § 1.

[3] Aubry et Rau, IV, § 381 *bis*, *i. f.* et VIII, § 777, p. 457, note 2 · Thiry, *Rev. crit.*, VII, 1855, p. 304 s. ; Mongin, *op. cit.*, p. 705, § 1.

[4] Pont, n. 666.

[5] Laurent, XXVI, n. 424 ; Guillouard, n. 369.

[6] Guillouard, n. 272.

[7] Cass., 11 mars 1806, S. chr. — Guillouard, n. 272.

Nous avons dit que ces derniers ne peuvent saisir la part de leur débiteur dans les biens de la société ; on accorde le droit contraire aux créanciers de la société [1].

361. Si la société civile est une personne morale, contrairement à la solution qui doit l'emporter dans l'opinion adverse, les créanciers des associés ne peuvent pas acquérir d'hypothèque sur ses biens [2]. Il en est ainsi en particulier des biens apportés par l'associé même dont les créanciers veulent acquérir une hypothèque [3], mais à la condition qu'avant l'inscription de cette hypothèque l'acte de société soit transcrit.

Ainsi, dans l'opinion qui nie la personnalité des sociétés civiles, les hypothèques légales et judiciaires acquises sur les biens des associés frappent au cours de la société leur portion indivise dans les immeubles sociaux [4]. Dans le système de la jurisprudence, il en est autrement. Cette dernière solution est admise pour les sociétés de commerce [5].

§ III. *Droits respectifs accordés aux créanciers de la société et des associés sur les biens des associés.*

362. En ce qui concerne les biens personnels des associés, les créanciers sociaux qui ne sont pas en même temps créanciers personnels de l'associé n'ont aucun droit de saisie pendant la durée de la société, si on reconnait aux sociétés civiles la personnalité morale [6].

Ils n'ont pas davantage le droit de participer, après la saisie faite par les créanciers de l'associé, au produit de cette saisie.

Si, au contraire, on n'admet pas la personnalité des sociétés civiles, les créanciers sociaux peuvent saisir les biens personnels des associés [7].

[1] Guillouard, n. 272.

[2] Trib. civ. Seine, 10 nov. 1891, *Gaz. Pal.*, 92. 1. 56.

[3] Trib. civ. Seine, 10 nov. 1891, précité.

[4] En ce sens Guillouard, n. 26.

[5] Cass., 10 mars 1831, S., 31. 1. 202. — Paris, 25 mars 1811, S. chr. — Toulouse, 31 juill. 1820, S. chr.

[6] Cpr. Eck, *loc. cit.*

[7] Jug. dans Seuffert, *Archiv*, XXX, p. 27; Windscheid, *Lehrb. d. Pand.*, § 407, note 4; Eck, *loc. cit.*

Ils peuvent même saisir directement les biens personnels des associés et n'ont pas à saisir d'abord les biens de la société [1].

363. Quant aux créanciers de chaque associé, ils peuvent évidemment saisir ses biens.

L'immeuble acquis par un associé, qui doit, d'après la stipulation de l'acte de société (il s'agit, par exemple, d'une société de tous gains), entrer en société, est, vis-à-vis de ses créanciers, réputé lui appartenir s'il l'a acquis en son nom personnel [2] et cela même s'il l'a acquis avec les deniers sociaux [3].

Les créanciers personnels de l'associé peuvent donc saisir l'immeuble, vis-à-vis des créanciers sociaux [4].

364. Nous avons établi plus haut que les clauses fixant la répartition des pertes et des bénéfices sont opposables aux créanciers des associés [5].

§ IV. *Compensation entre les créances ou les dettes des associés et de la société.*

365. Les partisans de la personnalité des sociétés civiles admettent qu'il ne s'opère pas de compensation entre les créances ou les dettes de la société et celles qui sont personnelles aux associés [6]. La raison est que les deux dettes n'existent pas entre les mêmes personnes. Dans l'opinion opposée, on admet en général la compensation [7].

Cependant certains auteurs ont nié que la compensation fût

(1) Cass. req., 14 mai 1890, précité. — Thaller, *Ann. dr. com.*, V, 1891, *doct.*, p. 188. — Jug. dans Seuffert, *Achiv*, XXX, p. 27; Eck, *loc. cit.* — *Contra* Trib. com. Seine, 15 fév. 1890, *Journ. Trib. com.*, 91. 103. — Windscheid, *loc. cit.* (par interprétation de la L. 65, § 14, *pro soc.*).

(2) Cass. civ., 29 déc. 1885, S., 87. 1. 311 (cet arrêt constate que l'acte avait été transcrit, mais c'est là une circonstance insignifiante).

(3) Cass. civ., 29 déc. 1885, précité.

(4) Cass. civ., 29 déc. 1885, précité.

(5) V. *supra*, n. 254.

(6) Troplong, n. 79; Duvergier, n. 381 s.; Larombière, art. 1291, n. 6; Demolombe, XXVIII, n. 566. — Cpr. Cass., 17 déc. 1853, S., 54. 1. 701, D., 54. 1. 25. — Cette solution est donnée pour la société commerciale. — Cass., 13 fév. 1855, S., 55. 1. 722.

(7) Laurent, XXVI, n. 361; Boistel, n. 163.

possible (1). Comme la compensation aboutit à la saisie de la créance compensée, et qu'ainsi le créancier de l'associé saisirait une créance sociale, ils ont invoqué l'impossibilité où se trouve l'associé de s'engager sur les biens sociaux. Cet argument ne nous séduit pas : nous avons montré qu'au contraire l'associé s'engage valablement sur les biens sociaux. Du reste, l'objection que nous venons de reproduire, en admettant qu'elle puisse être opposée au créancier de l'associé, ne peut l'être au créancier de la société qui est en même temps débiteur de l'associé.

On a dit encore que les créanciers des associés ne peuvent entraver le fonctionnement de la société ; nous avons montré la fausseté de cette idée en nous occupant du droit des créanciers personnels sur les biens sociaux.

366. Quoi qu'il en soit, les considérations que nous venons de réfuter ne s'appliquent plus après la dissolution de la société ; aussi reconnaît-on généralement, dans le système qui nie la personnalité civile, que la compensation est alors possible (2).

CHAPITRE XI

DE LA DISSOLUTION DE LA SOCIÉTÉ ET DU PARTAGE DE LA SOCIÉTÉ

SECTION PREMIÈRE

CAUSES DE DISSOLUTION DE LA SOCIÉTÉ ET PERSONNES QUI PEUVENT LES INVOQUER

367. « *La société finit,* — 1° *Par l'expiration du temps pour* » *lequel elle a été contractée ;* — 2° *Par l'extinction de la chose,* » *ou la consommation de la négociation ;* — 3° *Par la mort* » *naturelle de quelqu'un des associés ;* — 4° *Par* [*la mort* » *civile*], *l'interdiction ou la déconfiture de l'un d'eux ;* — » 5° *Par la volonté qu'un seul ou plusieurs expriment de n'être*

(1) Mongin, *op. cit.*, p. 709, § 2 ; Thiry, *Rev. crit.*, VII, 1855, p. 302 ; Pont, n. 670 ; Guillouard, n. 274 (V. cep. n. 26 et 27) ; Lyon-Caen et Renault, *Traité*, II, n. 116.

(2) Thiry, *loc. cit.* ; Pont, *loc. cit.* ; Guillouard, *loc. cit.*

» *plus en société* » (art. 1865). Cette énumération n'est pas complète. Il faut y ajouter : 6° la volonté de tous les associés; 7° l'événement qui met un associé dans l'impossibilité de réaliser son apport; 8° le jugement qui prononce la dissolution de la société à terme pour une cause grave (art. 1871).

Nous indiquerons quelques autres événements qui mettent fin à la société.

368. Parmi les diverses causes de la dissolution de la société, il y en a qui mettent fin à la société de plein droit, les autres supposent une manifestation de volonté ou l'intervention de justice.

Dans le premier cas, la société se dissout sans la volonté des associés et même en présence d'une volonté commune contraire [1]. Si les associés conviennent de rester en société, une nouvelle société se forme [2]. C'est ce que disait déjà le droit romain [3].

D'un autre côté, si la dissolution s'opère de plein droit, elle se produit dès l'évènement qui y met fin, tandis que, dans le cas contraire, elle ne se produit que du jour du jugement [4].

369. Aucune notification n'est nécessaire pour opérer la dissolution qui a lieu de plein droit.

Il en est ainsi, par exemple, de la dissolution résultant de la mort d'un associé [5].

370. En principe, les parties peuvent déroger aux causes de dissolution, en les augmentant ou en les diminuant. Toutefois cette règle comporte des exceptions : ainsi on admet que les associés ne peuvent s'obliger à maintenir la société pendant une durée illimitée [6]. Ils ne peuvent pas davantage décider que leur consentement unanime ne suffira pas à dissoudre la société, car cet engagement, pris envers eux-mêmes, ne saurait les lier.

Nous indiquerons, à propos de chacune des causes de dissolution, si la convention peut la modifier ou la supprimer.

[1] Merlin, *Quest.*, v° *Société*, § 9; Pont, n. 676; Laurent, XXVI, n. 362 et 363; Guillouard, n. 277.
[2] Mêmes auteurs.
[3] § 8, *Inst.*, *de societ.*, 3. 26.
[4] Auteurs précités.
[5] Pont, n. 702; Guillouard, n. 295.
[6] Cass. civ. 30 nov. 1892, S., 93. 1. 73. — V. *infra*, n. 445.

§ I. *Causes qui mettent fin à la société de plein droit.*

I. *Expiration du temps pour lequel la société a été contractée.*

371. En assignant par leur convention une certaine durée à la société, — nous indiquerons plus loin dans quels cas une société est faite pour une durée limitée, — les parties ont voulu par cela même que la société ne dépassât pas les limites fixées; elle prendra donc fin de plein droit à l'expiration du temps convenu, même si l'affaire pour laquelle la société a été contractée n'est pas terminée [1].

Toutefois il se peut qu'en fixant un terme les parties n'aient voulu qu'indiquer le délai dans lequel elles désiraient voir terminer l'affaire pour laquelle la société a été contractée; dans ce cas le juge du fait pourra décider que la société doit durer jusqu'à la consommation de l'affaire [2].

En particulier, et comme nous le verrons, si la durée de la société a été fixée à raison de la durée, alors déterminée, de l'affaire pour laquelle la société a été faite, et si un acte étranger aux parties vient augmenter ce dernier délai, la durée de la société augmente en même temps; on doit alors supposer que la fixation du terme de la société n'a rien d'absolu et que la volonté des parties est de subordonner ce terme à la fin de l'entreprise [3].

372. Même si la durée de la société est fixée d'une manière absolue, la volonté des parties peut l'augmenter ou la diminuer.

Nous parlerons ultérieurement du second cas.

Quant à l'augmentation de la durée, les parties peuvent évidemment la décider, en convenant avant l'arrivée du terme fixé que la société survivra pendant un certain temps à l'expiration de ce terme. Cette convention demeure soumise aux règles du droit commun en ce qui concerne la preuve. Si donc aucun écrit n'a été rédigé pour constater la société, l'intérêt engagé

(1) V. *infra*, n. 382.

(2) Troplong, II, n. 870; Pont, n. 683; Laurent, XXVI, n. 366; Guillouard, n. 280.

(3) V. *infra*, n. 382.

ne dépassant pas 150 fr., un écrit ne sera pas nécessaire non plus pour constater la prorogation [1]; mais, s'il a été dressé acte de la société, il devra être dressé acte aussi de la prorogation, et cela même quand il s'agirait de moins de 150 fr.; car l'acte de prorogation est fait, suivant le langage de l'art. 1341, « outre » le contenu de l'acte de société qu'il modifie (arg. art. 1341 et 1834 al. 2) [2]. Dans tous les cas, la prorogation pourrait être prouvée par l'aveu et par le serment; elle peut l'être aussi par témoins avec commencement de preuve par écrit [3]. C'est donc, nous le répétons, le droit commun qui s'applique ici de tous points. Telle est certainement l'idée qu'a voulu exprimer l'art. 1866 ; mais il le fait en fort mauvais termes : « *La prorogation d'une société à temps limité ne peut* » *être prouvée que par écrit revêtu des mêmes formes que le* » *contrat de société* ». Prise à la lettre, cette disposition conduirait notamment à décider que, si la société a été constatée par un acte sous-seing privé, la prorogation ne pourra l'être que par un autre acte sous-seing privé, non par un acte authentique : ce qui est évidemment inadmissible [4]. Le tribun Boutteville, dans son rapport [5], interprète l'art. 1866 comme nous venons de le faire.

Quant aux tiers, ils peuvent prouver la prorogation, comme la formation de la société [6], par tous moyens [7].

373. La prorogation tacite, opérée par la simple continuation des affaires sociales, sans qu'aucune convention expresse soit intervenue entre les associés, est évidemment permise [8]. Mais elle est soumise aux conditions de preuve que nous venons d'indiquer [9] : cette dernière solution a été contes-

[1] Guillouard, n. 282; Houpin, I, n. 123.

[2] V. cep. Guillouard, *loc. cit.;* Houpin, *loc. cit.*

[3] Cass., 11 déc. 1825, S. chr. — Cass., 19 juillet 1852, S., 53. 1. 33, D., 53. 1. 99. — Duranton, XVII, n. 462; Troplong, II, n. 914 ; Duvergier, n. 416; Pont, n. 688 et 689; Laurent, XXVI, n. 369; Guillouard, n. 282; Houpin, *loc. cit.*

[4] Guillouard, n. 282.

[5] Fenet, XIV, p. 414.

[6] V. *supra*, n. 40.

[7] Lyon-Caen et Renault, II, n. 302; Houpin, *loc. cit.*

[8] Cass. req. (et non civ.) 18 déc. 1889, S., 93. 1. 467. — Laurent, XXVI, n. 370; Guillouard, n. 284.

[9] Cass., (motifs), 14 mars 1848, S., 48. 1. 708, D., 48. 1. 120. — Cass. req., 18

tée [1]; on a fait valoir qu'il y a là non pas une convention mais un simple fait, et que, dans le droit commun, les faits peuvent toujours être prouvés par témoins. C'est, selon nous, une erreur : la prorogation de la société ne peut avoir lieu sans la volonté commune et concordante des associés ; ce n'est pas là autre chose qu'une convention, quoiqu'elle n'ait pas été formelle, et qu'elle résulte, non pas de paroles ou d'écrits, mais d'opérations sociales faites de concert entre les associés. D'un autre côté les faits qui produisent des conséquences juridiques, et celui-ci est évidemment du nombre, ne peuvent être prouvés que conformément au droit commun; nous ajoutons que, d'après l'opinion générale, la prorogation d'un bail, qui repose, comme la prorogation d'une société, sur le consentement tacite des parties, n'est pas soustraite aux principes ordinaires de la preuve.

Ainsi la prorogation tacite ne peut être prouvée par témoins qu'avec un commencement de preuve par écrit [2].

374. Expresse ou tacite, il résulte des développements précédents que la prorogation est subordonnée à la volonté unanime des associés, à moins de clause contraire [3].

Toutefois l'usage peut être contraire ; on conçoit que si, dans une contrée déterminée, la coutume veut que toutes les sociétés d'une certaine nature se prorogent de plein droit dans des conditions déterminées, les parties sont censées s'être référées à cet usage ; l'usage constant tient, en effet, dans les relations privées, lieu de convention. Ainsi on a pu juger sans blesser les principes que dans le Jura les sociétés fromagères sont réputées se proroger d'année en année [4].

Cette prorogation n'est pas soumise aux règles ordinaires de preuve ; si même la société excède 150 fr., l'usage sert de con-

déc. 1889, précité. (Cependant cet arrêt, qui confond la convention avec sa preuve, paraît dire dans un de ses considérants que la preuve de la continuation des affaires sociales suffit, à moins qu'il ne s'agisse d'une société ayant un objet nouveau). — Laurent, XXVI, n. 368 et 370; Guillouard, n. 283 ; Houpin, *loc. cit.*

[1] Pont, n. 690; Vavasseur, I, n. 213.

[2] Cass., 19 juill. 1852, précité. — Cass. req., 18 déc. 1889, précité.

[3] Trib. civ. Lyon, 19 mars 1894, *Rev. soc.*, 94. 502. — Lyon-Caen et Renault, II, n. 301 ; Houpin, I, n. 123.

[4] Besançon, 12 mars 1866, S., 67. 2. 281, D., 67. 2. 33.

vention écrite [1]. Ce n'est pas, en effet, une simple convention tacite que l'usage, c'est une véritable loi, puisqu'il gouverne tous les contrats d'une certaine espèce ; sans doute les parties s'y sont référées tacitement ; mais ne se réfèrent-elles pas également, quand elles font un contrat quelconque et notamment une société, aux principes législatifs qui gouvernent ce contrat ? Soutiendra-t-on, par exemple, que le partage égal des bénéfices ne peut être admis sans qu'une convention en ce sens soit démontrée ? Nous ne voyons pas pourquoi ce qui est vrai de la loi écrite ne le serait pas également de la loi orale que constitue l'usage. Nous avons à peine besoin d'ajouter que notre solution a le double mérite d'être conforme à l'intention certaine des parties et de ne présenter aucun inconvénient pratique.

375. La convention de prorogation doit nécessairement intervenir avant l'expiration du temps pour lequel la société a été contractée. Après cette expiration, la société, irrévocablement dissoute, ne pourrait plus être restaurée par la volonté des parties ; on ne saurait revenir sur un fait accompli. La volonté des parties peut bien empêcher une société de se dissoudre, mais elle ne peut pas faire qu'une société dissoute ne soit pas dissoute. Tout ce qui serait possible désormais, ce serait de former une nouvelle société sur les mêmes bases que l'ancienne, mais ce ne serait plus l'ancienne société qui continuerait [2].

Au contraire, l'ancienne société continue si la prorogation est décidée avant son expiration [3] ; aucune interruption, en effet, ne s'est produite et les parties ont entendu conserver l'ancienne société. L'idée contraire, exprimée par Boutteville dans son rapport au tribunat [4], n'a d'autre but, dans la pensée de son auteur, que de justifier les dispositions de la

(1) Besançon, 12 mars 1866, précité. — *Contra* Guillouard, n. 285 ; Houpin, I, n. 123.

(2) Laurent, XXVI, n. 371 ; Guillouard, n. 286 ; Houpin, I, n. 123. — *Contra* Troplong, II, n. 915 ; Pont, n. 686.

(3) Troplong, *loc. cit.* ; Pont, *loc. cit.* ; Laurent, XXVI, n. 371 ; Guillouard, n. 286 ; Houpin, *loc. cit.*

(4) Fenet, XIV, p. 634.

loi relatives à la preuve; on ne peut donc s'en prévaloir en faveur de l'opinion contraire.

376. C'est une nouvelle société qui prend naissance si l'objet de la société prorogée est différent de l'objet primitif de la société [1].

Alors, dans toutes les opinions et même si la nouvelle convention est tacite, il faut recourir aux modes de preuves exigés pour la société elle-même [2].

377. C'est la loi du lieu où le contrat est fait qui règle la durée de la société [3].

II. *Extinction de la chose.*

378. L'art. 1865-2° dit que la société finit *par l'extinction de la chose*. Ce n'est qu'une application particulière du principe consacré par l'art. 1302; elle était déjà donnée en droit romain [4] et dans l'ancien droit [5].

379. A la perte de la chose, il faut assimiler l'événement qui soustrait le fonds social à l'exploitation commune [6]; la perte s'entend donc d'une manière relative.

Ainsi la confiscation du fonds social rompt la société; c'est ce que décidait le droit romain [7].

Domat donnait encore comme exemple le cas où « la société était pour la ferme d'une terre prise par l'ennemi dans un temps de guerre » [8].

Il y a encore perte de la chose en cas de révocation de la concession pour l'exploitation de laquelle a été formée la société [9], ou de l'autorisation nécessaire à son fonctionne-

(1) Cass. req., 18 déc. 1889, S., 93. 1. 467 (société primitivement constituée pour l'exploitation d'une ferme; prorogation pour l'exploitation de la même ferme, *louée par un nouveau bail pour une nouvelle période;* nous doutons qu'on puisse dire avec la cour de cassation, que, dans l'espèce, l'objet de la société s'est modifié). — Houpin, *loc. cit.*

(2) Cass. req., 18 déc. 1889, précité.

(3) Trib. com. Marseille, 7 fév. 1878.

(4) L. 63, § 10, D., *pro soc.*, 17. 2.

(5) Domat, liv. I, tit. VIII, sect. 5, § 11; Pothier, n. 140.

(6) Guillouard, n. 288; Houpin, I, n. 125.

(7) L. 63, § 10, D., *pro soc.*, 17. 2.

(8) Domat, *loc. cit.*

(9) Cass., 17 déc. 1834, S., 35. 1. 651. — Pont, n. 682; Guillouard, n. 293; Wahl, *Note*, S., 96. 2. 57, § 2; Houpin, *loc. cit.*

ment [1], ou en cas de cessation du bail de la chose mise en société [2].

380. L'art. 1865 ne parle que de l'extinction de la chose, c'est-à-dire de la disparition totale de l'objet mis en société. Cependant, comme nous le verrons, la perte partielle peut donner lieu à la dissolution judiciaire de la société [3].

Nous montrerons que la perte de l'apport peut également donner lieu à dissolution [4].

On applique quelquefois l'art. 1865 à la perte du capital social [5]. Cela est, selon nous, inexact [6] : la loi ne vise, ainsi que le dit expressément Pothier dans le passage d'où est extrait l'art. 1865, que le cas où la société est formée pour exploiter une certaine chose et où cette chose périt. Du reste le fonds social n'est que le composé des apports et l'art. 1867 porte que la perte des apports ne met pas, en principe, fin à la société. Rien, enfin, n'empêche une société de fonctionner avec des fonds empruntés après la perte de son capital. Tout ce qu'il est vrai de dire, c'est que la dissolution judiciaire de la société peut être prononcée, si son capital n'est plus suffisant, en fait, pour lui permettre de fonctionner.

III. *Consommation de la négociation.*

381. La consommation de la négociation, à laquelle fait allusion l'art. 1865, est également indiquée comme mettant fin à la société par l'art. 1844 : « *S'il n'y a pas de convention* » *sur la durée de la société, elle est censée contractée pour* » *toute la vie des associés... ou, s'il s'agit d'une affaire dont* » *la durée soit limitée, pour tout le temps que doit durer cette* » *affaire* ». Le droit romain [7] et l'ancien droit [8] donnaient

(1) Cpr. Trib. civ. Seine, 14 mars 1887, *Gaz. Pal.*, 88. 1. *Suppl.*, 87 (assurances mutuelles).

(2) Trib. civ. Lyon, 8 juill. 1893, *Gaz. Pal.*, 93. 2. 561 (chasse).

(3) V. *infra*, n. 462.

(4) V. *infra*, n. 433 s., 462.

(5) Cass., 16 juin 1873, S., 73. 1. 386, et les auteurs précités.

(6) Wahl, *Note*, S., 96. 2. 57, § 2.

(7) § 6, *Inst., de societ.*, 3, 26 ; l. 63, § 10, l. 65, § 10, D., *pro soc.*, 17. 2.

(8) Domat, liv. I, tit. VIII, sect. 5, § 11 ; Pothier, n. 143.

la même solution, qui est également admise à l'étranger (1); elle n'est, en réalité, qu'une application de l'expiration de la société par l'arrivée du terme (2), car la consommation de l'affaire est un terme incertain que se sont implicitement proposé les parties. Nous tirerons de là une conséquence importante en parlant de l'extinction de la société par la volonté de l'un des associés.

Pothier donnait l'exemple suivant : La société formée pour l'achat de marchandises et pour leur revente à une foire déterminée cesse quand les marchandises ont toutes été vendues à cette foire.

382. La société constituée pour une affaire déterminée cesse évidemment une fois que cette affaire est faite, même si un terme fixe a été stipulé, lequel n'est pas expiré lors de la consommation de l'affaire. Il est, en effet, matériellement impossible qu'une société persiste quand elle n'a plus d'objet.

Mais si le terme stipulé arrive avant la consommation de l'affaire, la société se dissout-elle immédiatement ou, au contraire, se continue-t-elle jusqu'à la consommation? La question doit être résolue en fait. On ne peut adopter en règle absolue la seconde solution (3). Cependant, généralement, cette seconde solution doit l'emporter (4), car, en décidant que le terme stipulé n'est qu'une indication et formule simplement le vœu des associés, on méconnait moins leur volonté qu'en mettant brusquement fin à la société, sous prétexte que le terme est arrivé et alors que l'affaire est en suspens.

A plus forte raison, la société constituée pour une affaire déterminée doit-elle persister au delà de la durée fixée, si cette durée a été établie à raison du terme de l'existence même de l'affaire, et que cette existence soit prolongée par un acte indépendant des associés.

Ainsi la société formée pour deux ans et destinée à l'exécution de travaux publics dont l'administration exige l'achève-

(1) Allemagne, Eck, *loc. cit.*

(2) Guillouard, n. 291.

(3) Houpin, I, n. 122 et 126. — V. cep. Guillouard, n. 280 et 292; Duvergier, n. 414; Pont, n. 684; Laurent, XXVI, n. 366.

(4) Houpin, *loc. cit.*

ment dans ce délai est considérée comme devant durer jusqu'à l'achèvement effectif si, à raison de changement prescrit par l'administration, un nouveau délai d'achèvement est accordé aux concessionnaires [1].

De même, si la concession d'un service dans une maison de détention était faite pour une durée déterminée et a été prolongée à raison d'avances faites par le concessionnaire, la société formée pour l'exploitation de cette concession pendant sa durée primitive subsiste jusqu'à l'achèvement de la concession définitive [2].

Mais il serait contraire à la volonté des associés de les maintenir dans une société après la consommation de l'affaire pour laquelle la société a été formée, alors que les gérants de la société ont demandé et obtenu la prolongation de cette affaire [3]; l'acte ainsi fait par les gérants excède leur pouvoir, car ils n'ont pas reçu mandat de prolonger à leur gré la durée de la société.

IV. *Mort de l'un des associés.*

A. *Fondement et portée de cette cause de dissolution.*

383. En général, les contrats passés par une personne se continuent au profit ou à la charge de leurs héritiers. Mais l'art. **1122**, qui pose cette règle, ajoute immédiatement : « à » moins que le contraire ne soit exprimé *ou ne résulte de la* » *nature de la convention* ». La société est précisément l'une de ces dernières conventions. La considération des personnes est dominante dans ce contrat : il implique la confiance, souvent l'estime et quelquefois l'affection réciproques des contractants les uns pour les autres ; il crée ou consacre entre eux un certain *jus fraternitatis*, une sorte de lien de solidarité. La mort de l'un des contractants est le plus souvent une désorganisation. Faire continuer la société entre les survivants seulement, ce serait parfois la vouer à l'impuissance. Per-

(1) Bruxelles, 13 janv. 1810, S. chr. — Guillouard, n. 292.

(2) Nîmes, 2 janv. 1839, S., 39. 2. 74. — Guillouard, n. 292.

(3) *Contra* Trib. civ. Lyon, 19 mars 1894, *Gaz. Trib.*, 15 juil. 1894 (si une société de chasse est formée pour la durée d'un bail de chasse, le renouvellement de ce bail par les gérants de la société proroge la société).

mettre l'héritier de l'associé décédé de prendre sa place, serait plus grave encore ; car on introduirait ainsi un inconnu dans la société ([1]). Ces considérations justifient la solution que l'art. 1844 donne dans les termes suivants : « *S'il n'y a pas* » *de convention sur la durée de la société, elle est censée con-* » *tractée pour toute la vie des associés, sous la modification* » *portée en l'art. 1869* », et que reproduit l'art. 1865-3°.

Cette règle existait, du reste, déjà dans le droit romain et dans l'ancien droit ([2]). On décidait de même pour la mort civile ([3]).

384. On admet que l'extinction par la mort des associés s'applique à la promesse de société comme à la société elle-même ([4]) ; il est plus exact de dire qu'en cas de mort de l'une des parties la promesse ne peut être suivie d'exécution.

385. Cette cause d'extinction s'applique à toutes les sociétés, même celles qui ont une durée limitée ([5]).

Elle existe à plus forte raison dans les sociétés à durée illimitée.

Notamment la société minière se termine par la mort d'un associé. On décide généralement le contraire ([6]), par la raison qu'il est à supposer que les parties ont entendu faire durer la société assez longtemps pour épuiser les produits de la mine. Cette interprétation de la volonté des parties est divinatoire ; on pourrait, du reste, en dire autant de la société formée pour l'exploitation d'un fonds de commerce, d'une usine, etc.

L'extinction par la mort d'un associé se produit même dans les sociétés qui ont pour objet l'exploitation d'immeubles ([7]).

([1]) Guillouard, n. 294.

([2]) Domat, 1re partie, liv. I, titre VIII, sect. 5, § 14 ; Pothier, n. 146.

([3]) Domat, 1re partie, liv. I, tit. VIII, sect. 5, § 15 ; Argou, *Instit.*, liv. III, ch. XXXII, p. 324 ; Richer, *De la mort civile*, 1755, p. 513.

([4]) Paris, 24 fév. 1860, D., 60. 2. 84. — Guillouard, n. 295 ; Houpin, I, n. 127.

([5]) Aubry et Rau, IV, p. 569, § 384, note 7 ; Guillouard, n. 295 ; Houpin, *loc. cit.*

([6]) Lyon, 22 juill. 1858, D., 59. 2. 80. — Nancy, 28 juill. 1891, *Gaz. Pal.*, 91. 2. 552. — Laurent, XXVI, n. 430 ; Guillouard, n. 372 ; Delecroix, *Des sociétés de mines*, n. 159 s. ; Féraud-Giraud, *Code des mines*, I, n. 231.

([7]) *Contra* Nancy, 28 juill. 1891, précité. — Cet arrêt se fonde sur ce que la société est alors formée dans l'intérêt des biens et non des personnes.

386. La mort de l'associé qui dissout la société est opposable aux tiers même sans publication [1].

Cette solution est applicable non seulement aux sociétés civiles, mais encore aux sociétés commerciales [2].

Toutefois il en est autrement et les tiers ont le droit d'agir contre tous les associés s'ils ont eu de justes raisons de croire que les associés survivants ont, comme ils en avaient le droit, prorogé la société, par exemple s'il était dit dans le contrat social que la société continuerait de plein droit ou si les affaires sociales ont été continuées [3]. Dans cette hypothèse, le tiers se prévaut de la faute même des associés survivants qui, par leurs agissements, ont fait croire à la continuation de la société.

De même, si la société continue en fait, les tiers peuvent la considérer comme subsistante [3].

B. *Conventions écartant cette cause de dissolution.*

387. Aujourd'hui la règle de la personnalité du lien social n'a plus le caractère qu'elle avait autrefois. En droit romain elle était d'ordre public et les parties ne pouvaient y déroger en stipulant que la société continuerait avec les héritiers de l'associé décédé [5]. Une exception était faite pour les seules sociétés de publicains, lesquelles se distinguaient d'ailleurs par d'autres règles spéciales, dérivant toutes de l'idée que ces sortes de sociétés étaient surtout des sociétés de capitaux, où le lien social n'avait aucun caractère personnel.

Ce caractère d'ordre public attribué à la personnalité du lien social était très facile à justifier dans les sociétés univer-

(1) Troplong, II, n. 904 ; Pont, n. 705 et 710 ; Laurent, XXVI, n. 378 et 379 ; Guillouard, n. 308 ; Houpin, I, n. 127.

(2) Cass., 10 juil. 1844, S., 44. 1. 763. — Lyon, 15 janv. 1849, S., 49. 2. 190, D., 49. 2. 99. — Guillouard, n. 308.

(3) Cass., 22 mars 1843, S., 44. 1. 759. — Cass., 26 juil. 1843, S., 43. 1. 881. — Cass., 10 nov. 1847, S., 48. 1. 5, D., 47. 1. 353. — Cass., 10 janv. 1870, S., 70. 1. 157, D., 70. 1. 60. — Cass., 24 déc. 1877, S., 78. 1. 321, D., 79. 5. 386. — Cass., 16 janv. 1884, S., 84. 1. 240, D., 84. 1. 122. — Caen, 8 mars 1842, S., 42. 2. 337. — Troplong, II, n. 904 ; Pont, n. 705 et 710 ; Guillouard, n. 308. — V. cep. Laurent, XXVI, n. 378 et 379.

(4) V. *infra*, n. 474.

(5) L. 59 pr., D., *pro soc.*, XVII, 2.

selles, qui, on le sait, furent à Rome les plus anciennes. Ces sociétés supposent l'existence d'une affection réciproque, d'un *jus fraternitatis*, essentiellement personnel. Il n'est pas surprenant non plus que la même règle ait été adoptée pour les sociétés à titre particulier, car, dans leur amour de l'uniformité, les Romains étendirent à ces sociétés toutes les règles des sociétés universelles, quoique pour certaines d'entre elles l'extension se justifiât peu.

388. Mais, dans l'ancien droit, cette considération n'avait plus aucune raison d'être, et, revenant à une notion plus saine des choses, on pensa qu'il appartenait aux parties mieux qu'à personne de déterminer si effectivement le lien qui les unissait était strictement personnel. On décida donc (1), malgré quelques dissidences (2), que le contrat de société pouvait convenir de la continuation de la société avec les héritiers des associés décédés. Telle était notamment la solution de Pothier (3).

C'est cette idée que reprend le code aujourd'hui ; donc la personnalité du lien social doit être plutôt considérée comme dérivant de l'intention des parties que comme étant inspirée par des considérations d'ordre public ; on ne peut nier que cette conception ne soit infiniment plus sérieuse que la précédente (4).

Comme l'intérêt privé des parties seul est en cause et non l'ordre public, les parties peuvent convenir soit que la société continuera avec les héritiers du prédécédé, soit qu'elle continuera entre les survivants seulement. L'art. 1868 dit à ce sujet : « *S'il a été stipulé qu'en cas de mort de l'un des* » *associés, la société continuerait avec son héritier ou seu-* » *lement entre les associés survivants, ces dispositions seront* » *suivies : au second cas, l'héritier du décédé n'a droit qu'au* » *partage de la société, eu égard à la situation de cette société* » *lors du décès, et ne participe aux droits ultérieurs qu'autant*

(1) Masuer, *Pratiq.*, tit. 28, *Des assoc.*, n. 35.

(2) Despeisses, *Des contrats*, 1re p., tit. 3, sect. 3, n. 4 ; Argou, liv. III, ch. XXXII, p. 324 (sauf pour les fermes publiques).

(3) N. 145.

(4) Pont, n. 711 et 712 ; Laurent, XXVI, n. 380 ; Guillouard, n. 296.

» *qu'ils sont une suite nécessaire de ce qui s'est fait avant la » mort de l'associé auquel il succède* ».

a. Clause que la société continuera ou pourra continuer avec les héritiers ou représentants.

389. La clause aux termes de laquelle la société continue avec les héritiers des associés peut indifféremment porter que la continuation sera de plein droit, ou qu'elle sera laissée au choix des associés survivants, ou enfin qu'elle sera laissée au choix des héritiers.

S'il est simplement dit que la société continuera, la continuation est de plein droit; c'est le sens naturel des termes.

Ainsi elle est obligatoire pour les associés [1]. Domat était en sens contraire [2].

Elle est également obligatoire pour les héritiers, qui ne peuvent accepter la succession sans entrer en société [3]. C'est, objecte-t-on, un bénéfice pour eux et nul ne peut être forcé d'accepter un bénéfice. Cette objection appelle une double réponse : d'une part, il ne s'agit pas simplement là d'un bénéfice, mais aussi d'une charge, et la preuve en est que, par hypothèse même, les associés peuvent avoir intérêt à imposer la continuation de la société aux héritiers; d'autre part, la vocation de l'héritier étant indivisible, il ne peut accepter la succession sans accepter tous les droits actifs de l'hérédité. L'autorité de Domat, qui s'exprimait en sens contraire [4], ne peut nous être opposée, puisqu'il adoptait également pour les droits des associés une opinion que personne n'ose plus reproduire. Pour lui, la société avait un caractère trop personnel pour que les associés et les héritiers de l'un d'entre eux pussent être tenus de s'associer.

390. S'il a été stipulé que la société continuerait avec l'un des héritiers de l'associé, on ne peut imposer à cet héritier

(1) Guillouard, n. 301.

(2) Liv. I, tit. VIII, sect. 2, § 4.

(3) Guillouard, n. 301; Houpin, I, n. 128. — *Contra* Aubry et Rau, IV, p. 569 § 384, note 8; Pont, n. 594 et 714. — On cite en ce sens Caen, 10 nov. 1857, S., 59. 2. 31, qui concerne une autre question, celle de savoir si l'entrée en société peut être imposée à un seul des héritiers.

(4) *Loc. cit.*

d'entrer en société; même dans le cas où son entrée en société aura été déclarée obligatoire, il pourra désobéir à cette clause [1]. En effet, si, aux termes de l'art. **1122**, les engagements d'une personne passent de plein droit à ses successeurs, l'art. **1122** ne s'applique plus à l'engagement pris pour un seul des successeurs. La personne qui stipule pour l'un de ses successeurs stipule pour autrui et il est de règle, en ce cas, que l'acceptation du bénéficiaire est nécessaire.

Dans le cas où la société doit continuer avec l'un des héritiers, quels seront les droits des autres héritiers? On doit, en général, supposer que l'héritier associé prend purement et simplement la place de son auteur et que ses coassociés n'ont pas entendu réduire la part du défunt et restituer aux héritiers non associés leur portion dans les droits de cet auteur; la solution contraire exigerait une liquidation partielle qui n'a pas été dans les prévisions des parties; c'est donc à l'héritier associé seul qu'il appartiendra de régler les droits de ses cohéritiers.

En tout cas, une clause en ce sens est licite [2].

351. La volonté des parties de continuer la société avec les héritiers du défunt doit être certaine, puisqu'elle déroge au droit commun. Mais il n'est pas nécessaire qu'elle soit expresse [3], puisque la loi n'exige aucune condition.

Cette volonté ne résulte pas de ce que les associés se sont réservé la faculté de céder leurs droits sociaux [4], car il n'y a aucune analogie entre cette cession et la transmission des droits sociaux aux héritiers; l'associé tire un profit de la première, il ne tire aucun de la seconde; en outre la cession qu'il se réserve le droit de faire dépend de sa volonté, tandis que la transmission aux héritiers a lieu de plein droit. C'est donc tout à fait à tort que les partisans de l'opinion contraire voient une identité absolue entre les deux transmissions.

La volonté de continuer la société avec les héritiers du

(1) Caen, 10 nov. 1857, S., 59. 2. 31. — Guillouard, n. 301; Houpin, *loc. cit.*

(2) Houpin, *loc. cit.*

(3) Haute Cour Pays-Bas, 30 janv. 1874, *Journ. dr. int.*, II, 1875, p. 148. — Guillouard, n. 297; Houpin, I, n. 128. — *Contra* Laurent, XXVI, n. 381.

(4) *Contra* Duvergier, n. 431; Guillouard, n. 297; Houpin, I, n. 128.

décédé ne résulte pas davantage de ce que la société, contractée en vue d'une affaire déterminée, nécessite des capitaux considérables et ne demande aucune capacité personnelle aux associés [1].

392. Le mot d'*héritiers* s'applique même aux successeurs irréguliers [2], ainsi qu'aux légataires universels [3]. C'est, dans la langue usuelle, le sens du mot *héritiers;* on ne comprendrait pas, en outre, pourquoi les parties auraient restreint à certains de leurs successeurs universels le droit et l'obligation d'entrer en société; comme elles ont évidemment voulu empêcher que le décès de l'une d'elles entraînât la rupture de la société, on se conformera à leur intention en donnant l'interprétation la plus large à cette clause.

Nous admettons même, à raison de ces motifs, que les légataires à titre universel doivent être compris parmi les héritiers.

Il en est autrement de l'Etat; l'Etat n'est pas, dans la langue vulgaire, rangé parmi les héritiers.

Les cessionnaires de droits successifs ne sont pas non plus des héritiers; comme ils acquièrent la part d'un héritier, leur situation est celle du croupier.

S'il est stipulé que la société continuera avec les *représentants,* ce terme désigne également tous les ayants cause à titre universel de l'associé. On a même décidé qu'il comprend celui qui acquiert, sur la poursuite des créanciers d'un associé et après son décès, ses droits dans la société [4].

392 *bis*. On peut également convenir que la société continuera avec la veuve du défunt, et si la veuve a accepté la stipulation, elle est tenue de s'y conformer; si elle ne l'a pas acceptée, elle peut encore l'accepter après le décès de son mari, car elle invoque le bénéfice d'une stipulation pour autrui et on admet que le bénéficiaire d'une stipulation de ce genre peut l'accepter après le décès du stipulant.

[1] *Contra* Paris, 10 juin 1869, sous Cass., 7 fév. 1870, D., 70. 1. 303. — Guillouard, n. 297; Houpin, *loc. cit.*

[2] Troplong, II, n. 952; Duvergier, n. 440; Pont, n. 715; Guillouard, n. 300; Houpin, I, n. 128.

[3] Mêmes auteurs.

[4] Paris, 13 août 1834, S., 34. 2. 674. — Troplong, II, n. 952; Duvergier, n. 440; Pont, n. 715; Guillouard, n. 300; Houpin, *loc. cit.*

Pour les raisons que nous avons indiquées à propos du cas où une clause de ce genre est convenue en faveur de l'un des héritiers, la veuve, elle seule, doit indemniser les cohéritiers du mari de leurs droits dans la part sociale de ce dernier. A plus forte raison, une stipulation en ce sens est-elle valable. On a objecté qu'elle constitue une vente entre époux (C. civ., 1595) [1], mais la vente ne s'effectue qu'après le décès de l'un des époux, elle n'est donc pas faite entre époux.

393. L'héritier bénéficiaire peut se prévaloir de la clause d'après laquelle la société continue avec les héritiers et cette clause lui est opposable [2]. On sait, en effet, que l'héritier bénéficiaire est un véritable héritier et que la seule différence de sa situation avec celle de l'héritier pur et simple est qu'il n'est tenu des dettes que dans les limites de l'actif héréditaire. Sans doute l'acceptation bénéficiaire entrave la marche de la société, mais ce n'est là qu'un obstacle de fait dont les parties avaient le droit de se préoccuper et qu'elles n'ont pas prévu. On objecte que la succession bénéficiaire est réellement en déconfiture. Cela n'est pas exact, car l'acceptation bénéficiaire n'est pas nécessairement, comme la déconfiture, une preuve d'insolvabilité. Du reste, même si l'héritier était réellement en déconfiture, la société continuerait également.

Ce qui est singulier, c'est que les partisans de l'opinion opposée admettent, comme nous allons le voir, que la minorité de l'héritier n'est pas un obstacle à la continuation de la société, et cependant l'héritier mineur est nécessairement un héritier bénéficiaire.

394. La clause portant que la société continuera avec les héritiers des associés trouve son application même si cet héritier est mineur [3]. Elle consiste, en effet, à soumettre

[1] *Contra* Houpin, *loc. cit.*, et *Journ. des soc.*, 1894, p. 81.

[2] Riom, 21 mai 1884, D., 85. 2. 86. — Pont, n. 715 ; Guillouard, n. 299 ; Houpin, I, n. 128. — *Contra* Pardessus, IV, n. 1059.

[3] Cass., 10 nov. 1847 (impl.), S., 48. 1. 5, D., 47. 1. 353. — Cass. req., 2 mars 1885, S., 85. 1. 362, D., 85. 1. 441. — Cass. req., 10 mars 1885, S., 86. 1. 410, D., 85. 1. 441. — Bordeaux, 29 juillet 1862, S., 63. 2. 31. — Aix, 16 déc. 1868, S., 70. 2. 240, D., 71. 2. 70. — Riom, 21 mai 1884, D., 85. 2. 86. — Paris, 7 avril 1887, S., 88. 2. 145. — Grenoble, 11 mars 1890, *Rec. de Grenoble*, 90. 154. — Pardessus, IV, n. 1059; Duranton, XVII, n. 473 ; Troplong, II, n. 954 ; Aubry et Rau, IV,

l'héritier aux droits et aux obligations de son auteur; or il va sans dire que l'héritier mineur peut succéder aux droits de son auteur; et, quant à ses obligations, comment ne pourraient-elles pas lui être imposées, alors que la plupart des obligations du défunt sont de plein droit transmises à ses héritiers (art. 1122), sans en excepter les héritiers mineurs? En somme, la clause dont nous parlons n'a d'autre effet que de replacer le contrat de société, au point de vue de la transmissibilité, sous le régime ordinaire des conventions, et il est dès lors certain que la société se transmet aux héritiers dans les mêmes conditions que tout autre contrat.

Sans doute, et nos adversaires n'ont pas manqué de trouver là un argument en leur faveur, l'administration de la société où un mineur se trouve partie est assez difficile, puisque tous les actes exigent l'accomplissement des formalités prescrites aux mineurs; mais si ces inconvénients se présentent à un peu plus haut degré dans la société que dans tout autre contrat, c'est uniquement à cause de la nature particulière de ce contrat, qui exige des opérations nombreuses et successives. On ne peut donc en accuser la minorité de l'associé.

On a encore objecté à notre doctrine qu'elle contredit le texte qui dissout la société en cas d'interdiction de l'associé; si l'héritier devenait interdit, dit-on, la société se dissoudrait, pourquoi la minorité, que la loi assimile entièrement à l'interdiction, produirait-elle un effet différent? Il est facile de répondre : la dissolution de la société par l'interdiction d'un associé repose sur la volonté présumée des parties et c'est également sur la volonté des parties que repose le maintien de la société, à raison d'une convention, en cas de minorité de l'héritier.

p. 569, § 384, note 8; Bédarride, *Soc. com.*, II, n. 62; Massé, *Dr. comm.*, II, n. 1071; Alauzet, *Comment. du C. comm.*, II, n. 478; Ruben de Couder, v° *Soc.*, n. 225; Pont, n. 716; Laurent, XXVI, n. 380; Guillouard, n. 298; Deloison, *Tr. des soc.*, I, p. 43; Rousseau, *Des soc. comm.*, I, n. 550 s.; Vavasseur, *Tr. des soc.*, I, n. 225; Babinet, *Rapport* sous Cass., 2 mars 1885 précité; Houpin, *loc. cit.* — *Contra* Duvergier, n. 441; Delangle, II, n. 650 s.; Thaller, *Ann. dr. comm.*, I, 1886-87, *doctr.*, p. 165.

Notre solution, admise par la jurisprudence française, est également acceptée par la jurisprudence italienne [1].

395. Si la société est commerciale, il ne sera aucunement nécessaire que l'héritier mineur soit âgé de dix-huit ans et ait reçu l'autorisation de faire le commerce, quoique l'art. 2 C. com. exige la réunion de ces conditions pour que le mineur puisse faire le commerce [2]. A supposer que le mineur, comme héritier bénéficiaire, ne soit tenu des dettes sociales que jusqu'à concurrence de l'actif héréditaire, il ne devient pas commerçant; on admet en effet que les associés tenus pour leur apport seulement ne sont pas des commerçants; dans le système contraire [3], l'objection n'est pas davantage sans réponse : le mineur ne *commence* pas un commerce, il le *continue*.

396. Ce que nous disons de la minorité de l'héritier s'applique au cas où, lors du décès de son auteur, il est interdit; les raisons que nous venons de faire valoir s'appliquent encore ici en entier.

Mais si l'héritier devient interdit après son entrée en société, la société se dissout, à moins de clause contraire, et conformément aux termes généraux de l'art. 1865 [4].

397. La clause que les héritiers auront le droit de continuer la société peut être invoquée au nom des héritiers mineurs aussi bien que contre eux [5].

398. La renonciation par les représentants du mineur du défunt au bénéfice de la continuation de la société n'est pas une libéralité [6].

(1) Cass. Rome (ch. réunies), 13 mars 1896, S., 97. 4. 16. — Cass. Rome, 14 juin 1892, *Mon. dei Trib.*, 1892, p. 972. — Pérouse, 6 juillet 1891, *Mon. dei Trib.*, 1892, p. 527, note. — *Contra* Bolaffio, *Riv. it.*, XII, 1891, § 4; Franchi, *Ann. dr. comm.*, VIII, 1894, p. 116.

(2) Rouen, 28 janvier 1884, sous Cass., 2 mars 1885, S., 85. 1. 362. — Paris, 7 avril 1887, précité (impl.). — Vavasseur, *loc. cit.* — *Contra* Lyon-Caen, *Note*, S., 88. 2. 145; Lyon-Caen et Renault, *Traité*, II, n. 231. — V. aussi en sens contraire Cass. Rome, 13 mars 1896, précité (rendu par application d'un texte spécial du C. com. italien).

(3) V. *infra*, n. 399.

(4) V. *infra*, n. 414 et s.

(5) Paris, 7 avril 1887, précité.

(6) Thaller, *Note*, D., 87. 1. 65. — *Contra* Trib. civ. sous Cass., 1er mars 1886, D., 87. 1. 65.

Ce n'est pas non plus une vente de meubles à laquelle il faille appliquer les formalités de la loi du 28 fév. 1880 [1], ni une transaction [2]. C'est une renonciation, à laquelle il y a lieu d'étendre par analogie les formalités de la renonciation à succession [3].

399. On a décidé que l'héritier mineur et l'héritier bénéficiaire ne peuvent être tenus des dettes de la société au delà des forces de la succession qu'ils recueillent [4]. Certains auteurs restreignent cette solution aux dettes antérieures à l'ouverture de la succession [5]. Elle nous paraît inexacte sans distinction.

En ce qui concerne tout d'abord les dettes postérieures à l'ouverture de la succession, on pourrait, à la vérité, pour soutenir que l'héritier n'en est pas tenu *ultra vires*, dire que la société est censée être continuée par le défunt lui-même; mais ce serait une idée inexacte : la succesion n'a pas de personnalité morale.

Pour les dettes antérieures elles-mêmes, la solution doit être la même; en qualité d'héritier bénéficiaire, l'héritier n'en est pas tenu sur son patrimoine, mais il en est tenu comme associé; dès lors que la société continue avec l'héritier, et que celui-ci y entre ainsi en son nom personnel, il est dans la situation d'un tiers qui devient associé dans le cours de l'existence de la société.

399 *bis*. En tout cas, il est valablement stipulé qu'une société sera en commandite avec l'héritier mineur de l'un des associés [6], car le commanditaire, d'une part, n'est pas commerçant, et, d'autre part, n'est pas tenu des dettes sociales sur son patrimoine.

400. Alors même que la société doit continuer avec les

(1) Thaller, *loc. cit.*

(2) Thaller, *loc. cit.*

(3) Thaller, *loc. cit.* — En tout cas il ne suffit pas d'une délibération du conseil de famille, non exécutée par le tuteur. — Cass. req., 1er mars 1886, S., 89. 1. 468, D. 87. 1. 65. — Thaller, *loc. cit.*

(4) Cass., 2 mars 1885, S., 85. 1. 362, D., 85. 1. 441. — Grenoble, 11 mars 1890, précité. — Houpin, I, n. 128.

(5) Lyon-Caen, *Note*, S., 88. 2. 145; Lyon-Caen et Renault, *Traité*, II, n. 231.

(6) Lyon-Caen et Renault, *Traité*, II, n. 231.

héritiers du défunt, les statuts peuvent modifier les droits de ces héritiers. Ainsi ils peuvent décider que l'héritier ne pourra prendre part aux délibérations [1], qu'il ne pourra contrôler les inventaires ou vérifier les livres [2].

b. Clause que la société continuera ou pourra continuer entre les associés survivants.

401. La clause portant que la société continuera entre les associés survivants, et que les héritiers du défunt en seront exclus, est formellement autorisée par l'art. 1868. En droit romain, quoique la personnalité du lien social fût d'ordre public, ce principe était également admis [3]. Il en était de même dans l'ancien droit [4]. C'est qu'en réalité cette clause ne met pas en échec le principe de la personnalité, elle n'en est au contraire qu'une application, puisqu'elle écarte les héritiers de la société en stipulant le maintien de la société entre les associés existants, les seuls qui soient en état de se connaître et de s'apprécier.

402. S'il a été stipulé que la société continuerait après le décès de l'un des associés, la société ne peut, après ce décès, conserver sa raison sociale, quand dans cette raison sociale figure le nom de l'associé défunt.

Toutefois la société peut, dans ce même cas, garder sa raison sociale en la faisant précéder des mots : *successeur de* [5].

402 *bis*. Il peut être stipulé de même qu'en cas de décès de l'un des associés la société appartiendra au survivant [6].

403. Si la continuation est laissée au choix de l'associé ou des associés survivants, on a prétendu qu'il y a là une double condition suspensive, le prédécès d'un associé pendant la durée de la société et l'option des survivants [7].

(1) Trib. civ. Boulogne, 19 janv. 1893, *Loi*, 5 avril 1893.

(2) Trib. civ. Boulogne, 19 janv. 1893, précité. — Décidé cependant que l'héritier peut faire vérifier la comptabilité, mais à ses frais et sous peine de dommages-intérêts en cas d'allégations malveillantes. Trib. civ. Boulogne, 19 janv. 1893, précité.

(3) L. 65, § 9, D., *pro soc.*, 17. 2.

(4) Despeisses, *Des contrats*, 1re part., tit. III, sect. III, § 4 ; Pothier, n. 144.

(5) Trib. com. Lisbonne, 20 avril 1874, *Journ. dr. intern.*, II, 1875, p. 70.

(6) Cass. civ., 30 nov. 1892, S., 93. 1. 73. D., 94. 1. 83. — Bonfils, *Rev. crit.*, XXIII, 1894, p. 626. — V. *supra*, n. 10.

(7) Bonfils, *op. cit.*, p. 626.

Il est peut-être plus exact d'y voir un droit alternatif, dans le sens de l'art. 1189 C. civ., subordonné à une condition suspensive, le prédécès de l'associé [1].

404. Cette clause est opposable aux héritiers mineurs [2]. La cession des droits du prédécédé, en effet, remonte au jour même où elle est consentie, et elle est faite, en conséquence, par le défunt.

405. Les opérations qui sont faites à l'avenir sont entièrement étrangères aux héritiers, qui ne participent ni aux bénéfices ni aux pertes en résultant. Telle était déjà la solution de Pothier [3] ; elle est reproduite par l'art. 1868.

Cet article ajoute qu'il en est autrement toutefois pour les opérations qui sont une suite nécessaire de ce qui s'est fait avant la mort de l'associé. C'est là évidemment une question que les tribunaux doivent résoudre en fait [4].

De même, les héritiers participent aux actes faits par un associé dans l'ignorance du décès de leur auteur [5]. C'est l'application d'un principe que nous développerons en parlant des actes faits dans l'ignorance de la fin de la société.

406. Les héritiers sont même tenus de continuer l'acte commencé par leur auteur [6], par application des règles du mandat et de la gestion d'affaires.

407. Il résulte de l'art. 1868 que les héritiers de l'associé décédé peuvent demander la liquidation de la société d'après son état à l'époque du décès. Cela n'est pas sans inconvénient pour les associés survivants, qui courent le risque de se trouver ainsi soumis à une véritable inquisition. Aussi stipule-t-on fréquemment que la part des héritiers du prédécédé sera réglée d'après le dernier inventaire ou état de situation.

Dans ce cas, les héritiers peuvent-ils réclamer immédiatement la part de leur auteur dans le fonds de réserve constitué

(1) Cass. req., 20 juin 1887, S., 90. 1. 515. — Cet arrêt affirme la validité de la clause.

(2) Cass. civ., 30 nov. 1892, S., 93. 1. 73, D., 94. 1. 83 (impl.). — Bonfils, *op. cit.*, p. 626.

(3) N. 144.

(4) Guillouard, n. 305 ; Houpin, n. 129.

(5) Guillouard, n. 307 ; Houpin, *loc. cit.*

(6) L. 35, L. 40, D., *pro. soc.*, 17. 2 ; Eck, *loc. cit.*

par la société? C'est une question de fait [1]. Mais en principe, la négative doit être admise [2], car le fonds de réserve, étant destiné à faire disparaître ou à atténuer les pertes que pourra subir la société, doit, dans la pensée des associés, être maintenu pendant tout le cours de la société.

408. La clause d'après laquelle les droits de l'associé décédé seront constatés par le dernier inventaire social antérieur au décès est valable [3] et opposable même aux héritiers mineurs de l'associé décédé [4].

409. Il en est de même de la clause portant que l'inventaire sera dressé à l'amiable [5]. On objecte que l'art. 451 exige que l'inventaire dressé lors de l'ouverture de la tutelle soit judiciaire. Mais cet inventaire est indépendant de celui qui est dressé après la dissolution de la société; il suffit que le premier mentionne les valeurs attribuées au mineur par le second, car il a pour seul but de déterminer les valeurs soumises à la gestion du tuteur; pour le second, la loi n'exige aucune formalité.

410. S'il est convenu que les droits des héritiers seront fixés par le dernier inventaire, ces derniers peuvent-ils réclamer, en outre, la part du défunt dans les bénéfices faits depuis l'inventaire jusqu'à son décès?

C'est une question de fait [6], qui nous paraît, en général, devoir être résolue par la négative.

Le dernier inventaire est le plus récent de ceux qui ont été faits avant le décès [7].

[1] Guillouard, n. 306; Houpin, *loc. cit.*

[2] Paris, 22 janv. 1877, S., 80. 2. 104. — Guillouard, n. 306; Houpin, *loc. cit.*

[3] Trib. com. Seine, 18 avril 1889, *Loi*, 8 mai 1889. — Houpin, *loc. cit.*; Bonfils, *Rev. crit.*, XXIII, 1894, p. 628.

[4] Bonfils, *loc. cit.*

[5] Cass. civ., 30 nov. 1892, S., 93. 1. 73, D., 94. 1. 83. — Pic, *Ann. dr. com.*, VII, 1893, *doctr.*, p. 410. — *Contra* Montpellier, 11 fév. 1891, *Droit*, 29 mars 1891, et sous Cass., 30 nov. 1892, précité. — Bonfils, *op. cit.*, p. 628.

[6] Trib. com. Seine, 31 mars 1894, *Droit*, 19 mai 1894, *Rev. soc.*, 94. 354. — Houpin, *loc. cit.* — Si cette part n'a pas été comptée, on doit supposer que les parties ont interprété la question dans le sens de la négative, et les héritiers ne peuvent demander un redressement de compte. Trib. com. Seine, 31 mars 1894, précité.

[7] Ainsi l'inventaire commencé avant et terminé après le décès n'entre pas en

411. Dans le cas où la part des héritiers est fixée par le dernier inventaire, les héritiers ne peuvent réclamer en argent la part de leur auteur ; ils sont obligés de se contenter de *valeurs d'inventaire,* c'est-à-dire d'une part en nature dans les biens sociaux [1]. Car la règle générale est que, dans le partage qui s'opère à la dissolution de la société, les associés sont lotis en nature. Or la clause qui autorise la continuation de la société après le décès d'un associé, moyennant le remboursement de sa part à ses héritiers, ne fait, en ce qui les concerne, qu'anticiper le partage.

Les héritiers remboursés de la part de leur auteur peuvent exercer un commerce similaire à celui de la société [2].

c. Clause que la société pourra être dissoute ou continuer entre les associés ou avec les héritiers.

412. Très fréquemment, le contrat social porte que les associés survivants pourront, en cas de décès de l'un des associés et à leur choix, soit dissoudre la société, soit la continuer entre eux, soit la continuer avec les héritiers.

Cette clause est valable [3]. Elle ne déroge pas aux art. 1170 et 1174 C. civ., qui annulent les obligations contractées sous une condition purement potestative de la part de celui qui s'oblige. On ne peut, quoique le contraire ait été affirmé [4], nier que la condition ne soit, en réalité, purement potestative, puisque la seule volonté des associés détermine quel sera le sort de la société ; c'est bien là la condition *si voluero, si cela me plaît,* que la loi annule. Répondre que la volonté des associés n'est pas libre, qu'elle dépend des événements, qui les amèneront à prendre l'un ou l'autre parti, c'est, à notre avis, nier et le sens naturel des termes employés — car, quand on dit que les associés sont libres de décider comme ils l'entendent, on donne une force absolue à leur caprice — et l'exis-

ligne de compte. Lyon, 22 mai 1891, *Loi,* 27 août 1891. — Lyon, 8 mai 1891, *Mon. jud. Lyon,* 10 juill. 1891.

(1) Cass., 10 nov. 1857, S., 59. 2. 31, D., 59. 2. 50. — Guillouard, n. 352 ; Houpin, *loc. cit.*

(2) V. *infra,* n. 505.

(3) Cass., 20 juin 1887, S., 90. 1. 515. — Guillouard, n. 304 ; Houpin, I n. 129.

(4) Guillouard, n. 304.

tence même de la condition potestative, car peut-on dire jamais que la condition *si volucro* laisse l'obligé entièrement libre et que sa décision ne doive pas lui être dictée par les circonstances?

La véritable raison de valider la clause dont nous parlons, c'est qu'il n'y a pas *obligation* sous condition purement potestative, mais bien *droit* stipulé sous cette condition; en effet, les associés se réservent non pas de contracter une obligation envers les héritiers, mais d'user ou non du droit de les comprendre dans la société; or la condition potestative de la part de celui qui s'oblige est la seule qu'interdise l'art. **1174**.

V. *Absence de l'un des associés.*

413. L'absence de l'un des associés, même déclarée, ne dissout pas de plein droit la société (1); l'absence, en effet, ne fait pas présumer la mort, et la mort de l'associé, qui mettrait fin à la société, doit être prouvée par les associés qui l'invoquent; d'un autre côté, l'absence n'est pas, par elle-même, donnée par la loi comme une cause de dissolution.

Nous verrons seulement que l'absence d'un associé peut quelquefois donner lieu à la dissolution judiciaire (2).

VI. *Interdiction ou folie de l'un des associés. Nomination d'un conseil judiciaire.*

414. L'interdiction légale d'un associé entraîne la dissolution de la société, aussi bien que son interdiction judiciaire (3), la loi ne distingue pas (4). Du reste, les raisons de décider sont les mêmes: on est parti de l'idée que l'interdit, étant en tutelle, est incapable de rendre service à la société et que son interdiction, à cause des autorisations qu'elle nécessite, entrave l'administration; or ces raisons s'appliquent aux deux interdictions (5).

415. Nous n'en dirons pas autant de la nomination d'un

(1) Demolombe, II, n. 144; Pont, n. 707; Guillouard, n. 309; Houpin, I, n. 132.
(2) V. *infra*, n. 463.
(3) Duvergier, n. 443; Pont, n. 722; Guillouard, n. 312; Houpin, I, n. 133.
(4) V. *supra*, n. 367.
(5) Pont, n. 721; Laurent, XXVI, n. 384; Guillouard, n. 311.

conseil judiciaire à l'un des associés (1); elle pourrait seulement, suivant les cas, comme nous le verrons, servir de fondement à une demande en justice, tendant à obtenir que la dissolution de la société soit prononcée (arg. art. 1871) (2), mais elle ne dissout pas la société de plein droit, car les causes de dissolution sont indiquées limitativement par la loi. Du reste, la dation d'un conseil judiciaire n'a pas pour la société les mêmes inconvénients que l'interdiction. L'administration n'est entravée que par la nécessité imposée à l'associé pourvu d'un conseil judiciaire d'obtenir, pour accomplir les actes de la vie civile, l'assentiment de son conseil; or cela est moins compliqué que les autorisations dont a besoin le tuteur d'un interdit ; d'un autre côté, le pourvu de conseil jouit de sa raison et peut être utile à la société.

416. Le placement d'un associé dans un établissement public d'aliénés ne donne pas non plus lieu à la dissolution de la société (3). Ici encore le texte limitatif de l'art. 1865 n'autorise pas la solution contraire. Du reste, l'incapacité de l'aliéné n'est pas aussi absolue que celle de l'interdit. Toutefois, comme nous le dirons, ce fait peut, suivant les circonstances, autoriser les co-associés de l'aliéné à provoquer une dissolution judiciaire (4).

417. Comme la dissolution provenant de l'interdiction opère de plein droit, le représentant de l'associé qui est en état d'interdiction peut lui-même l'invoquer (5).

Il en est ainsi même pour l'interdiction légale, quoiqu'il puisse paraître singulier de voir un individu se prévaloir de sa propre déchéance ; la loi n'admet pas de tempérament à la règle absolue qu'elle a édictée (6).

418. On peut convenir que la société continuera entre les

(1) Aubry et Rau, IV, p. 570, § 384, note 9 ; Pont, n. 723 ; Laurent, XXVI, n. 385 ; Guillouard, n. 313 ; Houpin, I, n. 134. — *Contra* Cass. belge, 17 oct. 1889, *Jurispr. belge*, 89. 316. — Duranton, XVII, n. 474 ; Duvergier, n. 443 et 444 ; Lyon-Caen et Renault, II, n. 321.

(2) V. *infra*, n. 463.

(3) Guillouard, n. 313 ; Houpin, I, n. 135.

(4) V. *infra*, n. 463.

(5) Guillouard, n. 314 ; Houpin, I, n. 133.

(6) Bravard, I, p. 403 ; Pont, n. 724 ; Guillouard, n. 314 ; Houpin, *loc. cit.*

associés même si l'un d'eux vient à être interdit. En principe, l'interdiction ne met pas fin aux contrats antérieurement passés par l'interdit ; l'interdit reste tenu des obligations qu'il a contractées et investi de ses droits ; la clause dont nous parlons n'a donc d'autre effet que d'appliquer le droit commun aux sociétés.

Il serait inexact d'objecter que la dissolution de la société par l'interdiction d'un associé est fondée sur ce motif d'ordre public, que l'associé interdit ne peut prendre part à l'administration et que l'interdiction entrave cette administration ; car la société peut bien continuer avec les héritiers mineurs ou interdits d'un associé, et cependant on pourrait dans cette hypothèse reproduire la même objection ; du reste, il n'est aucunement nécessaire que tous les associés puissent prendre part à l'administration de la société. La vérité est que cette cause de dissolution est uniquement fondée sur la volonté présumée des parties ; la loi a supposé qu'elles n'entendent pas continuer la société, alors que l'une d'elles est privée des facultés qui rendent sa collaboration utile ; cela étant, rien n'empêche les associés de déclarer une volonté contraire.

419. L'interdiction est une cause d'extinction de toutes les sociétés civiles.

Cela est vrai notamment pour les sociétés minières. L'opinion générale est contraire [1]. Elle se fonde sur des raisons que nous avons réfutées déjà en parlant de la mort d'un associé [2].

VII. *Déconfiture, faillite ou liquidation judiciaire.*

420. La dissolution de la société par la déconfiture d'un associé est empruntée au droit romain ; la société était dissoute quand l'un des associés tombait dans la misère [3] et notamment quand son patrimoine faisait l'objet d'une *bonorum ven-*

(1) Laurent, XXVI, n. 430 ; Guillouard, n. 372 ; Delecroix, *Des sociétés de mines*, n. 159 s. ; Féraud-Giraud, *Code des mines*, I, n. 231.

(2) V. *supra*, n. 385.

(3) L. 4, § 1, D., *pro soc.*, 17. 2.

ditio ou d'une *bonorum distractio* [1]. De même, dans l'ancien droit, la dissolution résultait de la cession de biens faite par un associé à ses créanciers [2], de la vente de tous ses biens [3], de sa misère [4] ou du désordre de ses affaires [5]. Comme aujourd'hui, la dissolution s'opérait de plein droit [6].

421. A la différence des autres causes de dissolution, la déconfiture, ne résultant pas d'un fait visible et incontesté, ne met, au cas où elle est niée, fin à la société que si son existence est reconnue par un jugement [7]. Cette solution ne contredit par l'idée que la déconfiture opère de plein droit, car encore faut-il qu'il y ait réellement déconfiture.

422. La saisie et la vente d'une partie du patrimoine n'est pas la déconfiture; il en est ainsi, par exemple, pour la saisie et la vente de la part sociale de l'associé. Certains codes étrangers décident le contraire [8] et on a proposé d'introduire la même solution dans notre législation [9]. Il ne nous paraît pas, pour notre part, désirable de multiplier les causes de dissolution; en particulier, la saisie de la part sociale n'a pas d'inconvénient pour la société, puisque l'adjudicataire n'a pas le droit d'intervenir dans l'administration; en tous cas ces inconvénients ne sont pas plus grands que ceux d'une vente amiable de part sociale.

423. Bien que la loi ne parle que de la déconfiture, il ne faut pas hésiter à considérer la faillite de l'un des associés comme une cause de dissolution de la société [10]. Il y a pour

(1) L. 65, § 1, D., *pro soc.*, 17. 2.

(2) Despeisses, *Des contrats*, 1re p., tit. III, sect. 3, n. 9.

(3) Despeisses, *loc. cit.;* Domat, liv. I, tit. VIII, sect. 5, § 12.

(4) Domat, *loc. cit.*

(5) Domat, *loc. cit.*; Argou, liv. III, ch. XXXII, p. 324; Pothier, n. 148.

(6) V. les textes et les auteurs précités. — Cep. Domat, *loc. cit.*, dit que, les conventions ne pouvant être anéanties sans le fait des parties, l'ancien associé reste associé tant que les autres associés l'admettent dans la société; il ne résulte pas de là, comme le pense M. Guillouard (n. 315), que, dans l'opinion de Domat, les coassociés puissent seulement *demander* la dissolution ; tout ce que dit le jurisconsulte, c'est qu'il dépend des intéressés de ne pas se prévaloir de la dissolution ; or cette idée est d'une exactitude certaine.

(7) Laurent, XXVI, n. 387; Guillouard, n. 315; Houpin, I, n. 136.

(8) Espagne, C. civ., art. 1700.

(9) Guillouard, n. 320.

(10) Cass. req., 7 déc. 1858, S., 59. 1. 619, D. 59. 1. 135.— Cass. req. 4 août 1880,

le décider ainsi un argument *a fortiori* : non seulement, comme la déconfiture, la faillite est une preuve que l'on ne peut faire face à ses engaments, mais elle dépouille le failli de l'administration de son patrimoine et, par suite, entrave plus que la déconfiture la gestion des affaires sociales ; en outre, elle diminue la confiance que les tiers pouvaient avoir dans les associés et celle que les co-associés du failli avaient en lui ; elle nuit encore à ces derniers d'une autre manière, en leur donnant la crainte d'avoir à supporter seuls les pertes sociales, un recours contre le failli devant être illusoire.

D'autre part, cette solution a été formellement donnée dans les travaux préparatoires (1).

Il faut ajouter qu'elle est implicitement consacrée par l'art. 54 de la loi du 24 juillet 1867, qui se donne la peine de décider expressément que les sociétés à capital variable ne seront pas dissoutes par la *faillite* ou la déconfiture d'un associé. On doit supposer que si le C. civ. n'a pas expressément donné cette solution, c'est parce qu'il la tenait pour évidente ou parce qu'il considérait la question comme peu pratique, les membres des sociétés civiles n'étant pas généralement des commerçants susceptibles d'être déclarés en faillite.

424. La liquidation judiciaire de l'un des associés doit être assimilée à la faillite et à la déconfiture (2). Elle ne diffère de

S., 81. 1. 56, D., 81. 1. 464. — Cass. req., 10 mars 1885 (impl.), S., 86. 1. 410, D., 85. 1. 441. — Paris, 5 janv. 1853, S., 54. 2. 341, D., 54. 5. 708. — Lyon, 3 juil. 1862 (motifs), S., 63. 2. 139. — Poitiers, 26 déc. 1892, S., 94. 2. 297, D., 94. 2. 73. — Merlin, *Quest.*, v° *Société*, n. 59 ; Boileux, VI, art. 1865 ; Duranton, XVII, n. 474 ; Aubry et Rau, IV, p. 570, § 384, note 10 ; Troplong, II, n. 905 ; Bédarride, *Soc.*, I, n. 66 ; Pardessus, III, n. 1066 ; Persil, *Des soc. comm.*, p. 348 s. ; Malepeyre et Jourdain, *Tr. des soc. comm.*, p. 303 ; Deloison, *Tr. des soc. comm.*, I, n. 91 ; Rousseau, *Ibid.*, I, n. 569 ; Delangle, II, n. 660 et 661 ; Alauzet, 3e éd., II, n. 483 ; Pont, n. 726 ; Laurent, XXVI, n. 386 ; Demangeat sur Bravard, 2e éd., I, p. 411 ; Vavasseur, I, n. 230 ; Rivière, *Répét. écrites sur le C. com.*, p. 157 ; Duvergier, I, n. 444 ; Guillouard, n. 316 ; Lyon-Caen et Renault, *Traité*, II, n. 323 ; Boistel, n. 374 ; Ruben de Couder, v° *Société*, n. 161 et v° *Soc. en nom. coll.*, n. 485 ; Frémont et Comberlin, *Code prat. des faill.*, I, n. 465 ; Devilleneuve, Massé et Dutruc, *Dict. du cont. comm.*, II, v° *Soc.*, n. 487 ; *Note*, S., 94. 2. 297, n. 1 ; *Ann. dr. com.*, VII, 1893, *jurispr.*, p. 113 ; Houpin, I, n. 137.

(1) Exposé des motifs de Treilhard, Locré, XIV, p. 527.

(2) Poitiers, 26 déc. 1892, S., 94. 2. 297, D., 94. 2. 73. — Lyon-Caen et Renault, *Traité*, II, n. 324 ; Houpin, I, n. 138 ; Frémont et Camberlin, *op. cit.*, n. 467 ; *Note*,

la faillite, quant à ses conditions, que par la bonne foi du commerçant mis en état de liquidation; elle suppose, aussi bien que la faillite ou la déconfiture, un embarras dans les affaires du commerçant, elle enlève ainsi la confiance que ses associés et les tiers avaient en lui et inspire aux premiers les mêmes craintes au sujet de l'avenir que la faillite et la déconfiture elles-mêmes. Il est vrai que le liquidé reste à la tête de ses affaires et qu'ainsi la liquidation judiciaire n'entrave pas les affaires sociales au même degré que la faillite; mais, outre que l'entrave existe cependant, à raison du contrôle exercé sur les affaires du liquidé par ses créanciers, cette considération, fût-elle entièrement exacte, ne détruit pas la portée de toutes celles qui précèdent.

425. La faillite et la déconfiture mettent fin à toutes les sociétés, même celles où les associés n'ont tenu aucun compte de leurs personnes et de leurs capacités respectives [1].

On admet cependant qu'il en est autrement dans les sociétés minières [2]. Nous ne pouvons accepter cette opinion, dont nous avons déjà réfuté l'argumentation en parlant de la mort des associés [3].

426. La faillite ou la déconfiture de la société elle-même ne mettent pas fin à son existence [4]. S'il en est autrement de la faillite ou de la déconfiture d'un associé, c'est que l'associé cesse alors de pouvoir rendre service à la société, et que cette dernière ne peut plus désormais fonctionner dans les conditions d'égalité entre associés qui existaient jusqu'alors; au contraire une société peut fonctionner malgré son insolvabilité.

S., 94. 2. 297, n. 2; *Ann. dr. com.*, VII, 1893, *Jurispr.*, p. 113. — *Contra* Pic, *Note*, D., 92. 2. 305.

(1) Paris, 5 janv. 1853, S., 54. 2. 341, D., 54. 5. 708. — Grenoble, 1er mai 1894, S., 94. 2. 277, D., 95. 2. 221 (société en nom collectif). — Guillouard, n. 318.

(2) Laurent, XXVI, n. 430; Guillouard, n. 372; Delecroix, *Des sociétés de mines*, n. 159 s.; Féraud-Giraud, *Code des mines*, I, n. 231.

(3) V. *supra*, n. 385.

(4) Cass., 9 mai 1854, S., 54. 1. 673. — Lyon, 3 juillet 1862, S., 63. 2. 139. — Paris, 10 juillet 1894, S., 96. 2. 57. — Demangeat sur Bravard, 2e éd., V, p. 676; Alauzet, 3e éd., II, n. 486; Boistel, n. 376; Lyon-Caen et Renault, II, n. 325; Thaller, *Ann. dr. com.*, VIII, 1894, *Doctr.*, p. 132; Pont, II, n. 1909; Wahl, *Note*, S., 96. 2. 57, § 2.

427. Comme la faillite, la déconfiture et la liquidation judiciaire opèrent de plein droit la dissolution de la société [1], cette dissolution peut être invoquée non seulement par les coassociés du débiteur insolvable ou du failli, mais par ce dernier [2] ou par ses créanciers [3]. On peut ajouter à l'appui de cette opinion que la dissolution par la déconfiture est mise par la loi à côté de la dissolution par le décès, laquelle peut être invoquée par les héritiers du défunt. En vain dit-on que la dissolution par la faillite ou la déconfiture est l'application d'une condition résolutoire accomplie par la faute de l'associé insolvable, et qu'il n'appartient jamais à un contractant de se prévaloir lui-même de la résolution causée par sa faute; nous avons, en effet, montré que cette cause de dissolution dérive de raisons toutes différentes, et ces raisons conduisent à décider, au contraire, que l'associé insolvable pourra invoquer la dissolution. Si cette cause de dissolution avait été l'accomplissement d'une condition résolutoire, l'art. 1871 C. civ. aurait suffi à la régler; elle aurait, comme les causes de dissolution prévues par l'art. 1871, été subordonnée à un jugement et n'aurait pas opéré de plein droit.

On comprend très bien que la loi ait songé à l'intérêt non seulement des associés du failli, mais de ce dernier et de ses créanciers; cet intérêt est que la société, désormais entravée dans sa prospérité, ne continue pas des opérations préjudiciables à ses membres.

(1) Guillouard, n. 315. — V. les autorités citées à la note suivante.

(2) Cass., 7 déc. 1858 (motifs), S., 59. 1. 619. — Cass , 4 août 1880, précité. — Paris, 5 janv. 1853, précité. — Lyon, 3 juillet 1862 (motifs), précité. — Poitiers, 26 déc. 1892, S., 94. 2. 297, D., 94. 2. 73. — Guillouard, n. 319; Aubry et Rau, IV, p. 567, § 384, note 1, p. 570, § 384, note 11; Rousseau, n. 573; Lyon-Caen et Renault, *loc. cit.;* Merlin, *Quest.*, v° *Soc.*, n. 52 s.; Alauzet, II, n. 483; Demangeat sur Bravard, *loc. cit.;* Bédarride, I, n. 66 *bis* et 66 *ter;* Pont, n. 728 et 730 et *Tr. des soc. com.*, n. 1908; Boistel, n. 374; Laurent, XXVI, n. 390; Ruben de Couder, v° *Soc.*, n. 161 et v° *Soc. en nom coll.*, n. 487; Frémont et Camberlin, *loc. cit.; Note*, S., 94. 2. 297; Delangle, n. 661; *Note, Ann. dr. comm.*, 1893, *jurispr.*, p. 114. — *Contra* Trib. com. Nantes, 27 août 1887, *Rec. Nantes*, 87. 374. — Pardessus, IV, n. 1065 et 1066; Troplong, II, n. 906 et 907; Malepeyre et Jourdain, *Soc.*, p. 298.

(3) Poitiers, 26 déc. 1892, précité. — Duranton, XVII, n. 445; Aubry et Rau, IV, p. 560, § 381, note 4; Pont, n. 729; Laurent, XXVI, n. 390; Guillouard, n. 319. — *Contra* Pardessus, IV, n. 1065 et 1066; Troplong, II, n. 906 et 907.

428. L'adjudicataire ou l'acquéreur de la part sociale d'un associé peut donc invoquer la dissolution de la société en cas de faillite ou de déconfiture de son auteur [1]. Il est, en effet, créancier de son auteur pour l'action en garantie et peut, dès lors, comme tout créancier, exercer les actions de ce dernier.

429. Mais la société se dissout-elle nécessairement en cas de faillite ou de déconfiture et la clause contraire de l'acte de société serait-elle nulle? Nous ne le pensons pas [2]; toutes les considérations que nous avons invoquées en examinant la même question à propos de l'interdiction peuvent être reproduites ici : la dissolution est fondée sur une intention présumée des parties, elles peuvent donc manifester l'intention contraire.

Toutefois une distinction est nécessaire.

Les parties peuvent convenir qu'en cas de faillite ou de déconfiture de l'une d'elles, la société continuera entre les autres [3].

Mais elles ne peuvent convenir qu'elle se continuera avec l'associé même qui serait en état de faillite ou de déconfiture [4]. Une pareille clause ne heurterait pas les principes de la société, mais elle serait contraire à ceux de la faillite et de la déconfiture : ce sont des états passifs, des situations de liquidation où tout doit concourir à la réalisation et à la distribution du patrimoine et où on ne peut grever ce patrimoine de charges nouvelles.

(1) Aubry et Rau, *loc. cit;* Guillouard, n. 319.

(2) Arrêts cités à la note suiv. — Aubry et Rau, IV, p. 570, § 384, note 12; Pont, n. 699, et n. 729 et 730, et *Soc. com.*, n. 1908; Laurent, XXVI, n. 391; Alauzet, *Comment. du C. com.*, II, n. 4?3; Dutruc, *Dict. du cont. com.*, v° *Société*, n. 490; Ruben de Couder, *Dict. dr. com.*, v° *Société en nom collectif*, n. 489; Guillouard, n. 318; Lyon-Caen et Renault, II, n. 334; Rousseau, n. 571; Boistel, n. 374; Malepeyre et Jourdain, *op. cit.*, p. 303; Houpin, I, n. 137; Frémont et Camberlin, *op. cit.*, I, n. 467; *Note*, S., 94. 2. 297, n. 4; Vavasseur, I, n. 231.

(3) Cass. req., 7 déc. 1858, S., 59. 1. 619, D., 59. 1. 135. — Cass., 18 janv. 1881, S., 83. 1. 398, D., 81. 1. 244. — Cass. req., 10 mars 1885, S., 86. 1. 410, D., 85. 1. 441. — Orléans, 29 août 1844, S., 54. 2. 341 (note), D., 54. 5. 708. — Riom, 21 mai 1884, D., 85. 2. 86. — Poitiers, 26 déc. 1892, précité. — Grenoble, 1er mai 1894, S., 94. 2. 277, D., 95. 2. 221.

(4) Les arrêts précités sont cependant généraux et, dans l'espèce de celui du 10 mars 1885, la société a continué avec les héritiers de l'associé déclaré en faillite après son décès.

430. Les tribunaux peuvent faire résulter des circonstances les conventions de ce genre [1]; elles peuvent donc n'être pas expresses.

431. Des observations que nous venons de faire, il résulte que la société continuée, en vertu d'une clause des statuts, entre les coassociés de la personne en faillite ou en déconfiture, est bien la continuation de la société ancienne et non pas une société nouvelle [2].

Mais la convention portant que la société continuera malgré la faillite ou la déconfiture d'un associé ne peut intervenir après que cet événement s'est produit; en d'autres termes, conclue dans ces circonstances, elle équivaut à la constitution d'une société nouvelle [3], car la société s'est dissoute de plein droit et il n'appartient pas aux associés d'en imposer la continuation aux tiers.

432. La société, une fois dissoute par la faillite, ne revit pas par le concordat, quoique le failli reprenne alors l'administration de ses biens [4]; le langage de la loi montre assez que la dissolution est définitive.

VIII. *Impossibilité où se trouve l'un des associés de réaliser son apport.*

433. Il est essentiel à l'existence de la société que chaque associé ait une mise. Donc toutes les fois que, par suite d'un événement quelconque, l'un des associés se trouvera empêché de réaliser son apport, la société sera dissoute. C'est ce qui résulte de l'art. 1867, ainsi conçu : « *Lorsque l'un des associés » a promis de mettre en commun la propriété d'une chose, la » perte survenue avant que la mise en soit effectuée, opère la » dissolution de la société par rapport à tous les associés. — » La société est également dissoute dans tous les cas par la*

[1] Cass., 18 janv. 1881, précité. — Grenoble, 1er mai 1894, précité (continuation du fonctionnement de la société, remplacement du failli par un autre associé).

[2] Poitiers, 26 déc. 1892, précité (impl.).

[3] Poitiers, 26 déc. 1892, précité. — Pont, n. 729. — *Contra* Bédarride, I, n. 66 *ter;* Vavasseur, I, n. 281. — On a invoqué en ce dernier sens Cass., 7 déc. 1858, précité, qui ne résout pas la question.

[4] Paris, 5 janv. 1853, S., 54. 2. 341, D., 54. 5. 708. — Laurent, XXVI, n. 708; Guillouard, n. 317; Houpin, I, n. 137.

» *perte de la chose lorsque la jouissance seule a été mise en* » *commun et que la propriété en est restée dans la main de* » *l'associé. — Mais la société n'est pas rompue par la perte de* » *la chose dont la propriété a déjà été apportée à la société* ».

Ce texte, dont la rédaction est assez défectueuse, distingue deux hypothèses.

Première hypothèse. — L'un des associés a promis d'apporter à la société la propriété ou l'usufruit d'un corps certain. En règle générale, le droit de propriété ou le droit d'usufruit promis est acquis à la société, au moins entre les parties, par le seul effet du consentement (arg. art. **1138** et **1583**). La société devient donc immédiatement propriétaire ou usufruitière et les risques sont désormais à sa charge. De là il suit, comme nous l'avons vu [1], que si la chose vient à périr par cas fortuit, elle périra pour le compte de la société, en ce sens que la société perdra le droit qu'elle avait acquis sur la chose. Quant à l'associé du chef duquel provenait la chose, il n'en conservera pas moins tous ses droits dans la société : son apport a été réalisé aussitôt que promis et nous ne sommes pas, par conséquent, dans le cas prévu par l'art. **1867**, al. **1**, qui suppose que la chose périt *avant que la mise en soit effectuée*. Quand donc cette hypothèse se réalisera-t-elle? Toutes les fois que, la société n'ayant pas pu devenir propriétaire par le seul effet du consentement, la chose aura péri avant que le transport de la propriété ait été effectué à son profit [2]. On peut citer notamment le cas où un associé a promis à la société l'apport en propriété d'un corps certain appartenant à autrui et où ce corps certain périt avant que l'associé ait pu en faire l'acquisition [3], celui où il a été convenu que le transfert de la propriété ne s'opèrerait que plus tard [4], ou bien le cas où, l'associé ayant promis à la société, sous une condition suspensive, l'apport en propriété ou en

[1] V. *supra*, n. 164.

[2] Delvincourt, III, p. 233 ; Duranton, XVII, n. 467 ; Troplong, II, n. 925 s. ; Duvergier, n. 421 s. ; Aubry et Rau, IV, p. 568, § 384, note 5 ; Pont, n. 377 s. ; Laurent, XXVI, n. 268 ; Guillouard, n. 153 ; Houpin, I, n. 86 et 125.

[3] Guillouard, n. 153.

[4] Duvergier, n. 421 s. ; Guillouard, *loc. cit.*

usufruit d'un corps certain à lui appartenant, ce corps certain vient à périr *pendente conditione* (1). Dans ces divers cas, l'associé n'a pas réalisé son apport et ne peut plus le réaliser; il se trouve donc sans mise; la société est dissoute.

Il faut dire de l'usufruit ce que nous venons de dire de la propriété (2). De même, dans les divers cas prévus par l'art. 1851, et où la société devient propriétaire des choses dont l'usufruit lui est attribué, la perte de la chose ne dissout pas la société (3).

Nous avons vu que si l'apport est en argent ou en choses de genre, il n'est pas transféré à la société avant la réalisation; donc, jusque-là, il périt pour l'associé et sa perte n'opère pas dissolution de la société.

434. La perte partielle ne dissout pas la société (4), mais elle peut, comme nous le verrons, donner lieu à la dissolution judiciaire (5).

435. Faut-il à la perte de la chose survenue avant que la mise soit effectuée, assimiler l'éviction totale survenue après la mise, et décider, par conséquent, que l'éviction totale entraîne la dissolution de la société ? Nous n'hésitons pas à le penser (6). La question est discutée entre les auteurs, qui l'ont exclusivement portée sur le terrain de la garantie; nous reconnaissons qu'ainsi étudiée elle est d'une solution douteuse. En effet, si la garantie de l'associé est assimilée à la garantie du vendeur en matière de vente, l'éviction totale seule emporte nécessairement résolution; l'art. 1636, en cette même matière, dispose qu'en cas d'éviction partielle il n'y aura pas résolution si l'acheteur, à défaut de la partie dont il est évincé, aurait cependant acheté, et de ce texte on a pu conclure que la résolution de la société était subordonnée à la condition que l'éviction entraînerait l'impossibilité de continuer la société (7). Cette

(1) Delvincourt, *loc. cit.;* Guillouard, n. 153.
(2) Guillouard, n. 156.
(3) Guillouard, n. 158.
(4) Aubry et Rau, IV, p. 569, § 384, note 9; Guillouard, n. 290; Houpin, I, n. 125.
(5) V. *infra*, n. 462.
(6) Pont, n. 270.
(7) Lyon-Caen et Renault, *Traité*, II, n. 17; Guillouard, n. 180; Houpin, I, n. 36.

argumentation, d'ailleurs, n'est pas irréprochable; car de même que dans la vente l'éviction de l'objet vendu est une éviction totale et que, dans l'échange, l'éviction de l'un des lots est une éviction totale, il semble que dans la société l'éviction de l'un des apports doit être également réputée être totale.

Mais il nous paraît plus sûr de placer la question sur l'interprétation de l'art. 1867; si le défaut de mise effective en société emporte la dissolution, il doit en être de même de l'éviction de l'objet apporté; en somme un objet dont la société est évincée peut être regardé comme n'ayant pas été mis en société, puisque l'apport de cette chose n'a produit aucun effet juridique; au surplus l'obligation de garantie n'est que l'obligation de délivrance continuée, l'éviction doit donc être assimilée au défaut de délivrance.

436. Deuxième hypothèse. L'apport promis à la société par l'un des associés consiste en un droit personnel de jouissance. Ce n'est pas l'usufruit d'un corps certain que l'associé a promis à la société (ce cas rentrerait dans la première hypothèse); il s'est engagé à procurer à la société la jouissance d'un corps certain, à la *faire jouir*, de sorte que l'apport promis par l'associé est un apport successif : il engendre à sa charge une obligation qui se répète chaque jour, jusqu'à la fin de la société. Cela posé, il arrive que le corps certain, objet de l'obligation de l'associé, vient à périr. A dater de ce moment, l'associé se trouve dans l'impossibilité de procurer à la société la jouissance promise : il a réalisé son apport dans le passé, mais il ne peut plus le réaliser dans l'avenir; il se trouve donc désormais sans mise, car celle qu'il a effectuée ne correspond qu'au temps passé; aussi l'art. 1867 al. 2 déclare-t-il la société dissoute. C'est déjà la solution que donnait Pothier pour la même raison (1), et cette raison était également indiquée dans le rapport de Boutteville au tribunat (2).

Aussi cette solution ne comporte-elle aucune exception; en admettant même qu'il s'agisse de choses se consommant par

(1) N. 141.
(2) Fenet, XIV, p. 415.

l'usage, ou qui se détériorent, ou qui sont destinées à être vendues, leur perte dissout la société (¹), car l'associé s'est engagé à en procurer la jouissance continue. Sans doute l'art. 1851 met, dans les apports de ce genre, les risques à la charge de la société, mais il se place en face d'un quasi-usufruit et suppose que les risques ont été transférés à la société par la volonté des parties. Or, la clause en vertu de laquelle l'associé s'engage personnellement à faire jouir la société exclut une pareille supposition.

IX. *Volonté de tous les associés.*

437. Il est incontestable que les associés peuvent, par une convention, faire cesser toute société [2], même celle dont la durée est limitée.

Ainsi ils peuvent convenir que la société contractée pour un terme fixe prendra fin à une époque antérieure [3]. Il est inutile de dire que cette convention doit être passée entre tous les associés et que la majorité ne saurait imposer son avis à la minorité [4], à moins de convention contraire [5].

§ II. *Causes de dissolution de la société qui n'opèrent pas de plein droit.*

I. *Volonté d'un ou plusieurs associés.*

A. *Sociétés auxquelles s'applique cette cause de dissolution. Convention contraire.*

438. « *La dissolution de la société par la volonté de l'une » des parties ne s'applique qu'aux sociétés dont la durée est » illimitée, et s'opère par une renonciation notifiée à tous les » associés, pourvu que cette renonciation soit de bonne foi, et » non faite à contre-temps* » (art. 1869).

(¹) V. cep. Guillouard, n. 558.

(²) Argou, liv. III, ch. XXXII, II, p. 324 ; Guillouard, n. 276 ; Houpin, I, n. 124 ; Lyon-Caen et Renault, II, n. 301.

(³) Paris, 20 mai 1869, D., 70. 2. 12. — Laurent, XXVI, n. 367 ; Guillouard, n. 281.

(⁴) Paris, 20 mai 1869, précité. — Laurent, *loc. cit.* ; Guillouard, n. 281 ; Lyon-Caen et Renault, *loc. cit.* ; Houpin, *loc. cit.*

(⁵) Houpin, *loc. cit.*

« *La renonciation n'est pas de bonne foi lorsque l'associé » renonce pour s'approprier à lui seul le profit que les asso- » ciés s'étaient proposé de retirer en commun. — Elle est » faite à contre-temps lorsque les choses ne sont plus entières, « et qu'il importe à la société que sa dissolution soit différée* » (art. 1870).

Il était déjà admis en droit romain [1] et dans l'ancien droit [2] que, dans les sociétés à durée illimitée, les associés pouvaient se retirer de la société.

Ce n'est là qu'une application de la règle admise dans tous les contrats successifs ; elle existe par exemple en matière de bail ; elle repose non pas seulement, comme le disait Pothier [3], sur la confiance réciproque qui doit exister entre associés (car alors pourquoi ne pas donner la même solution dans les sociétés à terme fixe ?), non pas davantage, comme on le dit aujourd'hui [4], sur ce que la discorde est plus intolérable quand elle est plus prolongée, mais principalement sur ce que la solution contraire aboutirait à faire de l'engagement d'un associé un engagement perpétuel ; or, dans notre droit, les engagements perpétuels sont nuls ; cependant cette idée ne doit pas être poussée trop loin [5].

439. Une société dont le terme n'est pas indiqué n'est pas nécessairement à durée illimitée [6].

440. Une société contractée pour une durée fixe supérieure à la durée de la vie humaine n'est évidemment pas une société à durée illimitée [7]. Le sens naturel des termes répugne à l'opinion contraire. En vain dirait-on que notre opinion a le tort de permettre aux associés de renoncer indirectement d'avance au droit de quitter la société ; il n'y a là rien de choquant, puisque les associés peuvent directement renoncer au même droit. C'est au contraire l'opinion de nos adversaires

(1) L. 4, § 1, L. 63, § 10, D., *pro soc.*, 17. 2.

(2) Domat, liv. I, tit. VIII, sect. 5, § 2 ; Pothier, n. 149.

(3) *Loc. cit.*

(4) Guillouard, n. 323.

(5) V. *infra*, n. 445.

(6) Ainsi décidé pour la société relative à l'exploitation d'un bail de chasse. — Trib. civ. Lyon, 8 juil. 1893, *Gaz. Pal.*, 93. 2. 561.

(7) *Contra* Guillouard, n. 324 ; Houpin, I, n. 139.

qui produit des résultats choquants, car si une société d'une durée supérieure à celle de la vie humaine est une société à durée illimitée, elle ne se terminera pas, comme les sociétés à terme, par l'expiration du temps fixé et cette solution contredira la volonté des associés. Au surplus, on peut imaginer les difficultés de fait qu'offrirait la détermination du point de savoir si la durée d'une société excède ou non celle de la vie humaine. Ne voit-on que, suivant l'âge des associés ou suivant leur état de santé, la vie humaine peut être présumée devoir être plus ou moins longue?

Nous admettons notamment qu'une société contractée pour une durée de 99 ans n'est pas à durée illimitée [1].

441. Si les sociétés formées pour une durée supérieure à la vie normale sont des sociétés à terme soustraites à l'application de l'art. 1871, il en est de même à plus forte raison des sociétés à vie, c'est-à-dire contractées pour toute l'existence des associés [2]. Nous disons, ici encore, que la société est à terme.

442. Une société est à durée illimitée si le terme de son expiration est tellement éloigné et incertain qu'on ne puisse le prévoir.

Ainsi une société formée pour l'exploitation d'une mine est à durée illimitée quoique toutes les mines soient destinées à s'épuiser [3].

443. Nous avons déjà remarqué que la société contractée pour une affaire déterminée est une société à terme incertain et non une société à durée illimitée.

Il suit de là que les associés ne peuvent s'en retirer sans le consentement de leurs coassociés [4]. L'opinion contraire de Pothier [5] ne peut plus être soutenue en présence des

[1] *Contra* Guillouard, n. 324; Houpin, *loc. cit.*

[2] Bravard, I, p. 104. — *Contra* Demangeat sur Bravard, *loc. cit.;* Troplong, II, n. 967; Duvergier, n. 453; Aubry et Rau, IV, p. 570, § 384, note 13; Pont, n. 737 et 738; Laurent, XXVI, n. 395; Guillouard, n. 326; Houpin, *loc. cit.*

[3] Cass., 1er juin 1859, S., 61. 1. 113, D., 59. 1. 244. — Trib. civ. Saint-Etienne, 16 juin 1891, *Mon. jud. Lyon*, 20 juin 1891. — Guillouard, n. 324, 326 et 372; Houpin, *loc. cit.* — *Contra* Bravard, *loc. cit.*

[4] Guillouard, n. 325. — *Contra* Duranton, XVII, n. 476.

[5] N. 150.

textes. Elle a été reproduite cependant par des auteurs, qui voient là le seul moyen de ne pas restreindre l'application de l'art. 1869 aux sociétés universelles ; les sociétés universelles, ont-ils dit, sont, en fait, les seules qui soient d'une durée illimitée. En fût-il réellement ainsi, qu'on ne devrait pas voir là une raison suffisante d'étendre arbitrairement la portée de l'art. 1867. Du reste, il est au contraire fréquent que des sociétés particulières soient contractées pour une durée illimitée ; il en est ainsi des sociétés minières.

444. La nature de la société importe peu pour l'application de l'art. 1869.

Ainsi l'art. 1869 s'applique aux sociétés en participation [1].

De même l'art. 1869 s'applique aux sociétés de fait [2].

445. On peut convenir, à notre avis, que les associés ne pourront se retirer de la société à durée illimitée [3]. Nous ne voyons aucune raison sérieuse de contredire cette solution. Elle repose, tout d'abord, sur la liberté des conventions. L'art. 1869, en outre, se contente de poser le principe sans interdire aux parties d'y déroger et il est placé au milieu de dispositions dont la plupart, tout en exprimant une cause de dissolution de la société, ne sont pas d'ordre public et n'interdisent pas la clause contraire. On tire à tort argument contre notre opinion de ce que personne ne peut engager ses services à temps et de ce que l'art. 1780, qui interdit de louer ses services pour toute sa vie, est d'ordre public. L'art. 1780, sainement interprété, peut être invoqué en notre faveur, car il s'exprime en termes impératifs et c'est un tout autre langage que parle l'art. 1869. Il est, du reste, inexact que l'associé d'une société à durée illimitée engage ses services à perpétuité. D'une part, il n'est pas dans la situation servile et inférieure d'un domestique ou d'un employé, et, la situation de l'associé n'étant pas dépendante, les motifs auxquels a obéi l'art. 1780 cessent de s'appliquer. D'autre part,

(1) Rennes, 4 janv. 1894, D., 94. 2. 120.

(2) Paris, 19 janv. 1894, *Gaz. Pal.*, Table, 1re sem. 1894, v° *Sociétés commerciales*, n. 4.

(3) *Contra* Troplong, II, n. 973 ; Aubry et Rau, IV, p. 571, § 384, note 15 ; Pont, n. 742 ; Guillouard, n. 324 et 332 ; Houpin, *loc. cit.*

dans le cas au moins où l'associé s'est réservé le droit de céder sa part sociale, il n'est pas lié pour un temps supérieur à sa volonté; l'objection tombe donc entièrement dans cette hypothèse et il est clair qu'en l'absence d'un texte, on ne peut en restreindre l'effet aux sociétés où l'associé n'a pas le droit de céder sa part.

Nous ajoutons que si la prohibition de s'engager pour une durée illimitée était imposée aux associés, ils pourraient facilement la tourner en s'engageant pour une durée très considérable; on dit, il est vrai, que les associés ne peuvent s'engager pour une durée supérieure à celle de la vie humaine. Mais cela est, comme nous l'avons montré, inexact.

Nous tirons encore un argument de l'art. 1867, qui permet aux parties de stipuler que la société continuera avec les héritiers des associés qui décéderont. Evidemment, en présence des termes généraux du texte, cette clause est autorisée même dans les sociétés à durée illimitée, de même que le principe de la dissolution par le décès des associés existe dans ces mêmes sociétés. Or, les parties n'arrivent-elles pas ainsi à prolonger indéfiniment leur société?

Nous faisons, en outre, remarquer que la clause que nous prévoyons est d'une utilité souvent considérable; comme celle que nous venons de rappeler, elle supprime le caractère aléatoire de la société et interdit aux parties, en se retirant et en emportant une partie du capital social, de mettre fin indirectement à la société, désormais impuissante, avec son capital réduit, à poursuivre le but projeté. L'art. 1869 a en partie obéi à la pensée que le lien social est un lien exclusivement personnel et repose sur une confiance persistante; or, si d'autres textes montrent que le législateur a eu constamment cette pensée à l'esprit, ils montrent également que des clauses diverses peuvent manifester chez les associés l'intention de relâcher ou de supprimer la personnalité du lien.

Sans doute Domat décide que l'associé ne peut renoncer au droit de se retirer [1] et nous voulons bien admettre que

[1] Liv. I, tit. VIII, sect. 5, § 2.

c'était peut-être l'opinion dominante dans l'ancien droit. Mais on sait que la personnalité du lien social était alors, pour certains auteurs, beaucoup plus rigoureuse qu'aujourd'hui et qu'elle avait, suivant eux, un caractère d'ordre public [1].

446. On admet généralement que si les associés se sont réservé le droit de céder leur part sociale, la volonté d'un seul ne peut mettre fin à la société [2], parce que la cession de leur part les rend, aussi bien qu'une renonciation, étrangers à la société. Cette opinion est d'autant plus singulière que tous ses partisans considèrent, d'autre part, le droit de quitter la société comme étant d'ordre public et ne pouvant être abrogé par la convention.

Pour nous, qui cependant permettons aux associés de renoncer au droit de se retirer, nous n'admettons pas que cette renonciation résulte nécessairement du droit accordé aux associés de céder leur part sociale [3]. Ce sont là, en effet, deux droits distincts, puisque par le premier l'associé obtient la dissolution de la société et sa part dans le fonds social, tandis que, par le second, il obtient seulement le prix de ses droits sans mettre fin à la société. Dès lors, si ce dernier droit est accordé par la convention, il n'en résulte pas que le premier, qui dérive de la loi, disparaisse.

Dans tous les cas, quand le droit de céder leur part sociale n'est accordé aux associés que s'ils ont obtenu l'agrément de la société, on admet que chaque associé peut se retirer de la société [4], parce qu'alors le droit de cession n'est pas l'équivalent du droit de se retirer.

447. Partant de l'idée que le membre d'une société minière peut céder sa part, on lui interdit de se retirer de la société [5].

[1] V. *supra*, n. 388.

[2] Rennes, 4 janv. 1894, D., 94. 2. 120. — Trib. com. Seine, 18 mai 1886, *Loi*, 30 mai 1886. — Trib. civ. Saint-Etienne, 16 juin 1891, *Mon. jud. Lyon*, 20 juin 1891. — Aubry et Rau, IV, p. 571, § 384, note 16; Pont, n. 720 s.; Guillouard, n. 333; Houpin, *loc. cit.*

[3] Laurent, XXVI, n. 333.

[4] Cass., 1er juil. 1859, S., 61. 1. 113, D., 59. 1. 244. — Pont, *Note*, S., 61. 1. 113; Guillouard, n. 333; Houpin, *loc. cit.*

[5] Trib. civ. Saint-Etienne, 16 juin 1891, précité. — Pont, *Note*, S., 61. 1. 113; Guillouard, n. 373; Féraud-Giraud, *Code des mines*, I, n. 232; Houpin, *loc. cit.*

Nous avons réfuté l'idée, nous n'acceptons donc pas sa conséquence.

En tout cas, l'art. 1869 redevient applicable aux sociétés minières quand les droits sociaux sont incessibles en vertu de la convention [1]. Il n'y a plus alors aucune raison de distinguer la société minière des autres sociétés. Il est, sans doute, fâcheux pour les associés restants que le caprice de leur coassocié puisse mettre fin à la société, lors peut-être qu'elle allait entrer dans une période de prospérité; mais nous ne concevons guère qu'on ait tiré de cette considération une objection contre notre doctrine, car n'en est-il pas de même à des degrés divers dans toutes les sociétés?

448. Si la société est divisée en actions, l'associé ne peut se retirer. L'opinion générale est en ce sens [2] ; mais nous ne nous fondons pas, comme elle, sur l'idée que le droit de cession exclut le droit d'abandonner la société; nous n'avons pas, en effet, accepté cette idée. Si, dans la société par actions, l'associé ne peut se retirer, cela tient à cette raison que le droit de se retirer est fondé en grande partie sur la confiance qui doit régner entre associés, et que cette confiance est inutile dans une société de capitaux. D'un autre côté, le capital de ces sortes de sociétés est fixé d'une manière définitive par des actes rendus publics, et la loi détermine elle-même les conditions très rigoureuses suivant lesquelles le capital peut être réduit. Les parties ne peuvent échapper à ces conditions par une simple renonciation.

B. *Conditions auxquelles est subordonnée cette cause de dissolution.*

449. La volonté de l'associé est subordonnée, pour produire la dissolution de la société, à deux conditions, indiquées par l'art. 1867 : la bonne foi de l'associé qui se retire, l'opportunité de la renonciation. Le droit romain disait déjà que la renonciation faite par fraude (*dolo malo*) libérait les coassociés du renonçant vis-à-vis de lui, mais ne le libérait pas vis-

(1) Guillouard, n. 375.

(2) Cass., 6 déc. 1843, S., 44. 1. 22. — Cass., 13 juillet 1868, S., 68. 1. 449, D., 69. 1. 137. — Aubry et Rau, IV, p. 571, § 384, note 16; Pont, n. 740 s. ; Guillouard, n. 333; Houpin, *loc. cit.*

à-vis de ses coassociés (*socium a se non se a socio liberat*) [1] et qu'une renonciation intempestive donnait lieu à l'action *pro socio* [2]. Ces deux mêmes conditions étaient reproduites dans l'ancien droit [3].

Voici des cas de renonciations faites en fraude : l'associé se retire de la société pour faire à son compte un marché que la société allait faire [4]. Le droit romain [5] et l'ancien droit [6] étaient en ce sens.

Un membre d'une société universelle renonce à la société pour empêcher d'y faire tomber les fruits d'une succession qu'il est sur le point de recueillir [7]. C'est encore ce qu'on décidait en droit romain [8] et dans l'ancien droit [9].

450. Les termes formels de l'art. 1869 montrent que la renonciation faite à contre-temps se distingue de la renonciation faite de mauvaise foi; déjà le droit romain faisait cette distinction, que Domat avait abandonnée; cet auteur considérait la renonciation faite à contre-temps comme une application de la renonciation faite de mauvaise foi, et il résultait de là que la renonciation faite à contre-temps, mais de bonne foi, était valable. On ne peut plus admettre cette dernière solution aujourd'hui.

L'art. 1869 explique lui-même ce qu'il faut entendre par une renonciation faite à contre-temps.

On peut donner les exemples suivants :

L'époque n'est pas favorable à la vente du patrimoine social, laquelle est nécessitée par la dissolution [10] ; la société a de gros approvisionnements à écouler [11]; elle a l'espoir prochain d'importants bénéfices.

(1) L. 65, § 4, D., *pro soc.*, 17. 2.
(2) L. 14, D., *pro soc.*, 17. 2.
(3) Domat, liv. I, tit. VIII, sect. 5, § 2; Pothier, n. 150. — Dans le même sens, Droit allemand; Eck, *loc. cit.*
(4) Guillouard, n. 328.
(5) L. 65, § 4, D., *pro soc.*, 17. 2.
(6) Domat, *loc. cit.*
(7) Guillouard, n. 328.
(8) L. 65, § 5, D., *pro soc.*, 17. 2.
(9) Pothier, n. 150.
(10) L. 65, § 3, D., *pro soc.*, 17. 2; Pothier, n. 151 ; Laurent, XXVI, n. 398 Guillouard, n. 329.
(11) Mêmes auteurs.

451. La renonciation ne donne pas lieu à des dommages-intérêts si elle cause simplement un préjudice aux coassociés du renonçant, tout en étant régulière.

Ainsi on ne peut reprocher au renonçant d'avoir sollicité ses coassociés de contracter société et de leur avoir fait abandonner un emploi lucratif (1) ; car c'est à eux qu'il appartenait de prendre leurs précautions en demandant que la société fût contractée pour un terme déterminé.

452. L'art. 1867 veut que la renonciation de l'associé soit notifiée à ses coassociés.

Comme il ne détermine pas la forme de cette notification, elle peut être faite d'une manière quelconque, même verbalement (2) ; à plus forte raison un exploit d'huissier n'est pas nécessaire (3).

Nous admettrons même que si les coassociés ont connaissance autrement de la renonciation, la notification est inutile ; tout ce que veut la loi, c'est que les coassociés ne soient pas exposés à faire des opérations qu'ils ne feraient pas s'ils connaissaient la retraite de l'un d'eux ; or si ce but est atteint, la notification n'a plus de raison d'être. Il est vrai que nous nous mettons ainsi en dehors des termes de l'art. 1867, mais c'est pour nous conformer à son esprit ; du reste, si l'art. 1867 exige une notification, c'est qu'il prévoit le cas le plus usuel, celui où les associés n'ont pas connu la renonciation.

Cette observation, comme nous allons le voir, est très importante à raison des conséquences qu'elle produit au sujet de la preuve.

453. Certains auteurs soutiennent que la preuve de la notification ne peut être faite qu'au moyen soit d'un acte authentique, soit d'un acte sous seing privé rédigé, conformément à l'art. 1325, en autant d'originaux qu'il y a d'associés (4); l'associé qui se retire veut, dit-on, prouver que sa retraite a

(1) *Contra* Paris, 18 nov. 1893, *Gaz. Pal.*, Table, 1re sem. 1894, v° *Sociétés comm.*, n. 4.

(2) Duranton, XVII, n. 477 ; Duvergier, n. 459 ; Pont, n. 746 ; Guillouard, n. 331 ; Houpin, *loc. cit.*

(3) Mêmes auteurs.

(4) Pont, n. 746.

été agréée par ses coassociés; il s'appuie donc sur une convention et la convention ne peut être démontrée que par ce moyen.

Ce raisonnement contient, à notre avis, une double erreur : d'une part, il comprend mal l'art. 1867, qui subordonne la renonciation de l'associé non pas au consentement de ses coassociés, mais seulement à une notification qui doit leur être faite; d'autre part, en fût-il autrement, que les principes généraux commanderaient d'admettre la preuve de cette convention par témoins, s'il y a un commencement de preuve par écrit ou jusqu'à 150 fr.

Aussi la plupart des auteurs admettent-ils que la notification peut être prouvée par témoins dans les conditions qui viennent d'être indiquées [1].

Nous allons même plus loin : nous croyons que l'associé qui a renoncé peut toujours, une fois sa renonciation démontrée, établir par témoins que sa renonciation a été connue de ses coassociés; nous avons, en effet, décidé que la notification est inutile si la renonciation a été connue des coassociés; or cette connaissance est un simple fait dont l'associé renonçant n'a pu se procurer une preuve par écrit (arg. art. 1348).

454. La renonciation qui n'obéit pas aux conditions fixées par la loi est nulle [2], car l'art. 1867 subordonne expressément la validité de la renonciation à l'accomplissement de ces conditions.

Mais, comme ces conditions sont exigées dans le seul intérêt des associés du renonçant, ce dernier ne peut se prévaloir de leur inaccomplissement et ses coassociés peuvent considérer la société comme dissoute [3].

455. Si la notification est faite à certains seulement des associés ou si la renonciation a été portée à la connaissance de quelques-uns, ceux-ci même pourront se prévaloir de la nullité résultant de ce que les autres associés n'ont pas été prévenus; on ne peut réserver à ces derniers le droit de de-

[1] Laurent, XXVI, n. 399; Guillouard, n. 331.
[2] Duvergier, n. 460; Pont, n. 751; Laurent, XXVI, n. 398; Guillouard, n. 330.
[3] Duranton, XVII, n. 477; Duvergier, n. 459 et 460; Pont, n. 751; Laurent, XXVI, n. 398; Guillouard, n. 330 et 331; Houpin, *loc. cit.*

mander la nullité, car la loi exige la notification à tous les associés et considère ainsi cette formalité comme indivisible.

456. Dans les sociétés fromagères de l'Est, l'usage a donné à la renonciation des conditions et des caractères spéciaux ([1]).

II. *Dissolution judiciaire pour justes motifs.*

457. « *La dissolution des sociétés à terme ne peut être* » *demandée par l'un des associés avant le terme convenu,* » *qu'autant qu'il y a de justes motifs, comme lorsqu'un autre* » *associé manque à ses engagements, ou qu'une infirmité habi-* » *tuelle le rend inhabile aux affaires de la société, ou autres* » *cas semblables, dont la légitimité et la gravité sont laissées* » *à l'arbitrage des juges* » (art. 1871).

A. *Dans quelles sociétés existe cette cause de dissolution.*

458. L'art. 1871 ne parle que des sociétés à terme ; c'est que le voisinage de l'art. 1870 a fait penser au législateur que la dissolution judiciaire était inutile dans les sociétés à durée illimitée, où la simple volonté d'un associé le soustrait pour l'avenir à l'exploitation sociale.

Mais il y a des hypothèses, plus ou moins nombreuses suivant les opinions, où les sociétés à durée illimitée ne peuvent faire l'objet d'une renonciation de ce genre. Evidemment alors la dissolution judiciaire reprend toute son utilité. Elle est donc permise, d'abord parce que, comme nous l'avons dit, l'art. 1871 n'a pas voulu l'exclure en pareil cas, mais a seulement prévu le cas la plus usuel, ensuite parce qu'en écartant l'art. 1871, le droit commun permet aux parties de faire résoudre une convention quand leurs cocontractants n'accomplissent pas leurs obligations ; or toutes les causes de disso-

([1]) Décidé que chacun des associés peut se retirer avant chaque campagne (1er avril). Trib. civ. Pontarlier, 15 mai 1888, *Gaz. Pal.*, 88. 2. *Suppl.* 72. — Que cette renonciation peut être tacite et résulte de ce qu'un associé, au lieu de fabriquer son fromage au châlet commun, le vend à un tiers. Trib. civ. Pontarlier, 15 mai 1888, précité. — Que la société continue entre les associés restants. Même jugement. — Que les associés restants gardent seuls la jouissance du châlet et des ustensiles. Même jugement. — Alors même que les associés renonçants formeraient la majorité. Même jugement.

lution judiciaire consistent soit dans l'inaccomplissement d'obligations, soit, ce qui revient au même, dans l'impossibilité où se trouve la société de continuer son exploitation et de fournir aux associés les bénéfices promis.

459. L'art. 1871 est applicable à toutes les sociétés civiles.

Il est applicable notamment aux sociétés minières [1].

Il est applicable également aux sociétés commerciales de personnes. Ainsi l'art. 1871 peut être invoqué par un associé en nom collectif, par un commandité [2].

Enfin on l'applique aux promesses de société [3]. Mais il est plus exact de dire qu'en présence des faits prévus par l'art. 1871, la promesse est non pas dissoute, mais irréalisable.

B. *Faits qui peuvent motiver la dissolution judiciaire.*

460. On peut stipuler que l'associé pourra être, pour motifs légitimes, exclu par la majorité ou par l'unanimité de ses coassociés [4]. En vain dit-on que les principes d'ordre public veulent que les contestations soient tranchées par les tribunaux; il ne s'agit pas là de contestations (et d'ailleurs la clause qui soumet d'avance les contestations à des arbitres est nulle), il s'agit d'un droit de résolution accordé à certains associés contre les autres. En l'absence de stipulation, la dissolution est prononcée par les tribunaux.

461. La question de savoir si les faits allégués sont de nature à entraîner la dissolution de la société est une question d'appréciation; du reste, l'art. 1871 dit que cette question est laissée « à l'arbitraire du juge ». Elle est donc appréciée souverainement par le juge du fait et ne peut être contrôlée par la cour de cassation [5].

[1] Cass., 15 juin 1853, S., 53. 1. 700, D., 53. 1. 249. — Pont, n. 739; Guillouard, n. 375; Delecroix, *Des soc. de mines*, n. 375.

[2] Cass. req., 4 fév. 1895, S., 95. 1. 120, D., 95. 1. 183.

[3] Limoges, 15 juin 1895, D., 97. 2. 276.

[4] *Contra* Trib. civ. Seine, 4 fév. 1889, S., 89. 2. 47. — Trib. sup. comm. empire Allemagne, 3 oct. 1876, *Jour. dr. int.*, VI, 1879, p. 193.

[5] Cass., 15 juin 1853, S., 53. 1. 700, D., 53. 1. 249. — Cass., 16 juin 1873, S., 73. 1. 386, D., 74. 1. 61. — Cass., 15 nov. 1876, S., 78. 1. 251, D., 78. 1. 124. — Cass., 15 mars 1881, S., 81. 1. 221, D., 82. 1. 421. — Cass. req., 21 fév. 1888, S., 88. 1. 152, D., 89. 5. 429. — Cass. req., 4 fév. 1895, S., 95. 1. 120, D., 95. 1. 183. — Cass. req., 11 nov. 1896, S., 97. 1. 8, D., 97. 1. 231. — Limoges, 15 juin 1895, D.,

On peut cependant classer ces faits en plusieurs catégories : 1° la mauvaise situation actuelle ou future des affaires sociales ; 2° l'impossibilité où se trouve l'un des associés de consacrer son temps aux affaires sociales ; 3° un désaccord entre les associés ; 4° l'inexécution des engagements de l'un des associés ; 5° des faits entachant l'honorabilité de l'un d'eux. Dans toutes ces hypothèses la marche de la société est moralement ou matériellement entravée.

462. 1° Nous avons vu que la perte totale de la chose dissout de plein droit, d'après l'art. 1865, la société.

La perte partielle du fonds social pourrait, suivant les circonstances, autoriser le juge à prononcer la dissolution de la société [1]. Voyez pour les sociétés anonymes l'art. 37 de la loi du 24 juillet 1867. C'est une application de l'art. 1871 et non de l'art. 1865 [2]. Quand le fonds social est réduit de manière à entraver le fonctionnement de la société, la société doit être dissoute ; le juge examinera donc si la perte est de nature à empêcher ce fonctionnement [3].

Par exemple, quand le capital social a été réduit à une somme insuffisante pour constituer le fonds de roulement nécessaire aux opérations de la société, il y a lieu de prononcer la dissolution [4].

La société peut être dissoute si l'objet principal pour lequel elle a été fondée fait défaut, par exemple si elle avait pour but l'exploitation d'un brevet qui n'a pas été accordé [5], ou d'une concession de travaux publics qui ne lui a pas été faite [6], alors même qu'elle a d'autres objets accessoires [7].

97. 2. 276. — Trib. civ. Seine, 4 fév. 1889, S., 89. 2. 47. — Pont, n. 772 ; Laurent, XXVI, n. 406 ; Guillouard, n. 335 ; Houpin, I, n. 140.

(1) Paris, 7 juin 1886, *Journ. des soc.*, 86. 712. — Paris, 17 fév. 1890, *Rev. des soc.*, 90. 367. — Lyon, 18 mai 1893, sous Cass., 4 fév. 1895, D., 95. 1. 183. — Pont, n. 694 et 771 ; Laurent, XXVI, n. 372 ; Guillouard, n. 289 et 375 ; Houpin, I, n. 125 et 140.

(2) Mêmes auteurs. — V. cep. Cass., 16 juin 1873, S., 73. 1. 386, D., 74. 1. 61.

(3) Mêmes auteurs.

(4) Cass., 16 juin 1873, précité. — Cass. req., 11 nov. 1896, S., 97. 1. 8, D., 97. 1. 231. — Trib. civ. Seine, 4 fév. 1889, S., 89. 2. 47.

(5) C. d'appel Angleterre, 24 fév. 1882, *Journ. dr. int.*, X, 1883, p. 199.

(6) Cass. req., 11 nov. 1896, S., 97. 1. 8, D., 97. 1. 231.

(7) C. d'appel Angleterre, 24 fév. 1882, précité.

La perte partielle d'un apport, laquelle, à la différence de la perte totale, n'entraîne pas de plein droit la dissolution de la société, peut donner lieu à la dissolution judiciaire si elle est suffisante pour empêcher le fonctionnement de la société ([1]).

Certains auteurs admettent également la dissolution judiciaire si la partie périe est très importante par rapport à l'ensemble de l'apport ([2]). Nous ne voyons aucune raison de décider en ce sens.

L'absence de bénéfices peut être une cause de dissolution de la société ([3]).

Le changement du siège de la société peut motiver une demande en dissolution judiciaire s'il est de nature à compromettre l'avenir de la société ([4]).

463. 2° Si un conseil judiciaire est donné à l'un des associés et que cela entrave la marche de la société, ses coassociés peuvent demander la dissolution judiciaire de la société ([5]). Nous avons vu que cette dissolution ne s'opère pas de plein droit ([6]).

De même le placement d'un associé dans un établissement d'aliénés peut, suivant les circonstances, motiver une demande en dissolution de la société ([7]).

Il en est de même encore pour l'absence d'un associé ([8]) ou la négligence dans ses occupations ([9]).

464. 3° Une mésintelligence entre les associés justifierait une demande en dissolution ([10]). On peut citer :

([1]) Houpin, I, n. 125.
([2]) Aubry et Rau, IV, p. 569, § 384, note 9; Guillouard, n. 290.
([3]) Cass., 15 juin 1853, S., 53. 1. 700, D., 53. 1. 249. — Trib. com. Seine, 15 avril 1887, *Droit*, 27 avril 1887. — Cass. Autriche, 30 juin 1887, *Pand. franç.*, 87. 5. 39. — Guillouard, I, n. 334 et 375; Houpin, I, n. 140.
([4]) Lyon, 18 mai 1893, sous Cass., 4 fév. 1895, D., 95. 1. 183.
([5]) Guillouard, n. 313 et 334; Houpin, I, n. 140.
([6]) V. *supra*, n. 415.
([7]) Guillouard, n. 313.
([8]) Guillouard, n. 309 et 334; Houpin, *loc. cit.*
([9]) Paris, 24 janv. 1895, *Gaz. Pal.*, 95. 1. 321. — Alger, 6 avril 1895, *Journ. trib. algér.*, 30 oct. 1895.
([10]) Cass. req., 16 juin 1873, S., 73. 1. 386, D., 74. 1. 61. — Cass. req., 11 nov. 1896, S., 97. 1. 8, D., 97. 1. 231. — Aix, 18 juin 1822, S. chr. — Grenoble, 20 mars 1863, S., 63. 2. 108, D., 63. 5. 237. — Lyon, 12 janv. 1882, S., 82. 2. 118, D., 83. 2. 12. — Chambéry, 14 mars 1887, *Rev. soc.*, 87. 377. — Orléans, 19 nov. 1887, D., 88. 2.

Les injures proférées par l'un des associés contre l'autre [1];

L'adultère de l'un des associés avec la femme de l'autre [2];

Les mauvais traitements par l'un des associés envers l'autre [3];

La surveillance excessive par l'un des associés sur la comptabilité de l'autre [4], ou réciproquement les manœuvres employées par un associé pour se soustraire au contrôle des autres [5];

Le désaccord sur une mesure importante à prendre [6];

Les oppositions nombreuses et mal fondées faites par un associé aux actes de ses coassociés [7].

La mésintelligence entre les associés entraînera la dissolution de la société, même si elle ne compromet pas sa marche [8].

Mais la guerre entre deux pays ne met pas fin à la société entre personnes des deux nations belligérantes [9].

465. 4° La loi cite elle-même, comme cause de dissolution judiciaire, le cas où un des associés manque à ses engagements; l'ancien droit était déjà en ce sens [10]. Nous avons dit que ce fait peut également entraîner l'exclusion de l'associé coupable [11].

162.— Bordeaux, 14 août 1889, *Rev. soc.*, 90, 28. — Rennes, 7 déc. 1893, D., 94. 2. 87. — Sénégal, 6 juil. 1894, *Gaz. Pal.*, 94. 2, *Suppl.*, 29. — Lyon, 21 juil. 1894, *Gaz. Pal.*, 94, 2, *Suppl.*, 29. — Limoges, 15 juin 1895, D., 97. 2. 276. — Trib. com. Seine, 3 nov. 1892, *Gaz. Pal.*, 93. 1. 72. — Trib. féd. Suisse, 6 juil. 1894, *Ann. dr. com.*, 1894, *Doctr.*, p. 152. — Argou, *loc. cit.*; Guillouard, n. 334; Houpin, *loc. cit.*

(1) Rennes, 7 déc. 1893, précité.

(2) Trib. sup. com. Empire d'Allemagne, 8 janv. 1879, *Journ. dr. int.*, VII, 1880, p. 211.

(3) Trib. com. Nantes, 8 sept. 1894, *Rec. Nantes*, 95. 1. 92. — Même si ces mauvais traitements ont une cause légitime, comme l'adultère de l'associé maltraité avec la femme de l'autre. — Trib. sup. com. Empire d'Allemagne, 8 janv. 1879, précité.

(4) Lyon, 9 juil. 1894, précité.

(5) Lyon, 18 mai 1893, sous Cass., 4 fév. 1895, D., 95. 1. 183.

(6) Trib. civ. Lyon, 19 mars 1894, *Gaz. Trib.*, 15 juil. 1894.

(7) Aubry et Rau, IV, p. 564, § 382; Guillouard, n. 148 et 334.

(8) V. cep. Bordeaux, 14 août 1886, *Loi*, 5 janv. 1887. — Trib. civ. Seine, 21 mars 1893, *Gaz. Pal.*, 93. 1. 478.

(9) V. Cour supr. Etats-Unis, *Journ. dr. int.*, III, 1876, p. 205.

(10) Argou, liv. III, ch. XXXII, II, p. 324.

(11) V. *supra*, n. 207.

Par exemple, l'associé désigné comme gérant statutaire n'administre pas la société. L'hypothèse où l'associé commet des malversations [1] et celle où il fait des prélèvements exagérés [2] rentrent dans la même catégorie de faits.

466. 5° La conduite de l'un des associés, si elle est de nature à compromettre les intérêts de la société, légitime, comme on le décidait déjà dans l'ancien droit [3], une demande en dissolution [4]. Tel est le cas où l'un des associés se livre au jeu de manière à faire disparaître la confiance du public dans la solvabilité de la société [5].

C. *Conventions écartant la dissolution pour justes motifs.*

467. On décide d'une manière générale que le droit de demander la dissolution de la société pour cause légitime est d'ordre public et, par conséquent, que les parties ne peuvent y renoncer d'avance [6]. On ne comprendrait pas, dit-on simplement à l'appui de cette opinion, qu'il en fût autrement.

Nous admettrons, en effet, que, conçue en termes généraux, cette renonciation est nulle; car une telle renonciation exposerait les associés à rester en société alors que l'absence de bénéfices actuels et l'impossibilité des bénéfices futurs rendraient très onéreux le maintien de la société.

Mais nous ne voyons pas pourquoi les associés ne pourraient pas renoncer au droit de demander la dissolution dans des hypothèses déterminées où le maintien de la société n'aurait pas des inconvénients très grands. Ainsi pourquoi ne pourrait-on pas convenir que la dation d'un conseil judiciaire à l'un des associés ne dissoudra pas la société, alors qu'on peut faire la même convention au sujet de la mort et peut-

(1) Guillouard, n. 334.

(2) Cass. req., 21 fév. 1888, S., 88. 1. 152, D., 89. 5. 429. — Guillouard, *loc. cit.*

(3) Argou, *loc. cit.*

(4) Rennes, 7 déc. 1893, D., 94. 2. 87. — Trib. féd. suisse, 17 oct. 1890, *Ann. dr. com.*, V, 1891, *Doctr.*, p. 35.

(5) Trib. féd. suisse, 17 oct. 1890, précité.

(6) Lyon, 18 mai 1893, sous Cass. req., 4 fév. 1895, D., 95. 1. 183. — Aubry et Rau, IV, p. 571, § 384, note 20; Guillouard, n. 336; Massé et Vergé sur Zachariæ, IV, p. 450, § 720, note 24; Delangle, I, n. 677; Pont, I, n. 755; Vavasseur, I, n. 47; Houpin, I, n. 140.

être aussi de l'interdiction des associés? De même nous n'admettons pas qu'on prohibe la convention portant que la société sera maintenue malgré la mésintelligence des associés, alors qu'aujourd'hui la confiance réciproque n'est pas de l'essence de la société. De même encore on pourra renoncer au droit de demander la dissolution pour le cas de malversations, puisque ces malversations peuvent être autrement punies.

En tout cas, il n'est pas contraire à l'ordre public que les associés confient exclusivement à d'autres pouvoirs qu'aux tribunaux, par exemple à la majorité d'entre eux, le droit de dissoudre la société [1].

D. *Personnes qui peuvent invoquer les motifs graves.*

468. Si la cause de dissolution est la faute d'un des associés, ses coassociés seuls pourront demander la dissolution; il ne pourra la demander lui-même [2], car l'art. 1871 est l'application de l'action en résolution et la résolution ne peut être demandée par la partie qui n'exécute pas ses engagements. D'un autre côté, l'art. 1871 n'admet la dissolution judiciaire que pour juste cause et la cause de dissolution n'est évidemment pas juste quand elle est invoquée par l'associé dont la faute y a donné lieu. Enfin il suffirait, dans l'opinion contraire, qu'un associé refusât de remplir des engagements pour que ce même associé pût faire dissoudre la société, et ainsi les sociétés à terme seraient sujettes à dissolution par la volonté d'un seul des associés, alors que l'art. 1869 restreint aux sociétés à durée illimitée cette cause de dissolution.

Ainsi l'associé qui refuse d'exécuter ses obligations ne peut demander la dissolution de la société [3]. Il en est de même

[1] V. *supra*, n. 208 et 460.

[2] Paris, 29 oct. 1892, *Gaz. Pal.*, 93. 1. 2e p., 5. — Sénégal, 6 juil. 1894, précité. — Paris, 27 mars 1895, D., 95. 2. 319. — Trib. féd. suisse, 5 mars 1886, cité par Nessi, *Ann. dr. com.*, I, 1886-87, *Doctr.*, p. 325. — Trib. féd. suisse, 6 juil. 1894, précité. — Trib. com. Seine, 3 nov. 1892, *Gaz. Pal.*, 93. 1. 72. — Troplong, II, n. 990; Duvergier, n. 449; Pont, n. 763; Laurent, XXVI, n. 404; Guillouard, n. 337; Houpin, I, n. 140.

[3] Aix, 18 juin 1822, S. chr. — Guillouard, n. 337. — *Contra* Lyon, 18 mai 1823, S. chr.

de celui dont les agissements ont fait naître la mésintelligence (1), ou qui apporte un trouble quelconque au fonctionnement de la société (2).

469. Si la cause de dissolution naît chez un associé, mais sans sa faute, cet associé pourra, comme les autres, demander la dissolution (3). En ce cas on ne peut plus objecter ni que la dissolution de la société est laissée à l'arbitraire des parties, ni que la cause n'est pas *juste*. Il ne serait pas plus exact de dire que cette solution est contraire aux principes de l'action en résolution ; l'associé invoque un cas fortuit, qui, quoique né en sa personne, ne lui est pas imputable, et par l'effet duquel, le fonctionnement de la société étant entravé, ses coassociés ne peuvent remplir leurs obligations envers lui.

Ainsi un associé peut se baser sur ce qu'une infirmité le rend impropre à participer à l'administration pour demander la dissolution (4).

470. Les créanciers des associés ne peuvent, au nom de ces derniers, demander la dissolution de la société (5); c'est là un droit personnel, car les associés seuls peuvent entrer dans les considérations de diverse nature (confiance réciproque, chances de relèvement, etc.) qui doivent, à ce point de vue, entraîner leur décision. D'un autre côté, le droit accordé aux créanciers d'intenter les actions de leur débiteur a pour but de faire augmenter le patrimoine de ce dernier, et la dissolution d'une société ne peut que réaliser sa part dans l'actif social sans augmenter son patrimoine.

471. La dissolution ne peut davantage être demandée par les créanciers de la société, puisqu'ils sont créanciers seulement de chaque associé, la société n'ayant pas de personnalité (6).

(1) Paris, 29 oct. 1892, précité. — Paris, 27 mars 1895 précité. — Trib. com. Seine, 3 nov. 1892, précité. — Houpin, *loc. cit.*

(2) Paris, 27 mars 1895, précité.

(3) Troplong, II, n. 992; Duvergier, n. 451; Pont, n. 762 ; Guillouard, n. 338; Houpin, *loc. cit.*

(4) Guillouard, n. 338; Houpin, *loc. cit.*

(5) Trib. com. Seine, 8 oct. 1895, *Loi*, 29 oct. 1895, *Droit*, 30 oct. 1895. — Cass. Naples, 7 mars 1888, *Ann. dr. com.*, V, 1891, *Doctr.*, p. 134. — Franchi, *Ann. dr. com., loc. cit.*

(6) *Contra* Trib. civ. Seine, 31 oct. 1892, *Gaz. Pal.*, 92. 2. 570 (cas de déconfiture). — Trib. civ. Seine, 30 oct. 1893, *Journ. des assur.*, 1894, p. 11.

SECTION II

CONSÉQUENCES DE LA DISSOLUTION

§ I. *Des dommages-intérêts dus par suite de la dissolution.*

472. L'associé par la faute duquel la société est judiciairement dissoute peut être condamné à des dommages-intérêts [1] ; c'est la solution donnée par la loi d'une manière générale toutes les fois que l'une des parties est coupable de ne pas avoir exécuté ses engagements (C. civ., art. 1142).

A supposer, notamment, que l'éviction de l'un des apports entraîne la dissolution, l'associé dont l'apport est ainsi enlevé à la société peut être condamné à des dommages-intérêts [2].

Au nombre de ces dommages-intérêts on peut ranger les frais de la liquidation [3].

Mais l'associé dont le fait, indépendant de toute faute (une infirmité par exemple), donne lieu à la dissolution, n'est pas passible de dommages-intérêts [4].

§ II. *Cessation des pouvoirs des associés.*

473. Il va sans dire qu'après la dissolution de la société le droit d'administration que l'art. 1859 confère à chaque associé cesse de plein droit [5]. Il y a seulement lieu de réserver les droits des tiers qui ignoreraient la dissolution.

Toutefois si, après le décès de l'un des associés, un autre associé a fait, dans l'ignorance de ce décès, des opérations pour le compte de la société, ces opérations seront commu-

[1] Pont, n. 761 ; Guillouard, n. 339. — Ainsi, au cas où l'un des associés demande a dissolution pour adultère de sa femme avec son coassocié, il peut réclamer des dommages-intérêts à ce dernier. Trib. sup. Empire Allemagne, 8 janv. 1879, précité (mais s'il a, à raison de l'adultère, maltraité son coassocié, il ne peut lui réclamer des dommages-intérêts).

[2] Pont, n. 272 ; Lyon-Caen et Renault, II, n. 18 ; Houpin, I, n. 36.

[3] Trib. com. Nantes, 8 sept. 1894, *Rec. Nantes*, 95. 1. 92.

[4] Pont, n. 767 ; Houpin, I, n. 140.

[5] Cass., 4 fév. 1852, S., 52. 1. 245, D., 52. 1. 82. — Guillouard, n. 149.

nes à tous les associés ([1]). En effet, l'associé agit comme mandataire de ses coassociés; or l'art. 2008 proclame la validité des actes faits par le mandataire dans l'ignorance de la mort du mandant. Cette solution était également consacrée en droit romain ([2]) et dans l'ancien droit ([3]), et on invoquait également alors l'argument que nous tirons du mandat.

De même l'associé qui consent à ce que, après la dissolution de la société, son associé reste seul propriétaire du fonds social et garde la raison sociale antérieure où figure le nom de l'ancien associé, est tenu envers les créanciers comme s'il était resté associé ([4]).

Il en est cependant autrement vis-à-vis des créanciers qui ont connu la retraite de l'associé ([5]).

474. Si la société a continué en fait, les associés sont tenus des engagements postérieurs à la dissolution de la même manière que si la société avait persisté ([6]).

§ III. *Scellés et inventaire.*

475. L'apposition des scellés peut être ordonnée par le juge pour empêcher les détournements ([7]). Comme elle n'a pas un caractère obligatoire, aucun texte ne l'exigeant, le juge peut la refuser, par exemple si elle est de nature à entraver l'achèvement d'opérations commencées ([8]).

Le juge peut aussi, en autorisant l'apposition des scellés, ordonner les mesures nécessaires pour empêcher qu'elle n'entrave les affaires sociales, par exemple, la remise des livres ou des valeurs appartenant à la société, après description ([9]).

([1]) L. 65, § 10, D., *pro soc.*, 17, 2. — Troplong, II, n. 901; Duvergier, n. 438; Pont, n. 703; Laurent, XXVI, n. 376; Guillouard, n. 307.

([2]) L. 65, § 10, D., *pro soc.*, 17, 2.

([3]) Despeisses, *Des contrats*, 1re part., tit. III, § 5, n. 4.

([4]) Cass. civ., 13 mai 1890, D., 90. 1. 474. — C. de l'Ohio, 1874, *Journ. dr. intern.*, II, 1875, p. 393.

([5]) C. de l'Ohio, 1874, précité.

([6]) C. supr. des Etats-Unis, 1875, *Journ. dr. intern.*, II, 1875, p. 394.

([7]) Troplong, II, n. 1057; Pont, n. 787; Laurent, XXVI, n. 412; Guillouard, n. 342; Houpin, I, n. 143.

([8]) Mêmes auteurs.

([9]) Cass., 23 juil. 1872, S., 72. 1. 324, D., 73. 1. 335. — Laurent, XXVI, n. 412; Guillouard, n. 342; Houpin, *loc. cit.*

Il peut être convenu dans l'acte de société que les scellés ne peuvent être apposés après la dissolution. Cette clause est valable en ce sens que les associés ou leurs représentants sont liés par elle [1].

Notamment, les créanciers des associés, qui n'ont que les droits de leur débiteur, ne pourront faire apposer les scellés.

476. Il en est de même des créanciers de la société [2], soit qu'on accorde, soit qu'on refuse à la société la personnalité morale, car ces créanciers n'ont que les droits de la société, laquelle a renoncé à l'apposition des scellés.

De même encore pour les héritiers. Cependant, il en est autrement des héritiers réservataires qui prétendent exercer un droit personnel [3], mais il n'y a pas d'exceptions à faire pour les héritiers mineurs [4].

477. Chacun des associés peut exiger qu'il soit procédé à un inventaire du patrimoine social.

Cependant il peut être stipulé que la dissolution de la société ne sera pas suivie d'inventaire.

Il peut également être stipulé que l'inventaire sera amiable [5].

478. Nous avons déjà examiné si la clause d'après laquelle la part d'un associé décédé sera constatée par un inventaire antérieur au décès ou par un inventaire amiable est opposable aux héritiers mineurs de l'associé décédé [6].

§ IV. *Du partage du fonds social.*

479. La liquidation et le partage du fonds social sont la conséquence normale et la plus importante de la dissolution; comme nul n'est tenu de rester dans l'indivision, chaque associé a le droit de demander le partage.

(1) Houpin, I, n. 143.

(2) Cass. civ., 30 nov. 1892, S., 93. 1. 73, D., 94. 1. 83. — *Contra* Cass., 23 juil. 1872, S., 72. 1. 324, D., 73. 1. 335. — Guillouard, n. 342; Houpin, *loc. cit.*

(3) Nancy, 24 janv. 1846, P., 46. 2. 735, D., 46. 2. 119. — Guillouard, n. 343; Houpin, *loc. cit.*

(4) Cass. civ., 30 nov. 1892, précité.

(5) Cass. civ., 30 nov. 1892, S., 93. 1. 73, D., 94. 1. 83. — Pic, *Ann. dr. com.*, VII, 1893, *Doctr.*, p. 410. — V. *supra*, n. 408 et s.

(6) V. *supra*, n. 409.

Aux termes de l'art. 1872 : « *Les règles concernant le partage des successions, la forme de ce partage, et les obligations qui en résultent entre les cohéritiers, s'appliquent aux partages entre associés* ».

480. Nous savons déjà qu'on peut demander le partage même d'une société nulle, et sans attendre l'arrivée de l'événement qui doit y mettre fin [1].

481. On peut convenir, conformément à l'art. 815, qu'on restera dans l'indivision cinq ans après la dissolution de la société [2].

En fait, la société a pu persister après l'événement qui y a mis fin ; le juge peut donc fixer à une époque ultérieure le point de départ de la liquidation [3].

482. L'action en partage peut être intentée, comme en matière de succession, non seulement par les associés, mais encore par leurs créanciers, conformément à l'art. 1166 [4].

Ainsi le droit de demander le partage appartient à l'adjudicataire de la part sociale saisie sur l'un des associés pendant l'existence de la société [5].

483. Les créanciers peuvent-ils intervenir au partage de la société ? Peuvent-ils en demander la révocation s'il est fait en fraude de ses droits ? Cette question revient à savoir s'il faut appliquer à la société l'art. 882 C. civ., d'après lequel les créanciers peuvent former opposition au partage de succession, y intervenir, mais non pas, une fois qu'il est achevé, en demander la révocation [6]. La jurisprudence décide que l'art. 882 n'est pas applicable aux partages de société [7].

484. La demande en partage ne peut avoir pour objet que

(1) V. *supra*, n. 87 et s.

(2) V. notre *Tr. des succ.*, n. 2766 et s., 2773 et les autorités qui y sont citées ; Houpin, I, n. 149.

(3) Cass. civ., 7 mars 1888, S., 88. 1. 305 (pour l'interdiction). — Lacointa, *Note*, S., 88. 1. 305.

(4) Guillouard, n. 342 ; Houpin, I, n. 150.

(5) Guillouard, n. 271.

(6) V. notre *Tr. des succ.*, n. 4261 et les autorités citées.

(7) Cass., 20 nov. 1834, S., 35. 1. 131. — Cass., 9 juill. 1866, S., 66. 1. 361. — Cass. civ., 17 nov. 1890, S., 94. 1. 399, D. 91. 1. 25. — Cass. req., 28 mai 1895, S., 95. 1. 385. — Lyon-Caen et Renault, II, n. 418 ; Lyon-Caen, *Note*, S., 95. 1. 385. — *Contra* Boistel, *Précis de dr. com.*, n. 386.

le fonds social tout entier, elle ne peut avoir pour objet certains des biens sociaux [1]. En effet, les associés sont copropriétaires d'une masse unique et indivisible.. Du reste, on admet généralement que, de même, les héritiers ne peuvent demander que le partage de la succession tout entière.

Mais il va sans dire que si certains associés ont fait pour leur propre compte une opération indépendante des opérations de la société, ils peuvent entre eux demander le partage du produit de cette opération [2].

485. Pour la forme du partage, on aura recours aux règles du titre des successions.

Il en est de même des conditions, fixées par l'art. 827, suivant lesquelles la licitation doit avoir lieu.

Il y a lieu, notamment, d'observer la règle d'après laquelle chaque associé doit recevoir des biens de toute nature.

Toutefois il peut être convenu que l'un des associés (l'associé survivant par exemple, si la dissolution est causée par la mort de l'un des deux associés) prendra tout l'actif et en payera la valeur à l'autre ou à ses représentants.

Cette clause est opposable, même aux héritiers mineurs de l'associé prédécédé [3]. Car on sait que, par application de l'art. 1122, toutes les clauses du contrat de société édictées contre les héritiers des associés peuvent être opposées aux héritiers mineurs.

486. S'il y a des mineurs (c'est-à-dire si l'un des associés est décédé laissant des héritiers mineurs), le partage aura lieu, conformément au droit commun, dans la forme exigée pour le partage des biens de mineurs [4].

Toutefois le contraire peut être stipulé par le contrat social; en effet nous savons que les règles de ce contrat peuvent être déclarées opposables aux héritiers, et qu'en ce cas elles doivent être observées même par les héritiers mineurs.

(1) Bordeaux, 25 avril 1831, S., 31. 2. 314. — Laurent, XXVI, n. 406; Guillouard, n. 343; Houpin, I, n. 150.

(2) Cass., 1er mars 1853, S., 53. 1. 298, D., 53. 1. 65. — Guillouard, n. 343; Houpin, *loc. cit.*

(3) Cass. civ., 30 nov. 1892, S , 93. 1. 73, D., 94. 1. 83. — V. *supra*, n. 404.

(4) Houpin, I, n. 149.

Bien plus, et pour la même raison, si le contrat détermine les formes du partage, ces formes doivent être employées quoique les héritiers soient mineurs [1].

487. Les art. 829 et 830, relatifs au rapport de dettes, s'appliquent entre associés, au moins d'après l'opinion générale [2].

Au contraire, nous savons que les règles du retrait successoral ne s'y appliquent pas [3].

Il en est de même des peines du divertissement et du recel [4].

D'après l'opinion générale, les associés doivent les intérêts et fruits des choses sujettes à rapport dans les conditions du droit commun, c'est-à-dire, suivant qu'il s'agit de sommes d'agent ou d'autres choses, à partir de la demande en justice ou de la mise en demeure : l'art. 856 C. civ. qui, en matière de succession, décide que les fruits des objets rapportés sont dus seulement à partir de l'ouverture de la succession, ne peut être étendu à la société [5].

488. Pour les comptes entre associés, les livres de la société font preuve [6], ainsi que le disait déjà Pothier [7]. Il est vrai qu'en matière civile les registres et papiers domestiques ne font pas preuve (art. 1331) ; mais il ne s'agit pas ici de papiers domestiques ; il s'agit de livres dressés par la société, c'est-à-dire par tous les associés, ou en leur nom, pour faire titre entre eux ; par suite, en opposant à l'associé débiteur le livre qui constate sa dette, on lui oppose son propre aveu.

489. Le tribunal désigne, s'il y a lieu, une personne chargée de liquider la société ; le liquidateur peut être l'un des associés ; souvent, il est désigné par l'acte de société.

La désignation, dans l'acte de société, d'un associé comme

(1) Cass. civ., 30 nov. 1892, S., 93. 1. 73, D., 94. 1. 83.

(2) V. notre *Tr. des succ.*, n. 3917 et les autorités citées.

(3) V. *supra*, n. 242 s.

(4) V. notre *Tr. des succ.*, n. 2480.

(5) V. sur ce point notre *Traité des successions*, n. 3680 et les autorités citées ; Houpin, I, n. 156.

(6) Cass., 17 fév. 1869, S., 69. 1. 160, D., 70. 1. 40. — Pont, n. 779 ; Laurent, XXVI, n. 409 ; Guillouard, n. 346.

(7) N. 167.

liquidateur, pour le cas du décès de l'un de ses coassociés, est opposable même aux héritiers mineurs de celui-ci [1].

Mais le droit de procéder à la liquidation peut être refusé à l'associé que le contrat social a désigné à cet effet, s'il y a de justes raisons pour cela [2].

Le juge du fait apprécie si les raisons sont suffisantes [3].

490. Le partage porte non seulement sur le fonds social mais aussi sur les bénéfices réalisés, déduction faite toutefois de la portion qui, en exécution d'une clause des statuts, aurait été répartie entre les associés pendant la durée de la société.

Le fonds social à partager comprend non pas seulement les biens corporels qui appartiennent à la société en propriété, mais encore tous ceux sur lesquels elle a un droit quelconque, par exemple : l'exploitation du brevet d'invention pris au nom de la société [4], le droit au bail de l'immeuble loué par la société [5], le nom ou le titre de la société [6].

Nous avons étudié déjà les règles suivant lesquelles se répartissent les gains et les pertes [7].

491. L'effet déclaratif du partage de succession s'applique au partage de société avec toutes ses conséquences [8].

La question de savoir si cet effet remonte au jour de la formation ou au jour de la dissolution de société dépend de celle de savoir si la personnalité civile est refusée ou accordée aux sociétés [9].

En tout cas, la rétroactivité ne fait pas obstacle à la validité des actes définitivement passés au cours de la société par les gérants [10].

(1) Bonfils, *Rev. crit.*, XXIII, 1894, p. 628.

(2) Cass., 30 avril 1873, S., 74. 1. 123. — Cass. civ., 27 mars 1893, S., 94. 1. 174, D., 93. 1. 440. — Pont, *Soc. com.*, n. 1945 ; Ruben de Couder, v° *Soc. en nom coll.*, n. 552 ; Lyon-Caen et Renault, II, n. 374 *bis*.

(3) Cass. civ., 27 mars 1893, précité.

(4) Aix, 7 avril 1865, S., 66. 2. 357. — Guillouard, n. 345.

(5) Rouen, 15 mars 1827, S. chr. — Guillouard, n. 345.

(6) Cass., 28 mars 1838, S., 38. 1. 304. — Rouen, 15 mars 1827, S. chr. — Guillouard, n. 345.

(7) V. *supra*, n. 245.

(8) V. notre *Tr. des successions*, n. 4326 et les autorités citées.

(9) V. notre *Tr. des successions*, n. 4441 et les autorités citées.

(10) Guillouard, n. 356.

492. La loi du 30 avril 1886 (art 1er) interdisant « l'usage de médailles, diplômes, mentions, récompenses ou distinctions honorifiques quelconques décernés dans des expositions ou concours et à d'autres qu'à ceux qui les ont obtenus personnellement ou à la maison de commerce en considération de laquelle ils ont été décernés », aucun associé ne peut, après la dissolution de la société, faire usage de ces récompenses (1), et cela même en vertu d'une convention formelle (2).

La question de savoir si, dans le cas où la maison de commerce exploitée par la société est attribuée à l'un des associés, cet associé peut faire usage des récompenses dépend du point de savoir si le successeur d'un commerçant a ce droit (3).

Considérés dans leur matérialité, les médailles et diplômes n'ont plus, après la dissolution de la société, d'autre valeur que celle du parchemin et du métal. On peut donc exiger qu'ils soient tirés au sort entre les associés ou licités entre eux (4).

493. S'il n'a rien été convenu sur les marques de fabrique, chacun des associés peut en faire usage (5); toutefois si (ce qui est le cas habituel) le fonds de commerce exploité par la société est attribué à l'un des associés ou vendu à un tiers, on doit, en général, supposer que la marque de fabrique qui distinguait les produits de ce fonds suit le sort du fonds lui-même (6).

Ces deux solutions n'empêchent pas l'associé, dont le nom figurait dans la marque de fabrique de reprendre l'usage de ce nom, le nom étant inaliénable (7); les juges du fond

(1) Paris, 30 oct. 1890, S., 91. 2. 137. — *Contra* Trib. com. Nantes, 14 fév. 1891, *Rec. Nantes*, 91. 1. 80.

(2) Paris, 30 oct. 1890, précité. — *Contra* Trib. com. Seine, 2 août 1888, *Gaz. Pal.*, 88. 2. 404.

(3) V. Cass., 16 juil. 1889, S., 90. 1. 16. — Bordeaux, 1er juin 1887, S., 89. 2. 107.

(4) Il a été décidé, pour les médailles et distinctions honorifiques décernées à une compagnie de sapeurs-pompiers dissoute, qu'elles ne peuvent être attribuées à ses membres et que le maire peut exiger qu'elles soient déposées entre ses mains. — Trib. civ. Lyon, 19 fév. 1895, *Loi*, 18 mars 1895.

(5) Paris, 21 fév. 1895, *Ann. propr. industr.*, 95. 123. — Trib. com. Marseille, 3 sept. 1890, *Rec. Marseille*, 90. 1. 307 (le dépôt qu'en ferait l'un ne lui donne pas le droit de défendre à l'autre de s'en servir).

(6) Cass. civ., 20 avril 1896 (1er arrêt), S., 96. 1. 325.

(7) Cass. civ., 20 avril 1896 (2e arrêt), S., 96. 1. 325.

détermineront les moyens d'éviter, si cet associé fonde un établissement similaire, la confusion entre les deux maisons, par des modifications apportées à l'une ou à l'autre des marques [1].

494. Celui auquel le fonds social est attribué reçoit les livres de commerce et les anciens coassociés ne peuvent l'obliger à leur en donner communication [2].

495. L'art. 541 C. proc. interdit aux parties de demander la révision du compte intervenu entre elles, sauf pour certains motifs qu'indique ce texte même.

Il suit de là qu'un associé ne pourrait agir contre ses coassociés en raison de ce que son lot a compris des créances qui, en fait, étaient irrecouvrables [3].

De même l'un des associés qui sera parvenu à recouvrer des créances comprises comme irrecouvrables dans son lot ne pourra, de ce chef, être actionné par ses coassociés.

496. Mais l'obligation de garantie édictée en matière de partage de succession par l'art. 884 s'applique avec toutes ses conséquences au partage de société [4].

De même, la rescision du partage de sociétés est faite dans les mêmes conditions et produit les mêmes effets que la rescision du partage de succession. Il y a lieu notamment d'appliquer au partage de sociétés la règle de l'art. 887 [5].

Il en est de même de l'art. 889, qui exclut cette action dans le cas de vente de droits successifs entre héritiers; la vente de droits sociaux entre associés n'est donc pas rescindable pour cause de lésion [6].

497. Le tribunal compétent *ratione personæ* pour trancher les contestations relatives au partage de la société est le tri-

(1) Cass. civ., 20 avril 1896, précité.

(2) Cass. req., 25 fév. 1895, D., 95. 1. 238.

(3) Aix, 3 déc. 1887, *Recueil d'Aix*, 87. 1. 302. — V. à propos de la même question, dans le cas de louage d'ouvrage avec participation aux bénéfices, notre *Tr. du contr. de louage*, n. 1411.

(4) V. notre *Tr. des successions*, n. 4501. — Houpin, I, n. 157.

(5) V. notre *Tr. des succ.*, n. 4586 et les autorités citées; Houpin, *loc. cit.*

(6) Alger, 30 juin 1892, *Rev. algér.*, 92. 457.

bunal du lieu où la société est établie [1]; en effet, l'art. 822 attribue compétence au tribunal de l'ouverture de la succession pour les contestations qui s'élèvent entre héritiers au sujet du partage; or l'art. 1872 renvoie aux règles du partage de successions; l'art. 59-4° C. proc. donne formellement cette solution, pour toutes les contestations entre associés. Il semble donc que cette solution doive être admise même dans l'opinion qui refuse aux sociétés civiles la personnalité morale [2].

Si la société n'a pas de siège fixe, devant l'impossibilité d'appliquer les art. 822 C. civ et 59 C. proc., on reviendra au droit commun et l'action devra être portée devant le tribunal du domicile du défendeur [3].

L'action doit être également portée devant le tribunal du domicile du défendeur pour les contestations qui s'élèvent après que le partage est terminé [4]. C'est la solution textuellement donnée par l'art. 822.

498. Le juge des référés est compétent pour charger un expert d'inventorier et de liquider le patrimoine d'une société et d'établir les comptes entre associés [5]; cette mesure ne préjuge pas le fond, car les propositions de l'expert ne sont pas définitives et le tribunal peut les valider ou les rejeter.

§ V. *Reprise des apports.*

499. L'apport fait en pleine propriété ne peut être repris par celui qui l'a fait [6], car la société en est devenue propriétaire; il est donc compris au partage comme les autres biens sociaux.

Toutefois le contraire peut être stipulé [7].

(1) Cass. req., 11 juin 1888, S., 90. 1. 516. — Pau, 2 fév. 1870, S., 70. 2. 139. — Pont, n. 798; Guillouard, n. 351; Houpin, I, n. 151.

(2) V. cep. Houpin, *loc. cit.*

(3) Pont, n. 798; Guillouard, n. 351.

(4) Cass., 18 août 1840, S., 40. 1. 836. — Pont, n. 798; Guillouard, n. 351.

(5) Cass. req., 20 juil. 1893, D., 93. 1. 597.

(6) Pont, n. 365; Laurent, XXVI, n. 267; Guillouard, n. 253.

(7) Paris, 21 déc. 1886, *Rev. soc.*, 87. 89 (brevet d'invention). — Besançon, 26 oct. 1892, S., 94. 2. 46 (est valable la clause d'après laquelle l'associé qui apporte un commerce et une agence d'assurances se réserve de les reprendre, et une action en dommages-intérêts lui est ouverte contre son coassocié qui, lors de la dissolution,

500. L'associé qui a apporté la jouissance d'un bien la reprend également [1], sauf convention contraire.

Toutefois l'associé ne reprend pas en nature les choses dont la société a acquis de lui le quasi-usufruit, car on sait que le quasi-usufruit emporte transfert de la propriété. Tel est le cas dans diverses hypothèses prévues par l'art. 1851 [2].

Ainsi la société ne peut forcer l'associé à reprendre en nature les choses qui se consomment par l'usage.

Elle ne peut le forcer à reprendre les choses qui se détériorent par l'usage [3], car l'art. 1851 porte que les risques en sont pour la société et, par conséquent, la propriété lui en est transférée; il est vrai que l'usufruitier peut, d'après l'art. 589, restituer ces choses en nature, mais la différence entre la société et l'usufruitier est certaine, puisque les choses qui se détériorent par l'usage sont aux risques de la société et ne sont pas aux risques de l'usufruitier.

De son côté, l'associé ne peut, s'il le préfère, redemander la chose. Il ne peut notamment, si la chose destinée à se détériorer par l'usage a augmenté de valeur, reprendre la chose [4]. C'est encore une conséquence du texte qui transfère la propriété à la société. La solution contraire se fonde sur un argument *a contrario* tiré de l'art. 1851, qui, dit-on, ne force l'associé à se contenter de l'estimation que si la chose a été estimée. Ce texte n'est pas assez formel pour autoriser à admettre une opinion contraire aux principes et qui, en outre, offre l'iniquité de faire tomber les risques à la charge de la société sans lui donner le droit de garder pour elle les chances favorables.

501. La valeur des choses qui se détériorent par l'usage, et dont le montant doit être restitué, se calcule évidemment au jour de la constitution de la société, si ces choses ont été

sollicite et obtient cette agence). — Trib. com. Seine, 15 oct. 1885, *Journ. trib. com.*, 87. 25 (brevet d'invention). — Houpin, I, n. 44 (brevet d'invention).

[1] Guillouard, n. 346.

[2] V. *supra*, n. 168.

[3] Troplong, II, n. 590; Duvergier, n. 180; Pont, n. 393; Laurent, XXVI, n. 274. — *Contra* Duranton, XVII, n. 409.

[4] Pont, n. 395; Laurent, XXVI, n. 274; Guillouard, n. 161. — *Contra* Troplong, II, n. 591.

estimées [1]. C'était déjà la solution de Pothier [2]. L'estimation ne peut avoir d'autre but que de fixer le montant de la restitution. Du reste, l'art. 1851 donne cette solution même pour les choses non fongibles qui ont été estimées.

Il en est de même, quoique cela soit plus douteux, si aucune estimation n'a été faite [3]; il n'en reste pas moins vrai que, dès le jour de la société, la chose apportée est devenue la propriété de la société; elle lui a donc été immédiatement transmise et, comme le transfert a eu lieu à titre onéreux, c'est la valeur qu'avait alors la chose qui doit être considérée, dans la pensée des parties, comme son prix.

Il ne peut donc être question, pour calculer la valeur de la chose, de se placer au jour de la dissolution de la société.

501 *bis*. L'art. 1851, répétons-le, décide que la valeur des choses estimées est établie d'après l'estimation [4].

502. Chaque associé reprend son apport en industrie [5]; en d'autres termes, il ne doit aucune compensation à ses coassociés, en raison de ce que ses apports, ne consistant pas en argent ou en objets, lui reviennent en entier.

503. L'associé qui a fourni son nom le reprend [6].

504. L'associé n'a, pour assurer la restitution de son apport, aucun privilège [7]. L'apport, en effet, ne constitue pas une vente dont la valeur à restituer serait le prix. Nous avons vu qu'au contraire, si l'apport est fait moyennant un prix, l'associé jouit d'un privilège pour le recouvrement de ce prix [8].

(1) V. les auteurs cités *infra*.
(2) N. 126.
(3) Troplong, II, n. 590; Pont, n. 394; Laurent, XXVI, n. 274; Guillouard, n. 160. — *Contra* Duvergier, n. 183.
(4) V. *supra*, n. 168.
(5) Argou, liv. III, ch. XXXII, II, p. 232; Pont, n. 304; Laurent, XXVI, n. 252; Guillouard, n. 196; Houpin, I, n. 51.
(6) Cass., 6 juin 1859, S., 59. 1. 657, D., 59. 1. 248. — Cass. civ., 20 nov. 1896 (2 arrêts), S., 96. 1. 325. — Pont, n. 304; Laurent, XXVI, n. 252; Guillouard, n. 196; Houpin, I, n. 50. — V. *supra*, n. 163.
(7) Cass., 13 juillet 1841, S., 41. 1. 631. — Aubry et Rau, III, p. 168, § 263, note 11; Pont, *Tr. des priv. et hyp.*, I, n. 197; Guillouard, n. 185; Houpin, I, n. 41.
(8) V. *supra*, n. 154.

§ VI. *Droit d'exercer un commerce similaire.*

505. Chacun des associés peut, après la dissolution de la société, exercer un commerce ou une industrie analogues à à ceux de la société [1].

Il en est de même des héritiers qui, après la mort de leur auteur, ont reçu le remboursement de la part de ce dernier [2]. Ils ont simplement fait acte de copartageant, ils n'ont pas fait une cession les obligeant à garantie.

De même encore pour le donataire ou légataire de la part de l'associé défunt [3].

506. Il est souvent convenu soit dans l'acte de société, soit dans un acte postérieur à la dissolution, qu'après cette dissolution ou leur exclusion, les associés ne pourront exercer un commerce ou une industrie analogues à celui qui faisait l'objet de l'exploitation sociale. La validité de cette clause est soumise aux mêmes conditions que celle de la clause imposant une interdiction analogue au vendeur d'un fonds de commerce et à l'employé [4].

Si donc l'interdiction doit s'appliquer à quelque époque et en quelque lieu que ce soit, elle est nulle [5].

Elle est valable, au contraire, si elle s'applique à un rayon déterminé [6].

(1) Cass., 5 fév. 1855, S., 56. 1. 417. — Cass., 2 mai 1860, S., 60. 1. 308. — Cass. civ., 15 mai 1893, D., 95. 1. 171. — V. cep. Cass., 30 mars 1885, S , 85. 1. 216. — Lyon, 18 juin 1895 (l'associé qui s'est obligé à garantie ne peut créer un commerce similaire en face de l'établissement vendu ni abuser de sa situation de liquidateur pour détourner la clientèle). — L'associé ne peut faire une concurrence déloyale à la société, par exemple en créant une confusion préjudiciable à cette dernière. — Paris, 16 juill. 1891, *Gaz. Pal.*, 91. 2. 171.

(2) Trib. com. Seine, 31 mars 1894, *Droit*, 19 mai 1894, *Rev. soc.*, 94. 454 (alors même que le défunt s'était engagé à ne pas se rétablir après la dissolution de la société).

(3) Trib. com. Seine, 31 mars 1894, précité.

(4) V. notre *Tr. du contr. de louage*, n. 1263 s.

(5) Paris, 6 juill. 1893, S., 94. 2. 100. — Paris, 8 juil. 1893, *Loi*, 26 déc. 1893. — Trib. com. Seine, 14 août 1890, *Loi*, 31 août 1890. — L'associé peut demander la nullité de cette clause même si son droit n'est pas actuellement contesté. Paris, 8 juill. 1893, précité.

(6) Cass., 3 mars 1868, S., 68. 2. 196, D., 68. 2. 181. — Angers, 16 mai 1894, S., 94. 2. 180 (et si l'associé qui a fondé un commerce en dehors de ce rayon se rend

CHAPITRE XII

DE LA COMMUNAUTÉ OU INDIVISION

SECTION PREMIÈRE

DISTINCTION DE LA COMMUNAUTÉ AVEC LES AUTRES FAITS JURIDIQUES. ACTES QUI LA CONSTITUENT

507. A la différence de codes étrangers plus récents, le C. civ. ne consacre aucune disposition au règlement de la communauté. Le titre des *successions* s'occupe bien de la communauté entre héritiers, mais seulement pour en régler la dissolution par le partage. Au titre des servitudes, certains textes prévoient la communauté résultant de la mitoyenneté ou de la copropriété des étages d'une maison ; nous ne nous occuperons pas de ces dernières.

508. La communauté est un état voisin de la société, mais il y a entre l'une et l'autre des différences profondes. La communauté se distingue de la société par son objet, ses modes de formation, et sa dissolution.

509. 1° L'objet de la société est de réaliser des bénéfices. Au contraire l'objet de l'indivision est de maintenir, en attendant un partage qui doit nécessairement s'opérer, dans son intégrité la chose indivise et d'en favoriser la conservation (1). Il ne suffirait cependant pas, pour caractériser la communauté, de dire (2) qu'elle n'a pas pour but d'obtenir un bénéfice, car on ne verrait pas, alors, en quoi elle se distingue de l'association ; encore moins peut-on qualifier la communauté d' « espèce d'association » ; il faut dire qu'elle constitue un état

fréquemment dans le lieu où est située la maison de commerce sur laquelle il a cédé ses droits pour provoquer les commandes des clients de cette maison, il méconnait son engagement). — Trib. com. Seine, 12 avril 1887, *Dr. ind.*, 89. 352. — Fuzier-Herman, *C. civ. annoté*, art. 1133, n. 35.

(1) Domat, liv. I, tit. VIII; Pothier, *Du contr. de soc.*, 1er app., n. 182 et 183 ; Laurent, XXVI, n. 132. — V. aussi Treilhard, *Exposé des motifs*, Fenet, XIV, p. 393.

(2) V. cep. Nancy, 28 juil. 1891, *Gaz. Pal.*, 91. 2. 552. — Guillouard, n. 3 ; Pic, *Ann. dr. com.*, VI, 1892, *Doct.*, p. 218.

passif [1], destiné à ne subir aucune modification tant que n'intervient pas le partage, d'une chose ou d'une masse indivise. C'est par ce caractère passif que la communauté se distingue de l'association [2]. Comme cette dernière, elle est dépourvue de l'*affectio societatis* [3]; de plus, et précisément à cause de ce caractère passif, la communauté est un état transitoire qui doit nécessairement se terminer par le partage [4].

510. 2° Le consentement des parties est un élément essentiel de la société, tandis qu'il n'est pas un élément essentiel de la communauté [5]. Sans doute il peut arriver que la communauté ait sa source dans le consentement des parties, par exemple si deux personnes achètent un immeuble en commun sans avoir l'intention de contracter une société; mais ce sera l'exception : le plus souvent le lien de la communauté naîtra indépendamment du consentement des communistes, comme il arrive entre colégataires d'une même chose ou entre cohéritiers. La communauté repose bien en pareil cas sur un fait volontaire des communistes, l'acceptation de l'hérédité ou du legs, mais non sur leur consentement, c'est-à-dire sur le concours de leurs volontés dans une même vue. Il y a quasi-contrat et non contrat. La société est donc toujours un contrat; la communauté n'a qu'accidentellement ce caractère, elle constitue normalement un quasi-contrat.

511. 3° La société prend fin par la mort de l'un des associés, par son interdiction, par sa déconfiture. La communauté survit à ces événements. La raison en est que la société est contractée *intuitu personæ*, et que par suite les événements qui frappent l'un de ses membres dans sa vie, dans ses facultés intellectuelles ou dans sa fortune, font disparaître l'équilibre social et en amènent la rupture, tandis que, dans la communauté, qui le plus souvent résulte d'un fait étranger à la volonté commune des parties, c'est l'élément de la copro-

(1) Guillouard, n. 376.
(2) Guillouard, n. 17; Pont, n. 75; Wahl, *Note*, S., 95. 2. 87.
(3) Laurent, XXVI, n. 135; Guillouard, n. 30.
(4) Guillouard, n. 17; Pont, n. 75.
(5) Guillouard, n. 20 et 30.

priété qui domine ; or la propriété ne reçoit aucune atteinte des événements qui frappent le propriétaire dans sa personne.

Mais si, à ce point de vue, la communauté est plus résistante que la société, elle l'est moins sous d'autres aspects. Notamment chaque communiste peut demander quand il lui plaît qu'il soit mis fin à l'indivision par un partage (art. 815), tandis qu'un associé n'a pas ce droit : ce dernier est obligé de subir l'indivision tant que dure la société, sauf les cas rares où il lui est permis de demander à la justice qu'elle en prononce la dissolution anticipée.

512. On a dit que la communauté est une situation de fait [1]. Cela ne nous paraît pas exact ; elle dérive, selon nous, nécessairement de la volonté des parties [2].

Cette volonté peut consister à maintenir l'état d'indivision suivant lequel des biens sont devenus la propriété de certaines personnes ; legs de succession, société dissoute, etc. Mais, quoi qu'ait dit Pothier [3] (qui voyait là le principe de différence entre la société et la communauté), la communauté n'est pas nécessairement un quasi-contrat et peut également résulter d'une convention formelle [4], par exemple, comme nous l'avons dit, d'un achat fait en commun ; le droit romain admettait ce point de vue [5].

513. Lorsque les héritiers laissent en commun les biens héréditaires pour les exploiter, il y a société [6].

514. Au contraire l'achat fait en commun d'un immeuble ou d'un meuble destiné à être partagé et non à être exploité, constitue la communauté et non la société [7]. C'était déjà la solution d'Ulpien [8].

(1) Guillouard, n. 20.

(2) V. cep. Guillouard, n. 30.

(3) 1er append., n. 181 et 182. — V. aussi Ferrière, *Dict. de dr.*, v° *Communauté*.

(4) Guillouard, n. 20 et 376.

(5) L. 31, D., *pro soc.*, 17. 2.

(6) Cass. req., 28 mars 1892, S., 93. 1. 461.

(7) Cass., 22 nov. 1852, S. 53. 1. 73, D., 52. 1. 325. — Aix, 30 nov. 1853, D., 55. 2. 117. — Trib. paix Paris, 11 déc. 1890, *Loi*, 18 janv. 1891 (alors même qu'en fait l'immeuble a été revendu avec bénéfice). — Troplong, I, n. 28 ; Duvergier, n. 40 ; Pont, n. 75 ; Guillouard, n. 17, 376 et 377 ; Wahl, *Note*, S., 95. 2. 87 ; Houpin, I, n. 10.

(8) L. 31, D., *pro soc.*, 17. 2.

Nous donnerons, à propos du mandat, un exemple de cette hypothèse en étudiant la convention par laquelle un propriétaire charge un tiers d'acheter un immeuble contigu à leur propriété respective avec la clause que cet immeuble sera partagé entre eux (1).

Mais, si l'immeuble est destiné a être vendu avec bénéfices, il y a société (2).

La réunion de personnes qui ont pour but d'acquérir un immeuble en commun pour le mettre à la disposition d'une congrégation dont elles font partie est une association et non pas une communauté (3).

515. La communauté doit être distinguée du mandat; c'est à propos du mandat que nous examinerons, comme nous l'avons dit, s'il y a communauté ou mandat dans la convention par laquelle un propriétaire charge un tiers d'acheter un immeuble qui sera ensuite partagé entre eux (4).

516. Dans l'hypothèse où la communauté consiste dans une chose indispensable aux immeubles voisins des divers communistes (cour, passage, puits, vestibule, escalier, etc.), on a dit, pour justifier certaines solutions, — notamment celle qui interdit l'action en partage, — qu'il y a, non pas indivision proprement dite, mais « servitude réciproque » d'indivision (5). C'est dénaturer les sens des termes; il est certain que, d'une part, il s'agit d'un immeuble; que, d'autre part, cet immeuble est la propriété de diverses personnes; qu'enfin il est indivis entre elles; or, ce sont là les caractères de l'indivision (6).

Certains auteurs, tout en convenant qu'il y a indivision dans l'espèce, soutiennent qu'il y a en même temps servitude d'indivision, c'est-à-dire que la copropriété indivise est grevée d'une servitude au profit de tous les fonds à l'utilité desquels

(1) V. notre *Tr. du mandat.*

(2) Trib. paix Paris, 11 déc. 1890, précité.

(3) Wahl, *Note*, S., 95. 2. 87. — *Contra* Trib. civ. Guingamp, 15 juill. 1892, S., 95. 2. 87 (au sujet de l'impôt d'accroissement).

(4) V. notre *Tr. du mandat.*

(5) Cass., 10 déc. 1823, S. chr. — Cass., 10 mars 1845, S., 46. 1. 487. — Pardessus, *Tr. des servit.*, n. 190 s.; Duranton, V, n. 149.

(6) Carré de Malberg, *Note*, *Pand. franç.*, 95. 1. 481.

elle est destinée [1]. Cette argumentation soulève d'aussi graves objections que la précédente : comment le copropriétaire d'un fonds pourrait-il en même temps avoir une servitude sur ce fonds? La servitude, étant un démembrement du droit de propriété, ne peut exister au profit de la même personne, concurremment avec lui. Et quand on ajoute que cette servitude d'indivision s'exerce à titre de propriété, nous avouons ne plus comprendre.

517. Les auteurs qui, dans ces hypothèses, voient des cas de servitudes, sont forcés de reconnaître que ces servitudes, conformément à l'art. 637, ne peuvent être stipulées qu'au profit de fonds et non au profit de personnes [2] ; l'intérêt pratique de cette observation nous échappe.

Mais, en dehors de là, on admet généralement que, le caractère de co-propriété l'emportant, les règles relatives à la propriété sont applicables. Aussi on ne pourra ni réclamer le changement d'assiette de la servitude si le propriétaire servant offre une assiette plus favorable (art. 701) [3], ni se plaindre d'une aggravation de la servitude (art. 702) [4], ni se prévaloir de la prescription par le non-usage de 30 ans (art. 706) [5].

La même idée, comme nous le verrons, produit des conséquences au point de vue des actions possessoires, de la prescription, des droits des co-propriétaires, et de la faculté accordée aux co-propriétaires de céder leur part.

518. Il y aurait co-propriété avec servitude d'indivision dans les hypothèses suivantes :

Puits [6].

Fosses d'aisance [7].

(1) Demolombe, XI, n. 444 et 445; Aubry et Rau, II, p. 411, § 221 *ter*, note 1 : Laurent, VII, n. 482; Guillouard, n. 385.

(2) Pardessus, *Tr. des servitudes*, n. 196; Demolombe, XI, n. 444; Guillouard, n. 387; Aubry et Rau, II, § 221 *ter*, note 4; Carré de Malberg, *loc. cit.*

(3) Cass., 17 nov. 1841, S., 41. 1. 150. — Cass., 15 fév. 1858, S., 58. 1. 347. — Paris, 15 mars 1856, S., 57. 2. 61. — Guillouard, n. 387.

(4) Cass., 10 nov. 1845, S., 46. 1. 487. — Cass., 31 mars 1851, S., 51. 1. 404. — Guillouard, n. 387.

(5) Cass., 25 avril 1855, S., 56. 1. 396. — Grenoble, 17 mars 1888, *Rec. Grenoble*, 88. 139 (corridor). — Guillouard, n. 387.

(6) Guillouard, n. 385 *bis*.

(7) Guillouard, n. 385 *bis*.

Allées [1].
Chemins d'exploitation [2].
Ruelles [3].
Avenues [4].
Sentiers [5].
Cours [6].
Corridor [7].

519. La co-propriété avec servitude d'indivision peut être acquise par la prescription même si la servitude, considérée isolément, ne présente pas les conditions qui la rendent prescriptible, car on sait que, d'après les auteurs qui, en pareille hypothèse, admettent que la copropriété est mélangée de servitude, le caractère de copropriété l'emporte.

Ainsi la copropriété d'un passage peut être acquise par la prescription, quoique la servitude de passage soit discontinué et, comme telle, non susceptible d'être acquise par la prescription [8].

SECTION II

USAGE DE LA CHOSE COMMUNE

520. Chaque communiste a le droit de se servir de la chose commune, à condition de l'employer suivant sa destination [9] et les intérêts de la communauté [10].

(1) Guillouard, n. 385 *bis*.
(2) Cass., 28 fév. 1866, S., 66. 1. 1. 193. — Guillouard, n. 385 *bis*.
(3) Pau, 20 fév. 1867, S., 67. 2. 356. — Guillouard, n. 385 *bis*.
(4) Guillouard, n. 385 *bis*.
(5) Guillouard, n. 385 *bis*.
(6) Guillouard, n. 385 *bis*.
(7) Grenoble, 17 mars 1888, *Rec. Grenoble*, 88. 139.
(8) Aubry et Rau, II, p. 412, § 221 *ter*, note 6; Guillouard, n. 387.
(9) Cass. req., 8 fév. 1897, S., 97. 1. 279. — Aix, 28 mai 1887, *Bull. d'Aix*, 88. 128. — Grenoble, 19 mars 1889, *Rec. Grenoble*, 89. 116 (le copropriétaire d'un canal peut y placer des conduites pour isoler la portion d'eaux qui lui appartient). — Caen, 1er août 1879, S., 80. 2. 13. — Bordeaux, 31 mai 1887, S., 88. 2. 127. — Poitiers, 25 janv. 1893, *Gaz. Pal.*, 93. 1. 2e p., 40. — Grenoble, 29 mai 1894, *Rec. Grenoble*, 94. 215. — Trib. civ. Lyon, 18 juin 1890, *Mon. jud. Lyon*, 11 juil. 1890. — Trib. civ. Chambéry, 14 avril 1892, *Rec. Grenoble*, 92. 2. 177. — Pothier, n. 207; Demolombe, XI, n. 446; Aubry et Rau, II, p. 406, § 221, note 13; Laurent, XXVI, n. 436; Guillouard, n. 381 et 382; Carré de Malberg, *Note, Pand. franç.*, 95. 1. 481. — V. aussi les autorités citées dans les notes suivantes.
(10) Mêmes autorités.

Il ne peut pas non plus user de la chose de manière à nuire à ses communistes et à les empêcher d'user également de la chose [1]. Mais les communistes ne peuvent se plaindre que l'usage normal fait par chacun d'eux diminue l'usage des autres [2].

521. La jouissance des copropriétaires sur les choses dont l'utilité est commune à leurs fonds, — celles qu'on dit généralement être affectées de servitude d'indivision, — comporte un droit plus plein que la jouissance des autres choses communes.

Cette solution est d'abord acceptée par l'opinion qui considère ces choses comme affectées de servitude d'indivision [3]. Elle se fonde sur ce que, l'indivision étant forcée, les parties sont censées avoir voulu trouver une compensation dans la faculté de retirer de la chose tous ces avantages, et on en conclut que chacun des copropriétaires peut se comporter comme propriétaire unique à la charge de ne pas nuire à ses copropriétaires.

Sans adopter l'idée de la servitude d'indivision et sans imputer sans raison aux copropriétaires une intention dont rien ne démontre l'existence, on doit motiver le droit particulièrement plein des copropriétaires sur la chose accessoire dont l'utilité leur est commune par l'idée qu'ici la copropriété est née d'un besoin commun et, par suite, doit offrir tous les avantages nécessaires à la satisfaction de ce besoin [4].

Ainsi le copropriétaire peut faire des innovations sur la chose sans le consentement de ses copropriétaires [5].

Il en est ainsi à plus forte raison dans l'opinion qui donne cette solution pour la communauté ordinaire.

522. En principe, l'un des copropriétaires d'une chose commune ne peut faire, sans le consentement des copropriétaires,

[1] Poitiers, 25 janv. 1893, précité. — Trib. civ. Saint Etienne, 4 juin 1890, *Droit*, 1er oct. 1890 (carrière) — Trib. civ. Lyon, 18 juin 1890, précité. — Trib. civ. Chambéry, 14 avril 1892, précité. — Pothier, n. 207; Demolombe, XI, n. 246; Aubry et Rau, II, p. 406, § 221, note 13; Laurent, XXVI, n. 436; Guillouard, n. 381.

[2] Paris, 14 juin 1890, *Droit*, 1er juil. 1890.

[3] Cass., 21 août 1842, S., 43. 2. 78. — Paris, 6 nov. 1863, S., 64. 2. 36. — Aubry et Rau, II, p. 412, § 221 *ter*, note 9; Guillouard, n. 388.

[4] Laurent, VII, n. 483.

[5] V. *infra*, n. 522.

aucune innovation ou modification à la chose commune (¹). L'art. 1859-4° donne cette solution en matière de société et il faut l'étendre à la communauté, parce qu'il serait choquant de voir des communistes avoir plus de droits que des associés; en vain dit-on qu'à la différence de la société, la communauté ne nécessite pas que chacun sacrifie ses intérêts aux intérêts communs; c'est une erreur absolue, puisque, d'après l'opinion générale, le droit de chacun est, dans la communauté, limité par le droit des autres. Du reste, et cela surtout est décisif, cette solution était donnée par le droit romain (²) et l'ancien droit (³).

Toutefois, nous avons dit que, lorsqu'il s'agit de la copropriété d'un de ces objets qui sont nécessaires à l'exploitation des propriétés voisines, on admet que chacun des copropriétaires peut faire les innovations qui ne sont pas contraires à la destination (⁴).

C'est pour cette raison qu'on a décidé que le copropriétaire peut exhausser le sol de la cour commune (⁵).

523. En tous cas, le copropriétaire peut faire des travaux d'entretien à la chose commune et il a alors un recours contre les copropriétaires (⁶).

524. Un terrain destiné à servir de passage entre certaines propriétés ne peut être utilisé par l'un des communistes pour conduire à d'autres propriétés (⁷), ni pour y faire des

(¹) Cass. req., 27 juin 1893, S., 96. 1. 86 (constructions). — Grenoble, 12 janv. 1818, S. chr. — Trib. civ. Bordeaux, 6 mars 1895, *Gaz. Pal.*, 95. 1. 611. — Aubry et Rau, II, p. 405, § 221 *ter*, note 8; Laurent, XXVI, n. 438; Guillouard, n. 390. — *Contra* Toulouse, 30 mai 1828, S. chr. — Demolombe, XI, n. 447; Pont, n. 597.

(²) L. 28, D., *comm. divid.*, 10. 3.

(³) Domat, liv. I, tit. V, sect. 2, § 6.

(⁴) Cass., 10 nov. 1845, S., 46. 1. 487. — Cass., 31 mars 1851, S., 51. 1. 404. — Cass., 9 juin 1868, S., 69. 1. 311, D., 69. 1. 195. — Cass., 7 avril 1875, S., 75. 1. 299, D., 75. 1. 381. — Metz, 6 fév. 1857, S., 58. 1. 144, D., 57, 1. 196. — Bordeaux, 20 et 28 juil. 1858, S., 59. 2. 350 et 390. — Guillouard, n. 389 et 390; Carré de Malberg, *loc. cit.* — V. aussi les n. suiv.

(⁵) Cass. civ., 14 juin 1895, D., 95. 1. 508.

(⁶) Trib. paix Murviel-les-Béziers, 8 mai 1895, *Mon. just. paix*, 95, p. 408 (répandre du gravier sur un passage commun pour combler les trous causés par les eaux pluviales). — V. *infra*, n. 541 s.

(⁷) Paris, 6 nov. 1863, S., 64. 2. 36, D., 63. 2. 212. — Orléans, 12 févr. 1891, *Gaz. Pal.*, 91. 1. 407. — Guillouard, n. 382. — *Contra* Bordeaux, 31 mai 1887, S.,

dépôts[1]. Un puits commun à certains immeubles ne peut être utilisé par l'un des communistes pour d'autres propriétés [2].

Une cour commune ne peut servir à exécuter des travaux pour desservir un immeuble n'ayant pas droit à la communauté [3], ni être mise en communication avec cet immeuble [4]. Mais elle peut servir de passage à toutes les personnes qui se rendent chez les copropriétaires et non pas seulement à la famille de ces derniers [5].

Les copropriétaires d'un canal peuvent y faire écouler toutes les eaux, en particulier les eaux de teinturerie [6].

Le copropriétaire d'une mare peut y puiser et y laver [7].

Le copropriétaire d'une allée peut faire placer sur la porte une enseigne indiquant sa profession ou portant que son immeuble est à louer [8]. Mais il ne peut faire passer dans l'allée que les objets, les animaux et les personnes que l'acte constitutif ou la nature de l'allée permettent d'y faire passer [9].

Le copropriétaire d'une allée commune ne peut la clore par une barrière qu'il fermerait à clef [10].

L'un des copropriétaires ne peut construire sur une partie du terrain commun [11], par exemple établir une fosse d'aisances dans la cour commune [12].

525. Le copropriétaire d'une ruelle commune ne peut,

88. 2. 127 (le terrain peut servir de passage à la propriété ancienne agrandie, les copropriétaires n'étant pas lésés).

(1) Bordeaux, 17 juill. 1889, *Gaz. Pal.*, 89. 2. 497.

(2) Bourges, 13 nov. 1838, S., 39. 2. 84. — Lyon, 26 déc. 1890, *Mon. jud. Lyon*, 17 fév. 1891. — Guillouard, n. 382.

(3) Orléans, 12 nov. 1881, S., 83. 2. 139.

(4) Lyon, 26 déc. 1890, précité.

(5) Amiens, 30 avril 1891, *Rec. d'Amiens*, 91. 163.

(6) Cass., 9 juin 1868, précité. — Guillouard, n. 389.

(7) Orléans, 28 mars 1895, *Loi*, 6 juin 1895.

(8) Caen, 19 avril 1886, S., 87. 2. 221.

(9) Trib. civ. Lyon, 18 janv. 1890, *Mon. jud. Lyon*, 3 mars 1890 (on ne peut faire passer des animaux ou des voitures dans une allée destinée au passage des personnes).

(10) Caen, 23 déc. 1871, D., 72. 5. 407. — Guillouard, n. 389 ; Carré de Malberg, *loc. cit.*

(11) Bordeaux, 18 nov. 1890, *Rec. Bordeaux*, 91. 1. 127 (même s'il ne cause pas de préjudice aux autres).

(12) *Contra* Grenoble, 6 déc. 1887, *Mon. jud. Lyon*, 30 août 1888.

même s'il est propriétaire d'immeubles longeant les deux côtés de la ruelle, y élever des constructions [1]. On a décidé qu'il peut la clore par une grille si cette grille ne gêne pas le passage et est utile pour les autres copropriétaires [2] et qu'il peut également clore une cour commune [3].

526. Chaque copropriétaire d'une cour commune peut :

Faire des ouvertures y donnant [4] ;

Y envoyer les eaux pluviales [5] ;

Y envoyer les eaux ménagères [6] ;

Elever des constructions qui y donnent [7].

Cependant les propriétaires ne peuvent envoyer les eaux dans la cour s'il n'y a pas d'écoulement possible [8]. Ils ne peuvent nuire à la jouissance des copropriétaires par l'établissement d'un atelier, par exemple d'un atelier de chaudronnerie [9], ou par un dépôt permanent de fumier [10] ou de voitures [11], ou en y laissant vaguer des bestiaux ou des volailles [12].

Ils ne peuvent pas davantage, par une clôture impossible à ouvrir, empêcher la circulation [13].

Les copropriétaires d'un puits commun ne peuvent, sans le consentement de leurs copropriétaires, édifier dans ce

(1) Limoges, 26 janv. 1886, D., 87. 2. 27. — Guillouard, n. 389 ; Carré de Malberg, *loc. cit.*

(2) Cass. req., 8 fév. 1897, S., 97. 1. 279.

(3) Trib. civ. Troyes, 30 janv. 1889, *Gaz. Pal.*, 89. 1. 520.

(4) Cass., 10 nov. 1845, S., 46. 1. 487, D., 46. 1. 30. — Paris, 11 juin 1842, S., 42. 2. 259. — Angers, 26 mai 1847, S., 47. 2. 411, D., 47. 4. 447. — Guillouard, n. 389.

(5) Cass., 6 fév. 1822, S. chr. — Cass. civ., 14 juin 1895, D., 95. 1. 508. — Grenoble, 10 nov. 1862, S., 63. 2. 207. — Guillouard, n. 389.

(6) Caen, 23 avril 1847, S., 48. 2. 379. — Guillouard, n. 389.

(7) Guillouard, n. 389.

(8) Guillouard, n. 389.

(9) Chambéry, 14 mai 1870, D., 71. 2. 32. — Guillouard, n. 389 ; Carré de Malberg, *loc. cit.*

(10) Caen, 24 nov. 1856, S., 57. 2. 304. — Poitiers, 16 janv. 1889, *Gaz. Pal.*, 89. 1. 234. — Guillouard, n. 389 ; Carré de Malberg, *loc. cit.*

(11) Lyon, 22 fév. 1888, *Mon. jud. Lyon*, 3 mars 1888. — Poitiers, 16 janv. 1889 précité.

(12) Poitiers, 16 janv. 1889 précité.

(13) Cass., 28 juin 1876, S., 76. 1. 344, D., 78. 1. 127. — Dijon, 15 déc. 1873, D., 77. 5. 365. — Guillouard, n. 389.

puits un mur séparatif (1) ou y substituer une pompe (2).

Ils ne peuvent, si le puits est destiné au puisage, y faire abreuver des bestiaux (3); ils ne peuvent pas enfin absorber toute l'eau du puits (4).

527. Le copropriétaire d'un passage peut y pratiquer des ouvertures (5).

528. Chacun des copropriétaires peut user de la chose qui fait l'objet de l'indivision forcée non seulement pour le service de son immeuble immédiatement contigu, mais pour le service de tous ses immeubles, à la condition de ne pas nuire à ses copropriétaires (6).

Mais si la chose indivise a été établie ou exécutée pour le service de certains immeubles, les copropriétaires ne peuvent en user pour d'autres immeubles (7).

529. Si l'un des immeubles auxquels servait la chose commune est démoli et remplacé par un autre, elle sert au nouvel immeuble, à condition que la jouissance des autres copropriétaires n'en soit pas entravée (8).

530. Chacun des copropriétaires peut réprimer les atteintes d'un tiers à la propriété (9).

L'action possessoire est admise contre les tiers même dans les cas qu'on regarde généralement comme des servitudes d'indivision, et sans que ces servitudes présentent, comme l'exige le droit commun en matière de servitude, la continuité

(1) Cass. req., 17 mai 1887, S., 90. 1. 315, D., 88. 1. 60. — Guillouard, n. 389; Carré de Malberg, *loc. cit.*.

(2) Trib. civ. Bordeaux, 6 mars 1895, S., 97. 2. 218.

(3) Poitiers, 16 janv. 1889, *Gaz. Pal.*, 89. 1. 234.

(4) Poitiers, 16 janv. 1889, précité.

(5) Trib. civ. Grenoble, 6 déc. 1886, *Rec. Grenoble*, 87. 138.

(6) Bordeaux, 31 mai 1887, *Rec Bordeaux*, 87. 1. 411. — Grenoble, 17 mars 1888, *Rec. Grenoble*, 88. 139.

(7) Bourges, 13 nov. 1838, S., 39. 2. 84 (puits). — Trib. civ. Grenoble, 6 déc. 1886, *Rec. Grenoble*, 87. 1. 38 (passage). — Carré de Malberg, *loc. cit.*

(8) Cass. civ., 13 mars 1894, D., 94. 1. 329 (cet arrêt décide même que si la maison nouvelle est réunie à une autre maison, à laquelle elle était contiguë, de manière à ne former qu'un avec elle, la rue commune dessert la maison entière, si la jouissance des autres copropriétaires n'est pas entravée. — En ce sens sur ce dernier point, Carré de Malberg, *loc. cit.*).

(9) Bordeaux, 17 avril 1888, *Rec. Bordeaux*, 88. 1. 243.

et l'apparence [1]. Car, en admettant qu'il y ait servitude, il y a en même temps copropriété.

Ainsi un chemin commun peut donner lieu à l'action possessoire quoique la servitude de passage, étant discontinue, n'y donne pas lieu [2].

531. L'un des copropriétaires ne peut autoriser un tiers à chasser sur le terrain commun, même concurremment avec lui [3], car il entraverait la jouissance de ses communistes. Il ne peut introduire dans l'immeuble un tiers qui habitera avec lui [4].

Il ne peut pas davantage constituer des servitudes sur le fonds commun [5].

532. Le communiste aliène librement son droit [6]. L'acquéreur n'est même pas sujet au retrait de la part des autres communistes [7]. Il ne peut aliéner la chose elle-même [8].

Quant aux hypothèques qui grèvent l'immeuble du chef des communistes, nous verrons qu'elles sont subordonnées au résultat du partage.

533. Le copropriétaire peut céder même sa part dans la copropriété de ces immeubles que l'opinion générale considère comme grevés d'une servitude d'indivision. Cela va de soi à nos yeux, puisque nous ne voyons pas que cette copropriété ait rien de spécial; mais il n'en est pas autrement dans l'opinion générale [9], et on ne peut opposer en sens contraire la règle qui défend de détacher la servitude d'un fonds pour l'attacher à un autre fonds. En effet, ici la servitude n'est que l'accessoire de la copropriété; si elle ne peut être cédée d'une manière principale, la copropriété, qu'aucun texte ne défend

(1) Guillouard, n. 387.
(2) Guillouard, n. 387.
(3) Cass., 19 juin 1875, D., 77. 1. 237. — Guillouard, n. 382.
(4) Toulouse, 4 janv. 1875, S., 75. 2. 68. — Guillouard, n. 383.
(5) Limoges, 25 avril 1888, D., 89. 2. 288. — Guillouard, n. 382.
(6) Aubry et Rau, II, p. 404, § 221, note 4; Guillouard, n. 393.
(7) Aubry et Rau, *loc. cit.*; Guillouard, *loc. cit.*
(8) V. notre *Tr. des succ.*, n. 4385 s.
(9) Guillouard, n. 387. — *Contra* Demolombe, XI, n. 444; Aubry et Rau, II, § 221 *ter*, note 17; Carré de Malberg, *Note, Pand. franç.*, 95. 1. 481.

de transmettre, est, par là même, susceptible d'être cédée; la servitude, en sa qualité d'accessoire, suit la propriété.

C'est ce qui a été décidé pour la copropriété de pressoirs [1].

Il va sans dire que la cession est nulle si elle aggrave la jouissance des copropriétaires.

534. On peut, pour apprécier l'étendue des droits des copropriétaires sur la chose nécessaire à l'usage commun de leurs fonds, consulter l'ancienneté de cet usage [2].

535. Le juge des référés est compétent pour statuer, en cas d'urgence, sur les abus commis par un communiste [3].

Il peut, par exemple, expulser le tiers que l'un des communistes aura introduit sur l'immeuble [4].

SECTION III

ADMINISTRATION DE LA CHOSE COMMUNE

536. Si l'objet indivis est entre les mains de l'un des communistes, il est, vis-à-vis de ses copropriétaires, tenu d'en prendre soin [5].

Il est donc responsable des fautes qu'il commet dans la gestion [6].

Il doit compte à ses copropriétaires des fruits qu'il a perçus [7] ou du profit qu'il a retiré de la gestion [8].

537. Si le mandat d'administrer la chose commune a été confié à l'un des copropriétaires, ce mandat, étant donné dans l'intérêt des mandants et du mandataire, ne peut être révoqué que de leur consentement à tous [9].

[1] Caen, 16 avril 1839, *Rec. de Caen*, 39, p. 373. — Caen, 6 janv. 1841, *Rec. de Caen*, 41, p. 70. — Caen, 25 fév. 1841, *Rec. de Caen*, 41, p. 114. — Caen, 13 nov. 1841, *Rec. de Caen*, 41, p. 393, — cités par Guillouard, *loc. cit. infra*. — Guillouard, n. 387.

[2] Caen, 1er août 1879, S., 80. 2. 13. — Guillouard, n. 389.

[3] Guillouard, n. 384.

[4] Toulouse, 4 janv. 1875, S., 75. 2. 68. — Guillouard, n. 384.

[5] Domat, liv. II, tit. V, sect. 2, § 1 ; Guillouard, n. 395.

[6] L. 8, § 1, D., *Comm. divid.*, 10. 3 ; Guillouard, n. 395.

[7] Guillouard, n. 395.

[8] Guillouard, n. 395.

[9] Cass. civ., 13 mai 1885, S., 87. 1. 220.

538. Le règlement de jouissance entre copropriétaires est un bail si celui des copropriétaires qui jouit de l'immeuble paye un loyer [1].

539. Dans le cas où aucun mandat n'a été conféré relativement à l'administration, on ne peut appliquer à la communauté l'art. 1859-1°, d'après lequel, en matière de société, et s'il n'a pas été nommé d'administrateur, les associés se sont réciproquement donné mandat d'administrer [2]. Cette disposition, en effet, repose sur une idée de mandat tacite et, par cela même qu'elle supplée une convention, ne peut s'étendre au cas de communauté, où d'ailleurs les mêmes raisons de décider n'existent pas : en effet, on ne peut supposer que les communistes, qui ne sont pas unis par un lien personnel et qui souvent sont en désaccord les uns avec les autres, se soient reposés les uns sur les autres pour la gestion des intérêts communs.

Par exemple si un des communistes donne à bail la chose commune, le bail n'est pas opposable à ses copropriétaires [3].

Il ne peut recevoir le prix de vente de la chose; si le prix lui est payé, la partie du prix appartenant aux autres est indûment payée. L'acquéreur n'est donc pas libéré vis-à-vis de ces derniers [4].

On convient généralement que les actes de disposition exigent l'assentiment de l'unanimité des associés [5]. Il en est ainsi pour les défrichements [6], les constructions [7] et, d'une manière générale, toutes les innovations [8].

Les mesures d'administration ne peuvent être elles-mêmes prises que par l'unanimité des associés; la majorité ne peut lier la minorité.

(1) Orléans, 7 janv. 1888, D., 88. 2. 295. — V. notre *Tr. du contr. de louage*, n. 88.

(2) Cass., 22 nov. 1852, S., 53. 1. 73. — Aubry et Rau, II, p. 405, § 221, note 9; Pont, n. 77 et 82; Laurent, XXVI, n. 440; Guillouard, n. 391. — *Contra* Bordeaux, 11 avril 1845, S., 46. 2. 315, D., 45. 4. 482.

(3) V. notre *Tr. du contr. de louage*, n. 101 s.

(4) Cass., 21 nov. 1852, précité.

(5) Guillouard, n. 392.

(6) Guillouard, n. 392.

(7) Guillouard, n. 392.

(8) V. *supra*, n. 522.

Nous avons démontré l'exactitude de cette solution pour les actes de disposition en matière de société, et toutes les raisons que nous avons fait valoir peuvent être reproduites ici.

Mais dans l'opinion même qui rejette cette solution en matière de société, elle doit, croyons-nous, être admise en matière de communauté [1] et y être étendue aux actes d'administration; il n'y a pas ici de règle analogue à celle de la société, où les associés se représentent les uns les autres et où il existe au-dessus des intérêts individuels un intérêt commun en vue duquel les associés se sont unis; les communistes ne songent qu'à leur intérêt personnel et aucun lien ne les unit que celui résultant de la copropriété même. L'opinion contraire se fonde donc sur une raison inexacte, quand elle affirme que la communauté des intérêts doit permettre à la majorité d'exercer une pression sur la minorité. Notre solution n'a pas les inconvénients pratiques qu'on lui impute, car, si l'un des communistes résiste de mauvaise foi, une indemnité peut lui être demandée.

Les partisans de l'opinion que nous venons de défendre l'abandonnent quand il s'agit de réparations. Ils permettent à chaque communiste de forcer les autres à y contribuer [2]; la raison qu'ils invoquent est qu'il s'agit ici non pas d'obligation, mais de charge pesant sur la propriété. C'est là une erreur évidente : le droit d'abuser qui est un des caractères de la propriété fait que le propriétaire est libre de faire ou non à son immeuble les réparations dont cet immeuble a besoin et, du reste, personne n'a jamais soutenu que les réparations fussent, comme l'impôt par exemple, une charge de la propriété; il n'y a donc pas à ce sujet d'obligation réelle et, comme on convient que les communistes ne sont pas tenus d'une obligation personnelle l'un envers l'autre, le droit qu'on accorde aux uns de faire contribuer les autres aux réparations manque entièrement de base.

540. On admet cependant souvent que le copropriétaire d'une chose commune peut obliger ses copropriétaires à contri-

(1) Cass., 31 oct. 1811, D. *Rép.*, v° *Société*, n. 514. — Cass., 13 mars 1866, D., 67. 1. 222. — Laurent, XXVI, n. 443. — *Contra* Guillouard, n. 392.

(2) Laurent, XXVI, n. 437.

buer aux dépenses nécessaires, notamment aux réparations [1] et même aux reconstructions [2], sauf, comme nous le verrons, le droit d'abandon généralement accordé à ces derniers.

Nous ne voyons pas sur quoi repose cette action ; il faudrait, pour qu'elle existât, qu'un lien personnel se fût formé entre les copropriétaires. On prétend, il est vrai, que l'obligation des copropriétaires est réelle [3], mais nous venons de montrer le contraire.

Certains codes étrangers admettent cependant cette action [4].

En tout cas, les dépenses d'amélioration ne peuvent être faites par l'un des communistes sans le consentement des autres [5].

541. Mais le communiste qui a fait des dépenses sur la chose commune a une action en gestion d'affaires contre ses copropriétaires pour le remboursement de leur part dans la dépense, si cette dépense a été utile et que l'auteur de la dépense ait agi dans l'intérêt de ses copropriétaires [6].

542. Il va sans dire que les dépenses faites dans l'intérêt commun sont supportées, non pas également par chacun, mais proportionnellement aux parts respectives des copropriétaires dans la chose commune [7]. C'est, en effet, dans cette proportion que les dépenses sont utiles à chacun. Du reste, l'art. 664 donne cette solution pour les parties communes d'une maison dont les étages appartiennent à différents copropriétaires.

543. Les copropriétaires d'un immeuble peuvent-ils se dispenser de contribuer aux dépenses en abandonnant à leurs

(1) Chambéry, 22 nov. 1892, *Gaz. Pal.*, 93. 1, 2e p., 44. — Guillouard, n. 397 (cet auteur dit le contraire au n. 391).

(2) Caen, 4 nov. 1891, *Gaz. Pal.*, 91. 2. *Suppl.*, 38.

(3) Chambéry, 22 nov. 1892, précité (au lieu d'en déduire que l'action est réelle, cet arrêt dit qu'elle est mixte, parce qu'elle conclut principalement au payement d'une somme d'argent).

(4) Espagne, C. civ., art. 395. — Italie, C. civ., art. 676. — V. Guillouard, *loc. cit.*

(5) Rennes, 22 janv. 1894, *Rec. d'Angers*, 94. 162.

(6) Rennes, 22 janv. 1894, *Rec. d'Angers*, 94. 162. — Domat, liv. II, tit. 5; Ferrière, *Dict. de dr.*, v° *Communauté;* Pothier, n. 187; Laurent, XXVI, n. 440 ; Guillouard, n. 391 et 395.

(7) Cass., 2 fév. 1825, S. chr. — Lyon, 5 fév. 1834, S., 34. 2. 224 — Guillouard, n. 397.

copropriétaires la portion de l'immeuble qui leur appartient? Dans l'ancien droit, Pothier ([1]) et Desgodets ([2]) adoptaient l'affirmative, que rejetait Goupy ([3]).

La première opinion est généralement adoptée aujourd'hui ([4]). Pothier l'exprimait sans donner de motifs et n'y faisait exception que pour les murs de clôtures dans les villes où l'usage en impose la construction. Aujourd'hui on donne pour motifs de cette solution qu'il n'y a pas obligation personnelle des copropriétaires, mais simplement charge grevant la propriété.

Ces considérations ne nous paraissent pas déterminantes ([5]).

D'une part, il est, selon nous, inexact que l'obligation de contribuer aux dépenses soit une obligation réelle ; elle n'est pas plus réelle qu'en matière de société ([6]) ; elle est l'application de l'idée que le communiste qui fait la dépense agit dans l'intérêt des autres et fait leur affaire ; or la gestion d'affaires fait naître des obligations personnelles.

D'autre part, il n'est pas plus vrai de dire que le propriétaire puisse s'affranchir de ses obligations réelles en abandonnant son immeuble ; une obligation réelle est celle qui est due à raison de la propriété ou de la possession d'un immeuble, mais, en réalité, elle est personnelle, car un débiteur est nécessairement une personne. Ainsi la dette de l'impôt sur les immeubles est réelle et cependant, en dehors des hypothèses où le propriétaire reçoit d'un texte législatif le droit d'abandonner l'immeuble pour se dispenser du payement de l'impôt, le droit d'abandon ne lui est pas accordé.

On n'osera jamais soutenir que le propriétaire unique d'un immeuble puisse se dispenser de rembourser à son gérant d'affaires les réparations en abandonnant l'immeuble. De même on n'hésitera sans doute pas à admettre que l'abandon

([1]) N. 192.
([2]) *Les lois des bâtiments*, sur l'art. 211 de la cout.
([3]) Sur Desgodets, *loc. cit.*
([4]) Caen, 4 nov. 1891, *Gaz. Pal.*, 91. 2. *Suppl.*, 738. — Pardessus, *Tr. des serv.*, n. 192 ; Aubry et Rau, IV, p. 406, § 221, note 15 ; Laurent, XXVI, n. 437 et 438.
([5]) Guillouard, n. 398.
([6]) V. *supra*, n. 539.

ne peut servir aux copropriétaires indivis à échapper au payement des réparations faites par les soins d'un tiers, leur gérant d'affaires. Pourquoi alors décider le contraire quand le gérant d'affaires est l'un des copropriétaires ?

La solution contraire a pour les propriétaires auxquels l'abandon est fait les plus graves inconvénients ; elle leur impose une dépense nouvelle, qui n'est compensée par aucun avantage. En effet, le puits ou le passage qui leur est abandonné ne leur sera pas désormais plus utile qu'il ne le leur était autrefois : ils ne puiseront pas ou ne passeront pas davantage ; mais désormais ils payeront toutes les dépenses dont une partie seulement leur incombait. Leur situation est donc beaucoup plus fâcheuse que celle de la commune à laquelle un propriétaire abandonne son immeuble pour échapper au payement de l'impôt foncier ; car la commune trouve dans cette propriété même une compensation, et cependant il a fallu un texte pour autoriser l'abandon en pareille hypothèse.

En vain objecte-t-on que, d'après les art. 656 et 699, un propriétaire peut, pour échapper à l'entretien de la mitoyenneté ou de la servitude, abandonner sa part de mitoyenneté ou le fonds servant. Nous pourrions, au contraire, tirer argument de ces textes, qui seraient inutiles s'ils étaient l'application du droit commun, pour soutenir que le principe général est tout opposé. Du reste, les règles de la mitoyenneté sont exceptionnelles à d'autres points de vue, puisqu'on peut acheter la mitoyenneté d'un mur contre le gré du propriétaire, et, par suite, ne peuvent servir d'argument ; et quant à l'art. 699, tout le monde reconnaît qu'il est contraire au droit commun.

544. On décide généralement que l'art. 1846 C. civ., d'après lequel les associés doivent de plein droit les intérêts des sommes qu'ils ont prises dans la caisse sociale, n'est pas applicable en matière de communauté (1). Cela est exact : l'art. 1846 repose sur l'idée que les associés se sont implicitement engagés à employer les fonds sociaux dans l'intérêt de la société. Or, il n'existe rien de pareil en matière de communauté ; on appliquera donc l'art. 1153 C. civ., d'après

(1) Laurent XXVI, n. 444 ; Guillouard, n. 396.

lequel les intérêts des sommes dues ne courent que du jour de la demande en justice.

Toutefois, si le communiste emploie dans son intérêt les sommes qu'il a été chargé de percevoir, il est tenu, dès le jour de l'emploi, des intérêts, car il est pour ces sommes un mandataire et le mandataire doit de plein droit les intérêts des sommes qu'il emploie à son usage personnel.

545. Il n'y a pas lieu d'appliquer à la communauté l'art. 1848, suivant lequel l'associé qui touche une somme de son débiteur, lequel est en même temps débiteur de la société, doit imputer cette somme sur la créance de la société (1). Ce texte repose sur une idée étrangère à la communauté, à savoir sur l'obligation imposée aux associés de consacrer tous leurs efforts à la satisfaction des intérêts sociaux.

De même, et pour la même raison, l'art. 1849, qui oblige l'associé à rendre compte à la société des sommes reçues d'un débiteur social, depuis devenu insolvable, n'est pas applicable à la communauté (2).

546. L'engagement pris par l'un des communistes ne peut évidemment être poursuivi contre les autres communistes (3); c'est la solution donnée en matière de société par l'art. 1861 et on doit l'étendre à la communauté, car elle est l'application du droit commun (4). Il en serait ainsi par exemple de la créance résultant de travaux faits sur la chose commune (5).

Mais les créanciers peuvent, conformément au droit commun et à l'art. 1861, agir contre les autres communistes jusqu'à concurrence du profit que leur ont donné les travaux effectués.

Ils peuvent aussi, dans les cas où leur débiteur est muni d'une action en gestion d'affaires contre ses copropriétaires, exercer cette action en leur qualité de créanciers, conformément à l'art. 1166.

(1) Duvergier, n. 37; Pont, n. 78; Laurent, XXVI, n. 442; Guillouard, n. 396.
(2) Pothier, n. 189; Laurent, XXVI, n. 441; Guillouard, n. 396.
(3) Pothier, n. 187; Laurent, XXVI, n. 440; Guillouard, n. 391 et 395.
(4) C'est donc à tort que M. Guillouard, *loc. cit.*, rattache cette solution à l'idée, d'ailleurs exacte, que les communistes, à la différence des associés, ne se représentent pas les uns les autres.
(5) Auteurs précités.

547. Lorsque des travaux sont commandés par les copropriétaires, ils n'en sont pas tenus solidairement, mais seulement pour leur part divise ([1]).

548. Les créanciers peuvent-ils saisir et faire vendre la part de leur débiteur dans un immeuble commun?

Ils ne le peuvent pas certainement pour les immeubles qui, dans une certaine opinion, font l'objet d'une indivision forcée ([2]), si on accepte cette opinion. Si, comme nous l'avons fait, on la rejette, la question devient identique pour ces immeubles et pour tous les immeubles communs.

La difficulté naît de l'interprétation de l'art. 2205 C. civ., qui défend aux créanciers « d'un cohéritier » de saisir la part indivise de leur débiteur dans les immeubles de succession. Certaines autorités appliquent ce texte à la communauté ([3]), d'autres sont d'avis contraire ([4]).

En tout cas l'art. 2205 se restreint, par son texte même, aux immeubles; les créanciers d'un communiste peuvent donc saisir sa part indivise dans un meuble commun ([5]).

SECTION IV

FIN DE LA COMMUNAUTÉ

549. Pothier ([6]) disait que la communauté ne peut prendre fin que de trois manières :

Par le partage;

Par l'abandon ou cession que ferait l'un des associés à l'autre; ajoutons : ou, s'il y a plusieurs communistes, par l'abandon que feraient tous les communistes à l'un d'eux;

([1]) Trib. civ. Seine, 16 déc. 1893, *Gaz. Trib.*, 23 fév. 1894.

([2]) Guillouard, n. 394.

([3]) Pau, 10 déc. 1832, S., 33. 2. 240. — Lyon, 9 janv. 1833, S., 33. 2. 381. — Lyon, 14 fév. 1839, S., 40. 2. 321. — Douai, 2 mai 1848, S., 49. 2. 393, D., 49. 2. 184. — Bordeaux, 19 juil. 1882, S., 83. 2. 150. — Chauveau, *Lois de la procéd.*, quest. 2198; Colmet de Santerre, IX, n. 200 *bis*, 2 et 3.

([4]) Liège, 23 janv. 1834, S., 34. 2. 683. — Bordeaux, 7 avril 1840, S., 40. 2. 521. — Grenoble, 15 mars 1855, S., 55. 2. 196, D., 55. 2. 301. — Pont, *Tr. de l'expropr. forcée*, n. 8 et 9; Aubry et Rau, VIII. p. 462, § 778, note 20.

([5]) Pau, 22 mai 1888, D., 89. 2. 263. — Guillouard, n. 394.

([6]) N. 193.

Par l'extinction des choses communes.

On doit ajouter une quatrième cause de cessation de la communauté : sa transformation en société.

Ainsi la communauté ne prend pas fin, comme la société, par le décès, la faillite ou la déconfiture, l'interdiction d'un communiste [1]. Cela tient à ce que, la communauté étant un état passif, la personnalité des associés n'y est pas en jeu.

La communauté ne prend pas fin davantage par la volonté d'un seul, ni même par la volonté de la majorité [2]; en admettant que la majorité puisse même imposer à la minorité les actes d'administration, on ne peut considérer comme telle l'extinction de la société.

550. L'art. 815 s'applique en matière de communauté; les communistes peuvent, à toute époque, demander le partage des objets indivis [3].

On fait cependant, en général, exception pour les objets qui, comme les cours, les puits, les vestibules, les passages, etc., sont d'un usage nécessaire aux immeubles voisins appartenant aux copropriétaires : en un mot, pour ceux qu'on dit grevés d'une servitude d'indivision [4].

551. La forme du partage est également réglée par le chapitre du partage de *succession*.

552. L'art. 882 C. civ. ne s'applique pas à la communauté [5].

553. L'effet déclaratif du partage s'applique à la communauté aussi bien qu'aux indivisions de toute nature [6].

Par suite, les hypothèques qui grèvent l'immeuble du chef d'un communiste sont subordonnées au résultat du partage [7].

(1) Rouen, 15 mai 1880, D., 81. 1. 177. — Pont, n. 79; Laurent, XXVI, n. 445 et 446; Guillouard, n. 400.

(2) Aix, 20 mars 1873, S., 75. 2. 103. — Pont, n. 80; Laurent, XXVI, n. 447; Guillouard, n. 400.

(3) Houpin, I, n. 10. — V. notre *Tr. des succ.*, II, n. 2757 s.

(4) V. sur ce point, notre *Tr. des succ.*, II, n. 2757 s. — V. aussi Demolombe, II, n. 444; Pardessus, *Tr. des servitudes*, n. 191; Aubry et Rau, II, § 221 *ter*, note 1; Guillouard, n. 385 s.; Carré de Malberg, *Note, Pand. franç.*, 95. 1. 481. — *Contra* Laurent, VII, n. 482.

(5) Cass. req., 28 mai 1895, S., 95. 1. 385. — V. notre *Tr. des succ.*, n. 4263.

(6) V. notre *Tr. des succ.*, n. 4327.

(7) Cass., 6 déc. 1826, S. chr. — Cass., 8 fév. 1847, S., 48. 1. 43. — Pardessus,

CHAPITRE XIII

DES ASSOCIATIONS

554. Les associations sont les réunions de personnes désireuses, non (comme les membres d'une société) de réaliser un gain, mais de se protéger contre une perte, de se procurer des jouissances immatérielles ou d'être utiles ou agréables à autrui [1].

En droit romain, les associations n'existaient pas ; comme nous l'avons montré, on les faisait rentrer dans les sociétés, puisque la recherche d'un bénéfice n'était pas une condition essentielle à l'existence de ces dernières [2].

Dans l'ancien droit, on appelait association, d'après Ferrière [3], une convention « d'avoir en commun, entre plusieurs que l'on nomme *parsonniers*, tous les meubles et toutes les acquisitions qui seront faites par chacun durant leur société ». On reconnaît là une forme de la communauté ou de l'indivision, qui se distingue de l'association par des caractères que nous avons indiqués déjà.

Domat qualifiait de *communauté* les « assemblées de plusieurs personnes unies en un corps, formé par la permission des princes, distingué des autres personnes qui composent un Etat, et établi pour un bien commun à ceux qui sont de ce corps, et qui ait aussi son rapport au bien public ». Et il citait les corps d'artisans [4].

SECTION PREMIÈRE

FAITS QUI CONSTITUENT L'ASSOCIATION

555. D'après les principes qui précèdent, on peut qualifier d'association le contrat par lequel plusieurs personnes met-

Tr. des servitudes, n. 254 ; Troplong, *Tr. des hyp.*, II, n. 468 ; Demolombe, XII, n. 743 ; Aubry et Rau, II, p. 404, § 221, note 6. — V. notre *Tr. des succ.*, n. 4327.

(1) Cass. req., 29 oct. 1894, S., 95. 1. 65 (société scientifique de spiritisme). — Lyon-Caen, *Note*, S., 95. 1. 65.

(2) V. *supra*, n. 9.

(3) *Dict. de dr. et de prat.*, v° *Association*.

(4) *Dr. public*, liv. I, tit. 15, sect. 1, § 2 et 12.

tent certains objets en commun, mais, au lieu de se partager les bénéfices, décident qu'ils les percevront alternativement; ce n'est pas une société (1), car, comme nous l'avons montré, *le partage* des bénéfices est un élément essentiel du contrat de société. Il faut ajouter qu'il n'y a pas là *affectio societatis*, c'est-à-dire volonté *d'unir ses forces* en vue d'un résultat commun. Du reste, le droit romain était en ce sens (2), et l'opinion contraire de Pothier (3) s'explique d'autant moins qu'il insiste sur la nécessité d'un partage de bénéfices dans la société.

Il ne faut donc pas considérer comme une société la mise en commun de sommes d'argent dont plusieurs personnes jouiront alternativement pour les besoins de leur commerce (4).

556. De même on ne peut considérer comme une société le contrat stipulant le partage des courtages qu'obtiendront divers courtiers (5), ou la répartition entre divers entrepreneurs des marchandises qu'on leur confiera et qui seront préalablement mises en commun (6).

557. Les tontines sont des associations, comme nous l'avons montré (7), mais elles se distinguent par des règles spéciales.

Elles se caractérisent par leur caractère aléatoire; le fonds social doit appartenir au dernier vivant; on a pu dire que chaque associé aliène son droit de propriété au profit de la masse et du dernier survivant en se réservant l'éventualité d'un droit de survie (8).

558. Est une association et non une société le contrat formé entre plusieurs personnes pour éviter une perte. On objecte en vain que ce contrat procure un avantage appréciable en argent, car la loi veut que les parties recherchent un bénéfice.

(1) Duvergier, n. 56; Aubry et Rau, IV, p. 544, § 377, note 6; Pont, n. 70; Laurent, XXVI, n. 151; Lyon-Caen et Renault, *Traité*, II, n. 36; Guillouard, n. 75. — *Contra* Troplong, I, n. 16.

(2) L. 17, § 3, D., *de præscr. verb.*, 19. 5.

(3) N. 133.

(4) Cass., 4 juill. 1826, S. chr. — Guillouard, n. 75.

(5) Comp. Cass., 29 nov. 1831, S., 33. 1. 303, D. *Rép.*, v° *Société*, n. 108. — Guillouard, n. 75.

(6) Rouen, 5 mars 1846, S., 46. 2. 484, D., 47. 2. 115. — Guillouard, n. 75.

(7) V. *supra*, n. 10.

(8) Cass., 1er juin 1858, S., 58. 1. 614. — Wahl, *Note*, S., 94. 2. 319.

Par exemple est une association le contrat formé pour défendre des intérêts communs menacés (1).

Le contrat formé entre les porteurs d'obligations d'une société pour défendre leurs intérêts communs ou pour réaliser l'hypothèque collective qui a été attachée aux obligations est une association (2). Il est incontestablement valable (3).

Le contrat entre deux propriétaires qui doivent élever un mur mitoyen sur leurs propriétés (4) ou refaire le ruisseau qui sépare leurs propriétés (5) est encore une association.

559. Les sociétés hippiques ou de courses sont des associations et non des sociétés, puisqu'elles ne se proposent pas pour but la poursuite d'un gain (6).

560. Le syndicat professionnel n'est pas une société (7).

561. Mais les sociétés créées pour la direction d'une maison d'éducation sont de véritables sociétés (8) : il est certain, en effet, que ces sociétés, par la rétribution qu'elles exigent de leurs élèves et par la répartition des bénéfices entre les associés, ont tous les caractères d'une société. On a fait à cette doctrine une singulière objection : « ceux qui se proposent comme but, dans l'accomplissement de ce rôle si grand, l'occasion de faire un gain, constituent fort heureusement de rares exceptions, flétries à juste titre par l'opinion publique » (9). Il ne nous coûte pas de reconnaître qu'au contraire les maîtres de pension se proposent de faire des bénéfices,

(1) Pont, n. 68 et 71 ; Guillouard, n. 68.

(2) Cass., 26 mars 1877, S., 79. 1. 17, D., 78. 1. 303. — M. Guillouard (n. 55) y voit un contrat innommé.

(3) Cass. civ., 3 déc. 1889, S., 91. 1. 525, D., 90. 1. 105. — Pont, n. 61 ; Guillouard, *loc. cit.* — Cpr. Aix, 8 avril 1878, S., 79. 2. 313. — Paris, 7 août 1880, S., 81. 2. 93. — Cass., 27 juin 1881, S., 83. 1. 218. — Bourges, 8 mars 1888, *Pand. franç.*, 88. 1. 161. — Trib. civ. Seine, 15 juin 1887, *Fr. jud.*, 1887, p. 353.

(4) Aubry et Rau, IV, p. 544, § 377, note 7 ; Pont, n. 69 ; Guillouard, n 66 et 76 ; Houpin, I, n. 54. — *Contra* L. 52, § 13, D., *pro soc.*, 17. 2. — Troplong, n. 13.

(5) Guillouard, n. 66 et 76. — *Contra* L. 52, § 12, D., *pro soc.*, 17. 2. — Troplong, n. 13.

(6) Cass. req., 2 janv. 1894, S., 94. 1. 129, D., 94. 1. 81. — Cotelle, Rapport sous Cass. req., 2 janv. 1894, précité ; Houpin, *loc. cit.*

(7) Caen, 30 mai 1892, S., 94. 2. 139, D., 93. 2. 245. — Houpin, I, n. 54.

(8) Paris, 23 juil. 1852, D., 54. 2. 102. — Pont, n. 115 ; Laurent, XXVI, n. 229. — *Contra* Guillouard, n. 99.

(9) Guillouard, *loc. cit.*

et, loin de songer à les flétrir, nous trouverons ce calcul très légitime ; est-il blâmable de chercher dans son activité, son travail ou son intelligence les moyens de gagner sa vie ? Jamais l'opinion publique ne pensera à flétrir ceux qui obéiront à ces sentiments.

Nous avons déjà examiné si ces sociétés sont civiles ou commerciales [1].

562. Les sociétés de secours mutuels sont des associations et non des sociétés [2]. Il en est de même des caisses de secours établies entre les employés d'une société [3].

L'assurance mutuelle n'est pas davantage une société [4]. Dans l'assurance mutuelle, en effet, les parties ne se proposent pas pour but de réaliser des bénéfices, mais seulement de se prémunir contre certaines pertes, par exemple contre les pertes résultant de l'incendie : chacun s'engage à contribuer pour sa part aux sinistres que les autres éprouveront.

Le contraire a été cependant décidé pour l'assurance ayant pour objet l'entretien des immeubles bâtis appartenant aux assurés [5] et pour celle qui a pour objet la réparation de pertes subies dans l'exercice du commerce [6].

Toutefois l'assurance mutuelle est une société si, en même

(1) V. *supra*, n. 122.

(2) Paris, 7 déc. 1882, *Rev. soc.*, 83. 547. — Houpin, I, n. 54 ; Chavegrin, *Note*, S., 91. 2. 41. — *Contra* Thaller, *Ann. dr. com.*, V, 1891, *Doct.*, p. 188 (sociétés civiles).

(3) Cass., 18 juin 1872, S., 72. 1. 286, D., 72. 1. 172 (société minière). — Grenoble, 9 juill. 1866, S., 67. 2. 14 (chemins de fer). — Fuzier-Herman, *C. civ. annoté*, sur l'art. 1106, n. 3 ; Houpin, *loc. cit.*

(4) Cass., 16 août 1870, S., 71. 1. 15. — Cass. civ., 17 juin 1879, D., 79. 1. 343. — Douai, 29 juill. 1850, S., 52. 2. 709, D., 54. 5. 12. — Douai, 15 nov. 1851, S., 52. 2. 58, D., 54. 2. 116. — Paris, 25 mars 1873, D., 75. 2. 17. — Aubry et Rau, IV, p. 543, § 377, note 5 ; Pont, n. 71 ; Laurent, XXVI, n. 147 ; Lyon-Caen et Renault, *Traité*, II, n. 34 *bis* ; Guillouard, n. 74, 97 et 98 ; Lyon-Caen, *Note*, S., 87. 2. 122. — Décidé cep. que c'est une société civile. Cass. req., 15 juil. 1884, S., 85. 1. 348. — Cass. req., 28 déc. 1886, S., 88. 1. 68, D., 87. 1. 311. — Dijon, 10 juin 1889, *Rev. des soc.*, 90. 91. — Trib. com. Seine, 1er déc. 1885, *Journ. trib. com.*, 87. 53. — Trib. civ. Seine, 30 oct. 1893, *Journ. des assur.*, 1894, p. 191. — Trib. civ. Seine, 31 oct. 1892, *Loi*, 23 nov. 1892, *Gaz. Pal.*, 92. 2. 570. — Trib. com. Seine, 2 déc. 1890, *Journ. trib. com.*, 92. 116. — Trib. com. Seine, 9 mars 1890, *Loi*, 4 juin 1890.

(5) Paris, 19 avril 1893, D., 93. 2. 441. — V. aussi Cass., 13 mai 1857, S., 58. 1. 129, D., 57. 1. 201. — V. la note qui précède.

(6) Paris, 20 avril 1886, S., 87. 2. 121.

temps que l'assurance, elle a un autre but ; par exemple si elle entreprend des constructions dans un but de spéculation (1).

562 *bis*. A plus forte raison les assurances mutuelles ne sont pas des sociétés commerciales ; en admettant même qu'elles constituent des sociétés, ce sont des sociétés civiles (2), car elles n'ont aucun but de spéculation.

Toutefois on a soutenu que l'assurance mutuelle, sans devenir une société, est une association commerciale quand elle intervient entre un commerçant qui s'assure contre les pertes résultant de sa profession (3). Cette opinion a été rejetée (4) et, croyons-nous, avec raison. Sans doute le contrat passé par un commerçant pour un risque dérivant de sa profession est, en général, commercial. Mais il s'agit ici de déterminer le caractère d'une association, et ce caractère ne peut dériver que du but poursuivi.

On s'est donc à tort fondé sur la théorie de l'accessoire admise en jurisprudence, et d'après laquelle tous les actes accomplis par un commerçant dans l'exercice de son commerce sont réputés commerciaux, alors même qu'ils ne sont pas inspirés par un désir de spéculation.

L'assurance mutuelle a un caractère commercial, dans le cas, que nous avons déjà examiné, où elle constitue une

(1) Cass. req., 23 oct. 1889, S., 92. 1. 63, D., 89. 1. 474. — Guillouard, n. 97.

(2) Cass., 8 fév. 1860, S., 60. 1. 207. — Cass., 3 juil. 1877, S., 77. 1. 417. — Cass., 15 juil. 1884, S., 85. 1. 348. — Cass., 28 déc. 1886, S., 88. 1. 68, D., 87. 1. 311. — Cass., 23 déc. 1889, S., 92. 1. 63. — Amiens, 27 août 1858, S., 58. 2. 702. — Paris, 23 mars 1873, D., 75. 2. 17. — Paris, 30 mars 1878, S., 78. 2. 171. — Paris, 4 fév. 1886, S., 87. 2. 121. — Paris, 20 avril 1886, S., 87. 2. 121. — Dijon, 8 juin 1889, *Fr. jud.*, 90. 54. — Paris, 18 fév. 1890, S., 92. 2. 316 (même si elle se fait payer une prime d'avance et se réserve une retenue à l'effet de se constituer un fonds de réserve). — Trib. civ. Seine, 30 oct. 1893, précité. — Cass. Autriche, 7 sept. 1876, *Journ. dr. int.*, IV, 1877, p. 65. — Trib. civ. Bruxelles, 24 juillet 1877, *Pasicr.*, 78. 3. 153, *Journ. dr. int.*, IX, 1882, p. 641. — Trib. com. Anvers, 13 avril 1878, *Jurispr. d'Anvers*, 78. 1. 151, *Journ. dr. int.*, IX, 1882, p. 439. — Guillouard, n. 97 ; Ruben de Couder, *Dict. dr. com.*, v° *Ass. mut. mar.*, n. 6, et v° *Ass. mut. terr.*, n. 3 ; Lyon-Caen, *Note*, S., 87. 2. 121.

(3) Lyon-Caen, *Note*, S., 87. 2. 121 ; Guillouard, n. 98.

(4) Cass., 8 fév. 1860, S., 60. 1. 207. — Paris, 28 mars 1857, S., 58. 2. 197. — Paris, 4 fév. 1886, S., 87. 2. 121. — Paris, 20 avril 1886, S., 87. 2. 121. — Paris, 18 fév. 1890, précité.

société ayant un but de spéculation, par exemple où elle a charge de l'entreprise de travaux (1).

En tout cas on admet que le caractère de l'assurance mutuelle n'empêche pas que la division de l'exploitation en actions auxquelles des bénéfices seront attribués ne soit une société commerciale (2).

563. Les sociétés d'agrément sont des associations et non de véritables sociétés (3).

On peut citer comme rentrant dans cette catégorie :

Les cercles (4); les sociétés de musique (5); les orphéons, etc.;

La société par laquelle plusieurs propriétaires ou concessionnaires du droit de chasse mettent leur droit de chasse respectif en commun (6). En vain dit-on qu'il y a ici la recherche d'un bénéfice représenté par le produit de la chasse. En fait, ce n'est pas là un bénéfice, puisque le produit de la chasse est couvert et au-delà par les frais. En droit (et cela surtout est important) les associés recherchent la satisfaction de leurs goûts, et non pas un bénéfice.

Les associations de charité sont des associations et non des sociétés (7).

(1) Cass., 23 oct. 1889, S., 92. 1. 63, D., 89. 1. 474. — Guillouard, n. 97.

(2) Cass. req., 28 déc. 1886, précité. — V. sur ce point *infra*, n. 571.

(3) Trib. civ. Bruxelles, 7 mars 1894, *Pasicr.*, 94. 3. 332. — Guillouard, n. 68. (cet auteur, n. 69, les qualifie de contrats innommés); Houpin, I, n. 54.

(4) Cass. req., 29 juin 1847, S., 48. 1. 212, D., 47. 1. 342. — Cass., 25 juin 1866, S., 66. 1. 358, D., 66. 1. 334. — Cass., 7 déc. 1880, S., 81. 1. 244, D., 81. 1. 148. — Aix, 2 juillet 1844, S., 46. 2. 29, D., 45. 2. 61. — Lyon, 1er décembre 1852, D., 53. 2. 99. — Paris, 31 déc. 1855, S., 90. 2. 146 (note). — Aix, 20 mars 1873, S., 75. 2. 103, D., 74. 1. 38. — Nîmes, 20 janv. 1877, sous Cass., 19 nov. 1879, S., 80. 1. 56, D., 80. 1. 84. — Trib. civ. Sens, 20 mai 1847, D., 47. 3. 112. — Trib. civ. Seine, 16 avril 1879, D., 80. 2. 12. — Vavasseur, I, n. 24; Pont, n. 69; Troplong, I, n. 32; Guillouard, n. 68; Houpin, *loc. cit.* — Les cercles ne sont même pas des associations entre les fondateurs et les membres, si les fondateurs en assurent le fonctionnement à leurs risques et périls; les membres du cercle ne sont pas les associés des fondateurs, qui seuls, par conséquent, sont tenus vis-à-vis des tiers. — Paris, 24 janv. 1888, *Ann. dr. comm.*, II, 1888, p. 132. — Pour le cas où le cercle est institué dans un but de spéculation, V. *supra*, n. 123.

(5) Nîmes, 4 juin 1890, D., 91. 2. 163. — Cass. belge, 2 déc. 1875, *Pasicr.*, 76. 1. 37, *Journ. dr. int.*, III, 1876, p. 485. — V. les décisions précitées.

(6) Laurent, XXVI, n. 150; Guillouard, n. 68; Houpin, I, n. 54. — *Contra* Cass., 18 nov. 1865, S., 66. 1. 415, D., 66. 1. 455. — Cass., 24 avril 1876, S., 77. 1. 16.

(7) Trib civ. Les Andelys, 17 juin 1884, D., 85. 3. 38 (association pour rendre les derniers devoirs aux morts). — Guillouard, *loc. cit.*, *id.*; Houpin, I, n. 54, *id.*

Il en est de même des associations philanthropiques, telles que les sociétés de francs-maçons [1].

Les associations religieuses ne sont pas des sociétés. Elles se proposent pour but une bonne œuvre et non la réalisation de bénéfices [2]. En tout cas, elles ne se proposent pas la répartition des bénéfices entre les membres.

SECTION II

VALIDITÉ DES ASSOCIATIONS

564. Les associations sont valables lorsqu'elles ne sont pas contraires à une loi prohibitive ; en d'autres termes, les associés sont tenus de remplir les engagements qu'ils ont pris [3].

Ainsi une association contractée entre obligataires d'une société pour défendre leurs intérêts communs, notamment pour prendre l'inscription d'une hypothèque qui leur est collectivement consentie par la société, est valable [4], car elle n'a rien d'illicite.

On a, pour soutenir le contraire, fait observer qu'il n'y a dans une association de ce genre ni fonds commun, ni bénéfices à partager [5]. Mais tout ce que cela prouve, c'est que l'association entre obligataires n'est pas une société.

De même les sociétés d'agrément sont licites [6].

565. Parmi les exceptions nous citerons la suivante :

La loi du 2 juin 1891, après avoir décidé (art. 1er) « qu'au-

(1) Trib. civ. Dunkerque, 2 mai 1862, Houpin, I, n. 54. — *Sic* Houpin, *loc. cit.*

(2) Guillouard, n. 68 ; Houpin, I, n. 54.

(3) Houpin, I, n. 55. — V. les n. suiv.

(4) Cass. civ., 3 déc. 1889, S., 91. 1. 525, D., 90. 1. 105. — Paris, 5 déc. 1885, *Journ. des soc.*, 1886, p. 638. — Paris, 4 nov. 1887, *Journ. des soc.*, 1890, p. 319. — Trib. civ. Seine, 22 avril 1886, *Journ. des soc.*, 1888, p. 561. — Trib. com. Seine, 15 juin 1887, *Journ. des soc.*, 1888, p. 525, *Ann. de dr. comm.*, 1886-87. 1. 187. — Trib. civ. Bourges, 8 mars 1888, *Rev. des soc.*, 1891, p. 252. — Trib. com. Seine, 25 mars 1888, *Rev. des soc.*, 1888, p. 333, *Journ. des soc.*, 1888, p. 601.

(5) Trib. civ. Lyon, 6 mai 1886, *Rev. des soc.*, 1886, p. 594. — Thaller, Construction du droit des obligataires sur la notion d'une société qui existerait entre eux, *Ann. dr. comm.*, VIII, 1894, p. 67 s.

(6) Trib. civ. Bruxelles, 7 mars 1894, *Pasicr.*, 94. 3. 332. — Laurent, XXVI, n. 191 et 192 ; Guillouard, n. 70.

cun champ de courses ne peut être ouvert sans l'autorisation préalable du ministre de l'agriculture », ajoute : « Sont seules autorisées les courses de chevaux ayant pour but exclusif l'amélioration de la race chevaline et organisées par des sociétés dont les statuts sociaux auront été approuvés par le ministre de l'agriculture après avis du conseil supérieur des haras » (art. 2). Toute société de course créée en dehors de ces conditions serait donc illicite [1].

566. Quand elles sont composées de plus de vingt personnes, les associations ne peuvent se constituer sans autorisation ; sinon, elles sont illicites (C. pén., art. 291 et 292).

SECTION III

CARACTÈRE JURIDIQUE DES ASSOCIATIONS

567. Les associations n'ont pas, en principe, d'existence légale [2]. Elles ne constituent qu'une union de personnes, de sorte que tous les actes faits au nom de l'association sont censés faits au nom de ses membres. A ce point de vue, il en est de même des sociétés civiles, du moins dans l'opinion qui leur refuse la personnalité civile. Mais la loi édicte pour la gestion des sociétés civiles un certain nombre de règles ; ces règles ne doivent être étendues à l'association que si elles sont l'application absolue du droit commun.

Cette différence entre les sociétés et les associations est, du reste, difficile à justifier [3] ; on ne comprend guère que les associations obéissent à d'autres règles que les sociétés, puisque la seule différence entre ces deux sortes de contrats se rapporte aux bénéfices ; toutes les autres solutions que la loi donne relativement au contrat de société, notamment pour la gestion, la situation des associés entre eux et vis-à-vis des tiers, devraient s'appliquer aux associations.

568. Parmi les associations n'ayant pas d'existence légale, nous citerons :

[1] Laya, *Loi du 2 juin 1891*, *Lois nouvelles*, 91. 1. 439.
[2] Guillouard, n. 28.
[3] Guillouard, n. 67 et 99.

Les loges maçonniques (1);

Les sociétés d'agrément (2);

Les cercles (3).

569. Si les associations n'ont pas d'existence légale, à plus forte raison n'ont-elles pas la personnalité civile. Il ne peut y avoir de doute sur ce point (4). Et cela est vrai même des associations fondées dans un but d'intérêt général (5).

Ainsi l'association formée entre obligataires d'une société pour défendre leurs intérêts communs ou réaliser une hypothèque collective n'a pas de personnalité (6).

Il en est de même des sociétés d'agrément (7).

De même encore pour les sociétés de courses (8), sauf peut-être celles qui sont, comme nous le verrons, autorisées conformément à la loi du 2 juin 1891.

570. La société d'assurances mutuelles n'est pas une personne morale (9), quoique les sociétés civiles aient, au moins

(1) Montpellier, 17 avril 1893, D., 94. 2. 329. — Trib. civ. Rodez, 8 fév. 1892, *Droit*, 10 juin 1892.

(2) Trib. civ. Seine, 21 fév. 1889, *Gaz. Trib.*, 8 mars 1889 (société musicale). — Trib. civ. Narbonne, 31 oct. 1893, *Rev. soc.*, 94. 175 (société orphéonique). — Trib. civ. Liège, 15 nov. 1894, *Pasicr.*, 95. 3. 19.

(3) Trib. civ. Argentan, 13 déc. 1886, *Rec. Caen*, 87 . 226. — Trib. corr. Meaux, 10 fév. 1888, *Gaz. Pal.*, 88. 1, *Suppl.*, 79 (cercle catholique d'ouvriers).

(4) Cass. req., 29 oct. 1894, S., 95. 1. 65 (société de spiritisme). — Trib. civ. Liège, 15 nov. 1894, précité. — Trib. corr. Langres, 9 nov. 1887, S., 88. 2. 119 (association de chasseurs). — Guillouard, n. 28 et 70; Aubry et Rau, I, p. 187, § 54; Lyon-Caen, *Notes*, S., 88. 1. 161, et S., 95. 1. 65; Houpin, I, n. 55; Cotelle, *Rapport*, sous Cass. req., 2 janv. 1894, D., 94. 1. 81; Cruppi, *Concl.* sous le même arrêt.

(5) Paris, 12 nov. 1889, S., 90. 2. 243.

(6) Cass., 3 déc. 1889, S., 91. 1. 525, D., 90. 1. 105.

(7) Trib. paix Podensac, 12 juin 1894, *Rev. just. paix*, 95. 47 (société musicale). — Trib. paix Thonon-les-Bains, 16 oct. 1894, *Rev. just. paix*, 95. 48 (société chorale). — Trib. civ. Liège, 15 nov. 1894, précité. — Guillouard, n. 70.

(8) Cass. req., 2 janv. 1894, S., 94. 1. 129, D., 94. 1. 81. — Trib. civ. Lyon, 6 ma 1886, *Rev. soc.*, 86. 594. — Cruppi, *Concl.* sous Cass. req., 2 janv. 1894, précité; Cotelle, *Rapport* sous le même arrêt; Bailly et Thaller, *Ann. dr. comm.*, I, 1886-87, *doct.*, p. 400.

(9) Massé et Vergé, IV, p. 723, § 713, note 3; Bédarride, n. 16; Rousseau, n. 71; Vavasseur, I, n. 24; Lyon-Caen, *Note*, S., 87. 2. 122. — En Belgique, il résulte de la loi du 11 juin 1874, art. 2, d'après lequel ces associations sont représentées en justice par leurs directeurs, et de la discussion qui s'est élevée à propos de ce texte, qu'elles sont des personnes morales. — Trib. civ. Bruxelles, 24 juill. 1877, *Pasicr.*, 78. 3. 153, *Anal. journ. dr. int.*, IX, 1882, p. 641. — V. *infra*, n. 571.

quand elles revêtent la forme commerciale, la qualité de personnes morales, car les assurances mutuelles sont non des sociétés, mais des associations.

Le directeur ne peut donc agir au nom des associés [1]. Toutefois il en est autrement si les associés lui en ont donné le pouvoir, par exemple dans les statuts [2].

Les sociétés de secours mutuels ne sont pas des personnes morales [3], quoiqu'elles aient besoin de l'autorisation administrative pour se constituer. Aussi l'art. 7 de la loi du 15 juil. 1850 leur interdit-il de recevoir des libéralités.

Mais conformément au droit commun, les sociétés de secours mutuels constituent des personnes morales si elles sont des établissements publics; dans ce cas la loi (art. 7 précité) leur permet de recevoir des libéralités.

Les associations syndicales créées en vertu de la loi du 21 juin 1865 ont la personnalité civile [4]. En effet l'art. 3 de cette loi dispose : « Elles peuvent ester en justice par leurs syndics, acquérir, vendre, échanger, transiger, emprunter et hypothéquer ».

Le syndicat professionnel est une personne morale [5], car l'art. 6 de la loi du 21 mars 1884 dispose : « Les syndicats professionnels de patrons ou d'ouvriers auront le droit d'ester en justice. Ils pourront employer les sommes provenant des cotisations. Toutefois, ils ne pourront acquérir d'autres immeubles que ceux qui seront nécessaires à leurs réunions, à leurs bibliothèques, et à des cours d'instruction professionnelle. Ils pourront, sans autorisation, mais en se conformant aux autres dispositions de la loi, constituer entre leurs membres des caisses spéciales de secours mutuels et de retraites ».

(1) Trib. corr. Pithiviers, sous Orléans, 7 mars 1882, S., 84. 2. 31.

(2) Orléans, 7 mars 1882, S., 84. 2. 31.

(3) Trib. civ. Seine, 11 avril 1892, *Droit*, 30 avril 1892. — Trib. civ. Toulouse, 7 déc. 1893, *Gaz. Trib.*, 23 fév. 1894. — Trib. paix Lille, 23 juill. 1890, *Gaz. Pal.*, 90. 2. 383.

(4) Aubry et Rau, I, p. 188, § 54, note 19 ; Guillouard, n. 29 ; Lyon-Caen, *Note*, S., 88. 1. 161.

(5) Caen, 20 mai 1892, S., 94. 2. 139, D., 93. 2. 245. — Veyan, *Loi sur les synd. prof.*, p. 170 s. ; Reinaud, *Les synd. prof.*, p. 160, n. 77 ; Boullay, *Code des synd. prof.*, n. 112 s. ; Jay, *La personn. civ. des synd. prof.* ; Guillouard, n. 29 ; Lyon-Caen, *Note*, S., 88. 1. 161.

571. Les associations n'acquièrent pas la personnalité même lorsqu'elles revêtent la forme d'une société commerciale ([1]). Cette forme, en effet, n'a été organisée par la loi que pour les sociétés et, adoptée par les associations, elle ne peut leur être d'aucune utilité. Il est, du reste, inadmissible qu'une association puisse, en adoptant la forme commerciale, acquérir la personnalité que la loi lui a refusée à raison de sa nature et par crainte de dangers divers.

Cette solution était généralement admise avant que la loi du 1er avril 1893 eût rendu commerciales les sociétés civiles qui répondent à ces conditions ([2]).

Elle nous paraît tout aussi certaine aujourd'hui. Si l'on appliquait aux associations la loi de 1893, il faudrait reconnaître qu'elles deviennent de véritables sociétés commerciales ; ce serait une solution des plus étranges, puisque les associations ne sont même pas des sociétés et n'ont pas pour but la recherche d'un bénéfice. Il faudrait également donner aux associations constituées dans la forme commerciale tous les droits d'une société commerciale, leur permettre d'acquérir ou d'aliéner sans autorisation du gouvernement, etc. Ce serait pour ces associations un moyen trop commode d'échapper aux dispositions législatives qui, dans un intérêt général, restreignent leur capacité ; ce serait également pour les associations un moyen de méconnaitre la défense qui leur est faite de se constituer sans autorisation. Il faut ajouter que la loi de 1893 a un caractère exceptionnel qui contraint de la restreindre aux sociétés civiles, seules visées par elle.

572. Certains législations étrangères admettent la personnalité civile des associations qui accomplissent les formalités de constitution et de publicité des sociétés commerciales ([3]).

([1]) Cass. req., 29 oct. 1894, S., 95. 1. 65, D., 96. 1. 145. — Caen, 28 mars 1887, S., 88. 2. 231 (école de dressage). — Lyon-Caen, *Notes*, S., 88. 1. 161, et S., 95. 1. 65 ; Thaller, *Note*, D., 96. 1. 145 ; Guillouard, n. 28.

([2]) Il a été décidé que l'association entre copropriétaires pour réparer leurs immeubles est commerciale. — Cass. req., 23 oct. 1889, S., 92. 1. 63, D., 89. 1. 479. — Mais cela est inexact. Thaller, *Ann. dr. comm.*, 1890, *Doct.*, p. 199.

([3]) *Angleterre* : L. sur les sociétés de 1862, art. 21 et de 1867, art. 23 (cep. restriction de la faculté d'acquérir des immeubles; de plus, le ministre du commerce fixe les conditions auxquelles la responsabilité des associés peut être limitée). — *Suisse* : Les sociétés ayant un but scientifique, artistique, religieux, de bienfai-

On a demandé que le même système fût introduit en France ([1]). Il aurait sans doute certains avantages. Mais un grand inconvénient serait d'ouvrir la porte aux fraudes et de permettre aux associations de tourner les dispositions et les principes qui, dans un intérêt d'ordre public, empêchent leur formation ou restreignent leurs droits.

573. Le décret qui reconnaît une association comme étant d'utilité publique lui confère la personnalité morale ([2]). En effet, il est de principe que les lois et décrets peuvent créer des personnes morales, et, donner un caractère d'utilité publique à une association, c'est reconnaître que cette association a une existence spéciale, indépendante de la personne des associés.

574. La jurisprudence attribue également une sorte de personnalité civile, leur permettant d'ester en justice, aux associations qui sont fondées avec la permission de l'autorité dans un but d'intérêt général et public distinct de l'intérêt des particuliers qui les composent ([3]).

En réalité ce dernier caractère est celui de toutes les associations, car, n'ayant, en vertu de leur essence même, aucun but lucratif, elles ont nécessairement pour objet l'intérêt général.

Cette solution a été appliquée aux sociétés hippiques, qui,

sance ou de récréation, ou tout autre but intellectuel ou moral peuvent, en se faisant inscrire sur le registre du commerce, acquérir la personnalité civile (C. féd., 716 s.).

([1]) Guillouard, n. 28; Lyon-Caen, *Notes*, S., 88. 1. 161 et S., 95. 1. 65; Dareste, *Rev. des Deux-Mondes*, 15 oct. 1891.

([2]) Guillouard, n. 29.

([3]) Cass., 30 août 1859, S., 60. 1. 359, D., 59. 1. 365 (association pour la fertilisation). — Cass., 6 juillet 1864, S., 64. 1. 327, D., 64. 1. 424 (*id.*). — Cass. civ., 25 mai 1887, S., 88. 1. 161, D., 87. 1. 289. — Cass. req., 2 janv. 1894, S., 94. 1. 129, D., 94. 1. 81. — Dijon, 11 juil. 1889, *Pand. franç.*, 90. 2. 263 (sociétés pour l'amélioration de la race chevaline). — Dijon, 30 oct. 1889, S., 90. 2. 16. — Paris, 12 nov. 1889 (motifs), S., 90. 2. 243. — Rennes, 18 juil. 1892, S., 93. 2. 45. — Trib. com. Seine, 2 août 1888, *Gaz. Pal.*, 88. 2. 466 (société d'organisation pour la participation à une exposition étrangère). — Trib. civ. Langres, 5 déc. 1888, S., 89. 2. 175 (ce jugement paraît leur attribuer une personnalité complète, mais ne s'occupe que de la représentation en justice). — Trib. civ. Bourg, 28 juin 1889, *Mon. jud. Lyon*, 7 janv. 1890 (société de prévoyance de médecins). — Cotelle, *Rapport* sous Cass., 2 janv. 1894, précité; Cruppi, *Concl.*, sous Cass., 2 janv. 1894, précité.

par conséquent, pourraient ester en justice [1] : on sait qu'une loi du 2 juin 1891 (art. 2) autorise le fonctionnement des sociétés hippiques dont les statuts ont été approuvés par le ministre de l'agriculture.

Le même principe a été appliqué aux sociétés de secours mutuels, aux sociétés d'arrosage [2], aux sociétés de tir et de gymnastique [3].

En somme, cette théorie revient à reconnaître la personnalité de toutes les associations régulièrement constituées et comprenant plus de vingt membres, car les associations de plus de vingt membres ne sont licites que si elles sont constituées avec autorisation.

Cela nous paraît inexact [4]. Nous avons dit pour quelles raisons une association est dépourvue de personnalité civile ; l'autorisation nécessaire à la constitution, par cela même qu'elle est indispensable, ne saurait rien changer à ces raisons. Du reste, le système de la jurisprudence présente cette grande injustice qu'elle distingue entre les associations qui ne peuvent se former sans autorisation et celles qui, n'ayant pas plus de vingt membres, se constituent sans autorisation. Car il va sans dire que l'autorisation sera toujours refusée, comme inutile, à ces dernières, qui se trouveront ainsi dans l'impossibilité d'acquérir une personnalité civile.

Il est permis de trouver très insuffisants les arguments qu'invoque la jurisprudence ; ces associations, dit-elle, « tiennent, tant de la nature de leur objet que de l'adhésion de l'autorité publique à leur institution, une individualité véritable ». C'est une pétition de principe. On invoque encore la loi du

(1) Cass., 30 août 1859, 25 mai 1887 et 2 janv. 1894, précités. — Nîmes, 18 juill. 1892, précité. — Cruppi, *loc. cit.*; Cotelle, *loc. cit.*; Laya, *L. du 2 juin 1891, Lois nouvelles,* 1891, p. 435.

(2) Cass., 30 août 1859 et 6 juill. 1864, précité.

(3) Dijon, 30 oct. 1889, S., 90. 1. 16 (ce que cet arrêt a de singulier c'est que, pour attribuer une « véritable individualité » à la société, lui permettant d'ester en justice, il se fonde sur ce que le concours de l'autorité publique lui a été donné soit par l'arrêté préfectoral qui a approuvé ses statuts, *soit par les remises d'armes que lui a faites l'autorité militaire en vertu de décisions ministérielles). —* Trib. civ. Langres, 5 déc. 1888, précité.

(4) Lyon-Caen, *Notes,* S., 88. 1. 161 et S., 94. 1. 129; Lyon-Caen et Renault, *Traité,* II, n. 136; Guillouard, n. 29 *bis.*

15 juillet 1850, qui donne aux sociétés de secours mutuels, reconnues par l'administration, le droit d'ester en justice; mais c'est là un texte spécial qui ne peut être étendu.

575. Dans tous les cas, la jurisprudence n'admet pas que l'autorisation administrative donne aux associations d'intérêt général une complète personnalité civile [1]. Ainsi elles ne peuvent recevoir des dons et legs [2]. Et cela seul suffit à condamner la solution de la jurisprudence, car la loi nulle part n'admet deux sortes de personnalités morales, l'une complète et l'autre incomplète.

SECTION IV

DROITS ET OBLIGATIONS DES ASSOCIÉS. FIN DE L'ASSOCIATION.

576. Il ne sera ici question que des associations qui n'ont pas de personnalité morale, l'étude des autres associations rentrant dans le domaine du droit administratif.

577. Les associations qui ne sont pas des personnes morales ne peuvent ester en justice comme telles et par l'intermédiaire de leur président ou de leur administrateur [3]. C'est la principale application de la règle « nul ne plaide par procureur ».

Le président d'une association de fait ne peut donc agir ni être actionné pour le compte de l'association [4].

(1) Cass. req., 2 janv. 1894, S., 94. 1. 129, D., 94. 1. 81. — Nîmes, 18 juill. 1892, S., 93. 1. 45. — Cruppi, *Concl.* sous Cass., 2 janv. 1894, précité, D., 94. 1. 81; Cotelle, *Rapport* sous le même arrêt, D., 94. 1. 81; Lyon-Caen, *Notes*, S., 88. 1. 161 et S., 94. 1. 129. — *Contra* Paris, 12 nov. 1889, précité (motifs).

(2) Cass. req., 2 janv. 1894, précité. — Nîmes, 18 juill. 1892, précité — Cruppi, *loc. cit.*; Cotelle, *loc. cit.*

(3) Cass. req., 19 nov. 1879, S., 80. 1. 56, D., 80. 1. 84. — Paris, 12 nov. 1889, S., 90. 2. 243. — Paris, 10 nov. 1894 (impl.), S., 95. 2. 135. — Trib. civ. Bordeaux, 27 janv. 1890, *Loi*, 5 sept. 1890 (congrégation non autorisée). — Cotelle, *loc. cit.*; Houpin, I, n. 55, et les autorités précitées.

(4) Cass., 24 nov. 1875, S., 76. 1. 166 (comp. de sapeurs pompiers). — Cass., 30 janv. 1878, S., 78. 1. 265 (comices agricoles). — Cass. civ., 7 déc. 1880, S., 81. 1. 244, D., 81. 1. 148 (sociétés musicales). — Cass. req., 30 janv. 1883 (motifs), S., 83. 1. 252 (concours musical). — Nancy, 20 janv. 1877, sous Cass., 19 nov. 1879, S., 80. 1. 56, D., 80. 1. 84. — Paris, 12 nov. 1889, S., 90. 2. 243. — Nîmes, 4 juin 1890, D., 91. 1. 163. — Lyon, 26 mars 1891, S., 92. 2. 289. — Trib. civ. Lille, 17 juin 1883, S., 85. 2. 206 (société de libre pensée). — Trib. civ. Langres, 9 déc. 1887, D., 88. 3. 136. — Trib. civ. Seine, 29 janv. 1889, *Loi*, 12 fév. 1889 (comité

Les sociétés de secours mutuels notamment, quand elles ne sont pas des personnes morales, ne peuvent être assignées en la personne du président et ce dernier ne peut assigner sans mandat de tous les associés ([1]).

Mais une action en justice peut être intentée au nom des associés pour l'administration de la société si la majorité des associés y consent ([2]).

578. Les associations ne peuvent ni avoir un patrimoine, ni contracter en leur nom personnel.

On a décidé cependant, mais à tort, que lorsqu'un contrat est passé avec une association de fait, ce contrat ne peut être résolu que si l'association ne se forme pas dans un délai que fixeront les tribunaux ([3]).

579. Les solutions des dispositions législatives relatives aux obligations des associés vis-à-vis des tiers sont l'expression du droit commun, car elles sont fondées sur l'intention des parties; elles sont donc applicables aux associations ([4]).

580. Il est certain que les membres d'une association ne peuvent revendiquer au nom de l'association des biens acquis pour elle ([5]).

Mais les membres de l'association peuvent, au contraire, revendiquer en leur propre nom les biens acquis ([6]). En vain

d'organisation d'un concours). — Trib. civ. Seine, 21 fév. 1889, *Gaz. Trib.*, 8 mars 1889 (société musicale). — Trib. civ. Bordeaux, 27 mai 1889, *Rec. Bordeaux*, 89. 2. 90 (société musicale). — Trib. civ. Seine, 11 avril 1892, *Droit*, 30 avril 1892. — Trib. civ. Lyon, 10 juin 1892, *Mon. jud. Lyon*, 22 juill. 1892. — Trib. civ. Liège, 15 nov. 1894, *Pasicr.*, 95. 3. 19. — Trib. paix Villeneuve-Larchevêque, 4 fév. 1887, *Mon. des juges de paix*, 87. 166 (société musicale). — Trib. paix Valenciennes, 9 août 1887, *Mon. juges de paix*, 87. 512 (société nautique). — Décidé cependant que le président d'un concours musical peut réclamer à une ville la subvention promise s'il a stipulé en son nom personnel. — Cass. req., 30 janv. 1883, précité.

([1]) Trib. civ. Mont-de-Marsan, 30 juin 1887, *Droit*, 13 oct. 1888. — Trib. civ. Lille, 12 avril 1888, *Loi*, 31 mai 1888. — Trib. civ. Seine, 11 avril 1892, précité. — Trib. civ. Toulouse, 7 déc. 1893, *Gaz. Trib.*, 23 fév. 1894.

([2]) Trib. civ. Liège, 15 nov. 1894, précité.

([3]) Lyon, 26 mars 1891, S., 92. 2. 289.

([4]) Dijon, 20 mars 1889, *Gaz. Pal.*, 89. 2. 735. — Mouchet, *Rev. bourguign. de l'enseign. sup.*, 1891, p. 244.

([5]) Montpellier, 17 avril 1893, D., 94. 2. 329.

([6]) Cass. req., 4 mai 1859, S., 59. 1. 377. D., 59. 1. 314. — Paris, 8 mars 1858, S., 58. 2. 145, D., 58. 2. 49. — Van den Heuvel, *De la situat. lég. des assoc. sans*

dirait-on qu'ils n'ont pas entendu acquérir pour leur propre compte, car ils ont voulu acquérir pour l'association, c'est-à-dire pour un être qui, s'il existait aux yeux de la loi, n'aurait qu'une existence fictive et dissimulerait les associés eux-mêmes; c'est donc pour leur propre compte que les associés ont voulu acquérir.

En fût-il autrement, que notre solution serait encore exacte, car lorsqu'une personne stipule pour le compte d'un tiers et que ce tiers ne peut ou ne veut se prévaloir du droit que le stipulant entend lui conférer, c'est à ce dernier que la stipulation profite.

L'opinion contraire a ce grave inconvénient que si, en fait, l'association possède, personne des associés n'aura qualité pour lui enlever la possession, ce qui consacre une illégalité, ce qui rend, en outre, la personnalité civile inutile, et ce qui enfin donne aux associations qui n'ont pas de personnalité une supériorité sur les associations pourvues de la personnalité, cette dernière entraînant des restrictions à la capacité; elle a cet autre inconvénient que, comme nous l'allons voir, toute personne peut dépouiller l'association sans avoir rien à craindre. Enfin elle laisse l'immeuble sans propriétaire.

581. Les membres d'une congrégation religieuse non autorisée peuvent également demander la consécration des droits leur appartenant comme propriétaires d'une chose achetée pour le compte de la société. Ainsi ils peuvent demander au propriétaire voisin, conformément à l'art. 558 C. civ., l'exhaussement d'un mur mitoyen (1).

A plus forte raison l'acquisition faite par les membres d'une association est valable s'ils ont entendu acquérir pour leur propre compte (2).

but lucratif, 2e éd., 1884; de Varcilles-Sommières, *Du contr. d'assoc.*, p. 4 s.; Beudant, *Note*, D., 94. 2. 329; Houpin, *loc. cit.* — *Contra* Cass, req., 5 juil. 1842, S., 42. 1. 590, D. *Rép.*, v° *Disp. entre vifs*, n. 325. — Cass. req., 1er juin 1869, S., 70. 1. 57, D., 69. 1. 313. — Cass. civ., 30 mai 1870, S., 70. 1. 342, D., 70. 1. 277. — Montpellier, 17 avril 1893, D., 94. 2. 329. — Trib. civ. Rodez, 8 fév. 1892, *Droit*, 10 juin 1892.

(1) Paris, 21 fév. 1879, S., 80. 2. 177. — Barboux, *Discours et plaidoyers*, I, 1889, p. 163 s.

(2) Gand, 17 juin 1893, *Pasicr.*, 94. 2. 78.

582. Dans l'opinion d'après laquelle des associés n'acquièrent pas plus pour leur propre compte que pour le compte de la société, les biens acquis, s'ils se trouvent en la possession d'un tiers, appartiennent-ils à ce dernier? On l'a dit (1), par le motif que la possession fait présumer la propriété. L'argument est insuffisant, car la possession ne fait présumer la propriété que jusqu'à preuve contraire, et cette preuve est ici facile, le tiers n'ayant rien acquis.

Un autre argument est plus sérieux : c'est que personne n'a qualité pour déposséder le tiers.

583. Rien n'empêche encore que les associés ne nomment des gérants, des mandataires ou un conseil d'administration, par les actes desquels ils seront personnellement obligés (2).

584. Les membres d'une association sont tenus, proportionnellement à leurs mises, des dettes contractées au nom de l'association et avec leur mandat (3).

Ils n'en sont pas tenus si la dette a été contractée par le chef de l'association, même au nom de cette dernière et sans leur participation (4).

Ils ne sont jamais tenus des dettes solidairement (5).

Mais ils peuvent être poursuivis pour les dettes tout entières, et non pas seulement jusqu'à concurrence de leurs apports ou cotisations (6), à moins de convention contraire, expresse ou tacite (7).

585. Les membres de la congrégation non autorisée sont responsables des engagements pris au nom de la congrégation (8) ou des délits qu'elle a commis (9). D'une part, la con-

(1) Montpellier, 17 avril 1893, D., 94. 2. 329 (motifs).

(2) Trib. civ. Bruxelles, *Pasicr.*, 94. 3. 125.

(3) Paris, 19 avril 1893, *Loi*, 12 mai 1893. — Trib. civ. Blois, 18 juil. 1890, *Loi*, 31 août 1890. — Trib. civ. Seine, 30 oct. 1893, *Journ. des assur.*, 94. 11. — Trib. civ. Seine, 5 déc. 1893, *Gaz. Pal.*, 94. 1. 151 (comité de souscription).

(4) *Contra* Nîmes, 4 juin 1890, D., 91. 2. 163. — Trib. civ. Tours, 23 juin 1891, *Gaz. Pal.*, 91. 2. 241.

(5) *Contra* Trib. civ. Tours, 23 juin 1891, précité.

(6) Trib. civ. Blois, 18 juil. 1890, précité.

(7) Paris, 19 avril 1893, *Loi*, 12 mai 1893 (assurances mutuelles).

(8) Cass., 30 déc. 1857 (motifs), S., 58. 1. 225.

(9) Cass., 30 déc. 1857, précité. — Oscar de Vallée, *Conclusions et réquisitoires*, 1883, p. 70 s.

grégation n'existant pas juridiquement, ce sont, en réalité, ses membres qui ont contracté; d'autre part, il est inadmissible que les associés puissent trouver dans la faute qu'ils ont commise, en se constituant illégalement, un argument pour se soustraire à leurs engagements.

586. Réciproquement, lorsqu'un délit commis contre l'association qui n'est pas une personne morale atteint en réalité les sociétaires, chacun d'eux peut agir pour son compte en répression de ce délit (1).

587. Les engagements pris par les associés vis-à-vis de l'association sont valables, si cette association n'est pas illicite, car ils sont réputés avoir été pris envers les autres associés.

Ainsi les membres d'une société d'assurances mutuelles sont tenus de payer les termes des cotisations qu'ils ont promises, même si la société se dissout avant que l'assurance contractée par ce membre ait pris fin (2).

588. De même, les membres de toute autre association licite sont tenus de satisfaire à leurs engagements, par exemple de payer les amendes qu'ils ont encourues pour contraventions aux statuts (3).

589. Les principes qui précèdent ont été appliqués notamment aux sociétés d'agrément.

Dans les rapports avec les tiers, la société d'agrément ne peut contracter (4).

Elle ne peut devenir propriétaire (5).

L'associé qui a contracté avec le tiers peut seul agir ou être actionné (6). Cependant si un associé à agi avec mandat de ses coassociés, ceux-ci peuvent être actionnés également par les tiers (7). Est-il nécessaire pour cela que les tiers aient

(1) Trib. com. Meaux, 10 fév. 1888, *Gaz. Pal.*, 88. 1. *Suppl.* 79 (diffamation d'un cercle catholique d'ouvriers).

(2) Cass., 18 nov. 1885, S., 86. 1. 111. — Cass. civ., 2 août 1893, S., 94. 1. 278.

(3) *Contra* Cass. belge, 2 déc. 1875, *Pasicr.*, 76. 1. 37, *Journ. dr. int.*, III, 1876, p. 485.

(4) Guillouard, n. 70.

(5) Guillouard, n. 70.

(6) Laurent, XXVI, n. 189 ; Guillouard, n. 70 et 71.

(7) Cass., 29 juin 1847, S., 48. 1. 212, D., 47. 1. 342. — Aix, 2 juillet 1844, S.,

connu la qualité de mandataire de celui qui a contracté avec eux? On l'a prétendu [1], mais à tort; car le mandant peut être actionné, même par un tiers qui n'a pas connu la qualité du mandataire.

Quant à l'associé qui a agi avec mandat de ses coassociés, il ne peut être actionné que pour sa part [2], mais à condition qu'il ait indiqué aux tiers en quelle qualité il agissait [3].

De même les associés peuvent agir contre le tiers qui a contracté avec l'un d'eux si ce dernier était leur mandataire [4].

Dans les limites où les associés sont tenus, ils le sont indéfiniment et non pas seulement jusqu'à concurrence de leurs cotisations [5].

Les associés agiront contre les tiers pour leur part [6], ou, si l'obligation est individuelle, pour le tout [7]. Le président de la société n'a pas qualité pour agir en justice [8].

590. Les membres fondateurs d'un cercle sont personnellement tenus des engagements contractés au nom du cercle [9].

Il en est autrement des abonnés [10].

591. Dans leurs rapports réciproques les membres d'une société d'agrément sont liés par leurs conventions [11].

Ainsi chaque associé doit compte à ses coassociés des biens et des créances qu'il a acquis pour leur compte commun [12].

De même les associés doivent s'indemniser mutuellement des dettes payées pour le compte de la société [13].

46. 2. 29, D., 45. 2. 61. — Lyon, 1er déc. 1852, D., 53. 2. 99. — Guillouard, n. 70 et 71.

(1) Guillouard, n. 71.
(2) Trib. civ. Bruxelles, 7 mars 1894, *Pascr.*, 94. 3. 332.
(3) Trib. civ. Bruxelles, 7 mars 1894, précité.
(4) Guillouard, n. 71.
(5) Lyon, 1er déc. 1852, précité.
(6) Guillouard, n. 71.
(7) Guillouard, n. 71.
(8) Trib. civ. Narbonne, 31 oct. 1893, précité.
(9) Trib. civ. Troyes, 7 déc. 1892, *Gaz. Pal.*, 93. 1. *Suppl.*, 46.
(10) Trib. civ. Troyes, 7 déc. 1892, précité.
(11) Laurent, XXVI, n. 192; Guillouard, n. 70.
(12) Guillouard, n. 70.
(13) Guillouard, n. 70.

592. Au point de vue de la compétence, on suit les règles générales.

Comme la société d'agrément n'est pas une personne morale, ni même une société, il n'y a pas lieu d'appliquer l'art. 59 C. pr. et le défendeur doit être assigné devant le tribunal de son domicile [1].

593. Les associations qui n'ont pas de personnalité morale ne peuvent recevoir de libéralités [2].

594. Les associations se dissolvent ou non par la mort d'un associé, suivant que la personne des associés est entrée ou non en considération.

On admet même que les assurances mutuelles ne se dissolvent pas par la mort de l'un des associés, quoique les personnes n'y soient pas indifférentes; on se fonde sur ce que la prospérité de l'association exige que le paiement des cotisations soit assuré [3].

[1] Laurent, XXVI, n. 190; Guillouard, n. 71.

[2] Cass. req., 29 oct. 1894, S., 95. 1. 65 (société de spiritisme). — Lyon-Caen, *Note*, S., 95. 1. 65.

[3] Cass., 12 janv. 1842, S., 42. 1. 14. — Larombière, *Th. et prat. des oblig.*, art. 1122, n. 31.

DU PRÊT

CHAPITRE PREMIER

CARACTÈRES GÉNÉRAUX DU PRÊT

595. Le prêt est un contrat par lequel l'une des parties (le prêteur) livre une chose à l'autre (l'emprunteur), qui acquiert le droit de s'en servir, à charge de la restituer après un temps déterminé ou indéterminé, en nature ou par équivalent.

Il résulte de cette définition que le prêt est un contrat réel, c'est-à-dire un contrat qui ne devient parfait que par la *prestation* de la chose [1], ce qu'indique d'ailleurs le nom même du contrat, dérivé du mot latin *præstare*. On pourrait penser que c'est par la force même des choses que le prêt a ce caractère ; en effet, dirait-on, l'obligation qu'il engendre est une obligation de *restituer;* or, on ne peut être tenu de restituer qu'autant qu'on a reçu.

596. Cependant le caractère réel du prêt à usage n'a plus aucune raison d'être aujourd'hui, puisque la promesse de prêter est devenue obligatoire. Il serait conforme aux principes généraux de considérer le prêt à usage ou de consommation comme un contrat consensuel prenant son point de départ au moment où la promesse de prêter est faite. La solution contraire du code est due à une reproduction inintelligente de Pothier. Pothier [2], dont certains auteurs modernes ont adopté l'argument [3], se fondait sur ce que « l'obligation de rendre la

(1) Cass. req., 15 mars 1886, S., 86, 1, 296, D., 87. 1. 28. — Troplong. *Tr. du prêt*, n. 182 s. ; Aubry et Rau, IV, p. 598, § 394 ; Colmet de Santerre, VIII, n. 96 *bis ;* Guillouard, *Tr. du prêt*, n. 8.

(2) N. 6.

(3) Guillouard, n. 8 et 9.

chose ne peut naître avant que la chose ait été reçue ». Cela est évident ; mais encore faudrait-il démontrer que l'obligation de rendre doit avoir pris naissance pour que le contrat se forme. Au surplus, n'est-il pas également certain que l'obligation de rendre une chose louée ne peut prendre naissance avant que la chose ne soit livrée ? Et cependant le contrat de louage est un contrat consensuel.

Aussi certains codes étrangers, beaucoup mieux avisés, ont-ils considéré comme prêt le contrat par lequel le prêteur « s'oblige » à livrer (¹).

Nous reviendrons sur ce point à propos des deux espèces de prêts.

597. En tous cas, s'il ne peut y avoir prêt tant que la tradition de la chose qui est l'objet du contrat n'a pas été effectuée, il peut y avoir avant cette tradition une promesse obligatoire de prêt. Ainsi je m'engage envers une personne, qui m'en a fait la demande, à lui prêter une somme dans un délai déterminé. Cette promesse m'oblige ; et si je refuse de l'exécuter volontairement, l'exécution forcée pourra en être obtenue contre moi par les voies de droit. Mais il n'y aura prêt que lorsqu'en exécution de la promesse les fonds auront été versés, et c'est seulement à dater de ce moment que l'emprunteur sera obligé.

598. La tradition est d'ailleurs faite, et les risques, tels que la loi les détermine, sont pour le compte de l'emprunteur, dès que l'objet est remis à un tiers pour son compte (²).

599. Il résulte également de notre définition que le prêt est un contrat unilatéral. Il n'engendre en effet d'obligation que d'un seul côté, du côté de l'emprunteur qui s'oblige à restituer. Quant au prêteur, il ne contracte aucune obligation ; il se borne à accomplir un fait. Avant que la prestation soit effectuée, il n'y a pas encore prêt ; au moment où elle s'effectue, le contrat se forme, et nous voyons ainsi que l'emprunteur se trouve immédiatement obligé envers le prêteur, mais que celui-ci n'est nullement obligé envers le premier.

(¹) Suisse, C. féd., art. 321 et 329.
(²) Cass. req., 15 mars 1886, précité (remise au notaire rédacteur de l'acte).

Nous reprendrons cette idée à propos de chaque espèce de prêt.

600. Nous avons dit que l'emprunteur acquiert le droit de se servir de la chose, d'en user : c'est précisément le but qu'il se propose en empruntant. Mais il y a plusieurs manières d'user des choses. Tel usage n'altèrera pas la substance de la chose ; tel autre la détruira.

Quel usage l'emprunteur a-t-il le droit de faire de la chose ? Tout dépend de l'intention des parties.

S'il a été entendu que l'emprunteur n'aura le droit de se servir de la chose que pour un usage déterminé qui n'en altère pas la substance, et qu'il devra ensuite la restituer dans son identique individualité, on est dans l'hypothèse du *prêt à usage* ou *commodat*. Le prêteur reste propriétaire, et l'emprunteur devient débiteur d'un corps certain.

Si, au contraire, il a été convenu que l'emprunteur pourra faire de la chose un usage définitif, un usage qui ne sera plus susceptible de se renouveler, alors il en devient propriétaire, car il faut être propriétaire d'une chose pour pouvoir en disposer ou la consommer, et il devra restituer, non pas la chose même qu'il a reçue, mais une chose ou des choses semblables. C'est l'hypothèse du *prêt de consommation,* qui transfère la propriété à l'emprunteur et le rend débiteur d'une quantité.

Ainsi il existe deux variétés de prêt ; le prêt à usage ou commodat, qui oblige l'emprunteur à restituer la chose même qu'il a reçue, après en avoir retiré l'usage convenu, et le prêt de consommation, ou de consomption, comme dit Pothier, qui rend l'emprunteur propriétaire, sous l'obligation de restituer des choses semblables à celles qu'il a reçues.

601. Nous avons dit également que c'est la volonté des parties qui détermine la nature du prêt. Comment connaîtra-t-on cette volonté ? Si les parties l'ont exprimée, il n'y aura pas de difficulté. Dans le cas contraire, les circonstances de la cause serviront à la découvrir. Parmi ces diverses circonstances, l'une des plus importantes à considérer est la nature de la chose qui fait l'objet du prêt. Presque toujours, dans l'intention des parties, le prêt qui porte sur une chose non consomptible, par exemple une montre, un cheval, de l'argenterie, sera un prêt à usage; presque toujours au contraire celui qui a pour objet des choses consomptibles, comme de l'argent, des denrées, sera un prêt de consommation. C'est en se plaçant à ce point de vue que l'art. 1874 dispose : « *Il » y a deux sortes de prêt : — Celui des choses dont on peut » user sans les détruire, — Et celui des choses qui se consom- » ment par l'usage qu'on en fait. — La première espèce s'ap- » pelle* prêt à usage *ou commodat; — La deuxième s'appelle* » prêt de consommation, *ou simplement* prêt. »

Ce texte revient à dire : Le prêt à usage est celui qui a pour objet des choses non consomptibles; le prêt de consommation, celui qui a pour objet des choses consomptibles; l'art. 1894 porte de même : « *On ne peut pas donner à titre » de prêt de consommation des choses qui, quoique de même » espèce, diffèrent dans l'individu, comme les animaux; » alors c'est un prêt à usage* », et c'est également la distinction expressément faite dans les travaux préparatoires [1] et qu'on retrouve chez la plupart des auteurs anciens [2].

Mais cette formule n'est pas d'une exactitude rigoureuse. En effet il peut arriver exceptionnellement, parce que telle est la volonté des parties, qu'un prêt ayant pour objet des choses consomptibles soit un commodat, et en sens inverse qu'un prêt ayant pour objet des choses non consomptibles soit un prêt de consommation. C'est ce que nous allons démontrer, et nous prouverons du même coup qu'à la formule de la loi il aurait fallu substituer celle-ci : « Le prêt à usage est celui qui a pour objet des choses non fongibles; le prêt de consommation celui qui a pour objet des choses fongibles ». Le législateur a confondu les choses consomptibles avec les choses fongibles [3].

Nous disons d'abord qu'un prêt ayant pour objet des choses consomptibles peut exceptionnellement être un commo-

[1] Rapport de Boutteville au tribunat, Fenet, XIV, p. 457.

[2] Argou, 9e éd., 1762, II, liv. III, ch. XXX, p. 309.

[3] Pont, *Tr. des petits contrats*, I, n. 7, 11 et 39. — On a essayé (Troplong, n. 9; Laurent, XXVI, n. 451; Guillouard, n. 3) de justifier la loi en disant qu'elle n'avait à se préoccuper que du cas le plus pratique.

dat [1]. Pothier [2], cite comme exemple le cas où un comptable de deniers publics, qui a un déficit dans sa caisse, emprunte à un ami, au moment où un inspecteur va passer, la somme nécessaire pour combler le déficit, à la charge de restituer les mêmes espèces identiquement, aussitôt la vérification faite.

On peut encore citer le prêt *ad pompam et ostentationem*, par exemple celui de pièces de monnaie fait à un changeur qui doit les exposer à sa vitrine [3], ou de denrées prêtées à un négociant dans le même but [4] (c'était déjà la solution du droit romain) [5], de titres au porteur destinés à être donnés en nantissement et qui doivent être restitués en nature [6].

Nous avons ajouté que le prêt qui porte sur des choses non consomptibles peut exceptionnellement être un prêt de consommation. Ainsi un libraire, auquel on demande un livre qu'il n'a pas dans son magasin, en emprunte un exemplaire à son confrère pour ne pas manquer la vente. C'est un prêt de consommation ; car l'intention commune des parties a été que le libraire emprunteur restituât, non pas l'exemplaire même qui lui a été livré, mais un exemplaire semblable [7].

On voit en résumé que le prêt de consommation est celui qui a pour objet des choses fongibles, c'est-à-dire des choses que les parties considèrent au point de vue de leur espèce plutôt qu'à celui de leur individu, *quarum una alterius vice fungitur;* l'emprunteur deviendra propriétaire de la chose reçue et en restituera une semblable. Au contraire, le prêt à usage est celui qui a pour objet des choses *non fongibles;* le prêteur demeurera propriétaire de la chose prêtée, et l'em-

[1] Duranton, XVII, n. 503 ; Troplong, n. 35 ; Pont, *Tr. des petits contrats*, I, n. 39; Aubry et Rau, IV, p. 594, § 391, note 4 ; Colmet de Santerre, VIII, n. 98 *bis;* Guillouard, n. 15, 79 et 80 ; Rivier, *loc. cit. infra* (n. 606). — D'après certains de ces auteurs, il ne peut en être ainsi que si le prêt est fait *ad pompam et ostentationem* ; Guillouard, n. 15 (mais cet auteur revient à une opinion plus saine au n. 80). C'est certainement une erreur.

[2] *Du prêt à usage*, n. 17.

[3] Guillouard, n. 3.

[4] Guillouard, n. 3.

[5] L. 3, § 6, l. 4, D., *Comm. vel contra*, 13. 6.

[6] Cass. crim., 31 janv. 1895, S., 95. 1. 160.

[7] Guillouard, n. 3 et 66.

prunteur devra la restituer dans son identique individualité, après en avoir retiré l'usage convenu. Cette formule est plus exacte que celle de l'art. 1874, qui, se plaçant à un point de vue empirique, s'attache, pour distinguer les deux variétés de prêt, à cette circonstance que la chose qui en fait l'objet est ou non *consomptible;* c'est *fongible* qu'il aurait fallu dire (1), c'est cette expression qu'emploient les codes étrangers (2).

Tout ce qui est exact dans la définition de l'art. 1874, c'est qu'à moins d'intention contraire, exprimée ou résultant des circonstances, le prêt de choses consomptibles doit être réputé être un prêt de consommation; et le prêt de choses non consomptibles un prêt à usage (3).

A cet égard, il faut considérer comme fongibles :

1° Les choses qui se consomment *naturellement* par le premier usage qui en est fait, comme les graines, le vin, l'huile, le bois à brûler, etc. (4).

2° Les choses qui se consomment *civilement* par l'usage, c'est-à-dire qui sont destinées à sortir des mains de l'emprunteur, comme l'argent (5), ou à perdre leur nature, comme le papier (6).

602. Voici maintenant les différents intérêts qu'il y a à déterminer si, en fait, un prêt est un prêt à usage ou un prêt de consommation.

1° Le prêt de consommation a pour objet, en principe, des choses consomptibles, le prêt à usage des choses non consomptibles ;

2° Dans le prêt de consommation, l'emprunteur devient propriétaire des choses prêtées et doit restituer des choses semblables ; il est donc débiteur d'une quantité, et par suite les risques sont pour son compte. Dans le prêt à usage, au contraire, le prêteur demeure propriétaire de la chose prê-

(1) Guillouard, n. 80.
(2) Suisse, C. féd., art. 329; Allemagne, C. civ., art. 607.
(3) Guillouard, n. 3.
(4) Pothier, *Du prêt de consomption*, n. 23; Guillouard, n. 79.
(5) Pothier, n. 24 ; Guillouard, *loc. cit.*
(6) Pothier, *loc. cit.* ; Guillouard, *loc. cit.*

tée ; l'emprunteur est tenu de la restituer dans son identique individualité, *in specie ;* il est donc débiteur d'un corps certain, et les risques sont supportés par le prêteur [1].

3° Le prêt de consommation n'est gratuit que de sa nature ; le prêteur peut donc stipuler une rémunération pour le service qu'il rend à l'emprunteur (prêt à intérêt). Au contraire, le prêt à usage est essentiellement gratuit. Si le prêteur stipule une prestation quelconque comme contre-valeur de l'avantage qu'il procure à l'emprunteur, la convention devient un louage de choses [2]. Si c'est l'emprunteur qui reçoit une rémunération, le contrat est un louage d'ouvrage.

4° Celui qui a fait un prêt à usage peut, s'il lui survient un besoin pressant et imprévu de sa chose, en obtenir la restitution avant l'expiration du terme convenu (art. 1889). Le même droit n'appartient pas à celui qui a fait un prêt de consommation, car aucun texte ne le lui accorde. Cette différence se justifie facilement : la chose qui fait l'objet du prêt à usage doit être restituée *in specie,* et comme, d'autre part, l'emprunteur ne doit s'en servir que pour un usage personnel, il l'aura toujours sous la main ; à toute époque il lui sera donc facile de la restituer, et la restitution ne lui causera pas d'autre dommage que la privation du droit d'user de la chose ; au contraire, s'il s'agit d'un prêt de consommation, l'emprunteur aura le plus souvent consommé ou aliéné la chose qui en fait l'objet, et l'obligation de restituer avant l'époque convenue pourrait lui créer des difficultés graves et déranger toutes ses combinaisons.

603. Des deux espèces de prêt, on doit supposer que le prêt à usage est le plus ancien [3] ; il présente, en effet, un caractère plus élémentaire.

(1) Duranton, XVIII, n. 484 ; Laurent, XXVI, n. 452 ; Guillouard, n. 4.
(2) V. *infra,* n. 606.
(3) Guillouard, n. 1.

CHAPITRE II

DU PRÊT A USAGE OU COMMODAT

604. « *Le prêt à usage ou commodat est un contrat par* » *lequel l'une des parties livre une chose à l'autre pour s'en* » *servir, à la charge par le preneur de la rendre après s'en* » *être servi* » (art. 1875). Le prêteur ne peut pas exiger la restitution de sa chose avant l'expiration du temps expressément ou tacitement accordé à l'emprunteur pour s'en servir. Le commodat diffère par là du *précaire,* dans lequel, comme nous le verrons, tout est laissé à la discrétion du prêteur, qui peut à tout instant reprendre sa chose.

SECTION PREMIÈRE

CARACTÈRES DU PRÊT A USAGE. ACTES QUI LE CONSTITUENT. PROMESSE DE PRÊT

605. Comme tout prêt, le prêt à usage est unilatéral [1]; or le code civil reconnaît l'existence d'obligations, non seulement à la charge de l'emprunteur, mais aussi à la charge du prêteur. N'est-ce pas dire que le prêt à usage est un contrat synallagmatique (art. **1102**)? Voici l'explication. Sans doute le prêteur peut être tenu d'obligations envers l'emprunteur ; mais elles ne résultent pas du contrat de prêt. Ce contrat ne rentre donc pas dans la définition de l'art. **1102** : « Le contrat est synallagmatique ou bilatéral lorsque les » contractants *s'obligent* réciproquement les uns envers les » autres ». Au moment où le contrat se forme, l'emprunteur *s'oblige* bien envers le prêteur, mais celui-ci ne *s'oblige* pas envers l'emprunteur. Pour s'en convaincre, il suffit de passer en revue les obligations que la loi met à la charge du prêteur. L'obligation de rembourser à l'emprunteur certaines dépenses qu'il a faites à l'occasion de la chose prêtée

(1) Troplong, n. 7; Demolombe, XXIV, n. 21 et 22; Laurent, XXVI, n. 456 481 et 485; Guillouard, n. 10. — V. *supra*, n. 599.

ne naît pas du contrat, mais de faits postérieurs qui peuvent ne pas se produire. Quant à l'obligation consacrée par l'art. 1891, elle a sa source, non dans le prêt, mais dans le dol du prêteur. Il reste l'obligation de ne pas retirer la chose avant le terme convenu ; celle-là est de nature à faire hésiter un instant, car elle semble bien résulter du contrat. Mais, si l'on va au fond des choses, on voit qu'elle n'est autre que l'obligation, qui s'impose à tout homme, de respecter le contrat qu'il a fait, de ne pas commettre de dol envers son semblable : le prêteur se rendrait coupable d'un dol envers l'emprunteur, si, après lui avoir livré une chose en l'autorisant à s'en servir, il allait la lui retirer immédiatement. En définitive, la situation est celle-ci : jusqu'à l'expiration du temps fixé par la convention, la loi refuse toute action au prêteur pour rentrer en possession de sa chose, et le droit commun lui défend de se mettre en possession de sa propre autorité par des voies de fait. Peut-on dire qu'il y a là une obligation résultant du contrat?

Il faut donc rejeter l'opinion soutenue par Pothier [1] et certains auteurs modernes [2], et d'après laquelle, à raison des obligations que les suites du contrat peuvent mettre à la charge du prêteur, le prêt à usage serait un contrat synallagmatique imparfait. La loi ne reconnaît pas cette troisième classe de contrat.

La question a une certaine importance au point de vue de la forme et de la preuve du contrat.

606. Le prêt à usage appartient, en général, à la famille des contrats *de bienfaisance* (arg. art. 1105). « *Ce prêt est essentiellement gratuit* », dit l'art. 1876, reproduisant la solution donnée par Pothier [3]. Si le prêteur stipule de l'emprunteur quelque prestation, comme contre-valeur de l'avantage qu'il lui procure, la convention ne sera pas nulle pour cela, mais elle ne constituera plus un commodat : ce sera un louage si la rémunération stipulée consiste dans une somme d'ar-

(1) N. 7.

(2) Larombière, *Théor. et prat. des oblig.*, art. 1102, n. 2 ; Aubry et Rau, IV, p. 285, § 341, note 2 ; Pont, I, n. 28.

(3) N. 3.

gent [1]; ce sera un contrat innommé si elle consiste en toute autre prestation [2], à moins qu'on ne considère que le prix du louage peut consister en autre chose qu'une somme d'argent [3].

Aussi rapproche-t-on souvent le commodat de la donation; il est essentiel de l'en distinguer à raison des solutions inexactes auxquelles une identification trop complète a pu conduire sur certains points, notamment en ce qui concerne la capacité du prêteur.

Tout d'abord il importe de remarquer que le commodat n'est pas nécessairement, comme la donation, un contrat inspiré par une pensée libérale; nous citerons des hypothèses où le commodant ne recherche que son intérêt personnel.

D'autre part, et même si (ce qui est le cas le plus usuel) le commodant veut rendre service au commodataire, le contrat ne peut être qualifié de donation : la preuve qu'il en est ainsi, c'est que la loi n'a pas subordonné la validité du commodat à l'emploi des formes exigées pour les donations; le service rendu est trop insignifiant pour qu'on puisse le considérer comme une libéralité; il constitue un de ces actes de bon voisinage ou de bonnes relations que la vie sociale rend fréquents et par lesquels on procure, sans privation personnelle,ou moyennant une privation insignifiante, un avantage à autrui. Aussi n'a-t-il jamais été question de soumettre le commodat au rapport ou à la réduction.

Le commodat se distingue, en somme, de la donation par les circonstances dans lesquelles il intervient et la pensée qui y préside. Il ne suffit pas de dire que le commodat porte sur « la jouissance temporaire d'un objet, tandis que la donation porte sur la propriété ou du moins sur l'usufruit ou l'usage » [4]. Nous ne saisissons pas la différence qu'il peut y avoir entre la jouissance temporaire et l'usage. La vérité est que la concession d'une jouissance temporaire est une donation et non

[1] Pothier, *Du prêt à usage*, n. 3; Argou, liv. III, ch. XXX, p. 310; Guillouard, n. 11; Rivier, Holtzendorff's *Rechtslexikon*, v° *Commodatum*.

[2] Pothier, n. 3; Guillouard, n. 11; Rivier, *loc. cit.*

[3] V. notre *Tr. du louage*, n. 656 s.

[4] V. cep. Guillouard, n. 26.

pas un commodat, si le propriétaire est mû par une véritable pensée libérale et veut donner à un tiers des avantages sérieux en se privant des produits de la chose au profit de ce dernier.

Nous examinerons plus loin la validité et le caractère de la convention où l'une des parties a vu une donation et l'autre un commodat [1].

Il va sans dire qu'une rémunération peut être fournie après coup sans que le commodat change de nature [2].

607. Si le prêt à usage est essentiellement gratuit, il n'est pas toutefois nécessairement un contrat de bienfaisance [3]. Le prêteur peut se laisser guider par son intérêt personnel, et Ulpien [4] citait comme exemples le prêt de bijoux fait par un fiancé à sa fiancée pour que les ornements de cette dernière lui fassent honneur, et le prêt fait par un magistrat à des acteurs d'ornements destinés à rehausser l'éclat des jeux donnés par ce magistrat au peuple.

608. Le prêt à usage se rapproche de la constitution d'usufruit en ce que, comme cette dernière, il attribue à une personne le droit de jouir d'une chose appartenant à une autre personne. Mais, tandis que l'usufruitier a un droit réel sur la chose, le commodataire n'a qu'un droit personnel.

En second lieu l'usufruit peut être constitué à titre onéreux tandis que le commodat est essentiellement gratuit.

D'autre part, alors que l'usufruitier peut céder ou louer son droit, il en est autrement du commodataire ; à ce dernier point de vue, le commodat ressemble à l'usage, mais il en diffère au point de vue que nous venons de rappeler.

609. La livraison d'un objet à un tiers pour l'essayer et s'assurer de sa valeur avant de l'acheter n'est pas un commodat, c'est une vente à l'essai [5].

(1) V. *infra*, n. 614.
(2) Rivier, *loc. cit.*
(3) Guillouard, n. 11 et 26.
(4) L. 5, § 10, D., *Comm. vel contra*, 13. 6.
(5) D'après M. Guillouard (n. 14) ce serait un dépôt. — Il a été décidé que la livraison par un bijoutier à son confrère, de bijoux qui doivent lui être rendus s'ils ne sont pas vendus est un prêt à usage. — Chambéry, 21 juil. 1892, *Gaz. Pal.*, 93. 1, 2e p. 146.

610. Le louage de choses est le contrat avec lequel le commodat présente le plus d'analogie. A vrai dire, il y a entre eux autant de rapports qu'entre le dépôt ou le mandat salarié et le dépôt ou le mandat ordinaire, ou qu'entre l'usufruit constitué à titre onéreux et l'usufruit constitué à titre gratuit ; tous deux, en effet, donnent à une personne un droit personnel de jouissance sur le bien d'autrui, et la seule différence caractéristique qui les sépare est que le louage est essentiellement onéreux et le commodat essentiellement gratuit.

C'est à cette gratuité que se rattachent les autres différences, comme (si on l'admet) la responsabilité spéciale du commodataire, l'incessibilité de son droit.

611. Le contrat par lequel un maître s'engage à loger son domestique est-il un commodat? Nous avons examiné la question en étudiant le louage d'ouvrage [1].

La réserve du droit de chasse au profit du vendeur d'un immeuble (et la même solution s'applique à la réserve du droit de pêche ou de tout autre attribut de la propriété) n'est jamais un commodat.

Tantôt le droit de chasse est gardé par le vendeur à titre de *droit d'usage* sur l'immeuble vendu, c'est-à-dire de *droit réel* sur l'immeuble ; nous n'avons pas à nous occuper de cette hypothèse, dont l'examen rentre dans le titre de l'usufruit.

Tantôt — et cette hypothèse seule est possible, soit si le vendeur se réserve le droit de céder la chasse réservée (car l'usage n'est pas cessible), soit si la réserve n'est pas viagère, l'usage ne pouvant dépasser la vie de l'usager — c'est un *droit personnel.* C'est dans cette hypothèse que la cour de cassation a vu les éléments constitutifs d'un bail [2], et nous croyons devoir nous ranger à cette opinion, quoique certains auteurs y voient un commodat [3], et d'autres la constitution d'une créance [4]. Nous laissons à l'écart cette dernière opi-

[1] V. notre *Tr. du louage*, n. 1207.

[2] Cass. civ., 10 janv. 1893, S., 93. 1. 185, D., 93. 1. 161. — Charmont, *Ex. doctr. de la jurispr. civ.*, XXIII, 1894, p. 83.

[3] Planiol, *Note*, D., 93. 1. 161.

[4] Esmein, *Note*, S., 93. 1. 185.

nion ; elle repose sur l'idée que le bail de chasse lui-même est la constitution d'une créance, et nous avons réfuté cette conception dans notre *Traité du contrat de louage* [1].

Les raisons pour lesquelles la réserve du droit de chasse doit être regardée comme un bail, c'est qu'on y trouve, au fond, exactement les mêmes conditions que dans le louage de choses, et notamment dans le bail de chasse : une jouissance temporaire (si la jouissance était perpétuelle, l'acte serait nul, comme nous l'avons montré en étudiant le louage de choses), le caractère onéreux de l'acte (car évidemment le vendeur a consenti à une diminution de prix pour garder le droit de chasse), un loyer (représenté par cette même diminution de prix).

C'est donc à tort qu'on s'est fondé, pour nier que ce contrat soit un bail, sur ce que le loyer y fait défaut. Sans doute, comme on le dit, le commodat peut s'appliquer aux immeubles, mais il est essentiellement gratuit et on ne peut considérer comme une convention gratuite, celle par laquelle un acquéreur permet au vendeur la jouissance de la chose vendue.

L'idée de commodat entraînerait certaines conséquences dont quelques-unes sont inadmissibles ; il n'y a peut-être rien à redire au droit qu'aurait, à ce qu'on prétend, le sous-acquéreur de ne pas respecter la réserve du droit de chasse, quoique cette solution ait l'inconvénient de ne pas répondre à l'intention des parties et qu'on puisse, par conséquent, préférer la solution contraire, que la cour de cassation, fidèle à son principe, a admise avec raison [2].

Mais on sait que le commodant peut obtenir l'autorisation de reprendre la jouissance de la chose prêtée, s'il lui en survient un besoin pressant. Evidemment, on ne peut aller jusqu'à appliquer cette solution à l'espèce : il n'est pas admissible que l'acquéreur, qui n'a été mu par aucune pensée libérale et a reçu des avantages équivalents à ceux qu'il a concédés, puisse, sans compensation, anéantir ces derniers.

On a prétendu que si la réserve émane d'un donateur, elle

[1] N. 35 et 36.
[2] V. *infra*, n. 679.

n'est pas un bail [1], parce qu'elle n'est pas achetée par une diminution de prix et ne présente pas, par suite, le caractère onéreux; mais ce n'est pas davantage un commodat; que sera-ce donc alors? Nous ne voyons, pour notre part, aucun inconvénient à la traiter de bail, car si le vendeur fait un acte onéreux pour lui, la donation est beaucoup plus onéreuse encore pour le donateur; elle n'est gratuite que pour le donataire.

612. Nous examinerons à propos du mandat comment le prêt à usage se distingue du mandat.

Nous montrerons également, à propos du dépôt, en quoi il se distingue du dépôt.

613. Il est certain que la promesse de prêter à usage est obligatoire [2].

Néanmoins, le prêt à usage est un contrat réel [3]. C'était déjà la règle adoptée par le droit romain et les termes de l'art. 1875 (*livre*) montrent que le code civil s'y est rangé.

Y a-t-il un intérêt pratique à discuter cette question? Oui, si on conclut, avec certains auteurs, de la réalité du prêt à usage, qu'avant la livraison les risques de la chose restent au compte de l'emprunteur [4]. Cette déduction, si elle était exacte, donnerait une force nouvelle aux réflexions que nous avons faites sur la réalité du contrat [5]. Car, en présence de l'art. 1138, qui met, d'une manière générale, les risques à la charge du créancier, il est inadmissible qu'une exception soit faite en faveur de l'emprunteur à usage. Mais nous ne voyons aucune raison juridique pour déroger à l'art. 1138; quoique, d'après les termes de l'art. 1875, le prêt à usage soit un contrat réel, il faut appliquer à la promesse de prêt l'art. 1138, que l'opinion contraire restreint sans motifs, et malgré la généralité de ses termes, aux contrats consensuels [6].

[1]) Esmein, *Note*, S., 93. 1. 185.

[2]) Colmar, 8 mai 1845, S., 47. 2. 117, D., 46. 2. 219. — Pothier, *loc. cit.*; Guillouard, n. 8; Rivier, *loc. cit.*; Troplong, n. 6; Duvergier, n. 25 s.; Demolombe, XXIV, n. 30 s.; Laurent, XXVI, n. 453 et 454.

[3]) Pothier, *op. cit.*, n. 6; Guillouard, n. 8; Rivier, *loc. cit.* — V. *supra*, n. 595 s.

[4]) Duranton, XVII, n. 556; Laurent, XXVI, n. 453 et 454; Guillouard, n. 9.

[5]) V. *supra*, n. 595 s.

[6]) Cpr. Duvergier, n. 146.

SECTION II

DU CONSENTEMENT ET DE SES VICES

614. Il n'y a, au sujet du consentement et des vices, qu'à appliquer les règles du droit commun.

Cependant on a discuté la question de savoir quels sont les effets d'une remise d'objet que l'une des parties entend faire à titre de donation, et l'autre recevoir à titre de commodat.

Il est certain que la donation ne se forme pas, puisqu'il n'y a pas eu accord de volontés sur ce point [1].

Mais, pour la même raison, il n'y a pas davantage de prêt à usage [2]. Les auteurs qui ont soutenu le contraire [3] se sont fondés sur ce que la personne qui veut faire une donation entend, à plus forte raison, se dépouiller de l'usage de la chose. Cette considération ne répond pas à notre argument; il est, du reste, de droit commun que si les deux parties ne se sont pas accordées sur la nature de la convention, cette convention est nulle.

Donc celui qui a livré la chose peut la revendiquer [4] entre les mains, soit de celui auquel il l'a livrée, soit des tiers non protégés par la prescription ou par la règle *en fait de meubles possession vaut titre.*

Si la chose a péri, il ne peut plus rien réclamer, à moins que la perte n'ait lieu par la faute de celui qui détenait la chose et qui savait ne pas en être propriétaire [5].

(1) Guillouard, n. 26.
(2) Pont, I, n. 135 ; Guillouard, *loc. cit.*
(3) Troplong, n. 195; Duvergier, n. 139 s.
(4) Guillouard, n. 26.
(5) V. cep. Guillouard, n. 26. — Cet auteur donne en toute hypothèse une action personnelle en cas de perte de la chose par la raison que « nul ne peut s'enrichir aux dépens d'autrui ». La perte de la chose enrichit-elle donc celui qui en était détenteur ? Au surplus, contre qui existerait l'action personnelle ? Est-ce contre la personne à qui la chose avait été remise, ou contre celle entre les mains de laquelle la chose a péri ? A cet égard, M. Guillouard donne, en cas de perte de la chose, « une action personnelle *contre celui qui l'a détruite* ».

SECTION III

CAPACITÉ EN MATIÈRE DE PRÊT A USAGE

§ I. *Capacité du prêteur.*

615. La capacité d'administrer est suffisante chez le prêteur [1]; le prêt à usage, en effet, n'appauvrit pas le prêteur, et, quoiqu'il soit en général un contrat de bienfaisance, ne peut être assimilé à une donation; personne ne soutient que les profits qui en résultent soient réductibles ou rapportables, et, s'il en est ainsi, c'est que le commodat ne fait rien perdre au prêteur et par suite ne constitue qu'un acte d'administration [2].

L'opinion contraire se fonde sur la perte que le prêt à usage, quand il est prolongé et porte sur une valeur importante, comme une maison, fait éprouver au prêteur. Nous nous contenterons de répondre qu'en pareil cas le contrat constituera une véritable donation, réductible et rapportable. Le juge du fait doit examiner si, en fait, le prétendu prêt à usage ne déguise pas une libéralité, mais, dans le cas de la négative, la capacité d'administrer doit suffire.

Les conséquences du système que nous combattons montrent l'inexactitude de ce système, car, personne n'ayant le pouvoir de faire une donation au nom d'un mineur même émancipé ou d'une femme dotale, ces personnes ou leurs représentants n'auraient pas le droit de prêter un meuble, une charrue, en un mot aucun de ces objets dont le prêt est un acte de bonnes relations ou de bon voisinage.

Aussi les partisans de l'opinion contraire ne paraissent-ils exiger la capacité de donner, mais se contenter de celle de disposer à titre onéreux, et c'est là une contradiction.

Ainsi l'individu pourvu de conseil judiciaire peut jouer le rôle de commodant [3].

(1) Duranton, XVII, n. 509 s.; Pont, I, n. 55 et 56; Aubry et Rau, IV, p. 595, § 391, note 6. — *Contra* Laurent, XXVI, n. 458; Duvergier, n. 46 s.; Guillouard, n. 20.

(2) V. *supra*, n. 606.

(3) Pont, *loc. cit.* — *Contra* Duvergier, *loc. cit.;* Laurent, *loc. cit.;* Guillouard, *loc. cit.*

Il en est de même du mineur émancipé [1].

De même encore pour la femme séparée de biens [2]. Dans l'opinion qui exige du prêteur la capacité de disposer, la femme séparée de biens ne peut prêter à usage même ses meubles, quoiqu'elle ait le droit de les aliéner [3], car cette aliénation est la conséquence de son droit d'administrer et le prêt à usage n'est pas, par hypothèse, un acte d'administration.

Le tuteur peut prêter à usage les biens du mineur [4].

Il en est de même du mari pour les biens de la femme dont il a l'administration [5].

616. L'usufruitier peut donner à commodat la chose soumise à son usufruit [6].

Le locataire peut également prêter l'objet loué [7], à moins que le bail ne lui interdise cette convention [8].

Il en est de même du créancier gagiste [9].

617. Ces diverses personnes peuvent valablement consentir le prêt au propriétaire lui-même [10].

§ II. *Capacité de l'emprunteur.*

618. La capacité pour emprunter à usage est celle d'administrer; cela signifie que tous ceux qui peuvent administrer peuvent emprunter à usage et que ceux qui ne peuvent pas administrer ne peuvent pas emprunter à usage.

La première de ces deux propositions se justifie par l'idée que l'emprunteur reçoit un service gratuit sans rien fournir en échange; le contrat ne peut donc avoir pour lui que des avantages [11]. Du reste, la capacité d'administrer suffit pour

(1) Pont, *loc. cit.* — *Contra* Duvergier, *loc. cit.*; Laurent, *loc. cit.*; Guillouard, *loc. cit.*

(2) Pont, *loc. cit.*

(3) Guillouard, *loc. cit.*

(4) *Contra* Guillouard, n. 20.

(5) *Contra* Guillouard, *loc. cit.*

(6) Pothier, n. 19; Guillouard, n. 12 et 17.

(7) Guillouard, n. 12 et 17.

(8) Guillouard, n. 12.

(9) Pothier, n. 19; Guillouard, n. 12.

(10) Pothier, n. 19; Guillouard, n. 12.

(11) Troplong, n. 55 s.; Guillouard, n. 19.

prendre une chose à bail et cette solution fournit un argument *a fortiori,* car le prêt à usage ne diffère du bail que par sa gratuité, c'est-à-dire par une circonstance toute favorable à l'emprunteur.

Ainsi la femme séparée de biens peut emprunter à usage [1].

Il en est de même du mineur émancipé [2] et de l'individu pourvu d'un conseil judiciaire [3]. On ne peut tirer une objection sérieuse des art. **483** et **513** qui interdisent l'emprunt à ces deux personnes; il ne s'agit, dans ces textes, que de l'emprunt assimilable à un acte d'aliénation, c'est-à-dire de l'emprunt de consommation. On ne voit pas pourquoi la loi aurait traité de même l'emprunt à usage, lequel ne peut avoir pour l'emprunteur que des avantages.

Quant aux personnes qui n'ont pas la capacité d'administrer, elles ne peuvent remplir le rôle de commodataires [4]. La raison en est que tout acte de la vie civile leur est interdit, fût-il essentiellement profitable à leur patrimoine; elles ont un représentant qui leur est entièrement substitué et agit en leur nom. Il est inutile et dangereux de fonder notre solution, comme on l'a fait [5], sur ce qu'éventuellement la détérioration de la chose peut rendre le commodat nuisible à l'emprunteur; car s'il fallait, pour apprécier l'utilité du contrat, tenir compte des éventualités, on serait conduit à dire que le commodat n'est pas, pour l'emprunteur, un acte d'administration, et se trouve interdit à toutes les personnes dont la capacité est limitée à l'administration.

L'emprunt est donc interdit à la femme mariée non séparée de biens [6], au mineur non émancipé [7].

618 *bis.* L'emprunt contracté par un incapable est nul.

(1) Guillouard, n. 19.

(2) Troplong, *loc. cit.;* Guillouard, *loc. cit.*

(3) Troplong, *loc. cit.;* Guillouard, *loc. cit.*

(4) Troplong, n. 49 s.; Duvergier, n. 37 s.; Laurent, XXVI, n. 458; Guillouard, n. 18.

(5) Guillouard, *loc. cit.*

(6) Troplong, *loc. cit.;* Duvergier, *loc. cit.;* Laurent, *loc. cit.;* Guillouard, *loc. cit.*

(7) Mêmes auteurs.

Mais l'incapable seul peut en demander la nullité, conformément à l'art. 1125 C. civ. [1].

Lors de la restitution, il n'est pas tenu de la détérioration ou de la perte résultant de sa faute [2], sauf si cette faute est lourde [3] ou constitue un dol [4], car, en principe, l'incapable n'est pas tenu de sa faute.

SECTION IV

DE L'OBJET ET DE LA CAUSE

619. « *Tout ce qui est dans le commerce, et qui ne se con-* » *somme pas par l'usage, peut être l'objet de cette convention* » (art. **1878**). Les immeubles eux-mêmes peuvent faire l'objet d'un commodat [5], ainsi que le disait déjà Pothier [6] ; par exemple, je puis prêter ma cave à un voisin pour y déposer des marchandises [7] ; on peut également prêter un appartement dans une maison [8].

Comme nous l'avons montré, les choses qui se consomment par le premier usage peuvent elles-mêmes faire l'objet d'un commodat [9].

619 *bis*. Seules les choses qui sont dans le commerce peuvent faire, d'après la loi, l'objet d'un commodat.

Il s'agit ici des choses qui sont dans le commerce au point de vue de l'usage ou de la jouissance, puisque le commodat ne transfère que l'usage [10].

Il faut donc, à ce point de vue, assimiler le commodat au louage de choses, qui porte également sur la jouissance.

(1) Troplong, *loc. cit.*; Duvergier, *loc. cit.*; Laurent, XXVI, n. 458; Guillouard, n. 18.

(2) Mêmes auteurs.

(3) Mêmes auteurs.

(4) Mêmes auteurs.

(5) Duranton, XVII, n. 501; Troplong, n. 36; Pont, I, n. 37; Aubry et Rau, IV, p. 594, § 391, note 1; Laurent, XXVI, n. 454 et 460; Guillouard, n. 15; Planiol, *Note*, D., 93. 1. 161; Rivier, *loc. cit.*

(6) Pothier, n. 14.

(7) Pothier, *loc. cit.*; Guillouard, n. 15.

(8) Pothier, *loc. cit.*; Guillouard, n. 15.

(9) V. *supra*, n. 601.

(10) Guillouard, n. 16.

620. La validité du commodat entre les parties contractantes n'est pas subordonnée au droit de disposition du commodant [1]. Car, dans le cas contraire, le commodant peut néanmoins s'obliger à faire jouir le commodataire de la chose. Au surplus, on admet d'une manière générale que les contrats portant sur la chose d'autrui (et notamment le contrat de louage, dont le commodat ne diffère que par la gratuité) sont valables, sauf l'exception édictée par la loi pour la vente. Enfin cette solution était celle du droit romain [2] et de Pothier [3].

On ne peut opposer en sens contraire l'art. 1877 C. civ., d'après lequel « le prêteur *demeure propriétaire* de la chose prêtée ». Tout ce que veut dire ce texte, c'est qu'à la différence du prêt de consommation, le prêt à usage n'emporte pas transfert de la propriété, et que, par suite, si le prêteur est propriétaire (ce qui est le cas le plus usuel), il reste propriétaire. S'il fallait l'interpréter autrement, on devrait refuser à l'usufruitier le droit de prêter la chose soumise à son usufruit, et cela serait absurde.

621. Le voleur lui-même peut valablement prêter l'objet volé [4]; c'était également la solution du droit romain [5] et celle de Pothier [6].

Toutefois, on applique généralement au commodataire l'art. 1838, qui oblige le dépositaire, s'il connaît le véritable propriétaire de l'objet volé, à lui dénoncer le dépôt, avec sommation de le réclamer dans un délai déterminé [7].

622. Lorsque nous disons qu'on peut prêter à usage la chose d'autrui, nous n'entendons pas qu'un semblable prêt soit opposable au propriétaire; évidemment il est pour lui *res inter alios acta* [8]. Nous voulons dire seulement que le

(1) Troplong, n. 38; Duvergier, n. 33; Pont, I, n. 44 et 83; Laurent, XXVI, n. 461; Rivier, Holtzendorff's *Rechtslexikon*, v° *Commodatum;* Guillouard, n. 17.
(2) L. 15 et 16, D., *Comm. vel contra*, 13. 6.
(3) N. 18.
(4) Guillouard, n. 17.
(5) L. 16, D., *Comm. vel contra*, 13. 6.
(6) N. 18.
(7) Duvergier, n. 34 et 89; Guillouard, n. 17 et 50.
(8) Duranton, XVII, n. 547; Guillouard, n. 47.

contrat est valable dans les rapports du prêteur et de l'emprunteur et que, par conséquent, il fait naître entre les parties les obligations résultant du prêt (art. 1880 s.).

En outre, si le véritable propriétaire oblige l'emprunteur à restituer la chose avant le terme fixé expressément ou tacitement, le prêteur peut être condamné à indemniser l'emprunteur, mais à la condition d'avoir été de mauvaise foi (1).

623. Le contrat ne se forme pas si la chose appartient au commodataire (2).

624. Un immeuble dotal peut faire l'objet d'un commodat (3).

625. Ne peuvent faire l'objet d'un commodat les écrits dont les magistrats ont ordonné la suppression (5), car, comme le disait Pothier (4), « l'arrêt qui défend à toute personne de les retenir et enjoint de les porter au greffe de la cour défend à plus forte raison de les prêter ».

Pothier considérait comme illicite le prêt « des mauvais livres dont on ne peut se servir pour aucun usage honnête, tels que ceux qui ne contiennent rien autre chose que des ordures et des impuretés » (6). Cette solution est reproduite par les auteurs modernes (7).

626. La détention des armes de guerre étant interdite, le commodat qui a un tel objet est nul (8).

Il en est de même du commodat portant sur des objets de contrebande (9).

627. Le nom patronymique peut faire l'objet d'un prêt à usage, aussi bien que d'un bail et sous les mêmes restrictions ; nous nous référons aux développements que nous avons donnés à propos de ce dernier contrat (10).

(1) Pothier, n. 79 ; Pont, I, n. 125 ; Aubry et Rau, IV, p. 598, § 393, note 4 ; Guillouard, n. 47 et 60.
(2) Rivier, *loc. cit.*
(3) Guillouard, n. 16.
(4) Guillouard, n. 16.
(5) N. 16.
(6) N. 16.
(7) Guillouard, n. 16.
(8) Guillouard, n. 16.
(9) Guillouard, n. 16.
(10) V. notre *Tr. du louage*, n. 115.

628. On admet que le prêt d'objets destinés à un but illicite connu du prêteur est nul comme ayant un caractère immoral [1]. La question se présente de la même manière pour le prêt de consommation, à propos duquel nous l'étudierons. On décide, par exemple, la nullité du prêt d'armes ou d'échelles pour commettre un crime [2].

629. En tous cas le prêteur qui a connu la destination immorale du prêt a néanmoins une action en restitution de l'objet prêté [3]. En vain oppose-t-on que cette action a un caractère immoral : le prêteur se fonde simplement sur le contrat de prêt, lequel n'a, en lui-même, rien d'immoral, et c'est, au contraire, l'opinion qui rejette l'action en restitution qui aboutit à une immoralité, car elle permet à l'emprunteur, pour échapper à l'action en restitution, de se prévaloir d'une infraction aux lois qu'il a commise lui-même. Au surplus, on admet généralement aujourd'hui que les objets livrés en exécution d'une convention illicite peuvent être répétés et notamment que l'associé peut répéter les objets apportés par lui dans une société dont le but est illicite.

Il résulte de là que la seule particularité du commodat dont la destination est illicite est que le prêteur peut refuser de livrer la chose promise et peut en exiger la restitution avant le terme convenu.

SECTION V

PREUVE EN MATIÈRE DE PRÊT A USAGE

630. Le prêt à usage est soumis aux principes généraux de la preuve ; il ne peut donc être prouvé par témoins si la valeur de l'objet prêté dépasse 150 fr. [4].

Plusieurs auteurs, dans l'ancien droit, admettaient au contraire la preuve testimoniale, quelle que fût la valeur de

(1) Duranton, XVII, n. 505; Troplong, n. 34; Guillouard, n. 16.

(2) Guillouard, n. 16.

(3) Duvergier, n. 32; Pont, I, n. 43; Guillouard, n. 16. — *Contra* Troplong, n. 34.

(4) Duranton, XVII, n. 498; Troplong, n. 58 s.; Duvergier, n. 51 s.; Pont, I, n. 30; Aubry et Rau, IV, p. 595, § 391, note 7; Laurent, XXVI, n. 462; Guillouard, n. 22. — *Contra* Colmar, 18 avril 1806, S. chr.

l'objet prêté [1], et leur opinion avait été consacrée par quelques arrêts [2]. Elle se fondait sur ce que le commodat est un contrat de bonne foi, qui, d'ordinaire, ne se rédige pas par écrit; l'observation est exacte, mais n'est pas de nature à modifier une règle posée en termes absolus par les textes. On ajoutait que le commodat exige, outre le consentement, la tradition, laquelle est un simple fait, susceptible, comme tous les faits, d'être prouvé par témoins; c'était oublier que les faits juridiques, à la différence de faits purs et simples, sont soumis aux règles générales de la preuve et qu'en tout cas, si la tradition s'ajoute au consentement, elle ne le fait pas disparaître et, par suite, n'en rend pas la preuve inutile. Aussi Pothier appliquait-il ici les règles générales [3].

631. Le prêt à usage, étant un contrat unilatéral, n'est pas soumis à la formalité des doubles prescrite par l'art. **1325** C. civ. pour les contrats synallagmatiques [4].

L'exactitude de cette solution est d'ailleurs reconnue par les auteurs mêmes qui considèrent le prêt à usage comme un contrat synallagmatique imparfait [5].

SECTION VI

OBLIGATIONS DE L'EMPRUNTEUR

632. Le prêt à usage fait naître à la charge de l'emprunteur trois obligations principales : celle de veiller à la chose et de répondre de sa perte et de sa détérioration, celle de ne se servir de la chose que pour l'usage convenu et de payer les dépenses nécessitées par l'usage, celle de restituer la chose.

§ I. *Responsabilité de l'emprunteur.*

633. « *L'emprunteur est tenu de veiller en bon père de* » *famille à la garde et à la conservation de la chose prêtée* ».

(1) Danty sur Boiteau, *Tr. des preuves*, ch. VII, n. 5 s.; Despeisses, *Du commodat*, § 3, n. 7. — V. Guillouard, *loc. cit.*

(2) Arrêts de Paris cités par Danty, *loc. cit.*

(3) N. 8.

(4) Guillouard, n. 10 et 22.

(5) Pont, I, n. 27 et 28.

(art. 1880, 1re partie). L'emprunteur est donc tenu de la *culpa levis in abstracto* (1). C'est le droit commun. L'art. 1882 vient toutefois aggraver cette responsabilité dans une certaine mesure, ainsi que nous le montrerons.

Pothier admettait même que le commodataire était tenu de sa faute *très légère* : « Il ne suffit pas, disait-il, qu'il y apporte un soin ordinaire, tel que celui que les pères de famille ont coutume d'apporter aux choses qui leur appartiennent; il doit y apporter tout le soin possible, c'est-à-dire celui qu'apportent à leurs affaires les personnes les plus soigneuses et il est tenu à cet égard, non seulement de la faute légère, mais encore de la faute la plus légère (2).

Cette opinion a été reproduite par quelques auteurs modernes (3), mais elle est complètement inadmissible. L'autorité de Pothier tourne contre elle, car, alors que Pothier exigeait du commodataire les soins du meilleur père de famille, le code ne lui demande que ceux d'un bon père de famille et manifeste ainsi l'intention de rompre avec la solution de Pothier. D'un autre côté, d'après le droit commun dont l'expression se trouve dans l'art. 1137, un débiteur quelconque n'est tenu que de sa faute légère, et ce texte prend soin de se référer, en particulier, au cas où l'acte n'a pour objet que l'utilité de l'une des parties. Enfin la solution de Pothier se comprendrait aussi peu aujourd'hui qu'elle se comprenait bien dans l'ancien droit, où on admettait que celui qui recevait un service était, d'une manière générale, tenu de sa faute très légère.

En tout cas, si la perte ou les détériorations sont le résultat d'une faute légère commise par l'emprunteur, il va de soi qu'il en est responsable : c'est le droit commun, et l'emprunteur est tenu de la faute que ne commettrait pas un bon père de famille, de la *culpa levis in abstracto*.

(1) Troplong, n. 77 s.; Pont, I, n. 76 s.; Laurent, XXVI, n. 471; Guillouard, n. 33 et 34.

(2) N. 48. — Dans le même sens Argou, *loc. cit.*, p. 310. — Certains textes disent simplement que l'emprunteur est tenu. *Anciens usages de Bourgogne* (XIVe ou XVe s.), *Rev. hist. du dr.*, III, 1857, p. 542, ch. XVI.

(3) Duranton, XVII, n. 521 s.; Duvergier, n. 55 s.

634. Comme tout débiteur, l'emprunteur ne doit réparer que les suites immédiates de sa faute [1].

635. L'emprunteur n'est pas responsable des pertes et détériorations résultant d'un cas fortuit et de force majeure; c'est le droit commun [2].

C'est à l'emprunteur qu'il appartient, comme à tout débiteur (C. civ., art. 1302), de prouver le cas fortuit qui le libère [3].

Il peut le prouver soit directement en alléguant un évènement déterminé qui constitue le cas fortuit [4], soit indirectement en établissant qu'il a apporté à la chose les soins d'un bon père de famille [5], ou qu'elle était affectée d'un vice qui vraisemblablement explique la détérioration ou la perte [6].

636. L'incendie n'est pas, par lui-même, un cas fortuit dont la preuve libère l'emprunteur; ce dernier doit établir la cause fortuite de l'incendie [7]. Cette solution est développée dans notre *Traité du louage* [8].

On peut citer comme cas fortuits :

La vieillesse [9];

La maladie [10];

Le vol [11].

637. Les détériorations que la chose a subies par suite de l'usage régulier qu'en a fait l'emprunteur ne sont pas considérées comme lui étant imputables à faute, mais comme résultant du cas fortuit; aussi l'art. 1884 l'affranchit-il de toute responsabilité de ce chef : « *Si la chose se détériore par*

(1) Trib. civ. Liège, 24 août 1894, *Pasicr.*, 94. 3. 328 (le prêteur d'une voiture ne peut réclamer ce qu'il a dû payer pour location d'une autre voiture, pendant que la voiture prêtée était en réparation).

(2) Cass. req., 28 janv. 1890, D., 91. 1. 246.

(3) Poitiers, 29 juillet 1890, *Gaz. Pal.*, 90. 2. 320. — Trib. civ. Agen, 15 mars 1895, D., 96. 2. 41. — Guillouard, n. 34.

(4) Guillouard, *loc. cit.*

(5) Guillouard, *loc. cit.*

(6) Poitiers, 29 juil. 1890, précité.

(7) Guillouard, n. 34. — Le droit romain paraît avoir considéré l'incendie comme un cas fortuit. L. 5, § 4, D., *Commod. vel contra*, 13. 6.

(8) N. 750 s.

(9) L. 5, § 4, D., *Commod. vel contra*, 13. 6.

(10) L. 5, § 4, D., précité. — Argou, *op. cit.*, p. 310.

(11) L. 5, § 4, D., précité.

» *le seul effet de l'usage pour lequel elle a été empruntée, et » sans aucune faute de la part de l'emprunteur, il n'est pas » tenu de la détérioration* ». C'était déjà la solution du droit romain ([1]) et de Pothier ([2]).

638. Le cas fortuit libère l'emprunteur même dans l'hypothèse où la chose prêtée ne s'est trouvée exposée au cas fortuit qui l'a fait périr que par suite de l'usage qu'en a fait l'emprunteur. En se servant de la chose pour l'usage convenu, l'emprunteur ne fait qu'user de son droit, et il ne peut encourir aucune responsabilité de ce chef ([3]). C'était la solution donnée par Pothier ([4]). Elle résulte des termes généraux de l'art. **1302**, qui, en toute hypothèse, affranchit le débiteur de la perte fortuite. On dirait donc à tort que le prêteur ne peut être réputé avoir voulu souffrir du service qu'il rend; car cette considération conduirait à imposer une restriction, en matière de contrats de bienfaisance, à l'art. **1302**.

639. Par exception, l'emprunteur répond des cas fortuits dans les hypothèses suivantes :

1° S'il s'en est chargé par une stipulation ([5]) expresse ou tacite. L'estimation que les parties, d'un commun accord, font de la chose prêtée au moment du prêt, est considérée comme emportant convention tacite que l'emprunteur répondra des cas fortuits : « *Si la chose a été estimée en la prêtant, » la perte qui arrive, même par cas fortuit, est pour l'emprun- » teur, s'il n'y a convention contraire* » (art. **1883**) ([6]).

L'estimation dont parle notre article a pu être faite uniquement en vue de déterminer le montant de l'indemnité que devra payer l'emprunteur s'il fait périr la chose par sa faute. Peut-être aussi les parties ont-elles voulu en outre mettre la chose aux risques de l'emprunteur; la clause qui contient

([1]) L. 5, § 4, D., *Commod. vel contra*, 13. 6.

([2]) N. 55.

([3]) Rennes, 3 déc. 1813, D. *Rép.*, v° *Prêt*, n. 94. — Duranton, XVII, n. 519; Troplong, n. 89; Pont, I, n. 68; Laurent, XXVI, n. 472; Guillouard, n. 35.

([4]) N. 55. (Il réfute l'opinion contraire de Puffendorff et Barbeyrac). La même solution paraît implicitement résulter de la loi précitée du Digeste, qui, sans distinction, affranchit l'emprunteur en cas de vol.

([5]) Cass. req., 28 janv. 1890, D., 91. 1. 246.

([6]) Rivier, *loc. cit.*

l'estimation signifie alors : si la chose périt par la faute de l'emprunteur, *ou même par cas fortuit,* l'emprunteur devra en payer la valeur estimative que les parties fixent d'un commun accord à la somme de... C'est dans ce dernier sens que la loi interprète la clause lorsque les parties ne se sont pas expliquées.

Cette solution est empruntée à l'interprétation donnée d'un texte du Digeste [1] au moyen-âge. Il eût été préférable peut-être de considérer l'estimation comme ayant seulement pour but de fixer le montant des dommages-intérêts dus en cas de perte causée par la faute de l'emprunteur [2]. C'est la solution donnée en matière de bail à cheptel par l'art. 1805. On a invoqué, lors des travaux préparatoires, à l'appui du principe consacré par l'art. 1883, l'art. 1551, d'après lequel les effets mobiliers constitués en dot avec estimation sont censés transférés au mari. L'analogie est trompeuse, car l'art. 1551 doit être attribué à un souvenir des anciens principes du régime dotal où le mari était propriétaire de la dot.

On a donné une très fausse explication de l'art. 1883, en disant que l'estimation de la chose prêtée la met aux risques de l'emprunteur, parce qu'elle emporte vente au profit de celui-ci et que, dans la vente, les risques de la chose vendue sont à la charge de l'acheteur. Nous sommes en présence d'un commodat; or, il est de l'essence de ce contrat que la propriété de la chose reste au prêteur; donc, même en cette hypothèse, la restitution doit avoir lieu en nature [4].

640. 2° L'emprunteur répond de la perte ou des détériorations résultant d'un cas fortuit, lorsque ce cas fortuit a été

(1) « *Et si forte res æstimata sit, omne periculum præstandum est ab eo, qui æstimationem se præstaturum recepit* ». L. 5, § 3, D., *Comm. vel contra,* 13. 6. Outre cette interprétation, donnée par Bartole et Accurse et suivie par Domat, il y en avait une autre, celle de Pothier (n. 62) : Le mot *periculum* ne désignerait que les accidents provenant d'une faute de l'emprunteur; cette interprétation était évidemment contraire au sens général du mot *periculum;* en outre, il est certain que, même en l'absence d'une estimation, l'emprunteur est tenu du cas fortuit provenant de sa faute.

(2) Troplong, n. 121; Laurent, XXVI, n. 475; Guillouard, n. 42.

(3) Discours du tribun Albisson, Fenet. XIV, p. 468.

(4) Duranton, XVII, n. 533; Troplong, n. 122; Duvergier, n. 72; Pont, n. 92; Colmet de Santerre, VIII, n. 83 *bis;* Guillouard, n. 43.

précédé d'une faute par lui commise, sans laquelle la chose ne s'y serait pas trouvée exposée. Nous rattachons à ce principe les dispositions des art. 1881 et 1882 que nous allons analyser.

L'art. 1882 est ainsi conçu : « *Si la chose prêtée périt par* » *cas fortuit dont l'emprunteur aurait pu la garantir en em-* » *ployant la sienne propre, ou si, ne pouvant conserver que* » *l'une des deux, il a préféré la sienne, il est tenu de la perte* » *de l'autre* ».

L'emprunteur fait un usage indu de la chose prêtée quand il pourrait se servir utilement de la sienne, car le prêt n'a pas eu pour but de lui permettre de ménager sa chose en employant celle du prêteur ; il est donc en faute. La chose prêtée ayant péri par un cas fortuit dont elle eût été préservée, on le suppose, si l'emprunteur eût employé la sienne, celui-ci devait être déclaré responsable de la perte, qui est, en définitive, une conséquence indirecte de sa faute.

Malgré les termes absolus de l'art. 1882, on admet généralement que si l'emprunteur emploie alternativement sa chose et l'objet prêté, la perte fortuite de cette dernière ne lui impose aucune responsabilité [1].

Dans tous les cas, l'emprunteur est, comme le disait Pothier [2], responsable de la perte de la chose si, dans le but d'employer exclusivement l'objet prêté, il a dissimulé au prêteur l'existence de sa propre chose [3].

Mais l'emprunteur n'encourt aucune responsabilité s'il a été formellement autorisé à employer exclusivement la chose prêtée.

Il en est de même s'il a prévenu le prêteur que l'emprunt était destiné à lui éviter l'emploi de sa propre chose [4].

641. Le second cas prévu par l'art. 1882 est assimilé par la loi au premier. La chose prêtée et une autre chose appartenant à l'emprunteur sont en danger de périr par suite d'un même cas fortuit, une inondation par exemple ; ne pouvant

(1) Colmet de Santerre, VIII, n. 82 *bis*, 2 et 3 ; Guillouard, n. 37.
(2) N. 59.
(3) Colmet de Santerre, VIII, n. 82 *bis*, 2 et 3 ; Guillouard, n. 37.
(4) Guillouard, n. 37.

sauver que l'une des deux choses, l'emprunteur sauve la sienne. Il sera responsable de la perte de l'autre, parce qu'il est en faute de ne pas l'avoir sauvée. En effet, tenu envers le prêteur, qui lui a procuré un avantage purement gratuit, du devoir de reconnaissance, l'emprunteur devait se préoccuper d'abord des intérêts du prêteur (1). Il a donc manqué aux lois de la délicatesse en mettant ses propres intérêts au premier plan. Ce ne serait pas une faute dans un contrat ordinaire; c'en est une ici, à cause du caractère particulier du commodat, qui est un contrat de bienfaisance.

Cette solution était également donnée par le droit romain (2) et par Pothier (3). Ce dernier auteur la rattachait à l'idée que le commodataire est tenu de sa faute très légère; cette idée est aujourd'hui inexacte et, d'ailleurs, elle est étrangère à la question, car le meilleur père de famille ne peut être blâmé, ni être réputé avoir commis une faute, s'il préfère sa chose à celle d'autrui.

642. Il n'y a faute de la part de l'emprunteur qu'autant qu'il a préféré sauver sa propre chose : ce qui suppose qu'il a pu choisir entre sa chose et celle du prêteur. Si donc, au milieu du désordre et du tumulte causé par un cas de force majeure, l'emprunteur a pris, pour les sauver, tous les objets qui se sont présentés sous sa main, et que la chose prêtée ne se soit pas trouvée comprise dans le lot formé par le hasard autant et plus que par la volonté de l'emprunteur, il ne sera pas responsable de la perte (4).

C'est ce que disait déjà Pothier (5).

643. Mais s'il a librement choisi sa propre chose, nous croyons qu'il n'échappera pas à la responsabilité que la loi lui inflige, en prouvant qu'elle était d'une valeur plus considérable que la chose prêtée, bien qu'en la sauvant de préférence il n'ait fait que ce qu'aurait fait un bon père de famille.

(1) Troplong, n. 116; Duvergier, n. 66; Laurent, XXVI, n. 474; Guillouard, n. 38.
(2) L. 5, § 4, D., *Commod. vel contra*, 13. 6.
(3) N. 56.
(4) Guillouard, n. 39.
(5) N. 56.

C'était la solution admise par Pothier ([1]), et c'est celle que paraît commander encore la généralité des termes de la loi ([2]). Le motif sur lequel est fondé l'art. 1882 y conduit également, car si la reconnaissance, qui est un devoir pour l'emprunteur, lui impose de sauver la chose prêtée au détriment de la sienne propre, la valeur comparative des deux choses n'est d'aucune importance. C'est donc à tort qu'on se récrie devant l'énormité de ce sacrifice.

644. Nous croyons, quoique ce ne soit pas aussi certain, que l'art. 1881 doit être considéré comme se rattachant au même principe.

Voici tout d'abord le texte : « *Si l'emprunteur emploie la » chose à un autre usage, ou pour un temps plus long qu'il » ne le devait, il sera tenu de la perte arrivée, même par cas » fortuit* ». Cette solution était donnée par l'ancien droit ([3]). L'emprunteur qui emploie la chose à un autre usage ou pour un temps plus long qu'il ne le devait, commet une faute. Si la chose prêtée périt par suite d'un cas fortuit, auquel elle ne se serait pas trouvée exposée sans cette faute, la perte est la conséquence au moins indirecte de la faute de l'emprunteur, et il est juste de l'en rendre responsable.

Mais on ne voit pas trop comment l'emprunteur pourrait être déclaré responsable s'il n'existe aucun lien entre la faute qu'il a commise et le cas fortuit qui a fait périr la chose. Aussi croyons-nous que l'article sous-entend que ce lien doit exister. En d'autres termes, il nous paraît que l'emprunteur, qui est en faute pour avoir employé la chose à un autre usage ou pour un temps plus long qu'il ne le devait, pourrait échapper à la responsabilité de la perte par cas fortuit, en démontrant que la chose eût péri alors même qu'il n'aurait pas commis la faute ([4]). On peut invoquer par analogie en ce

([1]) N. 56.

([2]) Troplong, n. 117 ; Pont, I, n. 95 ; Guillouard, n. 39. — *Contra* Duranton, XVII, n. 527 ; Duvergier, n. 68 ; Laurent, XXVI, n. 474.

([3]) Argou, *loc. cit.*, p. 310 (cheval prêté pour faire un voyage de deux heures et auquel on fait faire un voyage de 30 heures pendant lequel il est volé).

([4]) Duranton, XVII, n. 520; Troplong, n. 101 ; Duvergier, n. 64 ; Laurent, XXVI, n. 470; Colmet de Santerre, VIII, n. 81 *bis*, 2 et 3 ; Guillouard, n. 30. — *Contra* Pont, n. 73 ; Aubry et Rau, IV, p. 596, § 392, note 2.

sens l'art. 1302 C. civ., qui le décide ainsi d'une manière générale pour toute personne en demeure de restituer une chose, et qui n'admet le contraire que pour le voleur. Ainsi, ayant emprunté un cheval pour un voyage déterminé, je lui fais faire un autre voyage, l'employant ainsi à un autre usage que celui pour lequel il m'a été prêté; ou bien ayant emprunté un cheval pour huit jours, je continue à m'en servir après l'expiration du délai. L'animal périt par cas fortuit. Si c'est par le feu du ciel, je serai responsable de la perte; car l'animal n'aurait pas été victime de ce cas fortuit, si je l'avais employé pour faire le voyage convenu ou si j'avais cessé de m'en servir après l'expiration du temps fixé. Mais, si l'animal est mort subitement d'une maladie qui l'aurait aussi bien fait périr dans son écurie, je ne serai pas responsable.

Et toutefois cette interprétation est contestée : plusieurs pensent que l'article doit être entendu comme rendant l'emprunteur responsable de tous les cas fortuits indistinctement, même de ceux qui n'ont aucun lien avec la faute commise. — Nous ne nous expliquerions pas que la loi eût déployé une pareille rigueur contre l'emprunteur, d'autant plus que bien souvent il aura pu penser que le prêteur ne désapprouverait pas sa conduite.

Notre solution est admise par certains codes étrangers (1).

645. L'emprunteur qui a employé la chose prêtée en dehors de l'époque ou de l'usage convenus est responsable du cas fortuit même alors qu'il n'a pas été mis en demeure (2); l'art. 1881 est, en effet, muet sur la nécessité d'une mise en demeure; du reste, il est souvent impossible au prêteur de savoir quelle a été la destination de la chose. On ne peut opposer le droit commun, d'après lequel le débiteur n'est tenu du cas fortuit qu'à partir de sa mise en demeure (C. civ., 1302), car cette dernière solution n'est donnée que pour le débiteur qui s'abstient de payer lors de l'échéance. Il y a sur ce point une grande confusion dans les explications des auteurs. La plupart se demandent, d'une manière générale, s'il est nécessaire que l'emprunteur soit mis en demeure pour

(1) Suisse, C. féd., art. 322.
(2) Laurent, XXVI, n. 469; Guillouard, n. 31.

qu'on puisse lui appliquer l'art. 1881. La question n'a pas de sens, parce qu'on ne peut songer à mettre en demeure qu'un débiteur qui est en retard d'exécuter son obligation et qu'on veut rendre responsable de toutes les conséquences préjudiciables de son retard. Or, dans les cas prévus par l'art. 1881, l'emprunteur peut n'être pas en retard; et, s'il est en retard, on ne le recherche pas à raison de son retard, mais à raison d'une faute qui consiste à avoir employé la chose à un autre usage que celui qui était convenu ou à s'en être servi après l'expiration du temps fixé. Il ne peut donc pas être question de mettre le débiteur en demeure.

646. La faute que prévoit l'art. 1881 et à raison de laquelle l'emprunteur est rendu responsable du cas fortuit, consiste, soit à s'être servi de la chose pour un usage autre que celui qui était convenu, soit à en avoir usé après l'expiration du temps fixé. La loi ne prévoit pas le cas où l'emprunteur, après s'être servi de la chose pour l'usage convenu, la garderait au delà du temps fixé, sans continuer à s'en servir, le cas, en d'autres termes, où il n'y aurait rien autre à lui reprocher qu'un retard dans la restitution. Cette hypothèse resterait donc de tous points soumise aux règles du droit commun, c'est-à-dire que l'emprunteur ne deviendrait responsable des cas fortuits qu'à partir du moment où il aurait été mis en demeure de restituer [1]; et encore ne répondrait-il, conformément à l'art. 1302, que de ceux qui seraient une conséquence de sa demeure, à l'exclusion de ceux qu'il prouve être de telle nature qu'ils se seraient également produits chez le prêteur [2].

647. Dans le cas où l'emprunteur est tenu de la perte ou de la détérioration de la chose, il peut exercer les actions qui, dans le cas où il n'en aurait pas été tenu, auraient pu être exercées contre les tiers par le prêteur.

Ces actions lui appartiennent de plein droit.

Dans certaines législations, il est obligé de requérir la *cession des actions* du prêteur [3].

(1) Guillouard, n. 40.
(2) Guillouard, n. 40.
(3) *Allemagne*, Rivier, *loc. cit.*

Si plus tard la chose perdue revient aux mains du prêteur, l'emprunteur peut demander le remboursement des dommages-intérêts qu'il a payés [1].

§ II. *Usage de la chose.*

648. L'emprunteur ne peut se servir de la chose que pendant le temps convenu, et seulement pour l'usage déterminé par la convention des parties. La convention peut évidemment être expresse aussi bien que tacite. Quand la convention sera expresse, il n'y aura pas de difficulté. La convention tacite sera révélée par les faits et circonstances de la cause. Les principaux sont : 1° la nature de la chose : ainsi, je vous prête un cheval de selle ; vous aurez le droit de le monter, mais non de l'atteler ; 2° la profession de l'emprunteur : par exemple, si je prête ma charrette à un cultivateur, il pourra s'en servir pour transporter du fumier ; mais si je la prête à un marchand de comestibles, il n'aura pas le droit de l'employer à cet usage.

Tout ce que nous venons de dire est contenu en substance dans la deuxième partie de l'art. 1880, qui formule en outre une sanction sur laquelle nous allons avoir à nous arrêter. « *Il* [l'emprunteur] *ne peut s'en servir* [de la chose prêtée] » *qu'à l'usage déterminé par sa nature ou par la convention;* » *le tout à peine de dommages-intérêts, s'il y a lieu* ». Les mots *s'il y a lieu* signifient : si l'usage abusif de la chose par l'emprunteur a causé un préjudice au prêteur.

Il n'est plus possible aujourd'hui d'admettre avec le droit romain [2] et Pothier [3] que l'emprunteur puisse donner à la chose un usage non déterminé par la nature de la chose ou de

[1] Rivier, *loc. cit.* (Cet auteur parle de la restitution des dommages-intérêts *ou de la chose elle-même*, sans dire à qui appartient le choix).

[2] L. 76, D., *De furt.*, 47. 2.

[3] « Si quelqu'un m'a prêté à Orléans un cheval pour aller à Beaugency, je ne puis pas m'en servir pour aller plus loin. Mais si, étant arrivé à Beaugency, il m'est survenu une affaire plus loin, que je n'avais pas prévue lorsque j'ai emprunté le cheval et que les relations d'amitié que j'ai avec celui qui me l'a prêté, et la connaissance que j'ai de son caractère obligeant me donnent lieu d'être persuadé qu'il ne m'aurait pas refusé son cheval pour aller jusqu'au lieu où cette affaire m'est survenue, je puis m'en servir pour aller jusque-là ». Pothier, n. 98.

la convention, s'il pouvait légitimement croire que cet usage aurait été autorisé par le prêteur [1]. Quoique le commodat soit, en général, un contrat de bienfaisance, les principes interdisent à l'emprunteur de substituer à la convention sa simple volonté, et les termes formels de l'art. 1880 défendent également d'assimiler cette volonté unilatérale à la volonté commune.

Nous verrons plus loin que l'emprunteur ne peut conférer à un tiers le droit de se servir de la chose [2].

649. La question de savoir si, en cas d'usage abusif, le prêteur peut demander la résolution du contrat se rattache à un problème plus général, celui de savoir si le droit de résolution accordé par l'art. 1184 contre la partie qui n'exécute pas ses obligatiens, existe non seulement dans les contrats synallagmatiques, mais encore dans les contrats unilatéraux. L'affirmative est généralement admise ; ainsi, la résolution est permise [3].

650. Si l'emprunteur se sert de la chose prêtée pour un usage autre que l'usage voulu par les parties, il commettait en droit romain un *furtum usus*. Cette solution était également admise dans l'ancien droit ; elle est consacrée par le droit commun allemand [4]. Elle n'est plus exacte dans notre droit.

Dans ce cas, le profit qu'il tire de l'usage illicite appartient au commodant [5].

Nous avons vu enfin que l'emprunteur qui use de la chose contrairement à sa destination est tenu de la perte même fortuite.

651. L'emprunteur contracte l'obligation de supporter les dépenses nécessitées par l'usage ; nous reviendrons sur ce point [6].

(1) Duranton, XVII, n. 518; Pont, I, n. 70; Guillouard, n. 28. — *Contra* Troplong, n. 98.
(2) V. *infra*, n. 680
(3) Duvergier, n. 54 ; Guillouard, n. 32. — *Contra* Laurent, XXVI, n. 467.
(4) Rivier, *loc. cit.*
(5) Rivier, *loc. cit.*
(6) V. *infra*, n. 664 s.

§ III. *Restitution de la chose.*

I. *Epoque de la restitution.*

652. « *Le prêteur ne peut retirer la chose prêtée qu'après » le terme convenu, ou, à défaut de convention, qu'après » qu'elle a servi à l'usage pour lequel elle a été empruntée* » (art. 1888) [1]. Ainsi, je vous prête une cuve pour faire cuver vos raisins; je ne pourrai la reprendre que lorsque le vin sera fait.

De son côté l'emprunteur doit restituer la chose après en avoir fait l'usage convenu, ou même avant de s'en être servi, si le prêt a été fait pour un certain temps et que ce temps soit écoulé.

Dans le cas même où un terme a été fixé, la restitution peut, si l'usage a été terminé avant ce délai, être immédiatement exigée [2]. C'était la solution de Pothier [3]; il en donnait cette excellente raison que le délai a été fixé comme un maximum de temps au bout duquel l'usage devait être terminé.

653. Si la chose n'a pas été prêtée pour un usage déterminé et que la durée de l'usage n'ait pas été fixée, le commodant peut réclamer la chose quand cela lui convient [4].

Toutefois il ne peut la réclamer intempestivement [5] et cela même s'il en a besoin [6]. Le commodat se distingue en cela du précaire [7].

654. Si la durée du prêt n'a pas été fixée, il n'en résulte pas, quoi que puissent faire croire les termes de l'art. 1888, que l'emprunteur puisse éternellement la prolonger en retar-

(1) Pour la sanction, v. *supra*, n. 646.

(2) Guillouard, II, n. 46.

(3) « Si je vous ai prêté un manuscrit pour quinze jours, afin d'en tirer une copie, et qu'au bout de huit jours vous ayez achevé cette copie, je puis vous demander que vous me rendiez mon manuscrit sans attendre la fin des quinze jours », n. 46.

(4) Guillouard, n. 55 ; Rivier, *loc. cit.* — M. Guillouard, *loc. cit.*, trouve l'hypothèse très peu pratique, ce n'est pas notre avis : il arrive fréquemment que l'emprunteur n'indique pas au prêteur l'usage qu'il entend faire de la chose.

(5) Rivier, *loc. cit.*

(6) Rivier, *loc. cit.*

(7) Rivier, *loc. cit.*

dant l'usage; les tribunaux détermineront le terme au bout duquel l'usage devra être effectué [1].

Par exception, comme nous l'avons montré, il peut arriver que la restitution doive avoir lieu avant le terme fixé, si le prêt portait sur la chose d'autrui [2].

655. Il va sans dire que le commodant peut se réserver la faculté de reprendre, au moment où il le voudra, la chose prêtée [3]. Dans ce cas, le commodat se rapproche du précaire et même, d'après certains auteurs, s'identifie avec lui [4].

656. L'art. 1889 porte : « *Néanmoins, si, pendant ce délai,* » *ou avant que le besoin de l'emprunteur ait cessé, il survient* » *au prêteur un besoin pressant et imprévu de sa chose, le juge* » *peut, suivant les circonstances, obliger l'emprunteur à la lui* » *rendre* ».

Cette solution est empruntée à Pothier [5]. La justification qu'il en donnait, et qui a été reproduite par les travaux préparatoires [6], est que personne n'est « présumé vouloir faire plaisir à un autre à son préjudice », de sorte que la règle de l'art. 1889 peut être considérée comme reposant sur la convention tacite des parties. On l'a critiquée cependant [7] en rappelant que le donateur ne peut, sous prétexte qu'il a besoin de la chose donnée, revenir sur la donation. Mais les situations ne sont pas les mêmes : le donateur transmet la propriété, c'est-à-dire fait un acte définitif; le commodant ne consent qu'à une transmission temporaire et rend un service qui ne lui cause aucun préjudice; du jour où ce service lui préjudicie, il peut, sans injustice, y mettre fin.

Le rôle du juge consiste tout d'abord à apprécier si, en effet, le commodant a besoin de sa chose; et le tribunal qui

(1) Laurent, XXVI, n. 478; Guillouard, n. 46. — Cpr. Colmar, 8 mai 1845, S., 47. 2. 117, D., 46. 2. 219.

(2) V. *supra*, n. 622.

(3) Troplong, n. 28; Duvergier, n. 124; Pont, I, n. 115; Aubry et Rau, IV, p. 594, § 391, note 5; Colmet de Santerre, VIII, n. 75 *bis*; Laurent, XXVI, n. 456; Guillouard, n. 21.

(4) V. *infra*, n. 682.

(5) N. 25; Guillouard, n. 48; Pont, I, n. 117 s.

(6) *Exposé des motifs* de Galli, Fenet, XIV, p. 451.

(7) Laurent, XXVI, n. 479.

ordonnerait la restitution de la chose prêtée sans constater ce besoin, ou en déclarant que le besoin n'existe pas, encourrait la censure de la cour de cassation.

Mais le juge est également chargé d'apprécier la nature et le degré du besoin et peut dispenser l'emprunteur de la restitution si le besoin du prêteur lui paraît insignifiant. Ce droit du juge résulte des termes généraux de l'art. 1889 et aussi des travaux préparatoires; ils constatent que, même en cas de besoin du prêteur, la restitution « dépend du juge, par qui elle peut être ou non accordée suivant les circonstances qu'il doit peser » [1].

657. La disposition de l'art. 1889 repose sur cette considération que le prêteur n'a pu vouloir rendre service à ses propres dépens; aucune considération semblable ne peut être invoquée en faveur de l'emprunteur; ce dernier ne peut donc garder la chose après le terme fixé, même avec l'autorisation du tribunal, si l'usage n'en est pas terminé, si la restitution doit lui causer un préjudice sérieux, et si la prolongation du prêt ne cause aucun préjudice au prêteur [2]; l'emprunteur est, du reste, lié par le contrat qui lui impose la restitution au terme fixé; enfin l'équité ne milite pour lui qu'en apparence, car il est injuste, alors que le prêteur a rendu un service purement gratuit, de l'obliger à rendre un service plus grand encore. C'est une objection bien singulière que de dire que le tribunal interprétant le contrat dans un sens différent ne fait qu'apprécier la volonté des parties; on ne peut, sans dénaturer cette volonté, prolonger une convention au-delà du terme expressément fixé. Songerait-on à donner le même droit au tribunal dans le contrat de louage? Evidemment non; et l'on sait que le commodat n'est qu'un louage où le locataire reçoit un service gratuit et, par suite, doit être tenu beaucoup plus scrupuleusement encore que dans le louage de respecter la convention.

L'autorité de Pothier [3], qu'on a invoquée en sens contraire,

[1] *Exposé des motifs* de Galli, Fenet, XIV, p. 451.

[2] Troplong, n. 148 s.; Laurent, XXVI, n. 477. — *Contra* Pont, I, n. 111; Guillouard, n. 49.

[3] N. 28.

est insignifiante, car Pothier n'était pas lié par un texte; d'autre part, il se basait sur « les devoirs de l'amitié qui ont porté le prêteur à faire le prêt» ; ce qui revient à dire que, par cette seule raison que le prêteur s'est montré généreux, il doit se montrer plus généreux encore.

En partant du raisonnement de Pothier, on doit admettre que, même alors que la prolongation de l'usage nuit au prêteur, cette prolongation peut être ordonnée par le juge si la restitution immédiate est de nature à causer un préjudice plus grand à l'emprunteur ; c'est en effet ce que décidait Pothier et ce que décident encore les partisans modernes de son opinion, mais ces derniers, comme sur la question précédente, dispensent l'emprunteur de toute indemnité (1), tandis que Pothier exigeait une indemnité.

658. Dans tous les cas, il est certain que l'emprunteur ne peut jamais être autorisé à garder la chose prêtée pour des besoins nouveaux qui lui sont survenus en dehors de l'usage en vue duquel le prêt a eu lieu (2).

II. *Personnes à qui la restitution est faite.*

659. La restitution doit être faite au prêteur lui-même ou à ses représentants (3). Y a-t-il exception pour le cas où l'emprunteur découvre que la chose est à autrui? C'est ce que nous avons déjà examiné (4).

III. *Lieu de la restitution.*

660. Sur le lieu de la restitution la convention est évidemment souveraine (5); à défaut de convention, la restitution doit être faite au domicile du prêteur, par interprétation de la volonté des parties (6).

Cependant, avec Pothier (7), divers auteurs (8) admettent

(1) Guillouard, n. 49.
(2) Guillouard, n. 49.
(3) Guillouard, n. 50.
(4) V. *supra*, n. 621.
(5) Guillouard, n. 50.
(6) Guillouard, n. 50.
(7) Pothier, n. 37.
(8) Troplong, n. 109; Guillouard, n. 50.

que si, depuis le prêt, le prêteur a transporté son domicile dans un endroit éloigné, l'emprunteur n'est pas obligé d'y opérer la restitution, car c'est là un fait étranger au débiteur, et ce dernier ne peut être tenu au delà des obligations qu'il a contractées. Ce sont là des considérations inexactes, car elles aboutissent à une solution qui contredit les principes et, au surplus, elles pourraient être invoquées avec la même force par tout débiteur.

D'un autre côté, si, au lieu d'être remis à l'emprunteur, l'objet prêté a été cherché par lui [1] dans l'endroit où l'objet se trouvait, on admet, toujours avec Pothier [2], que la restitution doit être faite en cet endroit, parce qu'elle doit être opérée de manière à causer les moindres ennuis au prêteur.

IV. *Actions en restitution.*

661. Pour obtenir la restitution de la chose prêtée, le prêteur a dans tous les cas une action personnelle née du prêt. Cette action ne peut être exercée que contre l'emprunteur et ses ayant cause universels (arg. art. 1122 et 1165) ; elle se prescrit par trente années (arg. art. 2262).

En outre, si le prêteur est propriétaire de la chose prêtée, il peut la réclamer par l'action en revendication ; car le prêt ne lui fait pas perdre son titre de propriétaire, ni les avantages attachés à ce titre. L'action en revendication du prêteur peut être exercée, non seulement contre l'emprunteur et ses ayant cause universels, mais aussi contre les tiers détenteurs. Le défendeur, quel qu'il soit, ne peut y échapper qu'autant qu'il est en mesure d'invoquer la prescription acquisitive. C'est dire que l'action pourra réussir même après trente ans contre l'emprunteur ou ses héritiers, qui ne peuvent prescrire par quelque laps de temps que ce soit, à cause de la précarité de leur possession (arg. art. 2236 et 2237). Autre est la situation du tiers détenteur : il prescrit d'après les règles du droit commun, c'est-à-dire, suivant les cas, soit par trente ans (art. 2262), soit par dix à vingt ans (art. 2265). Il

(1) Troplong, n. 108; Guillouard, n. 50.
(2) N. 36.

peut même invoquer la maxime *En fait de meubles la possession vaut titre* (art. 2279), s'il a juste titre et bonne foi et qu'il s'agisse d'un objet mobilier corporel. Dans tous ces cas, l'action en revendication du prêteur pourra se trouver paralysée.

§ IV. *De la solidarité entre les emprunteurs.*

662. Aux termes de l'art. 1887 : « *Si plusieurs ont conjoin-* » *tement emprunté la même chose, ils en sont solidairement* » *responsables envers le prêteur* ». C'est une règle traditionnelle (1).

Cette solidarité existe notamment en cas de faute commise par l'une des parties (2).

La solidarité n'existe pas entre les différents héritiers du débiteur (3) ; c'est l'application du droit commun, elle était déjà faite par Pothier (4).

§ V. *Droit international.*

662 *bis*. Conformément aux principes généralement reconnus, on doit appliquer aux obligations de l'emprunteur la loi qui régit les effets des conventions, c'est-à-dire la loi nationale commune des parties et, si elles n'appartiennent pas à la même nationalité, la loi du lieu où le contrat a été passé (5).

SECTION VII

DROITS ET OBLIGATIONS DU PRÊTEUR

§ I. *Obligations relatives à l'usage.*

663. La première obligation du prêteur, sur laquelle nous avons suffisamment insisté déjà, est de n'apporter aucun obs-

(1) L. 5, § 15, D., *Commod. vel contra*, 13. 6 ; Pothier, n. 65.
(2) Cpr. Guillouard, n. 44.
(3) Pont, I, n. 106 ; Guillouard, n. 44.
(4) N. 65.
(5) V. cep. Albéric Rolin, *Princ. du droit int. priv.*, III, n. 1343, d'après lequel il y a lieu d'appliquer la loi nationale ou du domicile du prêteur parce que, le prêteur rendant un service gratuit, on doit avoir égard à ses intentions.

tacle au droit qui appartient à l'emprunteur, de faire usage de la chose pendant le temps expressément ou tacitement convenu ; cette obligation résulte des art. 1888 et 1889.

Mais le prêteur n'est pas obligé de *faire jouir*, ni même de faire user l'emprunteur de la chose [1].

Au reste, il ne s'agit pas là d'une véritable obligation [2], mais bien d'une absence de droit, de ce que Pothier [3] appelait « une obligation négative ». S'il en était autrement, la convention serait synallagmatique, puisque l'interdiction dont parle l'art. 1888 est inhérente au commodat.

§ II. *Droits et obligations relatifs aux dépenses.*

I. *Cas où les dépenses incombent au prêteur ou à l'emprunteur.*

664. « *Si* », porte l'art. 1890, « *pendant la durée du prêt,* » *l'emprunteur a été obligé, pour la conservation de la chose,* » *à quelque dépense extraordinaire, nécessaire, et tellement* » *urgente qu'il n'ait pas pu en prévenir le prêteur, celui-ci* » *sera tenu de la lui rembourser* ».

Il semblerait résulter de là que si l'emprunteur avait le temps de prévenir le prêteur, et a fait la dépense sans en en informer ce dernier, cette dépense reste tout entière à sa charge. Cette solution est trop contraire au droit commun pour pouvoir être acceptée; l'art. 1890 vise les dépenses nécessaires : or il est de principe que les dépenses nécessaires doivent être remboursées pour leur intégralité à celui qui les a faites [4]. Telle était, du reste, la solution de l'ancien droit [5]. Ce sont par exemple les frais de maladie de l'animal prêté [6].

665. Il n'y a entre l'hypothèse expressément prévue par l'art. 1890, et celle où l'emprunteur n'a pas eu le temps de prévenir le prêteur qu'une seule différence, et c'est elle peut-

(1) Pothier, n. 76.

(2) Laurent, XXVI, n. 456 et 481 ; Colmet de Santerre, VIII, n. 91 *bis;* Guillouard, n. 55.

(3) N. 76.

(4) *Contra* Guillouard, n. 56.

(5) Argou, *loc. cit.*, p. 310.

(6) Argou, *loc. cit.*

être qui explique la rédaction de l'art. 1890. Si l'emprunteur n'a pu prévenir le prêteur, il a contre lui une action en indemnité, même si le prêteur a, avant que le remboursement ne soit effectué, abandonné la possession à un tiers reconnu propriétaire de l'immeuble ; c'est à cette solution que conduisent les termes généraux de l'art. 1890.

Au contraire si l'emprunteur, pouvant prévenir le prêteur, ne l'a pas fait, il n'a pas, dans cette même hypothèse de délaissement, le droit d'agir contre le prêteur ; il ne peut agir que contre le véritable propriétaire ; c'est l'application des règles de la gestion d'affaires.

666. Il semblerait, d'après l'art. 1890, que les dépenses utiles, par exemple les dépenses d'amélioration, ne sont pas sujettes à remboursement ; cette solution nous paraît également trop contraire au droit commun pour pouvoir être admise ; l'emprunteur a donc le droit d'exiger le remboursement de la plus value procurée à la chose par les dépenses utiles qu'il a faites (1).

667. Mais les dépenses *ordinaires,* « qui sont, comme le disait Pothier (2), une charge naturelle du service que l'emprunteur tire de la chose », c'est-à-dire les dépenses d'entretien, demeurent à la charge de l'emprunteur, alors même qu'elles seraient nécessaires pour la conservation de la chose. « *Si, pour user de la chose, l'emprunteur a fait quelque dépense* », dit l'art. 1886, « *il ne peut pas la répéter* » (3). « Par exemple, dit Pothier (4), si je vous ai prêté mon cheval pour faire un voyage, vous êtes obligé de le nourrir et de l'entretenir de fers à vos dépens, cette dépense ordinaire étant une charge de la jouissance que vous en avez ».

II. *Action en paiement des dépenses.*

668. Le prêteur est tenu sur tous ses biens, conformément à l'art. 2092, de l'obligation de rembourser les dépenses ; il

(1) *Contra* Guillouard, n. 56.

(2) N. 81. — Guillouard, n. 45 et 56.

(3) *Allemagne,* Rivier, *loc. cit.* — *Espagne,* C. civ., art. 1889. — *Suisse,* C. féd., art. 323.

(4) *Loc. cit.* — Argou, *loc. cit.*, p. 310 ; Guillouard, n. 45.

ne peut donc y échapper en abandonnant à l'emprunteur la chose prêtée ([1]); c'est ce que disait Pothier ([2])

669. Pothier s'exprime ainsi ([3]) : « L'emprunteur, pour le remboursement qui lui est dû des impenses extraordinaires qu'il a faites pour la conservation de la chose qui lui a été prêtée, a un privilège sur cette chose pour ses impenses ; il a même le droit de la retenir, *veluti quodam pignoris jure,* jusqu'à ce que le prêteur qui demande la restitution de la chose les lui ait remboursées ». Ainsi Pothier accorde ici à l'emprunteur un privilège, et, comme auxiliaire de ce privilège, un droit de rétention. Notre législateur a maintenu le privilège (au moins lorsque la chose prêtée est mobilière, ce qui arrive presque toujours; voyez l'art. 2102-3°) ([4]). A-t-il maintenu aussi le droit de rétention? Aucun texte ne le consacre. De là une controverse.

Parmi ceux qui veulent que le droit de rétention ne soit pas accordé à l'emprunteur, quelques-uns invoquent l'art. 1885, qui selon eux aurait été écrit tout exprès pour refuser ce droit à l'emprunteur. Ce texte est ainsi conçu : « *L'emprunteur ne peut pas retenir la chose par compensation de ce que le prêteur lui doit* ».

Nous croyons que l'art. 1885 est tout à fait étranger au droit de rétention ; il parle de *compensation* ([5]), et n'est, à notre avis, qu'une répétition inutile d'une disposition inutile elle-même, celle de l'art. 1293-2°. Si le législateur avait écrit ce texte, comme on le prétend, en vue de refuser à l'emprunteur le droit de rétention, que Pothier lui accordait pour les dépenses nécessaires faites en vue de conserver la chose, il l'aurait vraisemblablement placé, non dans la section consacrée aux obligations de l'emprunteur, mais dans celle qui a trait aux engagements du prêteur, à la suite de l'art. 1890, dont l'art.

([1]) Troplong, n. 162; Pont, I, n. 123; Guillouard, n. 57.
([2]) N. 83.
([3]) N. 43 et 82.
([4]) Laurent, XXVI, n. 480; Guillouard, n. 61.
([5]) Dans une autre opinion, il concerne la demande reconventionnelle et défend au commodataire d'opposer une demande de ce genre avant que la demande principale en restitution soit jugée. Appleton, *Hist. de la compensation en droit romain*, p. 504.

1885 aurait formé le complément naturel. On ne peut donc se fonder, en sens contraire, sur un passage des travaux préparatoires [1] où se trouve relatée une loi romaine qui refuse à l'emprunteur le droit de rétention [2]. Pothier [3] citait d'ailleurs cette loi et l'interprétait comme ayant simplement pour objet de rendre la compensation impossible ; il est certain que les travaux préparatoires ont voulu exprimer la même idée.

L'art. 1885 doit donc être écarté du débat. Une opinion très répandue veut que le droit de rétention ne puisse pas être accordé, en principe, en dehors des cas expressément prévus par la loi. La raison majeure en est que le droit de rétention étant, d'après l'opinion générale, réel et par suite opposable aux tiers, engendre en définitive un droit de préférence analogue au privilège, et il n'y a pas de privilège sans texte. Mais le motif même de cette solution permet peut-être d'y faire exception pour le cas qui nous occupe. Nous venons de dire que l'emprunteur a un privilège pour le remboursement des impenses extraordinaires de conservation qu'il a été forcé de faire (art. 2102-3°) ; il ne s'agit de lui accorder le droit de rétention que comme auxiliaire de ce privilège. Dans ces conditions, nous ne voyons nulle impossibilité juridique à le concéder, par argument d'assez nombreuses dispositions législatives qui la consacrent dans des cas analogues et notamment de l'art. 1948 [4].

A plus forte raison cette solution est-elle exacte dans l'opinion qui accorde à tout débiteur le droit de rétention pour les créances provenant de la chose qu'il détient [5].

Mais il y a un intérêt considérable à choisir entre les deux fondements que nous venons d'indiquer. Si on donne au droit de rétention un caractère de généralité, on l'accordera non

(1) Exposé des motifs de Galli, Fenet, XIV, p. 451.

(2) L. 4, C., *de commod.*, 4. 23.

(3) N. 44.

(4) *Contra* Pont, I, n. 98 s.; Laurent, XXVI, n. 480.

(5) Troplong, n. 128 ; Duvergier, n. 91 ; Aubry et Rau, IV, p. 596, § 392, note 4 ; Colmet de Santerre, VIII, n. 85 *bis*, 1 s. ; Valette, *Des priv. et hyp.*, n. 6 ; Glasson, *Du dr. de rétention*, p. 152 s. ; Nicolas, *ibid.*, n. 232 ; Guillouard, n. 52 et 61 et *Tr. du dr. de rétention*, n. 84. — Cpr. Baudry-Lacantinérie et de Loynes, *Tr. du nantissement, des priv. et hyp.*, I, n. 235.

seulement pour les dépenses faites sur la chose, mais encore pour les dommages causés à l'emprunteur par les vices de la chose [1].

Au contraire si, avec nous, on fait du droit de rétention l'accessoire du privilège, on ne l'accordera que dans les cas où ce privilège existe, c'est-à-dire pour les dépenses de conservation faites sur la chose. Il est à remarquer que Pothier ne parlait que de cette dernière créance.

670. L'art. 1885 vient de nous apprendre que l'emprunteur ne peut compenser ses créances avec sa dette, et cette solution, déjà admise par Pothier [2], se justifie par l'idée que la compensation est restreinte aux dettes de sommes fongibles et que la dette de l'emprunteur consiste en un corps certain.

Mais si la dette de l'emprunteur est convertie en une dette de somme, par exemple si l'objet prêté a péri par sa faute, la compensation redevient possible [3]; c'était encore la solution de Pothier [4].

§ III. *Obligations relatives aux défauts de la chose.*

671. « *Lorsque la chose prêtée a des défauts tels, qu'elle » puisse causer du préjudice à celui qui s'en sert, le prêteur » est responsable, s'il connaissait les défauts et n'en a pas » averti l'emprunteur* » (art. 1891) [5]. C'est une solution traditionnelle [6].

Ainsi je vous prête sciemment un cheval morveux, sans vous prévenir de la maladie dont l'animal est atteint; il la communique, ainsi qu'il était facile de le prévoir, à vos chevaux, avec lesquels vous le mettez en contact, et tous meurent. Je serai responsable envers vous de ce préjudice, car il résulte de ma faute et même de mon dol.

De même, comme le décidait le droit romain [7], la respon-

(1) Guillouard, n. 52 et 61.
(2) N. 44.
(3) Troplong, n. 128; Duvergier, n. 91; Aubry et Rau, IV, p. 596, § 392, note 4; Colmet de Santerre, VIII, n. 85 *bis*, 1 s.; Guillouard, n. 53.
(4) *Loc. cit.*
(5) *Allemagne*, Rivier, *loc. cit.*
(6) L. 18, § 3, D., *Commod. vel contra*, 13. 6; Pothier, n. 84.
(7) L. 18, § 3, D., *Commod. vel contra*, 13. 6.

sabilité du prêteur est engagée en cas de prêt de vases ou récipients gâtés (1).

672. Il résulte de l'art. 1891 que le prêteur n'est pas tenu du vice qu'il ignorait (2). Pothier était déjà en ce sens et il en était de même du droit romain (3).

673. Il faut, en outre, quoique la loi ne le dise pas, que l'emprunteur ait ignoré le vice, car, dans le cas contraire, il ne peut imputer qu'à sa négligence le préjudice qu'il a supporté.

La solution est la même si le vice était apparent (4); car le commodataire a dû le connaître; on peut, en outre, tirer un argument de l'art. 1642, qui dispense le vendeur de toute responsabilité à l'égard des vices apparents, quoique l'acquéreur contractant à titre onéreux soit plus favorable que le commodataire.

674. Dans le cas exceptionnel où le prêt a été consenti dans l'intérêt exclusif du prêteur, ce dernier est tenu de sa faute légère, c'est-à-dire même des vices qu'il ignorait, l'art. 1891 ne s'expliquant que par la gratuité du service rendu (5).

Il en est de même si le prêt a été fait en partie dans son intérêt (6).

§ IV. *Obligation relativement à la restitution de la chose.*

675. La loi, comme nous l'avons vu, range au nombre des obligations du prêteur, la défense de demander la restitution de la chose avant le temps fixé (7).

§ V. *Possession de la chose.*

676. L'art. 1877 porte que « le prêteur demeure proprié-

(1) Guillouard, n. 58.
(2) *Loc. cit.*
(3) (*Sciens*), *loc. cit.*
(4) Limoges, 12 nov. 1859, D. 60. 2. 51. — Troplong, n. 68; Pont, I, n. 130; Aubry et Rau, IV, p. 597, § 393, note 3; Laurent, XXVI, n. 483; Guillouard, n. 59.
(5) Rivier, *loc. cit.*
(6) Rivier, *loc. cit.*
(7) V. *supra*, n. 652.

taire de la chose prêtée ». Cette disposition n'est applicable, comme nous l'avons fait remarquer, que si le prêteur était effectivement propriétaire de la chose prêtée.

Le prêteur à usage ne conserve pas seulement la propriété de la chose prêtée, il en conserve aussi la possession. Le commodataire n'est qu'un possesseur précaire ; son titre implique, en effet, la reconnaissance du droit d'autrui : il possède, non pas *sibi*, mais *alii;* aussi est-il du nombre de ceux qui, aux termes de l'art. 2236, « ne prescrivent jamais, par quelque laps de temps que ce soit ».

Pour la même raison, si le prêteur n'est pas propriétaire, il conserve sur la chose le droit qui lui appartenait. Ainsi, un voleur prête la chose qu'il a volée ; il continue à la posséder par l'intermédiaire de l'emprunteur et il pourra se prévaloir de cette possession pour arriver à la prescription, qui ne s'accomplirait ici à son profit que par trente ans, sa mauvaise foi ne lui permettant pas d'invoquer l'art. 2279.

Néanmoins, le commodataire peut, au nom du commodant, et comme ayant reçu la détention de la chose pour le compte du commodant, intenter les actions de ce dernier.

Ainsi le commodataire peut revendiquer entre les mains d'un tiers la chose prêtée qui lui a été enlevée ([1]).

677. Le droit de jouissance de l'emprunteur sur la chose prêtée est un droit personnel comme celui du preneur et non pas un droit réel comme celui de l'usufruitier ([2]). Cette solution, déjà donnée par Pothier ([3]), résulte de l'analogie que nous avons maintes fois signalée entre le bail et le commodat.

§ VI. *Droit international.*

677 *bis*. On appliquera, en matière de droit international, tout ce que nous avons dit à propos des obligations de l'emprunteur ([4]).

([1]) Trib. civ., Libourne, 9 mai 1894, *Gaz. Trib.*, 16 déc. 1894.
([2]) Troplong, n. 17, 25 et 26 ; Duvergier, n. 15 ; Guillouard, n. 23 et 24.
([3]) N. 20.
([4]) V. *supra*, n. 662 *bis*. — V. cep. Albéric Rolin, *op. cit.*, III, n. 1343, qui reproduit les solutions indiquées *supra, loc. cit.*

SECTION VIII

FIN DU PRÊT A USAGE

678. Le commodat se termine à l'époque fixée par le contrat ou après que l'usage est terminé [1].

Aux termes de l'art. 1879 : « *Les engagements qui se forment par le commodat passent aux héritiers de celui qui prête et aux héritiers de celui qui emprunte. — Mais si l'on n'a prêté qu'en considération de l'emprunteur et à lui personnellement, alors ses héritiers ne peuvent continuer de jouir de la chose prêtée* ».

Que les héritiers du prêteur soient liés par le contrat et qu'en conséquence ils ne puissent pas réclamer la restitution de la chose prêtée avant l'expiration du temps expressément ou tacitement accordé à l'emprunteur pour s'en servir, cela allait de soi. Mais il était plus douteux que les héritiers de l'emprunteur dussent être appelés à recueillir le bénéfice du commodat, car ce contrat semble bien être du nombre de ceux qui sont faits *intuitu personæ*. Cependant l'art. 1879 paraît ne lui reconnaître qu'exceptionnellement ce caractère, puisqu'il établit en principe que le contrat profitera aux héritiers de l'emprunteur. Une disposition inverse nous aurait semblé plus rationnelle. En d'autres termes, nous croyons qu'il eût été préférable de décider en principe que le prêt est personnel de sa nature, que par suite les héritiers de l'emprunteur ne pourront pas continuer à jouir de la chose prêtée, à moins qu'ils ne prouvent que le prêt n'a pas été fait en considération de la personne de leur auteur [2].

679. Le commodat est-il opposable à l'acquéreur de l'immeuble prêté? La négative a été soutenue [3] par la raison que l'art. 1743 est inapplicable au commodat.

L'affirmative nous paraît préférable; nous ne la fondons pas sur l'art. 1743, qui, en effet, est spécial au bail, mais bien sur le droit de rétention qui est conféré au commodataire; ce

(1) V. *supra*, n. 652 s.
(2) Laurent, XXVI, n. 455; Guillouard, n. 13.
(3) Planiol, *Note*, D., 93. 1. 161.

droit de rétention lui permet, jusqu'à l'arrivée du terme ou la fin de l'usage (art. 1888), d'opposer le prêt à tout intéressé [1].

680. L'emprunteur ne peut transmettre à un tiers le droit d'user de la chose prêtée [2]; en effet, le commodat est généralement un contrat de bienfaisance, et les contrats de ce genre sont inspirés par une pensée libérale vis-à-vis de la personne gratifiée seule; dans le cas où le commodat n'est pas un contrat de bienfaisance, il est également, comme le montrent les exemples que nous avons cités, fondé sur des considérations personnelles. Au surplus, le caractère personnel du commodat résulte de ce qu'une disposition de l'art. 1875, qui le consacrait implicitement en décidant que le commodataire userait de la chose « dans ses besoins » [3], a été supprimée comme inutile [4].

680 *bis*. La loi qui régit la fin du commodat est celle qui régit tous les effets des conventions, c'est-à-dire, d'après l'opinion générale, la loi nationale des parties si elles appartiennent à la même nationalité, et, dans le cas contraire, la loi du lieu du contrat [5].

SECTION IX

COMPÉTENCE EN MATIÈRE DE PRÊT A USAGE

681. De la part du prêteur, le prêt à usage, par cela même qu'il est gratuit et, par suite, incompatible avec toute idée de spéculation, est civil.

Il est également civil de la part de l'emprunteur, car l'usage d'une chose ne saurait constituer une spéculation commerciale.

[1] V. *supra*, n. 611.
[2] Duvergier, n. 15; Laurent, XXVI, n. 455; Guillouard, n. 13, 23 et 29.
[3] Fenet, XIV, p. 425.
[4] Fenet, XIV, p. 441.
[5] V. cep. Albéric Rolin, *Princ. du dr. int. privé*, III, n. 1362. D'après cet auteur, il faut appliquer la loi de la situation si les parties ont connu cette loi, et, dans le cas contraire, la loi du domicile ou la loi nationale (il ne spécifie pas) du prêteur, parce que, le prêteur rendant un service gratuit, il est naturel de consulter ses intentions.

Toutefois, en vertu de la théorie de l'accessoire, le prêt à usage fait à un commerçant dans l'intérêt de son commerce est commercial quant à l'emprunteur [1].

Ce sont ces principes qu'il y a lieu d'appliquer à la détermination de la compétence.

SECTION X

DU PRÉCAIRE

682. Le précaire est la concession de l'usage d'une chose avec faculté de révocation *ad nutum*.

Le précaire se distingue du commodat en ce que la révocation peut avoir lieu avant que l'usage pour lequel la concession est faite ait eu lieu ou ait été terminée [2]. D'autre part, le précaire peut ne pas être gratuit. En troisième lieu, comme nous le dirons, le précariste a la possession juridique de la chose [3].

Si la première de ces différences existait seule (et c'est la seule que signale Pothier) [4], on pourrait nier l'existence dans le droit moderne du précaire comme contrat indépendant, puisque rien ne s'oppose à ce que, dans le commodat lui-même, la révocation *ad nutum* soit stipulée; et c'est, en effet, ce que font certains auteurs [5]; ils oublient que le précaire se distingue du commodat par d'autres caractères encore.

683. En droit romain, alors que le commodat était un contrat synallagmatique nommé, le précaire n'était qu'un contrat innommé, donnant lieu à l'interdit *de precario* et à l'action *prescriptis verbis* [6]. Il va sans dire que cette différence a disparu.

[1] Trib. sup. com. Allemagne, 21 janv. 1876, *Journ. dr. int.*, IV, 1877, p. 537.

[2] Hœlder, Holzendorff's *Rechtslexikon*, v° *Precarium.*

[3] Le code général prussien distingue le précaire du commodat. Le C. civ. de Zurich (§ 1129) le considère comme une variété du commodat.

[4] N. 87. — V. aussi Argou, *loc. cit.*, p. 311.

[5] Troplong, n. 28; Duvergier, n. 124; Pont, I, n. 115; Aubry et Rau, IV, p. 594, § 391, note 5; Laurent, XXVI, n. 456; Colmet de Santerre, VIII, n. 75 *bis;* Guillouard, n. 21.

[6] L. 14, § 2, L. 19, § 2, D. *De prec.*, 43. 26.

684. A la différence du commodataire, qui n'est qu'un simple détenteur, le précariste a la possession juridique de la chose [1], et cela même si le contrat ne lui donne formellement que la détention [2].

685. En droit romain, le précariste n'était tenu que de son dol et de sa faute lourde; l'exonération de la faute légère provenait de l'origine du précaire. Aujourd'hui, en l'absence d'un texte et par application des principes généraux, le précariste, comme le commodataire, est tenu de sa faute même légère [3].

686. Le précaire ne perd pas sa nature si une prestation est imposée au précariste, pourvu que le propriétaire ne contracte de son côté aucune obligation [4].

CHAPITRE III

DU PRÊT DE CONSOMMATION OU SIMPLE PRÊT

687. « *Le prêt de consommation est un contrat par lequel* » *l'une des parties livre à l'autre une certaine quantité de cho-* » *ses qui se consomment par l'usage, à la charge par cette* » *dernière de lui en rendre autant de même espèce et qualité* » (art. 1892). C'est à peu de chose près la définition de Pothier [5].

[1] Hœlder, *loc. cit.*
[2] Hœlder, *loc. cit.*
[3] Guillouard, n. 21 et les auteurs précités.
[4] Hœlder, *loc. cit.*
[5] *Du prêt de consomption*, n. 1. Cet auteur, à la place du mot *livre*, employait l'expression « donne et transfère la propriété » et les auteurs modernes accordent la préférence à la définition de Pothier parce qu'elle indique que le prêt est translatif de propriété. Colmet de Santerre, VIII, n. 96 *bis*, 1 ; Guillouard, n. 65. C'est cette même raison qui nous fait préférer la définition du code : le prêt ne transfère pas toujours la propriété des objets prêtés ; tout ce qu'il fallait dire (et l'art. 1892 le dit), c'est qu'à la différence des objets prêtés à usage, ceux qui sont compris dans un prêt de consommation doivent être restitués en équivalent et non pas en nature. D'autre part, l'art. 1892 a le grand mérite de montrer que le prêt est un contrat réel.

SECTION PREMIÈRE

ACTES QUI CONSTITUENT DES PRÊTS DE CONSOMMATION

688. Le prêt de consommation doit être d'abord distingué de la vente; la distinction, en général, est très facile, car la vente est l'aliénation d'une chose moyennant une somme et le prêt l'aliénation d'une somme ou d'une chose fongible moyennant une autre somme ou une autre chose fongible.

L'obligation émise par une société est, en général, et toutes les fois qu'elle est remise à un tiers en échange d'une somme ou d'une promesse de somme, un titre constatant une promesse de prêt pour les sommes promises et un prêt pour les sommes versées; la remise du titre ne constitue pas une vente [1].

Jusqu'au moment du versement intégral, c'est un contrat synallagmatique, si, de son côté, la société qui a émis les obligations paye des intérêts, tire au sort des lots ou amortit une fraction de ses titres [2].

689. On peut considérer, suivant les circonstances, l'achat de reconnaissances de Mont-de-piété comme un prêt. Les tribunaux regardent les personnes qui font profession de ces opérations comme des prêteurs [3].

690. Le prêt de consommation se distingue très nettement du louage, quand il est fait gratuitement; mais il s'en rapproche beaucoup quand il est fait à titre onéreux, c'est-à-dire moyennant un prix (intérêt). Celui qui donne une somme d'argent à la condition que son co-contractant la restituera au bout d'un certain temps, augmentée d'un profit appelé intérêt, semble bien être un locateur plutôt qu'un prêteur; car le prêt éveille l'idée d'un acte de bienfaisance : il loue un capital pour un certain temps moyennant un certain prix. Les économistes n'hésitent pas à considérer le prêt à intérêt comme

[1] La jurisprudence décide quelquefois que l'obligation à prime tient le milieu entre le prêt et le contrat aléatoire. — Trib. com. Seine, 22 décembre 1885, *Droit*, 20 janvier 1886. — V. à propos du taux des intérêts, *infra*, n. 836.

[2] Tissier, *Note*, S., 96. 1. 177.

[3] Paris, 7 déc. 1891, *Gaz. Pal.*, 92. 1. 152. — Trib. correct. Seine, 11 janv. 1892, *Gaz. Pal.*, 92. 1. 152.

un louage. Le code civil cependant, conformément à une tradition séculaire, donne à l'opération le nom de prêt. On peut en effet signaler quatre différences entre le louage et le prêt à intérêt :

1° Le prêt à intérêt rend l'emprunteur propriétaire, sous l'obligation de restituer, non la chose même qu'il a reçue, mais des choses semblables. Au contraire, le preneur ne devient pas propriétaire de la chose louée, et doit la restituer *in specie* à l'expiration du bail.

2° Le bailleur est tenu de faire jouir ou tout au moins de faire user le preneur, c'est-à-dire de lui procurer pendant toute la durée du bail l'usage de la chose louée ; celui qui fait un prêt de consommation n'est tenu d'aucune obligation de ce genre envers l'emprunteur.

3° Les risques sont pour le *tradens*, c'est-à-dire pour le bailleur, dans le contrat de louage ; ils sont pour l'*accipiens*, par conséquent pour l'emprunteur, dans le prêt à intérêt.

4° Le louage est un contrat consensuel ; le prêt, même à intérêt, est un contrat réel.

691. Le prêt de consommation doit être également distingué du quasi-usufruit, qui lui ressemble en ce qu'il suppose, comme lui, la tradition de la chose d'autrui moyennant la promesse de restituer une chose équivalente.

1° Le prêt de consommation est toujours un contrat ; le quasi-usufruit peut résulter soit d'un contrat, soit d'une disposition testamentaire.

2° Le quasi-usufruitier doit fournir caution, à moins qu'il n'en soit dispensé par le titre constitutif de l'usufruit ou par une disposition de la loi. Au contraire, l'emprunteur n'est tenu de fournir caution que quand il s'y est obligé.

3° Le droit résultant du prêt de consommation est transmissible aux héritiers de l'emprunteur. Au contraire, le droit résultant du quasi-usufruit ne survit pas au quasi-usufruitier. Il en est ainsi, même dans le cas où, un terme ayant été assigné à la durée du quasi-usufruit, le quasi-usufruitier vient à mourir avant son expiration. Le terme n'est qu'un *maximum*, que le quasi-usufruit ne peut pas dépasser, mais qu'il ne doit pas nécessairement atteindre.

691 *bis*. Le prêt doit être distingué de la donation ; la différence entre ces deux contrats est que la remise, en cas de prêt, est faite à charge de restitution [1].

Cela n'empêche pas que le prêt ne puisse être fait à titre de libéralité ; il a lieu à ce titre quand il est fait, dans l'intention d'avantager l'emprunteur, sans intérêts ou moyennant de faibles intérêts.

692. Nous avons déjà distingué le prêt à usage du prêt de consommation [2].

693. Le prêt doit être distingué de la société. Quel contrat faut-il voir dans l'hypothèse où un bailleur de fonds stipule, soit concurremment avec un intérêt fixe, soit à l'exclusion de tout intérêt fixe, une portion déterminée des bénéfices de l'entreprise en vue de laquelle le prêt est fait?

Il importe de rappeler avant tout qu'ici comme ailleurs la qualification de prêt, de société ou de commandite adoptée par les parties, ne peut servir à fixer la nature de la convention, que si cette nature n'est pas déterminée par les clauses mêmes de l'acte [3].

La solution de la question dérive, d'après certains auteurs, des circonstances. Il s'agira de savoir si les parties ont voulu ou non s'associer [4]. En principe, dit-on, c'est la société qui devra être présumée et le bailleur de fonds sera considéré comme commanditaire ; il est difficile, en effet, d'imaginer qu'une considération le guide en dehors du désir de s'associer aux bénéfices, et de la résignation à perdre son capital en cas de mauvaises affaires. On soutient cependant que ces résultats ne sont pas inconciliables avec le prêt, et on paraît même croire qu'en sens inverse la stipulation qu'en toute hypothèse le capital sera remboursé ne met pas obstacle à l'existence d'une société.

Nous ne croyons pas cette opinion exacte.

(1) Gand, 12 juill. 1893, *Pasicr.*, 94. 2. 417.

(2) V. *supra*, n. 601 s.

(3) Grenoble, 18 mars 1887, D., 88. 2. 305. — Guillouard, *Tr. du contr. de soc.*, n. 18. — *Contra* Caen, 27 déc. 1864, D., 66. 2. 46.

(4) Guillouard, *Tr. du contr. de soc.*, n. 18 ; Pont, *ibid.*, n. 92 ; Laurent, XXVI, n. 152 ; Lyon-Caen et Renault, *Traité*, II, n. 63.

Selon nous, si le capital doit être affranchi de la perte, c'est-à-dire si, malgré les mauvaises affaires de l'entreprise, la somme prêtée doit être restituée, il y a nécessairement un prêt, car l'essence du contrat de société est que tous les associés participent aux pertes ([1]).

Dans le cas contraire, il y a nécessairement une société; nous avons montré, en effet, en distinguant la société du louage d'ouvrage, que le contrat passé entre deux personnes en vue d'une entreprise dont chacun des contractants supportera les bénéfices et les pertes est nécessairement une société ([2]). La jurisprudence est en ce sens ([3]).

C'était également la solution adoptée dans l'ancien droit ([4]).

Le juge du fait a cependant un rôle souverain au point de vue de savoir si les parties ont voulu ou non participer aux pertes ([5]).

693 *bis*. Ainsi, dans le cas même où le bailleur de fonds participerait à la direction de l'entreprise et aurait le droit

([1]) C'est ce que reconnaît expressément M. Guillouard (*loc. cit.*) et ce qui détruit son opinion. — V. aussi Bonfils, *Rev. crit.*, XXIV, 1895, p. 5, n. 8.

([2]) V. notre *Tr. du contr. de louage*, n. 1412.

([3]) Cass., 10 mars 1837, S., 37. 1. 1008. — Cass., 16 juin 1863, S., 63. 1. 334, D., 63. 1. 295. — Cass., 8 janv. 1872, S., 72. 1. 36, D., 72. 1. 194. — Cass., 19 mars 1879, S., 79. 1 229. — Cass. req., 9 juill. 1885, S., 88. 1. 477, D., 86. 1. 301. — Cass. civ., 20 juin 1888, S., 89. 1. 8, D., 89. 1. 27 (soi-disant société pour l'émission d'une société anonyme). — Cass. req., 20 déc. 1893, S. 94. 1. 484, D., 94. 1. 224. — Bordeaux, 3 juil. 1860, S., 61. 2. 190, D., 61. 5. 458.— Rouen, 24 juil. 1861, S., 62. 2. 325. — Douai, 23 août 1882, D., 85. 2. 105. — Grenoble, 18 mars 1887, précité (le prêt à un associé moyennant une part dans les bénéfices est une association). — Paris, 15 déc. 1892, *Gaz. Pal.*, 93. 1, 2e p., 28 (est un prêt l'avance par un établissement financier à une société qui se fonde, moyennant l'abandon d'une part des bénéfices au-dessus d'un certain chiffre; par suite, la réserve statutaire ne peut être augmentée au préjudice du prêteur). — Paris, 21 fév. 1891, *Gaz. Trib.*, 30 août 1891. — Paris, 18 janv. 1893, *Gaz. Pal.*, 93. 1. 2e p., 35 (est un prêt l'avance des frais d'installation d'un fonds de commerce avec la clause qu'après un an le fonds sera vendu et le prix partagé par moitié). — Trib. com. Seine, 27 sept. 1890, *Gaz. Pal.*, 91. 1., *Suppl.*, 41. — Trib. com. Marseille, 13 août 1889, *Rec. Marseille*, 90. 1. 19. — Trib. com. Marseille, 24 nov. 1890, *Rec. de Marseille*, 91. 1. 45. — Trib. com. Marseille, 20 avril 1891, *Rec. de Marseille*, 91. 1. 150. — V. cep. Paris, 16 juil. 1891, *Gaz. Trib.*, 19 juil. 1891.

([4]) Chorier, *La jurispr. de Guy-Pape*, 2e éd., 1769, liv. IV, sect. VII, art. 5, p. 249, quest. 186, qui en conclut que le prêt à moitié perte et profit ne saurait être usuraire.

([5]) Paris, 25 mars 1891, *Droit*, 23 juil. 1891.

d'assister aux inventaires sociaux et de se faire communiquer les livres, il y aura prêt si la somme prêtée ne participe pas aux pertes [1].

Il y a société si le capital apporté participe au partage des biens sociaux et aux pertes, alors même que l'associé renonce aux bénéfices annuels [2].

Si le capital affranchi des pertes n'est apporté qu'en jouissance, le juge du fait peut y voir une société aussi bien qu'un prêt [3]. La société n'est, en effet, pas nulle, par application de l'art. 1855, puisque l'absence de bénéfices entraînera la perte de l'apport tout entier.

Si le capital apporté donne lieu à un intérêt fixe et, en outre, à une part de bénéfices, on considère tantôt qu'il y a prêt [4], tantôt qu'il y a prêt mêlé de société [5].

694. Le juge du fait est, d'ailleurs, libre de voir dans le contrat une société, même si cette interprétation doit conduire à la nullité du contrat [6].

695. La distinction entre le prêt et la société présente les intérêts suivants :

1° Comme nous l'avons dit, l'associé participe aux pertes et le prêteur n'y participe pas, de sorte qu'en cas de mauvaises affaires, le prêteur aura le droit de réclamer la somme prêtée en concurrence avec les autres créanciers et même, s'il a eu soin de se faire consentir une hypothèque, par préférence à eux.

2° On prétend que le taux de l'intérêt, en matière civile, ne

(1) V. cep. Cass., 11 avril 1850, D., 54. 5. 719. — Paris, 10 août 1807, S. chr. — Lyon, 20 août 1849, D. *Rép.*, v° *Société*, n. 142. — Douai, 3 fév. 1875, D., 77. 2. 140. — Grenoble, 18 mars 1887, D., 88. 2. 305. — Paris, 18 janv. 1893, précité (motifs). — Pont, *loc. cit.;* Lyon-Caen et Renault, *loc. cit.*; Guillouard, *loc. cit.*

(2) Cass. req., 9 juil. 1885, précité.

(3) Cass. req., 20 déc. 1893, S., 94. 1. 484, D., 94. 1. 224. — *Contra* Bonfils, *loc. cit.*, p. 548.

(4) Trib. com. Seine, 4 août 1886, *Journ. trib. com.*, 88. 42.

(5) Cpr. Cass. req., 5 déc. 1887, S., 90. 1. 467, D., 88. 1. 430.

(6) Trib. com. Seine, 20 mai 1892, *Gaz. Pal.*, 93. 1, *Suppl.*, 27 (est une société le contrat entre un banquier et ses clients portant que les fonds versés par ces derniers serviront à des opérations de bourse, que 10 p. 100 des bénéfices leur seront alloués et leur capital leur sera restitué. Ce jugement est d'ailleurs erroné). — V. cep. Cass. req., 20 déc. 1893, S., 94. 1. 484, D., 94. 1. 224 (impl.)

pouvant dépasser 5 p. 100, le bailleur de fonds ne pourra exiger davantage. En parlant de l'intérêt, nous étudierons cette question.

3° L'art. 1855 n'est pas applicable au prêt.

4° La capacité en matière de prêt ou de société est différente.

5° Si la société est commerciale, elle est soumise à l'observation de certaines formes; aucune formalité n'est exigée pour le prêt, même en matière commerciale.

6° Les causes de dissolution de la société diffèrent des événements qui mettent fin au prêt.

7° En règle générale, l'emprunteur peut rembourser le prêt avant l'échéance; il ne peut mettre fin à la société.

8° Le prêt donne lieu au droit proportionnel d'enregistrement de 1 p. 100 (L. 22 frim. an VII, art. 69); le contrat de société au droit de 20 cent. p. 100 (L. 28 avril 1893, art. 19).

9° La société donne lieu à la taxe de 4 p. 100 sur le revenu, le prêt n'y donne lieu que s'il est fait à une société existante; la taxe se calcule, en outre, tout autrement en matière de prêt qu'en matière de commandite.

696. La distinction entre le prêt de consommation et le dépôt irrégulier est assez délicate; nous l'étudierons à propos du dépôt.

697. D'après la jurisprudence, l'escompte n'est pas un prêt, mais la vente d'une créance à terme [1]. La plupart des auteurs, au contraire, y voient un prêt sur gage.

698. Les avances sur titres constituent de véritables prêts [2].

699. En parlant des intérêts, nous distinguerons du prêt quelques autres conventions.

[1] Cass., 16 août 18 S., 78. 1. 331. — Cass. crim., 9 nov. 1888, S., 89. 1. 393 (impl.). — Pardessus, *Dr. comm.*, I, n. 474; Troplong, n. 369 s. — *Contra* Pont, I, n. 183; Boistel, n. 695; Lyon-Caen, *Note*, S., 89. 1. 393; Lyon-Caen et Renault, *Précis de dr. comm.*, I, n. 1391 et *Tr. de dr. comm.*, IV, n. 702; Véran, *Rev. de dr. comm.*, LVIII, 1896, p. 194.

[2] Cass. civ., 8 mars 1887, S., 90. 1. 257. — Cass. civ., 29 oct. 1894, S., 96. 1. 193. — Lyon-Caen et Renault, *Traité*, IV, n. 683; Lyon-Caen, *Note*, S., 90. 1. 257; Wahl, *Tr. des titres au porteur*, II, n. 1144 et *Note*, S., 96. 1. 193.

SECTION II

CARACTÈRES DU PRÊT DE CONSOMMATION. DE LA PROMESSE DE PRÊT

700. Le prêt de consommation est un contrat réel [1]. La définition de l'art. 1892 le montre [2]. Si donc la livraison des objets prêtés n'est pas faite, le contrat ne se forme pas [3].

La livraison faite à l'emprunteur lui transfère la propriété. On aurait pu exprimer cette idée dans la définition (art. 1892) en substituant le mot *donne* au mot *livre*. Le législateur a préféré dire la chose tout au long dans l'art. 1893, peut-être pour avoir l'occasion de déduire de cette prémisse une conséquence relative aux risques qui aurait pu facilement, à notre avis, être laissée à l'état de sous-entendu. « *Par l'effet de ce* » *prêt,* dit l'art. 1893, *l'emprunteur devient le propriétaire de* » *la chose prêtée; et c'est pour lui qu'elle périt de quelque* » *manière que cette perte arrive* ».

701. Le formalisme qui dominait dans le droit romain avait fait conclure du caractère réel du prêt à la nullité de la promesse de prêt ou du prêt non suivi de réalisation (*pactum de mutuando*) [4].

Aujourd'hui, comme toutes les conventions sont obligatoires, cette convention est valable, et le stipulant peut exiger la réalisation du prêt [5]. C'est également la solution admise à l'étranger [6].

Cette observation conduit à dire que l'attribution au prêt du caractère de contrat réel ne s'explique que par un souvenir du formalisme romain; elle est juridiquement injustifiable et, en fait, ne produit presque aucune conséquence [7].

(1) Duranton, XVII, n. 614; Troplong, n. 184; Pont, I, n. 136 s.; Laurent, XXVI, n. 486; Guillouard, n. 67 et 68. — *Contra* Duvergier, n. 146.

(2) V. *supra*, n. 687. — V. aussi n. 587 s.

(3) Cass. req., 29 nov. 1887, D., 89. 1. 159.

(4) L. 68, D., *de verb. oblig.*, 45. 1.

(5) Guillouard, n. 68.

(6) *Allemagne*, Droit commun, Eck, Holtzendoff's *Encyklopaedie*, v° *Mutuum;* Suffrian, *Das pactum de mutuo dando*, Munich, 1866. — C. civ. allemand, art. 610. — *Prusse*, Cod. gén., L. 11, §§ 654-660.

(7) V. *supra*, n. 596. — V. cep. *infra*, n. 702.

D'une part, le lien que la loi attache entre la formation du contrat et la livraison de la chose ne se comprend pas; car, s'il est vrai que l'emprunteur ne peut tirer une utilité véritable de la chose avant de l'avoir entre les mains, on peut en dire autant de l'acquéreur, du preneur, etc. Et cependant la vente et le bail sont des contrats consensuels.

D'autre part, du moment que celui qui promet de faire un prêt est juridiquement tenu de le réaliser, sa situation n'est pas différente de la situation du vendeur, du bailleur etc. avant la livraison de la chose vendue ou louée et la formation de la convention est subordonnée à la volonté des parties. Aussi une grande partie de la doctrine allemande admet-elle que le prêt est devenu un contrat consensuel (1).

702. Il devrait résulter également de là que, comme dans tout autre contrat, l'objet promis est, s'il est déterminé, aux risques de l'emprunteur dès le jour où la promesse est faite. Les auteurs, se basant sur le caractère réel du prêt, donnent la solution contraire (2) que nous avons déjà appréciée à propos du prêt à usage (3), mais qui, ici, est exacte quoiqu'elle soit inexplicable, car, d'après l'art. 1893, c'est « par l'effet *du prêt* » que les risques sont à la charge de l'emprunteur.

703. On admet que la personne qui ne réalise pas le prêt qu'elle a promis de faire (notamment qui ne réalise pas un crédit ouvert) peut être condamnée non seulement aux intérêts légaux, mais à la réparation de tout le préjudice causé à son cocontractant (4). Cette solution, cependant, soulève une objection ; le promettant est débiteur d'une somme d'argent, et les dettes de sommes d'argent ne donnent jamais lieu, à titre de dommages-intérêts, qu'au payement des intérêts légaux (C. civ., 1153).

De même le prêteur qui néglige de réaliser le prêt ne peut être tenu des intérêts moratoires que dans les conditions

(1) Arndts, *Pandeckten*, § 232, note 4; Fœrster, *Theorie und Praxis des preussischen Privatrechts*, I, § 72, note 16; Eck, *loc. cit.* — *Contra* Windscheid, *Pandekten*, II, §§ 370-371, note 6 ; Ungen, *Jahrb. f. Dogmatik*, VIII, p. 11.

(2) Duranton, XVII, n. 556 ; Troplong, n. 184 ; Pont, n. 136 s. ; Laurent, XXVI, n. 487 ; Guillouard, n. 68 et 69.

(3) V. *supra*, n. 613.

(4) Cass. req., 8 fév. 1875, S., 75. 1. 343.

fixées par l'art. 1153 C. civ. [1], c'est-à-dire à la suite d'une demande en justice.

La promesse de prêt étant valable, le prêteur est obligé de verser les fonds, sauf cependant dans les cas que nous indiquerons [2].

704. D'après plusieurs auteurs, le prêt de consommation cesse d'être un contrat réel, et la promesse de prêt se confond avec le prêt lorsqu'elle s'applique à une chose déterminée. Ainsi j'ai promis de vous prêter *la barrique de vin qui est dans ma cave*, à la charge par vous de m'en restituer une semblable dans un an. Cette promesse, dit-on, équivaut à ceci : je m'oblige à vous transférer à titre de prêt la propriété de ma barrique de vin ; or, aux termes de l'art. 1138, la promesse de transférer la propriété opère de plein droit translation de la propriété ; donc l'emprunteur devient immédiatement propriétaire, et par suite les risques sont pour son compte ; le prêt deviendrait un contrat consensuel dans cette hypothèse particulière.

Nous croyons que le prêt est toujours un contrat réel ; par conséquent, dans l'hypothèse proposée, l'emprunteur ne deviendra propriétaire et les risques ne seront pour son compte qu'à partir de la tradition. A l'art. 1138 nous opposons l'art. 1893, qui déclare très positivement que l'emprunteur ne devient propriétaire que *par l'effet du prêt*. C'est là une disposition spéciale, qui déroge à la règle générale de l'art. 1138. La dérogation d'ailleurs est bien facile à justifier, et à vrai dire il était presque inutile de la formuler. Car, en déclarant que la propriété est transférée par le seul effet du consentement, indépendamment de toute tradition (art. 1138), la loi ne fait qu'interpréter la volonté des parties ; or ont-elles pu vouloir, dans l'espèce proposée, que l'emprunteur devînt immédiatement propriétaire ? Admettons pour un moment d'ailleurs que la propriété soit transférée à l'emprunteur, ou plutôt au futur emprunteur, avant la tradition. En résulterait-il, comme on le prétend (c'est là l'intérêt pratique de la question), que les ris-

[1] Cass. civ., 11 juil. 1895 (motifs), S., 95. 1. 329.
[2] V. *infra*, n. 739 s.

ques seront désormais pour son compte, par application de la règle *Res perit domino ?* Nullement. Cette règle nous l'avons vu, n'est nulle part écrite dans la loi. Mettre les risques à la charge de l'emprunteur, c'est dire en d'autres termes que la perte de la chose ne le dispensera pas de l'obligation de restituer ; or l'obligation de restituer ne peut prendre naissance, dans l'esprit de la loi, pour l'emprunteur que lorsqu'il a reçu : l'art. 1893 le dit; donc c'est seulement à dater de cette époque que les risques pourront être à sa charge.

705. Comme exemple de prêt à terme, on peut citer les *prêts différés* du Crédit foncier. Le Crédit foncier retient, lors de la réalisation des prêts, les sommes qui peuvent être dues aux créanciers hypothécaires qui refusent le payement de leur créance. D'une part ces sommes sont comprises immédiatement dans le total des sommes à rembourser par l'emprunteur, et portent immédiatement intérêt. D'autre part, le Crédit foncier détient ces sommes pour le compte de l'emprunteur et lui en paye les intérêts (1). Cette compensation d'intérêts n'est qu'un artifice de comptabilité. En réalité le montant du prix est fixé immédiatement, mais une partie de ce montant n'est pas immédiatement laissée à l'emprunteur (2).

706. La tradition, nécessaire pour que le prêt existe, peut résulter du seul consentement des parties, si l'emprunteur se trouve déjà en possession : par exemple si je déclare vous prêter de l'argent que je vous ai confié en dépôt (3). C'était déjà la solution du droit romain (4).

707. La tradition peut s'effectuer par le droit accordé à l'emprunteur, et dont il use, de toucher une créance du prêteur (5).

(1) Josseau, *Tr. du crédit foncier*, 3e éd., I, n. 193.

(2) Il suit de là qu'en droit fiscal : 1° le droit d'obligation est perçu sur le montant total du prêt sans déduction de la somme réservée par le crédit foncier, *Dict. Enreg.*, v° *Crédit foncier*, n. 18; Wahl, *Note*, S., 92. 2. 31; 2° que la somme réservée par le crédit foncier, appartenant à l'emprunteur, doit être comprise dans la déclaration de sa succession. Sol. de la régie, 29 janv. 1889, S., 92. 2. 31. — Wahl, *loc. cit.*

(3) Eck, *loc. cit.*

(4) L. 34, *pr.*, D., *Mand.*, 17, 1.

(5) Eck, *loc. cit.*

Elle peut aussi s'effectuer par la remise d'une chose dont l'emprunteur est autorisé à opérer la vente et à s'approprier le prix [1].

708. L'emprunteur devient propriétaire de la chose prêtée même si elle est déposée entre les mains d'un tiers [2] (un notaire, par exemple) [3], même avec l'obligation de l'affecter à un objet déterminé [4]. Dans ce cas, le notaire n'est que le mandataire de l'emprunteur. Nous étudions un peu plus loin les conséquences de l'inexécution de l'obligation imposée à l'emprunteur de consacrer les fonds à une destination déterminée [5].

De même, l'emprunteur devient immédiatement propriétaire, quoique le dépôt ait lieu entre les mains d'un tiers, jusqu'à ce que l'emprunteur ait fourni des sûretés [6].

709. Il peut arriver que le tiers (le notaire) entre les mains duquel les fonds sont déposés soit le mandataire du prêteur; par exemple, il a la mission de remettre les fonds à l'emprunteur après que ce dernier aura accompli une formalité déterminée, comme l'emploi auquel sont destinés les fonds en cas de prêt à une femme dotale [7]. Dans ce cas, les risques sont pour le compte du prêteur jusqu'à la livraison effective faite à l'emprunteur [8].

Le tiers est le mandataire des deux parties s'il est chargé de veiller à l'accomplissement d'une formalité prescrite dans l'intérêt des deux parties [9], par exemple si un notaire doit remettre les fonds à une personne au remboursement de laquelle ils sont destinés et à laquelle le prêteur veut être

(1) Eck, *loc. cit.*

(2) Guillouard, n. 71.

(3) Cass., 7 mars 1842, S., 42. 1. 207. — Cass., 21 août 1862, S., 62. 1. 793, D., 62. 1. 438. — Cass., 2 mars 1868, S., 68. 1. 304, D., 68. 1. 154. — Cass. req., 15 mars 1886, S., 86. 1. 296, D., 87. 1. 28. — Paris, 22 juin 1866, S., 67. 2. 79. — Amiens, 28 janv. 1892, S., 94. 2. 177, D., 93. 2. 158. — Aubry et Rau, IV, p. 599, § 394, note 3; Laurent, XXVI, n. 488; Guillouard, n. 71.

(4) Cass., 31 août 1862, précité. — Amiens, 28 janv. 1892, précité.

(5) V. le n. suiv.

(6) Cass., 2 mars 1868, précité.

(7) Guillouard, n. 71.

(8) Amiens, 21 mai 1879, S., 80. 2. 134. — Guillouard, n. 71.

(9) Guillouard, n. 71.

subrogé [1]. Dans ce cas, les risques sont par moitié pour le compte des deux parties [2].

710. Si la destination imposée à l'emprunteur n'est pas observée, le prêteur peut demander la résolution du contrat [3].

Cette résolution ne rend pas le prêteur propriétaire de la chose prêtée, laquelle, étant fongible, est devenue la propriété définitive de l'emprunteur. Donc, en admettant que la chose prêtée existe en nature, le prêteur n'a pas le droit de la revendiquer; il n'a pas davantage de privilège sur elle; il est réduit sur cette somme à la condition des autres créanciers de l'emprunteur [4].

Toutefois il peut se faire que le dépôt ait été fait par le prêteur seul et pour son propre compte. Dans ce cas, il lui appartient, conformément au droit commun, de retirer la somme déposée, et la propriété n'en sera transférée à l'emprunteur que si ce dernier a, du consentement du prêteur, retiré la somme déposée [5].

D'autre part, quand le tiers a eu connaissance de l'emploi projeté, on doit supposer qu'il lui a été interdit de se dessaisir des fonds, sauf pour cet emploi; le prêteur, quoique propriétaire, ne peut donc exiger le remboursement de la somme sans justifier en même temps qu'elle sera affectée à cet emploi [6].

(1) Guillouard, *loc. cit.*

(2) Guillouard, *loc. cit.*

(3) Amiens, 28 janv. 1892, S., 94. 2. 177, D., 93. 2. 158.

(4) Amiens, 28 janv. 1892, S., 94. 2. 177, D., 93. 2. 158 (fonds restés entre les mains d'un notaire pour être employés).

(5) Amiens, 21 mai 1879, S., 80. 2. 134. — Guillouard, n. 71. — On a dit qu'alors le tiers est *mandataire du prêteur*. *Note*, S., 94. 2. 177. — L'idée de mandat nous paraît étrangère à la question, sauf dans l'hypothèse où le tiers est lui-même chargé d'accomplir les formalités auxquelles est subordonné l'accomplissement du prêt, et du reste le mandat serait conféré dans l'intérêt du mandataire aussi bien que du mandant et ne pourrait être révoqué que de leur consentement mutuel. — V. notre *Tr. du mandat*.

(6) Amiens, 28 janv. 1892, précité. — Cet arrêt constate qu'il y a eu mandat conféré dans l'intérêt commun du prêteur et de l'emprunteur, et en conclut que ce dernier ne peut, à lui seul, révoquer le mandat. La constatation était exacte en fait, parce que le tiers était lui-même chargé d'employer la somme suivant les stipulations du contrat de prêt. Mais en dehors du mandat, les développements donnés au texte montrent que cette solution doit être également admise.

711. Le prêt de consommation est en outre, comme nous le verrons, un contrat unilatéral [1].

Enfin, et ainsi que nous le montrerons également, c'est un contrat gratuit, mais seulement par sa nature, et non pas, comme le prêt à usage, par son essence [2].

SECTION III

FORME ET PREUVE DU CONTRAT

712. La loi n'a pas réglé la forme et la preuve du prêt de consommation; on doit donc se référer au droit commun.

Le prêt de consommation est par suite soumis, s'il est constaté par acte sous-seing privé, à la formalité du *bon pour* ou *approuvé* prescrite par l'art. **1326** C. civ. pour les contrats unilatéraux [3].

713. En revanche, le prêt de consommation, étant un contrat unilatéral, n'est pas soumis à la formalité des doubles [4].

Il en est autrement cependant s'il est joint à une autre convention forçant le prêteur à restituer des objets confiés, par exemple si l'emprunteur constitue un gage en garantie du remboursement [5]. En vain dirait-on que le prêt n'en est pas moins unilatéral ; la convention contient deux contrats unilatéraux; dans chacun d'eux le créancier est la personne qui remplit dans l'autre le rôle de débiteur, il y a donc des obligations réciproques et le but auquel a obéi l'art. **1325** s'applique. Mais ce n'est pas une raison pour dire qu'en ce cas le prêt est un contrat synallagmatique; comme on admet cependant sur ce dernier point l'opinion contraire, on en conclut que le prêt n'est plus alors soumis à la formalité du *bon pour* [6]. Ceci nous paraît inexact ; on a tort de penser que

(1) V. *infra*, n.

(2) V. *infra*.

(3) Guillouard, n. 72.

(4) Guillouard, n. 72.

(5) Cass. civ., 8 mars 1887, S., 90. 1. 257. — Lyon-Caen, *Note*, S., 90. 1. 257. — Guillouard, n. 72. (Cet auteur adopte l'opinion contraire dans son *Tr. du nantissement*, n. 24). — V. *infra*, n. 737.

(6) Cass. civ., 8 mars 1887, précité. — Lyon-Caen, *loc. cit.* — *Contra* Guillouard, *Tr. du nantissement*, n. 24.

l'application de l'art. 1325 C. civ. exclut l'art. 1326 C. civ.; la loi ne donne pas cette solution, qui serait difficile à justifier. Les dangers auxquels l'art. 1326 C. civ. a voulu remédier sont les mêmes qu'il y ait un gage ou qu'il n'y en ait point.

Du reste, les auteurs que nous combattons admettent que si les actes de prêt et de nantissement sont séparés, la formalité du *bon pour* redevient applicable au prêt [1], et qu'aucun des deux actes n'est soumis à la formalité des doubles [2].

714. Si l'acte doit être, suivant la convention des parties, notarié, on décide généralement que l'emprunteur a le droit de choisir le notaire qui rédigera l'acte, parce qu'il paye les frais de cet acte [3].

SECTION IV

CAPACITÉ DES PARTIES

§ I. *Capacité du prêteur.*

715. Le prêteur doit être capable d'aliéner [4], ainsi que le voulait déjà Pothier [5]; car le prêt de consommation est un acte de disposition, un acte d'aliénation, l'emprunteur devenant propriétaire (art. 1893), et non un simple acte d'administration comme le prêt à usage [6].

Sont donc incapables de faire un prêt de consommation les mineurs, émancipés ou non [7], les interdits [8] et les personnes pourvues d'un conseil judiciaire, au moins sans l'assistance de leur conseil (arg. art. 499 et 513) [9].

716. En ce qui concerne les femmes mariées, une distinction paraît nécessaire.

α. Nous croyons que la femme séparée de biens judiciaire-

(1) Lyon-Caen, *loc. cit.*
(2) Lyon-Caen, *loc. cit.*
(3) Cass., 3 juill. 1844, S., 44. 1. 667. — Cass., 30 avril 1873, D., 73. 1. 469.
(4) Guillouard, n. 74 et 77.
(5) N. 4.
(6) Pothier, n. 4; Guillouard, n. 77.
(7) Guillouard, n. 7.
(8) Pothier, n. 4; Guillouard, n. 77.
(9) Guillouard, n. 77.

ment ou même contractuellement est capable de prêter sans autorisation [1], car l'art. 1449 lui accorde le droit d'aliéner son mobilier. Et toutefois cette disposition doit être entendue comme conférant seulement à la femme le droit d'aliéner *à titre onéreux*. D'où on peut être tenté de conclure que la femme séparée de biens ne peut faire sans autorisation qu'un prêt à intérêt, non un prêt gratuit ; la conclusion n'est pas exacte, car le prêt sans intérêts n'est pas gratuit, la restitution étant stipulée. Ce que nous venons de dire de la femme séparée de biens devrait être étendu à la femme dotale quant à ses biens paraphernaux ; elle pourrait donc prêter des sommes paraphernales.

β. Dans tous les autres cas, nous refuserions à la femme mariée le droit de prêter sans autorisation [2].

716 *bis*. Les envoyés en possession provisoire des biens d'un absent ne peuvent prêter que moyennant l'accomplissement des formalités prescrites pour l'aliénation [3].

Le mari ne peut prêter que dans la mesure où il a le droit d'aliéner les meubles de sa femme [4].

Le tuteur ne peut prêter les capitaux du mineur que moyennant l'accomplissement des formalités prescrites pour l'aliénation des meubles [5].

716 *ter*. Le prêt fait par un incapable est nul. La nullité n'a pas lieu de plein droit, car le contrat n'est pas inexistant ; elle a besoin d'être prononcée par la justice. Mais seul l'incapable (ou son représentant) peut la demander [6] ; c'est le droit commun pour tous les contrats passés par des incapables (art. 1125). La nullité une fois prononcée, l'incapable ou son représentant pourra revendiquer la chose prêtée, si elle existe encore en nature, et, dans le cas contraire, exercer une action personnelle en restitution contre l'emprunteur, bien que le terme fixé pour la restitution ne soit pas encore expiré.

[1] *Contra* Guillouard, n. 77 et *Tr. du contr. de mar.*, III, n. 1193.
[2] Guillouard, n. 77.
[3] Guillouard, n. 77.
[4] Guillouard, n. 77.
[5] Guillouard, n. 77. — *Contra* (pour la souscription d'obligations libérées), Vassal, *Des emprunts des départements, des communes* (1893), p. 84.
[6] Guillouard, n. 77 *bis*.

717. Que si l'emprunteur a consommé les choses prêtées, Pothier soutenait que le prêt devenait valable, absolument comme s'il avait été consenti par un non propriétaire (¹) et cette opinion a été reproduite par certains auteurs modernes (²). Elle n'est pas exacte (³), car elle est contraire aux principes admis pour les actes passés par un incapable; on ne peut considérer la consommation faite sans la participation de l'incapable comme une ratification émanant de ce dernier. L'art. 1238, qu'on a invoqué en sens contraire, est spécial au payement.

§ II. *Capacité de l'emprunteur.*

718. L'emprunt est un acte particulièrement grave, car l'emprunteur s'oblige à restituer des choses semblables à celles qu'il a reçues, et grève ainsi son patrimoine de charges qui peuvent être fort lourdes. L'emprunteur doit donc avoir la capacité de s'obliger (⁴). D'où il suit que le mineur, émancipé ou non, et l'interdit ne peuvent pas emprunter, ainsi que le décide d'ailleurs l'art. 483. En cas de nécessité absolue ou d'avantage évident, un emprunt peut être fait pour leur compte, mais moyennant l'accomplissement des formalités prescrites par les art. 457 s.

On a décidé que le père administrateur légal ne peut emprunter sans l'autorisation du tribunal, donnée en chambre du conseil (⁵).

La personne pourvue d'un conseil judiciaire ne peut pas emprunter sans l'assistance de son conseil (art. 513). La femme mariée ne peut pas emprunter sans l'autorisation de son mari ou de la justice, sauf exception peut-être pour la femme séparée de biens lorsque l'emprunt est relatif à l'administration de ses biens.

(¹) N. 7 et 21.
(²) Duranton, XVII, n. 567.
(³) Troplong, n. 203; Duvergier, n. 155; Pont, I, n. 167; Laurent, XXVI, n. 498; Guillouard, n. 77 *bis*.
(⁴) Guillouard, n. 78.
(⁵) Trib. Seine, 18 mars, 1er avril, 5 mai, 24 août 1853, 27 janv., 28 janv. 1854, cités par Bertin, *Chambre du conseil*, I, n. 616.

Les envoyés en possession provisoire des biens d'un absent, n'ayant que le droit d'administrer, ne peuvent faire un emprunt pour le compte de l'absent ([1]).

L'administrateur provisoire nommé au cours d'une procédure en interdiction peut être autorisé par la justice à emprunter ([2]).

Nous avons déjà examiné si le gérant d'une société ou un associé peuvent emprunter ([3]).

Les conseils des Universités délibèrent sur les emprunts à contracter par les Universités (décr. 21 juil. 1897, art. 9-3°), mais leurs délibérations ne sont exécutoires qu'après approbation du ministre (*Ibid.*, art. 10).

719. Pour éviter que les matelots ne dépensent en débauches des sommes trop fortes pendant leurs voyages, l'ord. du 1er mars 1745 défend aux officiers de leur prêter de l'argent en cours de voyage.

720. En droit romain, le sénatus-consulte macédonien défendait aux fils de famille, soumis à la puissance paternelle, de contracter des emprunts d'argent ([4]).

Le sénatus-consulte macédonien était reçu dans les pays de droit écrit ([5]). Il n'était pas reçu dans les pays de coutume ([6]).

Le sénatus-consulte macédonien est encore admis dans le droit commun allemand ([7]). Mais il a disparu du droit français.

721. L'emprunt fait par un incapable est nul; mais lui seul peut se prévaloir de la nullité, qui doit être demandée

([1]) Bertin, *Ch. du conseil,* 3e éd., I, n. 403.

([2]) Cass., 6 fév. 1856, S., 56. 1. 113, D., 56. 1. 71. — Bertin, *Ch. du conseil,* I, n. 663.

([3]) V. *supra,* n. 303 et 332.

([4]) L. 1, pr. D., *De Sct. Maced.,* 14. 6.

([5]) Argou, 9e édit., 1762, II, liv. III, ch. XXXI, p. 316. — Notamment en Languedoc, Argou, *loc. cit.* — Dans les pays de droit écrit du ressort du Parlement de Paris, il était reçu jusqu'au mariage des enfants. — Bretonnier sur Argou, *loc. cit.,* p. 318, et sur Henrys, II, liv. IV, quest. 13.

([6]) Argou, *op. cit.,* p. 318.

([7]) Eck, *loc. cit.*; Mandry, *Das gem. Familiengüterrecht,* I, p. 431 s. — En Prusse, les personnes soumises à l'administration d'autrui ne peuvent aucunement s'obliger. Le macédonien n'est pas appliqué à Hambourg : Baumeister, *Hamburgisches Privatrecht,* II, p. 51. Le nouveau C. civ. ne mentionne plus la prohibition.

à la justice. La nullité une fois prononcée, l'incapable ne sera tenu à l'égard du prêteur que dans la mesure de son enrichissement, à moins qu'il n'ait agi par dol.

Tant que la nullité n'est pas prononcée, le prêteur est, conformément au droit commun, à la merci de l'emprunteur incapable. Nous ne voyons pas comment on a pu donner au prêteur une action en revendication des choses non consommées [1] ou, en cas de consommation, une action en restitution du profit [2].

Si l'emprunt est régulièrement ratifié par l'incapable ou en son nom, le prêt devient valable [3].

722. Une déclaration royale du 21 janv. 1690 portait que les membres d'une fabrique sont personnellement tenus des emprunts irrégulièrement contractés par la fabrique pour la construction ou la réparation d'une église. Ce texte n'est plus en vigueur, les fabriques ayant été supprimées en 1772 et le décret du 20 décembre 1809, qui les réglemente à nouveau, ne le mentionnant pas [4].

723. En droit international, toute prohibition de prêter ou d'emprunter imposée par la loi à certaines classes de personnes s'applique aux personnes de cette classe qui sont citoyens du pays où se trouve établie la prohibition, même si elles contractent dans un pays étranger [5].

724. L'application du sénatus-consulte macédonien, qui restreint la capacité du fils de famille, dépend donc de la loi qui régit la capacité, c'est-à-dire de la loi de la nationalité du fils de famille [6].

(1) Guillouard, n. 78.
(2) Guillouard, n. 78.
(3) Guillouard, n. 78.
(4) Cass. req., 19 nov. 1889, S., 91. 1. 199. — Lyon, 13 janv. 1888, S., 89. 2. 124.
(5) Von Bar, *Theorie und Praxis des internationalen Privatrechts*, 2e éd., I, p. 432, n. 153 et II, p. 109, n. 284.
(6) Bouhier, ch. XXVII, n. 3; Walter, *System. des gem. deutsch. Privatrechts* (Bonn, 1855), § 45; Thoel, *Einl. in das deutsche Privatrecht* (Goettingue, 1851), § 85, note 7; Savigny, *System des heutigen rœmischen Rechts*, VIII, p. 149; Von Bar, *Theorie und Praxis des internationalen Privatrechts*, 2e éd., I, p. 431, n. 153.

SECTION V

OBJET ET MODALITÉS DU PRÊT

725. Nous avons déjà, à propos du prêt en général, indiqué les objets qui peuvent faire l'objet d'un prêt de consommation [1].

Notons cependant l'inexactitude de la loi, qui fait porter le prêt sur « *une certaine quantité de choses qui se consomment par l'usage* ». Il aurait été préférable de dire : une *certaine quantité de choses* FONGIBLES ; nous en avons déjà fait la remarque [2]. L'art. 1894 vient aggraver l'inexactitude, en tirant une fausse conséquence du faux principe : « *On ne peut pas » donner à titre de prêt de consommation, des choses qui, » quoique de même espèce, diffèrent dans l'individu, comme » les animaux : alors c'est un prêt à usage* ». C'est une erreur : un négociant emprunte à un de ses confrères des marchandises, à la charge de lui rendre des marchandises de même nature. C'est bien un prêt de consommation, en dépit de notre article, qui a été maladroitement emprunté au droit romain.

D'autre part, il y a lieu d'insister sur le prêt de la chose d'autrui.

726. « *Par l'effet de ce prêt* », dit l'art. 1893, « *l'emprunteur devient le propriétaire de la chose prêtée* ». Or, pour que l'emprunteur devienne propriétaire *par l'effet du prêt*, il faut que le prêteur lui transfère la propriété ; et, pour que le prêteur puisse transférer la propriété, il faut qu'il soit lui-même propriétaire de la chose prêtée.

Le prêt de la chose d'autrui est donc nul, parce que le prêteur ne peut transférer la propriété de ce qui ne lui appartient pas [3]. C'étaient déjà la solution et le raisonnement de Pothier [4] et du droit romain [5]. Par suite, le propriétaire de la chose pourra la revendiquer contre l'emprunteur ; et ceci

[1] V. *supra*, n. 601. — V. aussi n. 619 s.
[2] V. *supra*, n. 601.
[3] Guillouard, n. 75.
[4] N. 4.
[5] L. 2, § 4, D., *De reb. cred.*, 12. 1.

va sans dire [1]. Il y a exception, comme nous le montrerons, si l'emprunteur est de bonne foi.

Il est également certain que l'emprunteur peut se prévaloir de la nullité vis-à-vis du prêteur [2]; on peut tirer un argument d'analogie de l'art. 1599, relatif à la vente de la chose d'autrui. D'autre part, l'effet ordinaire de la nullité d'un contrat est que les parties peuvent se prévaloir de la nullité.

727. Le prêteur est tenu à des dommages-intérêts envers l'emprunteur s'il a su que la chose prêtée appartenait à autrui [3]; s'il l'a ignoré, il ne doit pas de dommages-intérêts [4]. On peut invoquer à l'appui de ces deux solutions l'art. 1891 [5]; Pothier les donnait également [6].

728. Le prêteur de bonne foi n'est tenu à aucuns dommages-intérêts, même si le prêt a été consenti moyennant des intérêts [7]; cette solution se justifie par des arguments que nous développerons en parlant des vices de la chose prêtée [8].

729. Le prêteur lui-même, à notre avis, peut invoquer la nullité et exercer la répétition des choses prêtées [9]. Ici encore nous nous basons sur ce qu'un contrat nul ne produit effet vis-à-vis d'aucune des parties. On objecte que, suivant une opinion très répandue, le vendeur de la chose d'autrui ne peut invoquer la nullité de la vente. En admettant que cela soit exact (ce qui est douteux), nous ne pensons pas que la même solution soit applicable au prêt : car le prêt de consommation doit par essence transférer la propriété de la chose prêtée, comme le montrent les termes formels de l'art. 1893.

730. Pothier suppose que l'emprunteur d'une chose appartenant à autrui l'a consommée *de bonne foi*, c'est-à-dire dans

(1) Guillouard, n. 75.
(2) Laurent, XXVI, n. 493; Guillouard, n. 75.
(3) Guillouard, n. 100.
(4) Guillouard, n. 100.
(5) V. *infra*, n. 744.
(6) N. 52.
(7) Guillouard, n. 101. — *Contra* Pont, I, n. 173; Aubry et Rau, IV, p. 600, § 395, note 3; Laurent, XXVI, n. 501.
(8) V. *infra*, n. 746.
(9) *Contra* Laurent, XXVI, n. 493; Guillouard, n. 75.

l'ignorance du droit de celui à qui elle appartient, et il décide que « cette consomption supplée à ce qui manquait à la validité du contrat et oblige l'emprunteur envers le prêteur à la restitution d'une pareille somme ou quantité que celle qu'il a reçue, de la même manière que si le contrat eût eu toute sa perfection et que la propriété des choses qu'il a reçues lui eût été transférée ». Un peu plus loin, le même jurisconsulte ajoute : « La raison de ceci est sensible : si la translation de la propriété des choses prêtées est nécessaire dans le contrat de prêt de consomption, c'est afin que l'emprunteur puisse se servir des choses prêtées, ce qu'il ne peut faire qu'en les consommant, et ce qu'il n'a pas le droit de faire s'il n'en est pas le propriétaire ; mais lorsque dans le fait, quoiqu'il n'en eût pas le droit, il s'est servi et a consommé les choses qui lui ont été prêtées, il est dès lors indifférent que la propriété lui en soit transférée ou non : le prêt, par la consomption de bonne foi qui a suivi, lui a causé la même utilité que s'il lui avait transféré effectivement la propriété de ces choses, et par conséquent il doit produire de sa part la même obligation que si la propriété lui eût été transférée » [1].

Nous croyons que cette solution doit encore être admise aujourd'hui [2]. Il faut même, à notre avis, l'étendre au cas où l'emprunteur, n'ayant pas consommé la chose, est en situation d'invoquer et invoque effectivement la maxime *En fait de meubles la possession vaut titre*. Dans cette hypothèse, en effet, comme dans la précédente, l'emprunteur est à l'abri de toute action de la part de celui à qui la chose appartenait, et le prêt lui a procuré le même bénéfice que si le prêteur eût été propriétaire ; il est donc juste qu'il soit tenu de l'obligation résultant du prêt.

Ainsi, toutes les fois que l'emprunteur, invoquant expressément la maxime *En fait de meubles la possession vaut titre*, ou étant réputé l'invoquer tacitement parce qu'il a consommé de bonne foi la chose, pourra être considéré comme étant devenu propriétaire, sinon en vertu du prêt du moins à son

(1) N. 5 s.

(2) Guillouard, n. 76.

occasion, l'action résultant du prêt prendra naissance au profit du prêteur.

731. Dans tous les autres cas, cette action ne prendra pas naissance. Ainsi l'emprunteur a reçu la chose de mauvaise foi; il est exposé à l'action en revendication du propriétaire s'il détient encore la chose, à une action en dommages-intérêts s'il l'a consommée. Tenu envers le propriétaire, il ne saurait l'être envers le prêteur, autrement il serait obligé de payer deux fois ([1]); le prêteur n'aura donc pas l'action résultant du prêt. C'est encore la solution de Pothier ([2]). Elle n'est inexacte que si, comme le disait Pothier, le prêteur s'oblige à répondre à l'action du propriétaire.

Il en sera de même, si la chose prêtée est une chose perdue ou volée. L'emprunteur, même de bonne foi, demeure en pareil cas exposé à l'action en revendication du propriétaire, auquel il ne peut pas opposer la maxime *En fait de meubles la possession vaut titre* (art. 2279 al. 2). Tenu envers le propriétaire, il ne peut l'être envers le prêteur. Et nous maintiendrions cette solution même dans le cas où l'emprunteur aurait consommé de bonne foi la chose. Nous croyons en effet qu'il demeurerait alors tenu envers le propriétaire en vertu du principe que *Nul ne peut s'enrichir aux dépens d'autrui,* et nous pensons même que l'action de celui-ci ne se prescrirait que par trente ans à dater du jour où elle a pris naissance, c'est-à-dire à dater du prêt. *Non obstat* art. 1238 *in fine*. Ainsi tenu envers le propriétaire, l'emprunteur ne peut l'être envers le prêteur.

732. Comme tout autre contrat à titre onéreux, le prêt est nul s'il a été fait sous une condition impossible ou illicite ([3]).

Ainsi est nul le prêt fait à un fonctionnaire pour lui servir de cautionnement et à la condition que le prêteur ait le privilège de second ordre, si, le fonctionnaire ayant déjà versé son cautionnement, l'acquisition de ce privilège est impossible ([4]).

733. Le prêt fait en vue de l'exploitation d'une maison de

([1]) Guillouard, n. 76.
([2]) *Loc. cit.*
([3]) Guillouard, n. 76.
([4]) Pau, 29 juin 1892, S., 93. 2. 123.

tolérance est nul (¹). On objecte que la loi ne considère pas le motif qui guide les contractants; il ne s'agit pas ici de motif, mais d'objet : il y aurait simplement motif illicite n'entraînant pas la nullité du contrat si l'emprunteur, sans en faire part au prêteur, projetait de donner aux sommes prêtées cette destination immorale; mais dès lors que le prêteur fournit ses fonds en vue de cette destination, l'objet du contrat est, par l'intermédiaire du prêt, d'assurer l'exploitation d'une maison de tolérance, et cet objet est illicite. On peut également dire que le prêt est fait sous la condition d'un emploi interdit par la loi et par conséquent sous une condition illicite. Au surplus, nous pouvons noter à titre d'analogie que la cour de cassation reconnaît que l'engagement d'un domestique en vue d'un service à faire dans une maison de tolérance est nul et que le prêt fait pour alimenter le jeu est également nul (²).

734. On a conclu de là que le prêteur ne peut réclamer le remboursement des sommes prêtées (³). Cette solution n'est exacte que si on admet la persistance, dans notre droit, de la maxime : *in pari causa turpitudinis melior est causa possidentis*.

735. Le prêt fait à un non pharmacien pour l'acquisition d'un fonds de pharmacie, est valable car ce dernier peut se proposer de n'utiliser la somme empruntée qu'à l'époque où il aura les diplômes nécessaires, ou de faire gérer par un pharmacien le fonds qu'il acquerra (⁴).

SECTION VI

CARACTÈRE UNILATÉRAL DU PRÊT ET OBLIGATIONS DU PRÊTEUR

§ I. *Caractère unilatéral du prêt.*

736. Le code emploie une rubrique (*des obligations du prêteur*) qui pourrait faire croire que le prêt de consommation est

(¹) Cass. req., 1er avril 1895, S., 96. 1. 289, D., 95. 1. 263. — Trib. civ. Bruxelles, 5 déc. 1894, *Pascr.*, 95. 3. 99. — *Contra* Paris, 13 fév. 1877, S., 77. 2. 233. — Appert, *Note*, S., 96. 1. 289.

(²) V. notre *Tr. du contr. de louage*, n. 1241, et notre *Tr. des contr. aléatoires*.

(³) Cass req., 1er avril 1895, précité.

(⁴) Paris, 4 fév. 1891, *Ann. dr. comm.*, V, 1891, *Jurispr.*, p. 101.

un contrat synallagmatique. Ce serait, d'après l'opinion générale, une erreur ; le prêt de consommation est un contrat unilatéral [1], où l'emprunteur seul contracte des obligations ; comme nous l'avons dit à propos du prêt à usage [2], l'obligation imposée au prêteur de ne pas redemander la chose avant le terme fixé est l'absence d'un droit plutôt qu'une obligation ; l'obligation de répondre des vices est accidentelle [3]. Aussi Pothier lui-même, qui cependant traitait le prêt à usage comme un contrat synallagmatique imparfait, qualifiait de contrat unilatéral le prêt de consommation [4]. C'est également ce qui résulte des travaux préparatoires.

Il est donc certain que le code a voulu attribuer au prêt de consommation le caractère d'un contrat unilatéral ; mais, quoique cette conception soit approuvée par les auteurs, elle nous paraît irrationnelle. La raison pour laquelle la vente et le louage sont des contrats synallagmatiques est précisément dans cette obligation de garantie que contractent le vendeur et le bailleur; il n'est pas facile de comprendre pourquoi le prêt, où se rencontre la même obligation, est néanmoins un contrat unilatéral.

737. Le prêt devient-il synallagmatique si le prêteur reçoit un nantissement qu'il est tenu de restituer après le remboursement, c'est-à-dire s'il s'agit d'un prêt sur gage ou d'une avance sur titres? La question est importante au point de vue des formes de l'acte [5].

On admet que le prêt devient alors synallagmatique, chacune des parties étant obligée [6]. C'est, à notre avis, une erreur [7] ; la convention dans laquelle est contenue le prêt

[1] Pont, I, n. 144 et 180 ; Laurent, XXVI, n. 485 ; Guillouard, n. 72, 98 *bis* et 102. — *Contra* Duvergier, n. 191 s.; Aubry et Rau, IV, p. 598, § 394, note 1. — D'après ces auteurs, ce serait un contrat synallagmatique imparfait. — D'après Troplong, n. 255 (V. cep. n. 198) et Larombière (art. 1102-1106, n. 2), c'est un contrat synallagmatique parfait.

[2] V. *supra*, n. 605.

[3] Guillouard, n. 102. — *Contra* Troplong, n. 255.

[4] *Du prêt à usage*, n. 20.

[5] V. *supra*, n. 713.

[6] Cass. civ., 8 mars 1887, S., 90. 1. 257. — Lyon-Caen, *Note*, S., 90. 1. 257.

[7] Guillouard, *Tr. du nantissement*, n. 24. — Mais cet auteur admet le contraire pour les avances sur titre *faites par la Banque de France* (hypothèse qui avait

fait, à la vérité, naître des obligations réciproques, et ne peut être ainsi qualifiée de synallagmatique; mais cela tient à ce qu'elle contient deux contrats distincts, tous deux produisant leurs effets naturels, et qui sont le prêt et le gage.

Il résulte du même principe qu'une avance remboursable constitue un prêt alors même que des avantages particuliers sont consentis à l'emprunteur comme compensation de ceux accordés par ce dernier au prêteur, suivant une convention contenue dans le même acte ou dans un acte différent; on ne peut voir dans les deux contrats un contrat unique et synallagmatique (¹).

738. Le prêt à intérêt est unilatéral comme le prêt de consommation ordinaire (²), car, outre que le code le présente comme une variété de ce dernier, il n'en diffère réellement que par une obligation de plus mise à la charge de l'emprunteur; la situation passive du prêteur ne se modifie pas.

§ II. *Obligations du prêteur.*

I. *Obligation de verser les fonds.*

739. De même que la personne qui a promis de faire un prêt doit verser les fonds promis (³), de même celui qui est devenu prêteur en versant une partie des fonds est obligé de verser le surplus.

Toutefois le prêteur promettant peut se dispenser de faire le versement si le prêt est nul (⁴).

740. De même, conformément à l'art. 1188 C. civ., le prê-

donné lieu à l'arrêt de 1887), par le motif que les statuts de la banque ne lui permettent de prêter que moyennant ce nantissement de titre; l'argument est insuffisant.

(¹) Ainsi décidé pour le cas où le remboursement des sommes empruntées doit avoir lieu par 50 annuités de 4 p. 100, comprenant le capital et les intérêts, et où la ville emprunteuse a concédé au prêteur le monopole des concessions d'eaux. — Cass. civ., 15 nov. 1893, S., 95. 1. 193. — V. dans le même sens Wahl, *Note*, S., 95. 1. 193.

(²) Cass. Rome, 13 juill. 1892, D., 94. 2. 291. — Laurent, XXVI, n. 512; Guillouard, n. 121.

(³) V. *supra*, n. 701 s.

(⁴) Par exemple si la société emprunteuse est nulle faute de publicité. — Trib. com. Marseille, 3 déc. 1890, *Journ. de Marseille*, 91. 1. 54. — Thaller, *Ann. dr. comm.*, V, 1891, *Doctr.*, p. 189.

teur n'a pas à verser les fonds si l'emprunteur tombe en faillite ou en déconfiture, ou diminue par son fait les sûretés promises.

On décide, par application de l'art. 1188, que les obligataires sont dispensés de faire les versements sur les titres si la société qui a émis ces titres tombe en déconfiture, cette dernière n'offrant plus les garanties de remboursement qu'on pouvait exiger d'elle [1].

741. A défaut du versement des fonds, l'art. 1153 C. civ. s'applique : l'emprunteur peut donc réclamer les intérêts de la somme promise à partir de la demande en justice, outre cette somme elle-même. Ces intérêts, conformément à l'art. 1153 C. civ., sont de 6 p. 100 en matière commerciale et de 5 p. 100 en matière civile. La cour de cassation décide même que les intérêts peuvent être plus étendus si le préjudice est plus considérable [2]. Mais cette opinion nous paraît contraire à l'art. 1153.

L'emprunteur peut-il demander également la résolution du contrat ? Ceci dépend du point de savoir si l'art. 1184 C. civ., qui admet un contractant à réclamer la résolution du contrat faute d'exécution des obligations de son cocontractant, s'applique aux contrats unilatéraux : En tout cas, ce droit de résolution peut être stipulé.

742. Une société peut également stipuler que l'obligation sur laquelle les versements n'auront pas été faits aux époques fixées pourra être vendue par elle en bourse aux risques et périls de l'obligataire [3].

Ici encore, il a été décidé que si le souscripteur d'une obligation émise par une société est en retard pour effectuer les versements, et que la société se soit réservé le droit d'exécu-

(1) Trib. civ. Seine, 26 juill. 1889, *Gaz. Pal.*, 89. 2. 278. — Trib. civ. Seine, 6 déc. 1889, *Ann. dr. comm.*, IV, 1890, *Jurispr.*, p. 62. — Louis-Lucas, *Ann. dr. comm.*, IV, 1890, p. 62.

(2) Comp. Cass., 13 nov. 1889, S., 90. 1. 24.

(3) Cass. civ., 11 juil. 1895, S., 95. 1. 329 (si cette clause ne figure pas dans les prospectus d'émission, mais seulement sur des titres provisoires, l'acceptation de la clause par le souscripteur peut résulter en fait du versement opéré contre remise de ce titre provisoire et de ce que le souscripteur, financier expérimenté, n'a pu ignorer son existence). — Comp. Cass., 8 déc. 1891, S., 92. 1. 61.

ter en bourse l'obligation en cas de retard, l'indemnité comprend non seulement les intérêts moratoires, mais la réparation du préjudice causé à la société par une vente en bourse à des conditions défectueuses [1].

743. La société peut également stipuler que l'obligataire ne pourra obtenir le paiement du lot afférent, à la suite d'un tirage au sort, au numéro de son obligation [2]. On objecterait à tort que la société change ainsi de sa propre autorité les attributions des lots et déroge à la loi sur les loteries ; elle ne fait au contraire que fixer les conditions auxquelles est subordonné le droit de l'obligataire.

Dans ce cas, le lot appartient à la société, qui n'est pas tenue de l'attribuer par la voie du sort à un autre obligataire [3].

Mais en l'absence d'une clause de ce genre, le lot ne peut être refusé à l'obligataire [4]. On ne peut lui objecter que, faute d'exécuter ses obligations, il a encouru la résolution de son droit, car il n'y a pas de résolution sans jugement.

II. *Responsabilité du prêteur.*

744. « *Dans le prêt de consommation, le prêteur est tenu* » *de la responsabilité établie par l'article* 1891 *pour le prêt à* » *usage* » (art. 1898). En d'autres termes, le prêteur est obligé de réparer le préjudice causé à l'emprunteur par les vices de la chose, lorsqu'il les connaissait et qu'il n'en a pas informé l'emprunteur : ce qui revient à dire que le prêteur est responsable de son dol dans le prêt de consommation, comme il l'est dans le prêt à usage (art. 1891), comme on l'est d'une manière générale dans tous les contrats.

Dans cette hypothèse, le droit romain n'accordait aucune

(1) Cass. civ., 11 juil. 1895, S., 95. 1. 329.

(2) Cass. civ., 9 déc. 1895, S., 96. 1. 177. — Paris, 9 janv. 1890, S., 91. 2. 91 (même affaire). — Orléans, 14 juin 1893, S., 93. 2. 270. — Trib. civ. Seine, 6 janv. 1887, *Gaz. Pal.*, 87. 1. 77. — Tissier, *Note*, S., 96. 1. 177. — Décidé que pour les obligations du crédit foncier la clause est valable bien qu'elle n'ait pas été soumise à l'autorisation du ministre des finances. — Cass. civ., 9 déc. 1895, précité. — Tissier, *loc. cit.*

(3) Paris, 9 janvier 1890, précité. — Orléans, 14 juin 1893, précité. — Trib. civ. Seine, 6 janvier 1887, précité.

(4) Tissier, *loc. cit.*

action à l'emprunteur, parce que le prêt de consommation y était considéré comme un contrat *stricti juris*.

Ainsi le prêteur est responsable pour avoir livré des choses détériorées ([1]), ou des titres de bourse déjà remboursés ([2]), ou, comme nous l'avons montré, la chose d'autrui ([3]).

Il est également responsable du préjudice causé à l'emprunteur par l'emploi de l'objet vicieux prêté ([4]).

745. Comme en matière de prêt à usage, le prêteur n'est pas responsable des vices apparents ([5]).

746. Même dans le prêt à intérêt, le prêteur de bonne foi n'est pas responsable des vices de la chose ([6]); car la loi ne distingue pas et donne au contraire une solution générale; c'est également en termes généraux que s'exprime Pothier. La solution contraire est, dit-on, de droit commun en matière de contrat onéreux; cela est vrai, mais l'art. 1898 y a dérogé, et, d'ailleurs, si le prêt à intérêt est un contrat onéreux, il n'en est pas différemment du prêt de consommation ordinaire, puisque le prêteur, loin de rendre un service gratuit, stipule la restitution de valeurs équivalentes à celles qu'il fournit.

Nous convenons d'ailleurs que, pour le prêt à intérêt, la loi s'est montrée peu rationnelle et a été victime de la similitude des dénominations, car il y a autant de différence entre le prêt à intérêt et le prêt de consommation ordinaire, qu'entre le louage et le prêt à usage.

III. *Obligation de ne pas redemander l'objet prêté.*

747. « *Le prêteur ne peut pas redemander les choses prê-* « *tées, avant le terme convenu* » (art. 1899). Ce texte est le pendant de l'art. 1883.

Nous reviendrons sur le remboursement ([7]).

([1]) Pothier, n. 51; Eck, *loc. cit.*
([2]) Cpr. Eck, *loc. cit.*
([3]) V. *supra*, n. 726 s.
([4]) Pothier, n. 52 (il citait comme exemple de la mauvaise huile); Guillouard, n. 99.
([5]) Guillouard, n. 100.
([6]) Guillouard, n. 101. — *Contra* Pont, I, n. 173; Aubry et Rau, IV, p. 600, § 395, note 3; Laurent, XXVI, n. 501.
([7]) V. *infra*, n. 748 s.

SECTION VII

OBLIGATIONS DE L'EMPRUNTEUR

§ 1. *Obligation de rembourser les choses prêtées.*

I. *Montant et nature des valeurs à rembourser.*

748. « *L'emprunteur est tenu de rendre les choses prêtées,* » *en même quantité et qualité, et au terme convenu* » (art. 1902).

L'art. 1892 s'exprime d'une manière plus heureuse en parlant de la restitution d' « autant de choses » de même espèce et qualité, car ce ne sont pas, comme le feraient croire les termes de l'art. 1892, les choses prêtées elles-mêmes qui doivent être restituées.

Au surplus, ces articles doivent se compléter l'un par l'autre : les choses restituées doivent être de même espèce (art. 1892), de même quantité (art. 1902) et de même qualité (art. 1892 et 1902) que les choses prêtées.

749. Si le prêt est fait à la charge par l'emprunteur de rendre moins qu'il n'a reçu, il y a donation de la différence. Ainsi, quand je prête 1,500 fr. à un ami, à la charge qu'il m'en rendra 1,000, je lui fais donation de 500 fr. — Si l'emprunteur s'oblige à rendre plus qu'il n'a reçu, l'excédent représente un profit pour le prêteur, une rémunération du service rendu, un *intérêt:* ce qui n'empêche pas, comme nous le verrons, qu'il y ait prêt, car le prêt de consommation n'est gratuit que de sa nature, non de son essence.

750. Les objets rendus doivent être, dit la loi, de même espèce et qualité que les objets prêtés. Ainsi, quand j'ai prêté 10 hectolitres de blé de Nérac de première qualité, on devra me rendre 10 hectolitres de blé de même provenance et de même qualité. Mais d'ailleurs la valeur du blé qu'on me restituera pourra être plus ou moins considérable que celle du blé que j'ai prêté, suivant que la denrée se trouvera avoir augmenté ou diminué de prix à l'époque de la restitution; de sorte que si en quantité, espèce et qualité, je reçois autant que j'ai donné, en valeur je pourrai recevoir plus ou moins suivant les cas. C'est ce qui résulte formellement, comme nous le verrons, de l'art. 1897. Si la loi ne tient aucun compte de la valeur, c'est que les parties ont l'intention de remplacer les choses prêtées par des choses identiques et non pas par des choses de valeur égale [1].

751. Les art. 1895, 1896 et 1897 s'expriment en ces termes :

Art. 1895. *L'obligation qui résulte d'un prêt en argent n'est toujours que de la somme numérique énoncée au contrat. — S'il y a eu augmentation ou diminution d'espèces avant l'époque du paiement, le débiteur doit rendre la somme numérique prêtée, et ne doit rendre que cette somme dans les espèces ayant cours au moment du paiement.*

Art. 1896. *La règle portée en l'article précédent n'a pas lieu, si le prêt a été fait en lingots.*

Art. 1897. *Si ce sont des lingots ou des denrées qui ont été prêtés, quelle que soit l'augmentation ou la diminution de leur prix, le débiteur doit toujours rendre la même quantité et qualité, et ne doit rendre que cela.*

C'est le contraire qui a lieu, si le prêt a pour objet une somme d'argent : en pareil cas, le prêteur pourra recevoir en quantité et qualité moins qu'il n'a donné, si la valeur nominale de la monnaie a été augmentée, s'il y a eu *augmentation d'espèces,* comme le dit l'art. 1895, et plus si elle a été diminuée, s'il y a eu *diminution d'espèces;* mais il recevra toujours la même valeur, au moins en se plaçant au point de vue légal. La loi considère donc la monnaie, non pas comme une marchandise, mais comme le signe de la valeur inscrite sur les pièces de monnaie [2]. C'étaient déjà le motif et la solution que donnaient Dumoulin [3], Pothier [4] et la jurisprudence de l'ancien droit [5]; le système contraire avait été longtemps en vigueur, mais méritait d'être rejeté : les parties voient dans la monnaie la valeur qu'elle représente.

752. Est-il permis de stipuler que la restitution portera sur une somme représentant la valeur intrinsèque de la valeur prêtée ?

(1) Guillouard, n. 92.
(2) Colmet de Santerre, VIII, n. 100 *bis*; Guillouard, n. 81.
(3) *Des contrats, usures et rentes*, n. 293.
(4) N. 36.
(5) Arrêt d'août 1647, cité par Chorier, *La jurispr. de Guy Pape*, p. 258.

La question a été agitée à propos du cas où, dans l'intervalle entre le prêt et l'époque fixée pour la restitution, le titre de la monnaie diminuerait, de sorte que la même quantité de pièces de même espèce représenterait une valeur moindre. Est-il permis de stipuler que si cette éventualité se réalise, l'emprunteur devra rendre une valeur intrinsèque égale à la valeur prêtée?

La négative, soutenue par Dumoulin [1] et Pothier [2], est admise par certains auteurs modernes [3]; elle nous paraît inexacte [4] : en réalité, une clause de ce genre revient simplement à stipuler que la restitution portera, dans le cas de changement de titre, sur une valeur supérieure à la valeur prêtée, et cela n'a évidemment rien d'illicite.

On s'est prévalu en sens contraire des termes impératifs de la loi; les mots « le débiteur ne doit rendre que cette somme... » excluent, dit-on, la clause contraire. Il est clair que pour considérer ces mots comme impératifs, il faut méconnaître leur sens naturel.

On objecte encore que, comme le disait déjà Dumoulin, lorsque les malheurs de l'Etat l'obligent à diminuer le titre des monnaies, les citoyens ne peuvent augmenter cette crise en discutant la valeur de la modification introduite. Nous ne saisissons pas la portée de cet argument, car il nous est impossible de voir comment le prêteur, en exigeant ce qu'il a stipulé et en considérant ainsi les monnaies restituées au point de vue de leur poids et non pas au point de vue des sommes dont elles sont le signe, discute la valeur de la monnaie nouvelle.

Enfin, l'art. 1897 dispose que si le prêt est fait en lingots la restitution porte sur une valeur intrinsèque égale à la valeur prêtée; or si les parties décident que, malgré la diminution de titre, le remboursement portera sur une valeur égale

(1) *Loc. cit.*

(2) N. 37.

(3) Troplong, n. 240; Duvergier, n. 177; Aubry et Rau, IV, p. 159, § 318, note 11 : Guillouard, n. 82.

(4) Duranton, XVII, n. 577; Pont, I, n. 212; Colmet de Santerre, VIII, n. 100 *bis*, 5.

à la valeur prêtée, elles ne font autre chose que considérer le prêt comme portant sur les métaux qui servent à la composition des pièces d'argent prêtées, c'est-à-dire sur des lingots.

753. Nous ne ferons à notre théorie qu'une restriction : comme la restitution doit légalement porter sur la somme numérique prêtée et que, par suite, la restitution, en cas de diminution de titre d'une valeur intrinsèque supérieure à la valeur prêtée, doit être considérée comme la restitution d'une somme supérieure à la somme prêtée, nous déciderons qu'en matière civile, où l'intérêt maximum est de 5 p. 100, cette augmentation de somme, jointe aux intérêts, ne doit pas dépasser 5 p. 100.

754. Il nous paraît plus certain encore que la clause suivant laquelle, si le titre de la monnaie est augmenté, l'emprunteur ne devra restituer que la valeur intrinsèque des sommes prêtées, est valable. Ici, la seconde des deux objections qu'on nous a opposées ne peut plus être formulée, et quant à la première de ces objections, elle est, nous l'avons dit, à peine soutenable.

755. Il va sans dire qu'en cas de prêt d'argent le prêteur ne peut exiger des espèces de même nature que les espèces prêtées [1].

756. Mais il peut être stipulé que la restitution aura lieu en espèces d'une nature déterminée, par exemple en pièces d'or [2].

757. Si le remboursement a été convenu devoir être fait en certaines espèces de monnaies, cette convention doit être observée même si, dans le pays où le remboursement doit avoir lieu, ces espèces ne se fabriquent pas [3].

758. La loi qui détermine la valeur de la monnaie suivant laquelle le remboursement doit être effectué est la loi du lieu

[1] Colmet de Santerre, VIII, n. 100 *bis*.

[2] Troplong, n. 243; Duvergier, n. 179; Aubry et Rau, IV, p. 158, § 318, note 8; Larombière, art. 1246, n. 8; Guillouard, n. 82.

[3] La jurisprudence du parlement de Grenoble était contraire; celui qui s'était obligé à payer en florins d'or pouvait, en France, payer en écus d'or (Chorier, *op. cit.*, liv. IV, sect. VII, art. 17, p. 258, quest. 498) et on rapportait la valeur des florins à celle des écus (Chorier, *op. cit.*, p. 258, quest. 279).

où la restitution doit être faite [1], car c'est dans ce lieu que le débiteur est obligé de se procurer les fonds nécessaires et qu'on doit supposer qu'il a entendu en calculer la valeur.

Dans une autre opinion, il faudrait se référer à la loi du lieu où le contrat a été passé [2].

759. Le remboursement peut, si le lieu du remboursement diffère du lieu du prêt, avoir lieu en monnaie ayant cours au premier de ces lieux [3].

760. Il est certain qu'en cas de faillite ou de liquidation judiciaire d'une société [4] les obligataires ou prêteurs ne peuvent exiger le payement de la somme à laquelle ils auraient eu droit à l'époque fixée pour l'amortissement du titre, car dans cette somme figurait la prime de remboursement, laquelle est composée en partie au moyen d'une retenue faite, jusqu'à l'époque de l'amortissement, sur les intérêts annuels [5].

Dans une certaine opinion, la société doit payer, outre les sommes versées lors de l'émission et les intérêts courus, la différence entre l'intérêt légal des sommes versées depuis le jour de l'émission et l'intérêt réellement payé jusqu'à ce jour aux obligataires [6]. Cette solution repose sur l'idée inexacte que la société aurait emprunté au taux légal si elle n'avait pas réalisé son emprunt sous la forme d'obligations à prime. Elle n'est donc fondée que si, en fait, cette observation peut être considérée comme conforme à la vérité [7].

[1] Fiore, *Dr. int. privé*, trad. Pradier-Fodéré, n. 298 et 299; Guillouard, n. 85. — *Contra* Alb. Rolin, *Princ. du dr. int. privé*, III, n. 1346 et 1347.

[2] Pardessus, *Cours de dr. comm.*, V, n. 1492; Massé, *Dr. comm.*, II, n. 124; Von Bar, *Theorie und Praxis der intern. Privatrechts*, 2e éd., II, p. 109, n. 284.

[3] Von Bar, *op. cit.*, II, p. 109, n. 284; Alb. Rolin, *Princ. du dr. int. privé*, III, n. 1346.

[4] Ces événements donnent lieu au remboursement. — V. *infra*, n. 785.

[5] Cass civ., 10 août 1863, S., 63. 1. 428, D., 63. 1. 349. — Cass. civ., 29 juin 1881, S., 83. 1. 218, D., 82. 1. 106. — Cass. civ., 18 avril 1883, S., 83. 1. 441, D., 84. 1. 25. — Cass., 2 fév. 1887, S., 88. 1. 57, D., 87. 1. 97. — Cass., 10 mai 1887, S., 88. 1. 57, D., 87. 1. 334. — Paris, 23 mai 1862, S., 62. 2. 327. — Douai, 24 janv. 1873, S., 73. 2. 244, D., 74. 2. 203. — Paris, 28 janv. 1879, S., 79. 2. 52, D., 80. 2. 25. — Trib. com. Seine, 22 déc. 1885, *Droit*, 20 janv. 1886. — Labbé, *Note*, S., 83. 1. 441; Lacour, *Ann. dr. com.*, III, 1889, *Jurispr.*, p. 66. — *Contra* Lyon, 8 août 1873, S., 74. 2. 105, D., 74. 2. 201.

[6] Paris, 23 mai 1862, précité.

[7] Lacour, *op. cit.*, p. 67.

761. Le remboursement doit porter en tout cas sur le capital versé par les obligataires et sur les intérêts courus jusqu'au jour de la faillite et de la liquidation judiciaire [1].

762. En dehors de ce premier remboursement, la question de savoir quelle est la somme à rembourser en cas de liquidation pour les chances de primes dépend des circonstances. Les tribunaux doivent tenir compte du temps écoulé depuis l'émission des titres, du temps à courir jusqu'à l'expiration de l'amortissement promis, et du montant des intérêts [2].

763. Une fois que l'obligation émise par une ville ou une société est régulièrement amortie, le porteur ne peut demander à participer, jusqu'à l'expiration de la durée normale de son titre, au tirage des lots qui s'effectue entre les titres similaires [3]. Les lots ne sont qu'une forme des intérêts et, quoique l'obligataire ait pu contracter en vue d'un nombre de tirages supérieur à ceux auxquels il a participé, les intérêts ne peuvent, sous aucune forme, survivre au capital [4]. L'opinion contraire viole en outre la loi du 21 mai 1836, car elle consiste à autoriser une loterie hors des conditions où une loi spéciale l'a permise.

II. *Epoque du remboursement.*

764. Il est de l'essence du prêt de consommation, comme du prêt à usage, que l'emprunteur soit tenu de restituer au bout d'un certain temps. Quand l'époque de la restitution sera fixée par une convention expresse, il n'y aura pas de difficulté. Mais il peut se faire qu'elle ne le soit que par une convention tacite; en pareil cas, l'intervention du juge sera nécessaire s'il y a contestation entre les parties. C'est ce qu'a voulu dire l'art. 1900, ainsi conçu : « *S'il n'a pas été fixé de » terme pour la restitution, le juge peut accorder à l'emprun- » teur un délai suivant les circonstances* ». La convention ne

(1) Trib. com. Seine, 22 déc. 1885, précité. — Lacour, *Ann. dr. com.*, III, 1889, *Jurispr.*, p. 66.

(2) Trib. civ., Seine, 26 janv. 1893, *Gaz. Pal.*, 93. 1. 168. — Lyon-Caen et Renault, *Précis de dr. com.*, II, n. 2700; Lacour, *loc. cit.*, p. 67.

(3) Trib. civ. Seine, 15 fév. 1893, *Ann. dr. comm.*, 94. 1. 23. — Trib. com. Seine, 14 oct. 1895, *Gaz. Pal.*, 95. 2. 48. — Frèrejouan du Saint, *Jeu et pari*, n. 218.

fixe pas l'époque de la restitution. Faut-il en conclure que le prêteur peut exiger la restitution immédiatement? Non sans doute, car il a été tacitement convenu que le prêt était fait pour un certain temps; autrement la convention n'aurait pas de sens. Reste à déterminer la durée de ce temps. A cet égard, voici le système que la loi paraît avoir adopté. Quand le prêteur estimera que le délai fixé par la convention tacite est expiré, il agira en restitution contre l'emprunteur. Si celui-ci pense que la convention tacite lui accorde un délai plus long, il résistera à la demande et il s'élèvera ainsi entre les parties un débat qui nécessitera l'intervention de la justice. Le juge, en s'inspirant des circonstances de la cause, recherchera quelle a été la commune intention des parties quant au délai de la restitution.

Toutefois, il résulte des expressions employées par l'art. 1900 que, s'il n'a pas été fixé de terme, le prêteur peut, en principe, redemander la chose prêtée quand il lui convient, et cette solution se justifie par l'idée que le prêteur rend un service gratuit.

Dans certaines législations étrangères, le prêteur peut redemander la chose prêtée quand il lui convient, à défaut de terme fixé ([1]). D'autres déterminent un délai ([2]).

Le système français, qui attribue au juge le droit de fixer l'époque de la restitution, est préférable ([3]), car l'intention des parties varie évidemment suivant les circonstances.

765. Quoique l'art. 1902 oblige l'emprunteur à restituer la chose au terme convenu, il résulte des art. 1900 et 1903 qu'il peut n'être fixé aucun terme pour le remboursement ([4]). Aussi verrons-nous que ce n'est pas là le caractère qui distingue le prêt du dépôt irrégulier ([5]).

([1]) *Allemagne*. Eck, *loc. cit.*; C. civ., art. 271. — Le droit prussien (I. XI, §§ 761 et 762) exige un avis antérieur au remboursement de trois mois et, s'il s'agit de dettes inférieures à 150 marks, de quatre mois.

([2]) *Suisse*. C. féd., art. 336 (six semaines à partir de la première réclamation du prêteur).

([3]) Pothier, n. 48; Guillouard, n. 93 et 105.

([4]) Cass. req., 2 déc. 1890, S., 91. 1. 273. — Trib. civ. Chaumont, 23 fév. 1886, S., 91. 1. 273 (en note). — Wahl, *Note*, S., 91. 1. 273 et *Ex. doctr. de la jurispr. d'enreg.*, *Rev. crit.*, XXI, 1892, p. 196.

([5]) V. *Tr. du dépôt*.

766. L'art. 1901 prévoit une hypothèse voisine de celle de l'art. 1900 : « *S'il a été seulement convenu que l'emprunteur » paierait quand il le pourrait, ou quand il en aurait les » moyens, le juge lui fixera un terme de paiement suivant les » circonstances* ».

Dans le cas où le débiteur n'est obligé à payer « quand il le pourrait ou quand il en aurait les moyens », le juge est plus libre dans la fixation d'un délai que si aucun terme n'a été fixé (1), car la loi s'exprime d'une manière plus large dans l'art. 1901 que dans l'art. 1900.

Le juge examinera si le débiteur est dans une situation à pouvoir s'acquitter (2).

Il aura le même devoir devant la clause de remboursement « aussitôt que possible, dès que le débiteur aura gagné quelque argent » (3), ou « quand la situation financière du débiteur le lui permettra » (4).

767. Les mots « lorsque sa position le lui permettra » équivalent aux mots « lorsqu'il le pourra » ; le créancier, pour obtenir le remboursement, doit démontrer que le débiteur est en état de payer (5).

Il en est de même de la clause que le débiteur remboursera « au cas de retour à meilleure fortune ». On peut même admettre selon les circonstances que le créancier ne pourra rien réclamer au débiteur tant que ce dernier n'aura pas payé les autres créanciers (6).

768. Les mots « quand il le voudra » donnent au débiteur plus de liberté que ceux « quand il le pourra (7). Mais ils ne dispensent pas le débiteur de payer (8).

Toutefois il se peut que les parties aient entendu conférer

(1) Guillouard, n. 106.

(2) Bordeaux, 22 juin 1833, S., 33. 2. 547. — Bordeaux, 7 avril 1838, S., 40. 2. 62. — Troplong, n. 261; Aubry et Rau, IV, p. 87, § 303, note 3; Laurent, XXVI, n. 503 s.; Guillouard, n. 106; Wahl, *Note*, S., 96. 4. 17.

(3) Trib. paix Lille, 22 août 1894, *Loi*, 3 oct. 1895.

(4) Rennes, 24 janv. 1889, *Gaz. Pal.*, 89. 1. 234.

(5) Bordeaux, 6 janv. 1869, S., 69. 2. 186. — Guillouard, n. 107; Wahl, *loc. cit.*

(6) Rouen, 31 déc. 1891, *Rec. du Havre*, 92. 2. 174.

(7) Wahl, *loc. cit.*

(8) Wahl, *loc. cit.*

à l'emprunteur le droit de restituer quand cela lui conviendrait; on a dit qu'il y a alors constitution de rente perpétuelle [1]. Cela n'est exact que si le prêt est à intérêts; dans le cas contraire, les parties ont entendu stipuler un terme indéfini [2].

En principe, on préfère la première interprétation parce que la rente perpétuelle est moins usitée que le prêt [3]. Il nous semble qu'elle doit être effectivement préférée, mais seulement si les parties ont déclaré faire un prêt, et non pas si elles ont parlé de rente perpétuelle.

La première interprétation doit en tout cas être préférée si aucun intérêt n'est stipulé [4], car alors, en donnant un droit absolu au débiteur, on annulerait le contrat [5].

D'autres pensent que le remboursement doit avoir lieu au décès du débiteur [6], le créancier ayant voulu accorder au débiteur une faveur personnelle. Cette interprétation peut sans doute être imposée par les circonstances [7] et résulter notamment des relations personnelles existant entre les parties; mais, en principe, elle ne nous paraît pas exacte [8], car si les engagements se transmettent aux héritiers du débiteur, les héritiers peuvent également invoquer les restrictions apportées à ces engagements, chacun étant censé avoir stipulé pour ses ayants-cause à titre universel (C. civ., art. **1122**).

769. La stipulation que le prêteur s'en rapporte à la loyauté ou à la bonne foi de l'emprunteur peut donner, en fait, à ce dernier le droit de fixer librement, sans l'intervention de justice, l'époque du remboursement [9].

(1) Guillouard, n. 107 et 177.
(2) Wahl, *loc. cit.*
(3) Guillouard, n. 177.
(4) Wahl, *loc. cit.*
(5) V. *infra*, n. 769.
(6) Paris, 14 mai 1857, S., 58. 2. 425. — Gand, 23 mai 1883, *Pasicr.*, 83. 2. 361, *Journ. dr. int.*, XI, 1884, p. 424. — Demolombe, XXV, n. 319; Aubry et Rau, IV, p. 86, § 303, note 2; Pont, I, n. 181. — V. aussi en ce sens C. civ. autrichien, § 904.
(7) Wahl, *loc. cit.*
(8) Wahl, *loc. cit.*
(9) Bordeaux, 31 mai 1848, S., 48. 2. 604, D., 48. 2. 180. — Guillouard, n. 107. — L'arrêt de Bordeaux ne paraît pas exact en fait. Il part de ces circonstances de fait

Il en est de même de la clause que le remboursement aura lieu à la disposition de l'emprunteur.

Mais, en principe, cette interprétation doit, dans l'une et l'autre hypothèse, être écartée et il faut ici encore donner au juge le droit de fixer le terme de remboursement (1), car laisser au débiteur un complet arbitraire sur ce point, c'est annuler son engagement, contracté sous une condition potestative (C. civ. art. 1174); or, quand une convention est susceptible de deux sens, on doit l'entendre dans celui qui lui donne un effet (C. civ. art. 1156).

Cependant, si le prêt est à intérêts, la convention peut être interprétée dans le premier sens plus facilement; elle sera alors une constitution de rente perpétuelle (2).

770. La clause que l'emprunteur remboursera la dette à sa convenance, ou par fractions et à sa convenance, doit être, en principe, assimilée, conformément au sens naturel des termes, à la clause « quand il le pourra » (3). Cependant le contraire peut résulter des circonstances (4).

La clause que le remboursement aura lieu « quand le prêteur le demandera à l'emprunteur » fait dépendre le terme de la volonté du prêteur; ce dernier peut donc, après le décès de l'emprunteur, réclamer la somme prêtée à l'emprunteur ou à ses héritiers (5).

Il en est de même de la clause « si le prêteur le demande à l'emprunteur » (6).

que le créancier avait remis au débiteur le titre sous seing privé constatant la créance (ce qui, d'après l'art. 1282 C. civ., fait preuve de la remise de la dette) et que le débiteur avait déclaré « prendre l'engagement d'*honneur* » de rembourser la dette; l'arrêt conclut de là que les parties ont voulu substituer une obligation naturelle à l'obligation civile antérieure. Mais il semble résulter des termes du contrat que l'engagement d'honneur consistait uniquement à promettre de rembourser la totalité de la dette, en dépit de tous concordats qui permettraient au débiteur de n'en rembourser qu'une partie. Wahl, *loc. cit.*

(1) Trib. com. Nantes, 4 oct. 1890, *Rec. Nantes*, 90. 1. 348 (pour la seconde hypothèse). — Wahl, *loc. cit.*

(2) Wahl, *loc. cit.*

(3) Wahl, *loc. cit.* — *Contra* Cass. Autriche, 6 nov. 1894, S., 96. 4. 17.

(4) Wahl, *loc. cit.*

(5) Larombière, art. 1122, n. 40.

(6) *Contra* Larombière, *loc. cit.* — D'après cet auteur, l'emprunteur n'est alors tenu que jusqu'à son décès.

771. Conformément au principe général de l'art. 1188, le prêteur peut demander le remboursement avant le terme fixé si l'emprunteur tombe en faillite ou en déconfiture [1] ou se met en liquidation [2], ou s'il diminue les sûretés qu'il avait données au créancier [3].

Il peut, dans le même cas, demander la résolution du contrat avec dommages-intérêts [4], tout au moins si on applique l'art. 1184 aux contrats unilatéraux.

772. Dans le cas où la fusion d'une société avec une autre met fin à son existence, ses dettes deviennent exigibles [5].

La dissolution de la société et sa mise en liquidation produisent le même effet [6].

773. Nous examinerons, à propos des intérêts, si le défaut de payement des intérêts permet au prêteur d'exiger le remboursement du capital [7].

774. Le prêteur ne peut réclamer, notamment en cas de faillite ou de liquidation de la société, des sûretés spéciales pour lui garantir le paiement à l'échéance.

Il en est ainsi spécialement pour les obligataires d'une société [8]. On ne peut, en sens contraire, se baser sur le caractère aléatoire reconnu par la jurisprudence aux obligations [9] et sur l'art. 1978 C. civ. Ce dernier texte n'est pas commun à tous les contrats aléatoires, il est exceptionnel, est fondé sur ce que le crédi-rentier, auquel les arrérages de la rente viagère ne sont pas payés, a besoin d'un droit pouvant remplacer la résolution qui ne lui est pas accordée.

(1) Duranton, XVII, n. 582 ; Troplong, n. 259 ; Guillouard, n. 103.

(2) Cass. civ., 6 janv. 1885, S., 88. 1. 57 (Comp. de chemins de fer qui se fait racheter par l'Etat). — Cass. civ., 2 fév. et 10 mai 1887, S., 88. 1. 57, D., 87. 1. 97 et 334 (id.).

(3) Trib. civ. Condom, 23 nov. 1893, *Gaz. Pal.*, 94. 1. 199. — Mêmes auteurs.

(4) Cass. civ., 6 janv. 1885, 2 fév. et 10 mai 1887, précité.

(5) Trib. com. Nantes, 18 avril 1891, *Droit*, 21 oct. 1891.

(6) Trib. civ. Seine, 28 nov. 1888, *Gaz. Pal.*, 89. 1. *Suppl.*, 28. — *Contra* (pour les obligataires) Paris, 6 juill. 1885, *Journ. de soc.*, 86. 701. — Trib. com. Seine, 6 juil. 1889, *Loi*, 30 juill. 1889.

(7) V. *infra*, n. 935.

(8) Cass. civ., 10 mai 1881, S., 82. 1. 17. — Cass. civ., 6 janv. 1885, S., 87. 1. 57. — *Contra* Caen, 16 août 1882, S., 83. 2. 115. — Demolombe, *Consultation*, S., 83. 2. 115.

(9) V. *infra*, n. 778.

775. Le prêteur ne peut réclamer la restitution anticipée de la chose par la seule raison qu'il lui survient un besoin pressant et imprévu de cette chose ([1]). La disposition contraire de l'art. 1889 relative au prêt à usage ne peut être étendue au prêt de consommation parce qu'elle déroge au principe que les conventions tiennent lieu de lois aux parties; du reste, cette disposition se comprend mieux pour le prêt à usage, qui porte sur un objet déterminé, que pour le prêt de consommation, qui porte sur un genre : le prêteur pourra facilement se procurer des choses identiques aux choses prêtées. Il faut ajouter que la restitution anticipée est moins facile dans le prêt de consommation que dans le prêt à usage, où l'objet prêté ne cesse pas d'être entre les mains de l'emprunteur.

776. Suivant l'art. 1187, le terme est présumé stipulé en faveur du débiteur, qui peut anticiper le remboursement.

Dans l'ancien droit, l'emprunteur pouvait opérer le remboursement avant le terme fixé, même si le prêt était à intérêt ([2]); la solution contraire était toutefois admise dans le ressort du parlement du Dauphiné ([3]).

Aujourd'hui encore, malgré la formule de l'art. 1187 C. civ., d'après lequel le terme est toujours présumé stipulé en faveur du débiteur, à moins qu'il ne résulte de la stipulation ou des circonstances qu'il a été aussi convenu en faveur du créancier, on admet, et avec raison, que dans le prêt à intérêt le terme doit être présumé stipulé autant en faveur du créancier que du débiteur ([4]), et que par suite le débiteur ne peut

([1]) Troplong, n. 258; Pont, I, n. 175; Laurent, XXVI, n. 502; Guillouard, n. 104.

([2]) Pothier, *Tr. des obl.*, n. 336; Chorier, *La jurispr. de Guy Pape*, 2e éd., 1769, liv. IV, sect. 7, art. 14, quest. 271, p. 256.

([3]) Chorier, *loc. cit.*

([4]) Trib. civ. Montpellier, 20 nov. 1891, *Loi*, 22 fév. 1892. — Trib. civ. Seine, 18 juillet 1895, sous Cass. req., 21 avril 1896, S., 97. 1. 481, D., 96. 1. 484. — Trib. féd. Suisse, 1er mars 1890, S., 91. 4. 1, D., 92. 2. 169. — Trib. féd. suisse, 13 nov. 1895, S., 96. 4. 15. — Toullier, VI, n. 677; Duranton, XI, n. 109; Delvincourt, II, p. 135, note 2; Rodière, *Solidarité*, p. 223; Larombière, II, art. 1187, n. 5; Aubry et Rau, IV, p. 90, § 303, note 21; Laurent, XVII, n. 180; Guillouard, n. 93, Colmet de Santerre, V, n. 110 *bis*; Fuzier-Herman, *C. civ. annoté*, art. 1187, n. 5 et 6; Chavegrin, *Note*, S., 97. 1. 481; Tait, *Des conversions d'emprunt*, *Rev. dr. belge*, 1896, p. 11, — et les arrêts cités *infra*, n. 778. — *Contra* Demolombe, XXV,

faire un remboursement anticipé sans le consentement du créancier. En effet, l'art. 1187 est fondé sur l'idée que le débiteur seul est intéressé au terme, qui lui procure un moyen de garder les capitaux pour le temps qu'il juge utile ; or, l'emprunteur et le prêteur à intérêt trouvent tous deux un avantage dans le terme, qui fournit au premier les moyens de faire fructifier les capitaux empruntés et de se procurer à loisir le capital nécessaire au remboursement, et au second un placement durable.

Malgré l'apparence, et quoi qu'on ait dit, l'art. 1187, loin de contredire cette solution, la confirme ; car c'est un des cas où il résulte des circonstances que le terme est stipulé en faveur des deux contractants. Ces circonstances, objecte-t-on, sont tirées de la nature du prêt à intérêt. L'objection est sans portée, car on ne peut dire qu'il est dans la nature du prêt à intérêt de rendre service aux deux parties ; c'est là simplement l'un des motifs pour lesquels les deux parties contractent ; et, d'autre part, la loi n'interdit pas que les circonstances dont parle l'art. 1187 soient tirées de la nature du prêt (1).

777. Il peut sans doute arriver qu'en fait le prêteur ait voulu rendre service à l'emprunteur malgré les intérêts stipulés (cela apparaîtra surtout par la faiblesse des intérêts convenus) et alors, le contrat étant passé au profit du débiteur, il peut anticiper le versement (2), mais c'est là une hypothèse exceptionnelle qu'on peut se contenter de signaler.

778. En particulier, les emprunts contractés au moyen de

n. 629 ; Planiol, *Note*, D., 92. 2. 169. — Bruxelles, 18 fév. 1888, D., 89. 2. 221 (qui cependant reconnaît qu'en général les circonstances feront admettre le contraire).

(1) En Italie, l'art. 1832 C. civ. porte que « le débiteur peut toujours, cinq ans après le contrat, restituer les sommes portant un intérêt supérieur au taux légal, nonobstant tout pacte contraire ». Mais cette disposition n'est pas applicable aux dettes, quelles qu'elles soient, contractées par l'Etat, par les communes ou par d'autres corps moraux avec les autorisations requises par la loi (art. 1833). Comme ce dernier texte ne vise, d'après l'exposé des motifs, que les personnes morales placées sous la tutelle administrative, on admet que les sociétés, même commerciales, peuvent invoquer la disposition générale de l'art. 1832. — Cass. Turin, 21 fév. 1891 (2 arrêts), *Ann. dr. com.*, V, 1891, *Doctr.*, p. 135 ; Franchi, *Ann. dr. comm.*, *loc. cit.* — *Contra* Naples, 22 janv. et 30 oct. 1890 (mêmes affaires), *Ann. dr. comm.*, *loc. cit.*

(2) Chavegrin, *loc. cit.*

souscriptions publiques, — obligations de l'Etat, des sociétés, des villes, etc., — ne peuvent être remboursés sans le consentement des prêteurs ou souscripteurs avant le terme fixé (1).

Cela n'a pas besoin de démonstration si l'on admet avec nous que l'art. 1187 n'est pas applicable au prêt à intérêt; mais on a essayé de justifier autrement la solution que nous avons admise, en qualifiant le contrat intervenu entre la société et l'obligataire de contrat mixte et aléatoire où les parties ont des chances de gains ou de perte, suivant l'époque à laquelle les titres sont appelés au remboursement ou suivant la cote de la bourse au jour du remboursement (2). Mais ce ne sont pas là des considérations qui soient de nature à modifier le caractère juridique du contrat : tout prêt à intérêt est aléatoire en ce sens que la baisse ou la hausse de l'intérêt, l'époque où le remboursement sera opéré, auront pour effet de rendre l'opération avantageuse ou désavantageuse pour l'une ou l'autre des parties ; ce n'est pas en cela, mais dans l'incertitude *du montant* des prestations à fournir pour l'une des parties à l'autre, que réside le caractère aléatoire d'une convention (3).

En sens inverse, on a prétendu qu'à supposer même que dans le prêt à intérêt le débiteur ne soit pas autorisé à rembourser par anticipation la somme prêtée, il doit en être autrement s'il s'agit d'emprunts amortissables émis par une société : la longue durée que la société emprunteuse se réserve ordinairement pour la fin du remboursement fait, dit-on, pré-

(1) Nancy, 10 juill. 1882, S., 83. 2. 237, D., 83. 2. 165. — Paris, 28 nov. 1895, sous Cass. req., 21 avril 1896, S., 97. 1. 481, D., 96. 1. 484. — Trib. Seine, 30 avril 1887 (caisse des dépôts), cité par Poincarré, Chambre, 1er déc. 1890, *Journ. Off.* du 2, p. 2351. — Bruxelles, 2 nov. 1887, *Belg. jud.*, 87. 1513. — Bruxelles, 26 avril 1893, S., 96. 4. 14. — Trib. com. Bruxelles, 8 oct. 1881 et 23 janv. 1886, *Pasicr.*, 86. 3. 53. — Trib. féd. suisse, 2 mars 1890, S., 91. 4. 1, D., 92. 2. 169. — Trib. féd. Suisse, 13 nov. 1895, S., 96. 4. 15. — Lyon-Caen et Renault, II, n. 579 ; Monfredi, dans *Rendiconti dell' Istit. lombardo,* XXIV, p. 876 s. ; Tart, *op. cit.*, p. 8 s. — *Contra* Bruxelles, 18 fév. 1888, précité. — Trib. civ. Bruxelles, 6 mars 1886, *Pasicr.*, 86. 3. 115. — Trib. cantonal Vaud (Suisse), 16 mai 1894, S., 95. 4. 6. — Planiol, *Note*, D., 92. 2. 179 ; G. de Laveleye, *Journ. des trib. belges,* 1888, p. 209 s. ; de Brabandère, *Rev. prat. des soc.* (belges), 1890, p. 25 ; D. S., *ibid.*, 1893, p. 184.

(2) Paris, 28 nov. 1895, précité.

(3) V. ce que nous disons à propos du taux maximum de l'intérêt, *infra*, n. 836.

sumer qu'elle n'a pas entendu assumer des charges dont l'importance échappe au calcul et qui deviendront très graves si le taux normal de l'intérêt s'abaisse d'une manière excessive [1]. Mais est-ce bien là le calcul qu'a fait la société? N'a-t-elle pas uniquement songé à espacer ses remboursements, dans le seul but de partager entre de nombreux exercices sociaux le remboursement d'un emprunt dont les bénéfices de tous ces exercices sont appelés à profiter? A supposer même que la société eût réellement l'intention qu'on lui prête, il faudrait au moins que cette intention fût portée à la connaissance des obligataires, car, dans le cas contraire, elle ne constitue que le *motif* des stipulations relatives à l'époque du remboursement; ce motif, l'obligataire n'a pas à en tenir compte.

778 *bis*. Nous n'admettons pas davantage que la société, ayant fixé une certaine période de temps pour le remboursement, ait pour seule obligation d'opérer le remboursement dans cette période et puisse choisir, pendant son cours, le moment le plus favorable à son gré [2]. Les titres à rembourser doivent être tirés au sort, dans une proportion fixée par le tableau d'amortissement; l'obligataire peut exiger que cette clause du contrat soit observée [3].

779. Notre solution doit être admise à plus forte raison dans le cas d'un emprunt à lots, et cela même si le remboursement est accompagné du paiement immédiat des lots, sauf l'escompte, ou si le remboursement laisse aux porteurs, leur droit aux lots, lesquels seront attribués par le sort à l'échéance convenue [4]. A supposer que les avantages réservés aux porteurs par la convention fussent maintenus par ce procédé [5], il n'en serait pas moins illégal, puisqu'il viole la loi du contrat. Du reste, l'art. 1243 C. civ. interdit de forcer un créancier à recevoir une partie de sa créance.

(1) Planiol, *loc. cit.*

(2) Planiol, *loc. cit.*

(3) Chavegrin, *loc. cit.*

(4) Frèrejouan du Saint, *Jeu et pari*, n. 217; Villey, *Loi*, 1er juin 1891. — *Contra* Planiol, *loc. cit.*

(5) Et cela n'est pas; suivant l'époque du tirage, un lot entre ou non en communauté, il donne ou non lieu à la rescision d'un partage d'ascendant. Frèrejouan du Saint, *loc. cit.*; Villey, *loc. cit.*

780. De même le remboursement d'un prêt à intérêts, qui est stipulé devoir être opéré au moyen d'annuités comprenant chacune les intérêts et une partie du principal, ne peut être avancé par le débiteur. Cela a été appliqué spécialement à des emprunts faits par l'Etat [1].

781. Toutefois les considérations sur lesquelles nous avons fondé notre principe sont des considérations tirées du but que se sont proposé les parties, c'est-à-dire des considérations de fait. Donc, les juges du fond, qui apprécient souverainement le fait, sont libres de décider, sans avoir à redouter la censure de la cour de cassation, que le terme n'a été stipulé qu'en faveur du créancier, et que le remboursement par anticipation est possible [2]. Quelle que soit leur décision, la cour de cassation ne peut la contrôler [3].

782. Dans tous les cas, on admet généralement qu'en matière commerciale le terme est stipulé en faveur des deux parties [4].

Par suite, une société commerciale ne peut rembourser par anticipation les obligations qu'elle a émises [5].

783. Lorsqu'une société ne se conforme pas à son tableau d'amortissement, on admet que les obligataires peuvent demander la résolution dans les mêmes termes que si la société était en liquidation [6].

784. Alors même que les prêteurs ont su la destination des fonds empruntés, ils ne peuvent être forcés d'accepter le remboursement anticipé par le motif que cette destination aurait cessé [7].

(1) Cons. d'Etat, 27 nov. 1878 et 16 février 1888, cités par Brémond, *Rev. crit.*, XXV, 1896, p. 26. — Brémond, *loc. cit.*; Arrivière, *Conclusions* sous Cons. d'Etat, 7 déc. 1894, S., 96. 3. 92. — On s'est demandé si le remboursement opéré par l'Etat en violation du contrat donnait lieu à des dommages-intérêts. La négative a été soutenue par la raison que l'Etat est couvert par une loi qui a ordonné le paiement anticipé, et par suite n'a pas fait un acte contraire au droit précité. — Brémond, *loc. cit.*, p. 27. — V. cep. cons. d'Etat, 7 déc. 1894, précité. — Arrivière, *loc. cit.*

(2) Cass., 29 juil. 1879, S., 80. 1. 109, D., 80. 1. 39.

(3) Cass. req., 21 avril 1896, S., 97. 1. 481, D., 96. 1. 484 (confirmant Paris, 18 nov. 1895, précité.

(4) Nancy, 10 juillet 1882, S., 83. 2. 237.

(5) Nancy, 10 juillet 1882, précité.

(6) Trib. civ. Seine, 26 janv. 1893, *Gaz. Pal.*, 93. 1. 168.

(7) Décidé cependant que les obligataires d'une société peuvent être obligés d'ac

785. Mais la société en liquidation peut rembourser immédiatement tous ses obligataires sans se conformer au tableau d'amortissement ([1]), car si la société en liquidation subsiste comme personne morale, elle ne peut être tenue que des engagements de la société compatibles avec la cessation des opérations sociales. La liquidation, loin de permettre leur continuation, implique la réalisation immédiate de l'actif. D'un autre côté, l'observation de la loi du contrat exigerait qu'il fût distrait de l'actif un capital suffisant pour le service annuel de l'amortissement; or, ce placement d'un capital est étranger à la mission des liquidateurs.

786. Cette solution est exacte alors même que la liquidation, loin de résulter d'une cause fortuite, comme l'insolvabilité de la société, provient d'un acte purement volontaire de cette dernière, comme la vente à l'Etat du réseau de chemin de fer qu'elle exploitait ([2]), ou une décision de l'assemblée générale fondée sur l'absence de bénéfices ([3]).

Il reste d'ailleurs au créancier la ressource d'obtenir des dommages-intérêts.

787. D'autre part, il va sans dire que la convention portant que le débiteur pourra rembourser les sommes prêtées avant l'échéance est licite ([4]).

Ainsi lorsque les titres ou les prospectus d'émission portent que le remboursement des obligations aura lieu en un nombre déterminé d'années *au plus tard*, l'emprunteur se

cepter le remboursement anticipé, s'ils ont su que l'emprunt était destiné à l'Etat et si une loi a forcé la société à recevoir elle-même de l'Etat son remboursement anticipé. — Trib. com. Seine, 11 nov. 1895, *Gaz. Pal.*, 96. 1. 296. — Ce jugement s'appuie sur qu'en fait (et cela était d'ailleurs inexact) le prêt était, en réalité, fait par les obligataires à l'Etat, qui voulait éviter un emprunt direct.

([1]) Cass. civ., 2 fév. 1887, S., 88. 1. 57, D., 87. 1. 97. — Cass. civ., 10 mai 1887, S., 88. 1. 57, D., 87. 1. 334. — Trib. civ. Seine, 28 nov. 1888, *Ann. dr. com.*, 89. 65. — Trib. civ. Lille, 6 déc. 1888, *Gaz. Pal.*, 89. 1, *Suppl.*, 15. — Lacour, *Notes, Ann. dr. com.*, I, 1887, *Jurispr.*, 157, n. 2, et 1889, *Jurispr.*, p. 65. — *Contra* Labbé, *Note*, S., 83. 1. 441.

([2]) Cass. civ., 2 fév. et 10 mai 1887, précités (se fondent sur ce que, dans l'espèce, les obligataires pouvaient s'attendre au rachat prévu dans les statuts). — Lacour, p. 159 et p. 65.

([3]) Trib. civ. Lille, 6 déc. 1888, précité.

([4]) Frèrejouan du Saint, *op. cit.*, n. 217.

réserve implicitement d'opérer le remboursement avant cette époque [1].

788. Enfin, le Crédit foncier de France a le droit de rembourser avant terme les obligations qu'il émet, dans les limites du décret du 28 février 1852, qui, en permettant aux emprunteurs du Crédit foncier de se libérer par anticipation et en obligeant le Crédit foncier à ne jamais avoir en circulation des obligations pour une valeur supérieure à celle des prêts hypothécaires qu'il a consentis, lui confère implicitement le droit d'éteindre les obligations jusqu'à concurrence des emprunts qui lui sont remboursés [2].

III. *Lieu du remboursement.*

789. Si le prêt est fait sans intérêts, le remboursement doit être fait au lieu où le prêt a été contracté [3]. Cette solution était déjà donnée par Pothier, et c'est une raison pour l'accepter encore aujourd'hui. Elle résulte, au surplus, de l'art. 1903, qui, au cas où l'emprunteur ne fait pas volontairement la restitution, lui impose de la faire « au prix... *du lieu où l'emprunt* a été fait »; comme la restitution imposée n'a pas d'autre but que de mettre le prêteur dans la même situation que s'il avait obtenu la restitution volontaire, c'est également, en cas de restitution volontaire, le lieu du contrat qui doit être considéré. L'opinion contraire aurait le grave inconvénient, dans le cas où la valeur au lieu de l'emprunt serait inférieure à la valeur dans tout autre endroit fixé pour la restitution, de donner à l'emprunteur un intérêt à refuser la restitution afin d'y être contraint par les tribunaux et de pouvoir invoquer la disposition de l'art. 1903.

790. Toutes ces raisons gardent leur valeur au cas où le

(1) Trib. com. Seine, 9 janv. 1893, *Gaz. Pal.*, 93. 1. 154. — Trib. civ. Seine, 15 fév. 1893, *Ann. dr. comm.*, 94. 1. 23. — Chavegrin, *Note*, S., 97. 1. 481.

(2) Trib. com. Seine, 9 juin 1853, D. *Rép.*, v° *Soc. de cr. fonc.*, n. 116 et Josseau, *Crédit foncier*, 3e éd., I, p. 404. — Trib. civ. Seine, 15 fév. 1893, *Ann. dr. comm.*, 94. 1. 23. — Trib. civ. Seine, 17 mai 1893, *Gaz. Pal.*, 93. 2. 81. — Trib. com. Seine, 14 oct. 1895, *Gaz. Pal.*, 95. 2. 487. — Josseau, *op. cit.*, I, p. 408; Frèrejouan du Saint, *op. cit.*, n. 218.

(3) Troplong, n. 275; Pont, I, n. 215; Colmet de Santerre, VIII, n. 109 *bis*; Guillouard, n. 94.

prêt est fait moyennant des intérêts. Pothier ne faisait aucune distinction; l'art. **1903** s'exprime en termes généraux et, d'ailleurs, personne n'a jamais songé à restreindre au prêt sans intérêts l'application directe de ce texte.

Aussi sommes-nous surpris de voir certains auteurs, avec lesquels nous étions d'accord sur la question précédente, décider ici que la restitution doit être faite au domicile du débiteur (¹); ils invoquent le principe général de l'art. **1247**, mais l'art. **1903** n'y déroge-t-il pas ?

IV. *Preuve du remboursement.*

791. Le droit romain avait décidé que pendant un ou cinq ans après la naissance de la dette, l'emprunteur ne pouvait se la voir opposer, à condition de soutenir que l'argent ne lui avait pas été compté et à moins que le créancier ne fît la preuve de la rénumération (²). C'était l'objet de l'exception *non numeratæ pecuniæ*.

L'exception *non numeratæ pecuniæ* est rejetée par celles mêmes des législations modernes qui suivent de très près les principes du droit romain (³). A plus forte raison n'existe-t-elle pas en France; c'est, en toute hypothèse, à l'emprunteur qu'il appartient d'établir le remboursement.

792. L'exception *non numeratæ pecuniæ* est réglée par la loi du lieu où s'engage l'instance en payement et non par la loi du lieu où le prêt a été fait (⁴). Elle rentre en effet dans la preuve, et toutes les questions relatives à la preuve sont tranchées par les lois du pays où l'instance est engagée.

(¹) Guillouard, n. 94.

(²) L. 14, C., *de non num. pec.*, 4. 30.

(³) *Allemagne*. Le droit commun admettait cette exception. Eck, *loc. cit.* — Mais elle avait été repoussée par la plupart des législations locales. Enfin elle a été écartée par le C. com. allemand (art. 295) et le § 17 de la loi d'introduction du code de procédure. Certains pays allemands admettent encore cette exception pour les créances inscrites au registre foncier (créances hypothécaires); la loi prussienne du 5 mai 1872, § 38, l'abroge même en cette matière.

(⁴) Fœlix, *Dr. int. privé*, I, p. 249; Savigny, *Syst. des heut. Privatrechts*, VIII, p. 271; Holzschuher, *Th. und Kasuistik des gem. Civilrechts*, I, (2e éd., Leipz., 1856), p. 75. — *Contra* Von Bar, *Th. und Praxis des intern. Privatrechts*, II, p. 89, n. 277.

V. *Sanction du défaut de remboursement.*

793. L'art. **1903** dispose : « *S'il* [*l'emprunteur*] *est dans l'im-» possibilité d'y satisfaire, il est tenu d'en payer la valeur eu » égard au temps et au lieu où la chose devait être rendue » d'après la convention. — Si ce temps et ce lieu n'ont pas été » réglés, le paiement se fait au prix du temps et du lieu où » l'emprunt a été fait* ».

Un libraire a prêté à l'un de ses confrères un certain nombre d'exemplaires d'un ouvrage, à la condition qu'il rendrait le même nombre d'exemplaires de la même édition dans six mois. A cette époque l'édition se trouve épuisée ; la restitution est donc impossible dans les conditions prévues par le contrat, c'est-à-dire en exemplaires neufs semblables à ceux qui ont été prêtés. L'emprunteur pourra-t-il prétendre qu'il est libéré de son obligation, parce qu'il se trouve sans sa faute dans l'impossibilité de l'exécuter ? Non ; car cette prétention reviendrait, de la part de l'emprunteur, à soutenir qu'il a le droit de s'enrichir aux dépens du prêteur. Mais alors que devra-t-il restituer ? La loi dit : *la valeur de la chose, eu égard au temps et au lieu où la restitution devait être faite d'après la convention,* ce qui, appliqué à notre hypothèse, signifie sans doute que l'emprunteur devra restituer la somme qu'il aurait fallu vraisemblablement payer à l'époque de la restitution pour se procurer les exemplaires à restituer, si l'édition n'était pas épuisée. Au cas où la convention ne fixerait pas le temps et le lieu de la restitution, notre article dit que la valeur à restituer devra être calculée en se référant au temps et au lieu où l'emprunt a été fait.

L'ancien droit admettait cette solution, mais avec cette restriction que si, au jour de la mise en demeure de l'emprunteur, la valeur des choses prêtées excédait leur valeur au moment du prêt, la première de ces deux valeurs devait être restituée [1]. La solution du code nous paraît meilleure [2] ; elle empêche le prêteur de retarder la mise en demeure dans

[1] Pothier, n. 40.
[2] *Contra* Guillouard, n. 97.

le but de spéculer sur une augmentation possible de valeur, et surtout lui refuse un choix qui n'a aucune raison d'être, en présence du cas fortuit qui entraîne l'impossibilité de restituer, et dont l'emprunteur est innocent.

794. L'art. 1903 s'applique tout d'abord à une impossibilité absolue, c'est-à-dire au cas où toutes les choses d'un genre de celles prêtées disparaissent (1). Ce cas est d'ailleurs rare, en vertu de l'axiome *genera non pereunt ;* on peut cependant citer l'hypothèse, à laquelle nous avons fait allusion, où le prêt portait sur des livres dont l'édition se trouve épuisée, et celle où il portait sur des vins d'un vignoble déterminé, lequel est détruit par le phylloxéra (2).

Mais l'art. 1903 s'applique aussi à l'impossibilité relative, c'est-à-dire au cas où il est impossible à l'emprunteur de se procurer les choses qu'il doit fournir (3), à raison, par exemple, d'une mauvaise récolte (4), ou d'une guerre (5).

795. On a même voulu appliquer l'art. 1803 au cas où les choses prêtées ont tellement augmenté de valeur que l'emprunteur serait obligé, pour se les procurer, de faire une dépense très considérable (6). Nous n'allons pas aussi loin; outre que cette solution donnerait lieu à des questions d'appréciation extrêmement délicates, elle a le double inconvénient d'être contraire à la loi — car elle étend une règle qui déroge aux principes — et d'être inique, car l'emprunteur profite de la baisse des valeurs prêtées, et, par exemple, si la société dont les titres lui ont été prêtés fait faillite, peut se libérer au moyen de titres dont le prix d'achat serait insignifiant; il est bien juste que les mauvaises chances soient également à sa charge.

796. A l'hypothèse où l'emprunteur serait dans l'impossibilité de restituer, nous assimilerions, en partie du moins, celle où, pouvant restituer, il ne le ferait pas. Le juge le con-

(1) Guillouard, n. 95.
(2) Guillouard, n. 95.
(3) Guillouard, n. 95.
(4) Guillouard, n. 95.
(5) Guillouard, n. 95.
(6) Guillouard, n. 96.

damnera alors à payer une somme d'argent, dont le montant sera calculé comme il vient d'être dit, sans préjudice des dommages et intérêts s'il y a lieu. C'est l'application du principe général d'après lequel le débiteur qui refuse d'exécuter son obligation peut être condamné à payer une somme qui en représente le montant, augmenté de dommages-intérêts (¹).

797. Mais l'emprunteur qui refuse d'exécuter son obligation peut être aussi contraint, sur la demande du prêteur, à exécuter cette obligation elle-même et à fournir les denrées promises, que le prêteur pourra se procurer lui-même aux dépens de l'emprunteur (²). C'est encore l'application d'un principe du droit commun et on ne peut décider le contraire sans assimiler le refus de restituer à l'impossibilité de restituer, c'est-à-dire sans abroger l'art. 1903. On dit en vain qu'il s'agit ici de choses fongibles, c'est-à-dire de choses pouvant être représentées par de l'argent : le propre des choses fongibles n'est pas de pouvoir être représentées par de l'argent, mais bien de pouvoir être représentées par des choses semblables. C'est encore à tort qu'on nous oppose l'art. 587, aux termes duquel l'usufruitier de choses fongibles peut, sans aucune restriction, se libérer en fournissant la valeur des objets, car, outre que l'art. 1903 est trop clair pour pouvoir être interprété par l'art. 587, cette dernière disposition repose sur une intention présumée du constituant, et l'intention du prêteur est, aux termes formels du contrat, d'obtenir des choses identiques aux choses prêtées.

798. Il se peut que l'impossibilité existante au moment fixé pour la restitution disparaisse plus tard. Quelle est alors la situation respective des parties ?

Ecartons d'abord l'hypothèse où un jugement passé en force de chose jugée a condamné l'emprunteur à payer la valeur des choses prêtées : ce jugement, conformément aux principes

(¹) Duranton, XVII, n. 588 ; Troplong, n. 284 s. ; Pont, I, n. 199 ; Aubry et Rau, IV, p. 600, § 395, note 4 ; Laurent, XXVI, n. 506 ; Colmet de Santerre, VIII, n. 110 *bis* ; Guillouard, n. 95.

(²) Troplong, n. 284 s. ; Pont, I, n. 199 ; Laurent, XXVI, n. 506 ; Colmet de Santerre, VIII, n. 110 *bis* ; Guillouard, n. 95. — *Contra* Duranton, XVII, n. 588 ; Aubry et Rau, IV, p. 600, § 395, note 4.

de la chose jugée, s'impose aux deux parties, qui ne peuvent s'y soustraire que par un accord.

Dans le cas contraire, nous croyons que l'emprunteur a le droit de restituer des valeurs équivalentes aux valeurs prêtées (¹). Il ne demande, en effet, qu'à exécuter la convention et à rejeter le droit que lui accorde l'art. 1903; il n'y a là rien que de juridique. L'opinion contraire est cependant plus suivie (²); elle repose sur l'idée que l'art. 1903 impose aux deux parties un forfait dont aucune d'elles ne peut se départir. Nous ne contestons pas l'existence de ce forfait; mais à quel moment se place-t-il? Ce n'est pas, comme le suppose, par une inexplicable confusion, l'opinion contraire, *au moment où la restitution est due;* ce qu'exige la loi, c'est que, dans le cas où l'art. 1903 s'applique, le montant de la somme à restituer soit calculé à ce moment; l'art. 1903 ne dit pas que l'impossibilité d'exécution doit exister à ce moment. Cela étant, si l'emprunteur offre ce qu'il doit, peu importe qu'à un moment antérieur quelconque cette offre ait été impossible.

L'emprunteur, objecte-t-on, profitera de notre solution pour offrir des valeurs identiques aux valeurs prêtées si elles ont, entre l'époque fixée pour la restitution et la restitution effective, diminué de valeur, et, au contraire, si elles ont augmenté de valeur, il s'abritera derrière l'art. 1903; ce raisonnement porte à faux : l'emprunteur, si les choses prêtées ont augmenté de valeur, ne pourra pas s'abriter derrière l'art. 1903; car, l'impossibilité disparaissant et l'exécution devenant possible, le prêteur peut exiger cette exécution aussi bien que l'emprunteur peut l'imposer (³).

799. Aux termes de l'art. 1904 : « *Si l'emprunteur ne rend* » *pas les choses prêtées ou leur valeur au terme convenu, il en* » *doit l'intérêt du jour de la demande en justice* ».

En ce qui concerne les prêts d'argent, ce texte est l'application de l'a[illegible]153.

Mais il e[illegible]galement applicable aux prêts de denrées (⁴)

(¹) Laurent, XXVI, n. 508.

(²) Cass., 3 juin 1850, S., 50. 1. 455, D., 50. 1. 201. — Pont, I, n. 200; Aubry et Rau, IV, p. 600, § 395, note 5; Guillouard, n. 96.

(³) Laurent, *loc. cit.*

(⁴) Duranton, XVII, n. 590; Troplong, n. 301; Larombière, art. 1153, n. 11 et

et déroge ainsi au droit commun, d'après lequel il n'est dû alors que des dommages-intérêts, lesquels courent de la mise en demeure, car l'art. **1904** s'exprime en termes généraux, et, du reste, une interprétation également générale est le seul moyen de ne pas y voir une disposition inutile, comme contenant la répétition de l'art. **1153.** La loi a sans doute considéré que, dans la pensée des parties, les choses fongibles prêtées s'identifient avec les sommes qui en expriment la valeur. On a également voulu justifier l'art. **1904** en disant que, le prêt étant un contrat de bienfaisance, le prêteur doit être complètement indemnisé du défaut de restitution [1]. Cela est inexact : car d'une part le droit commun aurait souvent fourni au prêteur une indemnité plus complète ; d'autre part, le prêt n'est pas toujours un contrat de bienfaisance.

§ II. *Obligations de payer les frais du contrat.*

800. Les frais du contrat sont supportés par l'emprunteur [2] ; cela résulte, pour les droits d'enregistrement, de l'art. **31** de la loi du **22** frimaire an VII, qui met les droits dus sur les actes d'obligation à la charge du débiteur, pour les droits d'hypothèque de l'art. **2155** C. civ.

§ III. *Des intérêts dans le prêt.*

801. L'*intérêt* est le profit que le prêteur stipule pour prix de la jouissance qu'il confère à l'emprunteur.

On appelle *usure* l'intérêt exagéré, et *usurier* celui qui fait commerce de l'usure.

I. *Historique.*

802. Les philosophes et les publicistes de l'antiquité considéraient en général le prêt à intérêt comme immoral.

Contre la légitimité du prêt à intérêt, on invoquait cette considération que l'une des parties ne doit pas être plus mal-

20; Demolombe, XXIV, n. 624 ; Pont, I, n. 219 ; Aubry et Rau, IV, p. 600, § 395, note 6 (qui avaient d'abord adopté l'opinion contraire) ; Laurent, XXVI, n. 511 ; Colmet de Santerre, VIII, n. 111 *bis;* Guillouard, n. 98.

[1] Guillouard, *loc. cit.*

[2] Trib. civ. Annecy, 21 juin 1888, *Pand. franç.*, 89. 2. 50. — Guillouard, n. 87.

traitée que son cocontractant, à moins que son intention ne soit de faire une donation à ce dernier. Or, disait-on, dans les choses fongibles, à la différence des choses non fongibles, l'usage détruit la chose, de sorte qu'on ne peut céder l'usage sans transférer la propriété de la chose et ainsi, l'usage et la propriété se confondant, on n'a donné que la propriété et on ne peut exiger que l'équivalent de cette propriété (1).

Ce raisonnement porte à faux : la partie qui, actuellement, se dépouille et qui ne reçoit l'équivalent de sa propriété que plus tard, perd jusqu'au remboursement l'usage de sa chose et réclame légitimement l'équivalent de cette privation de jouissance. D'autre part, cette jouissance est une source de bénéfices pour l'emprunteur; il est donc juste que l'emprunteur en paie l'équivalent. Enfin, au moment de la restitution, l'emprunteur peut être insolvable et c'est un risque autorisant le prêteur à stipuler plus qu'il n'a prêté (2).

803. La loi de Moïse défendait le prêt à intérêts entre Hébreux, mais permettait aux Hébreux de prêter à intérêt aux étrangers (3).

804. En Grèce, le prêt à intérêt était permis et usité (4).

805. A Rome, le *mutuum* était essentiellement gratuit, mais cela ne signifiait pas que les intérêts fussent interdits (5), seulement il fallait un contrat indépendant, une stipulation pour les faire courir (6).

Un pacte même suffisait dans le *nauticum fœnus* (prêt à la grosse) et dans les prêts faits par les cités (7).

(1) Pothier, n. 53.

(2) Guillouard, n. 109.

(3) L'ancien testament paraît, en effet, défendre l'intérêt (Lib. Psalm., 14), mais seulement quand le prêt est fait à un frère (Levitic., XXV, 35; Deutér., XXIII, 19; Ezech., XVIII). — Von Lilienthal, Holtzendorff's *Rechtslexikon*, v° *Wucher*, III, p. 1346. — D'autres disent que les textes précités interdisent seulement l'usure. — Cpr. Albert Wahl, *Tr. théor. et prat. des titres au porteur*, I, n. 16. — Suivant une troisième opinion, le prêt à intérêt était interdit sans restriction. — Lauth, *Rev. hist. du droit*, XV, 1869, p. 96.

(4) Diodore de Sicile, liv. I, ch. 79 — V. Bœckh, *Staatshaushalt der Athener*, I, § 22; Wahl, *op. cit.*, I, n. 18. — V. *infra*, n. 813.

(5) V. *infra*, n. 814.

(6) Accarias, *Précis de dr. romain*, II, n. 589; Girard, *Manuel de dr. romain*, 2e éd., p. 502.

(7) L. 7, D., *de naut. fœn.*, 22. 2. — L. 30, D., *de usur.*, 22. 1.

L'intérêt courait même de plein droit quand il s'agissait de prêts d'argent faits par les banquiers [1].

806. L'effet du christianisme sur la prohibition de l'intérêt ne fut pas immédiat. Sans doute on trouvait le prêt à intérêt peu moral, soit à raison de certaines expressions de l'Évangile selon Saint Luc [2], et de la prohibition contenue dans l'Ancien Testament, soit à cause de l'obligation de charité imposée aux chrétiens et du caractère naturellement improductif de l'argent; mais les clers eux-mêmes ne se considéraient comme liés par aucune prohibition [3].

Les conciles commencèrent par interdire aux clers le prêt à intérêt sous peine de révocation [4]. Car une décision antérieure, qui le prohibait d'une manière générale [5], est d'une authenticité contestée.

807. C'est dans les pays où dominait l'Église grecque que se rencontre la première prohibition législative de l'intérêt, mais elle fut rapidement supprimée [6].

La prohibition absolue fut en même temps, au VIIIe siècle, édictée par certains synodes [7] et par le pouvoir royal en France [8]. Mais dès le XIVe siècle, la prohibition disparut pour faire place à la limitation du taux de l'intérêt [9].

Peu après, la prohibition religieuse devint générale dans la chrétienté [10].

(1) Nov. 136 de Justinien.
(2) *Mutuum dare nihil inde sperantes*, 6. 35.
(3) Von Lilienthal, *loc. cit.*
(4) 325. Premier concile œcuménique de Nice.
(5) 306. Concile d'Elvira (Espagne).
(6) Introduite par l'empereur Basile (867-880), elle fut abrogée par son successeur Léon le Philosophe.
(7) 789. Synode d'Aachen et quelques synodes anglais au même siècle. — V. aussi Lauth, *Rev. hist. du dr.*, XV, 1869, p. 96.
(8) 789. Capitulaire de Charlemagne (Pertz, *Leges*, I, 55). — 1254. Edit de Saint-Louis.
(9) V. *infra*, n. 815.
(10) 1139. Le deuxième concile de Latran défend l'usure, c'est-à-dire tout intérêt de l'argent prêté, sous quelque forme que cet intérêt soit stipulé, et y attache l'infamie. Le pape Alexandre III punit d'excommunication les *usurarii manifesti* (C. 3 et 7, X, *De usur.*, 5, 19).— V. aussi pape Grégoire X, C. 1 et 2, VI, *De usur.*, 5, 5; Clément V (Clement. *un.*, *De usur.*, 5, 5).— L'encyclique *vix pervenit* de Benoît XIV (1er nov. 1745) part encore du même point de vue. — C'est seulement le 3 juill. 1822

808. Ce qui permit de maintenir pendant longtemps l'observation de ces prescriptions religieuses, c'est que les Juifs, qui n'avaient pas à les observer, continuèrent à procurer, sous la forme de prêt à intérêt, des fonds à ceux qui en avaient besoin. L'Eglise défendait à la vérité aux chrétiens d'entretenir avec les juifs des rapports commerciaux, mais cette prohibition resta sans effet.

Les monastères eux-mêmes, au moyen-âge, ne se firent pas faute d'emprunter à intérêt (1).

On se contenta de limiter, comme nous le montrerons plus loin, le taux de l'intérêt (2).

809. Notre législation intermédiaire déclara le prêt à intérêt licite (décret des **3-12** octobre **1789**).

Il en est de même du code civil, comme l'indique l'art. 1905, dans les termes suivants : « *Il est permis de stipuler des intérêts pour le simple prêt soit d'argent, soit de denrées ou autres choses mobilières* ».

II. *Nature de l'intérêt.*

810. Les arrérages du prêt peuvent consister en denrées, et cela même si le capital prêté consiste en argent; car du moment que le prêt peut indifféremment porter sur de l'argent ou sur des choses fongibles, les fruits du prêt peuvent être également des choses fongibles; la seule question qui s'élève alors est de savoir si les lois limitatives du taux de l'intérêt sont applicables (3).

Mais en principe, et si une stipulation formelle n'a pas été faite en sens contraire, les intérêts seront payés en argent, alors même que le capital consisterait en denrées; car tel est l'usage, et c'est également ce que supposent les textes.

que le Saint-Office a permis le prêt à intérêt dans les limites fixées par les lois civiles. Cette décision a même été combattue par divers canonistes.

(1) Documents cités par d'Arbois de Jubainville, Documents relatifs aux taux de l'intérêt au moyen-âge, *Rev. hist. du dr.*, IV, 1858, p. 419 s. En 1208 notamment prêt à 3 deniers par livre et par semaine, c'est-à-dire à 65, 62 p. 100 par an.

(2) V. *infra*, n. 815.

(3) V. *infra*, n. 829 s.

III. *Taux de l'intérêt.*

A. *Historique.*

811. Le *taux* de l'intérêt est le rapport existant entre l'intérêt annuel et le capital. Ainsi, quand, prêtant un capital de 100 pour trois ans, on stipule un intérêt de 5 par an, l'intérêt est au capital comme 5 est à 100; il est de $\frac{5}{100}$, autrement dit *cinq pour cent :* ce que l'on exprime d'une manière abrégée à l'aide du symbole suivant : 5 0/0.

Le taux de l'intérêt est légal ou conventionnel : légal, lorsqu'il est fixé par la loi (art. 1153); conventionnel, lorsqu'il l'est par la convention des parties.

812. Les raisons qui justifient le prêt à intérêt interdisent également la limitation du taux de l'intérêt [1], quoique certains auteurs, qui admettent notre solution sur le premier point, soient en désaccord avec nous sur le second point : la légitimité du prêt à intérêt repose sur l'idée que l'argent est une marchandise qui peut être louée ou vendue comme toutes les autres; or le prix des marchandises est déterminé par la loi de l'offre et de la demande, sans que l'Etat se reconnaisse le droit d'y intervenir.

On objecte que l'emprunteur doit être protégé par le prêteur à la merci duquel il se trouve. C'est une erreur; l'emprunteur ne serait à la merci du prêteur que s'il était forcé de recourir à une personne déterminée et si la loi de la concurrence ne lui permettait pas d'établir une sorte d'enchère entre les capitalistes et de s'adresser à celui d'entre eux qui lui fera les conditions les plus avantageuses.

Cette réponse, déjà décisive par elle-même, l'est encore davantage si l'on réfléchit que l'espèce de prêt à intérêt qui joue aujourd'hui le plus grand rôle dans la pratique est celui qui est constitué au moyen d'obligations émises par l'Etat, les sociétés et autres personnes morales. Or, ce n'est pas ici le prêteur, c'est-à-dire le souscripteur, mais bien l'emprunteur qui fait la loi. C'est la société qui, s'adressant au public, dicte les clauses de l'emprunt; c'est elle qui, par des conditions

[1] Wolowski, *Rev. crit.*, XXXI, 1867, p. 235 s. — *Contra* Guillouard, n. 111.

insidieuses, peut chercher à tromper les souscripteurs; c'est elle enfin dont il faut se défier, au lieu de songer à la protéger.

Ce qui condamne enfin l'opinion contraire, c'est que certains de ses partisans admettent, en matière commerciale, la liberté du taux de l'intérêt (1). On prétend qu'ici la loi de l'offre et de la demande empêchera l'intérêt de monter à un taux exagéré; pas plus certainement que dans le cas précédent. Au surplus, il faut songer que le caractère commercial du prêt se détermine par la destination des fonds empruntés. Or, quelle que soit cette destination, c'est toujours aux mêmes prêteurs que s'adressera l'emprunteur et, à supposer qu'en matière civile l'emprunteur mérite d'être protégé, il le mérite également en matière commerciale.

813. En Grèce, au moins à Athènes, il n'existait aucune limitation du taux de l'intérêt (2).

814. A Rome, la première limitation du taux de l'intérêt paraît avoir été introduite par la loi des Douze Tables. Le maximum du taux de l'intérêt fut le *fœnus unciarium*, c'est-à-dire un douzième (cela revient peut-être à un dixième, l'année étant de dix mois), ou peut-être douze pour cent (3).

D'autres lois modifièrent les bases de la liquidation (4).

815. Dans l'ancien droit, le prêt à intérêt ne fut complètement interdit que pendant une courte période (5). Mais jusqu'à la fin de l'ancien régime, le taux en fut limité (6).

(1) Guillouard, n. 112.

(2) Boeckh, *Staatshaushalt der Athener*, I, § 22.

(3) V. Girard, *Manuel de dr. romain*, p. 504.

(4) 397. *R. f. Lex Duilia et Maenia de unciario fœnore*, confirmant la loi des Douze Tables. — 407. *Rogatio tribunicia*, diminuant de moitié le maximum. — 412. *Lex Genucia*, défendant tout intérêt. Cette loi ne fut jamais observée. — 561. *Lex Sempronia*, étendant les textes précités aux personnes qui ne sont pas citoyens romains. — 704. *Senatusconsulte*, intérêt de 12 p. 100 fixé comme maximum dans toutes les provinces. — Justinien le fait descendre à 6 p. 100; cependant, dans certains cas, il admet 12 p. 100 (L. 26, §§ 1, 2, C. *de usur.*, 4. 32. Nov. 32 à 34). — Les prêts par les personnes de condition et les illustres ne pouvaient pas dépasser 4 p. 100; les prêts des banquiers ou commerçants pouvaient atteindre 8 p. 100. — Le taux de 12 p. 100 était à Byzance le taux habituel. — Cpr. R. Dareste, *Les papyrus gréco-égyptiens au musée de Berlin*, *Nouv. Rev. hist.*, 1894, p. 691. — Le taux du *nauticum fœnus* fut libre jusqu'à Justinien, qui défendit de dépasser 12 p. 100.

(5) V. *supra*, n. 807.

(6) 1206-1218. Ord. de Philippe-Auguste fixant à deux deniers par livre et par

Dans certaines provinces d'ailleurs, le taux de l'intérêt était resté libre [1].

Malgré la limitation de l'intérêt, certains parlements permettaient aux banquiers d'exercer leur profession dans leur ressort, en se fondant sur ce que les prêts faits par les banquiers constituent des espèces de sociétés où l'argent de l'emprunteur et l'industrie du prêteur concourent; c'était le système admis par le parlement du Dauphiné [2]. Partout ailleurs, la profession de banquier exigeait une autorisation.

La sanction de la limitation était très rigoureuse [3].

816. Plusieurs institutions, licites ou non, se développèrent pour suppléer au prêt à intérêt.

Ce fut d'abord la rente perpétuelle, à laquelle, comme nous le verrons, le législateur finit par s'attaquer [4].

semaine le maximun des intérêts que pouvaient stipuler les juifs. D'Arbois de Jubainville, *op. cit.*, p. 419. — 1311. Edit de Philippe le Bel autorisant l'usure trientale (4 sous par livre). *Rec. gén. des anciennes lois françaises*, III, p. 12. — 1349. Ordonnance de Philippe de Valois. — 1510. Ordonnance de Louis XII, réduisant le maximum du taux à 5 p. 100. — 1567. Ordonnance de Charles IX. Les intérêts ne peuvent dépasser le denier 12. — 1579. Ordonnance de Blois (art. 202), Prohibition du prêt, *Rec. gén. des anciennes lois franç.*, XIV, p. 428. — 1581 et 1582. Ordonnance de Henri III. — 1605. Ordonnance de Henri IV. — 1629. Ordonnance de Louis XIII, denier 16. — Sept. 1679. Edit de Louis XIV, denier 18. — Une ordonnance de Charles IX (janv. 1560, art. 60) décida que les jugements portant condamnation pour prêt porteraient intérêt au denier 12 entre marchands et au denier 15 entre toutes autres personnes. V. Bruneau, *Nouv. traité des criées*, 3e éd., Paris, 1704, *Avant-propos*, p. XXVI. — Il faut encore signaler une ordonnance de Charles le Bel (mai 1327, art. 9), obligeant les étrangers qui font le commerce de prêts à l'exercer dans les foires de Champagne, de Brie et de Nîmes. *Rec. gén. des anciennes lois françaises*, III, p. 326. — Dans le Dauphiné, l'usage était primitivement qu'on pouvait stipuler des intérêts au denier 50; plus tard, le maximum fut du denier 16. Arrêts des 26 nov. 1587, juill. 1618, 21 fév. 1642. Chorier, *La jurispr. de Guy-Pape*, 2e éd., 1769, p. 273.

(1) D'après Argou (liv. III, chap. XXXI, II, p. 312), le taux de l'intérêt était libre en Dauphiné, Provence, Béarn, Franche-Comté et Alsace. Des ordonnances de 1442, 1580 et 1581 permettaient aux marchands de Lyon de stipuler ou payer des intérêts. Despeisses, *Des contrats*, tit. du prêt, sect. III. La conservation de Lyon étendit ce principe aux particuliers, mais le Présidial de Lyon était d'avis contraire. Deipeisses, d'après Bretonnier sur Henrys.

(2) Chorier, *La jurispr. de Guy-Pape*, 2e édit., 1769, liv. IV, sect. VIII, art. 11, p. 272, quest. 287.

(3) 1576. Édit de Henri III, ordonnant la confiscation des sommes prêtées à intérêts usuraires. L'enregistrement de cet édit fut refusé par certains Parlements. — 1594. Édit de Henri IV, renouvelant le précédent. — 1629. Ordonnance de Louis XIII (art. 151), contenant la même disposition.

(4) V. *infra*, n. 818.

Ce fut ensuite la société en commandite.

La lettre de change fut soumise à certaines restrictions destinées à empêcher qu'elle ne déguisât un prêt à intérêt; telle était la nécessité d'une remise de place en place (1).

Un procédé usuel était de stipuler des intérêts moratoires très élevés pour le cas où le capital ne serait pas payé à un terme très rapproché (2).

817. On interdisait le *mohatra,* c'est-à-dire l'achat de marchandises pour un prix déterminé, remboursable dans un an, et qu'on revend immédiatement au vendeur pour un prix inférieur payé comptant (3).

Il en était de même de la *perte de finance,* « qui se fait par revente de la même marchandise à personnes supposées » (4).

On interdisait également le *contractus trium* ou *trois contrats,* qui contenait, ainsi que le dit Pothier (5) : 1° une société dans laquelle celui qui veut disposer de ses fonds apporte dans l'exploitation commerciale de celui qui a besoin d'argent une somme déterminée; 2° un contrat d'assurance par lequel ce dernier assure son capital au premier, en s'obligeant à le rendre après l'expiration de la société et moyennant l'abandon par le premier d'une quote-part de ses profits sociaux; 3° la vente, par le premier au second, de son apport et du surplus de ses profits moyennant une somme égale à la somme apportée, plus des intérêts annuels.

On annulait encore, lorsqu'il déguisait un prêt à intérêt interdit, le contrat *pignoratif*, c'est-à-dire le contrat portant vente d'immeuble à vil prix avec faculté de rachat, suivi d'un bail à ferme du même immeuble par l'acquéreur au vendeur, qui reste ainsi en possession de la chose vendue, en touche le prix et paie un loyer supérieur aux revenus de ce prix (6).

(1) V. Lyon-Caen, De l'unification des lois relatives aux lettres de change, *Journ. dr. int.*, XI, 1884, p. 351.

(2) V. D'Arbois de Jubainville, *op. cit.*, *Rev. hist. du dr. fr.*, 1859, p. 521 (1219, intérêts moratoires de 10 0/0 par chacune des six foires de Champagne, soit 60 0/0.

(3) V. Bruneau, *Tr. des criées*, 3e édit., 1re part., chap. III, p. 18; Ferrière, *Dict. de dr. et de pratiq.*, v° *Mohatra.*

(4) Ferrière, *loc. cit.*

(5) *Tr. du contrat de soc.*, n. 22.

(6) Dumoulin, *De usur.*, 56, n. 392; Loisel, *Instit. coutum.*, liv. IV, tit. I, règle 11.

818. Pour compléter les dispositions relatives à l'usure, d'autres textes limitèrent le taux de la rente perpétuelle ([1]).

819. La législation intermédiaire, après avoir maintenu la limitation du taux de l'intérêt ([2]), finit par la supprimer ([3]).

L'art. 1 de la loi du 5 thermidor an IV, qui fut le dernier texte promulgué sur ce point, était ainsi conçu : « *A dater » de la publication de la présente loi, chaque citoyen sera » libre de contracter comme bon lui semblera : les obligations » qu'il aura souscrites seront exécutées dans les termes et » valeurs stipulés* ». La jurisprudence concluait de cette disposition que la liberté des parties, au sujet du taux de l'intérêt, était maintenue.

820. Il paraît que la liberté proclamée par le droit intermédiaire produisit des abus sérieux, dus évidemment au peu de sécurité qui, dans cette période troublée, accompagnait les transactions, et les travaux préparatoires du code civil contiennent la trace des préoccupations que cet état de choses entretenait dans l'esprit des rédacteurs du code civil ([4]). On discuta s'il fallait maintenir cette liberté.

Néanmoins le code civil consacra la liberté des parties. Ce ne fut pas toutefois sans de vives résistances. L'art. 1907 al. 1 porte les traces de la lutte qui s'engagea à ce sujet : « *L'inté- » rêt est légal ou conventionnel. L'intérêt légal est fixé par la » loi. L'intérêt conventionnel peut excéder celui de la loi, » toutes les fois que la loi ne le prohibe pas* ». Le code civil ne contient pas de dispositions qui prohibent dans des cas particuliers la stipulation d'intérêts dépassant le taux légal. Les mots qui terminent le texte précité faisaient donc probablement allusion à des lois futures, que les adversaires de la liberté du taux de l'intérêt entrevoyaient comme devant appa-

([1]) V. *infra*, n. 949.

([2]) Décr. 3-12 oct. 1789, maintenant la limitation du taux de l'intérêt « sans rien innover aux usages du commerce ». On concluait de là qu'il n'y avait pas de limitation en matière commerciale.

([3]) Décr. 11-16 avril 1793, supprimant cette limitation, parce que « l'argent est une marchandise », mais défendant le commerce de l'or et de l'argent pour lui substituer le commerce des assignats. — Décr. 6 flor. an III rétablissant le commerce de l'argent. — Décr. 2 prairial an III le supprimant à nouveau.

([4]) Discussion au conseil d'Etat, Fenet, XIV, p. 429 s.

raître dans un avenir prochain et qui effectivement ne se sont pas fait beaucoup attendre. Le motif donné de ce renvoi est que la question doit être résolue diversement selon les circonstances et ne peut être, par conséquent, tranchée dans le code civil, destiné à être une loi immuable (1).

Quoi qu'il en soit, il résultait de l'art. 1907 que le taux de l'intérêt était libre (2). Tout ce qu'exigeait le code, c'est, comme nous le verrons, que le taux fût fixé par écrit.

Le taux de l'intérêt étant libre, on pouvait également stipuler les intérêts des intérêts sans limitation (3).

821. La loi annoncée par l'art. 1907 a été rendue le 3 septembre 1807; elle a pour titre : *Loi sur le taux de l'intérêt de l'argent.*

L'art. 1 limite le taux de l'intérêt conventionnel. « L'intérêt conventionnel ne pourra excéder, en matière civile, cinq pour cent; *le tout sans retenue* ». Ces derniers mots font allusion à une pratique de notre ancien droit, que le législateur rappelle pour l'abolir (4), et que nous retrouverons à propos des rentes : le débiteur d'une rente était autorisé à retenir sur les arrérages l'impôt établi sur le revenu par les lois.

L'art. 2 fixe le taux de l'intérêt légal : « L'intérêt légal » sera, en matière civile, de cinq pour cent, et en matière » de commerce, de six pour cent, aussi sans retenue ». Le taux de l'intérêt est plus élevé en matière commerciale, parce que celui qui emprunte de l'argent pour le commerce fait courir au prêteur un plus grand risque et que d'autre part il retire du prêt un plus grand profit. *Pecunia mercatoris pluris valet quam pecunia non mercatoris,* dit Straccha. A ce double titre, il est juste que l'emprunteur paye un intérêt plus élevé.

Le taux de l'intérêt légal est réduit par une loi en prépara-

(1) Discours du tribun Albisson au corps législatif, Fenet, XIV, p. 473. — Discours du tribun Boutteville, Fenet, XIV, p. 463. — Ce dernier orateur proposait même de laisser au gouvernement le soin de fixer et de modifier le taux maximum de l'intérêt.

(2) Cass., 3 mai 1809, S. chr. — Cass., 20 fév. 1810, S. chr. — Cass., 11 avril 1810, S. chr. — Guillouard, n. 118.

(3) Cass., 20 fév. 1810, S. chr. — Cass., 5 oct. 1813, S. chr. — Guillouard, n. 118.

(4) Guillouard, n. 146.

tion : il ne sera plus que de cinq pour cent en matière commerciale et de quatre pour cent en matière civile.

822. On verra que la doctrine et surtout la jurisprudence ont interprété de telle manière la loi de 1807, qu'elles ont fréquemment admis la validité d'opérations conclues moyennant un intérêt supérieur au taux maximum.

Ce sont ces solutions de la jurisprudence qu'on a surtout invoquées pour demander une modification plus complète de la loi de 1807 (1).

Des propositions nombreuses ont été faites, en effet, pour rendre libre le taux de l'intérêt (2). Celle qui fut faite en 1881, à la Chambre, par M. Truelle, et que la commission nommée pour l'examiner avait favorablement accueillie (3), est devenue, après l'adoption d'un amendement (4), la loi du 12 janvier 1886.

Nous indiquerons d'autres lois qui, dans des cas spéciaux, suppriment la limitation du taux de l'intérêt ou élèvent le maximum de ce taux.

823. Dans la plupart des pays étrangers, le taux de l'intérêt est libre (5).

(1) Chambre des députés (discours de M. Truelle, *J. Off.*, mars 1882, *Déb. parlem.*, Chambre, p. 287).

(2) 1836. Proposition Lherbette, rejetée par la Chambre. — 1862. Proposition Michel Chevalier, rejetée par le Sénat. — 1871. Proposition Limpérani, non discutée. — 1876. Proposition Truelle, non discutée. — 1879. Proposition Truelle; rapport de la commission proposant l'abrogation en matière commerciale (*J. Off.*, juil. 1879, p. 6999). La proposition n'a pas été discutée en ce qui concerne le droit civil.

(3) Rapport Andrieux, *J. Off.*, mars 1882, *Doc. parlem.*, p. 480.

(4) De M. Laroze.

(5) *Allemagne.* La prohibition du prêt à intérêt, introduite par le droit canon, n'y eut pas grand résultat. Von Lilienthal, *loc. cit.* — Luther défendit le prêt à intérêt; les vieillards, les veuves et les orphelins peuvent seuls emprunter à intérêts. Luther, *Œuvres* (édit. Erlangen), XXIII, p. 306, sermon de 1540. Le principe ne fut cependant pas modifié et l'introduction du droit romain contribua à maintenir le droit de prêter à intérêt, mais elle conduisit aussi à faire admettre un maximum de 5 0/0 (Windscheid, *Pandekten*, II, § 260-3°; Arntz, *id.*, § 210-3°). — 1654. Décision du Reichstag limitant le taux de l'intérêt à 5 0/0. — Beaucoup de pays allemands admettent la liberté du taux de l'intérêt. — *Bade* (C. civ. français, la loi de 1807 n'y a pas été introduite). — *Bavière* (L. introductive du C. pén. de 1861, n. 5, L. 5 déc. 1867). — *Brunswick* (L. 18 avril 1867). — *Brême* (L. 27 déc. 1858). — *Cobourg* (L. 10 fév. 1860). — *Francfort* (L. 2 fév. 1864). — *Hambourg* (L. introductive du C. co., 22 déc. 1865, § 33). — *Lubeck* (L. 31 juin 1862). — *Oldenbourg*

B. *Contrats auxquels s'applique la limitation du taux ; calcul du maximum de l'intérêt.*

824. La limitation du taux de l'intérêt s'applique à toutes les variétés du prêt d'argent ; elle s'applique notamment, comme nous le verrons, à la constitution de rente perpétuelle.

825. Mais la limitation du taux de l'intérêt ne s'applique

(L. 18 juin 1858). — *Saxe* [royaume] (L. 25 oct. 1864). — *Saxe-Meiningen* (L. 7 juil. 1867). — *Saxe-Weimar* (1858). — *Wurtemberg* (C. de de police pén., 1839, art. 75. L. 1er mai 1849). — En *Prusse*, au contraire, le taux de l'intérêt est limité. Ord. 12 mai 1866, et 3 janv. 1867. — Le C. co. avait élevé le taux légal entre commerçants à 6 0/0 (art. 287). — La loi d'Empire du 14 nov. 1867 décida que le taux de l'intérêt serait libre. Elle fut promulguée dans tous les pays, sauf en Bavière, où elle fut remplacée par la loi analogue de 1867 précitée. Elle permettait à l'emprunteur, si les intérêts dépassaient 6 0/0, de dénoncer le contrat dans les six mois du jour où il avait été passé en remboursant le montant du prêt six mois après la dénonciation. Le C. civ. (art. 247) reproduit cette dernière solution ; mais sa loi d'introduction (art. 37) abroge la loi de 1867. — Une loi d'Empire du 24 mai 1880 punit pénalement ceux qui abusent des besoins ou de l'inexpérience des emprunteurs pour se faire allouer un intérêt exagéré ou qui exercent d'une manière habituelle l'usure. — *Autriche*. Patente du 26 avril 1751 limitant le taux de l'intérêt. — Edit de 1787 abrogeant cette limitation par le motif qu'elle nuisait aux affaires. — Patente 2 déc. 1803 remettant la limitation en vigueur, sauf entre commerçants. — L. 14 déc. 1866 la supprimant à nouveau tout en maintenant les peines de l'usure. V. aussi L. 14 juin 1868. — La L. 28 mai 1881 réprime, au point de vue pénal, les exploitations contre les emprunteurs hors d'état de se protéger, mais seulement en matière civile. — *Hongrie*. Liberté, mais une loi du 2 mai 1883 reproduit la loi autrichienne de 1881. — *Angleterre*. Le taux de l'intérêt est libre d'après une loi du 10 août 1854 (17 et 18 Vict., cap. 90). — V. Trib. civ. Seine, 12 mai 1885, *Journ. dr. int.*, XII, 1885, p. 305. — *Brésil*. L'intérêt est libre depuis 1832. — *Canada*. Les parties sont libres, sauf certaines corporations qui ne peuvent prêter soit à un taux supérieur au taux légal de 6 0/0, soit au-delà d'un taux fixé par des lois spéciales, et sauf aussi les banques qui ne peuvent prêter au-delà de 7 p. 0/0 (C. civ., art. 1785). — *Danemark*. L'intérêt est libre depuis 1855 (L. 6 avril). — *Inde*. Le taux est libre. Boscheron-Desportes, *Aperçu hist. et anal. dr. hindou. Rev. hist. de dr. fr.*, 1855, p. 336. — En *Norwège*, le taux de l'intérêt est libre depuis 1857 ; en *Suède*, depuis 1864. — En *Belgique*, la liberté a été consacrée par la loi du 5 mai 1865 (cependant peines pour celui qui « abuse des faiblesses ou des passions de l'emprunteur » (C. pén., art. 494). — *Hollande*. Liberté depuis la loi du 29 déc. 1857. — *Italie*. L. 5 juin 1857 pour la Sardaigne et le Piémont, aujourd'hui en vigueur dans toute l'Italie, C. civ. de 1866, art. 1831. Déjà, en 1833, le taux de l'intérêt avait été déclaré libre en Toscane. — *Monaco*. Maximum 6 0/0 en matière civile comme en matière commerciale (C. co. 1745, d'après de Rolland, *Journ. dr. int.*, XVIII, 1891, p. 1264). — *Espagne*. Liberté depuis 1848 (L. 14 mai 1856). — *Portugal*. Liberté (C. co. ancien, art. 279, C. co. nouveau, art. 102). — *Etats-Unis*. La solution varie suivant les Etats : dans la *Caroline du Nord*, le taux de

pas aux intérêts stipulés dans un contrat autre que le prêt [1]. C'était déjà la solution de l'ancien droit [2] et notamment de Pothier [3]. Elle se justifie donc en premier lieu par la tradition. Elle se justifie encore par le caractère limitatif des textes. Aussi bien la loi du 3 sept. 1807 que l'art. 1er de la loi du 19 déc. 1850, relatif au délit d'usure, prévoient exclusivement le prêt conventionnel, et, comme tous les textes qui restreignent la liberté des conventions, ceux-ci doivent être interprétés restrictivement. Il est vrai que la loi de 1807 parle aussi, en termes généraux, d'*intérêt conventionnel*, mais ce terme a pour seul but de s'opposer à l'*intérêt légal*.

Ces considérations dispenseraient de réfuter l'objection tirée de ce que les motifs auxquels a obéi la loi commandent d'étendre sa décision à tous les contrats ; une identité de motifs ne suffit pas pour conduire à l'extension d'un texte qui déroge au droit commun. Du reste, l'identité de motifs, dans la plupart des cas, n'existe pas. La loi de 1807 est partie,

l'intérêt est limité. V. décision de la cour de la Caroline du Nord, *Journ. dr. int.*, II, 1875, p. 396. — Dans l'Etat de *New-York*, le taux maximum est de 6 0/0. V. cour circuit Orégon, 9 août 1886, *All. law Journ.*, XXXIV, p. 274, *Anal. Journ. dr. int.*, XVI, 1889, p. 501. — *Russie*. Le taux de l'intérêt est libre (décr. 6 mars 1879, C. civ., art. 2020 s.), mais s'il n'est pas déterminé dans l'acte de prêt, il est de 6 0/0. — *Suisse*. La liberté existe dans les cantons les plus importants (L. genévoise du 7 fév. 1857). — *Turquie*. Maximum 9 0/0 (auparavant 12 0/0). — Règlement, 22 mars 1887, *Journ. dr. int.*, XIV, 1887, p. 514. — Dans la plupart des pays de l'Amérique du Sud, la liberté du taux de l'intérêt a été proclamée plus rapidement qu'en Europe. — *Brésil* (L. 24 oct. 1832). — *Equateur* (L. 7 oct. 1833). — *Nouvelle-Grenade* (1835). — *Pérou* (1852). — *Uruguay* (L. 2 avril 1838).

(1) Cass., 8 mars 1865, S., 65. 1. 171, D., 65. 1. 288 (motifs). — Riom, 12 mars 1828, S., 32. 2. 16. — Besançon, 21 juill. 1890, S., 91. 2. 104. — Paris, 20 janv. 1892, S., 94. 2. 169, D., 93. 2. 305. — Dijon, 12 déc. 1894, S., 95. 2. 119, D., 97. 2. 203. — Duvergier, *Rev. dr. franç. et étr.*, IV, 1847, p. 5 ; Demolombe, XXIV, n. 640 ; Liégeois, *De l'Usure*, n. 78, p. 173 s. ; Aubry et Rau, IV, p. 608, § 396, notes 34 s. ; Ruben de Couder, *Dict. du dr. com.*, v° *Intérêts*, n. 164 *bis* ; Lyon-Caen et Renault, IV, n. 988 *bis* ; Caillemer, *Et. sur les intérêts*, p. 84 s. ; Guillouard, *Tr. du prêt*, n. 156 (qui avait admis le contraire *Tr. de la vente*, II, n. 562) ; Baugas, *Du prêt à int.*, p. 158 ; Bailly, *Rev. bourg. de l'enseig. sup.*, V., 95. 2. 162 s. ; Tissier, *Note*, S., 94. 2. 169. — *Contra* Bordeaux, 22 nov. 1893, D., 95. 2. 148. — Duvergier, n. 280 ; Laurent, XXIV, n. 332 ; Colmet de Santerre, VII, n. 97 *bis*, I ; Boistel, *Notes*, D., 93. 2. 305, D., 97. 2. 203.

(2) Déclaration, 28 nov. 1713, citée par le nouveau Denizart, v° *Escompte*.

(3) *Tr. du prêt de consomm.*, n. 88. — V. encore pour l'ancien droit Troplong, préf., p. CXXXVI.

comme d'autres dispositions, de l'idée que l'emprunteur est toujours à la discrétion du prêteur, et que ce dernier fait la loi dans le contrat. Or on ne dira pas que, si le donateur promet des intérêts supérieurs au taux légal, il obéit à une pression que le donataire exerce sur lui. On ne dira pas davantage que l'acheteur est circonvenu par le vendeur, alors surtout que la loi redoute exclusivement le cas inverse, et accorde au vendeur une action en rescision pour cause de lésion qu'elle refuse à l'acheteur. Au surplus, le donateur, l'acheteur pourraient promettre une somme supérieure à celle qu'ils s'engagent à payer; il y aurait donc contradiction à leur défendre de grossir cette dernière somme d'intérêts supérieurs au taux légal.

826. Ainsi celui qui constitue une dot peut s'obliger à payer, jusqu'à l'échéance des termes pris pour le versement du capital, un intérêt supérieur à 5 p. 100 [1]. De même, dans une vente, le vendeur peut, en accordant à l'acheteur un délai pour le paiement du prix, stipuler qu'il en servira jusque-là l'intérêt à un taux supérieur à 5 p. 100 [2]. La même clause peut être insérée dans une convention qui proroge le délai d'exigibilité du prix [3].

De même encore le testateur peut imposer des intérêts supérieurs à 5 p. 100 au débiteur d'un legs [4].

La cession de créance pour un prix inférieur à son montant nominal ne peut être entachée d'usure [5].

827. La limitation du taux de l'intérêt ne s'applique même

(1) Riom, 12 mars 1828, précité. — Tessier, *De la dot*, I, n. 39; Aubry et Rau, *loc. cit.;* Guillouard, n. 156.

(2) Riom, 12 mars 1828, précité (motifs). — Besançon, 21 juill. 1890, précité. — Paris, 20 janv. 1892, précité. — Dijon, 12 déc. 1894, précité. — Merlin, *Rép.*, v° *Intérêt*, § 3, n. 7; Duvergier, *Rev. de dr. fr. et étr.*, IV, 1847, p. 5; Demolombe, *loc. cit.;* Aubry et Rau, *loc. cit.;* Guillouard, n. 156 (qui avait soutenu le contraire, *Tr. de la vente*, II, n. 562); Colmet de Santerre, *loc. cit.;* Laurent, *loc. cit.;* Bailly, *loc. cit.;* Baugas, *loc. cit.* — *Contra* Trib. civ. Besançon, 23 janv. 1890, *Journ. dr. int.*, XIX, 1890, p. 1031. — Boistel, *Note*, D., 97. 2. 203.

(3) V. cep. Trib. civ. Amiens, 7 juin 1890, *Rec. d'Amiens*, 91. 7. — D'après ce jugement, cette prorogation s'analyserait en un paiement du prix suivi du prêt de pareille somme; la solution varierait donc suivant que l'acheteur obtient la prorogation dans un intérêt civil ou commercial.

(4) Guillouard, n. 156.

(5) Aix, 11 août 1871, D., 73. 2. 127.

pas aux conventions autres que le prêt qui sont relatives à des opérations de crédit [1]. Cette solution, cependant, est contestée par certains des auteurs qui, quant au principe, adoptent notre opinion. Ils se fondent sur l'identité de motifs, qui, ici, est réelle. Mais nous avons montré que l'identité de motifs ne suffit pas pour étendre la limitation du taux de l'intérêt.

La jurisprudence est en ce sens; car de ce qu'elle refuse à l'escompte le caractère de prêt, elle conclut que la limitation du taux de l'intérêt ne s'y applique pas [2].

828. La limitation du taux de l'intérêt, établie par la loi de 1807, ne s'applique pas à plus forte raison aux prêts de denrées et aux choses mobilières, comme les valeurs de bourse [3]. Le titre même de la loi ne permet guère de doute à cet égard : « Loi sur le taux de l'intérêt de l'*argent* ». Aussi est-il inexact d'objecter que le code civil assimile entièrement le prêt de denrées au prêt d'argent. — Ainsi je puis vous prêter 100 hectolitres de froment à la condition que vous m'en rendrez 125 au bout d'un an, ce qui représente un intérêt de 25 p. 100, ou à la condition que vous me paierez en sus des 100 hectolitres une somme de 500 fr.

829. Mais les lois limitatives du taux de l'intérêt s'appliquent à un prêt en argent dont les intérêts sont payables en denrées ou autres choses fongibles, car les textes ne font aucune distinction; la question n'est pratique qu'en matière de constitution de rente perpétuelle et nous la retrouverons en étudiant ce dernier contrat.

830. Il va sans dire que la loi de 1807 reprend son application si le prêt de denrées déguisait un prêt d'argent.

Mais il ne suffirait pas que l'emprunteur eût l'intention de vendre les denrées pour se procurer les sommes qui lui sont

(1) Tissier, *loc. cit.* — *Contra* Lyon-Caen et Renault, *Précis de dr. com.*, I, p. 773, note 1 et *Tr. de dr. com.*, IV, n. 695 et 702; Lyon-Caen, *Notes*, S., 87. 2. 201, et S., 89. 1. 393; Pont, I, n. 284; Boistel, n. 695.

(2) Cass. crim., 9 nov. 1888, S., 89. 1. 393. — V. *infra*, n. 848.

(3) Cass. req., 8 mars 1865, S., 65. 1. 171, D., 65. 1. 288. — Paris, 12 déc. 1863, S., 64. 2. 21, D., 64. 2. 62. — Aix, 26 juill. 1871, S., 72. 2. 141, D., 73. 2. 86. — Troplong, n. 361; Pont, I, n. 288; Aubry et Rau, IV, p. 608, § 396, note 33; Guillouard, n. 155. — *Contra* Duvergier, n. 279.

nécessaires [1], car cette circonstance n'empêche pas que le prêt d'argent ne soit sérieux de la part du prêteur.

831. Lorsque le prêt est mêlé de chances aléatoires, la limitation ne s'applique pas [2].

C'est dire que la limitation du taux de l'intérêt ne s'applique pas dans l'hypothèse où la stipulation du capital et des intérêts est subordonnée à une condition [3]. Dans cette hypothèse, l'intérêt comprend, outre le loyer de l'argent prêté, le prix du risque résultant de l'éventualité de l'événement qui entraînera la perte du capital.

Cette solution est admise dans les législations étrangères [4].

832. Ainsi le droit romain supprimait la limitation du taux de l'intérêt dans le cas du *nauticum fœnus,* c'est-à-dire du prêt fait pour aider au transport de marchandises par mer, avec la clause que si les marchandises venaient à périr le capital lui-même ne serait pas sujet à remboursement [5].

Cette solution est encore exacte. Elle est formellement consacrée par l'art. 311 C. com.

833. Pour la même raison la restriction du taux de l'intérêt ne s'applique pas à l'hypothèse où, le prêt étant fait en vue d'une entreprise, il est stipulé que les intérêts seront proportionnés aux bénéfices de l'entreprise [6].

834. La même solution doit être admise dans le cas où le prêteur sur effets de commerce déclare qu'en cas de non payement des effets il n'aura aucun recours contre l'emprunteur ou renonce à ce recours pour le cas où les arrérages de pen-

(1) *Contra* Aubry et Rau, IV, p. 608, § 396, note 33; Guillouard, n. 155.

(2) Cass., 6 déc. 1886, S., 87. 1. 419, D., 87. 1. 312. — Cass. crim., 2 juin 1888, S., 89. 1. 393. — Cass. crim., 9 nov. 1888, S., 89. 1. 393. — Cass. civ., 18 avril 1883, S., 83. 1. 361, D., 84. 1. 25. — Bordeaux, 22 nov. 1893, D., 95. 2. 148. — Lyon-Caen, *Rev. crit.*, XIII, 1884, p. 331 et *Note*, S., 89. 1. 393; Guillouard, n. 154 *bis*.

(3) Cass. req., 6 déc. 1886, S., 87. 1. 419, D., 87. 1. 312. — Décidé cependant qu'un prêt fait à un taux exagéré sur une pension de retraite est usuraire quoique le prêteur doive n'avoir rien à réclamer si l'emprunteur meurt avant l'échéance. — Aix, 12 mai 1893, *Droit*, 3 juin 1893.

(4) *Allemagne*. Eck, *loc. cit.*

(5) V. *supra*, n. 814.

(6) *Contra* Cass. req., 5 déc. 1887, S., 90. 1. 467, D., 88. 1. 430 (motifs). — Guillouard, *Tr. du contr. de soc.*, n. 18; Lyon-Caen et Renault, *Traité*, II, n. 63.

sions sur lesquels il a prêté ne prendraient pas naissance ([1]).

Il en est de même si le remboursement ne doit s'effectuer que dans la mesure de la solvabilité d'une personne désignée ([2]).

835. De même encore la limitation ne s'applique pas au cas où il est stipulé que si l'actif de la société emprunteuse ne permet de rembourser qu'une partie de l'emprunt, le surplus ne sera pas sujet à remboursement ([3]).

836. Mais le fait que la somme prêtée est soumise à des risques particuliers ne légitime pas la stipulation d'un intérêt supérieur à 5 p. 100 ([4]), dès lors qu'en toute hypothèse et quelles que soient les éventualités de l'avenir, le prêteur aura droit au remboursement des sommes prêtées; il n'y a pas, en pareil cas, un contrat aléatoire ni conditionnel.

On ne peut notamment considérer les obligations émises par une société comme mêlées de chances aléatoires ([5]), car si le prêteur risque de subir l'insolvabilité de la société, il n'est pas, à ce point de vue, dans une autre situation que tout autre prêteur.

Il en est ainsi même si les obligations sont remboursables avec une prime à une époque indéterminée ([6]). Sans doute, les obligataires, par cela même que le sort déterminera l'époque du remboursement, courent une chance; le contrat néan-

([1]) Lyon-Caen, *Note*, S., 89. 1. 393. — *Contra* Paris, 4 juil. 1888, sous Cass. crim., 9 nov. 1888, S., 89. 1. 393.

([2]) Cass. req., 6 déc. 1886, S., 87. 1. 418, D., 87. 1. 312.

([3]) Cass., 6 déc. 1886, S., 87. 1. 418, D., 87. 1. 312. — Guillouard, n. 154 *bis*.

([4]) Cass. crim., 2 juin 1888, S., 89. 1. 393 (prêt sur pensions; ce prêt n'est pas aléatoire quoique les titres de pension soient successibles ou insaisissables. *Sic* Lyon-Caen, *loc. cit. infra*). — Lyon-Caen, *Note*, S., 89. 1. 393. — *Contra* Bordeaux, 22 nov. 1893, D., 95. 2. 148 (impl.; cet arrêt décide que le caractère aléatoire d'un prêt sur pensions ne légitime pas des intérêts usuraires si l'aléa a pour correctif la précaution pour le prêteur de se faire souscrire un titre se renouvelant tous les trois mois). — Trib. civ. Seine, 9 mai 1895, *Droit*, 25 mai 1895 (prêt au concessionnaire d'une mine d'or pour commencer les travaux).

([5]) Lyon-Caen, *Rev. crit.*, XIII, 1884, p. 331 et *Note*, S., 83. 1. 361; Lacour, *Ann. dr. comm.*, III, 1889, *Jurispr.*, p. 68.

([6]) Lyon-Caen, *loc. cit.*; Lacour, *loc. cit.* — *Contra* Cass. civ., 18 avril 1883, S., 83. 1. 361, D., 84. 1. 25. — Douai, 24 janv. 1873, S., 73. 2. 244. — Lyon, 8 août 1873, S., 74. 2. 105, D., 74. 2. 201. — Rennes, 14 mai 1884, sous Cass., 2 fév. 1887, S., 87. 1. 57, D., 87. 1. 97.

moins n'est pas aléatoire au sens juridique du mot, puisqu'une promesse ferme leur est faite de leur procurer le remboursement de leur titre.

837. Le prêt fait à un militaire qui délègue sa prime de rengagement n'est pas aléatoire, bien que, dans certains cas [1], cette prime doive disparaître, si la délégation n'a lieu qu'à titre de garantie et non pas à titre de paiement et si, par conséquent, le remboursement doit avoir lieu en toute hypothèse [2].

Il en est de même du prêt sur pension [3].

838. Il appartient au juge du fait de décider si le prêt est aléatoire [4].

839. Dans tous les cas, et en admettant que la loi de 1807 concerne tous les contrats où un intérêt est stipulé pour une somme d'argent, elle est étrangère aux hypothèses où l'intérêt représente quelque chose de plus que le loyer de l'argent, c'est-à-dire que le profit que le prêteur aurait pu tirer de son capital s'il l'avait exploité lui-même, que l'indemnité compensatoire de sa privation [5]. En effet, par définition, l'intérêt est le loyer de l'argent; lors donc qu'en fait l'intérêt représente quelque chose de plus que ce loyer, ce n'est plus, pour l'excédant, un véritable intérêt tombant sous l'application de la loi de 1807. Toute solution différente ne serait pas seulement contraire à une saine interprétation, elle serait inique; on ne peut soutenir que l'emprunteur soit lésé par la promesse d'un intérêt supérieur à 5 p. 100 s'il trouve dans le contrat, outre la jouissance de la somme prêtée, d'autres avantages encore.

840. C'est ainsi que se justifiait, selon la jurisprudence, le droit de commission perçu au profit des banquiers, outre l'intérêt pour leurs soins et démarches, si ces soins étaient réels [6]. Et aujourd'hui encore, que la loi de 1886 a rendu

(1) Mise en réforme, perte de grade, promotion au grade d'officier.

(2) Cass. crim., 23 juin 1893, D., 94. 1. 254.

(3) Trib. correct. Toulon, 9 fév. 1892, *Gaz. Trib.*, 11 fév. 1892. — *Contra* Bordeaux, 22 nov. 1893, précité. — V. la note 4, p. 437, *supra*.

(4) Cass. crim., 9 nov. 1888, S., 89. 1. 393, D., 89. 1. 272 (rejetant le pourvoi contre Paris, 4 juill. 1888, précité).

(5) Boistel, *Note*, D., 93. 1. 305.

(6) Cass., 17 mars 1862, S., 62. 1. 430. — Cass., 29 janv. 1867, S., 67. 1. 245. —

licite ce droit de commission, considéré comme un supplément d'intérêt, on ne peut faire aucune objection à la stipulation d'une commission qui, dans un prêt civil, porterait la rémunération du prêteur à plus de 5 p. 100 (1); le prêteur qui prête des capitaux étrangers, qui est obligé de rechercher ces capitaux et d'en servir lui-même l'intérêt, perçoit légitimement pour ce fait une rémunération; c'est la solution qu'on appliquait au banquier; on pouvait ajouter en faveur du banquier un argument spécial : comme il fait commerce de prêter les capitaux étrangers, ce commerce nécessite une installation et des employés, l'obligation d'un approvisionnement anticipé, dont les frais doivent être payés par ceux qui entrent en relations avec le banquier.

On objecte que la loi considère exclusivement la situation du prêteur et ne veut pas qu'il paye plus de 5 p. 100 d'intérêt; cela est très exact, mais le salaire de l'intermédiaire qui a rendu service à l'emprunteur n'est pas un supplément d'intérêts. Evidemment, rien ne s'opposerait à ce que l'emprun-

Cass., 28 avril 1869, S., 69. 1. 306. — Cass., 14 juin 1870, S., 70. 1. 399. — Cass., 13 fév. 1872, S., 72. 1. 17. — Cass. civ., 15 nov. 1875, S., 76. 1. 69, D., 76. 1. 171. — Cass. civ., 4 janv. 1876, S., 76. 1. 65, D., 76. 1. 337. — Cass. crim., 16 août 1877, S., 78. 1. 331. — Cass., 14 janv. 1878, S., 78. 1. 395. — Cass. req., 11 fév. 1878, S., 78. 1. 393, D., 78. 1. 119. — Cass. req., 24 mai 1880, S., 81. 1. 101. — Cass. req., 13 fév. 1883, S., 84. 1. 153. — Cass. req., 5 nov. 1884, S., 97. 1. 281 (en note), D., 85. 1. 67. — Cass. req., 11 déc. 1888, S., 89. 1. 197. — Nancy, 8 juil. 1858, S., 58. 2. 698. — Rennes, 13 mars 1876, S., 79. 2. 257, D., 79. 2. 93. — Orléans, 17 fév. 1881, S., 82. 2. 245, D., 82. 2. 172. — Grenoble, 18 mars 1887, *Rec. Grenoble*, 87. 121 (avant L. 1886). — Agen, 20 mai 1887, *Rec. d'Agen*, 87. 135 (depuis L. 86). — Saulnier de la Pinelais, *Concl.* sous Rennes, 21 mai 1879, S., 80. 2. 73; Troplong, n. 382; Bédarride, *Tr. du dol et de la fraude*, 4e éd., n. 1131; Dietz, *Du compte-courant*, p. 228; Da, *Du compte-courant*, n. 142; Lyon-Caen et Renault, IV, n. 695 et 846; Boistel, *Précis de dr. com.*, n. 647. — *Contra* Agen, 19 juil. 1854, S., 54. 2. 593, D., 55. 2. 164. — Duvergier, n. 269 et *De la loi sur le taux de l'intérêt appliquée à l'escompte et aux commissions de banque*, *Rev. de dr. franç. et étr.*, IV, 1847, p. 453; Thézard, *Rev. crit.*, III, 1873-74, p. 259. — A plus forte raison le banquier peut-il stipuler une commission pour avoir servi d'intermédiaire entre la maison de banque, constituée en société en commandite, qu'il dirige et l'emprunteur. Trib. sup. Monaco, 22 mai 1891, *Journ. dr. int.*, XVIII, 1891, p. 1263.

(1) Cass. req., 19 fév. 1895, D., 95. 1. 224. — Cass. civ., 8 mars 1897, S., 97. 1. 281. — Agen, 20 mai 1887, précité. — Caen, 1er fév. 1888, *Rec. Caen*, 88. 164. — Rennes, 18 nov. 1889, *Rec. Nantes*, 91. 1. 117. — Chambéry, 6 juin 1890, *Rec. Chambéry*, 90 209. — Rouen, 24 mars 1893, *Rec. Rouen*, 93. 1. 122. — Bordeaux, 22 nov. 1893, D., 95. 2. 148. — Guillouard, n. 158.

teur, mis directement en relations avec le prêteur par un intermédiaire, promit à ce dernier soit une somme fixe, soit une commission proportionnelle, à titre de rémunération; comment cette commission deviendrait-elle plus illégale par cela seul que l'intermédiaire, couvrant la personne de celui qui a fourni les fonds, prêterait l'argent d'autrui?

841. La jurisprudence s'autorise à réduire la commission si elle n'est pas en rapport avec le service rendu [1]. Cela a été critiqué [2] : si la convention relative au droit de commission est licite, elle doit, dit-on, être exécutée; d'ailleurs le motif sur lequel se fonde la jurisprudence, à savoir que la commission est une rémunération du service rendu, interdit la réduction; car il appartient aux parties d'apprécier la valeur du service. — Mais, d'après la jurisprudence, les salaires du mandataire peuvent être réduits par les tribunaux; or, la jurisprudence sur le droit de commission se fonde également sur ce que le droit de commission est, suivant elle, une rémunération du mandat.

842. Cette jurisprudence a, depuis la loi de 1886, le résultat inattendu de faire tourner au préjudice du banquier la solution admise en sa faveur. En effet, la jurisprudence admet, comme nous le montrerons [3], que le prêt fait par un banquier est un prêt commercial qui échappe, comme tel, et conformément à cette loi, à la limitation du taux de l'intérêt; mais le droit de commission, étant la rémunération du mandat, continue à être réductible s'il est exagéré [4]. Il résulte de là que les banquiers qui, avant la loi de 1886, se trouvaient, au point de vue de l'intérêt qu'ils pouvaient stipuler sous forme de droit de commission, dans une situation supérieure à celle des particuliers, sont aujourd'hui moins favorisés qu'eux.

Aussi serait-il, croyons-nous, plus exact, de considérer que, depuis la loi de 1886, la commission du banquier n'est

(1) Cass., 29 janv. 1867, S., 67. 1. 245. — Cass., 13 fév. 1872, S., 72. 1. 17. — Cass., 11 déc. 1888, précité. — Cass., 19 fév. 1895, précité. — Cass., 8 mars 1897, précité. — Rennes, 18 nov. 1889, précité.

(2) Lyon-Caen, *Note*, S., 87. 2. 201.

(3) V. *infra*, n. 880.

(4) Cass., 19 fév. 1895 et 8 mars 1897, précité.

pas réductible; comme il a le droit de prêter *ses propres fonds* au taux le plus élevé, il n'est pas exorbitant qu'il réclame pour une avance portant sur les fonds d'autrui, un intérêt qu'il a incontestablement le droit de réclamer pour le prêt de ses propres fonds. Au surplus, le banquier ne peut-il pas alléguer que si le caractère de mandataire lui a été autrefois, dans son intérêt, attribué par la jurisprudence, ce caractère, en réalité, ne lui appartient pas? Il prête en son nom, c'est à lui et non à celui de qui il tient les fonds que le remboursement doit être fait.

D'après ce qui précède, il ne nous semble pas que la question de savoir si, en cas de compte-courant, la commission doit se percevoir seulement sur les versements émanés du banquier ou peut l'être aussi sur les soldes reportés à nouveau lors des comptes périodiques, puisse encore se présenter; la commission est toujours légitime parce qu'elle est laissée à l'arbitraire des parties. La jurisprudence cependant examine la question; elle admet en général. comme autrefois (1), l'affirmative (2), et la cour de cassation reconnaît le pouvoir souverain des usages, constatés par le juge du fait (3).

La même solution est admise, mais toujours à tort suivant nous, pour la question de savoir si la commission peut être perçue sur le débit du compte sans déduction du crédit (4).

843. Dans tous les cas, le mandataire qui négocie un prêt et met en rapport le prêteur et l'emprunteur peut se faire allouer une commission (5) dans les conditions qui viennent d'être indiquées.

844. Mais si le prêteur prête ses propres capitaux, il ne peut, en matière civile, exiger un droit de commission qui, uni à

(1) Cass., 8 août 1871, S., 71. 1. 150. — Cass., 13 fév. 1883, précité. — Cass., 5 nov. 1884, précité. — Caen, 5 juil. 1872, sous Cass., 2 déc. 1873, S., 74. 1. 571.— *Contra* Cass., 16 déc. 1851, S., 55. 1. 105. — Cass., 5 déc. 1854, S., 55. 1. 30. — Boistel, n. 886.

(2) Grenoble, 12 déc. 1893, sous Cass. civ., 8 mars 1897, S., 97. 1. 281. — Lyon-Caen et Renault, IV, n. 847.

(3) Cass. civ., 8 mars 1897, précité.

(4) Cass. civ., 8 mars 1897, précité.

(5) Duvergier, *Rev. dr. fr. et étr.*, IV, 1847, p. 453. — V. *supra*, n. 840.

l'intérêt, dépasserait 5 p. 100 (1). Ce ne serait là qu'un moyen de stipuler un intérêt illégal, et d'ailleurs une commission suppose essentiellement qu'on remplit le rôle d'un commissionnaire, c'est-à-dire qu'on prête les capitaux d'autrui.

845. Le fait que le prêteur, qui a stipulé une commission sous prétexte qu'il a prêté les capitaux d'autrui, prête en réalité ses propres capitaux, peut être prouvé par tous les moyens, car il constitue une fraude à la loi.

Si le prêteur n'indique pas à qui appartiennent les capitaux qu'il a prêtés, il est censé avoir prêté les siens.

Il ne peut même être admis à prouver, pour légitimer la commission stipulée, que les capitaux appartenaient à autrui, car l'emprunteur a dû croire que les capitaux prêtés appartenaient au prêteur.

846. La commission ne se justifie pas davantage si l'intermédiaire s'est entendu avec le propriétaire des fonds dans le but de prêter les capitaux de ce dernier à un intérêt illégal (2). Dans ce cas, il y a un véritable acte d'usure auquel l'intermédiaire s'est associé.

847. Le juge du fait constate souverainement si la commission répond à des soins véritables (3) et si elle n'est pas exagérée (4).

848. Le droit de commission prévu pour l'escompte d'un effet de commerce se justifie exactement de la même manière que le droit de commission en cas de prêt (5).

On peut ajouter que celui qui fait escompter l'effet n'est pas

(1) Cass., 26 mai 1855, S., 55. 1. 387, D., 55. 1. 264. — Cass., 21 avril 1886, D., 87. 1. 85. — Agen, 12 mai 1853, S., 53. 2. 273, D., 54. 2. 281. — Agen, 19 juil. 1854, S., 54. 2. 593, D., 55. 2. 164. — Rennes, 21 mai 1879, S., 80. 2. 73. — Agen, 20 mai 1887, précité. — Bordeaux, 1er juil. 1892, *Rec. Bordeaux*, 92. 1. 406. — Trib. com. Agen, 11 juin 1887, *Rec. Agen*, 87. 299. — Troplong, n. 383; Pont, I, n. 293; Aubry et Rau, IV, p. 611, § 396, note 44; Guillouard, n. 157; Duvergier, *Rev. dr. fr. et étr.*, IV, 1847, p. 453.

(2) Guillouard, n. 158.

(3) Cass. req., 11 déc. 1888, précité. — Cass. req., 19 fév. 1895, précité. — Cass. req., 8 mars 1897, S., 97. 1. 281.

(4) Mêmes arrêts.

(5) Boistel, n. 696 et *Note*, D., 93. 2. 306. — *Contra* Trib. com. Agen, 11 juin 1887, *Rec. d'Agen*, 87. 299. — Duvergier, *Rev. dr. fr. et étr.*, IV, 1847, p. 4 s., 7 s. (sauf si l'escompte est fait sur l'escompteur ou si celui qui fait escompter ne reste pas garant); Thézard, *Rev. crit.*, III, 1873-74, p. 259.

le véritable bénéficiaire de l'escompte et qu'il n'y a par suite aucune assimilation à établir entre lui et la personne qui se fait consentir personnellement un prêt; il a lui-même retenu à celui qui lui a présenté l'effet l'intérêt que l'escompteur lui retient à son tour; celui qui présente l'effet supporte donc, en dernière analyse, cet intérêt.

849. De même encore, il n'y a rien à redire à une convention où les membres d'une association en participation, pour éviter une liquidation onéreuse, cèdent à un coassocié leur part pour une somme inférieure à leur apport en lui faisant en outre la promesse d'un report sur d'autres titres jusqu'à la liquidation du mois suivant, pour pareille somme, de son découvert envers eux et obtiennent de leur coassocié la promesse d'une commission de 10 p. 100 [1]. Cette commission peut être considérée comme compensant la différence entre les apports et les sommes remboursées.

850. On admet que le banquier, qui négocie des effets payables dans un lieu autre que celui où ils sont négociés, a droit au change, car c'est l'usage du commerce et, du reste, le banquier en paye une partie à son correspondant.

Il a droit au change même s'il a stipulé une commission; la commission n'est pas censée comprendre le change [2].

851. L'obligation de payer, outre les intérêts légaux, les honoraires de l'avoué, ou les dépens en cas de poursuites judiciaires pour défaut de payement ne peut rendre le prêt usuraire [3].

Il en est autrement de l'obligation de payer, outre les intérêts légaux, une certaine somme en représentation de pertes subies par le prêteur en vendant des titres pour réaliser le prêt [4] ou en échange du consentement donné par le prêteur à la prorogation du prêt [5].

[1] Paris, 20 janv. 1892, S., 94. 2. 169, D., 93. 2. 305. — Boistel, *Note*, D., 93. 2. 307.

[2] Rouen, 24 mars 1893, *Rec. de Rouen*, 93. 1. 122. — Il a droit au change même sur les valeurs fictives, à moins qu'elles n'aient été créées dans son propre intérêt. — Rouen, 24 mars 1893, précité.

[3] C. Kentucky, *Anal. Journ. dr. int.*, IV, 1877, p. 263.

[4] Cass. req., 12 juin 1894, S., 94. 1. 345, D., 94. 1. 473. — *Contra* Aix, 15 nov. 1892, *Gaz. Pal.*, 93. 1. 2e p., 65.

[5] Bordeaux, 17 janv. 1893, *Gaz. Pal.*, 93. 2. 2e p., 8.

De même le prêt est usuraire si, outre des intérêts qui atteignent le maximum, l'emprunteur s'engage à parfaire la différence entre le cours que les obligations vendues par le prêteur auraient au jour du remboursement et leur cours au jour de la vente [1].

852. Si le remboursement doit avoir lieu ailleurs qu'à la résidence du prêteur, ce dernier peut stipuler, outre les intérêts légaux, les frais que nécessitera ce remboursement.

De même il peut stipuler une certaine somme à titre d'indemnité pour le cas où il serait obligé d'aller toucher la créance ailleurs qu'au lieu fixé par le contrat [2].

853. La stipulation que les intérêts à 5 p. 100 seront prélevés *en dedans*, c'est-à-dire qu'ils seront retenus *d'avance* au moment où l'emprunteur reçoit le capital prêté, est usuraire [3], car la loi, en fixant le maximum, a entendu que les intérêts seraient payés périodiquement au fur et à mesure de la jouissance du capital; le calcul des intérêts en dedans élève donc les intérêts au-dessus du taux légal.

854. On a considéré comme usuraire le prêt fait au taux légal avec la clause que les intérêts en retard produiront de plein droit des intérêts [4]. Mais cette solution nous paraît erronée.

De même nous pensons qu'on peut stipuler la capitalisation dans des délais plus courts que celui d'un an (C. civ., art. 1154) sans que le contrat soit usuraire.

855. La clause par laquelle les intérêts à 5 p. 100 sont stipulés non pas pour l'année véritable de 365 ou 366 jours, mais pour l'année commerciale de 360 jours, est usuraire;

(1) *Contra* Aix, 15 nov. 1892, précité.

(2) Trib. civ., Le Vigan, 9 juin 1887, *Loi*, 7 août 1887.

(3) Cass., 26 mai 1855, S., 55. 1. 387, D., 55. 1. 264. — Cass , 28 juin 1876, S., 76. 1. 449, D., 76. 1. 385. — Agen, 12 mai 1853, S., 53. 2. 273, D., 54. 2. 181. — Agen, 19 juil. 1854, S., 54. 2. 593, D., 55. 2. 164. — Limoges, 25 juil. 1865, S., 65. 2. 284, D., 65. 2. 207. — Toulouse, 23 janv. 1868, S., 68. 2. 36. — Bordeaux, 17 janv. 1893, *Gaz. Pal.*, 93. 2. 2e p., 8. — Trib. civ. Bordeaux, 22 fév. 1892, *Loi*, 19 mars 1892. — Duvergier, n. 299; Pont, I, n. 292; Aubry et Rau, IV, p. 611, § 396, note 46; Guillouard, n. 159. — Décidé que la clause est licite pour les intérêts de l'année courante mais non pour ceux des années suivantes. Bordeaux, 1er juil. 1892, *Rec. Bordeaux*, 92. 1. 406.

(4) Bordeaux, 17 janv. 1893, *Gaz. Pal.*, 93. 2, 2e p., 8. — V. en ce sens pour le compte courant Rennes, 18 nov. 1889, *Rec. Nantes*, 91. 1. 117.

ce calcul avait été établi à titre de droit commun, dans un but de simplification, par un décret du 18 frimaire an III, mais ce décret n'est plus en vigueur et aujourd'hui, non seulement le droit commun n'est plus en ce sens, mais une stipulation formelle serait nulle [1]. Sans doute le préjudice que ce mode de calcul cause à l'emprunteur est très faible, mais l'objection qu'a fournie cette observation est sans valeur, car la loi ne veut en aucun cas que l'intérêt stipulé en matière civile dépasse 5 p. 100.

856. La fraude la plus pratiquée, parce qu'elle offre le plus de sécurité aux usuriers, à raison de la quasi-impossibilité d'en établir l'existence, consiste à faire souscrire à l'emprunteur une reconnaissance excédant le chiffre de la somme qu'il reçoit. Ainsi l'usurier qui veut prêter 1,000 fr. pour un an moyennant un intérêt de 100 fr., soit 10 p. 100, ne versera que 950 fr. à l'emprunteur, auquel il fera souscrire une reconnaissance de 1,000 fr. avec intérêt à 5 p. 100. Il va sans dire que cette convention est nulle.

857. De même l'usure existe, alors même que l'intérêt ne dépasse pas le maximum légal, si l'emprunteur promet de rembourser une somme supérieure à la somme prêtée d'un chiffre dépassant ce maximum [2].

858. Le *contractus trium*, annulé, comme nous l'avons vu, dans l'ancien droit [3], est également nul aujourd'hui s'il déguise la stipulation d'un intérêt supérieur au maximum fixé par la loi [4].

(1) Cass., 20 juin 1848, S., 48. 1. 433, D., 48. 1. 106. — Cass., 14 mai 1852, S., 52. 1. 855, D., 52. 1. 309. — Cass., 14 janv. 1876, S., 76. 1. 65, D., 76. 1. 337. — Rouen, 19 juin 1847, S., 48. 2. 311, D., 48. 2. 111. — Paris, 20 avril 1848, S., 49. 2. 298. — Dijon, 5 juil. 1880, S., 82. 2. 203. — Caen, 1er fév. 1888, *Rec. Caen*, 88. 164. — Pont, I, n. 294; Aubry et Rau, IV, p. 611, § 396, note 47; Guillouard, n. 160. — *Contra* Grenoble, 15 mars 1844, S., 46. 2. 458. — Grenoble, 1er avril 1846, S., 46. 2. 460. — Rennes, 18 nov. 1889, *Rec. Nantes*, 91. 1. 117 (pour le compte courant).

(2) Trib. com. Angoulême, 26 août 1893, *Rec. Bordeaux*, 94. 2. 61 (et peu importe que le remboursement ait lieu au moyen d'une cession de créance, si le débiteur était solvable).

(3) V. *supra*, n. 817.

(4) Cass., 27 fév. 1864, S., 64. 1. 341. — Troplong, *Tr. de la soc.*, I, n. 47, et II, n. 652; Duvergier, *Tr. de la soc.*, n. 58; Aubry et Rau, IV, p. 612, § 396; Guillouard, n. 161.

Il en est de même du *mohatra* dans les mêmes conditions [1].

859. De même encore pour le *contrat pignoratif* [2], également nul dans l'ancien droit.

Mais il va sans dire qu'en lui-même ce contrat pignoratif, — vente avec droit de rachat, bail par l'acquéreur au vendeur, — ne déguise pas un prêt usuraire, si le prix du bail n'est pas supérieur aux revenus du prix de vente [3]. C'est une question de fait [4].

860. La vileté du prix par rapport au prix du bail est l'indice certain du prêt usuraire.

Mais le contrat pignoratif peut déguiser également un prêt usuraire alors même que le prix représente la valeur exacte de la chose, si l'acquéreur n'est, d'après une convention verbale, tenu d'en payer qu'une partie [5].

861. L'antichrèse déguise un prêt usuraire si l'immeuble donné à antichrèse produit des fruits d'une valeur nette sensiblement supérieure aux intérêts stipulés pour la somme prêtée [6].

862. L'échange peut déguiser un prêt usuraire s'il est fait moyennant une soulte trop considérable et qui représente en réalité une somme prêtée [7].

863. La société, comme nous l'avons montré, peut déguiser un prêt usuraire [8].

864. La vente à réméré peut déguiser un prêt à inté-

(1) Guillouard, n. 161. — V. *supra*, n. 817.

(2) Cass., 6 frim. an VIII, S. chr. — Cass., 24 fruct. an VIII, S. chr. — Cass., 23 déc. 1845, S., 46. 1. 732. — Cass., 22 avril 1846, S., 46. 1. 639. — Aubry et Rau, IV, p. 612, § 396, note 55; Guillouard, n. 162 et *Tr. de la vente*, II, n. 648. — V. *supra*, n. 817.

(3) Arrêts et auteurs précités. — V. *supra*, n. 817.

(4) Arrêts et auteurs précités.

(5) Paris, 22 messidor an XI, S. chr. — Limoges, 18 mars 1828, S. chr. — Montpellier, 25 août 1829, S. chr. — Pau, 17 mai 1830, S. chr. — Limoges, 19 mars 1836, S., 37. 1. 936. — Lyon, 27 août 1841, S., 42. 2. 33. — Caen, 20 janv. 1846, S., 46. 2. 499. — Merlin, *Rép.*, v° *Contr. pignor.*, et *Quest.*, *eod.* v°; Troplong, *Tr. de la vente*, II, n. 695; Aubry et Rau, IV, p. 612, § 396, note 54; Guillouard, n. 162.

(6) Montpellier, 21 nov. 1829, S. chr. — Troplong, n. 389; Guillouard, n. 163.

(7) Colmar, 25 mars 1825, S. chr. — Guillouard, n. 163.

(8) V. *supra*, n. 693.

rêt [1]. Les intérêts ne peuvent alors être réclamés, puisque le taux de l'intérêt doit être fixé par écrit [2].

865. Dans les obligations émises par les sociétés, il est nécessaire que le taux de l'intérêt, augmenté de la valeur actuelle de la chance de prime, ne dépasse pas 5 p. 100. On a soutenu qu'il suffit que le taux de l'intérêt ne dépasse pas 5 p. 100 [3]; cela ne nous paraît pas exact.

866. C'est au juge du fait, d'après la cour de cassation, qu'il appartient de décider souverainement si une perception est usuraire [4] et si un contrat déguise un prêt à intérêt [5].

C. *Lois spéciales dérogeant à la limitation du taux.*

866 *bis*. A plusieurs reprises, on a limité ou essayé de limiter la restriction apportée par la loi de 1807 à la liberté des conventions.

867. La loi de 1807 n'a jamais été appliquée aux colonies où des règlements particuliers admirent la liberté du taux de l'intérêt ou fixèrent un maximum très supérieur à celui de 1807.

Ainsi, une ordonnance du 7 décembre 1835, confirmée par la loi du 27 août 1884, décidait qu'en Algérie le taux de l'intérêt est librement fixé par la convention. Le décret du 29 janvier 1898, art. 1er, y a limité à 10 p. 100 l'intérêt conventionnel en matière civile.

868. L'art. 8 de la loi du 9 juin 1857 dispose que « la Banque de France pourra, si les circonstances l'exigent, élever au-dessus de 6 p. 100 le taux de ses escomptes et l'intérêt de ses avances ». Cette règle a été posée, au témoignage des travaux préparatoires, pour donner à la Banque de France un moyen de « se défendre contre les demandes exagérées des capitaux ».

869. L'Etat lui-même a fréquemment, aux époques de guerre et dans les périodes où son crédit était peu solide, emprunté à un taux supérieur à 5 p. 100.

(1) Cass. req., 30 juil. 1895, S., 96. 1. 353, D., 96. 1. 86.
(2) Cass. req., 30 juil. 1895, précité.
(3) Lyon-Caen, *Rev. crit.*, XIII, 1884, p. 332.
(4) Cass. req., 21 avril 1886, D., 87. 1. 85. — Cass. req., 30 juill. 1895, précité.
(5) Cass. req., 30 juill. 1895, précité.

870. Le décret du 24 messidor an XII (art. 8) donne aux conseils d'administration des monts-de-piété le droit de fixer librement le taux de l'intérêt des prêts faits par le mont-de-piété (1).

871. La loi du 10 juillet 1885, art. 34, établit la liberté du taux de l'intérêt dans les prêts hypothécaires sur navires.

872. Enfin, la loi du 12 janvier 1886 porte : « Les lois des » 3 septembre 1807 et 19 décembre 1850, dans leurs dispo- » sitions relatives à l'intérêt conventionnel, sont abrogées en » matière de commerce ; elles restent en vigueur en matière » civile ».

Le but de la restriction faite par la loi de 1886 a été de maintenir au profit des agriculteurs la protection que la législation ancienne leur accordait contre l'usure, et dont les commerçants, plus expérimentés, étaient considérés comme n'ayant plus besoin (2).

873. Le taux de l'intérêt étant devenu libre en matière commerciale, les juges ne peuvent réduire l'intérêt comme étant excessif (3). La situation est exactement la même que si, dans un louage d'ouvrage, le locateur a stipulé un salaire supérieur à la valeur du service rendu ; il est certain que ce salaire ne peut être réduit par les juges.

Ils ne peuvent pas davantage réduire un droit de commission (4).

De même, dans les colonies, où le taux de l'intérêt est libre, on ne peut annuler ou réduire un intérêt excessif (5).

874. Le prêt est commercial lorsque le capital emprunté est destiné à un emploi commercial (6), et quelle que soit la

(1) Ce taux varie de 4 à 12 p. 100. Ruben de Couder, v° *Mont-de-piété*, n. 14.

(2) Discours de M. Laroze, *J. Off.*, mars 1882, *Déb. parlem.*, Chambre, p. 292 s.

(3) Lyon-Caen, *Note*, S., 87. 2. 201. — *Contra* Orléans, 12 juin 1886, S., 87. 2. 201.

(4) V. *supra*, n. 841 s.

(5) *Contra* Alger, 16 juin 1890, *Rev. algér.*, 90. 548.

(6) Cass., 27 nov. 1871, S., 71. 1. 204. — Cass. crim., 27 fév. 1864, S., 64. 1. 341, D. *Rép., Suppl.*, v° *Prêt à int.*, p. 630, note 2. — Cass. crim., 14 mai 1886, S., 87. 1. 345. — Bourges, 27 janv. 1857, S., 58. 2. 695. — Besançon, 4 juill. 1857, S., 58. 2. 553. — Paris, 2 fév. 1861, S., 61. 2. 256. — Lyon, 29 janv. 1858, S., 58. 2. 695. — Limoges, 25 juill. 1865, S., 65. 2. 284. — Paris, 9 mai 1890, *Journ. des assur.*, 91. 93. — Aix, 9 juill. 1891, *Gaz. Pal.*, 91. 2. 450. — Paris, 28 déc. 1893, S., 95. 2.

qualité des parties. On comprend, en pareil cas, un intérêt élevé, car la somme prêtée courra des risques particuliers, et cette considération est d'autant plus puissante que dans le prêt à la grosse, à cause des risques, le taux de l'intérêt est libre. En outre, le service rendu à l'emprunteur est plus grand qu'en matière civile, le bénéfice des opérations civiles étant moins considérable, en général, que celui des opérations commerciales. Il faut ajouter que ce système trouve un appui dans les mots *matières commerciales* qu'emploie la loi de 1807. Enfin l'art. 91 C. com., sur le gage commercial, montre que la loi considère comme commercial tout acte fait pour les besoins du commerce.

Réciproquement le prêt est civil quand il a une destination civile, quelle que soit la qualité des parties ([1]).

875. C'est d'ailleurs de la destination apparente, indiquée au prêteur, et non pas de la destination réelle qu'il s'agit ([2]).

Mais nous verrons que si la destination n'a pas été indiquée au prêteur, on doit supposer que la destination du prêt est commerciale, quand l'emprunteur est commerçant ([3]).

876. Dans une autre opinion, la nature du prêt se détermine par la qualité de l'emprunteur, par la raison que le

75, D., 94. 2. 500 (le prêt destiné à l'acquisition et à l'exploitation d'un fonds de commerce est commercial). — Trib. civ. Amiens, 7 juin 1890, *Rec. d'Amiens*, 91. 7. — Trib. civ. Seine, 6 juill. 1893, *Gaz. Pal.*, 93. 2. 201. — Troplong, n. 362 ; Aubry et Rau, IV, p. 606, § 396, note 25 ; Lyon-Caen et Renault, *Précis*, I, n. 1385, *Traité*, IV, n. 694, et *Manuel*, n. 760 ; Pont, I, n. 277 ; Lyon-Caen, *Notes*, S., 87. 1. 345, S., 89. 1. 393, et S., 90. 2. 41 ; Laurent, XVI, n. 316 ; Bonfils, *Rev. crit.*, XVIII, 1889, p. 386 ; Ruben de Couder, *Dict. dr. com.*, v° *Intérêts*, n. 170 ; Guillouard, n. 150 s. ; Mongin, *Note, Pand. franç.*, 95. 1. 337 ; Daujon, *Le prêt civ. et le prêt commercial sous la loi du 12 janv. 1886*, *Ann. dr. com.*, I, 1886-87, *Doct.*, p. 201.

([1]) Cass. crim., 14 mai 1886, précité (le prêt en vue du jeu est civil alors même qu'il est fait à un commerçant, qui souscrit des billets à ordre). — Poitiers, 15 mars 1893, *Gaz. Pal.*, 93. 1. 344. — Trib. civ. Seine, 11 nov. 1892, *Gaz. Pal.*, 93. 1. 58. — Trib. corr. Seine, 17 janv. 1896, *Gaz. Pal.*, 96. 1. 508. — Trib. civ. Tournai, 22 fév. 1894, *Pasicr.*, 94. 3. 184. — Autorités précitées. — Par exemple le prêt destiné à l'achat d'une maison, même dans un but commercial, est civil. — V. *infra*, n. 878. — Mongin, *loc. cit.* — *Quid* si l'emprunteur souscrit des lettres de change? On a soutenu que le prêt est commercial, la lettre de change étant un acte essentiellement commercial (C. com., 632). — Lyon-Caen, *Note*, S., 87. 1. 345.

([2]) Trib. civ. Seine, 11 nov. 1892, précité.

([3]) V. *infra*, n. 887.

commerçant fera produire aux sommes empruntées un revenu plus considérable que le non commerçant [1].

877. D'autres autorités encore, partant d'un adage célèbre de Straccha « *pluris valet pecunia mercatoris quam pecunia non mercatoris* », s'attachent à la qualité du prêteur [2]. Le prêteur commerçant, disent-ils, se prive plus que le prêteur non commerçant, car il aurait fait produire à son argent un revenu plus considérable que le non commerçant.

878. En partant de l'opinion que nous avons défendue, et qui est communément admise, on décidera que le prêt fait, même à un commerçant, pour payer le prix d'acquisition d'un immeuble, est civil [3]; car toutes les opérations relatives aux immeubles sont civiles et la jurisprudence applique cette solution même aux immeubles acquis par un commerçant dans l'intérêt de son commerce [4]; il est vrai que le prêt, même fait en vue de l'acquisition d'un immeuble, ne porte pas lui-même sur un immeuble; c'est là une objection qu'on a faite à notre théorie, et on a encore fortifié cette objection en disant que (cela est incontestable) le prêt fait par un banquier est considéré par la jurisprudence comme commercial, sans restriction, alors même par conséquent que les fonds prêtés sont destinés à l'acquisition d'un immeuble. Mais on ne peut tenir aucun compte de la théorie très spéciale des prêts faits par un banquier; cette théorie écartée, il reste que, comme nous l'avons montré, le caractère du prêt se détermine par la destination des fonds et non par la nature de l'objet prêté.

Aussi le prêt est-il civil, même si l'emprunteur veut acquérir l'immeuble où se trouve déjà exercée son industrie dans le but de se protéger contre des concurrences [5]. On objecte la théorie de l'accessoire, d'après laquelle un acte fait par un

[1] Lyon, 20 nov. 1857, S., 58. 2. 699. — Cass. crim., 23 juin 1893, D., 94. 1. 254. — Troplong, n. 362; Aubry et Rau, IV, p. 606, § 396, note 25.

[2] Cass., 27 fév. 1864, précité. — Pau, 21 fév. 1887, D., 87. 2. 249.

[3] Cass. req., 12 juin 1894, S., 94. 1. 345, D., 94. 1. 473 (même si l'immeuble est acheté pour protéger une industrie contre la concurrence). — *Note*, S., 94. 1. 345; Mongin, *loc. cit.*

[4] V. Cass., 18 avril 1882, S., 82. 1. 407. — Poitiers, 30 janv. 1888, S., 89. 2. 80, — et beaucoup d'autres arrêts.

[5] Cass. req., 12 juin 1894, précité. — *Note*, S., 94. 1. 345.

commerçant en vue de son commerce a le caractère commercial, même si, en lui-même, il est civil. Cette objection est mal fondée, car la jurisprudence refuse d'étendre aux acquisitions d'immeubles la théorie de l'accessoire [1].

Le prêt fait pour l'achat d'une mine est également civil [2].

879. Au contraire, les prêts faits à un commerçant pour les besoins de son commerce ont un caractère commercial [3].

Il en est de même du prêt fait à une personne pour l'acquisition d'un fonds de commerçant [4]; on objecte qu'à ce moment, l'emprunteur n'est pas encore commerçant; mais le prêt n'en a pas moins une destination commerciale.

De même encore du prêt dont le montant doit être versé dans une société commerciale [5].

880. D'après la jurisprudence, le prêt fait par un banquier et rentrant dans ses opérations habituelles est toujours commercial [6].

(1) Arrêts précités.

(2) Aix, 11 mai 1892, *Rec. de Marseille*, 92. 1. 200. — *Contra* Trib. com. Marseille, 5 août 1891, *Rec. de Marseille*, 91. 1. 269.

(3) Cass. crim., 14 mai 1886, S., 87. 1. 345. — Cass. req., 8 nov. 1892, S., 93. 1. 32, D., 93. 1. 78 (prêt à une Compagnie de chemins de fer pour les besoins de l'entreprise). — Bourges, 27 janv. 1857, S., 58. 2. 695. — Trib. civ. Amiens, 7 juin 1890, *Rec. d'Amiens*, 91. 7. — Trib. com. Seine, 10 mars 1892, *Gaz. Pal.*, 92. 1. 513.

(4) *Contra* Paris, 4 fév. 1891, *Ann. dr. com.*, V, 1891, *Jurispr.*, p. 101.

(5) *Contra* Trib. civ. Lyon, 20 mai 1893, *Gaz. des Trib.*, 28 sept. 1893.

(6) Cass., 11 mars 1856, S., 56. 1. 729, D., 56. 1. 407. — Cass. crim., 27 fév. 1864, S., 64. 1. 341, D. *Rép.*, *Suppl.*, v° *Prêt à int.*, p. 630, note 2. — Cass. civ., 29 avril 1868, S., 68. 1. 281, D., 68. 1. 312. — Cass. civ., 28 avril 1869, S., 69. 1. 306, D., 69 1. 241. — Cass. civ., 10 janv. 1870 (deux arrêts), S., 70. 1. 157 et 159, D., 70. 1. 60. — Cass. req., 16 janv. 1888, S., 88. 1. 457, D., 88. 1. 67. — Cass. civ., 25 juill. 1895, D., 96. 1. 193. — Bourges, 14 fév. 1854, S., 54. 2. 531, D., 55. 2. 271. — Bordeaux, 27 avril 1869, S., 70. 2. 23, D., 70 2. 218. — Douai, 24 janv. 1873, S., 73. 2. 244, D., 74. 2. 203. — Orléans, 17 fév. 1881, S., 82. 2. 245, D., 82. 2. 172. — Pau, 21 fév. 1887, D., 87. 2. 249. — Grenoble, 18 mars 1887, *Rec. Grenoble*, 87. 121. — Rennes, 18 nov. 1889, *Rec. Nantes*, 91. 1. 217. — Rouen, 22 mars 1890, *Loi*, 18 mai 1890. — Paris, 18 mai 1893, *Journ. des soc.*, 94. 1. 297 (avances sur pensions par une société constituée dans ce but). — Trib. corr. Evreux, 26 déc. 1889, *Droit*, 7 janv. 1890. — Trib. civ. Condom, 23 nov. 1893, *Gaz. Pal.*, 94. 1. 199 (ouverture de crédit). — Troplong, n. 362; Aubry et Rau, IV, p. 605, § 396, note 23; Boistel, n. 695; Moreau, *Note*, S., 68. 1. 281; Véran, *Rev. dr. com.*, LVIII, 1894, p. 241 et 278 s.; Colmet de Santerre, VIII, n. 115 *bis*, V et VI; Guillouard, n. 152; Danjon, *op. cit.*, p. 202 (ou même par un commerçant par spéculation). — On a refusé à l'ex-

Cette opinion compte beaucoup d'adversaires ([1]). Elle se fonde sur la tradition historique, résumée dans l'adage célèbre que nous avons déjà cité : *pluris valet pecunia mercatoris quam pecunia non mercatoris*, et sur l'idée qu'un banquier utilisant ses fonds de la même manière, quelle que soit la destination du prêt, ses profits doivent être les mêmes. On a encore cru trouver un argument décisif dans l'idée que le banquier, ayant besoin d'argent, qu'il tient constamment improductif à la disposition du public, a le droit, à raison de ces frais tout particuliers, de pouvoir stipuler des intérêts plus élevés. Enfin on a invoqué la loi du 9 juin 1857, qui, en autorisant par exception la Banque de France à « élever *au-dessus de 6 p. 100* les intérêts de ses avances » prouverait que les banquiers en général pouvaient, dès cette époque, prêter sans restriction aux taux de 6 p. 100, fixé pour les prêts commerciaux.

ploitant d'un comptoir pour prêt sur pensions la qualité de commerçant. — Paris, 4 juil. 1888, *Ann. dr. com.*, II, 1888, p. 236. — Rouen, 31 janv. 1891, *Ann. dr. com.*, V, 1891, *Jurispr.*, p. 99. — Lyon-Caen, *Note*, S., 89. 1. 393. — C'est une erreur. — Paris, 18 mai 1893, précité. — Trib. civ. Condom, 23 nov. 1893, *Rev. dr. com.*, 94. 2. 108. — Pic, *Ann. dr. com.*, VI, 1892, *Doct.*, p. 236. — On avait prétendu que depuis la loi du 12 janv. 1886, la jurisprudence a abandonné son système. Cass. crim., 2 juin et 9 nov. 1888, S., 89. 1. 393. — Lyon, 3 juin 1889, S., 90. 2. 41, D., 91. 2. 26. — Paris, 7 déc. 1892, *Gaz. Pal.*, 93. 1. 2e p., 32. — Rouen, 31 janv. 1891, *Droit*, 27 fév. 1891. — Trib. corr. Seine, 17 juin 1892, *Gaz. Pal.*, 92. 2. 72. — V. *Ann. dr. com.*, II, 1888, *Jurispr*, p. 236 et Thaller, *Ann. dr. comm.*, IV, 1890, *Doct.*, p. 198 ; Lyon-Caen et Renault, *Traité*, IV, p. 470, note 1. — Cela n'est pas exact selon nous. — Cpr. Guénée, *Note*, D., 96. 1. 193. — Les arrêts des 2 juin et 9 nov. 1888, l'arrêt de Paris de 1892 et le jug. du 17 juin 1892 sont relatifs au prêt sur pensions ; la question de savoir si le prêteur était banquier n'avait pas été soulevée lors de la première espèce ; le deuxième arrêt constate, il est vrai, que le prêt n'est pas commercial, mais le motif qu'il en donne est que l'*emprunteur* n'est pas *commerçant ;* or, en tout cas, il n'y a pas à s'inquiéter de la qualité de l'emprunteur. — Rouen, 1891, constate expressément qu'en fait le prêteur, n'ayant pas de comptoir et ne payant pas de patente, ne pouvait être considéré comme banquier. — Cependant l'ancien système est nettement abandonné par certaines décisions. — Trib. corr. Seine, 17 janv. 1896, *Pand. franç.*, 96. 1. 141, *Gaz. Pal.*, 96. 1. 508 (prêt sur traitements). — Paris, 10 mars 1896, *Gaz. Pal.*, 96. 1. 738 (*id.*). — Paris, 28 déc. 1893, D., 94. 2. 500.

([1]) Montpellier, 13 août 1853, S., 53. 2. 469. — Bourges, 3 mars 1854, S., 54. 2. 234. — Lyon, 29 janv. 1858, S., 58. 2. 295. — Paris, 2 fév. 1861, S., 61. 2. 256. — Limoges, 25 juil. 1865, S., 65. 1. 284. — Lyon, 3 juin 1889, S., 90. 2. 41, D., 91. 2. 26. — Pont, I, n. 277 ; Lyon-Caen, *Note*, S., 89. 1. 393 et S., 90. 2. 41 ; Bonfils, *Rev. crit.*, XVIII, 1889, p. 386 s.

Ces considérations sont loin d'être décisives. Les motifs qui justifient l'élévation de l'intérêt en matière commerciale, et que nous avons rappelés en parlant du prêt destiné à une opération commerciale, ne se rencontrent pas ici : les risques sont moindres dans notre hypothèse que dans la précédente, le service rendu est également moindre. Sans doute le banquier pourrait trouver un profit plus élevé dans un prêt commercial, mais aussi il courrait plus de risques et, du reste, la même considération s'appliquerait à un particulier. D'un autre côté, il est certain que le gage consenti pour la garantie d'un prêt fait par un banquier n'est pas nécessairement commercial; cela résulte de l'art. 91, § 1 C. com.

Quant à la loi de 1857, elle a un caractère exceptionnel.

881. Quelques-uns des partisans de la solution adoptée par la jurisprudence y font exception pour le cas où la nature des garanties, la forme de l'acte ou toute autre circonstance indiqueraient la destination civile du prêt fait par le banquier [1]. Cette restriction n'a aucune raison d'être.

On va même jusqu'à dire que le prêt garanti par une hypothèque sera civil [2].

882. En tout cas, il est certain que si le prêt est étranger aux opérations du banquier prêteur, il a le caractère civil [3].

883. Si on adopte le système de la jurisprudence, le délit d'usure, supprimé comme nous allons le dire, par la loi de 1886 en matière commerciale, doit être considéré comme également supprimé en matière civile; il n'existerait donc plus [4]. Car le délit d'usure suppose des actes d'usure répétés (L. 19 déc. 1850, art. 2); or le fait de prêter fréquemment à intérêts transforme le prêteur en commerçant (C. com. 632-6°). C'est un argument très fort contre ce système.

Cependant cette conséquence est douteuse : il a été déclaré dans les travaux préparatoires de la loi de 1886, par les

(1) Aubry et Rau, IV, p. 606, § 396; Véran, *op. cit.*, p. 282.

(2) Véran, *loc. cit.*

(3) Cass., 5 janv. 1859, S., 59. 1. 220. — Danjon, *op. cit.*, p. 203.

(4) Danjon, *Ann. dr. com.*, I, 1886-1887, *Doctr.*, p. 204; Bonfils, *Rev. crit.*, XVIII, 1889, p. 384; Lyon-Caen, *Note*, S., 89. 1. 393; Pic, *Ann. dr. com.*, VI, 1892, *Doctr.*, p. 236; Villey, *Note*, S., 89. 1. 281.

auteurs de cette loi, que le délit d'usure n'est pas supprimé [1].

La jurisprudence ne fait aucune difficulté d'admettre que le délit d'usure subsiste en matière civile [2].

En tout cas, le délit d'usure n'existe plus en matière commerciale, le taux d'intérêt y étant libre [3].

884. L'acheteur par profession de reconnaissances du Mont-de-piété, si c'est un prêteur [4], doit être regardé comme un banquier [5].

Il en est de même d'un prêteur sur gage [6].

885. Le prêt fait pour l'exploitation d'un brevet d'invention est commercial.

Il en est autrement du prêt fait simplement pour les essais de l'invention brevetée [7].

886. La question de savoir si les prêts faits à une société civile qui adopte la forme commerciale sont commerciaux est délicate. Elle se rattache à un problème plus général : le caractère des opérations de cette société est-il le même que celui des opérations d'une société commerciale ?

La loi du 1er août 1893 porte que les sociétés civiles à forme commerciale « quel que soit leur objet.... seront commerciales et soumises aux lois et usages du commerce ». Il semble bien que l'assimilation est absolue. Et cette doctrine est adoptée par certains auteurs ; ils en concluent que les prêts faits par la société civile à forme commerciale sont commerciaux [8].

(1) Discours Laroze, *Journ. Off.*, mars 1882, *Déb. parl.*, chamb., p. 289 et 294.

(2) Cass. crim., 20 janv. 1888, S., 89. 1. 281. — Cass. crim., 2 juin 1888, S., 89. 1. 393. — Cass. crim., 9 nov. 1888, S., 89. 1. 393.

(3) Cass. crim., 14 mai 1886, S., 87. 1. 345.

(4) V. *supra*, n. 689.

(5) *Contra* Paris, 7 déc. 1891, *Gaz. Pal.*, 92. 1. 152. — Un autre système a été mis en avant pour justifier l'application des peines de l'usure et l'inapplicabilité de la loi de 1886. On a dit que le prêt est consenti en réalité sur le gage détenu par le Mont-de-Piété; que, par suite, l'acheteur dirige une maison de prêts sur gage, interdite par loi, et qu'une opération délictuelle ne peut avoir le caractère commercial. — Trib. correct. Seine, 11 janv. 1892, *Gaz. Pal.*, 92. 1. 152. — V. *infra*, n. 888.

(6) Paris, 7 juill. 1887, *Droit*, 21 juil. 1887. — Paris, 15 juil. 1887, *Gaz. Trib.*, 18 août 1887. — *Contra* Trib. corr. Seine, 15 avril 1890, *Droit*, 17 avril 1890. — Trib. corr., Seine, 23 déc. 1895, *Pand. franc.*, 96. 2. 153 (pour les motifs indiqués à la note ci-dessus).

(7) Trib. civ. Lyon, 20 mai 1893, *Gaz des Trib.*, 28 sept. 1893.

(8) Thaller, *Ann. dr. comm.*, 94. 2. 137 ; Wahl, *Note*, S., 96. 2. 57.

D'autres auteurs pensent au contraire que l'assimilation existe exclusivement en ce qui concerne la faillite, les livres et la compétence, non pas en ce qui concerne le caractère des opérations [1]. La question est trop générale pour que nous l'examinions ici [2].

887. En tout cas le prêt civil ne perd pas son caractère, par cela seul qu'il est destiné à une société commerciale et cela même si le prêteur et l'emprunteur font tous deux partie de cette société [3].

Toutefois, si l'emprunteur est un commerçant, on présumera jusqu'à preuve contraire que le prêt est commercial, conformément à l'art. 638-2° C. com. [4].

888. On ne voit aucune raison de limiter l'application de la loi de 1886 au cas d'un prêt commercial licite [5], et de refuser, par exemple, cette application au tenancier d'une maison de prêt sur gage [6].

D'. *Sanction de la limitation du taux de l'intérêt.*

889. Toute stipulation d'intérêts excédant le taux légal constitue une convention usuraire, prohibée à ce titre par la loi de 1807. Cette prohibition reçoit une double sanction : l'une civile, l'autre pénale.

La sanction civile est contenue dans l'art. 3 de la loi de 1807, qui s'exprime ainsi : « Lorsqu'il sera prouvé que le prêt » conventionnel a été fait à un taux excédant celui qui est » fixé par l'art. 1er, le prêteur sera condamné, par le tribunal

(1) Lyon-Caen et Renault, *Manuel de dr. comm.*, 3e éd., n. 337.
(2) V. Wahl, *Note*, S., 96. 2. 57.
(3) Trib. civ. Lyon, 20 mai 1893, *Gaz. Trib.*, 28 sept. 1893.
(4) Cass., 27 fév. 1864, S., 64. 1. 341, D. *Rép.*, *Suppl.*, v° *Prêt à int.*, p. 630, note 2. — Bourges, 27 janv. 1857, S., 58. 2. 695. — Besançon, 4 juil. 1857, S., 58, 2. 553. — Lyon, 7 déc. 1887, *Mon. jud. Lyon*, 17 janv. 1888. — Paris, 29 nov. 1892, *Gaz. Pal.*, 93. 1. 2e p., 21. — Trib. com. Havre, 7 avril 1888, *Rec. Havre*, 88. 133. — Trib. civ. Amiens, 7 juin 1890, *Rec. d'Amiens*, 91. 7. — Pont, I, n. 277; Bonfils, *Rev. crit.*, XVIII, 1889, p. 386; Guillouard, n. 151. — Cpr. Trib. com. Nantes, 21 mars 1891, *Rec. Nantes*, 91. 1. 160. — *Contra* Trib. civ. Seine, 11 nov. 1892, précité.
(5) *Contra* Toulouse, 24 fév. 1894, précité.
(6) Cpr. Lyon-Caen et Renault, I, n. 103 *bis*. — *Contra* Toulouse, 24 fév. 1894, D., 94. 2. 337. — Trib. corr. Seine, 11 janv. 1892, précité.

» saisi de la contestation, à restituer cet excédant s'il l'a reçu, » ou à souffrir la réduction sur le capital de la créance, et » pourra même être renvoyé, s'il y a lieu, devant le tribunal » correctionnel, pour y être jugé conformément à l'article sui- » vant ». Ce texte avait donné naissance à quelques controverses, qui ont été résolues dans le sens de la sévérité par l'art. 1 de la loi du 19 décembre 1850, ainsi conçu : « Lors- » que, dans une instance civile ou commerciale, il sera » prouvé que le prêt conventionnel a été fait à un taux supé- » rieur à celui fixé par la loi, les perceptions excessives » seront imputées de plein droit, aux époques où elles auront » eu lieu, sur les intérêts légaux alors échus, et subsidiaire- » ment sur le capital de la créance. — Si la créance est » éteinte en capital et intérêts, le prêteur sera condamné à la » restitution des sommes indûment perçues, avec intérêts du » jour où elles lui auront été payées ».

Ces dispositions ont été reproduites, pour l'Algérie, par l'art. 2 du décret du 29 janv. 1898.

La loi de 1850, en proclamant l'imputation, ne dit pas que ce soit la seule sanction du prêt usuraire. Aussi faut-il, conformément au droit commun en matière de contrats [1], décider que l'emprunteur pourra réclamer la réparation de tout le préjudice qui lui aura été causé [2].

890. Mais en ce qui concerne les intérêts payés, l'imputation seule est permise; l'emprunteur n'a pas une créance contre le prêteur [3].

Si donc l'emprunteur tombe en faillite, le prêteur n'a pas à rapporter à la masse ses perceptions usuraires; il reste créancier de la masse pour ce qui n'a pas été imputé [4].

891. Comme l'action en restitution des intérêts usuraires est fondée sur l'ordre public, cette action (sauf le cas de donation) reste ouverte même après que le débiteur y a

[1] Il ne s'agit pas, comme le prétend M. Guillouard (n. 166), de l'art. 1382, lequel est spécial aux délits.

[2] Montpellier, 11 mai 1869, S., 69. 2. 249, D., 70. 2. 73. — Guillouard, n. 165. Cet auteur exige que le préjudice soit « distinct du dommage que l'usure a pu occasionner en elle-même ».

[3] Besançon, 21 avril 1886, S., 87. 2. 202.

[4] Besançon, 21 avril 1886, précité. — *Contra* Lyon, 2 déc. 1881, S., 83. 2. 183.

renoncé [1] soit par une confirmation expresse [2], soit par une confirmation tacite, comme le paiement ou un règlement de compte [3].

Mais il va sans dire que si le débiteur a été condamné à payer les intérêts par un jugement passé en force de chose jugée, ce jugement lui est opposable [4].

892. Pothier décidait que si, peu de temps après le prêt, l'emprunteur déclarait faire donation au prêteur des intérêts excédant le maximum légal, cette donation était réputée non avenue et ne mettait pas obstacle à l'action en restitution de cet excédent : la donation était frauduleuse ; il n'en était autrement que si elle était faite au moment ou à la suite de la restitution du capital prêté [5].

Certains auteurs reproduisent cette doctrine, à l'appui de laquelle ils invoquent, en le détournant de sa signification, l'adage *Nemo liberalis nisi liberatus* [6]. Ils ne font exception que pour le cas où les circonstances feraient nettement apparaitre l'existence véritable de la donation [7].

Cette théorie est opposée aux règles générales d'interprétation. La vérité c'est qu'en principe l'acte qualifié de donation doit être réputé tel, à moins que les circonstances ne démontrent le contraire; les tribunaux sont, du reste, souverains appréciateurs de la question [8].

893. Si le prêt usuraire est déguisé, la sanction civile est encore la même; l'acte est donc valable comme prêt, les intérêts excessifs sont seuls sujets à restitution [9]; car il est

(1) Guillouard, n. 167.

(2) Cass., 31 déc. 1833, S., 34. 1. 104. — Guillouard, n. 167.

(3) Cass., 24 avril 1849, S., 49. 1. 737, D., 49. 1. 241. — Cass., 16 nov. 1880, S., 81. 1. 313, D., 81. 1. 109. — Rennes, 13 mars 1876, S., 79. 2. 257, D., 79. 2. 93. — Guillouard, n. 167.

(4) Cass., 27 mai 1840, S., 40. 1. 620. — Cass., 12 avril 1841, S., 41. 1. 637. — Cass., 8 mars 1847, S., 47. 1. 470, D., 47. 1. 98. — Bordeaux, 8 août 1850, D., 55. 2. 232. — Pont, I, n. 317; Aubry et Rau, IV, p. 611, § 396, note 5; Guillouard, n. 167. — V. cep. Bourges, 2 juin 1831, S., 32. 2. 120.

(5) N. 99.

(6) Chardon, *Du dol et de la fraude*, III, n. 514; Troplong, n. 367; Duvergier, n. 381; Pont, I, n. 297; Aubry et Rau, IV, p. 611, § 396, note 49; Guillouard, n. 166.

(7) Guillouard, *loc. cit.*

(8) Pau, 17 janv. 1824, S. chr. — Bordeaux, 17 déc. 1827, S. chr.

(9) Cass., 28 mars 1837, S., 37. 1. 936. — Paris, 22 messidor an XI, S. chr. —

de principe qu'un acte déguisé produit les mêmes effets qu'un acte ouvert. C'était, du reste, la solution de l'ancien droit [1].

894. Ainsi, en cas de contrat pignoratif dissimulant un prêt usuraire, le prêteur (acheteur apparent) restituera l'excédent des intérêts sur le taux maximum fixé par la loi [2].

895. Mais le contrat ne produira les effets valables que du prêt; il ne produit pas les effets que semblerait devoir lui assigner son caractère apparent; car c'est un principe élémentaire et de bon sens que la volonté réelle des parties doit être recherchée dans les actes [3].

896. La réduction peut être réclamée pendant trente ans [4].

897. Quant à la sanction pénale, elle consiste, d'après l'art. 4 de la loi du 3 sept. 1807, dans une amende qui ne peut excéder la moitié des capitaux prêtés. En outre, la loi du 19 déc. 1850 impose un emprisonnement de six jours à six mois (art. 2); en cas de récidive, la peine est du maximum, lequel peut même être élevé au double (art. 3).

Ces peines ne frappent que celui qui se livre « habituellement à l'usure ».

Nous avons examiné déjà dans quelles limites la loi de 1886 a maintenu le délit d'usure [5].

898. L'emprunteur peut, par tous les moyens, même par témoins et par présomptions, démontrer que le prêt qui lui a été fait a été consenti moyennant des intérêts usuraires [6], car il s'agit d'une fraude à la loi (C. civ. 1353).

Poitiers, 5 prairial an XI, S. chr. — Bastia, 9 mai 1838, S., 38. 2. 369. — Caen, 20 janv. 1846, S., 46. 2. 499. — Troplong, *Du nantissement*, n. 529; Aubry et Rau, IV, p. 613, § 396, note 57; Guillouard, n. 164. — V. cep. Pau, 17 mai 1830, S. chr. — Lyon, 27 août 1841, S., 42. 2. 32.

(1) V. Guillouard, *loc. cit.*

(2) Paris, 22 messidor an XI, — Poitiers, 15 prairial an XII, — Caen, 20 janv. 1846, précités. — Guillouard, n. 164.

(3) V. cep. Guillouard, n. 164 (il dit que l'acheteur apparent jouit « jusqu'au remboursement, du droit de rétention *que lui assure la forme de contrat pignoratif donnée au prêt* »).

(4) Grenoble, 30 janv. 1894, D., 96. 2. 69.

(5) V. *supra*, n. 883.

(6) Cass., 18 therm. an XIII, S. chr. — Cass., 28 juin 1821, S. chr. — Cass., 18 fév. 1829, S. chr. — Cass., 29 janv. 1867, S., 67. 1. 245, D., 67. 1. 52. — Cass., 13 fév. 1880, S., 80. 1. 485, D., 80. 1. 237. — Riom, 16 janv. 1827, S. chr. — Bordeaux, 7 avril 1827, S. chr. — Caen, 26 juil. 1827, S. chr. — Bourges, 2 juin 1831,

Dans l'ancien droit, on allait même jusqu'à décider que le témoignage de l'emprunteur suffisait pour prouver l'usure [1]. Il va sans dire que cette solution n'est plus exacte aujourd'hui.

899. S'il s'agit de combattre les énonciations faites par un officier public dans un acte authentique et constatant un fait accompli par cet officier public ou sous ses yeux, l'emploi de l'inscription de faux sera nécessaire, conformément au droit commun.

Sans doute l'emprunteur pourra, sans recourir à l'inscription de faux, démontrer, malgré l'indication dans un acte authentique d'intérêts n'excédant pas le taux légal, que des intérêts supérieurs au taux légal ont été stipulés [2].

Mais si l'acte authentique constate que sous les yeux du notaire une somme déterminée lui a été versée, l'emprunteur ne pourra soutenir sans inscription de faux que la somme versée était inférieure à la somme indiquée dans l'acte [3].

E. *Rétroactivité des lois relatives au taux maximum de l'intérêt.*

900. La loi du 12 janvier 1886 ou toute autre loi modifiant le taux maximum de l'intérêt, rétroagit-elle? Il est incontestable que cette loi n'a pas pu avoir pour résultat de valider les stipulations d'intérêts faites sous l'empire de la législation antérieure, qui seraient nulles sous l'empire de cette législation et valables par application de la loi nouvelle, ou réciproquement (arg. art. 2). C'est ce que décidait formellement la loi de 1807. Mais, à dater de la promulgation de la loi de 1886, ceux qui avaient commis le délit d'usure en matière commerciale ont cessé d'être punissables.

En d'autres termes, ces lois rétroagissent en tant que lois pénales [4], mais non en tant que lois civiles [5].

S., 31. 2. 248. — Caen, 20 janv. 1846, S., 46. 2. 499. — Troplong, n. 405; Aubry et Rau, IV, p. 613, § 396, note 59; Guillouard, n. 168.

[1] Arrêt 2 sept. 1897, cité par Chorier, *op. cit.*, II, p. 273.

[2] Guillouard, n. 168.

[3] Cass., 28 juin 1821, S. chr. — Guillouard, n. 168.

[4] Cass. crim., 14 mai 1886, S., 87. 1. 201, D., 86. 1. 428 (impl.) — Lebée, *Ann. dr. comm.*, 1888, *Jurispr.*, p. 188; Lyon-Caen, *Notes*, S., 87. 1. 345 et S., 87. 2. 201.

[5] Cass., 20 fév. 1810, S. chr. — Cass., 11 avril 1810, S. chr. — Cass., 29 janv.

Cependant la ratification, postérieure à la loi de 1886, d'un prêt commercial usuraire antérieur à cette loi le rend valable [1].

IV. *Forme et preuve de la stipulation d'intérêts.*

901. La loi ne prescrit aucune formule sacramentelle pour la convention d'intérêts [2].

En droit romain, au contraire, il fallait, pour faire produire des intérêts à la somme prêtée, employer les formes rigoureuses de la stipulation [3].

La plupart des législations étrangères se contentent, comme la loi française, d'une convention quelconque [4].

902. Mais une convention formelle est nécessaire pour que le prêt produise des intérêts et il faut que la volonté des parties soit exprimée en termes qui ne laissent aucun doute ; en d'autres termes, le juge ne peut faire découler des circonstances la volonté tacite des parties [5]. Cela résulte du mot *stipuler* employé par l'art. 1905, d'après lequel on peut stipuler des *intérêts* [6], et encore davantage de la nécessité d'un écrit imposée par l'art. 1907 [7] ; et cela est, du reste, parfai-

1812, S. chr. — Cass., 21 juin 1825, S. chr. — Cass., 5 mars 1834, S., 34. 1. 597. — Cass., 15 nov. 1836, S., 36. 1. 939. — Cass. civ., 2 juin 1888, S., 89. 1. 393. — Besançon, 21 avril 1886, S., 87. 2. 202, D., 86. 2. 268. — Orléans, 12 juin 1886, S., 87. 2. 201. — Duranton, XVII, n. 602 ; Aubry et Rau, I, § 30, note 49 ; Laurent, II, n. 194 ; Guillouard, n. 141 ; Baudry-Lacantinerie et Houques-Fourcade, *Tr. des personnes*, n. 137 et 154 ; de Vareilles-Sommières, *De la rétroactivité des lois*, *Rev. crit.*, XXII, 1893, p. 500, n. 71 ; Beudant, *Cours de dr. civ.*, *Introd.*, n. 130 et 143 ; Bonfils, *Rev. crit.*, XVIII, 1889, p. 383 ; Lebée, *loc. cit.* ; Cabouat, *Ann. dr. comm.*, IV, 1890, *Jurispr.*, p. 129 ; Lyon-Caen, *Note*, S., 87. 2. 201 ; Huc, *Comment. théor. et prat. du C. civ.*, I, n. 76. — V. également en ce sens, Cass. Autriche, 30 nov. 1870, *Journ. dr. int.*, III, 1876, p. 53.

(1) Rennes, 18 nov. 1889, *Rec. de Nantes*, 91. 1. 17.

(2) Guillouard, n. 126.

(3) V. *supra*, n. 805.

(4) *Allemagne. Droit commun*, Eck, *loc. cit.*, C. civ. 246. — Cependant, en Prusse, on exigeait un écrit. *Code gén.*, XI, § 824. — En Suisse, le code fédéral (art. 330) exige une clause expresse de l'acte.

(5) Cass., 27 juill. 1853, P., 54. 2. 88, D., 53. 1. 211. — Rennes, 19 avril 1811, S. chr. — Duvergier, n. 253 s. ; Pont, I, n. 246 s. ; Troplong, n. 409 ; Aubry et Rau, IV, p. 601, § 396, note 1 ; Guillouard, n. 122, 124 et 126. — *Contra* Laurent, XXVI, n. 514.

(6) V. *supra*, n. 809.

(7) V. *infra*, n. 907.

tière commerciale, ce qui, nous l'avons montré, est inexact.

Une autre justification a été tentée ([1]) : le compte-courant, a-t-on dit, contient un mandat que les parties se donnent l'une à l'autre de se faire des avances. Or, aux termes de l'art. 2011, les intérêts des avances faites par le mandataire au mandant courent de plein droit. Cette explication n'est pas plus satisfaisante que la précédente : car, dans la réalité, chacune des deux parties promet conditionnellement un prêt à l'autre, et dans cette promesse de prêt il n'y a pas plus de raison de voir un mandat que dans le prêt ordinaire.

907. L'art. 1907 se termine par ces mots : « *Le taux de » l'intérêt conventionnel doit être fixé par écrit* ». On voulait ainsi « contenir la cupidité par le frein de la honte ». On est parti de l'idée que « ce n'est pas à la face des tribunaux que les prêteurs réclament le payement des effrayantes usures qu'ils ne rougissent pas de se permettre » ([2]) ; on espérait que les usuriers seraient retenus par un sentiment de pudeur, et qu'ils reculeraient à la pensée d'étaler au grand jour leur coupable industrie en constatant par écrit le taux des intérêts qu'ils exigeaient de leurs clients.

La disposition de l'art. 1907 *in fine* n'a nullement pour but d'ériger en contrat solennel la convention fixant le taux de l'intérêt, mais seulement d'en prohiber la preuve par témoins même au-dessous de 150 fr. ([3]). La preuve par l'aveu ou l'interrogatoire sur faits et articles ([4]) et le serment ([5]) demeurent donc permis. Il en est de même de la preuve par témoins s'il y a commencement de preuve par écrit ([6]), ou si l'écrit a été égaré. Le contrat n'est pas nul à défaut d'indication écrite des intérêts ([7]).

([1]) Pardessus, *loc. cit.* ; Guillouard, *loc. cit.*

([2]) Rapport Boutteville au tribunat et discours Albisson au corps législatif. Locré, XV, p. 50 et 63.

([3]) Cass., 22 juin 1853, P., 54. 2. 88, D., 53. 1. 211. — Troplong, n. 409; Duvergier, n. 255; Pont, I, n. 274; Laurent, XXI, n. 528; Guillouard, n. 125; Appert, *Note*, S., 96. 1. 353. — *Contra* Duranton, XVII, n. 598.

([4]) Auteurs précités. — *Contra* Duranton, *loc. cit.*

([5]) Auteurs précités. — *Contra* Duranton, *loc. cit.*

([6]) Cass., 22 juin 1853, précité.

([7]) V. les auteurs précités. — En tout cas on ne peut approuver Cass. req., 30 juil.

908. Ce qui doit être fixé par écrit, ce n'est pas seulement la convention portant que des intérêts seront dus, c'est le taux même de l'intérêt, ou tout au moins les indications nécessaires pour que le taux puisse être calculé [1]. L'art. 1907 est formel sur ce point; d'ailleurs la solution contraire ne répondrait pas au but de la loi. On a objecté en sens contraire les expressions suivantes employées dans la discussion au conseil d'Etat: « on n'aura égard aux conventions d'intérêts que lorsqu'elles seront rédigées par écrit » [2]. Mais ces termes mêmes montrent que l'écrit doit relater d'une manière complète l'accord des parties relativement aux intérêts.

Mais si les parties indiquent le chiffre des intérêts, soit pour la durée entière du prêt, soit pour chaque année, le taux de l'intérêt en ressort et par suite la loi est obéie.

909. De même, si les intérêts, en tout ou en partie, consistent en denrées, nous pensons qu'il suffira aux parties d'indiquer la nature de ces denrées et qu'il n'est pas nécessaire de les évaluer; en cas de difficultés sur le taux de l'intérêt, il sera facile aux juges de procéder ou de faire procéder à l'évaluation des denrées et de déterminer ainsi si les intérêts sont exagérés; d'un autre côté, la loi ayant voulu « contenir la cupidité par le frein de la honte », il semble que les scrupules de l'usurier seront aussi grands à stipuler des denrées en quantité trop grande qu'une somme d'argent trop importante [3].

910. Si le prêt à intérêt se dissimule sous un autre contrat, une vente à réméré par exemple, l'art. 1907 s'appliquera

1895, S., 96. 1. 353, qui, partant de l'idée (fausse d'ailleurs comme nous allons le montrer) que la stipulation, comme intérêts, de denrées non évaluées dans un contrat déguisant un prêt d'intérêt, est contraire à l'art. 1907, décide que si, en même temps, une somme d'argent est également stipulée comme intérêts, les intérêts doivent être réduits à la somme d'argent; dans la pensée des parties, le contrat est indivisible, comme on l'a fort bien dit. Appert, *loc. cit.*

[1] Cass. req., 30 juillet 1895, S., 96. 1. 353. — Lardenois, *Rapport* sous Cass. req., 30 juillet 1895, précité. — *Contra* Appert, *Note*, S., 96. 1. 353.

[2] Locré, XV, p. 27.

[3] On peut interpréter en sens contraire Cass. req., 30 juillet 1895, précité, qui peut être aussi compris comme combattant la doctrine développée sur le point suivant, et dont le sens n'est élucidé ni par l'arrêt d'appel ni par le rapport du conseiller.

comme si le prêt était constaté par l'acte (1); mais les parties obéiront suffisamment aux prescriptions de cet article en mentionnant le montant des sommes qui, en réalité, forment l'intérêt du prêt; elles ne sont pas tenues d'indiquer que ces sommes sont stipulées comme intérêts d'un prêt (2); décider le contraire, ce serait annuler d'une manière absolue les conventions déguisant un prêt à intérêt, car il est évident que les parties ne peuvent en même temps opérer cette dissimulation et faire apparaître la véritable nature du contrat.

911. Nous avons montré déjà que la preuve d'une stipulation usuraire d'intérêts peut être faite par tous moyens (3).

912. Quoique les intérêts doivent être fixés par écrit, « *L'emprunteur qui a payé des intérêts qui n'étaient pas stipu-* » *lés, ne peut ni les répéter ni les imputer sur le capital* ». (art. 1906). Lorsque l'emprunteur paie des intérêts qui n'ont pas été stipulés *expressément*, et que le prêteur les reçoit, la loi suppose que ce paiement a été fait en exécution d'une convention tacite, et voilà pourquoi elle ne permet à l'emprunteur ni de les répéter ni de les imputer sur le capital (4); c'est la seule manière de justifier l'art. 1906; sans doute il déroge au principe qu'une dette ne se présume, mais il est fondé sur deux observations de faits exactes l'une et l'autre : c'est d'abord qu'à l'ordinaire celui qui paye des intérêts les doit, c'est ensuite que, dans la généralité des cas, les prêts sont consentis moyennant des intérêts.

Il y a d'autres explications de l'art. 1906. L'une d'elles consiste à dire que la loi considère l'emprunteur comme tenu, en vertu d'une obligation naturelle, de payer des intérêts, lorsqu'il n'a été fait aucune convention à cet égard, et que notre disposition n'est qu'une application particulière du principe général posé par l'art. 1235 al. 2: « La répétition n'est » pas admise à l'égard des obligations naturelles qui ont été

(1) Cass. req., 30 juillet 1895, précité.

(2) V. cep. Cass. req., 30 juillet 1895, précité. — V. sur le sens de cet arrêt la note *supra*.

(3) V. *supra*, n. 898 s.

(4) Aubry et Rau, IV, p. 602, § 396, note 6; Laurent, XXVI, n. 522; Guillouard, n. 133.

» volontairement acquittées » [1]. Cette explication est très peu satisfaisante : car, le prêt étant gratuit par sa nature, l'obligation naturelle de payer des intérêts n'a aucune raison d'être.

Une autre explication consiste à dire que l'emprunteur qui paye les intérêts non stipulés est censé avoir fait une libéralité, laquelle produira les effets ordinaires des donations au point de vue du rapport, de la réduction, de la révocabilité [2]. C'est aller beaucoup trop loin. Les libéralités ne se présument pas, et cette présomption serait ici d'autant plus singulière que les relations entre prêteur et emprunteur ne sont pas généralement assez affectueuses pour rendre vraisemblable une donation par le second au premier. Si même il était établi que le payement a été fait sciemment, une intention libérale ne pourrait être imputée à l'emprunteur quand il a payé dans un but de justice et pour compenser au profit du prêteur la privation de la jouissance de son capital.

913. Quelle que soit l'interprétation qu'on adopte, il paraît certain que l'art. 1906 ne recevrait pas son application, si le paiement des intérêts avait été fait par erreur, dans la persuasion qu'ils étaient dus civilement [3]. On objecte qu'il y a une présomption légale *juris et de jure* que les intérêts étaient dus. La loi ne dit rien de ce genre, et cette présomption légale serait d'une iniquité telle qu'elle ne se justifierait pas.

L'opinion contraire est d'autant plus singulière que ses partisans permettent la preuve de l'erreur, et, cette preuve une fois faite, autorisent l'action en répétition, si le payement, au lieu d'être fait par l'emprunteur lui-même, est fait par ses héritiers [4]. En règle, les héritiers n'ont pas plus de droits que leurs auteurs, et il est presque puéril, par conséquent, d'objecter que l'art. 1906 ne parle que de l'emprunteur ; en vertu du principe de l'art. 1122, qui met à la charge des héritiers toutes les obligations de leurs auteurs, il était parfaite-

(1) Duranton, XVII, n. 599.

(2) Pont, I, n. 254.

(3) Laurent, XXVI, n. 522. — *Contra* Aubry et Rau, IV, p. 602, § 396, note 6; Guillouard, n. 133.

(4) Duranton, XVII, n. 600 ; Aubry et Rau, IV, p. 602, § 396, note 7 ; Laurent, XXVI, n. 523 ; Guillouard, n. 135.

ment inutile de nommer les héritiers à côté de leur auteur ; de ce que la loi oblige l'emprunteur à restituer, conclut-on que cette même obligation n'incombe pas à ses héritiers?

On objecte aussi que l'erreur, incompréhensible de la part de l'emprunteur, s'explique chez ses héritiers ; c'est encore ce que nous avons peine à comprendre. Car, d'une part, les art. 1905 et 1907 subordonnant la dette des intérêts à une clause formelle et écrite, il était facile aux héritiers de s'assurer si cette clause existait. D'autre part, l'erreur de l'emprunteur n'a rien d'invraisemblable ; qu'on suppose un prêt fait pendant sa minorité par son tuteur, et le voilà aussi excusable que ses héritiers.

913 *bis*. D'autre part, sans prétendre exercer une action en restitution, l'emprunteur ou ses héritiers peuvent démontrer que le payement des intérêts a été fait à titre gratuit, et partir de là pour lui faire produire les effets d'une donation réductible, rapportable ou révocable [1]. Sans aller jusqu'à dire, avec une opinion que nous avons réfutée, que cette donation est présumée, nous ne voyons rien qui s'oppose à la preuve de cette donation. En admettant même que l'art. 1906 interdise d'une manière absolue la répétition des intérêts, un texte formel serait nécessaire pour défendre aux intéressés de démontrer le caractère du payement. D'autre part (et ceci est décisif), il y a fraude à la loi à déguiser une donation sous la forme d'un autre acte pour l'empêcher de produire ses effets normaux, et il est de principe que ce déguisement peut être prouvé par tous les modes de preuve.

914. On admet généralement que si les parties omettent de fixer le taux de l'intérêt tout en stipulant un intérêt, l'intérêt doit être payé au taux légal, c'est-à-dire au taux de 5 p. 100 en matière civile et de 6 p. 100 en matière commerciale [2]. En tout cas le juge du fait est souverain.

V. *Lieu de payement des intérêts.*

915. Conformément au principe général de l'art. 1247,

(1) *Contra* Aubry et Rau, IV, p. 602, § 396, note 6 ; Guillouard, n. 134.

(2) Bourges, 11 juin 1825, S. chr. — Lyon, 26 juin 1851, D., 54. 5. 445. — Duvergier, n. 256 ; Pont, I, n. 248 ; Guillouard, n. 129.

les intérêts sont quérables, c'est-à-dire payables au domicile du débiteur [1], à moins de clause contraire [2].

VI. *Epoques de paiement des intérêts.*

916. Les parties fixent librement l'époque où les intérêts doivent être payés.

Ainsi elles peuvent convenir que les intérêts seront payés en bloc au moment du remboursement du capital [3].

Nous nous sommes déjà expliqués sur le point de savoir si, tout en adoptant pour le taux des intérêts le maximum fixé par la loi, elles peuvent librement fixer l'époque du paiement [4].

VII. *Preuve du paiement des intérêts.*

917. Le paiement des intérêts, comme tout paiement, se prouve conformément aux art. **1341** s., c'est-à-dire même par témoins et présomptions judiciaires jusqu'à 150 fr., ou s'il y a commencement de preuve par écrit, ou enfin si la quittance écrite a été perdue ou égarée.

918. Par exception, « *la quittance du capital, donnée sans réserve des intérêts, en fait présumer le paiement, et en opère la libération* » (art. 1908).

Ce texte nous paraît découler de la même pensée que l'art. **1254** *in fine*. Le créancier, auquel il est dû un capital et des intérêts, a avantage à imputer le paiement qu'il reçoit sur les intérêts d'abord; car, d'une part, le capital est productif d'intérêts, tandis que les intérêts ne peuvent le devenir qu'en vertu d'une convention ou d'une demande, et encore sous la condition d'être dus pour une année entière (art. **1154**); et, d'autre part, la créance du capital ne se prescrit ordinairement que par trente ans, tandis que celle des intérêts se prescrit par cinq ans (art. 2277). Cela posé, la loi présume que le créancier, qui a donné quittance du capital, a été préalablement payé des intérêts; car, s'il lui en eût été dû, il aurait

[1] Guillouard, n. 177 *bis*.
[2] Guillouard, n. 177 *bis*.
[3] Guillouard, n. 130.
[4] V. *supra*, n. 852.

vraisemblablement imputé le paiement fait par le débiteur sur les intérêts d'abord, puisque c'est son avantage en même temps que son droit [1].

919. La présomption de l'art. 1908 est l'une de celles sur le fondement desquelles la loi refuse l'action en justice. Aussi croyons-nous qu'elle ne serait pas susceptible d'être combattue par la preuve contraire [2] (arg. art. 1352 al. 2). On peut, du reste, rapprocher l'art. 1908 de l'art. 1282, qui fait résulter la libération de la remise volontaire par le créancier au débiteur du titre de la dette. On admet généralement que la présomption de l'art. 1282 ne peut être combattue par la preuve contraire ; il n'y a absolument aucune raison pour traiter différemment la présomption de libération édictée par l'art. 1908.

Ce rapprochement répond à l'objection qu'on a tirée de ce qu'ici la loi ne dénie pas l'action en justice, mais permet simplement au défendeur de repousser cette action par une exception péremptoire ; cette objection pourrait aussi bien être opposée à la doctrine qui considère comme *juris et de jure* la présomption de l'art. 1282 ; et si elle n'a pas été exprimée dans l'interprétation de ce dernier article, c'est que l'opinion générale assimile au refus de l'action en justice l'octroi d'une exception péremptoire contre cette action.

920. En tout cas, la présomption de l'art. 1908 peut être détruite par l'aveu du débiteur, affirmant qu'il n'a pas payé les intérêts [3], ou par le serment du créancier, sur la délation du débiteur, qu'ils n'ont pas été payés [4]. Toutes les présomptions légales, même celles qui n'admettent pas la preuve contraire, peuvent être combattues par l'aveu et le serment.

921. Si le créancier a donné quittance d'une fraction du capital, les intérêts de cette fraction sont présumés avoir été payés, conformément à l'art. 1908.

(1) Duranton, XVII, n. 604 ; Laurent, XXVI, n. 518 ; Guillouard, n. 136.

(2) Troplong, n. 414 ; Aubry et Rau, IV, p. 602, § 396, note 8 ; Laurent, XXVI, n. 518. — *Contra* Duranton, XIII, n. 431 ; Duvergier, n. 260 ; Pont, I, n. 320 ; Guillouard, n. 137.

(3) Cass., 13 janv. 1875, S., 75. 1. 244, D., 75. 1. 117. — Guillouard, n. 138.

(4) Cass., 13 janv. 1875, précité. — Guillouard, n. 138.

On a essayé de soutenir que les intérêts du surplus, c'est-à-dire de la fraction de dette encore due, sont également censés avoir été payés ; cette opinion a été écartée avec raison [1]. Elle étend une présomption au-delà de ses termes, ce qui est contraire à un principe élémentaire d'interprétation. Du reste, les motifs qui justifient l'art. 1908 sont ici hors de cause.

VIII. *Temps pendant lequel les intérêts sont dus.*

922. A défaut de convention sur l'époque à laquelle les intérêts prennent naissance, ils commencent à courir du jour où l'emprunteur a la jouissance du capital dont les intérêts sont le loyer, c'est-à-dire du jour où les fonds ont été versés à l'emprunteur.

923. Aux termes de l'art. 445 C. com., les dettes d'un failli cessent, à partir du jugement déclaratif de faillite, de produire intérêts. Cette disposition est édictée dans un but de simplification, et non dans une pensée de défaveur pour les créanciers, puisque le jugement déclaratif ferait courir, d'après le droit commun, les intérêts des créances mêmes pour lesquelles il n'aurait pas été stipulé d'intérêts et que, par suite, l'art 445 C. com. ne procure aux créanciers ni profit ni perte [2].

L'art. 445 C. com. n'arrête les intérêts qu'à l'égard de la masse ; ils continuent à courir contre les co-obligés ou cautions du failli [3].

Ils continuent même à courir contre le failli, qui est tenu de les acquitter pour se réhabiliter [4].

924. En dehors de cette circonstance, l'intérêt stipulé courra jusqu'à l'échéance fixée pour le remboursment du capital.

Mais l'intérêt stipulé ne continue pas à courir après l'échéance de la dette [5], car l'intérêt ne peut, nous l'avons

[1] Laurent, XXVI, n. 519; Guillouard, n. 139.

[2] Labbé, *Note*, S., 94. 1. 113.

[3] Labbé, *loc. cit.*

[4] Cass. civ., 17 janv. 1893, S., 94. 1. 113. — Paris, 1er déc. 1892, S., 94. 2. 138. — Labbé, *loc. cit.*

[5] Trib. civ. Bruxelles, 10 janv. 1895, *Pasicr.*, 95. 3. 21. — *Contra* Cass. req., 10 mai 1837, S., 37. 1. 1008. — Aubry et Rau, IV, p. 601, § 396, note 3; Laurent,

vu, être dû qu'en vertu d'une stipulation et la convention qui détermine l'époque où le capital doit être remboursé détermine par là même l'époque à laquelle le contrat prend fin; on doit donc supposer, en l'absence d'une clause formelle, que les intérêts cessent alors de courir.

925. Il arrive souvent que le porteur d'un titre amorti ignore l'amortissement; que, de son côté, le débiteur ne s'en préoccupe pas; que, par suite, le porteur touche les intérêts pendant de longues années sans y avoir droit, car il est certain, d'après ce que nous avons dit, que, le titre une fois amorti, les intérêts cessent, en principe, de courir (1).

La question se pose alors de savoir si, au moment où le remboursement s'effectuera, le débiteur aura le droit d'opérer, sur la somme à rembourser, la déduction des intérêts payés à tort. Cette question a été tranchée, comme nous le verrons, dans le sens de la négative par la loi du 1er août 1893, mais elle n'a cependant à peu près rien perdu de son intérêt, soit parce que cette loi n'interdit pas la clause contraire, soit parce qu'elle n'a pas une application générale.

926. Pour des raisons diverses, beaucoup d'auteurs ont soutenu que la répétition des intérêts de la part de la société n'est pas possible (2).

L'opinion contraire nous paraît plus exacte (3).

Il est certain d'abord que telle est l'intention des contractants; le débiteur, par l'amortissement graduel des titres,

XXVI, n. 516; Chavegrin, *Note*, S., 91. 1. 18, § 2. — La solution que nous donnons est, comme on va le voir, appliquée par la jurisprudence au cas d'amortissement. — V. aussi les autorités citées *supra*, n. 904.

(1) Chavegrin, *loc. cit.*

(2) Guillard, *Oblig. au porteur, payement par erreur*, *Rev. prat.*, IX, 1860, p. 401 s ; Daniel de Folleville, *Tr. de la posses. des meubles*, n. 366; Deloison, *Tr. des val. mob.*, n. 262; Chavegrin, *Note*, S., 91. 1. 17, § 1; Montagnon, *Ann. dr. comm.*, I, 1886-87, *Doctr.*, p. 84 s. et *Tr. des soc. de crédit foncier*, n. 222 et 223; Vavasseur, *Rev. des soc.*, 1889, p. 470 s.; Frérejouan du Saint, *Jeu et pari*, n. 224 (seulement après que la prescription serait acquise au profit de la société).

(3) Cass. civ., 29 juil. 1879, S., 80. 1. 109, D., 80. 1. 38. — Trib. civ. Seine, 15 mai 1885, *Gaz. Trib.*, 2 juin 1885. — Trib. civ. Seine, 26 janv. 1889, *Ann. dr. comm.*, III, 1889, *Jurispr.*, p. 85. — Trib. civ. Seine, 24 fév. 1892, *Droit*, 25 mars 1892. — Trib. Bruxelles, 10 janv. 1895, *Pasicr.*, 95. 3. 21. — Vassal, *Des emprunts des départements et des communes* (1893), p. 94; Wahl, *Tr. théor. et prat. des titres au porteur*, I, n. 788 s., et les autorités y citées.

entend diminuer peu à peu ses charges en restreignant sa dette; il les augmenterait si, ne profitant plus du capital des obligations amorties, il continuait à en devoir les intérêts. Il est vrai que, dans notre opinion, le débiteur, restant détenteur du capital et cessant d'en devoir les intérêts, peut tirer un profit de cette situation; mais il arrive souvent que ce profit n'existe pas, le débiteur gardant improductifs dans ses caisses les capitaux amortis et dont le montant peut lui être réclamé d'un moment à l'autre.

Il faut ajouter que, dans le cas le plus usuel, celui où les titres sont au porteur, le débiteur n'a aucun moyen de trouver ses créanciers, qu'il ne commet aucune négligence lorsque des coupons lui sont présentés, en ne procédant pas à une vérification difficile sur le point de savoir si les titres sont sortis.

L'opinion contraire se fonde sur ce que les intérêts d'une dette courent encore après son échéance, mais nous avons montré que cette solution n'est pas exacte (1).

Au reste, il a été reconnu, lors de la discussion de la loi du 1er août 1893, qu'en droit une société qui rembourse un titre amorti peut retenir sur le titre le montant des intérêts qu'elle a payés indûment depuis le jour où le titre est arrivé à échéance (2).

927. Tout en admettant que la répétition des intérêts n'est pas possible, certaines décisions veulent que la société qui, en fait, a profité des intérêts, soit tenue par une action *de in rem verso* (3). Et cette solution nous paraît exacte.

927 *bis*. Certains auteurs, partant de l'idée qu'il y a faute commune de l'établissement débiteur et du créancier, décident que le débiteur ne doit que la moitié des intérêts (4).

(1) V. *supra*, n. 904.

(2) Sénat, discours de M. Falcimaigne, commissaire du gouvernement, séance du 3 juil. 1893, *Journ. Off.*, du 4, déb. parl., p. 1029.

(3) Trib. civ. Bruxelles, 10 janv. 1895, précité.

(4) Lyon-Caen, *Journ. dr. int.*, VIII, 1881, p. 175. — Par application de l'art. 1304 C. civ. autrichien, d'après lequel s'il y a faute de la partie lésée et de l'auteur du dommage, sans qu'on puisse répartir la faute, l'indemnité doit être réduite de moitié, décidé que la moitié des intérêts seront conservés par l'obligataire. — Cass., Autriche, 21 juin 1876, *Journ. dr. int.*, VIII, 1881, p. 175.

Mais nous pensons que la question se rattache non pas à la théorie des fautes, mais à l'interprétation de la convention intervenue.

928. En tout cas, une clause mise sur les bordereaux et quittances de coupons et portant que le porteur est tenu de vérifier lui-même la sortie des titres et de restituer les intérêts qu'il aura indûment perçus depuis cette sortie, est valable [1].

En effet, si l'on fonde l'opinion que nous avons réfutée sur l'idée que les intérêts d'un prêt continuent à courir après l'échéance, il faut également se rappeler que cette stipulation n'est pas d'ordre public et peut être modifiée par la convention des parties.

Pour arriver à la conclusion que les conventions de ce genre sont nulles [2], on a prétendu qu'elles rentrent dans les stipulations par lesquelles une personne se décharge des conséquences de sa faute et on a dit que, dans l'espèce, c'est de sa faute lourde ou de son dol que le débiteur se décharge; or, si la validité des stipulations qui exonèrent une personne de sa faute est discutée, on est d'accord pour admettre que s'il s'agit de faute lourde ou de dol, la stipulation est nulle. On ne fait exception que pour le premier des coupons échus depuis l'amortissement, si, en fait, le débiteur n'a commis qu'une faute légère; mais on n'admet pas que le paiement des coupons ultérieurs puisse aller, de la part du débiteur, sans une incurie équivalente à une faute lourde.

Ce n'est pas, à notre avis, raisonner exactement. D'une part, nous le répétons, s'il peut être stipulé que les intérêts cesseront de courir après l'échéance, aucune raison ne s'oppose à ce que cette solution soit appliquée dans les rapports entre l'être moral qui a émis un titre et l'obligataire. D'autre part, si même l'on transporte la question sur le terrain de la faute, nous ne voyons pas quelle faute un débiteur peut commettre en obligeant le créancier à vérifier soigneusement les listes de tirages.

[1] Cass., 29 juil. 1879, S., 80. 1. 109, D., 80. 1. 38. — Cass. civ., 13 mai 1889, S., 91. 1. 17. — Cass. civ., 14 janv. 1890, S., 91. 1. 17. — Nancy, 28 oct. 1890, S., 91. 2. 11, D., 91. 2. 365.

[2] Chavegrin, *Note*, S., 91. 1. 20, § 1.

929. Cette convention résulte de ce que les prospectus d'émission portent que les titres cesseront de produire intérêt à partir de leur amortissement [1]. On l'a contesté cependant, on a attribué à cette clause la signification que le porteur renonce aux intérêts des titres dont il connaît l'amortissement [2]; une telle interprétation va contre le sens évident des termes; elle invoque à son appui cette considération que le souscripteur ne peut être réputé avoir d'avance consenti à sa ruine : mais il n'a consenti qu'à une chose, c'est à vérifier soigneusement les listes de tirage.

Cette stipulation résulte également de ce qu'en touchant les intérêts, le porteur affirme que son titre n'est pas amorti ou s'engage à en restituer les intérêts au cas d'amortissement. Cela a été formellement reconnu dans les travaux préparatoires de la loi du 1er août 1893 [3] et cela n'est pas douteux [4], sauf dans l'opinion qui considère comme nulles toutes les conventions par lesquelles le porteur renonce à garder les intérêts du titre amorti [5].

930. Toutefois, s'il est établi que le débiteur connaissait l'amortissement du titre, la continuation du service des intérêts peut être considérée comme une renonciation au droit d'invoquer l'amortissement [6].

931. Le porteur du titre a un recours contre son vendeur (ou son agent de change), si l'amortissement était antérieur à son acquisition [7].

932. On réclamait vivement une modification de la législation sur les points qui viennent d'être discutés [8].

(1) Nancy, 28 oct. 1890, S., 91. 2. 11, D., 91. 2. 365.

(2) Chavegrin, *Note*, S., 91. 1. 20, § 1.

(3) Falcimaigne, discours précité.

(4) Cass. civ., 13 mai 1889, précité (impl.). — Cass. civ., 14 janv. 1890, précité (motifs). — Trib. com. Seine, 14 avril 1886, *Droit*, 30 avril 1886.

(5) Trib. com. Nantes, 7 fév. 1885 sous Cass. civ., 13 mai 1889, précité. — Chavegrin, *Note*, S., 91. 1. 20, § 1.

(6) Trib. civ. Seine, 15 mai 1885, *Gaz. Trib.*, 2 juin 1885.

(7) Paris, 2 janv. 1890, *Droit*, 6 fév. 1890. — Paris, 19 juil. 1890, *Droit*, 28 août 1890. — Chavegrin, *Note*, S., 91. 1. 17, § 1.

(8) Vœu de la Chambre de commerce de Paris, *Journ. des soc.*, 1888, p. 256. — Projet de l'Union des banquiers des départements, 9 déc. 1887. — Résolution du Congrès international des sociétés par actions, août 1889, compte-rendu sténogr.

Cette réforme a été partiellement réalisée par l'art. 70 qu'a ajouté la loi du 1er août 1893 à celle du 24 juillet 1867 : « *Dans les cas où les sociétés ont continué à payer les intérêts ou dividendes des actions, obligations ou tous autres titres remboursables par suite d'un tirage au sort, elles ne peuvent répéter ces sommes lorsque le titre est présenté au remboursement* ».

Comme on l'a fait remarquer au sénat [1], cette disposition manque son but. En effet, par cela même que l'art. 70 n'interdit pas la stipulation contraire, il est permis aux sociétés de stipuler que le créancier renonce à la disposition de la loi [2]. Or cette clause est, et surtout deviendra de style.

D'un autre côté, la loi se restreint, comme le montre son objet, qui est de modifier la loi de 1867 sur les sociétés commerciales, aux sociétés commerciales ou à forme commerciale.

933. On paraît considérer comme évident que, dans toutes les opinions, le droit, pour le débiteur, de répéter les intérêts perçus est subordonné à une publication, faite conformément aux usages du commerce, des titres amortis [3]. En effet, dans le cas contraire, la société, qui était en mesure de faire part de l'amortissement aux porteurs de titres, a commis une faute en s'abstenant de le faire.

IX. *Sanctions de l'obligation de payer les intérêts.*

934. La sanction de l'obligation de payer les intérêts est dans le droit qui appartient au créancier de faire courir les intérêts de ces intérêts dans les conditions fixées par l'art. 1154 C. civ.

935. Le défaut de paiement des intérêts permet-il au créancier de réclamer la restitution du capital? Cette réclamation

des délib. du congrès, p. 250 s. et 317. — Paul Leroy-Beaulieu, *Econ. franç.*, 7 sept. 1887; Vavasseur, *Econ. franç.*, 16 nov. 1889 et *Rev. des soc.*, 1889, p. 471; Deloison, *Tr. des val. mob.*, p. 295; Buchère, *Loi*, 21 juin 1890; Chavegrin, *Note*, S., 91. 1. 21.

(1) Falcimaigne, discours précité.

(2) Falcimaigne, discours précité.

(3) Chavegrin, *Note*, S., 91. 1. 18, § 1.

constituerait une demande en résolution de la convention. La question revient donc à savoir si les contrats unilatéraux (le prêt, même à intérêt, est dans l'esprit du code un contrat unilatéral) [1] peuvent être résolues pour inexécution des conditions. Ceux qui admettent l'affirmative permettent au créancier, non payé des intérêts, de réclamer la restitution du capital [2]. Les autres sont d'avis contraire [3].

S'il s'agit d'obligations et si le capital peut être répété, on peut demander aussi une fraction de la prime de remboursement, calculée de la manière indiquée plus haut [4].

Il est, en tout cas, certain que le droit du débiteur au remboursement du capital peut être stipulé [5].

X. *Des intérêts du prêt en droit international.*

936. La question de savoir si le prêt porte intérêt et quel est le montant maximum des intérêts, abstraction faite du point de savoir si les tribunaux peuvent appliquer une loi admettant un maximum supérieur au maximum fixé par leur propre législation, est tranchée par la loi qui règle les effets de l'obligation [6], car la stipulation des intérêts concerne une des conséquences du contrat.

(1) V. *supra*, n. 738.

(2) Trib. civ. Seine, 26 janv. 1893, *Gaz. Pal.*, 93. 1. 168 (obligations émises par une société). — Bruxelles, 21 déc. 1853, *Pasicr.*, 54. 2. 279. — Aubry et Rau, IV, p. 602, § 396, note 9; Guillouard, n. 140.

(3) Cass. Rome, 13 juillet 1892, D., 94. 2. 291. — Laurent, XXVI, n. 521.

(4) Trib. civ. Seine, 26 janv. 1893, précité. — V. *supra*, n. 760 s.

(5) Trib. civ. Toulouse, 28 fév. 1888, *Gaz. Trib. Midi*, 22 avril 1888. — Trib. civ. Toulouse, 9 mai 1891, *Gaz. Trib. Midi*, 7 juin 1891.

(6) Weiss, *Note, Pand. franç.*, 95. 5. 1; Guillouard, n. 143; Burge, *Comment. on colonial and foreign laws*, cité par Fœlix, *Rev. étrang. et franç. de législ.*, VI, 1839, p. 735; Albéric Rolin, *Princ. du dr. int. privé*, III, n. 1348 s.; Von Bar, *Th. und Praxis des internationalen Privatrechts*, 2e éd., Hanovre, 1889, II, p. 56, n. 264. — Cet auteur, dans l'application de son principe, part de l'idée que les intérêts peuvent être considérés soit comme une compensation des gains que le créancier aurait pu faire par un autre emploi donné à l'argent prêté, soit comme un fruit que produit le capital au lieu où il est employé; la première idée, selon lui, conduit à appliquer la loi du domicile du créancier ou, si le créancier n'aurait pas employé l'argent dans ce lieu, la loi du lieu où il l'aurait employé; la seconde commande de se référer à la loi du domicile du débiteur ou plus exactement à celle du lieu où le débiteur a fait fructifier la somme prêtée, « car c'est par le travail et les ressources du débiteur que la somme prêtée produit des fruits ». Si le prêt est fait

Il s'agit donc de la loi du lieu où le contrat est passé ([1]); c'étaitdéjà la solution en droit romain ([2]).

On arrive à la même solution en disant que les lois restrictives du taux de l'intérêt sont des lois de police ([3]); mais nous pensons qu'on donne ainsi une interprétation trop large de cette dernière expression.

937. Certains auteurs, tout en appliquant la loi du pays où le contrat est passé, décident que si l'argent est versé par le prêteur dans un autre pays, c'est la loi de ce pays qui fixe le taux de l'intérêt ([4]). On invoque en ce sens une loi romaine qui n'est pas probante ([5]), l'intention des parties qu'il est difficile cependant de rechercher et l'idée fausse que le taux de l'intérêt est déterminé par la situation économique du pays où les fonds sont versés.

Cela revient à dire que, d'une manière absolue, la loi du lieu de versement des fonds détermine le taux de l'intérêt, puisque la loi du contrat n'est appliquée par cette opinion que dans le cas où les fonds y sont versés.

C'était l'opinion de Dumoulin ([6]), et c'est encore celle de la jurisprudence ([7]).

pour tant de temps, on doit accepter le premier point de vue; s'il est fait *pour une longue durée*, on doit s'en tenir au second, parce que dans le premier cas le prêt est une exception à la règle que le prêteur jouit de son argent à son domicile et que dans le second cas le créancier songe avant tout à utiliser le travail et les ressources du débiteur.

([1]) Lyon, 3 août 1876, *Journ. dr. int.*, IV, 1877, p. 356. — Alger, 7 déc. 1892, *Journ. jurispr. Alger*, 1893, p. 85, *Journ. dr. int.*, XX, 1893, p. 541. — Trib. civ. Melun, 18 juin 1874, *Journ. dr. int.*, II, 1875, p. 353. — Trib. civ. Seine, 12 mai 1885, *Journ. dr. int.*, XII, 1885, p. 305. — Trib. civ. Seine, 14 nov. 1890, *Journ. dr. int.*, XIX, 1892, p. 987. — Trib. civ. Besançon, 23 janv. 1890, *Journ. dr. int.*, XIX, 1892, p. 1031. — Trib. civ. Seine, 5 déc. 1895, *Pand. franç.*, 96. 5. 1. — Trib. consul. France à Constantinople, 5 mars 1893, *Journ. dr. int.*, XX, 1893, p. 615. — Trib. civ. Seine, 21 mars 1894, *Journ. dr. int.*, XXI, 1894, p. 541. — C. supr. Ohio, *Journ. dr. int.*, III, 1876, p. 205. — C. supr. Nébraska, 20 mars 1883, *Journ. dr. int.*, XI, 1884, p. 533. — Burge, *loc. cit.*; Weiss, *loc. cit.*; Guillouard, *loc. cit.*

([2]) L. 1 pr. D., *De usur.*, 22. 1.

([3]) Beudant, *Cours de dr. civ.*, *Introd.*, n. 153.

([4]) Guillouard, n. 142; Cabouat, *Ann. dr. comm.*, IV, 1890, *Jurispr.*, p. 132.

([5]) L. 3, D., *De bon. auct. jud. possid.*, 42. 5 (cette loi dit seulement qu'un contrat est réputé se former là où le prix doit en être payé).

([6]) *Comm. ad Cod.*, I. 1. 3.

([7]) Cass., 21 déc. 1874, S., 75. 1. 78, D., 76. 1. 107. — Grenoble, 11 juil. 1872,

938. La nationalité du prêteur n'est d'aucune importance Mais si les deux parties appartiennent à la même nationalité, la question est réglée par leur loi nationale, puisqu'on admet en général que cette loi régit alors les effets du contrat [1].

Le lieu où le remboursement doit s'effectuer n'importe pas davantage [2].

Nous en dirons autant de la loi du domicile du débiteur [3].

La loi du domicile du prêteur, qui a été également proposée [4], n'a pas plus d'influence sur la question.

939. Il n'appartient pas aux parties de décider que le taux maximum sera fixé par une autre loi, telle que celle de la résidence de l'emprunteur [5].

Aussi est-il évident que, la fraude faisant exception à toutes les règles, les personnes qui, pour pouvoir convenir d'un intérêt supérieur à celui du pays où elles s'accordent, vont dresser l'acte dans un pays étranger, sont, au point de vue du maximum de l'intérêt, régies par les lois du premier de ces pays [6].

940. Certains appliquent la loi du lieu où le capital doit être employé [7].

Journ. dr. int., I, 1874, p. 128. — D., 76. 2. 236. — Fiore, *Dr. int. privé*, n. 262; Guillouard, n. 142.

[1] Ballot, *Rev. dr. fr. et étr.*, VI, 1849, p. 805; Weiss, *loc. cit.* — V. cep. Alger, 7 déc. 1892, précité (si deux Musulmans font constater leur accord par un juge de paix, l'obligation produit des intérêts, quoique la loi musulmane interdise le prêt à intérêt).

[2] Cpr. Nebraska, 20 mars 1883, précité. — *Contra* C. circuit Orégon, 9 août 1886, *Journ. dr. int.*, XVI, 1889, p. 501. — P. Voët, *De statut. eorumq. concursu* (Amsterdam, 1661), ch. II, § 9, n. 12; Christinaeus, *Practica quæstionum* (Anvers, 1661), I, déc. 1883, n. 12 et 13; Everhardus, *Consilia* (*Augustæ Vindelis*, 1603), cons. 78, n. 24 s.; Burgundus, *Ad consuet. Fland. tractatus* (1670), IV, n. 10. — Cpr. n. 29; Boullenois, *Tr. de la personn. et de la réalité des lois* (Paris, 1766), II, p. 472; Fœlix, I, n. 109; Burge, *Comment. on colonial and foreign laws*, III, p. 774, § 304 *e*; Story, *Comment. on internal. law*, 5e éd. (Berlin, 1857), §§ 298 s.

[3] Rouen, 12 juill. 1889, *Journ. dr. int.*, XVII, 1890, p. 123, *Gaz. Pal.*, 89. 2. 455. — *Contra* Thoel, *Einleitung in das d. Privatrecht* (Gœttingue, 1851), § 85, note 4; Brocher, II, n. 145; Fiore, n. 264.

[4] Trib. sup. Monaco, 22 mai 1891, *Journ. dr. int.*, XVIII, 1891, p. 1263 (motifs).

[5] *Contra* C. supr. Ohio, janv. 1883, *Journ. dr. int.*, XI, 1884, p. 534. — C. de circuit Nebraska, janv. 1881, *Journ. dr. int.*, X, 1883, p. 416, et autres décisions citées *Journ. dr. int.*, *loc. cit.*, p. 417.

[6] Bastia, 19 mars 1866, S., 66. 2. 255, D., 66. 2. 222. — Voët, *Pand.*, § 6, liv. XXII, tit. 1; Fiore, n. 264; Guillouard, n. 143 *bis*.

[7] De Bar, *op. cit.*, II, p. 61 s. n. 265 et 266. Cet auteur reproduit les distinc-

On a aussi appliqué le domicile du créancier, mais avec la faculté pour le créancier de se soumettre à une autre loi [1].

941. Beaucoup d'auteurs pensent que les tribunaux n'ont droit, en aucune hypothèse, d'admettre la légitimité d'intérêts supérieurs au taux maximum fixé par leur propre loi [2]. Ils se fondent sur l'ordre public.

Nous sommes d'avis contraire. La limitation du taux de l'intérêt n'est que d'ordre public interne; car on ne peut considérer comme appartenant à l'ordre public au point de vue absolu une règle combattue par la majorité des économistes et inconnue dans les colonies françaises.

Aussi les tribunaux français doivent-ils consacrer en matière civile la stipulation faite à l'étranger d'intérêts supérieurs à 5 p. 100 [3].

tions que nous avons indiquées, *supra*, p. 476, note 6. — En général donc, il applique la loi du domicile du débiteur. Cependant, s'il s'agit d'un prêt hypothécaire, il applique la loi du lieu de situation de l'immeuble hypothéqué, à moins que l'hypothèque n'ait joué dans l'intention des parties qu'un rôle accessoire. — Le taux des intérêts d'un capital prêté pour soutenir une entreprise est réglé par la loi du lieu de cette entreprise. — Chausse, *Rev. crit.*, XV, 1886, p. 693.

(1) Bouhier, *Cout. de Bourgogne*, ch. XXI, n. 194 et 195.

(2) Trib. sup. com. allemand (motifs), *Entsch.*, I, n. 30, p. 61. — Trib. d'appel Celle, 16 sept. 1852, Seuffert, *Archiv*, VIII, n. 1. — Demangeat sur Fœlix, I, p. 232, note *a*; Laurent, *Le dr. civ. intern.*, VIII, n. 201 s.; Savigny, *Tr. de dr. romain*, VIII, § 375 (trad. Guenoux), p. 273; Stobbe, *Handbuch des d. Privatrechts* (2e éd., 1882), I, § 31, note 8; Bertauld, *Quest. prat. et doctr. sur le C. civ.*, I, p. 49 s.; Audinet, *Dr. int. privé*, n. 400; Weiss, *Précis de dr. int. privé*, p. 639 et *Note, Pand. franç.*, 96. 5. 1.

(3) Cass., 10 juin 1857, S., 59. 1. 751, D., 59. 1. 194. — Turin, 28 flor. an XIII, S. chr. — Bordeaux, 26 janv. 1831, S., 31. 2. 178. — Bourges, 6 mars 1860, S., 60. 2. 621. — Bordeaux, 22 août 1865, S., 66. 2. 217, D., 66. 2. 223. — Bastia, 19 mars 1866, S., 66. 2. 255, D., 66. 2. 222. — Chambéry, 12 fév. 1869, S., 70. 2. 9, D., 71. 2. 118. — Lyon, 3 août 1876, *Journ. dr. int.*, IV, 1877, p. 356. — Trib. civ. Seine, 14 nov. 1889, *Droit*, 22 nov. 1889. — Chambéry, 6 juin 1890, *Journ. dr. int.*, XVIII, 1891, p. 567, *Rec. Chambéry*, 90. 209. — Lyon, 18 nov. 1887, *Mon. jud. Lyon*, 23 août 1888. — Trib. civ. Seine, 12 mai 1885, *Journ. dr. int.*, XII, 1885, p. 305. — Trib. com. Havre, 7 fév. 1887, *Rev. dr. int. dr. marit.*, 1886-87, p. 687. — Trib. civ. Seine, 14 nov. 1890, *Journ. dr. int.*, XIX, 1892, p. 987. — Trib. civ. Seine, 21 mars 1894, *Journ. dr. int.*, XXI, 1894, p. 541. — Trib. civ. Seine, 5 déc. 1895, *Pand. franç.*, 96. 5. 1. — Troplong, n. 359; Fœlix, I, p. 251; Pont, I, n. 270; Aubry et Rau, IV, p. 607, § 396, note 27; Brocher, II, p. 248; Fiore, n. 264; Despagnet, *Précis de dr. int.* p. 493; Surville et Arthuys, *ibid.*, p. 247; Guillouard, n. 143; Chausse, *Rev. crit.*, XV, 1886, p. 693; Cabouat, *Ann. dr. comm.*, IV, 1890, *Jurispr.*, p. 130. — En Autriche, la loi du 17 janv. 1787 porte que les intérêts valablement stipulés d'après la loi

On croit, en faveur de l'opinion contraire, trouver un argument dans les lois qui considèrent l'usure comme un délit; cet argument se réduit à une pétition de principe, car il faudrait démontrer que la législation entend traiter comme usuraires les intérêts supérieurs au maximum fixé par la loi française qui sont stipulés dans un pays étranger.

942. Certains auteurs, qui ne regardent la fixation d'un maximum que comme une règle d'ordre public interne, décident cependant que la prohibition du prêt à intérêt est d'ordre public international, et interdisent, en conséquence, aux tribunaux d'un pays où le prêt à intérêt serait prohibé d'appliquer une loi étrangère contraire [1]. Mais cette distinction nous paraît manquer de logique.

943. Les intérêts moratoires qui peuvent être dus en cas de non paiement des arrérages sont, comme les intérêts conventionnels, régis par la loi du contrat [2], car ils sont la suite du contrat; la demande en justice n'est que l'occasion des intérêts moratoires et le titre de ces intérêts est dans la convention.

944. Aussi faut-il rejeter l'opinion qui applique la loi au lieu où l'action en justice est intentée, sous le prétexte que ces intérêts sont dus en vertu de la loi dans le ressort de laquelle l'action est intentée [3].

945. En tout cas, si l'acte fixe le taux des intérêts « jusqu'au remboursement », on décide que les intérêts moratoires seront dus au même taux, pourvu que les intérêts fixés par la convention ne dépassent pas la limite fixée par la loi du lieu où le contrat est passé, car alors les intérêts moratoires sont la suite des intérêts conventionnels [4].

946. La forme de la stipulation de l'intérêt est réglée par

du lieu où le contrat s'est formé peuvent être réclamés en Autriche. — V. Unger, *Syst. des œster. allgem. Privatrechts*, I, Vienne, 1853, p. 188.

(1) Guillouard, n. 143.

(2) Cass., 10 juin 1857, S., 59. 1. 751, D., 59. 1. 194. — Bastia, 19 mars 1866, S., 66. 2. 255, D., 66. 2. 222. — Aubry et Rau, IV, p. 607, § 396, note 28; Guillouard, n. 144.

(3) Aix, 14 janv. 1825, S. chr. — Bordeaux, 22 août 1865, S., 66. 2. 217, D., 66. 2. 223. — Pont, I, n. 271.

(4) Pont, I, n. 271; Guillouard, n. 144.

la loi du pays où cette stipulation est faite; ainsi l'intérêt peut être conclu verbalement même entre Français dans un pays où cela est légal ([1]).

SECTION VIII

DE LA RENTE PERPÉTUELLE OU CONSTITUÉE

§ I. *Historique.*

947. Nous avons déjà dit ([2]) que le contrat de constitution de rente fut imaginé, dans notre ancien droit, pour éluder la prohibition du prêt à intérêt ([3]). Le prêteur transmettait à l'emprunteur la propriété d'un capital dont il s'interdisait le droit de jamais exiger le remboursement; en échange, l'emprunteur s'obligeait à payer une rente perpétuelle. Cette opération, disait-on, ne constitue pas un prêt, mais bien une vente : la chose vendue, c'est la rente et le capital versé par le crédi-rentier en est le prix ([4]).

948. On rencontre la trace du contrat de constitution de rente perpétuelle dans le droit romain ([5]).

A Rome, on n'appliquait pas aux constitutions de rentes perpétuelles les règles du prêt à intérêt. Ainsi Justinien ([6]) décida que la règle d'après laquelle le cours des intérêts cessait, dans le prêt, lorsqu'ils auraient atteint le principal, ne s'appliquerait pas aux rentes perpétuelles, où la prestation stipulée était plus un revenu périodique *(annuus reditus)* qu'un intérêt.

949. Pothier dit que les discussions sur la légitimité de la constitution de rente perpétuelle commencèrent au XIIIe siècle, d'où il conclut qu'elle était rare avant cette époque ([7]).

([1]) Bourges, 6 mars 1860, S., 60. 2. 621. — Bordeaux, 22 août 1865, S., 66. 2. 217, D., 66. 2. 223. — Trib. civ. Melun, 18 juin 1874, *Journ. dr. int.*, II, 1875, p. 355 (Californie). — Albéric Rolin, III, n. 1351; Brocher, II, p. 256.

([2]) V. *supra*, n. 816. — V. *infra*, n. 949.

([3]) Pothier, *Du contrat de constit. de rente*, n. 5; Argou, liv. III, ch. XXVI, II, p. 266.

([4]) Pothier, *loc. cit.*; Argou, *loc. cit.*

([5]) Nov. 160. — V. Dumoulin, *De usur.*, quest. 37.

([6]) Nov. 160.

([7]) N. 3.

En tous cas, cette validité fut reconnue sans grande difficulté [1].

Le droit canon lui-même permettait l'intérêt dans la constitution de rente [2].

Mais, comme la rente perpétuelle avait été pratiquée pour tourner les règles limitatives du taux de l'intérêt, des dispositions législatives, dans le but d'éviter cet abus, fixèrent un maximum que les arrérages de la rente perpétuelle ne purent dépasser [3]. Les auteurs admirent même que, de plein droit, la restriction du taux de l'intérêt s'appliquait aux arrérages de rentes [4].

Les ordonnances qui temporairement, pour les besoins de l'Etat, levaient un impôt sur les revenus, permettaient aux débiteurs des rentes constituées de retenir sur les arrérages des rentes l'impôt afférent à ces rentes, par la raison que les rentes procuraient aux créanciers un revenu imposable et diminuaient l'actif du débiteur [5]. La loi du 3 sept. 1807 fait allusion à cette règle.

950. La constitution de rente est devenue rare dans notre droit actuel, où elle n'a pas la même raison d'être que sous notre ancien droit, puisque le prêt à intérêt n'est plus pro-

[1] Pothier, *loc. cit.;* Argou, liv. III, ch. XXVI, II, p. 266. — D'après Argou, *loc. cit.*, une opinion soutenue dans les débuts subordonnait la validité de la constitution de rente à la condition que le débi-rentier eût des immeubles et en affectât les fruits au paiement, parce que dans ce cas seul il y avait moins prêt à intérêt que vente de fruits.

[2] C. 1 et 2, *Extr. comm. de empt. et vend.*, 3. 5. — 1424, Martin V. — 1455, Calixte III.

[3] Anc. Cout. d'Orléans, 1509, art. 379 (maximum du denier 10). — Mars 1567, édit de Charles IX (denier 12 au maximum). — Juillet 1601, édit de Henri IV (le maximum du taux des rentes constituées est du denier 16, excepté entre marchands fréquentant les foires de Lyon et pour cause de marchandises). — Mars 1634, ord. de Louis XIII (maximum du taux des rentes porté au denier 18, toujours avec la même exception). — Déc. 1665, ord. de Louis XIV (maximum porté au denier 20, toujours avec la même exception). — 1720, édit réduisant le maximum du taux au denier 50; cet édit ne fut pas enregistré. — Juin 1724 (maximum fixé au denier 30). — Juin 1725 (maximum fixé au denier 20). — On voit qu'il est inexact d'affirmer, avec certains auteurs (Guillouard, n. 174), que les arrérages de rentes perpétuelles pouvaient être fixés librement.

[4] Dumoulin, *De usur.*, quest. 30; Argou, *loc. cit.*, p. 267. — Pothier, auquel on a imputé la doctrine contraire (n. 5 et 43), dit, au contraire, formellement (n. 10) que les rentes ne peuvent être constituées qu'au denier 20 (5 p. 100) au plus.

[5] Pothier, n. 125.

hibé. Seul à peu près, l'Etat emprunte aujourd'hui sous cette forme, qui lui offre l'avantage de ne pas se mettre à la discrétion des prêteurs, et de rembourser le capital avancé quand il lui convient, tout en permettant à ceux-ci de rentrer facilement dans leurs fonds, quand ils le veulent, par le moyen d'une vente faite à la Bourse.

§ II. *Diverses sortes de rentes constituées. Nature de la constitution de rente.*

951. La rente constituée peut être perpétuelle ou viagère : « *Cette rente peut être constituée de deux manières, en per-* » *pétuel ou en viager* », dit l'art. 1910. Si elle était constituée pour une durée déterminée, pour vingt ans par exemple, on tomberait dans l'hypothèse du prêt à intérêt; car le capital serait exigible de la part du créancier à l'expiration du délai fixé. — Le législateur ne s'occupe ici, et nous ne nous occuperons avec lui, que de la rente constituée en perpétuel. « *Les* » *règles concernant les rentes viagères sont établies au titre* » Des contrats aléatoires », dit l'art. 1914.

On peut considérer comme des *rentes constituées* les *rentes foncières*, qui consistent dans une prestation perpétuelle stipulée en vertu d'un bail à rente, c'est-à-dire comme prix de l'aliénation d'un immeuble; dans l'ancien droit, où le fonds aliéné était hypothéqué de plein droit en garantie du paiement de la rente, la rente foncière n'avait aucun rapport avec la rente perpétuelle ordinaire, équipollente au prêt; elle constituait une charge réelle due par l'immeuble seul et n'était pas rachetable.

Les rentes foncières sont aujourd'hui meubles (art. 529) et rachetables (art. 530). Elles n'ont qu'un caractère différent de la rente perpétuelle, c'est qu'elles ne sont pas soumises aux lois qui limitent le taux de l'intérêt, et encore ceci tient-il non pas à leur nature, mais à ce qu'elles constituent un prix de vente et que le prix de vente échappe aux lois limitatives du taux de l'intérêt.

Au surplus, l'étude de la rente foncière rentre dans le commentaire du titre *de la distinction des biens*.

952. Le code civil considère la constitution de rente comme un prêt à intérêt. C'est ce qui résulte, non seulement de la place qu'occupe l'art. 1909 (au chapitre *Du prêt à interêt*), mais aussi de ses termes : « *On peut stipuler un intérêt* » *moyennant un capital que le prêteur s'interdit d'exiger.* — » *Dans ce cas, le prêt prend le nom de* constitution de rente ».

Au contraire Pothier définissait la constitution de rente : « un contrat par lequel l'un des contractants vend à l'autre une rente annuelle et perpétuelle, dont il se constitue le débiteur pour un prix..... » ([1]).

Si Pothier voulait dire que la rente est une vente ([2]), c'est à la conception du code qu'il faut donner la préférence ([3]) ; car la constitution de rente consiste à acheter un capital moyennant : 1° des intérêts annuels ; 2° la restitution ultérieure (à une époque fixée par la volonté du seul débiteur des arrérages, mais cela importe peu) du capital. Or ce sont les traits caractéristiques du prêt à intérêt.

953. D'autre part il existe entre la constitution de rente et la vente deux différences capitales : 1° la constitution de rente est un contrat réel et unilatéral, Pothier lui-même le reconnaît, tandis que la vente est un contrat consensuel et bilatéral ; 2° les deux prestations qui font l'objet de la constitution de rente consistent en une somme d'argent, tandis que, dans la vente, la prestation fournie par l'acheteur est la seule qui ait pour objet une somme d'argent.

954. L'assimilation faite par la loi entre la rente perpétuelle et le prêt a des effets importants au point de vue civil, notamment, comme nous le verrons, en ce qui concerne le taux maximum des arrérages.

Cette assimilation produit également des effets au point de vue fiscal. Ainsi la loi du 29 juin 1872 frappe de la taxe sur le revenu les emprunts contractés par les sociétés, villes, etc. Les rentes perpétuelles que ces divers assujettis s'engagent à payer en échange d'une avance qui leur est faite sont soumises à l'impôt ([4]).

([1]) N. 1.
([2]) Guillouard, n. 175.
([3]) Guillouard, n. 175. — V. cep. Troplong, n. 421 s.
([4]) Cass., 28 août 1882 (impl.), S., 83. 1. 184. — Cass. req., 25 avril 1892 (impl.), S., 92. 1. 529. — Wahl, *Note*, S., 92. 1. 529.

955. Dans l'ancien droit la rente constituée était réputée immeuble à cause de sa perpétuité, qui paraissait en faire ressembler les arrérages aux revenus également perpétuels d'un immeuble [1].

Il va sans dire qu'aujourd'hui les rentes perpétuelles sont meubles [2]; elles portent, en effet, sur des arrérages en argent ou en denrées, c'est-à-dire sur des objets mobiliers.

Il en est ainsi même si la rente est garantie par une hypothèque [3].

956. Comme les intérêts d'un prêt, la rente peut être stipulée en échange non pas seulement d'une somme d'argent, mais aussi de choses fongibles [4].

957. Les juges peuvent attribuer le caractère de rente perpétuelle à la clause d'un acte de prêt portant que l'emprunteur remboursera « à sa volonté» ou « quand il le voudra » [5]. Mais cette clause peut avoir également d'autres significations, lesquelles sont compatibles avec le caractère du prêt [6].

§ III. *Forme et preuve du contrat.*

958. On décide que la renonciation du crédi-rentier au remboursement du capital aliéné, laquelle est le caractère distinctif de la constitution de rente, n'est soumise à aucune formule obligatoire [7], ni même à une expression formelle de volonté; elle pourrait donc être implicite [8].

Nous admettons cette solution pour la convention qui, postérieurement à un contrat de prêt, porterait renonciation ou remboursement du capital et transformerait ainsi le prêt en constitution de rente.

Mais si (ce qui est l'hypothèse la plus commune) les par-

(1) Guy Coquille, *Coul. de Nivernais, Titre des rentes et hyp.*, n. 9; Pothier, n. 112.

(2) Troplong, n. 447; Guillouard, n. 179.

(3) Troplong, *loc. cit.*; Guillouard, *loc. cit.*

(4) Guillouard, n. 175.

(5) Cass., 31 déc. 1834, S., 35. 1. 525, D. *Rép.*, v° *Rentes constituées*, n. 26. — Paris, 14 prairial an XIII, S. chr. — Guillouard, n. 177.

(6) V. *supra*, n. 768 s.

(7) Guillouard, n. 177 et 184.

(8) Guillouard, n. 177.

tiers, lors de l'avance des fonds, stipulent immédiatement que le capital ne sera pas remboursable, et font ainsi un contrat de constitution de rente, ce contrat doit être, suivant nous, rédigé par écrit; car il n'est autre chose, suivant l'art. 1909, qu'un prêt à intérêt dont le remboursement ne peut être exigé, et nous savons que les intérêts dans le prêt doivent être stipulés par écrit [1].

959. La preuve qu'une rente a été stipulée se fait conformément au droit commun [2], sauf la restriction qui vient d'être indiquée.

960. Le fait d'avoir reçu pendant trente ans les arrérages d'une rente perpétuelle ne prouve pas qu'on est titulaire de cette rente et ne permet pas d'exiger les arrérages pour l'avenir [3]. Une acquisition de ce genre ne pourrait être qu'une prescription; or, si l'art. 2262, qu'on oppose en sens contraire, fait dériver du laps de trente ans la prescription, il ne concerne que la prescription libératoire et la prescription acquisitive de la propriété, non pas la prescription acquisitive des droits personnels; aussi admet-on sans controverse que les créances — et il ne s'agit ici que d'une créance — ne peuvent être acquises par une possession si longue qu'elle soit. L'opinion contraire de Dumoulin [4] et de Pothier [5] ne peut donc être invoquée; peut-être se justifiait-elle dans l'ancien droit où les rentes étaient assimilées à des immeubles.

Mais il y a lieu, par application de l'art. 1337 al. 3 C. civ., de décider que, « s'il y avait plusieurs reconnaissances conformes, soutenues de la possession, et dont l'une eût trente ans de date, le créancier pourrait être dispensé de représenter le titre primordial » [6].

(1) Laurent, XXVII, n. 8; Guillouard, n. 187.
(2) Guillouard, n. 184.
(3) Duranton, XXI, n. 90; Duvergier, V, n. 102, note; Pont, I, n. 334; Laurent, XXVII, n. 9; Guillouard, n. 184. — *Contra* Merlin, *Rép.*, v° *Prescr.*, sect. 3, § 2, art. 1 et *Quest.*, v° *Rente*, § 2, n. 4; Toullier, IX, n. 100; Troplong, n. 451.
(4) Cité par Pothier.
(5) N. 158.
(6) Trib. civ. Beauvais, 23 fév. 1893, *Gaz. des Trib.*, 25 avril 1893.

§ IV. *Obligations de l'emprunteur ou débi-rentier.*

I. *Paiement des intérêts.*

961. Les obligations du débi-rentier sont, en dehors de celle du remboursement, — encore verrons-nous que le remboursement ne peut être exigé que dans des hypothèses déterminées [1], — les mêmes que celles de l'emprunteur à intérêt; il doit notamment servir au crédi-rentier ou prêteur les intérêts promis.

A. *Montant et divisibilité des intérêts.*

962. Comme dans l'ancien droit, la rente perpétuelle est soumise aux lois limitatives du taux de l'intérêt [2]. Cela est certain, puisque la loi considère la constitution de rente comme une variété du prêt à intérêt.

963. Toutefois, la limitation du taux de l'intérêt ne s'applique pas à la rente dont le capital consiste en autre chose que de l'argent. Nous renvoyons sur ce point à la démonstration que nous avons faite à propos du prêt à intérêt [3].

Mais si le capital consiste en argent, la limitation s'applique même alors que les arrérages sont payables en denrées [4], car la loi soumet d'une manière générale à la limitation tous les prêts en argent, sans distinguer suivant le mode de paiement des arrérages, et la rente perpétuelle constituée moyennant un capital en numéraire n'est autre chose qu'un prêt en numéraire. Du reste, l'opinion contraire rendrait la fraude trop facile, car, les denrées étant faciles à vendre, ce serait un procédé très simple que de stipuler, pour échapper à la limitation du prêt à intérêt, des arrérages payables en nature.

(1) V. *infra*, n. 988 s.

(2) Cass., 26 août 1846, S., 47. 1. 113, D., 46. 1. 357. — Duranton, XVII, n. 603; Troplong, n. 446; Duvergier, n. 326 s.; Pont, I, n. 328; Aubry et Rau, IV, p. 608, § 396, note 31 et p. 614, § 398, note 3; Laurent, XXVII, n. 7; Colmet de Santerre, VIII, n. 120 *bis*, I s.; Guillouard, n. 153 et 180.

(3) V. *supra*, n. 828.

(4) Cass., 26 août 1846, S., 47. 1. 113, D., 46. 1. 357. — Troplong, n. 393; Aubry et Rau, IV, p. 615, § 398, note 4; Laurent, XXVII, n. 7; Guillouard, n. 181.

964. Dans l'ancien droit, d'ailleurs, on partait de cette idée, puisqu'on allait jusqu'à interdire la stipulation que les arrérages seraient payables en denrées, par la raison qu'il était impossible d'affirmer d'avance qu'un jour donné la valeur des fruits ne dépasserait pas le taux légal de l'intérêt (¹). Il est inutile de dire que cette solution n'est plus exacte aujourd'hui.

965. Pour savoir si le maximum légal de l'intérêt se trouve dépassé, les denrées doivent être estimées d'après les mercuriales (²).

Mais elles doivent être estimées au jour du prêt et non au jour où les arrérages sont payables; car c'est au moment du prêt qu'on doit rechercher si les parties ont voulu faire ou non un prêt usuraire.

966. Une ordonnance de novembre 1565 rendue sous le règne de Charles IX décida que les arrérages des rentes perpétuelles payables en blé seraient converties en argent au denier douze (³). Ce texte n'est pas applicable aux rentes constituées postérieurement au code civil : par cela même qu'il n'a pas été reproduit, il a été abrogé (⁴). Du reste, il résulte de ce qui précède (⁵) qu'il était déjà tombé en désuétude.

967. Si le débi-rentier meurt laissant plusieurs héritiers, chacun d'eux peut payer divisément sa part dans les arrérages (⁶), car les dettes d'argent sont divisibles; telle était la solution de Pothier (⁷).

Il va sans dire qu'à raison de l'indivisibilité de l'hypothèque, l'héritier détenteur d'un immeuble hypothéqué à la rente peut être tenu de payer la totalité des arrérages; c'est encore ce que disait Pothier (⁸).

(¹) Argou, *loc. cit.*, p. 268.
(²) Guillouard, n. 181.
(³) Isambert, *Rec. gén. des anciennes lois franç.*, XIV, p. 183.
(⁴) Troplong, n. 393; Guillouard, n. 182. — *Contra* Chardon, *Du dol et de la fraude*, III, n. 478.
(⁵) V. *supra*, n. 964.
(⁶) Troplong, n. 448; Laurent, XXVII, n. 13; Guillouard, n. 194.
(⁷) N. 120.
(⁸) *Loc. cit.*

B. *Forme de la stipulation d'intérêt.*

968. Nous avons dit que, comme les intérêts du prêt, les arrérages de la rente doivent être fixés par écrit [1].

C. *Lieux de paiement des intérêts.*

969. Les arrérages de la rente sont, comme les intérêts du prêt, payables au domicile du débiteur, c'est-à-dire quérables, conformément au principe général de l'art. 1247 [2]; c'est ce que disait déjà Pothier [3].

Mais le contraire peut être stipulé [4], et c'est encore ce que disait Pothier [5].

D. *Sanction de l'obligation de payer les intérêts.*

970. On a décidé que la constitution de rente peut être résolue pour inexécution des conditions, lorsque les intérêts ne sont pas payés [6]. Comme la rente constituée est juridiquement un prêt et par suite un contrat unilatéral, cette solution n'est exacte que si elle est vraie également du prêt à intérêt, c'est-à-dire si l'art. 1184 C. civ., qui pose le principe de la résolution pour cause d'inexécution des conditions, s'applique aux contrats unilatéraux; or, la question est discutée.

Une sanction plus certaine est le droit qu'a le crédi-rentier de faire courir les intérêts des intérêts [7].

971. Il y a même entre le prêt à intérêt et la constitution de rente perpétuelle une différence en ce qui concerne les intérêts que peuvent produire les intérêts. Car tandis que les intérêts d'un capital ne peuvent produire intérêts que s'ils sont dus pour une année entière, et en vertu d'une demande en justice ou d'une convention spéciale (C. civ., 1154), les arrérages de rente produisent intérêts sans autre condition qu'une demande en justice (C. civ., 1155).

(1) V. *supra*, n. 958.
(2) Grenoble, 19 juill. 1827, S. chr. — Rennes, 23 août 1879, S., 80. 2. 198, D., 81. 2. 158. — Troplong, n. 449; Guillouard, n. 177 *bis*.
(3) N. 124.
(4) Troplong, n. 449; Guillouard, *loc. cit.*
(5) *Loc. cit.*
(6) Trib. civ. Beauvais, 23 fév. 1893, *Gaz. Trib.*, 25 avril 1893.
(7) V. pour le prêt, *supra*, n. 935.

II. *Remboursement du capital.*

972. Quoique le débi-rentier ne soit pas tenu de déférer à la demande du créancier en remboursement du capital prêté, ce remboursement n'en doit pas moins être considéré comme rentrant dans ses obligations; car, d'une part, c'est une nécessité pour lui de rembourser le capital, s'il veut être déchargé pour l'avenir des intérêts, et, d'autre part, il y a des circonstances où le créancier peut exiger ce remboursement [1].

A. *Prescription de l'action en remboursement.*

973. Toutefois l'obligation du remboursement peut s'éteindre par la prescription, et c'est pour cette raison qu'au bout de 28 ans le crédi-rentier peut exiger un titre nouvel (C. civ. art. 2263).

La prescription est de 30 ans.

Elle court non pas du jour où les derniers arrérages ont été payés [2], mais du jour du titre [3].

B. *Rachat de la rente.*

a). *Caractère essentiel du droit de rachat. Clause contraire.*

974. Aux termes de l'art. 1911 al. 1 : « *La rente constituée* » *en perpétuel est essentiellement rachetable* ». C'est plutôt *remboursable* qu'il aurait fallu dire, puisque notre législation considère la constitution de rente comme un prêt [4]; le mot *rachetable,* emprunté à notre ancien droit, donne à entendre qu'elle est une vente.

La faculté, que la loi reconnaît au débi-rentier de rembourser le capital de la rente, est précisément une conséquence du principe que la constitution de rente est un prêt; car le prêt implique l'idée d'un remboursement. Ainsi, le prêteur ne peut jamais demander le remboursement du capital de la rente; il s'est *interdit* le droit de l'exiger : c'est la

[1] V. *infra,* n. 988 s.
[2] V. cep. Trib. civ. Beauvais, 23 fév. 1893, *Gaz. des Trib.*, 25 avril 1893.
[3] Baudry-Lacantinerie et Tissier, *Tr. de la prescription*, n. 382 (et les autorités citées) et 621.
[4] Guillouard, n. 186.

différence principale qui existe entre le prêt et la constitution de rente. L'emprunteur, au contraire, peut rembourser, et en principe il le peut quand il le juge à propos.

975. Le droit de rachat était, dans l'ancien droit, consacré au profit du débi-rentier par la plupart des coutumes [1]. Cependant, à l'origine, la rente n'était pas rachetable ; c'est à la faveur d'une bulle de 1570, due à Pie V, que la solution contraire s'introduisit dans les coutumes [2] et Loisel l'exprime ainsi : « Rentes constituées à deniers sont rachetables à toujours » [3]. Elle n'était pas d'accord avec le caractère de vente attribué à la constitution de rente dans l'ancien droit [4].

976. La rente est rachetable quelle que soit la qualité du crédi-rentier. Dans un avis interprétatif du 21 décembre 1808 ayant force de loi, le conseil d'Etat a décidé « que le remboursement des capitaux dus aux hospices, communes et fabriques et autres établissements dont les propriété sont administrées et régies sous la surveillance du gouvernement, peut toujours avoir lieu quand les débiteurs se présentent pour se libérer ».

977. La règle que la rente est essentiellement rachetable s'applique-t-elle aux rentes constituées à titre gratuit? Nous ne le pensons pas [5]. On ne peut tenir compte de l'art. 1911, qui, comme tous les articles voisins, est spécial aux rentes constituées moyennant un capital, et cet article fournit même à notre opinion un très sérieux argument *a contrario*. D'autre part, une obligation perpétuelle n'a rien d'illégal; les droits réels perpétuels sont seuls réprouvés par la législation.

978. La faculté de rachat est imprescriptible [6], d'abord par ce que les termes de l'art. 1911 le démontrent, ensuite parce qu'il s'agit là d'un acte de pure faculté (C. civ., 2232).

(1) Paris, art. 119. — Orléans, art. 268. — Bourbonnais, art. 418. — Nivernais, art. 9. — Troyes, art. 67. — V. Argou, *loc. cit.*

(2) Laurière sur Loisel, liv. IV, tit. I, *Des rentes.*

(3) Liv. IV, tit. I, règle 7.

(4) Laurent, XXVII, n. 10. — V. cep. Guillouard, n. 187.

(5) *Contra* Paris, 19 fév. 1884, D., 85. 2. 41 (cet arrêt n'a pas d'autorité, car il ne semble pas croire que la question soit discutable). — Trib. civ. Toulouse, 28 fév. 1875, *Droit,* 17 mars 1895, *Loi,* 19 mars 1895. — Guillouard, n. 205.

(6) Troplong, n. 435; Guillouard, n. 188.

979. Dans l'ancien droit, toute clause qui mettait un obstacle quelconque au droit de rachat pendant un certain temps était déclarée nulle, comme contredisant le caractère essentiellement rachetable de la vente (¹). On annulait également les clauses qui subordonnaient le rachat à un avertissement donné un certain temps à l'avance (²).

Le code a dérogé à cette règle, et c'est avec raison (³). On conçoit en effet que celui qui s'interdit à tout jamais le droit de réclamer le capital qu'il aliène puisse légitimement ne pas vouloir être remboursé du jour au lendemain : dans sa pensée, le prêt est sans doute un prêt à long terme. Aussi l'art. 1911 al. 2 dispose-t-il : « *Les parties peuvent seulement convenir que le rachat ne sera pas fait avant un délai qui ne pourra excéder dix ans, ou sans avoir averti le créancier au terme d'avance qu'elles auront déterminé* ». — Si la convention interdit le remboursement pendant un délai plus long que dix années, nous verrons qu'elle ne sera pas nulle pour cela, mais qu'il y aura lieu de la réduire à la limite légale.

Le texte que nous venons d'analyser établit entre la constitution de rente et le prêt à intérêt une différence difficile à justifier (⁴). La loi laisse les parties libres de fixer comme elles l'entendent l'époque du remboursement du prêt à intérêt, pourvu tout au moins qu'elles n'excèdent pas la limite de 99 ans (car alors on peut le considérer comme une rente perpétuelle) : ainsi un prêt peut être fait pour vingt ans, pour trente ans..., auquel cas l'emprunteur n'a pas le droit de forcer le prêteur à recevoir le remboursement avant l'expiration du terme convenu ; tandis que la clause qui déclarerait une rente constituée non remboursable pendant le même délai, ne produirait son effet que pour dix ans. Il eût été plus logique, à notre avis, d'assigner à la durée du prêt à intérêt un *maximum* égal à celui pendant lequel la rente peut être stipulée non remboursable.

(¹) Pothier, n. 52 ; Argou, *op. cit.*, p. 269.
(²) Pothier, *loc. cit.* (qui critique un arrêt de Grenoble validant une clause qui obligeait le débi-rentier à donner avis du rachat six mois à l'avance).
(³) Guillouard, n. 190.
(⁴) Laurent, XXVII, n. 11 *bis* ; Guillouard, n. 190.

980. La clause qui interdit le rachat pendant un délai de plus de dix ans n'est pas nulle, mais seulement réductible à dix ans [1]. On doit penser que les parties ont tenu avant tout à empêcher le rachat et qu'elles aiment mieux l'empêcher pendant un temps limité que ne pas l'empêcher du tout; on peut, en outre, invoquer par analogie l'art. 1660, d'après lequel, si une vente est faite avec la faculté de rachat pendant un temps excédant le délai légal de cinq ans, le rachat peut être effectué pendant cinq ans.

b). *Conditions du rachat.*

981. Si la rente est constituée en argent, comme le taux légal de l'intérêt est, à défaut de convention, de 5 p. 100, le rachat doit être fait au moyen d'une somme égale à vingt fois les arrérages, c'est-à-dire au denier 20 [2].

Les parties peuvent stipuler un chiffre plus élevé pour le rachat [3]; tout ce qui en résultera, c'est que le capital sera plus de vingt fois égal aux arrérages, en d'autres termes que les arrérages seront de moins de 5 p. 100 du capital et cela n'est pas interdit.

Mais les parties ne peuvent stipuler un chiffre moins élevé pour le rachat, car il en résulterait que les intérêts seraient de plus de 5 p. 100 [4].

Que si la rente est constituée à titre gratuit, le taux de 5 p. 100 n'est plus applicable de plein droit, puisqu'il ne s'agit plus d'un prêt, mais bien d'une donation [5]. C'est aux tribunaux qu'il appartient de fixer le taux du rachat [6].

Ils peuvent décider que le rachat s'opèrera par l'achat d'une rente sur l'Etat représentant des intérêts équivalents [7].

En revanche, le disposant peut fixer le prix du rachat avec la plus grande liberté, sans qu'on puisse, au cas où il résul-

[1] Duranton, XVII, n. 611; Troplong, n. 440; Pont, I, n. 342; Laurent, XXVII, n. 11 *bis;* Guillouard, n. 190 *bis*.
[2] Guillouard, n. 191.
[3] Guillouard, n. 191.
[4] Guillouard, n. 191.
[5] *Contra* Besançon, 23 déc. 1891, D., 92. 2. 203.
[6] Poitiers, 16 juin 1890, *Gaz. Pal.*, 90. 2. 47. — Guillouard, n. 192.
[7] Paris, 19 fév. 1884, D., 85. 2. 41. — Trib. civ. Toulouse, 28 fév. 1895, précité. — Guillouard, n. 192.

terait du chiffre fixé que le chiffre de la rente est de plus de 5 p. 100 du capital, opposer les lois restrictives du taux de l'intérêt ([1]). La raison est encore ici qu'il ne s'agit pas d'un prêt à intérêt.

982. Si la rente est constituée en denrées, la loi des 18-29 déc. 1790 (tit. III, art. 2), porte que le rachat aura lieu au denier 25 plus le dixième. Cette loi est encore en vigueur, puisqu'elle tranche une question que le code n'a pas prévue ([2]).

983. Un avis du conseil d'Etat ayant force de loi interprétative, en date du 21 déc. 1808, décide que si la rente a été constituée au profit d'une commune, d'un hospice, ou d'une fabrique, les débiteurs « doivent avertir un mois à l'avance pour que ceux-ci (les établissements précités) avisent, pendant ce temps, au moyen de placement et requièrent les autorisations nécessaires de l'autorité supérieure ».

Cette disposition ne doit pas être étendue aux autres hypothèses.

Mais le débi-rentier doit offrir le capital en entier ; la loi n'exige pas des offres réelles, mais il est nécessaire que le détenteur indique au débiteur sa volonté de rembourser le capital en entier.

Il doit, en même temps, offrir les intérêts échus ; un créancier ne peut, en effet, être obligé de recevoir le capital avant d'avoir reçu les intérêts.

984. Si le débiteur est mort laissant plusieurs héritiers, chacun a le droit de forcer le créancier à recevoir le remboursement de sa part ([3]) (arg. art. 1220). La solution contraire, il est vrai, était généralement admise dans notre ancien droit, notamment par Dumoulin ([4]) et Pothier ([5]) ; mais il ne faut

([1]) Paris, 19 fév. 1884, D., 85. 2. 41. — Guillouard, n. 192.

([2]) Caen, 16 nov. 1829, S., 48. 2. 399. — Trib. civ. Caen, 20 mars 1848, S., 48. 2. 399. — Pont, I, n. 343 ; Guillouard, n. 191.

([3]) Duranton, XVII, n. 613 ; Duvergier, n. 336 ; Pont, I, n. 345 ; Aubry et Rau, IV, p. 615, § 398, note 6 ; Laurent, XXVII, n. 13 ; Guillouard, n. 194. — *Contra* Merlin, *Rép.*, v° *Rentes constituées*, § 9, n. 3 ; Troplong, n. 463 ; Larombière, *Th. et prat. des oblig.*, art. 1121, n. 37.

([4]) *Tract. de divid. et individ.*, 3e part., n. 23.

([5]) N. 190.

pas oublier que la constitution de rente était alors considérée comme une vente, et le remboursement comme un rachat. Il était donc tout simple d'appliquer la règle que notre droit actuel a consacrée en matière de vente à réméré (art. 1670). Aujourd'hui la constitution de rente est un prêt et il faut, par conséquent, lui appliquer les règles du prêt et non celles de la vente.

On se fondait également, dans l'ancien droit, sur ce que le remboursement est seulement *in facultate solutionis,* et que la chose due est la rente, laquelle a été créée sous la faculté de rachat de la somme totale. On ajoutait que la résolution des contrats ne peut être partielle. Ce raisonnement portait à faux : il ne s'agit pas ici de résolution, mais de cessation du contrat par son exécution ; d'autre part, les dettes facultatives, comme toutes les autres, se divisent entre les débiteurs.

c). *Capacité en matière de rachat.*

985. De la part du crédi-rentier, le rachat est forcé ; aucune capacité n'est donc exigée de lui que celle de recevoir le paiement de dettes échues.

Lorsque, par exemple, le crédi-rentier est un mineur, et que le taux du rachat est fixé dans l'acte constitutif de la rente, le tuteur peut recevoir le prix du rachat sans l'autorisation du conseil de famille (1).

Mais si la rente est payable en fruits, le tuteur ne peut consentir au rachat sans avoir obtenu du conseil de famille l'autorisation d'y consentir au taux proposé par le débi-rentier (2).

Le mineur émancipé peut recevoir seul le remboursement de rentes constituées (3), parce qu'il peut recevoir seul le payement de dettes échues.

986. De la part du débi-rentier, le rachat est un payement anticipé de la créance ; c'est, si la rente a été constituée à titre onéreux, un acte d'administration que le tuteur ou le mineur émancipé peuvent accomplir.

(1) Toulouse, 13 mai 1829, S. chr., D. *Rép.*, v° *Minorité*, n. 450. — Bertin, *Chambre du conseil*, 3e édit., I, n. 529.

(2) Toullier, II, n. 1204 ; Bertin, *loc. cit.*

(3) Toullier, II, n. 297 ; Bertin, *op. cit.*, I, n. 594.

d). *Effets du rachat.*

987. Une fois la rente rachetée, tout rapport cesse entre les parties. Le crédi-rentier n'a de recours contre le débi-rentier que s'il est évincé de l'objet donné en payement ou si cet objet est vicieux.

Il n'a pas de recours si le rachat a eu lieu au moyen d'un titre de rente et si, par suite de conversion, le produit annuel de ce titre a diminué (1).

C. *Obligation de rembourser la rente.*

988. Le remboursement de la rente ne peut, en principe, être exigé du débiteur (2). Sans doute il peut être convenu que le crédi-rentier aura la faculté d'exiger le remboursement soit à l'époque qui lui conviendra, soit au bout d'un certain temps (3). Mais en ce cas la prétendue constitution de rentes sera un véritable prêt à intérêt (4), parce que la seule différence caractéristique entre les deux contrats, celle qui, aux termes de l'art. **1909**, constitue le trait distinctif de la constitution de rente, aura disparu. Pothier annulait cette clause (5), mais c'était, et il avait le soin de le dire, parce que le prêt à intérêt était nul dans l'ancien droit.

Toutefois les art. **1912** et **1913** indiquent trois hypothèses où le débi-rentier peut être contraint au remboursement.

Art. **1912.** « *Le débiteur d'une rente constituée en perpétuel* » *peut être contraint au rachat. — 1° S'il cesse de remplir ses* » *obligations pendant deux années; — 2° S'il manque à four-* » *nir au prêteur les sûretés promises par le contrat* ».

Art. **1913.** « *Le capital de la rente constituée en perpétuel* » *devient aussi exigible en cas de faillite ou de déconfiture du* » *débiteur* ».

989. Premier cas. *Défaut d'accomplissement des obligations du débiteur pendant deux ans.* — Dans l'ancien droit, l'ord.

(1) Paris, 27 oct. 1892, *Gaz. Pal.*, 93. 1. 2e p., 1 (conversion du 4 1/2 en 3 1/2 p. 100).
(2) V. *supra*, n. 952 s., 972.
(3) Guillouard, n. 176.
(4) Guillouard, n. 176.
(5) N. 43.

1629 (art. 149), après avoir rappelé que quelques parlements obligeaient le débiteur au remboursement faute de payement des arrérages, interdit le remboursement forcé, sauf en cas de stellionat. Certains parlements, notamment celui de Toulouse [1], refusèrent d'enregistrer ce texte.

Au surplus, l'ordonnance de 1629 n'interdisait pas la clause contraire, et il devint habituel de stipuler que, faute de payement de la rente pendant deux ans, le débi-rentier pourrait être obligé au rachat [2].

L'art. 1912 doit être entendu en ce sens que si le débiteur est en retard de payer deux années d'arrérages, ou si, en d'autres termes, à un moment quelconque il doit deux années entières d'arrérages échus, qu'il ne paie pas, il peut être forcé au remboursement [3].

C'est donc à tort qu'il avait été décidé que le débiteur devait être en retard de deux ans à partir de la première annuité non payée [4]. Cette interprétation revient à exiger trois ans de non payement.

989 *bis*. Il n'est pas nécessaire, pour que l'art. 1912-1° soit applicable, que les deux années d'arrérages dues soient consécutives [5], car la loi ne distingue pas. La question est, du reste, peu pratique [6].

990. L'art. 1912 repose sur la volonté présumée des parties et n'est pas d'ordre public.

Les parties peuvent donc aggraver contre le débiteur les conditions auxquelles est subordonné l'art. 1912, en décidant, par exemple, que le défaut de payement d'une seule annuité entraînera la résolution [7].

(1) Catellan, *Arrêts de Toulouse*, liv. V, chap. XX.
(2) Catellan, *loc. cit.*
(3) Cass., 12 nov. 1822, S. chr., D. *Rép.*, v° *Rentes constituées*, n. 181. — Duranton, XVII, n. 617; Troplong, n. 483; Pont, I, n. 350; Aubry et Rau, IV, p. 615, § 398, note 7; Laurent, XXVII, n. 18; Guillouard, n. 196.
(4) Caen, 26 juil. 1820, sous Cass., précité.
(5) Duvergier, n. 618; Pont, I, n. 351; Guillouard, n. 197. — *Contra* Duranton, XVII, n. 618; Aubry et Rau, IV, p. 615, § 398; Guillouard, n. 197.
(6) Troplong, n. 484; Guillouard, n. 197.
(7) Laurent, XXVII, n. 19; Guillouard, n. 198.

Elles peuvent également subordonner la résolution au défaut de payement de plus de deux annuités [1].

991. Faut-il voir dans cette disposition une application particulière du principe consacré par l'art. **1184** (pacte commissoire tacite) ? Nous ne le croyons pas ; car la constitution de rente est un contrat unilatéral, et l'art. **1184** n'est pas, dans une opininion très répandue, applicable aux contrats unilatéraux. Nous y voyons plutôt une déchéance du bénéfice du terme illimité accordé à l'acheteur pour rembourser le capital de la rente (arg. art. **1188** cbn. **1912** al. **1** et **2**) [2]. Au surplus, il ne peut s'agir d'une résolution, puisque le contrat garde nécessairement ses effets pour le passé.

Les auteurs qui considèrent l'art. **1184** comme applicable aux contrats unilatéraux, en concluent que l'art. **1912-1°** est une application de l'art. **1184** [3].

992. De notre système nous tirerons la conséquence suivante :

Il n'est pas nécessaire que le crédi-rentier mette le débirentier en demeure, par une sommation ou un autre acte équivalent, pour lui faire encourir la déchéance qui nous occupe ; du reste, l'art. **1912** n'exige qu'une condition pour que le remboursement puisse être exigé, c'est le défaut de payement des arrérages pendant deux ans. D'autre part le débiteur ne peut se plaindre, car il trouve une grande faveur dans ce fait que le défaut de payement d'une seule annuité ne suffit pas à lui imposer le remboursement. La déchéance est encourue de plein droit par la seule force de la loi, *vi et potestate legis* [4] ; le crédi-rentier peut donc *de plano* poursuivre le remboursement du capital contre le débiteur en retard de deux années d'arrérages.

[1] Auteurs précités.

[2] Laurent, XXVII, n. 14 s.

[3] Troplong, n. 471 ; Duvergier, n. 339, note 1 ; Pont, I, n. 348 ; Guillouard, n. 195.

[4] Cass., 8 avril 1818, S. chr. — Cass., 10 nov. 1818, S. chr. — Cass., 25 nov. 1839, S., 40. 1. 252. — Cass., 9 août 1841, S., 41. 1. 796. — Duranton, XVII, n. 619 ; Troplong, n. 474 s. ; Aubry et Rau, IV, p. 616, § 398, note 8 ; Laurent, XXVII, n. 20 ; Guillouard, n. 199. — *Contra* Pont, I, n. 352 ; Colmet de Santerre, VIII, n. 123 *bis*, II s.

Et toutefois, si la rente est *quérable,* c'est-à-dire payable au domicile du débiteur, où le crédi-rentier doit venir la réclamer, il est tenu de justifier régulièrement qu'il s'y est présenté pour toucher les arrérages [1] ; c'est une règle de bon sens, contre laquelle le texte de l'art. 1912 ne peut prévaloir.

On décide que la mise en demeure, au cas où la rente est quérable, ne peut être faite que par huissier [2]. Cela nous paraît douteux [3] ; l'art. 1912 reste applicable dans la mesure où le caractère de la rente le permet et l'art. 1912 n'exige pas l'intervention d'un huissier.

Dans tous les cas, si la mise en demeure est faite par huissier, il faut que cet huissier ait reçu le mandat exprès de recevoir le payement [4], car le débiteur ne peut être en faute si le payement lui a été demandé dans des conditions où il n'était pas forcé et pouvait considérer comme dangereux de l'effectuer.

993. Les tribunaux saisis de la demande en remboursement peuvent accorder au débi-rentier un délai de grâce pour acquitter les arrérages en retard, et échapper ainsi à l'obligation de rembourser le capital [5]. Sans doute l'obligation de rembourser existe de plein droit, mais l'art. 1244 donne en termes absolus aux tribunaux le droit d'accorder des délais de grâce.

Si les tribunaux n'accordent au débiteur aucun délai pour payer les arrérages, ils peuvent et doivent exiger le remboursement du capital; on ne peut soutenir que le débi-rentier ait

(1) Cass., 12 mai 1819, S. chr. — Cass., 28 juin 1836, S., 36. 1. 690. — Grenoble, 19 juill. 1827, S. chr. — Caen, 3 août 1827, S. chr. — Poitiers, 19 août 1835, S., 35. 2. 511. — Caen, 20 mars 1839, S., 39. 2. 431. — Rennes, 23 août 1879, S., 80. 2. 198, D., 81. 2. 158. — Duvergier, n. 342 ; Pont, I, n. 352 ; Aubry et Rau, IV, p. 616, § 398, note 10 ; Guillouard, n. 200. — *Contra* Laurent, XXVII, n. 20 s.

(2) Guillouard, n. 201.

(3) Laurent, XXVII, n. 24.

(4) Cass , 28 juin 1836, S., 36. 1. 690. — Aix, 10 déc. 1836, S., 37. 2. 120. — Guillouard, n. 201.

(5) Bourges, 7 déc. 1826, S. chr. — Aix, 10 déc. 1836, S., 37. 2. 120. — Caen, 20 mars 1839, S., 39. 2. 431. — Pont, I, n. 353 ; Guillouard, n. 202. — *Contra* Cass., 10 nov. 1818, S. chr. — Cass., 12 mai 1819, S. chr. — Poitiers, 19 août 1835, S., 35. 2. 511. — Duranton, XVII, n. 620 ; Duvergier, n. 351 ; Laurent, XXVII, n. 26.

de plein droit, à partir du jour où le crédi-rentier manifeste son intention de demander le remboursement du capital, un délai moral pour acquitter les arrérages ([1]). L'opinion contraire se fonde sur ce que l'art. 1912-1° est une application de l'art. 1184; nous avons montré que cela n'est pas exact.

994. On s'est demandé si l'art. **1912** s'applique aux rentes perpétuelles constituées à titre gratuit. La négative nous paraît certaine ([2]); la section tout entière dans laquelle est placée l'art. **1912** s'applique exclusivement, nous l'avons déjà remarqué ([3]), aux rentes constituées à titre onéreux.

995. L'art. **1912-1°** n'est pas applicable davantage au cas où la rente perpétuelle a été constituée pour prix d'un immeuble ([4]), car la section de la rente perpétuelle concerne exclusivement la rente perpétuelle équipollente au prêt, c'est-à-dire consentie comme prix d'une somme ou de denrées. Il faudra donc appliquer les principes de la résolution de la vente pour inexécution des conditions.

Toutefois l'art. **1912** devient applicable si, la vente ayant été consentie pour un prix en argent, ce prix est ultérieurement converti en une rente ([5]).

996. Comme la dette des arrérages se divise entre les héritiers, le crédi-rentier ne peut, si certains des héritiers du débi-rentier ne payent pas leur part d'arrérages, demander l'application de l'art. **1912-1°** que contre ces derniers ([6]).

997. Deuxième cas. *Si l'emprunteur manque à fournir au prêteur les sûretés promises par le contrat.* Ajoutons : ou s'il diminue par son fait celles qu'il a fournies (arg. art. 1188),

([1]) Laurent, XXVII, n. 26. — *Contra* Guillouard, n. 202 et 203.

([2]) Rennes, 23 août 1879, S., 80. 2. 198, D., 81. 2. 158. — Troplong, n. 486; Duvergier, n. 364; Pont, n. 355; Joubert, *Concl.* sous Cass., 12 juillet 1813, S. chr.; Laurent, XXVII, n. 31; Guillouard, n. 205. — *Contra* Cass., 12 juillet 1813, S. chr. — Aubry et Rau, IV, p. 616, § 398, note 9; Colmet de Santerre, VIII, n. 123 *bis*, XV.

([3]) V. *supra*, n. 977.

([4]) Cass., 5 mars 1817, S. chr. — Cass., 28 juil. 1824, S. chr. — Cass., 4 janv. 1865, S., 65. 1. 136, D., 65. 1. 234. — Paris, 11 mars 1816, S. chr. — Duranton, XVII, n. 622; Troplong, n. 488; Duvergier, n. 365; Pont, I, n. 356; Laurent, XXVII, n. 32; Guillouard, n. 208.

([5]) Duranton, IV, n. 147 s. et XVII, n. 622; Troplong, n. 487; Duvergier, n. 366; Guillouard, n. 207.

([6]) Aubry et Rau, IV, p. 616, § 398; Guillouard, n. 209.

par exemple s'il vend une partie des immeubles donnés en garantie [1]. Au cas où les sûretés fournies auraient été diminuées ou détruites par un cas fortuit, le débiteur pourrait échapper à l'obligation de restituer le capital, en fournissant un complément de garanties ou des garanties équivalentes (arg. art. 2131) [2].

Si les sûretés n'ont pas été fournies, malgré le cas fortuit le débiteur ne peut en offrir d'autres [3].

Ici encore il s'agit d'une déchéance de terme et non pas d'une résolution [4].

998. Comme dans le cas de l'art. 1912-1°, le juge peut accorder un délai pour fournir les sûretés [5].

999. Pas plus que l'art. 1912-1°, l'art. 1912-2° n'est applicable aux rentes constituées à titre gratuit [6]; les raisons de décider sont les mêmes.

1000. TROISIÈME CAS. *Le débi-rentier tombe en faillite ou en déconfiture.* — Cpr. art. 1188. — Nous croyons que le capital de la rente deviendrait alors exigible même contre la caution (art. 2131 et arg. de cet art.); nous retrouverons cette question dans notre traité *du cautionnement.*

Comme dans les deux cas précédents, il s'agit d'une déchéance du terme et non pas d'une résolution [7].

1001. A la faillite du débiteur, il ne faut pas assimiler son décès avec acceptation de sa succession sous bénéfice d'inventaire [8].

1002. L'art. 1912-3°, comme l'art. 1912-1° et 2°, n'est pas applicable aux rentes constituées à titre gratuit [9].

[1] Cass., 4 déc. 1832, S., 33. 1. 398. — Cass., 5 nov. 1860, S., 61. 1. 858, D., 61. 1. 301. — Guillouard, n. 210. — V. cep. Paris, 11 fév. 1825, S. chr.

[2] Troplong, n. 492; Aubry et Rau, IV, p. 617, § 398, note 12; Pont, I, n. 358; Laurent, XXVII, n. 37; Guillouard, n. 211.

[3] Guillouard, n. 211.

[4] Laurent, XXVII, n. 14 s. — *Contra* Guillouard, n. 195 et 210. — V. *supra*, n. 991.

[5] Duranton, XVII, n. 626; Duvergier, n. 339; Guillouard, n. 212. — *Contra* Laurent, XXVII, n. 34.

[6] Troplong, n. 494 s.; Guillouard, n. 213.

[7] Laurent, XXVII, n. 14 s. — *Contra* Guillouard, n. 195 et 214.

[8] Cass., 27 mai 1829, S. chr. — Guillouard, n. 215.

[9] Guillouard, n. 215.

L'art. 1912-3° n'est pas applicable aux rentes constituées comme prix de la vente d'un immeuble (1).

1003. Les effets du rachat opéré sont les mêmes que ceux du rachat volontaire (2).

§ V. *Obligations du prêteur ou crédi-rentier.*

1004. Les obligations du crédi-rentier sont celles du prêteur à intérêts; il répond, dans les mêmes conditions que ce dernier, des vices des choses prêtées (3). Nous avons, d'autre part, examiné ses obligations relativement au remboursement de la rente (4).

§ VI. *Effet rétroactif des lois en matière de constitution de rente.*

1005. Conformément au droit commun, les rentes sont régies, pendant toute leur durée, par la loi en vigueur à l'époque où elles ont été constituées.

Ainsi la loi qui modifie le maximum des arrérages n'est pas applicable aux rentes déjà constituées (5). C'était la solution de l'ancien droit (6).

1006. De même on admet que l'ordonnance de 1565, qui convertit en argent les arrérages stipulés payables en denrées, reste applicable aux rentes constituées avant le code civil (7). Mais nous avons montré que cette ordonnance n'était plus en vigueur à la fin de l'ancien droit (8).

1007. Mais l'art. 1912-1°, qui décide que le débiteur peut être contraint au rachat s'il a cessé pendant deux années d'accomplir ses obligations, est-il applicable même aux rentes constituées avant le code civil? On peut dire pour l'affir-

(1) Nîmes, 25 mai 1852, S., 52. 2. 540, D., 55. 2. 262. — Caen, 5 août 1874, S., 75. 2. 327, D., 76. 2. 123. — Guillouard, n. 215.
(2) V. *supra*, n. 987.
(3) V. *supra*, n. 744 s.
(4) V. *supra*, n. 974 s., 988 s.
(5) Troplong, n. 444; Guillouard, n. 191 *bis*.
(6) Pothier, n. 16; Argou, *loc. cit.*, II, p. 268 et liv. IV, ch. XVIII, II, p. 504.
(7) Guillouard, n. 182.
(8) V. *supra*, n. 966.

mative qu'il ne fait autre chose que de régler les conditions de la résolution du contrat pour cause d'inexécution des conditions, c'est-à-dire d'un fait qui se produit sous l'empire du code; cette solution ne blesse donc pas le principe de la non-rétroactivité d'une loi [1].

Nous préférons l'opinion contraire [2], car il est de principe que les causes de résolution d'un contrat sont régies par la loi de l'époque où le contrat a été passé. Et cela est naturel : car les causes de résolution reposent sur la volonté tacite des parties, et la preuve qu'il en est ainsi de la cause prévue par l'art. **1912**, c'est que, de l'avis unanime, les parties peuvent y déroger.

On objecte que les règles de la résolution de la constitution de rente variaient, dans l'ancien droit, suivant les provinces et que notre opinion empêche l'uniformité de s'introduire dans la législation ; c'est un singulier argument : ne remarque-t-on pas qu'il tend à nier la non-rétroactivité de la loi ?

§ VIII. *De la rente perpétuelle en droit international.*

1008. La constitution de rente étant un prêt à intérêt, les règles auxquelles elle est soumise en droit international sont celles du prêt à intérêt.

(1) Cass., 4 nov. 1812, S. chr. — Cass., 10 nov. 1818, S. chr. — Cass. civ., 25 nov. 1839, S., 40. 1. 252. — Troplong, n. 485 ; Duvergier, n. 355 s. ; Guillouard, n. 206.

(2) Trib. civ. Vannes sous Rennes, 25 août 1879, S., 80. 2. 198, D., 81. 2. 158. — Duranton, XVII, n. 615 ; Demolombe, I, n. 55 ; Pont, I, n. 354 ; Aubry et Rau, I, p. 73, § 30, note 53 ; Laurent, I, n. 226. — V. aussi les autorités citées par Baudry-Lacantinerie et Houques-Fourcade, *Tr. des personnes*, I, n. 160.

DU DÉPOT ET DU SÉQUESTRE

CHAPITRE PREMIER

GÉNÉRALITÉS SUR LE DÉPÔT

SECTION PREMIÈRE

DÉFINITIONS. — ACTES QUI CONSTITUENT DES DÉPÔTS.

1009. Pothier définit le dépôt : « Un contrat par lequel l'un des contractants donne une chose à garder à l'autre, qui s'en charge gratuitement et s'oblige de la rendre lorsqu'il en sera requis » ([1]).

Nous trouvons dans l'art. 1915 une définition un peu différente : « *Le dépôt, en général, est un acte par lequel on reçoit* » *la chose d'autrui, à la charge de la garder et de la restituer* » *en nature* ». Le législateur a substitué le mot *acte* au mot *contrat*, dont se sert Pothier, pour embrasser dans sa définition l'une des variétés du dépôt, qui est plutôt un acte judiciaire qu'un contrat, le séquestre judiciaire (art. 1961 s.).

D'autre part, l'art. 1915 efface de la définition de Pothier le mot de *gratuitement* parce que le séquestre n'est pas gratuit.

C'est pour la même raison que l'art. 1915 supprime les mots *lorsqu'il en sera requis*, le séquestre judiciaire gardant ses fonctions jusqu'à la fin de la contestation.

Le mot *dépôt* se prend pour désigner soit le contrat qui va nous occuper, soit la chose déposée. Il est employé dans ce dernier sens par les art. 1941 et 1944.

Celui qui fait le dépôt s'appelle le *déposant*; celui qui le reçoit, le *dépositaire*.

[1]) N. 1.

1010. L'intention des parties peut seule permettre de distinguer le dépôt de plusieurs autres contrats avec lesquels il présente plus ou moins d'analogie. Ainsi, comme le prêt de consommation, le dépôt ne devient parfait que par la prestation de la chose, *re perficitur*. Mais la tradition est faite, dans le prêt de consommation, pour que l'emprunteur consomme la chose, et dans le dépôt pour qu'il la garde.

1011. Nous étudierons, à propos de la restitution du dépôt, les différences entre le prêt de consommation et le dépôt irrégulier (1).

1012. Le dépôt doit être distingué du prêt à usage, qui, comme lui, est un contrat réel et unilatéral, et oblige à la restitution en nature de l'objet confié. La différence caractéristique entre ces deux contrats est qu'à la différence du commodataire, qui emprunte un objet pour s'en servir, le dépositaire n'a pas le droit de se servir de l'objet déposé (2).

En outre, le dépositaire rend un service tandis que le commodataire en reçoit un (3).

D'autre part, le déposant, à la différence du commodant, peut reprendre la chose avant le terme fixé.

En quatrième lieu, le dépôt peut être salarié tandis que le commodat est essentiellement gratuit.

Enfin la responsabilité du dépositaire, qui rend un service, est moins étroite que celle du commodataire, qui, au contraire, reçoit un service.

Le contrat par lequel un imprimeur reçoit d'un éditeur des clichés pour faire ses impressions est un prêt à usage et non pas un dépôt (4).

La remise d'un objet à un tiers simplement parce que ce dernier a envie de le voir n'est pas un dépôt (5); c'est un prêt à usage.

Il en est de même de l'acte par lequel des titres sont con-

(1) V. *infra*, n. 1092 s.

(2) Argou, liv. III, ch. XXXIII, II, p. 330; Guillouard, *Tr. du prêt*, n. 14 et 25 et *Tr. du dépôt*, n. 24.

(3) Guillouard, *Tr. du dépôt*, n. 24.

(4) Trib. com. Seine, 11 juin 1881, D., 83. 3. 54. — Guillouard, *Tr. du dépôt*, n. 24.

(5) Cass., 21 avril 1866, S., 67. 1. 91. — Guillouard, n. 27.

fiés à un tiers qui doit les remettre en garantie d'un prêt qui lui est fait (¹).

1013. Le dépôt doit être également, comme nous le montrerons, distingué du mandat (²); le mandataire, à la différence du dépositaire, a un rôle actif; il est chargé non pas de garder une chose, mais de faire quelque chose.

Le dépôt de livres par un auteur chez un éditeur ou libraire ou par un éditeur chez un libraire n'est pas un dépôt mais un mandat, le prétendu dépositaire étant chargé de vendre.

Il n'y a pas davantage dépôt dans l'acte par lequel un auteur s'engage envers un libraire à ne mettre ses ouvrages en dépôt que chez ce dernier (³). C'est simplement une obligation de faire.

1014. La différence entre le dépôt et le nantissement est que, dans ce dernier contrat, la garde de la chose a lieu à titre de garantie (⁴).

1015. La remise d'une chose à la charge de la restituer ou d'en payer le prix est une vente à condition et non pas un dépôt (⁵).

Notamment la remise d'un objet à un tiers, pour l'acheter s'il lui convient, est une vente conditionnelle et non un dépôt (⁶).

Nous avons distingué déjà le dépôt du louage d'ouvrage, spécialement du contrat de transport (⁷) ; nous reviendrons sur ce dernier point à propos de l'art. 1952 et du dépôt salarié (⁸).

(¹) Trib. civ. Bruxelles, 22 nov. 1893, *Pasicr.*, 94. 3. 85.

(²) V. notre *Tr. du mandat.*

(³) *Contra* Trib. civ. Seine, 29 nov. 1889, *Loi*, 30 nov. 1889.

(⁴) Cass., 29 nov. 1866, S., 67. 1. 188. — Laurent, XXVII, n. 75; Guillouard, n. 26. — V. cep. Lyon, 27 août 1849, S., 49. 2. 557, D., 50. 2. 14. — Cass., 10 déc. 1850, S., 51. 1. 243, D., 54. 1. 399.

(⁵) Toulouse, 9 juil. 1891, D., 94. 2. 138 (donc le détournement n'est pas un abus de confiance). V. notre *Tr. du mandat.*

(⁶) Cass., 22 juin 1860, S., 60. 1. 917, D., 60. 1. 471. — Cass., 21 août 1866, S., 67. 1. 91. — Guillouard, n. 27.

(⁷) V. notre *Tr. du contr. de louage*, II, n. 1206 et 1642.

(⁸) V. *infra*, n. 1169, et ch. II, sect. VI.

SECTION II

CARACTÈRES DU DÉPÔT. DIVERSES ESPÈCES DE DÉPÔTS.

1016. Le dépôt, dans tous les cas au moins où il a une origine contractuelle, présente les caractères suivants :

1° Il appartient à la famille des contrats réels. L'art. 1915 nous l'a déjà donné à entendre : « Le dépôt... est un acte par lequel on *reçoit...* », et l'art. 1919 al. 1, placé à tort dans le chapitre *Du dépôt proprement dit,* le déclare en toutes lettres : « *Il n'est parfait que par la tradition réelle ou » feinte de la chose déposée* ». Pothier affirmait plus explicitement encore la réalité du dépôt [1]. En effet le dépôt, comme le prêt, n'engendre aux yeux de la loi, au moment où il se forme, qu'une seule obligation, celle de restituer, et on ne peut être tenu de restituer qu'après avoir reçu.

Le caractère de réalité du dépôt est admis partout [2].

Nous ferons ici une observation déjà faite à propos du prêt: Quoique le dépôt soit un contrat réel, la promesse de recevoir un dépôt est valable et le déposant peut contraindre le dépositaire à recevoir le dépôt [3].

De son côté le dépositaire ne peut contraindre le déposant à faire le dépôt, d'abord parce qu'ayant promis un service gratuit il n'a aucun intérêt à exiger que ce service soit réclamé de lui, ensuite parce que l'objet du dépôt peut lui être réclamé à tout moment.

1017. Qu'est-ce que la tradition feinte dont parle la loi? L'art. 1919 al. 2 le dit : « *La tradition feinte suffit, quand le » dépositaire se trouve déjà nanti, à quelque autre titre, de la » chose que l'on consent à lui laisser à titre de dépôt* ». Ainsi je vous ai prêté des couverts d'argent pour un repas de noces; après que vous les avez employés à cet usage, je conviens avec vous que vous les garderez à titre de dépôt pendant le

(1) N. 7.

(2) Allemagne, Rivier, Holtzendorffs *Rechtslexikon,* v° *Depositum.*

(3) Troplong, *Tr. du dépôt,* n. 5; Larombière, *Théor. et prat. des oblig.,* art. 1107, n. 6; Demolombe, XXIV, n. 31 s.; Laurent, XXVII, n. 69; Colmet de Santerre, VIII, n. 130 s.; Guillouard, n. 12. — V. cep. Duvergier, n. 383.

cours d'un voyage que je vais entreprendre. Il ne peut pas être question de vous faire une tradition réelle des couverts, puisqu'ils sont déjà entre vos mains, mais seulement d'intervertir le titre en vertu duquel ils s'y trouvent. Vous les déteniez comme emprunteur, vous les détiendrez désormais comme dépositaire; et notre seul consentement aura suffi pour produire ce résultat. Est-il besoin, comme paraît le dire l'art. 1919, de faire intervenir la notion de la *tradition feinte* (expression déjà employée par Pothier) [1], appelée aussi par nos anciens docteurs *traditio brevis manus*, « parce que, dit Pothier [2], elle renferme *brevi compendio* l'effet de deux traditions »? On suppose que l'emprunteur a restitué la chose au prêteur et que celui-ci la lui a remise immédiatement après à titre de dépôt, il y a donc bien là une véritable fiction.

1018. 2° Le dépôt est un contrat synallagmatique imparfait dans la conception de la loi [3]. Au moment où il se forme, elle ne voit d'obligation que d'un seul côté, du côté du dépositaire qui s'engage à restituer, et le contrat semble ainsi être unilatéral. Mais des faits postérieurs pourront faire naître des obligations à la charge du déposant : notamment, si le dépositaire est obligé de faire des dépenses pour la conservation de la chose déposée, le déposant sera tenu de les lui rembourser, et alors le contrat aura les apparences d'un contrat synallagmatique ou bilatéral, puisqu'il y aura des obligations des deux côtés. Le contrat de dépôt, comme le commodat et le gage, n'est donc, à proprement parler, ni unilatéral, parce qu'il engendre quelquefois des obligations de deux côtés, ni bilatéral, parce que, envisagé au moment de sa formation, il n'oblige que l'une des parties, que l'autre ne le sera peut-être jamais, et que, si elle le devient, ce ne sera pas précisément en vertu du contrat lui-même, mais seulement par suite des faits qui s'y rattachent. C'est cette nuance indécise qui a déterminé les commentateurs à classer le dépôt, et avec lui tous les contrats qui présentent la même particularité, dans une catégorie intermédiaire que le code ignore, celle des contrats

(1) N. 12.

(2) *Loc. cit.*

(3) V. à propos du prêt *supra*, n. 599, 605, 736 s.

dits *synallagmatiques imparfaits* (1); dans la classification du code, le dépôt, comme le commodat, est un contrat unilatéral (2).

3° Le dépôt est ordinairement gratuit; cependant ce caractère n'existe pas dans le séquestre (3).

1019. Aux termes de l'art. 1916 : « *Il y a deux espèces de* » *dépôts : le dépôt proprement dit et le séquestre* ».

Nous verrons en outre qu'à certains points de vue le dépôt nécessaire et le dépôt irrégulier se distinguent du dépôt ordinaire.

CHAPITRE II

DU DÉPÔT PROPREMENT DIT

SECTION PREMIÈRE

DÉFINITION ET CARACTÈRE DU DÉPÔT

1020. Le dépôt proprement dit est un contrat par lequel une personne (le déposant) remet une chose mobilière à une autre personne (le dépositaire), qui s'oblige à la garder gratuitement et à la rendre dans son individualité à première réquisition.

1021. Le dépôt ordinaire présente les caractères que nous avons reconnus au dépôt en général : il est réel et unilatéral (4).

En outre le dépôt est un contrat de bienfaisance, un office d'ami. Le dépositaire rend un service gratuit; il ne reçoit pas en général d'autre rémunération que le témoignage d'estime et de confiance qu'implique le choix dont il a été l'objet de la part du déposant. Aussi l'art. 1917 dispose-t-il : « *Le dépôt* » *proprement dit est un contrat essentiellement gratuit* » (5) et c'était la solution de Pothier (6).

(1) Larombière, I, art. 1102, 1106, n. 2; Guillouard, n. 13 et 108.
(2) Guillouard, *loc. cit.* — *Contra* Larombière, *loc. cit.*
(3) V. sur la gratuité du dépôt, *infra*, n. 1168 s.
(4) V. *supra*, n. 1016 et 1018.
(5) *Allemagne*. Rivier, *loc. cit.*
(6) N. 13; Guillouard, n. 14.

Nous nous occuperons plus loin de la nature du dépôt où le dépositaire a stipulé un salaire [1].

SECTION II

OBJETS SUR LESQUELS PEUT PORTER LE DÉPÔT

1022. De la définition que nous avons donnée, il résulte que le dépôt proprement dit « *ne peut avoir pour objet que* » *des choses mobilières* » (art. 1918).

Ce texte tranche une ancienne controverse sur le point de savoir si les immeubles peuvent être l'objet d'un contrat de dépôt. Pothier, qui la rapporte, donne en faveur de la négative cette raison, que le dépôt a pour but la garde d'une chose et que, par conséquent, il n'est pas susceptible de s'appliquer aux immeubles, parce qu'ils n'ont pas besoin d'être donnés en garde pour que le propriétaire puisse les retrouver. Puis il ajoute : « Lorsque quelqu'un, en partant pour quelque voyage, confié à son ami les clefs de sa maison, le dépôt qu'il a fait à son ami est un dépôt de ses clefs ou même encore des meubles qui sont gardés sous ces clefs dans la maison : mais ce n'est pas un dépôt de la maison elle-même, qui, ne pouvant être déplacée, n'a pas besoin qu'on la garde » [2]. Il ajoute (et nous reviendrons sur ce point) que si le dépositaire est chargé de faire à l'immeuble les réparations qui pourraient être nécessaires, il y a mandat.

Cette solution est également admise dans les pays étrangers.

Il nous paraît cependant préférable, en législation, d'admettre que le dépôt peut porter sur des immeubles.

L'opinion contraire, nous l'avons dit, repose sur l'idée, exprimée par Pothier, qu'une chose immeuble « n'est pas de nature que celui à qui elle appartient puisse jamais avoir besoin de la donner en garde à quelqu'un, pour qu'il puisse la retrouver ». Et pourquoi donc? qu'y a-t-il d'impossible à supposer qu'une personne soit chargée de veiller sur un im-

[1] V. *infra*, n. 1169.

[2] N. 3. — *Allemagne*, Rivier, *loc. cit.* — C. civ. 688. — En Prusse, le code général décide le contraire.

meuble, d'empêcher les déprédations, de le protéger contre les atteintes au droit du propriétaire? La preuve que ce contrat est bien un dépôt, c'est que Pothier suppose lui-même qu'on peut confier à un ami « les clefs de sa maison » et dit que c'est là un dépôt; mais, dit-il, le dépôt portera sur les clefs, ou sur les meubles qui sont gardés sous ces clefs dans la maison. Nous ne voyons pas pourquoi, dans cette hypothèse, le dépôt ne porte pas également sur les murs de la maison, sur ceux de ses meubles qui sont immeubles par destination, et pourquoi notamment, si le mobilier de l'immeuble est soumis au dépôt, il y a exception en ce qui concerne les glaces, les panneaux, etc.

On peut, du reste, supposer que le gardien de la maison ne soit pas dépositaire des clefs, ou qu'au lieu d'une maison, il s'agisse d'un champ; n'y a-t-il pas là un dépôt?

Ce qui milite encore davantage contre le système du code, c'est qu'il est impossible de qualifier les différentes conventions dont nous venons de parler si on n'y voit pas un dépôt. Ce n'est pas évidemment un mandat, puisque le mandataire a, comme le remarque Pothier dans le même passage, un rôle excédant la simple garde, et l'obligeant à une administration effective. De quelque manière d'ailleurs qu'on envisage ces conventions, on est, nous le répétons, conduit, ce qui est inadmissible, à dire que l'acte par lequel on confie à un tiers la garde d'une maison meublée est un dépôt en ce qui concerne les meubles qui ont juridiquement la qualité de meubles, et autre chose en ce qui concerne les meubles considérés par la loi comme immeubles par destination.

Enfin la preuve que l'immeuble peut être l'objet d'un dépôt est que la loi admet le séquestre des immeubles, et le séquestre n'est qu'une variété du dépôt; il y a là une évidente contradiction.

1023. Il est à peine utile d'ajouter que le dépôt ne peut s'appliquer qu'aux choses corporelles. Les choses incorporelles n'ont pas besoin d'être gardées : peut-on songer par exemple à donner en dépôt un droit de créance? [1] Il en se-

[1] Cass., 18 janv. 1831, S., 31. 1. 192. — Cass., 3 mai 1848, S., 48. 1. 321, D.,

rait autrement des titres qui constatent l'existence du droit.

1024. Le dépôt peut porter même sur des choses qui se consomment par le premier usage (1); car (comme l'étude du prêt nous l'a montré) rien n'empêche que ces choses soient considérées dans leur individualité propre et que le tiers chargé de les garder les restitue en nature; cela est plus vrai encore du dépôt que du prêt, puisqu'à la différence de l'emprunteur, qui a nécessairement le droit de se servir de la chose, le dépositaire n'a jamais ce droit. C'est d'ailleurs ce que suppose l'art. **1932**, qui fait allusion au dépôt de pièces de monnaie.

Il peut aussi être convenu que le dépositaire restituera les choses déposées par équivalent; il y a alors un dépôt irrégulier, dont nous apprécierons plus loin la nature.

SECTION III

DIVERSES SORTES DE DÉPÔT ORDINAIRE

1025. Aux termes de l'art. **1920** : « *Le dépôt est volontaire* » *ou nécessaire* ».

Le dépôt est volontaire, lorsque le déposant a pu choisir en toute liberté la personne du dépositaire. Au cas où son choix est, sinon imposé, du moins dicté par les circonstances (incendie, ruine, pillage...), on est dans l'hypothèse du dépôt nécessaire.

Nous insisterons plus tard sur les traits distinctifs de chacun de ces dépôts et sur les différences qui les séparent.

Nous parlerons également plus tard du dépôt irrégulier.

48. 1. 145. — Toulouse, 5 juin 1841, S., 42. 2. 12. — Riom, 30 mars 1844, S., 44. 2. 321. — Pont, *Tr. des petits contrats*, I, n. 382; Aubry et Rau, IV, p. 617, § 400; Laurent, XXVII, n 79; Colmet de Santerre, VIII, n. 129 *bis*, 1; Guillouard, n. 19.

(1) Colmet de Santerre, VIII, n. 129 *bis*, 1; Guillouard, n. 19.

(2) Troplong, n. 19; Colmet de Santerre, VIII, n. 129 *bis*, III; Guillouard, n. 20.

SECTION IV

DU DÉPÔT VOLONTAIRE

§ I. *Conditions essentielles à la formation et à la validité du contrat.*

I. *Consentement.*

1026. « *Le dépôt volontaire se forme par le consentement » réciproque de la personne qui fait le dépôt et de celle qui » le reçoit* » (art. 1921).

Le dépôt est un contrat réel [1], mais le consentement des parties n'en est pas moins nécessaire pour sa perfection, car il n'y a pas de contrat sans consentement.

A cet égard, il en est du dépôt nécessaire comme du dépôt volontaire. Nous verrons cependant sous l'art. 1949 qu'il existe, au point de vue du consentement des parties, une certaine opposition entre le dépôt volontaire et le dépôt nécessaire, opposition à laquelle le législateur songeait peut-être en écrivant notre article.

II. *Capacité.*

1027. La loi n'exige pas chez les parties contractantes une capacité spéciale pour la validité du dépôt volontaire : la capacité générale de contracter suffit. C'est ce qu'a voulu dire dire l'art. 1925 al. 1, qui ne fait que tirer une déduction du principe général formulé par l'art. 1124 : « *Le dépôt volon- » taire ne peut avoir lieu qu'entre personnes capables de con- » tracter* ». Cette disposition est empruntée à Pothier [2].

A. *Capacité du déposant.*

1028. Pour faire valablement un dépôt, il suffit d'avoir la capacité d'administrer [3], car le dépôt ne cause jamais aucun préjudice au déposant et ne diminue en rien son patrimoine.

[1] V. *supra*, n. 1016.
[2] N. 6.
[3] Guillouard, n. 33.

Ainsi le mineur émancipé peut faire un dépôt ([1]). Il en est autrement du mineur non émancipé ou de l'interdit ([2]) ; mais le dépôt peut être fait par leur tuteur ([3]).

La personne pourvue d'un conseil judiciaire peut faire un dépôt sans l'assistance de son conseil ([4]).

La femme mariée séparée de biens peut faire un dépôt ([5]).

Il en est de même de la femme dotale en ce qui concerne ses meubles paraphernaux ([6]).

La femme, sous tout autre régime, n'ayant pas l'administration de ses biens, ne peut faire un dépôt ([7]).

1029. Ces règles de capacité s'appliquent même au dépôt salarié, car le dépôt salarié ne change pas de nature, et, au surplus, le salaire étant inférieur au service rendu, le déposant ne saurait se nuire.

1030. Mais pour faire un dépôt irrégulier il faut avoir la capacité d'aliéner; en admettant même (et c'est notre opinion) que le dépôt irrégulier est un dépôt véritable et non pas un prêt de consommation, on ne peut nier qu'il n'entraîne l'aliénation définitive des fonds prêtés.

1031. Le contrat de dépôt, dans lequel une personne incapable de contracter a figuré soit comme déposant, soit comme dépositaire, est frappé de nullité. Mais, conformément à l'art. 1125, l'incapable seul peut se prévaloir de la nullité, soit par lui-même, si son incapacité a cessé, soit par l'entremise de son représentant légal, si elle dure encore ; l'autre contractant, en le supposant capable, peut donc être forcé de subir l'exécution du contrat. En d'autres termes, l'incapable ou son représentant légal peut opter entre le maintien et l'annulation du contrat.

L'art. 1925 al. 2 dispose en ce sens : « *Néanmoins, si une » personne capable de contracter accepte le dépôt fait par » une personne incapable, elle est tenue de toutes les obliga-*

([1]) Guillouard, n. 33.
([2]) Guillouard, n. 33.
([3]) Guillouard, n. 33.
([4]) Guillouard, n. 33.
([5]) Guillouard, n. 33.
([6]) Guillouard, n. 33.
([7]) Guillouard, n. 33.

» *tions d'un véritable dépositaire; elle peut être poursuivie par* » *le tuteur ou administrateur de la personne qui a fait le* » *dépôt* ».

Presque toujours l'option de l'incapable sera faite dans le sens du maintien du contrat, parce que tel sera son intérêt; alors le dépositaire sera tenu de toutes les obligations résultant du dépôt. Ainsi un interdit, durant un intervalle lucide, fait un dépôt entre les mains d'une personne capable. Son tuteur, pendant la durée de l'interdiction, ou lui-même, après que l'interdiction aura été levée, ou ses héritiers majeurs, après son décès, pourront exiger l'exécution du contrat et notamment réclamer par une action personnelle la restitution du dépôt et le paiement d'une indemnité à raison des fautes dont la loi rend le dépositaire responsable (1). Pothier disait, à la vérité, qu'un contrat ne pouvant être fait avec un incapable, il y avait alors en réalité un quasi-contrat de gestion d'affaires, ou, si le dépositaire avait reçu la chose avec l'intention de s'approprier la chose déposée, un délit (2). Mais il est aujourd'hui sans difficulté que le contrat passé avec un incapable a, tant qu'il n'est pas annulé, le caractère des contrats. A la charge, bien entendu, pour l'incapable de satisfaire aux obligations dont est tenu le déposant, par exemple de rembourser au dépositaire les dépenses qu'il a été obligé de faire pour la conservation du dépôt; car le contrat ne peut pas être scindé, déclaré valable en tant qu'il oblige le dépositaire, et nul en tant qu'il obligerait le déposant.

1032. Le seul moyen pour l'incapable d'échapper à ces obligations serait de demander la nullité du contrat. Supposons qu'il opte dans ce sens. La situation respective des parties sera la même que s'il n'était intervenu entre elles aucun contrat. L'action en revendication sera donc ouverte à l'incapable ou à son représentant légal, pour réclamer la chose, objet du contrat annulé : le succès de cette action sera subordonné à la preuve du droit de propriété du revendiquant, tandis que cette preuve n'est pas nécessaire pour réussir dans l'action

(1) Duvergier, n. 391; Pont, I, n. 418; Laurent, XXVII, n. 84; Guillouard, n. 32.
(2) N. 5.

depositi directa (art. 1938 al. 1). D'autre part, le dépositaire aura l'action *de in rem verso* contre l'incapable pour obtenir le remboursement de ses impenses; mais par cette action, il obtiendra peut-être moins qu'il n'aurait obtenu par l'action *depositi contraria;* sans compter que le droit de rétention pourra lui être refusé.

1033. Si le dépôt est fait par une personne dont le consentement est non seulement vicié, mais frappé de nullité, le contrat ne se forme pas, puisque les contrats exigent le consentement des deux parties; la restitution du dépôt ne peut être demandée qu'en vertu d'un quasi-contrat [1]. Ainsi en est-il d'un fou [2] ou d'un enfant qui est hors d'état de consentir [3].

1034. Normalement, le dépôt est fait par le propriétaire de la chose déposée ou par son mandataire. C'est ce que veut dire l'art. 1922 : « *Le dépôt volontaire ne peut régulièrement » être fait que par le propriétaire de la chose déposée, ou de » son consentement exprès ou tacite* ». Mais il ne résulte nullement de ce texte que le dépôt de la chose d'autrui soit nul. En d'autres termes, il n'est pas nécessaire, pour la validité du contrat de dépôt, que le déposant soit propriétaire de la chose déposée [4]. Cela résulte du mot « régulièrement », qu'emploie l'art. 1922 et, bien plus encore, de la disposition de l'art. 1938, que nous retrouverons, et qui règle la restitution de la chose n'appartenant pas au déposant. Par exemple, si je dépose entre vos mains une chose qui m'a été prêtée, de vous à moi toutes les obligations résultant du dépôt prennent naissance et notamment vous devrez me restituer la chose quand je vous la réclamerai, bien que vous ayez la preuve que je n'en suis pas propriétaire. Seulement le dépôt n'est pas opposable au propriétaire parce qu'il est pour lui *res inter alios acta;* nous reviendrons sur ce point à propos de l'art. 1938 [5].

[1] Guillouard, n. 33.
[2] Nimes, 13 août 1877, S., 78. 2. 140. — Guillouard, *loc. cit.*
[3] Guillouard, *loc. cit.*
[4] Guillouard, n. 31; Rivier, *loc. cit.*
[5] V. *infra*, n. 1131 s.

A plus forte raison le dépôt peut-il être fait par toute personne qui, sans être propriétaire de la chose, a sur elle un droit l'autorisant à opérer le dépôt (1).

Tels sont le locataire (2), l'usufruitier (3), le gagiste (4).

B. *Capacité du dépositaire.*

1035. La capacité d'administrer ne suffit pas au dépositaire, puisqu'il rend un service gratuit et s'oblige à conserver la chose qui lui a été confiée (5); il lui faut donc la capacité de s'obliger.

Ainsi le mineur, même émancipé (6), l'interdit (7) l'individu pourvu de conseil judiciaire (8) sont incapables de recevoir un dépôt.

La femme mariée ne peut recevoir un dépôt (9); cela avait été jugé dans l'ancien droit (10) : il en est ainsi même si elle est séparée de biens.

1036. Ici encore l'incapable peut seul se prévaloir de la nullité ; son intérêt exigera plus souvent l'annulation du contrat. Ainsi l'incapable a aliéné la chose déposée, ou bien il l'a perdue, ou bien il l'a laissée dépérir faute de soins. Il échappera à toute responsabilité à raison de ces faits, en demandant la nullité du contrat (11). Une fois cette nullité prononcée, le déposant n'aura contre l'incapable qu'une action en revendication s'il possède encore la chose, c'est le langage de la loi, et comme l'action porte sur l'objet même qui a été déposé, ce langage est exact (12); le déposant est

(1) Guillouard, n. 31.
(2) Guillouard, n. 31.
(3) Guillouard, n. 31.
(4) Guillouard, n. 31.
(5) Guillouard, n. 34.
(6) Guillouard, n. 34.
(7) Guillouard, n. 34.
(8) Guillouard, n. 34.
(9) Guillouard, n. 34.
(10) Parlement de Paris, 14 août 1613 cité par Brodeau sur Louet, let. F, somm. 11, n. 5 et par Danty sur Boiceau, *De la preuve par témoins*, additions au ch. III, n. 4; Danty, *loc. cit.*
(11) Guillouard, n. 34.
(12) Troplong, n. 55.— *Contra* Aubry et Rau, II, p. 561, § 219, note 2 (5e édit.) et IV, p. 619, § 402, note 2.

soumis à une action *de in rem verso*, s'il ne l'a plus et qu'il en ait tiré quelque profit, par exemple à une action en restitution du prix que l'incapable aurait retiré de la vente de la chose, si ce prix se trouve encore entre ses mains ou s'il lui a profité (1). C'était déjà la solution de Pothier (2). C'est aussi ce qui nous paraît résulter de l'art. 1926 : « *Si le dépôt a été* » *fait par une personne capable à une personne qui ne l'est* » *pas, la personne qui a fait le dépôt n'a que l'action en re-* » *vendication de la chose déposée, tant qu'elle existe dans la* » *main du dépositaire, ou une action en restitution jusqu'à* » *concurrence de ce qui a tourné au profit de ce dernier* ».

Ainsi, si le dépôt est fait à une femme mariée, l'action du dépôt ne peut être intentée contre elle à raison de fautes commises. L'action en revendication seule peut être formée contre la femme si elle reste en possession sur ce dernier point (3).

Si la femme renonce à la communauté et que l'objet soit resté en communauté, il n'y a pas d'action contre la femme (4). Mais l'action existe contre le mari ou ses héritiers (5). Si le mari n'a pas profité du dépôt, il n'y a pas d'action contre lui (6).

1037. Dans tous les cas, l'incapable serait responsable des conséquences du dol qu'il aurait commis (C. civ. 1310).

Ainsi le dépositaire incapable qui a frauduleusement détourné l'objet du dépôt doit une indemnité au déposant (7).

1038. Il va sans dire que le dépôt peut être fait entre les mains de plusieurs personnes aussi bien que d'une seule (8).

III. *Objet.*

1039. Ainsi que nous l'avons dit, le dépôt ne peut porter que sur des meubles corporels (9).

(1) Guillouard, n. 36.
(2) N. 55.
(3) V. cep. Guillouard, n. 34.
(4-5) Parlement de Paris, 14 août 1613, cité par Brodeau sur Louet, lettre F, somm. 11, n. 5, et par Danty sur Boiceau, *De la preuve par témoins*, addition au chap. III, n. 4. — V. Guillouard, *loc. cit.*
(6) Danty, *loc. cit.*
(7) Duranton, XVIII, n. 35 ; Troplong, n. 58 ; Duvergier, n. 314 ; Aubry et Rau, IV, p. 620, § 402, note 3 ; Guillouard, n. 37.
(8) Guillouard, n. 30.
(9) V. *supra*, n. 1022.

Nous avons, d'autre part, examiné s'il peut porter sur la chose d'autrui [1].

§ II. *Preuve du dépôt.*

1040. Le droit romain avait fini par décider que le dépôt serait rédigé par un écrit signé de trois témoins [2].

En France, le dépôt pouvait, comme tout autre contrat, se prouver par témoins. Lorsque l'ord. de Moulins de 1569 (art. 54) eut exigé la rédaction d'un écrit au-dessus de 100 fr., on admit, malgré de graves controverses, que ce texte était applicable au dépôt [3]; on avait objecté que, le dépositaire rendant un service d'ami, le déposant n'ose guère réclamer un écrit.

L'ord. d'avril 1667 (tit. 20, art. 2), pour mettre fin à la difficulté, soumit expressément le dépôt aux règles générales des contrats et c'est ce qu'ont fait encore les art. 1341 et 1923 C. civ.

1041. L'acte écrit constatant le dépôt n'est pas soumis à la formalité des doubles, prescrite par l'art. 1325 pour les actes synallagmatiques, car c'est un contrat unilatéral [4]; on a prétendu qu'il en est autrement dans notre système, qui considère le dépôt comme un contrat synallagmatique imparfait [5]. Cela n'est pas exact, car un contrat synallagmatique imparfait n'est autre chose, suivant nous, qu'un contrat unilatéral.

Peut-être y a-t-il, comme nous le verrons bientôt, une exception à faire pour le dépôt salarié.

1042. Mais si le dépôt constaté par écrit porte sur des sommes d'argent ou des choses appréciables, il y a lieu de lui appliquer l'art. 1326, d'après lequel, dans ces conditions, les actes unilatéraux doivent être écrits en entier de la main

(1) V. *supra*, n. 1034.

(2) L. 11, C., *Qui pot. in pign.*, 8. 18.

(3) Brodeau sur Louet, let. D, somm. 33, n. 3; Danty sur Boiceau, *De la preuve par témoins en matière civile*, add. au chap. III, n. 1 s.; Argou, II, liv. III, chap. XXXIII, p. 333.

(4) Guillouard, n. 43.

(5) Guillouard, *loc. cit.*

de celui qui s'oblige, ou porter la mention *bon* ou *approuvé* écrite par lui [1]. L'acte doit donc être écrit par le dépositaire ou être muni de la mention que nous venons d'indiquer, de l'écriture du dépositaire. L'art. **1326** s'exprime, en effet, dans les termes les plus généraux ; d'autre part, le motif certain de cette disposition est qu'on a voulu empêcher les faux consistant à obtenir la signature d'une personne au-dessous d'un écrit dont cette personne ne se serait pas suffisamment rendu compte ; on a surtout cherché à empêcher les abus de blanc-seing, par lesquels une obligation aurait été mise à la charge d'une personne qui aurait donné imprudemment une signature au bas d'un papier non encore couvert d'écriture. Or ces considérations s'appliquent au dépôt comme à tout autre contrat.

On objecte que les blancs-seings sont moins fréquents pour les dépôts que pour les reconnaissances de dettes. Cette considération est des plus singulières; non seulement elle ne répond pas à l'argument que nous avons tiré de la généralité des termes de l'art. **1326**, mais elle montre très clairement les dangers de l'opinion que nous combattons, car un blanc-seing, par essence même, n'indiquant pas la nature du contrat, il suffirait au possesseur d'un blanc-seing, pour échapper à la disposition de l'art. **1326**, d'énoncer au-dessus de la signature une reconnaissance de dépôt au lieu d'une reconnaissance de dette; ce serait un moyen sûr d'échapper à une prohibition d'ordre public.

On objecte encore que l'art. **1326** n'a pour objet que les actes portant obligation de choses fongibles; les arguments que nous avons fait valoir prouvent que cette idée est fausse.

1043. En tout cas, cette dernière objection ne s'applique plus au dépôt irrégulier; donc, si même on refuse d'étendre l'art. **1326** au dépôt, il faudra faire exception pour le dépôt irrégulier; cela est évident dans le système qui assimile le dépôt irrégulier au prêt de consommation; mais cela n'est pas moins vrai dans l'opinion contraire.

[1] Cass., 12 janv. 1814, S. chr. — Troplong, n. 50; Duvergier, n. 420 et 421 ; Pont, I, n. 412; Guillouard, n. 44. — Laurent soutient successivement notre système (XIX, n. 246) et le système contraire (XXVII, n. 90).

1044. Quant au dépôt salarié, il est, dans notre opinion, un contrat unilatéral aussi bien que le dépôt ordinaire; l'art. 1326 lui est donc applicable.

Pour les auteurs qui considèrent le dépôt salarié comme un louage d'ouvrage, le contrat, étant synallagmatique, n'est pas soumis à l'art. 1326; mais il tombe sous l'application de l'art. 1325, relatif à la formalité des doubles.

1045. Aujourd'hui, nous l'avons dit, la preuve du dépôt volontaire reste soumise de tous points aux règles du droit commun. De là il résulte tout d'abord, que la preuve de ce contrat, s'il n'y a commencement de preuve par écrit, ne pourra être faite par témoins qu'en matière n'excédant pas 150 fr. [1]. L'art. 1341 l'a déjà dit; l'art. 1923 le répète : « *Le » dépôt volontaire doit être prouvé par écrit. La preuve testi- » moniale n'en est point reçue pour valeur excédant cent cin- » quante francs* ».

Le législateur a cru devoir s'expliquer sur ce point, parce qu'on aurait pu croire que le déposant est dans l'impossibilité morale d'exiger une reconnaissance écrite du dépôt et que, par suite, il doit être admis à en faire la preuve par témoins quelle qu'en soit l'importance. En effet, le dépôt n'est qu'une charge pour le dépositaire : en le lui confiant et en le priant de vouloir bien s'en charger, le déposant lui demande un service; peut-il songer à lui donner en même temps une marque de défiance en exigeant de lui une reconnaissance écrite du dépôt? — La réponse est simple. La mesure n'a rien de blessant pour le dépositaire, parce qu'elle est prise contre ses héritiers beaucoup plus que contre lui-même. Se montre-t-il froissé? Le déposant lui dira : « Si j'étais sûr de n'avoir affaire qu'à vous, jamais je ne songerais à vous demander une preuve écrite du dépôt; votre parole me suffit. Mais vous pouvez mourir et, si vous ne me donnez pas d'écrit, je me trouverai dans l'impossibilité d'établir mon droit à l'égard de vos héritiers qui, n'ayant pas connaissance du dépôt, m'en refuseront très légitimement la restitution ».

1046. La preuve par témoins est permise s'il y a un com-

[1] V. *supra*, n. 1040.

mencement de preuve par écrit, conformément au principe général de l'art. 1347 ([1]).

Elle est également permise s'il y a eu impossibilité de se procurer un écrit (art. 1348) ([2]).

Enfin elle est toujours permise en matière commerciale (C. com., 109) ([3]).

1047. Par application du droit commun, même en matière excédant 150 fr., l'existence du dépôt pourrait être prouvée par l'aveu du défendeur, de sorte que si le défendeur nie, le dépôt n'est pas prouvé ([4]).

Supposons que le défendeur avoue le fait du dépôt, mais conteste son importance : par exemple le déposant prétend avoir déposé deux sacs de 1,000 fr., et le dépositaire soutient n'en avoir reçu qu'un; l'aveu du défendeur ne prouvera sa dette que jusqu'à concurrence de 1,000 fr., et par conséquent le déposant qui n'a pas de preuve écrite n'aura d'action que dans cette mesure; sauf la faculté qui lui appartiendrait, comme nous le dirons bientôt, de déférer le serment au défendeur.

De même en ce qui concerne l'identité de l'objet déposé ([5]).

Il est évident que le déposant ne peut échapper à ces règles de preuve en faisant abstraction du dépôt et en cherchant à établir simplement la remise des objets ([6]).

Si le dépositaire reconnaît le fait du dépôt, mais prétend en même temps avoir restitué la chose déposée, le principe de l'indivisibilité de l'aveu ne permet pas au déposant de s'emparer de la première partie de cette déclaration en répudiant la seconde. Le déposant n'aura donc pas d'action ([7]).

([1]) Cass., 3 déc. 1818, S. chr. — Cass., 6 oct. 1826, S. chr. — Angers, 1er juill. 1850, S., 50. 2. 476, D., 51. 2. 134. — Troplong, n. 48; Pont, I, n. 402; Aubry et Rau, IV, p. 621, § 402, note 8; Laurent, XXVII, n. 89; Guillouard, n. 40.

([2]) Cass., 22 août 1840, S., 41. 1. 255. — Guillouard, n. 40.

([3]) Metz, 5 août 1822, S. chr. — Rouen, 9 janv. 1829, S. chr. — Bruxelles, 17 déc. 1896, *Pasicr.*, 96. 2. 165. — Guillouard, n. 40.

([4]) Cass., 21 mars 1811, S. chr. — Guillouard, n. 41 et 42. — La preuve du dépôt résulte d'une reconnaissance écrite trouvée dans une cassette chez le déposant à son décès, au moins si la cassette était accessible au dépositaire. — Trib. civ. Bruxelles, 21 nov. 1894, *Pasicr.*, 95. 3. 31.

([5]) Guillouard, n. 41 et 42.

([6]) Trib. civ. Toulouse, 13 mai 1895, *Loi*, 29 juil. 1895.

([7]) Riom, 26 déc. 1808, S. chr. — Paris, 20 fév. 1852, S., 52. 2. 124. — Guillouard, n. 41 et 42.

Tout ce que nous venons de dire est l'application du droit commun ([1]), comme on l'a fait remarquer lors des travaux préparatoires ([2]), et est contenu en substance dans l'art. 1924, ainsi conçu : « *Lorsque le dépôt, étant au-dessus de cent cinquante francs, n'est point prouvé par écrit, celui qui est attaqué comme dépositaire, en est cru sur sa déclaration, soit pour le fait même du dépôt, soit pour la chose qui en faisait l'objet, soit pour le fait de sa restitution* ».

1048. Quelle que soit la valeur de l'objet déposé, un interrogatoire sur faits et articles peut être provoqué par le déposant pour amener le dépositaire à avouer le dépôt ([3]). Pour soutenir le contraire, on s'est prévalu de ce que l'art. 1924 dit que le dépositaire est cru sur sa déclaration; donc, dit-on, le défendeur ne peut provoquer qu'une déclaration, ce qui exclut l'interrogatoire. C'est le contraire, à notre avis, qui résulte de l'art. 1924 ; car ce texte n'avait pas à indiquer la procédure à introduire pour provoquer la déclaration du dépositaire, c'est là une question qui rentre dans l'objet du code de procédure; or, la seule procédure organisée par ce code pour provoquer l'aveu est l'interrogatoire.

1049. Conformément au droit commun, si l'une des affirmations émises par le dépositaire est invraisemblable, le juge n'a à tenir compte que du surplus de ses déclarations ([4]).

1050. Les déclarations du dépositaire ne peuvent être invoquées dans les contestations qui s'élèvent entre les déposants ([5]).

Elles ne peuvent être invoquées davantage dans les contestations qui s'élèvent vis-à-vis des tiers ([6]).

1051. Le déposant peut, en tout état de cause, et quel que

([1]) Laurent, XXVII, n. 92; Guillouard, n. 41.

([2]) Discours de Favard au corps législatif, Fenet, XIV, p. 511.

([3]) Dijon, 12 mai 1876, S., 76. 2. 300, D., 77. 2. 129. — Guillouard, n. 40 et 41. — *Contra* Pont, I, n. 406 s.

([4]) Paris, 1er déc. 1876, D., 78. 2. 73. — Guillouard, n. 42.

([5]) Bordeaux, 27 janv. 1816, S. chr. — Paris, 10 fév. 1831, S., 31. 2. 233. — Guillouard, n. 42.

([6]) Cass., 15 juill. 1878, S., 79. 1. 399, D., 79. 1. 179. — Montpellier, 7 janv. 1841, S., 51. 2. 141, D., 51. 2. 82. — Nîmes, 12 déc. 1850, S., 51. 2. 141, D., 51. 2. 82. — Pont, I, n. 408; Aubry et Rau, IV, p. 621, § 402, note 10; Laurent, XXVII, n. 94; Guillouard, n. 42.

soit l'intérêt engagé, déférer le serment au dépositaire sur l'existence ou l'objet du dépôt [1].

1052. Ces règles de preuve sont applicables non seulement si le dépôt est prétendu devant un tribunal de l'ordre civil, mais encore quand le procès s'élève devant la juridiction criminelle [2]. Il est de principe que les règles de la preuve ne varient pas suivant la nature du tribunal appelé à connaître du procès, et que si, en règle, tous les modes de preuve peuvent être invoqués devant la juridiction criminelle, c'est parce qu'en général le demandeur n'a pu se procurer aucune preuve par écrit du fait délictueux ; ce n'est pas ici le cas. Aussi était-ce déjà la solution de l'ancien droit [3].

§ III. *Obligations du dépositaire.*

I. *Obligation de garder avec fidélité la chose.*

1053. En confiant un dépôt à quelqu'un, on lui impose une charge, la garde de la chose déposée. Mais on lui donne en même temps un témoignage de confiance. Le dépositaire doit s'en montrer digne ; la fidélité est son premier devoir. On peut tirer de ce principe plusieurs conséquences.

A. *Responsabilité du dépositaire.*

a. *Appréciation de la faute.*

1054. « *Le dépositaire doit apporter, dans la garde de la* » *chose déposée, les mêmes soins qu'il apporte dans la garde* » *des choses qui lui appartiennent* » (art. 1927) [4].

En règle générale, le débiteur, tenu de veiller à la conservation d'une chose, est responsable de la faute que ne commettrait pas un bon père de famille *(culpa levis in abstracto)*.

(1) Aix, 18 fév. 1832, S., 33. 2. 517. — Troplong, n. 46 ; Pont, I, n. 411 ; Aubry et Rau, IV, p. 621, § 402, note 9 ; Guillouard, n. 40.

(2) Cass., 31 juil. 1812, S. chr. — Cass., 2 déc. 1813, S. chr. — Cass., 5 mai 1815, S. chr. — Cass., 10 avril 1819, S. chr. — Cass., 12 août 1848, S., 49. 1. 298, D., 48. 4. 99. — Limoges, 14 nov. 1844, S., 45. 2. 177, D., 45. 4. 444. — Angers, 1er juil. 1850, S., 50. 2. 476, D., 51. 2. 134. — Troplong, n. 47 ; Duvergier, n. 417 ; Pont, I, n. 404 ; Laurent, XXVII, n. 88 ; Guillouard, n. 45.

(3) Denisart, v° *Dépôt*, § I, n. 9.

(4) Rivier, *loc. cit.*

L'art. 1927 établit une dérogation à cette règle en ce qui concerne le dépositaire : il répond seulement de la faute qu'il ne commettrait pas dans la gestion de ses propres intérêts *(culpa levis in concreto)* [1].

Cette solution était également admise à Rome [2] et dans l'ancien droit [3] ; elle l'est encore à l'étranger [4] ; on l'explique par l'idée que le dépositaire rend un service gratuit [5]. Dans les travaux préparatoires, on invoque cette autre idée que si le déposant, « libre dans son choix, place mal sa confiance, il commet une faute, qui compense dans une certaine mesure la négligence du dépositaire » [6].

1055. Quoi qu'il en soit, un point est certain, c'est que l'art. 1927 est conçu en faveur du dépositaire et pour atténuer à son profit les règles du droit commun.

Ceci suffit pour décider que, dans le cas exceptionnel où le dépositaire apporterait à ses propres affaires des soins supérieurs à ceux d'un bon père de famille, on ne peut exiger de lui, sur la chose déposée, que les soins d'un bon père de famille ; en d'autres termes, la règle de la *culpa levis in concreto* fera ici place à la règle générale de la *culpa levis in abstracto* [7]. On peut ajouter dans le même sens que l'art. 1927, dérogeant à l'art. 1137, doit être interprété d'une manière restrictive.

L'opinion contraire paraît avoir été surtout entraînée par l'autorité de Pothier [8], qui était à la vérité en ce dernier sens ;

[1] Guillouard, n. 47. — Il ne s'agit pas, comme on l'a dit (Trib. Alexandrie, 18 mars 1876, *Journ. dr. int.*, III, 1876, p. 398), de la faute lourde.

[2] L. 31, D., *depos. vel contra*, 16. 3.

[3] Domat, liv. I, tit. VII, sect. III, n. 1 et 2 ; Argou, liv. III, ch. XXXIII, II, p. 381. — Certains textes montrent simplement que le dépositaire est responsable. — Anciens usages de Bourgogne (14e ou 15e s.) *Rev. hist. de dr. fr.*, III, 1857, p. 541, ch. 15.

[4] *Allemagne*. Rivier, *loc. cit.*, C. civ., art. 690.

[5] Domat, *loc. cit.* ; Guillouard, n. 47.

[6] Observations de Portalis au conseil d'Etat. — Fenet, XIV, p. 484 et 485.

[7] Colmet de Santerre, VIII, n. 139 *bis* II ; Guillouard, n. 48. — *Contra* Troplong, n. 69 ; Duvergier, n. 427 ; Pont, I, n. 426 ; Laurent, XXVII, n. 96. — Ainsi, en admettant qu'une maîtresse de pension conserve ses bijoux dans une chambre du premier étage, on ne peut lui reprocher le vol des bijoux de ses élèves, conservés dans une chambre du rez-de-chaussée. — Trib. Alexandrie, 18 mars 1876, *Journ. dr. int.*, III, 1876, p. 398.

[8] N. 27.

mais il se contentait d'invoquer cet argument, certainement insuffisant (car il pourrait aussi bien s'appliquer à tout autre débiteur), que le déposant a compté sur la diligence toute particulière du dépositaire.

Dans tous les cas, si l'on admet l'opinion contraire, il faudra, à raison du caractère exceptionnel de l'hypothèse, décider que, sauf preuve contraire, le dépositaire sera réputé avoir pu commettre dans la gestion de ses affaires toute faute qu'un bon père de famille aurait également commise. C'est ce que disait Pothier [1].

1056. Le dépositaire n'est pas tenu même de la faute la plus lourde, s'il commet cette faute dans la gestion de ses propres affaires [2]; en vain dit-on que la faute lourde est assimilée au dol; l'art. 1927 a précisément pour but de déroger au droit commun.

A plus forte raison le dépositaire n'est-il pas de plein droit coupable de n'avoir pas donné aux choses déposées des soins exceptionnels que les progrès de la science ont fait découvrir [3].

1057. Le dépositaire a été choisi à raison de ses qualités personnelles; cela ne l'empêche pas de confier à un tiers l'objet déposé; toutefois il est responsable non seulement, comme on le dit généralement, du fait de ce tiers [4], mais encore du cas fortuit qui s'est produit chez ce tiers et qui ne se serait pas produit chez le dépositaire [5].

1058. La responsabilité atténuée de l'art. 1927 s'applique même au dépôt irrégulier, à condition d'y voir, comme nous le ferons, un véritable dépôt [6]. Les auteurs qui y voient un

(1) *Loc. cit.*

(2) Guillouard, n. 50. — *Contra* Troplong, n. 65.

(3) Guillouard, n. 51. — Ainsi le dépositaire de barriques de vin n'est pas obligé de traiter préventivement ces vins par la *pasteurisation*, méthode d'ailleurs peu employée dans la région où il habite. — Bordeaux, 11 janv. 1888, D., 89. 2. 11. — Guillouard, *loc. cit.*

(4) Cass., 9 nov. 1874, S., 75. 1. 272, D., 75. 1. 154. — Trib. com. Seine, 6 oct. 1886, *Journ. trib. comm.*, 86, 4. — Guillouard, n. 49.

(5) Trib. com. Seine, 14 oct. 1886, *Journ. trib. comm.*, 88. 102 (incendie de tapis). — Trib. civ. Seine, 2 mai 1887, *Gaz. Trib.*, 28 mai 1887.

(6) V. *infra*, n. 1094 s.

prêt de consommation appliquent la responsabilité, plus sévère, édictée par la loi contre l'emprunteur [1].

1059. L'exception cesse de s'appliquer, et par conséquent on rentre dans la règle, c'est-à-dire que le dépositaire répond de la *culpa levis in abstracto* [2], dans les quatre hypothèses qu'indique l'art. **1928**, ainsi conçu : « *La disposition de l'ar-* » *ticle précédent doit être appliquée avec plus de rigueur :* » *1° si le dépositaire s'est offert lui-même pour recevoir le dé-* » *pôt; 2° s'il a stipulé un salaire pour la garde du dépôt;* » *3° si le dépôt a été fait uniquement pour l'intérêt du dépo-* » *sitaire; 4° s'il a été convenu expressément que le dépositaire* » *répondrait de toute espèce de faute* ».

Les travaux préparatoires [3], en disant que la loi ne donne pas au juge « une ligne de conduite, qu'elle s'en rapporte à sa jurisprudence », montrent implicitement que dans tous ces cas la responsabilité du dépositaire est celle d'un bon père de famille.

1060. 1° *Si le dépositaire s'est offert lui-même pour recevoir le dépôt* [4]. En allant ainsi au devant de l'offre du déposant, le dépositaire s'est tacitement engagé à apporter tous les soins d'un bon père de famille à la garde de la chose [5]; car il a pu empêcher, dit Pothier, que le déposant ne s'adressât à une personne qui aurait été plus diligente que lui.

C'est également le motif donné par les travaux préparatoires [6], et c'était la solution du droit romain [7].

On cite les cas suivants :

Un voyageur dépose ses colis avant de prendre son billet dont la possession est nécessaire pour les faire enregistrer; l'étude de ce cas rentre dans le louage [8].

Tel est encore le cas où un banquier retient des valeurs à la suite de prospectus qu'il a adressés dans ce but [9].

(1) Guillouard, n. 22.
(2) Guillouard, n. 53.
(3) Discours de Favard au Corps législatif, Fenet, XIV, p. 512 s.
(4) Rivier, *loc. cit.*
(5) Guillouard, n. 53.
(6) Discours de Favard au Corps législatif, Fenet, XIV, p. 513.
(7) L. 1, § 35, D., *Depos. vel contra*, 16. 3.
(8) V. notre *Traité du contrat de louage*, n. 1658.
(9) Paris, 13 janv. 1891, *Fr. jud.*, 91. 2. 17. — Guillouard, n. 53.

Ou encore un dépôt est fait à une exposition organisée par l'Etat ou une ville [1].

On y assimile le cas où à raison de sa situation une personne s'offre au public pour recevoir un dépôt [2], par exemple le cas d'un notaire auquel des testaments sont remis en dépôt [3].

1061. 2° *S'il a stipulé un salaire pour la garde du dépôt.* Il est tout naturel d'exiger une plus grande diligence de celui qui se fait payer ses soins que de celui qui les donne gratuitement.

Nous montrerons ultérieurement quelle est, en pareille hypothèse, la nature véritable du contrat.

1062. Quoi qu'il en soit, en pareil cas, la responsabilité du dépositaire est celle d'un bon père de famille [4].

1063. 3° *Si le dépôt a été fait uniquement dans l'intérêt du dépositaire* [5]. Pothier cite l'exemple suivant, qu'il emprunte lui-même à Ulpien [6]. Vous proposant d'acheter un héritage, vous me demandez, au moment où je vais partir pour un long voyage, de vous prêter la somme nécessaire pour cette acquisition, au cas où vous concluriez le marché; alors je vous remets *à titre de dépôt* la somme nécessaire, en convenant avec vous que, si vous faites l'acquisition, le dépôt se transformera en un prêt à votre profit.

Nous nous occuperons ultérieurement de la nature véritable de ce contrat [7].

1064. Il faut appliquer la même solution au cas où le dépôt est fait dans l'intérêt des deux parties, par exemple où une personne remet une somme à une autre en dépôt avec la clause que si cette dernière en a besoin pour tel usage, elle s'en servira et en payera les intérêts [8]. Le motif de décider

(1) Trib. civ. Caen, 13 janv. 1886, D. *Rép., Suppl.*, v° *Dépôt*, n. 25. — Guillouard, n. 53.

(2) Troplong, n. 79; Guillouard, n. 53.

(3) Troplong, n. 79; Guillouard, n. 53.

(4) Guillouard, n. 53 et 55.

(5) Rivier, *loc. cit.*

(6) L. 4, D., *de reb. cred.*, 12. 1.

(7) V. *infra*, à propos du dépôt irrégulier, n. 1094 s.

(8) Duvergier, n. 436; Guillouard, n. 57.

est le même que dans le cas précédent : le dépositaire ne rend pas un service.

1065. 4° *S'il a été convenu expressément que le dépositaire répondrait de toute espèce de faute* (¹).

1066. On peut aussi convenir que le dépositaire répondra d'une certaine faute seulement.

1067. A quel moment se calcule la valeur de la chose dont le dépositaire est responsable? C'est ce que nous examinerons à propos de la restitution (²).

1068. S'il y a plusieurs dépositaires ou héritiers du dépositaire, la perte ou la détérioration occasionnée par la faute ou le fait de l'un d'eux est à sa seule charge (³).

1069. Le dépositaire doit-il, en cas de danger commun, sauver la chose du déposant de préférence à la sienne propre? Certaines législations étrangères ont admis l'affirmative (⁴). En France, cette solution ne peut être acceptée, au moins d'une manière absolue, et l'art. 1882, qui la donne pour le prêt à usage, ne peut être appliqué; ce texte s'explique d'ailleurs par l'idée que l'emprunteur à usage reçoit un service gratuit, tandis que le dépositaire rend un service gratuit.

Mais ce n'est pas une raison pour décider avec certains auteurs (⁵) que le dépositaire peut impunément, et sans distinction, préférer la chose du déposant à la sienne. La véritable solution est celle-ci : le dépositaire doit préférer la chose du déposant dans le seul cas où elle est d'une valeur supérieure à la sienne; car, du moment qu'il doit les mêmes soins à la chose du déposant qu'aux siennes, il doit être traité vis-à-vis de cette chose comme si elle lui appartenait; or, dans son propre patrimoine, il va sans dire que le dépositaire aurait de préférence sauvé les choses dont la valeur était la plus grande. Au surplus il faut, pour que le déposant puisse se prévaloir de cette solution, que sa chose ait

(¹) Rivier, *loc. cit.*
(²) V. *infra*, n. 1109.
(³) Guillouard, n. 97.
(⁴) Le code gén. prussien.
(⁵) Duvergier, n. 428; Laurent, XXVII, n. 97; Guillouard, n. 63.

été au moins aussi facile à sauver que celle du dépositaire.

Pothier [1] et quelques auteurs modernes [2] adoptent cette solution, mais ils forcent avec raison le déposant à indemniser le dépositaire des choses que ce dernier aurait sacrifiées pour sauver celle du déposant; car l'art. 1947 exige que le déposant indemnise le dépositaire de toutes les pertes résultant du dépôt.

1070. Au reste, que le dépositaire soit ou non forcé de préférer à sa chose la chose plus importante du dépositaire, il a le droit à cette même indemnité dans le cas où il sacrifie sa chose à celle du dépositaire, et cela toujours en vertu de l'art. 1947 [3].

b. *Cas fortuit et force majeure.*

1071. L'art. 1929 ajoute : « *Le dépositaire n'est tenu, en* » *aucun cas, des accidents de force majeure, à moins qu'il* » *n'ait été mis en demeure de restituer la chose déposée* ».

Les mots *en aucun cas* sont employés par relation à l'article précédent, et notre disposition signifie que, même dans les cas exceptionnels prévus par l'art. 1928, le dépositaire ne répond pas en principe du cas fortuit ou des accidents de force majeure. Cette règle souffre deux exceptions. La première, que la loi indique ici, est relative au cas où le dépositaire est en demeure de restituer le dépôt; on appliquera alors la disposition de l'art. 1302. Il résulte de là que le dépositaire n'encourt aucune responsabilité, conformément à l'art. 1302, si le cas fortuit se fût également produit chez le déposant [4].

La deuxième exception a lieu, lorsque le dépositaire s'est chargé des cas fortuits par une clause expresse de la convention [5]; cette dernière clause est valable dans le dépôt aussi bien que dans tout autre contrat [6].

1072. Le dépositaire est encore tenu du cas fortuit ou de

[1] N. 29 et 71.
[2] Duranton, XVII, n. 38; Pont, I, n. 427.
[3] Guillouard, n. 113.
[4] Guillouard, n. 61.
[5] Guillouard, n. 60.
[6] Guillouard, n. 60.

la force majeure, conformément au droit commun, s'ils ont été précédés d'une faute de sa part [1].

Il en est de même si, le cas fortuit s'étant produit, le dépositaire eût pu soustraire la chose déposée au résultat de ce cas fortuit ; il y a alors faute de sa part. Ainsi en est-il d'un fonctionnaire dont la caisse a été pillée ou a disparu dans l'incendie de sa maison, si ces fléaux se sont produits dans le cours d'une guerre, dont le fonctionnaire pouvait prévoir les résultats [2].

1073. C'est, conformément au droit commun (art. 1302, § 3), au dépositaire qu'il appartient de prouver le cas fortuit par lequel il se prétend libéré [3].

1074. Le pillage est un événement de force majeure [4], et, si le mobilier du dépositaire est pillé tout entier, on doit supposer que l'objet déposé, qui y était compris, a été également pillé [5].

L'incendie, en cette matière comme en toute autre, n'est en lui-même ni une faute, ni un cas fortuit ; tout dépend de la cause qui y a donné lieu [6].

L'incendie allumé par des ennemis ou en cas de guerre civile est un cas fortuit [7].

La question de savoir si le vol est un cas fortuit dépend des circonstances. En principe, l'affirmative doit être admise. Il en est autrement si le déposant n'a pas pris les précautions nécessaires.

Le vol avec effraction est toujours un cas fortuit [8].

[1] Guillouard, n. 60.

[2] Poitiers, 26 thermidor an X, S. chr. — Guillouard, n. 60.

[3] Riom, 30 mai 1881, D., 82. 2. 38 (pour le dépôt salarié). — Troplong, n. 121 ; Guillouard, n. 62 et 77 ; Pascaud, *Rev. crit.*, XII, 1883, p. 184 ; Lespinasse, *Rev. crit.*, II, 1872-73, p. 193.

[4] Poitiers, 24 avril 1807 sous Cass., 14 juin 1808, D. *Rép.*, v° *Dépôt*, n. 60. — Guillouard, n. 60.

[5] Poitiers, 24 avril 1807, précité. — Guillouard, *loc. cit.*

[6] Lyon, 27 nov. 1863, S., 64. 2. 227. — Caen, 8 août 1872, S., 74. 2. 146, D., 74. 2. 196. — Lyon, 15 mai 1895, D., 96. 2. 139. — Troplong, n. 95 ; Aubry et Rau, IV, p. 625, § 403, note 18 ; Pascaud, *Rev. crit.*, XII, 1883, p. 185 ; Guillouard, n. 77. — *Contra* Riom, 30 mai 1881, D., 82. 2. 38. — Dijon, 12 juin 1884, D., 85. 2. 146.

[7] Poitiers, 26 thermidor an X, S. chr. (motifs).

[8] Trib. civ. Seine, 29 avril 1887, *Gaz. Pal.*, 88. 1. *Suppl.*, 42. — Le contraire a été décidé pour le dépôt salarié. Aix, 27 juil. 1886, *Bull. d'Aix*, 87. 103.

c. *Assurance contre l'incendie.*

1075. Le dépositaire n'est pas tenu d'assurer les objets déposés contre l'incendie [1].

Cependant la solution contraire peut résulter de l'usage, notamment si le dépositaire est un dépositaire de profession [2].

1076. Si le dépositaire avait fait assurer contre l'incendie les objets dont il a la garde (le cas le plus usuel est celui d'un commerçant qui fait assurer en bloc toutes les marchandises de ses magasins), l'incendie causé par sa faute et dont il est responsable envers le déposant lui ouvre une action en indemnité contre l'assureur [3].

Mais il en est autrement si, l'incendie provenant d'un cas fortuit, le dépositaire n'encourt aucune responsabilité envers le déposant; il n'a alors aucune action contre l'assureur [4], parce que l'assurance, étant par essence un contrat d'indemnité, ne permet de demander que la réparation d'une perte subie.

Cependant le dépositaire ou le commissionnaire a une action contre l'assureur si, par une clause du contrat, il s'est chargé des cas fortuits [5].

1077. Par suite des principes qui précèdent, le déposant a une action indirecte contre l'assureur si le dépositaire est responsable de l'incendie [6], mais n'a contre l'assureur aucune action ni directe ni indirecte dans le cas contraire [7].

Toutefois, si le dépositaire a agi comme gérant d'affaires

[1] Lyon, 15 mai 1895, D., 96. 2. 139. — Trib. civ. Seine, 6 fév. 1893, *Gaz. Trib.*, 28 fév. 1893. — Labbé, *Note*, S., 86. 1. 450.

[2] Trib. com. Seine, cité par de Courcy, *Le droit et les ouvriers*, p. 118; Labbé, *loc. cit.;* de Courcy, *loc. cit.;* de Lalande et Couturier, *Tr. du cont. d'assur. contre l'incendie*, n. 68.

[3] Cass. civ., 2 juin 1886, S., 86. 1. 449, D., 87. 1. 39 (motifs). — Lyon, 15 mai 1895, *Mon. jud. Lyon*, 1er juil. 1895, *Journ. des assur.*, 95. 508. — Labbé, *Note*, S., 86. 1. 449; Massigli, *Rev. crit.*, XVI, 1887, p. 450; Lyon-Caen, *Rev. crit.*, XVI, 1887, p. 648.

[4] Arrêts et auteurs précités.

[5] Cpr. Cass. req., 28 janv. 1890, S., 93. 1. 470 (pour le commissionnaire de transports).

[6] Cass. civ., 2 juin 1886, précité. — Labbé, *loc. cit.*

[7] Cass. civ., 2 juin 1886, précité. — Lyon, 15 mai 1895, précité. — Labbé, *loc. cit.*; Lyon-Caen, *loc. cit.*

du déposant, nous verrons que ce dernier a une action directe contre l'assureur [1], et il semble que cette hypothèse doit être présumée [2], car le dépositaire, faisant assurer les objets eux-mêmes et non pas sa responsabilité, les fait assurer dans l'intérêt de tous ceux qui auront à souffrir de l'incendie et, d'autre part, l'assureur exige les primes habituelles.

On a même soutenu [3] que le dépositaire, s'il n'a agi que pour son propre compte, doit céder, dans le cas où il n'est pas responsable de l'incendie, au déposant son action contre l'assureur. Mais, cette action ne lui appartenant pas en pareille hypothèse, comment la cèderait-il? On invoque par analogie l'art. 1935 C. civ., mais dans l'hypothèse visée par ce texte l'action cédée existe.

1078. Le déposant peut certainement agir contre l'assureur s'il a donné mandat au dépositaire de contracter l'assurance pour son compte [4] ou si ce dernier a agi pour son compte et comme gérant d'affaires [5] ou pour le compte de qui il appartiendra [6].

Le mandat peut résulter de ce que le dépositaire a fait spécialement figurer la prime d'assurance dans le prix du dépôt [7].

B. *Usage de la chose.*

1079. « *Il* [le dépositaire] *ne peut se servir de la chose* » *déposée sans la permission expresse ou présumée du dépo-* » *sant* » (art. 1930) [8]. C'est la différence caractéristique entre le dépôt et le prêt à usage. « Pour que le consentement soit

(1) V. *infra*, note 5.

(2) L'arrêt du 2 juin 1886 paraît être implicitement d'avis contraire; mais, dans l'espèce, il était certain que le dépositaire entendait agir dans son seul intérêt.

(3) Labbé, *loc. cit.*; Massigli, *op. cit.*, p. 451.

(4) Massigli, *Rev. crit.*, XVI, 1887, p. 450.

(5) Cass. civ., 2 juin 1886, précité (motifs). — Trib. civ. Seine, 14 juin 1890, *Gaz. Pal.*, 90. 2. 133. — Labbé, *loc. cit.*; Massigli, *loc. cit.*; Lyon-Caen, *Rev. crit.*, XVI, 1887, p. 648. — V. *supra*, n. 1077.

(6) Paris, 3 juil. 1889, sous Cass. req., 18 mars 1890, S., 93. 1. 139 (batteurs de tapis). — Mais le juge du fait peut attribuer à cette expression un autre sens. Cass. req., 18 mars 1890, précité.

(7) Massigli, *loc. cit.*

(8) *Allemagne*. Rivier, *loc. cit.* — *Espagne*. C. civ., art. 1767. Le consentement formel est nécessaire.

présumé, dit Pothier, il ne suffit pas que le dépositaire, pour se flatter, se persuade que celui qui lui a confié le dépôt aurait consenti à l'usage qu'il fait des choses déposées, s'il lui en eût demandé la permission. Il faut qu'il y ait un juste sujet de croire qu'il la lui aurait accordée ; comme si la chose qu'il lui a donnée à garder est une chose qu'il lui avait prêtée auparavant plusieurs fois et toutes les fois qu'il la lui avait demandée à emprunter » [1].

L'autorisation doit être plus facilement présumée pour les choses qui ne se détériorent pas par l'usage que pour les autres [2]. Pothier citait le cas d'une bibliothèque prêtée par un savant à un de ses amis [3].

Il en est surtout ainsi d'une chose au perfectionnement de laquelle l'usage est profitable ; ainsi en est-il de l'usage, pour la chasse, d'un chien de chasse déposé [4].

1080. S'il s'agit de choses qui se détériorent par l'usage, le consentement doit être très difficilement présumé ; c'est ce que disait Pothier, qui citait comme exemple du linge [5].

Enfin, s'il s'agit de choses qui se détruisent par l'usage, l'autorisation se présumera plus difficilement encore ; Pothier [6] et certains auteurs modernes [7] exigent un consentement formel.

1081. Si le consentement d'user de la chose est donné au dépositaire sans restriction, le contrat est-il nécessairement un prêt à usage, comme le décident formellement certains codes étrangers [8] ? Nous ne le pensons pas [9] ; il est fort possible que le dépôt ait lieu dans l'intérêt du déposant et que, soit pour rémunérer en partie le dépositaire de ses peines, soit parce que l'usage peut lui être permis sans dommage pour le déposant, cet usage soit autorisé. On a cité le cas du

(1) N. 36 ; Guillouard, n. 66.
(2) Pothier, n. 37 ; Guillouard, *loc. cit.*
(3) Pothier, *loc. cit.* ; Guillouard, *loc. cit.*
(4) Pothier, *loc. cit.* ; Guillouard, *loc. cit.*
(5) *Loc. cit.* ; Guillouard, *loc. cit.*
(6) *Loc. cit.*
(7) Guillouard, *loc. cit.*
(8) *Espagne.* C. civ., art. 1768.
(9) Guillouard, n. 65.

dépôt d'une bibliothèque avec la clause que le dépositaire pourra se servir des livres ([1]).

En somme, le juge examinera si la chose a été confiée à un tiers dans son intérêt ou dans l'intérêt de celui qui l'a confiée.

1082. Le dépositaire qui s'est servi de la chose sans autorisation est tenu de la perte causée non seulement par sa faute, mais encore par cas fortuit ([2]) et il ne peut s'en dégager qu'en prouvant que la chose eût également péri s'il ne s'en était pas servi ([3]). On peut invoquer en ce sens les règles de la demeure, car la situation est analogue : le dépositaire a commis une faute.

1083. Même dans le cas où le dépositaire a méconnu ses obligations en se servant de la chose, le déposant est tenu de prouver, si la chose périt, la valeur de la chose; il n'est pas cru sur sa simple affirmation ([4]).

Mais, comme il n'a pu se procurer une preuve par écrit de la valeur, il peut recourir aux témoins ou aux présomptions, quelque grande que soit cette valeur ([5]).

1084. Nous examinerons, à propos de la restitution, quel est le montant des dommages-intérêts dus par le dépositaire qui s'est servi de la chose ([6]).

1085. Pothier ajoute que le dépositaire qui se sert de la chose déposée sans le consentement au moins présumé du déposant, commet un vol d'usage ([7]). Nous avons déjà dit que notre loi moderne ne connait plus le vol d'usage ([8]). Le dépositaire infidèle sera tenu de payer des dommages et intérêts au déposant, sans préjudice de l'application, s'il y a lieu, des peines portées par l'art. 408 du code pénal, qui fait rentrer sous certaines conditions la violation du dépôt parmi les cas d'abus de confiance.

([1]) Guillouard, n. 65.
([2]) Duvergier, n. 443; Pont, I, n. 446; Laurent, XXVII, n. 103; Guillouard, n. 68.
([3]) Mêmes auteurs.
([4]) Guillouard, n. 68. — Le C. civ. espagnol (art. 1769) décide le contraire. — V. Guillouard, *loc. cit.*
([5]) Guillouard, n. 68.
([6]) V. *infra*, n. 1109.
([7]) N. 34.
([8]) V. *supra*, n. 650.

C. *Obligation de ne pas chercher à connaître la chose.*

1086. « La fidélité que le dépositaire doit à la garde du dépôt, dit Pothier, l'oblige à ne pas chercher à connaître les choses qui lui ont été données en dépôt, lorsque celui qui les lui a données en dépôt a voulu les tenir cachées » ([1]). Au lieu de formuler ce principe, l'art. **1931** s'est borné à reproduire les deux applications qu'en fait Pothier : « *Il* [le dépositaire] *ne » doit point chercher à connaître quelles sont les choses qui lui » ont été déposées, si elles lui ont été confiées dans un coffre » fermé ou sous une enveloppe cachetée* ». Ce ne sont évidemment là que des exemples; il faut décider, comme Pothier, qu'en aucun cas le dépositaire ne doit chercher à connaître les choses déposées, si le déposant a voulu les tenir cachées ([2]).

Cette intention peut résulter soit des circonstances du dépôt ([3]) soit de la nature des choses déposées ([4]).

1087. Le dépositaire qui viole le secret du dépôt est tenu envers le déposant des dommages-intérêts représentant la valeur du préjudice causé ([5]).

II. *Obligation accidentelle de payer un salaire au déposant.*

1088. Un salaire peut être attribué au déposant ([6]). En effet, la loi suppose que le dépôt peut avoir lieu dans l'intérêt du dépositaire, il est donc naturel que le dépositaire paye l'avantage que lui procure le dépôt. D'autre part, celui qui, essentiellement, rend un service gratuit, c'est le dépositaire; or, la loi l'autorise à stipuler un salaire à son profit; à plus forte raison le déposant peut-il stipuler un salaire.

C'est ainsi que, dans le dépôt irrégulier, les déposants touchent souvent les intérêts de la somme déposée ([7]); par

([1]) N. 38.
([2]) Laurent, XXVII, n. 104; Guillouard, n. 67.
([3]) Guillouard, n. 67.
([4]) Guillouard, n. 67.
([5]) Cass., 17 fév. 1879, S., 80. 1. 449. — Bordeaux, 22 mars 1886, D., 87. 2. 66. — Pont, I, n. 450; Guillouard, n. 68.
([6]) Wahl, *loc. cit. infra* n. 1172, à propos du salaire du dépositaire.
([7]) Trib. civ. Remiremont, 20 mars 1880, S., 81. 2. 221. — Trib. civ. Chaumont, 23 fév. 1886, S., 91. 1. 273 (en note).

exemple, les caisses d'épargne, qui sont des dépositaires (on ne peut les qualifier de prêteurs puisque leur seul but est de rendre service à ceux qui leur font des dépôts), servent un intérêt aux déposants.

Toutefois si les intérêts sont assez élevés pour que les parties agissent dans un but de spéculation, et si en fait le prétendu dépositaire a cherché à se procurer les fonds qui lui étaient nécessaires, l'acte, en réalité, est un prêt à intérêts (1).

III. *Obligation de restituer la chose.*

A. *Restitution en nature ou par équivalent.*

1089. Le principe est que le dépositaire doit restituer la chose déposée dans son identique individualité, *in specie* (2). Ainsi, quand j'ai déposé un sac de mille francs, le dépositaire devra me restituer le même sac de mille francs. Si j'ai déposé des pièces d'or à découvert, les mêmes pièces devront m'être restituées. L'art. 1932 semble dire qu'il suffirait de restituer des pièces semblables. Ce langage peut s'expliquer par cette considération qu'il est en général indifférent au déposant de recevoir les pièces mêmes qu'il a données ou d'autres du même type; mais il est préférable de maintenir le principe dans toute sa rigueur. Sous le bénéfice de cette observation, voici le texte de la loi : « *Le dépositaire doit » rendre identiquement la chose même qu'il a reçue. — Ainsi, » le dépôt des sommes monnayées doit être rendu dans les » mêmes espèces qu'il a été fait, soit dans le cas d'augmenta- » tion, soit dans le cas de diminution de leur valeur* » (art. 1932).

Cela n'empêche pas, comme nous l'avons déjà montré, que le dépôt ne puisse porter sur des objets susceptibles de se consommer par le premier usage; si même le dépôt porte sur du blé, du vin ou de l'argent, la restitution doit être faite en nature (3).

(1) Cass., 12 déc. 1877, S., 78. 1. 81. — Cass. req., 2 déc. 1890, S., 91. 1. 273. — Trib. civ. Le Mans, 23 mai 1884, *Journ. de l'Enreg.*, art. 22523. — Trib. civ. Chaumont, 23 fév. 1886, précité. — Wahl, *loc. cit.* — V. *infra*, n. 1094 s.

(2) Argou, II, liv. III, chap. XXXIII, p. 330.

(3) Argou, II, *loc. cit.*

1090. En cas de contestation sur l'identité des objets déposés, c'est au déposant qu'il appartient de prouver cette identité.

Il ne peut recourir aux témoins que jusqu'à 150 francs, puisqu'il a pu, au moyen d'un acte descriptif de l'objet, se procurer une preuve écrite de cette identité.

1091. Le déposant doit également, si l'identité des valeurs déposées est contestée par les créanciers du dépositaire (l'hypothèse la plus pratique est celle de la faillite du dépositaire, où les créanciers de ce dernier prétendraient soumettre à leur gage les valeurs déposées), la démontrer. Aucune revendication n'est possible si la démonstration de l'identité n'est pas faite. Il en est autrement dans le cas contraire. Cette solution a été fréquemment appliquée, tant en cas de dépôt qu'en cas de mandat, aux monnaies et billets de banque [1] et aux titres au porteur [2].

On a admis comme preuves suffisantes :

Une étiquette indiquant que les titres appartiennent à un client déterminé [3] ou portant seulement le nom du client [4];

L'envoi au client des numéros de ses titres [5];

L'inscription des titres avec mention spéciale sur un registre [6];

La marque du déposant sur une boîte, un coffre ou un sac contenant les valeurs déposées [7];

(1) Lyon, 11 nov. 1863, S., 64. 2. 235, D., 65. 2. 69 (sous note). — Bordeaux, 24 fév. 1886, S., 88. 2. 92, D., 87. 2. 94. — Angers, 18 avril 1891, S., 91. 2. 159, D., 93. 2. 49 (motifs). — Angers, 9 avril 1892, *Rec. d'Angers*, 92. 168, D., 93. 2. 50. — Boistel, *Pr. de dr. com.*, n. 1001 et *Note* D., 93. 2. 49 ; Daniel de Folleville, *Tr. de la poss. des meubles et des tit. au porteur*, n. 516 s.; Wahl, *Tr. des titres au porteur*, II, n. 949.

(2) Cass. req., 9 janv. 1888, S., 91. 1. 54, D., 89. 1. 207 (gage). — Bordeaux, 14 mars 1892, *Rec. de Bordeaux*, 92. 1. 235. — Boistel, *Note*, D., 93. 2. 49.

(3) Cass. req., 9 janv. 1888, S., 91. 1. 54, D., 89. 1. 207. — Paris, 5 mars 1892, D., 93. 2. 17.

(4) Douai, 8 février 1867, D., 73. 1. 131 (sous-note). — Paris, 30 juin 1893, S., 94. 2. 48.

(5) Paris, 6 juillet 1870, D., 71. 2. 182.

(6) Paris, 6 juillet 1870, précité. — Angers, 18 avril 1891, précité. — Paris, 5 mars 1892, précité.

(7) Esnault, *Tr. des faill.*, III, n. 630; Laroque-Sayssinel et Dutruc, *Formul. gén. des faill.*, II, n. 1590; Rousseau et Defert, *Code ann. des faill.*, art. 574,

La preuve que le dépositaire n'a reçu ni avant ni après le dépôt aucune valeur de même nature que la valeur déposée [1].

1092. Le principe que le dépositaire doit restituer la chose déposée en nature souffre exception dans l'hypothèse du dépôt irrégulier. On désigne sous ce nom le dépôt qui est fait avec autorisation pour le dépositaire de faire de la chose déposée un usage qui la consommera, et de rendre, non la chose même qu'il a reçue, mais des choses semblables : comme si je dépose entre vos mains une somme d'argent, en convenant avec vous que vous la confondrez dans votre caisse avec l'argent qui vous appartient, que vous l'emploierez comme il vous plaira, et que vous me restituerez pareille somme.

1093. On admet, dans certains pays étrangers, que le dépôt de titres au porteur est présumé être irrégulier [2]. Cette opinion nous paraît difficile à soutenir.

Mais le dépôt d'une somme d'argent doit être présumé irrégulier, les sommes d'argent étant rarement confiées pour être restituées en nature [3].

1094. Quand le dépôt est irrégulier, c'est-à-dire quand l'objet du dépôt n'est pas restituable en nature, il est assez difficile à distinguer du prêt. Dans l'un et dans l'autre de ces deux contrats, il y a livraison d'une somme à titre de restitution d'une somme équivalente et, dans les deux cas, la somme livrée devient la propriété de celui auquel elle est livrée et est mise à ses risques.

Il semblerait résulter des textes qu'une double différence existe entre le prêt et le dépôt irrégulier : un terme de restitution ne peut être stipulé que dans le premier (art. 1902 et 1944); des intérêts ne peuvent être également stipulés que dans le prêt (art. 1905 et 1917).

n. 43; Pardessus, *Cours de dr. comm.*, III, n. 1274; Alauzet, *Comm. du C. com.*, VIII, n. 2821; Boistel, n. 1001; Dutruc, *Dict. du cont. comm.*, v° *Faillite*, n. 1461; Ruben de Couder, *Dict. de dr. comm.*, v° *Revendication*, n. 51.

(1) Angers, 9 avril 1892, D., 93. 2. 50.

(2) Gareis, Holtzendorff's *Rechtslexikon*, v° *Depotgeschaeft.*

(3) Rivier, *loc. cit.*

Ce double critérium n'est pas acceptable [1] : car, d'une part, nous savons que le prêt peut être stipulé sans terme, et le terme n'est pas incompatible entièrement avec le dépôt; d'autre part, la stipulation d'intérêts, qui n'a rien d'obligatoire dans le prêt, n'est pas inconciliable avec l'idée de dépôt. Toutefois il est vrai de dire que si un terme a été stipulé en dehors des conditions où il est valable dans le dépôt, l'acte doit de préférence s'analyser en un contrat de prêt [2]. En outre, tandis que le prêteur ne peut immédiatement redemander la chose, le dépositaire, même irrégulier, le peut [3]. De même nous montrerons que si l'intérêt d'un dépôt est exagéré, l'acte dégénère en prêt [4].

1095. C'est un moyen très simple de trancher la difficulté que de soutenir avec quelques auteurs que le dépôt irrégulier est, en réalité, un prêt de consommation [5]. Malheureusement ce système revient à nier une tradition certaine, car déjà Pothier [6] qualifiait de dépôt irrégulier le contrat dont nous parlons et il disait formellement, comme nous le verrons, que la restitution du dépôt irrégulier peut être réclamée à toute époque, ce qui est contraire aux règles admises dans le prêt [7].

1096. Le seul criterium certain est celui que fournit l'intention des parties. Si la personne à qui les fonds sont confiés a voulu rendre service en dégageant un tiers du souci inhérent à la garde de fonds, il y a dépôt. Il y a prêt si la partie à la-

(1) Wahl, *Note*, S., 91. 1. 274, *Ann. dr. comm.*, V, 1891, *jurispr.*, p. 1, et *Exam. doct. de la jurispr. d'enreg.*, *Rev. crit.*, XXI, 1892, p. 196; Naquet, *op. cit. infra*, p. 198. — V. cep. en faveur du premier, Cass., 26 avril 1810, S. chr. — Sol. Régie, 14 août 1886, S., 88. 2. 224. — On a prétendu aussi que ce double critérium était adopté en droit romain. Naquet, *op. cit. infra*, p. 195, — et dans l'ancien droit, *ibid.* — C'est une erreur, le droit romain et l'ancien droit adoptaient déjà sur le terme de restitution du dépôt la solution du code civil.

(2) Wahl, *loc. cit.*

(3) V. *infra*, n. 1096.

(4) V. *infra*, n. 1096.

(5) Duranton, n. 15 et 44; Guillouard, n. 20 et 22. — Cpr. Cass., 26 avril 1810, S. chr. — Ce système est, paraît-il, dominant en Italie. — V. Franchi, *Ann. dr. com.*, VI, 1895, p. 279. — Mais la jurisprudence l'a rejeté. — Venise, 19 sept. 1893, cité par Franchi, *loc. cit.*

(6) N. 82 s.

(7) En ce sens, Pont, I, n. 445 ; Aubry et Rau, IV, p. 618, note 4; Naquet, *Rép. périod. de l'enreg.*, 1882, n. 5905, p. 197.

quelle des fonds sont confiés a voulu faire une spéculation et, à plus forte raison, si les deux parties ont recherché leur avantage commun [1]. Telle était déjà la solution de Pothier [2].

En principe, si l'intérêt est minime et si la restitution doit avoir lieu peu de jours après un avertissement, on doit penser qu'il y a dépôt [3], car il n'est pas fréquent de voir aujourd'hui un prêt consenti sans la fixation d'intérêts qui constituent un loyer suffisant du capital et sans la stipulation d'un délai assez long pour assurer à l'emprunteur une jouissance entière de la somme empruntée [4].

La faiblesse de l'intérêt est même à elle seule considérée quelquefois comme la caractéristique du dépôt [5]. Mais cela est inadmissible.

Si l'intérêt est normal, en principe, il y aura prêt [6].

La concession d'un terme en principe doit, à elle seule, faire également admettre en règle générale l'idée de prêt [7].

1097. Les prétendus dépôts faits à la Banque de France ou à une société de crédit moyennant un intérêt généralement minime, sont de véritables prêts [8]. La faiblesse de l'intérêt s'explique par le droit que se réserve, dans ce cas, le déposant de redemander les sommes déposées soit lorsque cela lui convient, soit au moins après un terme très court, ce qui ne permet pas au dépositaire de donner aux fonds un emploi définitif. Aussi tous les établissements de crédit ont-ils pour les dépôts un tarif d'intérêts qui varie suivant la longueur du terme pendant lequel le déposant s'engage à ne pas réclamer les fonds déposés.

(1) Cass. req., 2 déc. 1890, S., 91. 1. 273. — Cass. civ., 29 oct. 1894, S., 96. 1. 196. — Naquet, *op. cit.*, p. 198; Wahl, *Notes*, S., 91. 1. 274 et S., 96. 1. 196.

(2) N. 83.

(3) Pothier, *loc. cit.*

(4) Wahl, *Note*, S., 91. 1. 274. — Dans toutes les circonstances de ce genre la jurisprudence a de préférence reconnu l'existence d'un dépôt.

(5) Naquet, *op. cit.*, p. 202.

(6) Cass., 12 déc. 1877, *Rép. périod. de l'enreg.*, n. 4844. — Trib. civ. Remiremont, 20 mai 1880, S., 82. 2. 121. — Naquet, *op. cit.*, p. 202.

(7) Naquet, *loc. cit.*

(8) Même conception en Allemagne, où ce contrat s'appelle également en pratique dépôt. — Gareis, Holtzendorff's *Rechtslexikon*, v° *Depotgeschaeft*. — En Italie, le contraire a été décidé. — Venise, 19 sept. 1893, précité.

1098. Il y a prêt de consommation dans l'acte par lequel un patron s'engage à rendre à ses employés une somme équivalente aux cautionnements qu'ils ont déposés ; ce n'est ni un dépôt, ni un nantissement [1].

1099. Il y a des différences entre le prêt et le dépôt irrégulier au point de vue de la responsabilité.

D'autre part encore, l'art. 1293 C. civ., qui n'admet pas que la compensation puisse être opposée à la restitution d'un dépôt, s'applique, dans une opinion, au dépôt irrégulier et ne s'applique pas au prêt de consommation [2].

Le défaut de restitution du dépôt, même irrégulier, est puni comme abus de confiance ; il en est autrement du défaut de restitution du prêt.

La loi du 29 juin 1872 soumet à une taxe sur le revenu les arrérages et intérêts annuels des emprunts et obligations des sociétés, communes, etc. ; ce texte ne s'applique pas aux intérêts d'un dépôt irrégulier [3].

Mais au point de vue des droits d'enregistrement le prêt et le « dépôt de sommes chez des particuliers » sont assimilés (L. 22 frim. an VII, art. 69, § 3, n. 3) [4].

1100. On a voulu distinguer du dépôt irrégulier le dépôt accompagné de la clause que le dépositaire pourra, s'il le désire, se servir de la chose et devra, dans ce cas, en restituer l'équivalent : il y a alors, a-t-on dit, un dépôt régulier suivi,

(1) Lyon, 20 nov. 1893, *Gaz. Pal.*, 94. 1. 298 (donc leur détournement n'est pas un abus de confiance).

(2) Venise, 19 sept. 1893, précité. — V. cep. *infra*, n. 1117.

(3) Cass. req., 2 déc. 1890, S., 91. 1. 273. — Wahl, *Note*, S., 91. 1. 273.

(4) On conclut généralement de là que la décharge d'un dépôt irrégulier, au lieu d'être soumise au droit fixe de 3 fr., comme la décharge d'un dépôt ordinaire, est passible du droit proportionnel de 50 cent. p. 100, auquel donne ouverture la quittance d'un prêt. *Dict. de l'enreg.*, v° *Décharge*, n. 74 s. ; Garnier, *Rép. gén. de l'enreg.*, 7e éd., v° *Décharge*, n. 48. — *Contra* Championnière et Rigaud, *Tr. des dr. d'enreg.*, I, n, 829. — On a même soutenu que dans la déclaration de succession d'un dépositaire les sommes qui font l'objet du dépôt irrégulier sont assimilées aux dettes, qui, aux termes de la loi, ne doivent pas être déduites pour la perception du droit de mutation. G. Demante, *Princ. de l'enreg.*, II, n. 693; Naquet, *Tr. d'enreg.*, II, n. 1025. — Mais cette solution a été rejetée. Trib. civ. Hazebrouk, 13 fév. 1864, *Journ. Enreg.*, art. 17850. — Trib. civ. Sancerre, 24 déc. 1879, *Rép. périod. de l'enreg.*, n. 5639; *Dict. de l'enreg.*, v. *Succession*, n. 1919 s.

en cas d'usage de la chose, d'un dépôt irrégulier ou d'un prêt de consommation ([1]).

Il nous paraît plus exact de voir immédiatement dans ce contrat, suivant les circonstances, un prêt de consommation ou un dépôt irrégulier ([2]). En quoi le contrat commencerait-il par être un dépôt régulier ? En ce que le dépositaire, s'il n'use pas de la chose, a le droit de la restituer en nature? Mais on oublie que le dépositaire régulier ou l'emprunteur, obligé de rendre des objets de même nature et qualité que les objets prêtés, satisfait à cette obligation en restituant des objets prêtés eux-mêmes.

Pothier, à la vérité, enseignait la première opinion ([3]) ; mais il enseignait également la seconde ([4]). Le droit romain accordait bien l'action de dépôt tant que l'usage n'avait pas été effectué ([5]) ; mais aucun motif n'était donné à l'appui de cette solution.

1101. Tout autre est l'hypothèse où le dépositaire reçoit le droit de se servir de la chose et d'en restituer l'équivalent dans le cas où tel événement surviendrait, par exemple où le dépositaire réaliserait une acquisition projetée et qui lui donnerait besoin des fonds prêtés. Ici, jusqu'au moment où la condition se réalise, il y a bien un dépôt, puisque le dépositaire est obligé de conserver les fonds prêtés ([6]) ; et c'est la conception de l'art. **1928-3°**, qui, réglant la responsabilité du dépositaire en pareil cas, qualifie ainsi l'acte, à la suite du droit romain et de Pothier.

1102. A la différence de l'auteur d'un dépôt régulier, l'auteur d'un dépôt irrégulier, n'ayant droit ni aux valeurs même qu'il a déposées, ni à celles qui se trouvent dans le patrimoine du déposant, est un simple créancier, soumis, en cas d'insuffisance de l'actif, à la condition ordinaire des créanciers ([7]).

([1]) Duvergier, n. 404 ; Laurent, XXVII, n. 72 ; Guillouard, n. 21, 22 et 56.

([2]) Trib. sup. Carlsruhe, 18 déc. 1885, *Pand. franç.*, 86. 5. 34. — Pont, I, n. 445 ; Aubry et Rau, IV, p. 618, § 401 ; Colmet de Santerre, VIII, n. 129 *bis*, III.

([3]) N. 11.

([4]) N. 82, 83.

([5]) L. 1, § 34, D., *depos. vel contra*, 16. 3.

([6]) Guillouard, n. 56.

([7]) Cass., 13 août 1856, S., 57. 1. 637, D., 57. 1. 22. — Pont, I, n. 390 ; Laurent,

B. *Restitution des fruits.*

1103. « *Si la chose déposée a produit des fruits qui aient été » perçus par le dépositaire, il est obligé de les restituer. Il ne » doit aucun intérêt de l'argent déposé, si ce n'est du jour où » il a été mis en demeure de faire la restitution* » (art. 1936).

Cette dernière disposition ne contient pas à proprement parler une exception à la règle générale de l'art. 1153 al. 3, d'après laquelle une demande judiciaire est nécessaire pour faire courir les intérêts d'une dette de somme d'argent; car le dépositaire n'est pas débiteur d'une somme d'argent, mais bien d'un corps certain.

Parmi les choses productives de fruits sujets à restitution, doivent être citées les valeurs de bourse [1].

C. *Sanction de l'obligation de restituer.*

1104. A défaut de restitution au moment où cette restitution est demandée, le dépositaire doit au déposant des dommages-intérêts égaux au montant du préjudice que le retard a causé au déposant [2].

1105. S'il s'agit de sommes d'argent, l'art. 1936 porte que les dommages-intérêts consistent dans les intérêts de la somme confiée [3]. On revient donc au droit commun de l'art. 1153, sauf qu'une mise en demeure suffit, au lieu d'une demande en justice, pour faire courir les intérêts.

1106. Une sommation suffit et une demande en justice n'est pas nécessaire pour faire courir les intérêts de la somme confiée, même si le dépositaire a été autorisé à se servir de la chose, puisque le contrat garde son caractère de dépôt [4].

XXVII, n. 75; Boistel, *Note*, D., 93. 2. 49; Guillouard, n. 23 (qui rattache à tort cette solution à l'idée que le dépôt irrégulier est un prêt).

[1] Colmet de Santerre, VIII, n. 148; Laurent, XXVII, n. 110; Guillouard, n. 80.

[2] Cass. civ., 2 mars 1896, D., 96. 1. 121. — Guillouard, n. 81.

[3] Ainsi le notaire chargé de toucher le prix d'une vente qu'il a faite en doit les intérêts à partir du jour de la sommation de consigner qui lui est adressée. Cass., 12 déc. 1826, S. chr. — Guillouard, n. 81.

[4] Duranton, XVIII, n. 52; Pont, I, n. 467; Aubry et Rau, IV, p. 623, § 403, note 8; Laurent, XXVII, n. 111. — *Contra* Guillouard, n. 82. — Cet auteur se fonde sur ce qu'il y a alors prêt de consommation; il se met ainsi en contradiction avec lui-même.

Quant au cas où le dépositaire se servirait de la chose sans autorisation, nous nous en occuperons ultérieurement.

Une mise en demeure suffit également pour le dépôt irrégulier, puisque c'est un dépôt; les auteurs qui y voient un prêt de consommation décident logiquement le contraire [1].

Enfin, il en est de même dans le dépôt salarié, à moins qu'on n'y voie un louage d'ouvrage, auquel cas une demande en justice est nécessaire.

1107. Le dépositaire ne peut évidemment être condamné ni à des intérêts ni à des dommages-intérêts, s'il lui était interdit de restituer, par exemple si un tiers qui se prétend propriétaire ou créancier a fait opposition à la restitution [2]. Il n'est même pas nécessaire que le droit du tiers ait l'apparence d'être fondé [3], tout débiteur étant forcé de retenir les valeurs sur lesquelles saisie-arrêt est faite entre ses mains.

1108. Si le déposant est absent, le dépositaire a le droit de se faire ouvrir l'appartement du déposant pour y chercher l'objet déposé [4].

1109. Le dépositaire qui s'est servi de la chose ou l'a consommée à son profit en doit la valeur au jour où l'action est intentée; de cette manière il ne cause aucun préjudice au déposant; et ce dernier se trouve dans la même situation que s'il avait obtenu la restitution de l'objet déposé.

Ces motifs nous empêchent d'accepter une opinion d'après laquelle l'estimation de la chose doit être faite au jour du dépôt [5]; on dit à l'appui de cette solution que l'obligation de payer la valeur de la chose doit avoir la même date et la même étendue que l'obligation de restituer la chose elle-même, obligation à laquelle elle se substitue. C'est précisément ce que nous soutenons : mais quelle est la date de l'obligation de restituer? C'est évidemment le jour où la restitution est demandée.

[1] Guillouard, n. 82.
[2] Cass., 30 juill. 1855, S., 56. 1. 155, D., 55. 1. 278. — Cass., 11 juill. 1860, S., 60. 1. 971, D., 60. 1. 305. — Guillouard, n. 81.
[3] V. cep. Guillouard, n. 81.
[4] Bertin, *Chambre du conseil*, 3e éd., 1894, I, n. 317.
[5] Aix, 1er déc. 1870, S., 72. 2. 109, D., 72. 2. 41.

Dans un dernier système, il faut se référer à celle des deux époques, — dépôt et demande en restitution, — où l'objet déposé a ou aurait eu la plus haute valeur (1). A l'appui de ce système, qui est d'une grande injustice, on dit que, dans l'opinion contraire, le dépositaire peut faire un profit illicite en aliénant les objets au moment où ils sont en hausse. Ce n'est pas un argument de droit, et, au surplus, ce profit n'a rien d'illicite, puisqu'il n'a pas pour corollaire un préjudice causé au déposant.

1110. Il va sans dire que si, outre la perte de l'objet, le déposant subit par l'effet de cette perte un préjudice spécial, il doit être indemnisé de ce préjudice (2).

1111. Le dépositaire doit-il de plein droit les intérêts des choses dont il s'est servi contrairement à la loi du contrat?

L'affirmative (3) s'appuie sur les arguments suivants : c'est, dit-on, la disposition des art. 1846 et 1996 pour l'associé et le mandataire qui se servent des deniers de la société ou du mandant. Nous répondons que le soin pris par ces articles de faire courir les intérêts au profit de la société ou du mandant est déjà un argument suffisant pour empêcher d'étendre leur disposition au dépositaire. D'autre part, ces dispositions dérogent au droit commun, d'après lequel les intérêts courent seulement à partir de la demande en justice. Enfin, les art. 1846 et 1996 ont une raison d'être ; ils reposent sur l'idée que le détournement des fonds les a empêchés de fructifier au profit de la société ou du mandant. Rien de pareil en matière de dépôt, puisque les objets confiés au dépositaire devaient rester inproductifs entre ses mains. L'analogie entre le dépôt et les deux situations que nous venons de rappeler est donc loin d'être aussi frappante qu'on veut bien le dire ; au contraire, la comparaison entre ces diverses situations conduit à notre solution.

On objecte encore que, d'après l'art. 1302, le voleur est responsable du cas fortuit ; mais on est d'accord pour ne pas

(1) Guillouard, n. 78.
(2) Guillouard, n. 78.
(3) Duranton, XVIII, n. 53 ; Troplong, n. 104 ; Aubry et Rau, IV, § 403, p. 623, note 9 ; Pont, I, n. 468 ; Guillouard, n. 74 et 83.

assimiler, au point de vue de l'art. 1302, l'abus de confiance au vol. Au surplus, l'art. 1302 ne dit pas que les intérêts courent de plein droit.

Enfin, dit-on, le dépositaire a tiré profit des intérêts; qu'importe, s'il n'a causé aucun préjudice au déposant?

En résumé, le dépositaire n'est pas tenu des intérêts [1], d'abord parce que tel est le droit commun, ensuite parce que la solution contraire, au lieu d'indemniser simplement le déposant du préjudice qu'il a souffert, lui procurerait un bénéfice inexplicable. Ces considérations empêchent d'accepter la solution contraire, quoiqu'elle ait été reçue dans l'ancien droit [2].

1112. On a été jusqu'à soutenir que si le dépositaire emploie les fonds qui lui sont confiés à des opérations de jeu, il doit compte au déposant du profit que ces opérations lui ont procuré, par la double raison que personne ne peut s'enrichir par son délit, et que le produit du jeu est un fruit civil de la somme qui a servi d'enjeu [3]. Cette dernière considération est une erreur certaine; la première revient à détourner de son sens la maxime *nemo ex delicto suo locupletari potest;* cette maxime signifie seulement que l'auteur d'un délit est tenu de réparer tout le préjudice causé à celui qui a souffert du délit.

1113. « *Le dépositaire infidèle n'est point admis au bénéfice* » *de cession* », dit l'art. 1945.

Le dépositaire infidèle est passible de la contrainte par corps, à raison des dommages et intérêts auxquels il est condamné envers le déposant pour avoir frauduleusement détourné ou dissipé la chose déposée (loi du 22 juillet 1867, art. 2, 3 et 5). Il ne peut pas se soustraire à cette voie rigoureuse d'exécution par le moyen de la cession judiciaire, dont notre article lui refuse le bénéfice, comme à tous les débiteurs de mauvaise foi (art. 1268).

C'est à tort, on le voit, que certains auteurs [4] considèrent

(1) Duvergier, n. 470; Laurent, XXVII, n. 112.

(2) Parlement de Pau, 12 janv. 1678, cité par Merlin, Rép., v° *Intérêt*, § 4, n. 13, note 1; Dumoulin, *De usuris*, n. 626.

(3) Pont, I, n. 469. — *Contra* Guillouard, n. 75.

(4) Guillouard, n. 107 *bis*.

l'art. 1945 comme abrogé, à cause de la suppression de la contrainte par corps en matière civile.

Dans l'ancien droit, le dépositaire infidèle était réputé infâme [1].

D. *Cas où le dépositaire est dispensé de restituer, état dans lequel la chose doit être restituée et personnes qui doivent restituer.*

1114. Nous avons déjà examiné à qui incombe la responsabilité de la perte ou de la détérioration de la chose [2].

Nous avons examiné également quels sont les droits des parties en cas d'assurance [3].

1115. L'art. 1946 contient une disposition qui n'est qu'une application évidente des principes généraux : « *Toutes les » obligations du dépositaire cessent, s'il vient à découvrir et à » prouver qu'il est lui-même propriétaire de la chose dé- » posée* ».

1116. Nous verrons également que, sous certaines conditions, le fait qu'un tiers est propriétaire de la chose dispense le dépositaire de la restitution [4].

1117. Le dépositaire ne peut opposer à la demande en restitution la compensation en raison des créances qu'il peut avoir contre le déposant; c'est ce que dit l'art. 1293-2° et ce qui résulte du droit commun, la dette du dépositaire ne portant pas sur une chose fongible; l'ancien droit était en ce sens [5].

La compensation est autorisée dans le dépôt irrégulier; cela est certain dans l'opinion qui y voit un prêt de consommation [6], mais cela n'est pas moins certain pour les auteurs qui, avec nous, le regardent comme un véritable dépôt.

1118. « *Le dépositaire n'est tenu de rendre la chose dé- » posée que dans l'état où elle se trouve au moment de la » restitution. Les détériorations qui ne sont pas survenues*

[1] Argou, liv. III, ch. XXXIII, II, p 332.
[2] V. *supra*, n. 1054 s.
[3] V. *supra*, n. 1075 s.
[4] V. *infra*, n. 1131 s.
[5] Argou, liv. III, chap. XXXIII, p. 331.
[6] Guillouard, n. 22.

» *par son fait, sont à la charge du déposant* » (art. 1933) [1].

1119. « *Le dépositaire auquel la chose a été enlevée par » une force majeure et qui a reçu un prix ou quelque chose à » la place, doit restituer ce qu'il a reçu en échange* » (art. 1934). Ainsi j'ai déposé des denrées entre vos mains ; une guerre étant survenue, vous êtes obligé de livrer ces denrées sur une réquisition de l'autorité militaire. Vous ne serez tenu de me restituer que le prix que vous aurez reçu.

De même, si le dépositaire est indemnisé du préjudice causé à la chose par un tiers, il doit rendre cette indemnité au déposant [2].

De même encore, lorsqu'un cas de force majeure a obligé le dépositaire à se dessaisir des objets déposés, il n'est tenu de restituer que les objets par lesquels il les a remplacés [3].

Si, par exemple, le dépositaire a été forcé, pour échapper à des lois proscrivant la détention de l'or, de remplacer les pièces d'or déposées par des billets de banque, il n'a à restituer que ces derniers [4].

1120. Si le dépositaire a vendu ou donné la chose déposée, le dépositaire a une action en restitution contre le tiers acquéreur ; mais, presque toujours, comme il s'agit de meubles, l'acquéreur sera protégé par la règle *en fait de meubles possession vaut titre.*

La seule ressource du déposant sera alors d'intenter une action en dommages-intérêts contre le dépositaire ; cette action, ayant pour but la réparation du préjudice causé, aura pour objet la valeur de la chose déposée au moment où l'action est exercée.

1121. Aux termes de l'art. 1935 : « *L'héritier du dépositaire, qui a vendu de bonne foi la chose dont il ignorait le » dépôt, n'est tenu que de rendre le prix qu'il a reçu, ou de » céder son action contre l'acheteur, s'il n'a pas touché le » prix* » [5].

[1] V. *supra*, n. 1054 s.
[2] Guillouard, n. 79.
[3] Guillouard, n. 70.
[4] Cass., 27 fructidor an V, D. *Rép.*, v° *Dépôt*, n. 71. — Guillouard, n. 70.
[5] V. Rivier, *loc. cit.*

L'obligation de restituer passe à l'héritier du dépositaire. On suppose que cet héritier a vendu la chose déposée, croyant qu'elle appartenait au défunt, de bonne foi par conséquent : l'héritier ignorait le dépôt. Alors, s'il a reçu le prix, il sera quitte en le restituant, et, s'il ne l'a pas reçu, en cédant son action en paiement contre l'acheteur. Cette solution s'inspire d'indiscutables considérations d'équité [1].

Une cession est nécessaire pour que le déposant puisse exercer cette action, et il n'y a pas, comme on l'a prétendu, une erreur juridique dans la disposition de notre texte qui l'ordonne; car l'action née de la vente ne peut appartenir qu'au vendeur, et non au propriétaire, qui est demeuré étranger à la vente [2]. On a dit à tort que l'action n'appartient pas aux héritiers du dépositaire; c'est une erreur; il est, au contraire, certain que le vendeur de la chose d'autrui peut réclamer le prix à l'acquéreur, si ce dernier n'invoque pas la nullité de la vente.

On a soutenu également à tort que si cette cession n'est pas impossible, elle est du moins inutile, le propriétaire pouvant agir directement contre le tiers acheteur; c'est inexact : il pourrait agir directement en restitution de la chose si l'acheteur de bonne foi ne pouvait se retrancher derrière la règle *en fait de meubles possession vaut titre*, mais il ne peut lui réclamer un prix qu'il n'a pas stipulé.

1122. Si l'héritier du dépositaire a, de bonne foi, consommé la chose déposée, il est tenu d'en payer la valeur au moment où il l'a consommée, parce qu'il s'est enrichi de cette valeur, et quand même cette valeur aurait augmenté lors de la restitution [3].

Mais si la valeur a diminué, il ne doit que la valeur au moment de la restitution, car il ne peut être dans une situation plus fâcheuse que le dépositaire lui-même ou l'héritier de mauvaise foi.

1123. Si l'héritier du dépositaire a, de bonne foi, donné

[1] Guillouard, n. 71.

[2] Laurent, XXVII, n. 109. — *Contra* Duvergier, n. 461; Pont, I, n. 462; Guillouard, n. 71.

[3] Pont, I, n. 464; Colmet de Santerre, VIII, n. 147 *bis*, II; Guillouard, n. 72.

l'objet déposé, il faut décider qu'il n'a rien à restituer [1] : l'art. 1935 ne l'oblige à restituer que son profit et il n'a tiré de la donation aucun profit. On objecterait à tort qu'il aurait donné ses biens propres, s'il n'avait pas donné l'objet déposé; cela n'est pas certain, et la restriction que nous allons apporter à notre règle tient compte, dans la mesure où elle peut être exacte, de l'objection.

1124. Mais si l'héritier a tiré un profit quelconque de la donation, il doit faire compte au déposant de ce profit [2].

Il en est ainsi notamment lorsqu'en fait l'héritier aurait, s'il n'avait pas donné les objets déposés, donné les siens propres.

1125. S'il y a plusieurs dépositaires ou que le dépositaire soit mort laissant plusieurs héritiers, la restitution peut être faite par celui d'entre eux qui détient la chose, sans que le consentement des autres lui soit nécessaire, puisque ces derniers ne peuvent s'opposer à la restitution [3].

Pour la même raison il doit faire la restitution sans pouvoir prétexter la nécessité d'obtenir le consentement des autres dépositaires ou héritiers [4]. C'est ce que disait Pothier [5].

S'il omet de faire la restitution, il peut, en sa qualité de détenteur, être actionné pour le tout [6]. C'est encore ce que disait Pothier [7].

Mais comme tous les dépositaires ou héritiers sont obligés à restituer, chacun d'eux peut être actionné en restitution, même s'il ne détient pas la chose déposée.

Nous nous sommes déjà occupés des effets de la perte de la chose au cas où il y a plusieurs héritiers ou dépositaires [8].

(1) V. cep. Pont, I, n. 464; Colmet de Santerre, VIII, n. 147 *bis*, II; Aubry et Rau, IV, p. 622, § 403, note 6.

(2) Guillouard, n. 72.

(3) Guillouard, n. 97.

(4) Guillouard, n. 97.

(5) N. 65.

(6) Guillouard, n. 97.

(7) *Loc. cit.*

(8) V. *supra*, n. 1068.

E. *A qui doit être faite la restitution.*

a. *Principe.*

1126. « *Le dépositaire ne doit restituer la chose déposée » qu'à celui qui la lui a confiée, ou à celui au nom duquel le » dépôt a été fait, ou à celui qui a été indiqué pour le recevoir* » (art. 1937).

Ainsi le notaire est responsable de la remise de pièces entre les mains d'un prétendu ayant droit, sans le consentement de ceux qui lui ont confié ces pièces ([1]).

Si habilement donc qu'ait été contrefaite la signature du déposant, le dépositaire qui a restitué l'objet déposé au tiers qui a contrefait la signature en est responsable envers le déposant ([2]).

1127. L'art. 1939 porte que dans le cas où il y a plusieurs héritiers la restitution doit leur être faite par portions si la chose est divisible et que, si la chose est indivisible, les héritiers doivent s'entendre pour la recevoir ([3]).

La même solution est applicable au cas où il y a plusieurs déposants ([4]).

1128. Si le déposant est devenu incapable depuis l'époque où le dépôt a été effectué, la restitution doit être faite à son représentant légal. L'art. 1940 dit à ce sujet : « *Si la personne qui a fait le dépôt a changé d'état; par exemple, » si la femme, libre au moment où le dépôt a été fait, s'est » mariée depuis et se trouve en puissance de mari; si le majeur déposant se trouve frappé d'interdiction; dans tous ces » cas et autres de même nature, le dépôt ne peut être restitué » qu'à celui qui a l'administration des droits et des biens du » déposant* ».

De même, si le dépôt a été fait par un incapable ou en son nom, la restitution doit être faite à la personne chargée de le représenter, par exemple au mari ou au tuteur ([5]).

([1]) Paris, 15 déc. 1892, *Droit*, 11 août 1893.
([2]) Le contraire a été jugé en faveur des établissements de crédit. — Trib. civ. Lyon, 31 juil. 1886, *Mon. jud. Lyon*, 22 nov. 1886.
([3]) V. *infra*, n. 1142 s.
([4]) Guillouard, n. 95.
([5]) Pothier, n. 5 et 6; Troplong, n. 138; Pont, I, n. 476; Guillouard, n. 84.

1129. En sens inverse, si le dépôt a été fait par le représentant d'un incapable dont l'incapacité a aujourd'hui cessé, c'est à celui-ci que la restitution devra être faite. C'est ce principe qui a dicté l'art. 1941 : « *Si le dépôt a été fait par » un tuteur, par un mari ou par un administrateur, dans » l'une de ces qualités, il ne peut être restitué qu'à la per- » sonne que ce tuteur, ce mari ou cet administrateur repré- » sentaient, si leur gestion ou leur administration est finie* ».

1130. L'art. 1938 al. 1, dispose : « *Il* [le dépositaire] *ne » peut pas exiger de celui qui a fait le dépôt, la preuve qu'il » était propriétaire de la chose déposée* ».

b. *Cas où un tiers est propriétaire de la chose.*

1131. La règle posée par la loi souffre une exception, que l'art. 1938 al. 2 formule en ces termes : « *Néanmoins, s'il » découvre que la chose a été volée, et quel en est le véritable » propriétaire, il doit dénoncer à celui-ci le dépôt qui lui a » été fait, avec sommation de le réclamer dans un délai déter- » miné et suffisant. Si celui auquel la dénonciation a été faite » néglige de réclamer le dépôt, le dépositaire est valablement » déchargé par la tradition qu'il en fait à celui duquel il l'a » reçu* ».

Cette disposition est empruntée au droit romain [1] et à Pothier [2].

On avait proposé, dans la discussion du code civil, que la dénonciation du dépositaire, au lieu d'être faite au propriétaire, fût faite à un officier de police; cette proposition fut rejetée avec raison ; le dépositaire, a-t-on dit, n'est pas obligé de veiller aux intérêts du propriétaire avec plus de soin que le propriétaire lui-même et, au surplus, il s'exposerait à être poursuivi comme calomniateur [3].

1132. La réclamation que l'art. 1938-2° impose au propriétaire doit être faite au déposant; il faut donc que, dans le délai suffisant fixé par le dépositaire, le propriétaire intente une action contre le déposant pour faire reconnaître sa qua-

[1] L. 31, § 1, D., *depos. vel contra*, 16 3.
[2] N. 51.
[3] Observations de Portalis au conseil d'Etat, Fenet, XIV, p. 485.

lité de propriétaire ; un jugement favorable au propriétaire est seul de nature à sauvegarder la responsabilité du dépositaire vis-à-vis du déposant. Aussi était-ce la solution de Pothier [1].

Pour la même raison, le dépositaire n'est tenu d'exécuter le jugement rendu qu'après que ce jugement aura passé en force de chose jugée.

1133. L'art. 1938-2°, dont la disposition est exceptionnelle et déroge au principe posé par l'art. 1938-1°, doit être interprété restrictivement. Ecrit en vue du dépôt d'une chose volée, il ne saurait donc être étendu au dépôt d'une chose perdue [2]. Les travaux préparatoires montrent également que l'art. 1938-2° doit être restreint au vol ; nous avons rappelé la proposition qui avait été faite de remplacer la dénonciation au propriétaire par une dénonciation du délit à la police et les raisons qui ont fait écarter cette proposition ; ces raisons, comme la proposition elle-même, montrent que, dans la pensée du législateur, il n'était question que d'objets volés.

Du reste, et quoiqu'on ait dit le contraire, il n'y a pas les mêmes motifs de décider. Si l'objet est volé, on peut supposer que le déposant a commis le vol, et cette crainte légitime l'art. 1938-2°. D'autre part, l'ordre public commande d'encourager tous les faits destinés à la répression d'un vol.

C'est commettre une erreur évidente que de rattacher l'art. 1938-2° à l'idée que chacun doit recevoir ce qui lui est dû ; la preuve que cette idée doit être écartée, c'est que, de l'avis général, la certitude acquise par le dépositaire qu'un tiers est propriétaire de l'objet déposé, ne le dispense pas de faire la restitution au déposant.

On objecte enfin que, pour les conditions de la prescription acquisitive, l'art. 2279 assimile la perte au vol ; il est à peine utile de faire remarquer que les deux situations n'ont aucune analogie.

1134. Si le dépositaire a simplement la certitude que la

(1) N. 51.

(2) Pont, I, n. 490; Aubry et Rau, IV, p. 625, § 403, note 15; Laurent, XXVII, n. 120. — *Contra* Duranton, XVIII, n. 58; Duvergier, n. 476; Colmet de Santerre, VIII, n. 150 *bis*, I; Guillouard, n. 101.

chose déposée appartient à un tiers, il a le droit de la rendre au déposant [1].

D'autre part, le tiers ne peut, en offrant seulement de prouver qu'il est propriétaire, réclamer la restitution [2].

1135. A plus forte raison, le dépositaire n'a pas le droit de refuser la restitution au déposant [3]. On a invoqué, en sens contraire, le « sens intime » ; ce n'est pas une raison suffisante, surtout en présence de l'art. 1938, d'après lequel le dépositaire ne peut exiger du déposant la preuve de sa propriété, et de l'art. 1938-2°, qui lui permet de suspendre la restitution au cas seulement où il a la preuve de la propriété du tiers et où en outre la chose a été volée.

1136. Toutefois le dépositaire, sommé par un tiers qui se prétend propriétaire des objets déposés de ne pas se dessaisir de ces objets, ne peut les rendre au déposant (art. 1944) [4].

1137. Nous examinerons plus loin la question de savoir si le dépositaire, rendant la chose au véritable propriétaire, peut répéter contre ce dernier ses impenses, et quelles garanties il a pour leur recouvrement [5].

c. *Cas d'une saisie-arrêt.*

1138. Une saisie-arrêt faite par les créanciers du déposant sur l'objet déposé empêche le dépositaire de restituer cet objet avant la mainlevée de la saisie. C'est l'application du droit commun ; l'ancien droit décidait déjà en ce sens [6], contrairement au droit romain ; l'art. 1944 consacre cette solution [7].

d. *Cas où un tiers est désigné pour recevoir la chose.*

1139. Au cas où un tiers a été indiqué comme étant celui

[1] V. cep. Cass. civ., 23 oct. 1889, S., 92. 1. 361 (cet arrêt, relatif au dépôt fait aux magasins généraux, s'appuie sur les principes de la faute délictuelle et néglige ceux du dépôt).

[2] Trib. com. Saint-Pétersbourg, 4 avril 1873, *Journ. dr. int.*, III, 1876, p. 60. — V. cep. Guillouard, n. 31. — V. *infra*, n. 1136.

[3] Laurent, XXVII, n. 126 ; Guillouard, n. 106. — *Contra* Pont, I, n. 504. — Cpr. Paris, 2 juill. 1830, D. *Rép.*, v° *Dépôt*, n. 82-3°.

[4] V. *infra*, n. 1155 s.

[5] V. *infra*, n. 1165, 1175 s.

[6] Argou, liv. III, ch. XXXIII, II, p. 331.

[7] V. *infra*, n. 1155 s.

pour le compte duquel le dépôt est fait, le dépositaire encourt une responsabilité en faisant la restitution au déposant [1].

Il en est autrement cependant si le déposant a indiqué un tiers dans son propre intérêt, c'est-à-dire a, en réalité, institué un mandataire [2].

1140. Lorsque le dépositaire, tout en faisant le dépôt en son propre nom, indique un tiers pour recevoir la restitution, ce tiers est un mandataire et la restitution faite entre ses mains est valable, quelque usage que le tiers fasse des choses restituées [3].

Il en est autrement cependant si le mandat est révoqué [4].

Nous examinerons plus loin si le dépôt peut encore, après la mort du mandant, être restitué au mandataire [5].

1141. Le droit pour le dépositaire de restituer le dépôt à un tiers résulte de ce que le dépôt est constaté par un ticket au porteur; la restitution peut être faite au porteur du ticket [6]; ce n'est pas qu'il y ait là un mandat, comme on l'a prétendu [7], c'est parce que tout détenteur d'un titre au porteur est réputé en être propriétaire.

L'intérêt de cette considération est que non seulement le dépositaire peut, mais doit rendre le dépôt au porteur du ticket et n'est pas libéré par une restitution faite au déposant; si on considère, au contraire, le porteur comme le mandataire du déposant, ce dernier peut révoquer le mandat soit expressément, soit tacitement en réclamant lui-même la restitution.

e. *Décès du déposant.*

1142. L'art. 1939 prévoit le cas de mort du déposant avant que la restitution soit effectuée : « *En cas de mort naturelle* » [*ou civile*] *de la personne qui a fait le dépôt, la chose dépo-* » *sée ne peut être rendue qu'à son héritier. — S'il y a plusieurs*

(1) Cass., 26 août 1813, S. chr. — Guillouard, n. 85.

(2) Laurent, XXVII, n. 114; Guillouard, n. 85.

(3) Cass., 13 mars 1861, S., 61. 1. 446. — Angers, 15 juin 1862, S , 62. 2. 87. — Guillouard, n. 86.

(4) Aubry et Rau, IV, p. 623, § 403; Guillouard, n. 86 et 87.

(5) V. *infra*, n. 1143 s.

(6) Caen, 17 nov. 1875, S., 76. 2. 49. — Guillouard, n. 86.

(7) Guillouard, n. 86.

» *héritiers, elle doit être rendue à chacun d'eux pour leur part » et portion. — Si la chose déposée est indivisible, les héri- » tiers doivent s'accorder entre eux pour la recevoir* ».

Le mot *indivisible* a, dans le dernier alinéa de notre article, un sens spécial : il fait, comme nous le dirons, allusion au cas où la chose déposée est un corps certain non susceptible de division matérielle ; peu importe qu'elle soit susceptible de division intellectuelle et divisible par conséquent dans le sens des art. **1217** et s. (¹).

Si le droit des héritiers n'apparaît pas très clairement, le dépositaire peut exiger que les héritiers fassent la preuve de leur droit héréditaire (²).

1143. Le mandat de remettre l'objet déposé à un tiers cesse, comme tous les mandats, par la mort du mandant, c'est-à-dire du déposant (³) (C. civ. **2003**). Cela résulte aussi des travaux préparatoires (⁴).

Mais, conformément au droit commun, le déposant peut déclarer que, même après sa mort, l'objet déposé doit être restitué au tiers désigné par lui à titre de mandataire (⁵). En ce qui concerne particulièrement le dépôt, le droit romain donnait cette solution (⁶), et il en était de même dans l'ancien droit (⁷). L'opinion contraire se fonde sur ce que le mandat *post mortem* est nul et oblige, malgré toute clause contraire,

(¹) V. *infra*, n. 1148.

(²) Cass., 11 juill. 1860, S., 60. 1. 971, D., 60. 1. 305. — Guillouard, n. 96.

(³) Cass., 22 nov. 1819, S., chr. — Cass., 16 août 1842, S., 42. 1. 850. — Cass., 29 avril 1846, S., 46. 1. 689, D., 46. 1. 244. — Paris, 1er mars 1826, S. chr. — Bordeaux, 5 fév. 1827, S. chr. — Paris, 14 mai 1853, S., 53. 2. 507. — Paris, 20 nov. 1888, *Gaz. Pal.*, 88. 2. 658. — Pont, I, n. 480; Laurent, XXVII, n. 117; Guillouard, n. 87.

(⁴) Exposé des motifs de Favard, Fenet, XIV, p. 515.

(⁵) Pont, I, n. 482; Guillouard, n. 91. — *Contra* Cass., 12 déc. 1815, S. chr. — Cass., 2 avril 1823, S. chr. — Cass., 12 mars 1827, S. chr. — Montpellier, 6 mars 1828, S. chr. — Douai, 31 déc. 1834, S., 35. 2. 215. — Bordeaux, 8 août 1853, S., 53. 2. 641. — Montpellier, 25 fév. 1862, S., 62. 2. 209. — Trib. civ. Le Mans, 24 janv. 1894, *Rec. d'Angers*, 1894, p. 193. — Paris, 29 nov. 1888, précité. — Troplong, n. 146 ; Duvergier, n. 483 s. ; Aubry et Rau, IV, p. 625, § 403, note 13; Laurent, XXVII, n. 118.

(⁶) L. 26, pr., D., *Depos. vel contra*, 16. 3.

(⁷) Arrêts de 1708, 1745 et 1758, cités par *Nouveau Denisart*, v° *Don. entre-vifs*, § 12, n. 11. — *Nouveau Denisart*, v° *Don. entre-vifs*, § 12, n. 11.

le dépositaire à rendre l'objet déposé aux héritiers du déposant; cela est inexact [1].

1144. Si le tiers désigné est, en réalité, un donataire, et que l'acte de dépôt n'indique pas que son droit est maintenu après la mort du déposant, le dépositaire ne peut faire la restitution au tiers désigné [2]; en effet, aux yeux du dépositaire, le tiers n'est qu'un mandataire et il faut par conséquent appliquer la règle que le mandat cesse par la mort du mandant. C'est, du reste, ce qui a été expressément indiqué dans les travaux préparatoires, dont il est bon, pour la solution de la question suivante, de reproduire les motifs [3]. « Le dépositaire ne peut pas, à l'insu de l'héritier, disposer du dépôt en faveur de la personne qui lui avait été désignée, parce que le dépôt serait un fidéicommis qui aurait souvent pour but des dispositions prohibées. Le législateur a dû écarter soigneusement tout ce qui pourrait favoriser la violation de la loi sur la disponibilité des biens, surtout après lui avoir donné la latitude qu'elle devait avoir dans les mœurs ».

Mais s'il est dit expressément qu'en cas de mort du déposant, la restitution devra être faite au tiers, donataire en réalité et désigné comme mandataire, faudra-t-il dire encore que la restitution ne peut être faite à ce tiers, ou devra-t-on adopter la solution contraire?

Il va sans dire, tout d'abord, que dans l'opinion qui annule le mandat *post mortem mandantis,* la restitution ne peut être faite au tiers, puisque le tiers n'a à considérer la situation du tiers que telle qu'elle résulte de l'acte.

Mais que décider dans l'opinion contraire? On admet quelquefois que la restitution ne peut être faite au tiers [4]. On peut se prévaloir des considérations invoquées dans le passage des travaux préparatoires que nous avons cité à propos de la question précédente; c'est pour empêcher les donations déguisées qu'on a refusé tout droit au mandataire après la

[1] V. notre *Tr. du mandat.*
[2] Pont, I, n. 480; Guillouard, n. 87.
[3] Exposé des motifs de Favard, Fenet, XIV, p. 515.
[4] Duvergier, XXI, n. 483; Troplong, n. 146 s.; Aubry et Rau, IV, p. 624, § 403, note 13.

mort du déposant; or, il ne saurait appartenir à ce dernier de tourner une prohibition qui, comme celle-ci, a été introduite par la loi pour des raisons d'ordre public. On dit, dans le même sens, que le mandat déguisant une donation est nul, parce qu'il empêche l'irrévocabilité de la donation, et qu'en outre l'art. 1939 dispose d'une manière absolue que la restitution doit être faite aux héritiers.

Nous écartons tout d'abord ce dernier argument, car s'il était exact il conduirait à annuler le mandat de demander la restitution du dépôt après la mort du mandant et, par hypothèse, ce mandat est valable.

L'argument tiré de l'irrévocabilité des donations n'est pas plus fondé; car si la donation déguisée aussi bien que la donation ouverte doit être irrévocable, elle est irrévocable aussi bien que quand elle résulte d'un mandat que quand elle résulte de tout autre acte; sans doute, le mandat est ordinairement révocable, mais comme, en l'espèce, il déguise une donation, il n'est pas révocable; et si, en fait, le mandant révoque le mandat, le donataire fera tomber la révocation en prouvant sa qualité de donataire.

La donation, objecte-t-on encore, exige le concours des volontés du donateur et du donataire, et ce concours ne peut plus s'opérer après la mort du donateur. Ce raisonnement repose sur une confusion; dès le jour où le mandat déguisant une donation a été accepté par le mandataire, le concours des volontés s'est opéré et la donation s'est effectuée; l'exécution seule en est retardée.

Enfin le droit romain (¹) et l'ancien droit étaient entièrement en notre sens (²).

Les travaux préparatoires, qui d'ailleurs n'examinent pas la question, ne peuvent enlever leur valeur à une argumentation aussi sûre (³).

(¹) L. 26, pr., D., *Depos. vel contr.*, 16. 3.

(²) Arrêts de 1708, 1745 et 1758, *Nouveau Denisart*, v° *Don. entre vifs*, § 12, art. 11. — *Contra* Arrêt du parlement de 1786, *Nouveau Denisart, loc. cit.*

(³) Cass. req., 11 déc. 1815, S. chr. — Cass. req., 2 avril 1823, S. chr. — Limoges, 9 juil. 1821, S. chr. — Lyon, 25 fév. 1835, S., 35. 2. 424. — Amiens, 16 nov. 1852, S., 54. 2. 60, D., 54. 2. 255. — Paris, 30 juin 1892, D., 93. 2. 543. — Pont, I, n. 482; Massé et Vergé, V, p. 9, note 17.

1145. Certains auteurs [1] font, à la suite de Denisart [2], une distinction : la donation est valable si le dépositaire agit au nom du donataire, parce qu'alors la donation est consommée, elle est nulle si le dépositaire agit au nom du donateur, parce qu'alors la donation n'est qu'en projet. Cette distinction nous paraît étrangère à la question ; car si le dépositaire agit pour le compte du donateur, la donation peut néanmoins avoir été consommée par l'accord de volonté entre le donateur et le donataire; au surplus, ce n'est là qu'une question de mots, car si la validité de la donation dépend d'une circonstance aussi insignifiante, il sera facile aux parties de déclarer dans l'acte de dépôt que le dépôt est fait pour le compte du mandataire.

Ajoutons que la doctrine que nous venons de combattre présente de grandes difficultés pratiques, car comment savoir si le tiers a agi comme représentant du donateur ou comme représentant du donataire ? On dit qu'en principe, et par explication de l'art. 1939, la première solution doit être acceptée [3], mais qu'il en est autrement si le tiers est tuteur, père, mandataire [4] ou même oncle ou tante [5] du donataire ; cela est arbitraire.

1146. Toutefois si, en fait, la donation déguisée sous la forme du mandat est une donation à cause de mort, c'est-à-dire si le donateur se réservait effectivement le droit de la révoquer, la donation est nulle [6].

Elle est également nulle, conformément aux principes des donations déguisées, si elle est faite à un incapable de recevoir [7], et réductible si elle porte atteinte à la quotité disponible [8].

[1] Guillouard, n. 71.
[2] *Loc. cit.*
[3] Guillouard, n. 92.
[4] Denisart, *loc. cit.*
[5] Parlement de Paris, 23 juin 1758, cité par Denisart, v° *Dépôt*, § 1, n. 12. — Guillouard, n. 92.
[6] Bordeaux, 8 août 1853, S., 53. 2. 641, D., 54. 2. 81. — Pont, I, n. 482.
[7] Pont, I, n. 482 ; Guillouard, n. 93.
[8] Pont, I, n. 482 ; Guillouard, n. 93.

Enfin elle est nulle si le donataire n'a pas accepté la donation du vivant du donateur [1].

1147. Il a été décidé que le dépositaire qui affirme aux héritiers du déposant que la restitution du dépôt a été faite à un tiers indiqué pour le recevoir, doit faire connaître ce tiers, afin que les héritiers puissent s'assurer qu'il était, en effet, indiqué au dépositaire, et qu'il était capable de recevoir du déposant [2].

Il serait plus exact de dire qu'il appartient au dépositaire de prouver qu'un tiers a été désigné pour recevoir la restitution.

1148. On a vu qu'aux termes de l'art. 1939, la restitution doit être faite par portions divises entre les héritiers si la chose est divisible, et à la personne qu'ils désignent si la chose est indivisible [3].

Mais il ne s'agit pas ici d'une indivisibilité intellectuelle au sens de l'art. 1217 C. civ. L'art. 1939 est fondé sur l'idée que la chose déposée ne doit être divisée que si elle peut l'être ; il s'agit donc d'une indivisibilité matérielle [4].

Ainsi, en cas de dépôt de monnaies dans un sac ou un coffre, la restitution ne peut être faite qu'à tous les héritiers du déposant conjointement, car la défense faite par la loi au dépositaire d'ouvrir le récipient lui interdit de diviser la somme déposée [5].

1149. Si le dépôt, divisible ou non, est rendu à l'un des déposants ou héritiers, au lieu d'être rendu à tous, le dépositaire doit évidemment une indemnité aux autres [6].

Ces derniers n'ont à justifier que d'une chose, c'est que le dépôt a déjà été restitué à l'un d'entre eux. S'ils ne sont pas en état de faire cette preuve, il sera possible au dépositaire d'échapper à la responsabilité en dissimulant la restitution et en offrant de restituer la chose aux réclamants à la condition qu'ils se munissent du consentement de ceux qui, en réalité,

(1) Guillouard, n. 71.
(2) Riom, 22 janv. 1811, S. chr.
(3) V. *supra*, n. 1142.
(4) Duvergier, n. 481 ; Pont, I, n. 484 ; Aubry et Rau, IV, p. 624, § 403, note 14 ; Laurent, XXVII, n. 119 ; Guillouard, n. 94.
(5) Guillouard, n. 94.
(6) Bordeaux, 27 juill. 1880, D. *Rép., Suppl.*, v° *Dépôt*, n. 37. — Guillouard, n. 95.

ont obtenu la restitution. C'est le moyen de défense qu'au dire de Loisel ([1]), dans une anecdote bien connue, saint Yves suggéra à un dépositaire, alors que l'un des déposants, de complicité avec l'autre, avait profité de l'ignorance du dépositaire pour obtenir la restitution du déposant, et qu'ensuite le second déposant avait également réclamé cette restitution.

F. *Epoque de la restitution.*

1150. L'art. 1944 porte : « *Le dépôt doit être remis au dé- » posant aussitôt qu'il le réclame, lors même que le contrat » aurait fixé un délai déterminé pour la restitution ; à moins » qu'il n'existe, entre les mains du dépositaire, une saisie- » arrêt ou une opposition à la restitution et au déplacement » de la chose déposée* ».

1151. L'obligation de restituer la chose déposée à toute réquisition, déjà admise en droit romain et dans l'ancien droit ([2]), dérive de l'idée que, le dépôt étant fait uniquement dans l'intérêt du déposant, le dépositaire n'a aucun intérêt à retenir une chose qui ne peut lui être d'aucune utilité ([3]).

C'est le motif donné par Pothier ([4]).

1152. Cette obligation existe même dans le dépôt où le dépositaire est autorisé à se servir de la chose déposée; en effet, c'est encore un dépôt et il tombe sous l'application de l'art. 1944, lequel est conçu en termes généraux. Du reste l'autorisation accordée au dépositaire de se servir de la chose n'empêche pas que le dépôt ne soit fait dans l'intérêt du déposant.

Mais la même obligation existe aussi si le dépôt est fait dans l'intérêt du dépositaire; ici elle s'explique moins, mais l'art. 1944 ne distingue pas.

Elle existe encore dans le dépôt salarié, et cela n'a rien d'injuste puisque ce dépôt a lieu dans l'intérêt du déposant; il en est autrement cependant dans l'opinion qui regarde le dépôt salarié comme un louage d'ouvrage.

([1]) Loisel, *Dialogue des avocats*, dans Dupin, *Prof. d'avocat*, I, p. 173.
([2]) Argou, liv. III, ch. XXXIII, p. 331.
([3]) Laurent, XXVII, n. 121 ; Guillouard, n. 103.
([4]) N. 58.

1153. L'obligation de restituer à première réquisition existe même dans le dépôt irrégulier [1]; mais cela n'est exact que dans notre opinion, d'après laquelle le dépôt irrégulier est un véritable dépôt; dans l'opinion qui y voit un prêt de consommation, il faut appliquer l'art. 1900, d'après lequel la restitution doit être faite au terme fixé, et, s'il n'y a pas de terme, à l'époque déterminée par le juge [2]. La première solution était celle de Pothier [3].

1154. La stipulation d'un terme dans le contrat de dépôt n'a rien d'illicite, quand le terme est court, et qu'il a été imposé au déposant pour éviter les difficultés qu'aurait le dépositaire à faire immédiatement la remise de l'objet [4].

En dehors de ces conditions, on doit supposer que les parties ont entendu faire un prêt [5]. Mais s'il est démontré qu'elles ont réellement voulu faire un contrat de dépôt, la stipulation du terme doit être réputée non écrite.

1155. Nous citerons plus loin un cas où, par exception, le dépositaire peut retenir la chose déposée. C'est celui où ses créances nées à l'occasion du dépôt ne sont pas acquittées [6].

D'un autre côté le dépositaire peut et doit restituer la chose déposée si elle a été volée et s'il en découvre le véritable propriétaire. Nous nous sommes demandé s'il en est de même dans le cas où une instance est engagée sur la propriété.

Enfin l'art. 1944 lui interdit la restitution en cas de saisie-arrêt ou opposition : c'est le droit commun, car une saisie empêche le détenteur de la chose d'autrui de s'en dessaisir.

Aussi faut-il décider que cette saisie-arrêt est soumise aux formes prescrites par les art. 557 C. proc. [7].

(1) Colmet de Santerre, VIII, n. 129 *bis*.
(2) Bordeaux, 6 fév. 1840, S., 40. 2. 267. — Guillouard, n. 20 et 22.
(3) N. 83.
(4) Trib. civ. Remiremont, 20 mars 1880, S., 81. 2. 225. — Sol. de la Régie, 3 fév. 1876, *Journ. de l'Enreg.*, art. 19961. — Sol. de la Régie, 14 août 1886, S., 88. 2. 224. — Pont, I, n. 494; Wahl, *Note*, S., 91. 1. 273 et *Exam. doctr. de la jurisp. d'enreg.*, *Rev. crit.*, XXI, 1892, p. 196.
(5) V. *supra*, n. 1094 s.
(6) V. *infra*, n. 1175 s.
(7) Bordeaux, 28 fév. 1849, S., 49. 2. 400, D., 49. 2. 154 (sol. implic.). — Duvergier, n. 497; Pont, I, n. 496; Aubry et Rau, IV, p. 625, § 403, note 16; Laurent, XXVII, n. 122; Guillouard, n. 104.

1156. Toutefois, l'art. 557 C. pr. n'exige ces formes que si la saisie émane de créanciers; en d'autres termes, s'il s'agit d'une saisie-arrêt. Si la saisie est faite par un tiers qui se prétend propriétaire (ce qui est une saisie-revendication), aucune forme n'est nécessaire [1].

1157. De son côté, le dépositaire ne peut pas, si aucun terme n'a été fixé pour la restitution, restituer le dépôt quand cela lui convient [2]; du moment qu'il s'est obligé à garder la chose, il ne peut, de sa propre autorité, se dégager de cette obligation. Le dépositaire, objecte-t-on, n'a pris aucune obligation au sujet de la durée du service qu'il rend. C'est précisément pour cela qu'il ne peut se dégager de lui-même. On ne peut lui donner le droit de restituer le dépôt sans subordonner ses obligations à son propre caprice.

Il va sans dire que, néanmoins, le dépositaire n'est pas tenu indéfiniment; il appartient au juge de décider, d'après la nature du dépôt, la situation respective des parties, ou toutes autres circonstances, quelle durée maxima on a voulu donner au dépôt.

1158. A plus forte raison, le dépositaire ne peut-il pas, si un terme a été fixé, restituer le dépôt avant l'arrivée de ce terme [3]. Il méconnaîtrait ses obligations d'une manière positive et, en outre, on se demande à quoi servirait la fixation d'un terme si le dépositaire aussi bien que le déposant pouvait le méconnaître. C'est une objection peu fondée que de dire qu'un service ne doit jamais nuire à celui qui le rend (*nemini beneficium debet esse damnosum*); cette maxime signifie qu'un donateur ne peut souffrir que le préjudice qu'il a voulu souffrir; elle ne signifie pas — ce qui serait absurde — que celui qui promet un service peut refuser de le rendre, et la doctrine que nous combattons aboutit cependant à ce résultat.

Nous n'approuvons pas la solution contraire de certaines législations [4].

[1] Bordeaux, 28 fév. 1849, et tous les auteurs précités.
[2] *Contra* Guillouard, n. 103.
[3] *Contra* Guillouard, n. 103.
[4] *Espagne*. C. civ., art. 1776. — *Italie*. C. civ., art. 1860.

G. *Lieu de la restitution.*

1159. Art. 1942. *Si le contrat de dépôt désigne le lieu dans lequel la restitution doit être faite, le dépositaire est tenu d'y porter la chose déposée. S'il y a des frais de transport, ils sont à la charge du déposant.*

Art. 1943. *Si le contrat ne désigne point le lieu de la restitution, elle doit être faite dans le lieu même du dépôt.* C'est-à-dire dans le lieu où se trouve la chose au moment de la restitution du dépôt [1]. La tradition est en ce sens [2].

Toutefois, si le dépositaire change ce lieu pour rendre la restitution plus onéreuse au déposant, l'art. 1943 cesse de s'appliquer [3]. C'est ce que décidaient le droit romain [4] et Pothier [5].

H. *Frais de la restitution.*

1160. L'art. 1942 porte que « s'il y a des frais de transport, ils sont à la charge du déposant ». Cette solution est fondée, comme le disait Pothier [6], sur l'idée que le dépositaire rend un service au déposant et ne doit en équité supporter aucun frais.

§ IV. *Obligations du déposant.*

I. *Remboursement des dépenses et des pertes.*

1161. « *La personne qui a fait le dépôt est tenue de rem-* » *bourser au dépositaire les dépenses qu'il a faites pour la* » *conservation de la chose déposée, et de l'indemniser de toutes* » *les pertes que le dépôt peut lui avoir occasionnées* » (art. 1947).

Nous avons déjà fait remarquer que ces obligations, dans le système de la loi, n'enlèvent pas au dépôt son caractère unilatéral [7].

(1) Duranton, XVIII, n. 67; Troplong, n. 168; Duvergier, n. 488; Pont, I, n. 492; Guillouard, n. 102.
(2) L. 12, § 1, D., *Depos. vel contra*, 16. 3. — Pothier, n. 57.
(3) Guillouard, n. 102.
(4) *Loc. cit.*
(5) *Loc. cit.*
(6) N. 56. — Argou, liv. III, ch. XXXIII, p. 333.
(7) V. *supra*, n. 1178.

En accordant au dépositaire l'action résultant du dépôt pour le remboursement des dépenses de *conservation* ou impenses nécessaires, la loi semblerait lui refuser implicitement cette même action pour les autres impenses qu'il aurait pu faire relativement à la chose déposée, c'est-à-dire pour les impenses d'*amélioration* (impenses utiles) et pour celles d'*agrément* (impenses voluptuaires) ; mais cela n'est pas entièrement vrai (1).

On fonde le droit du dépositaire sur ce que le dépositaire a implicitement reçu mandat de faire les dépenses nécessaires (2). Cela est inexact; car il faudrait alors dire que le dépositaire n'a aucune action s'il a fait les dépenses contre le gré du déposant mandataire.

On dit encore que le dépositaire doit être complètement indemnisé de ses dépenses. Cela est exact, mais, en principe, la loi considère qu'un créancier, qui s'abstient de réclamer sa dette, ne ferait aucun usage des fonds auxquels il a droit et c'est pour cette raison qu'elle lui refuse tout droit aux intérêts.

1162. Le dépositaire n'a aucune action pour les dépenses voluptuaires, il n'a que le droit de les enlever; c'est la solution donnée d'une manière générale par l'art. 599 C. civ. (3).

1163. Si l'art. 1947 ne parle pas des dépenses utiles, ce n'est pas pour les exclure (4); il serait, en effet, injuste que le dépositaire n'eût aucune action pour leur remboursement; ce serait contraire à la règle que nul ne peut s'enrichir aux dépens d'autrui; nous tirons dans le même sens un argument *a fortiori* de l'art. 555, qui donne au possesseur, même de mauvaise foi, le droit de demander le remboursement de ses dépenses utiles; on peut également invoquer l'art. 1375, qui donne le même droit au gérant d'affaires, car le dépositaire, au moins dans le cas le plus usuel, celui où il n'a pas le droit d'user de la chose, ne poursuit évidemment, comme le gérant d'affaires, en faisant les dépenses utiles, qu'un but, celui de rendre service au déposant. Enfin, l'art. 1947, en disant que

(1) V. *infra*, n. 1162 et 1163.
(2) Laurent, XXVII, n. 128; Guillouard, n. 109.
(3) Aubry et Rau, IV, p. 626, § 404, note 6; Guillouard, n. 111.
(4) V. les autorités citées à la note suivante. — *Contra* Laurent, XXVII, n. 128.

le dépositaire doit être indemnisé de toutes les dépenses que le dépôt lui a causées, peut s'appliquer à la question. En vain dit-on que le déposant ne peut être, en équité, tenu de rembourser les dépenses qu'il n'a pas autorisées; les arguments que nous avons invoqués prouvent le contraire.

Mais, conformément au droit commun, les dépenses utiles ne sont remboursées que pour la plus-value et non pas pour leur montant total (¹).

1164. Par application du droit commun, les intérêts des impenses nécessaires ne devraient être dus qu'à partir de la demande en justice (²). Cependant on a soutenu (³) qu'ils courent dès le jour des dépenses. On se fonde sur l'art. 2001, qui le décide ainsi pour les dépenses faites par le mandataire et à l'objection tirée de ce qu'un texte restrictif ne peut s'étendre, on répond que le dépositaire a agi comme mandataire. Cela est douteux, comme nous l'avons montré. A raison du caractère restrictif de l'art. 2001, il est encore plus dangereux peut-être d'en tirer un argument *a fortiori*, en disant que le dépositaire qui rend un service gratuit doit être traité plus favorablement que le mandataire.

1165. Quant aux impenses utiles, la question de savoir à partir de quel moment les intérêts en sont dus a paru à certains auteurs dépendre du point de savoir si l'art. 2001 s'applique ou non à la gestion d'affaires (⁴), et c'est également notre avis.

1166. Si la restitution est faite au véritable propriétaire, alors que le dépôt a été fait par un tiers, le dépositaire pourra demander au véritable propriétaire le remboursement de ses impenses nécessaires (⁵); c'est le droit commun, car ce remboursement est accordé même au possesseur de mauvaise foi et repose sur le principe que nul ne peut s'enrichir aux dépens d'autrui.

Pour la même raison, il pourra demander au véritable

(¹) Duranton, XVIII, n. 73; Duvergier, n. 502; Pont, I, n. 508; Guillouard, n. 112 (v. cep. n. 31).

(²) Pont, I, n. 509; Laurent, XXVII, n. 129.

(³) Bruxelles, 10 août 1855, cité par Laurent, *loc. cit.* — Guillouard, n. 110 et 113.

(⁴) Guillouard, n. 112.

(⁵) Guillouard, n. 31.

propriétaire le remboursement de ses impenses jusqu'à concurrence de la plus value ([1]), mais jamais au delà, même dans l'opinion qui lui accorde un droit au remboursement intégral contre le dépositaire ([2]).

Il ne pourra demander au déposant le remboursement de ses impenses même nécessaires ; nous avons, en effet, fondé l'action en remboursement sur le profit que les dépenses ont procuré au déposant ; or ici, le déposant n'a tiré aucun profit des dépenses.

La solution nous paraît devoir être, en matière de dépenses nécessaires, différente dans l'opinion qui fait reposer sur un mandat du déposant le droit au remboursement de ses dépenses.

1167. Le déposant doit aussi, d'après notre article, indemniser le dépositaire de toutes les pertes que le dépôt lui a occasionnées ([3]), par exemple des pertes résultant des vices cachés dont la chose était atteinte et qui se sont communiqués par la contagion à d'autres choses appartenant au dépositaire ([4]).

Nous avons cité également le cas où le dépositaire laisse périr sa chose pour sauver celle du déposant ([5]).

II. *Obligation de payer le salaire.*

1168. L'art. 1917 dit que le dépôt est *essentiellement,* mais non *exclusivement* gratuit, et cette simple remarque permet de concilier très facilement ce texte avec l'art. 1928-2°, duquel il résulte que la stipulation d'un salaire par le dépositaire ne transforme pas nécessairement le dépôt en un louage de services (argument des mots *dépositaire, dépôt*). Le salaire stipulé peut n'être qu'une faible compensation des soins qu'exige la garde du dépôt, et alors le contrat conserve dans une certaine mesure le caractère d'un acte de bienfaisance; il ne cesse pas d'être un dépôt ([6]). En d'autres termes, il est essen-

([1]) Guillouard, n. 31.
([2]) Guillouard, *loc. cit.*
([3]) Rivier, *loc. cit.*
([4]) Guillouard, n. 113.
([5]) V. *supra*, n. 1070.
([6]) Pont, I, n. 377; Aubry et Rau, IV, p. 618, § 401, note 5.

tiel, pour qu'il y ait dépôt, qu'une pensée de bienfaisance anime le dépositaire, mais il n'est pas nécessaire qu'il agisse sous l'influence d'un mobile exclusivement désintéressé. Le salaire stipulé par le soi-disant dépositaire est-il l'équivalent exact du service qu'il rend en se chargeant de la garde de la chose? C'est d'un louage de services qu'il s'agit; peu importe que l'opération ait été qualifiée *dépôt;* car le nom que les parties donnent à un contrat n'en saurait changer la nature. Mais, si le salaire stipulé par le dépositaire ne constitue qu'une rémunération tout à fait disproportionnée avec la valeur du service qu'il rend, le contrat ne cesse pas d'être un dépôt, c'est-à-dire un contrat de bienfaisance, pas plus qu'il ne perdrait ce caractère, si le déposant allouait volontairement au dépositaire une gratification qu'il ne lui a pas promise.

Le code modifie ainsi la conception de Pothier, d'après lequel, si le dépositaire « exige quelque rétribution pour sa garde, le contrat n'est plus un contrat de bienfaisance, il ne renferme plus un service d'ami... c'est un contrat de louage par lequel le gardien loue sa garde pour le prix convenu » [1].

Si Pothier s'exprime en termes aussi exclusifs, c'est évidemment qu'il n'a pas songé à l'hypothèse où le gardien se fait promettre un salaire inférieur à la valeur du service rendu; il est impossible de nier qu'en pareille hypothèse le gardien ne rende encore « un service d'ami ». Aussi ne peut-on qu'approuver le code d'avoir rangé ce cas dans le dépôt.

1169. Nous désapprouvons donc une opinion qui compte d'assez nombreux partisans et d'après laquelle le moindre salaire stipulé au profit du dépositaire convertit le dépôt en louage d'ouvrage [2].

Cette opinion invoque tout d'abord l'autorité de Pothier, mais Pothier, si on interprète sainement sa pensée, lui est contraire; il n'a, nous l'avons montré, envisagé que l'hypothèse où le salaire répond au service rendu, puisqu'il dit

[1] N. 13. — Argou, liv. III, ch. XXXIII, p. 330. — V. cep. *infra*, n. 1169.

[2] Riom, 30 mai 1881, D., 82. 2. 38. — Duranton, XVIII, n. 20; Troplong, n. 11 s.; Duvergier, n. 409; Laurent, XXVII, n. 77; Pascaud, *Rev. crit.*, XII, 1883, p. 184; Guillouard, n. 16, 17 et 55.

qu'en pareil cas il n'y a pas « service d'ami » ; Pothier décide donc implicitement que si le salaire est inférieur au prix du service, il y a bien dépôt, parce qu'il y a bien alors le service d'ami. Du reste, plus loin ([1]), Pothier dit seulement que le dépôt salarié n'est « pas un vrai contrat de dépôt, mais un contrat *qui tient plutôt du louage* ». Ailleurs encore ([2]), il voit le trait caractéristique du louage d'ouvrage et la différence entre ce contrat et le dépôt en ce que le locateur d'ouvrage s'engage non pas seulement à garder une chose, mais à « faire quelque chose pour l'utilité de celui qui a fait la tradition ». On peut interpréter de la même manière un passage où Domat ([3]) dit que « le dépôt doit être gratuit, autrement ce serait un louage ». Au surplus, si Pothier était contraire à notre doctrine, toute la conclusion qu'il faudrait tirer de cette observation est que le code aurait innové, car l'art. 1928 suppose formellement qu'il a été « stipulé un salaire pour la garde du dépôt ». On a bien essayé de détruire la portée de cet article en le mettant en opposition avec l'art. 1917, mais, nous l'avons dit, si le dépôt, aux termes de cette dernière disposition, est *essentiellement* gratuit, cela signifie simplement qu'il suppose nécessairement une intention libérale de la part du dépositaire et cette intention est compatible avec la fixation d'un salaire modéré.

Et si l'on veut consulter d'une manière complète les précédents, on est conduit bien plus encore à adopter notre solution, car le droit romain distinguait, au point de vue de la responsabilité, le dépôt ordinaire et le dépôt salarié, celui où des honoraires ont été stipulés (*merces accessit*) ([4]).

Le contrat, objecte-t-on encore, contient tous les éléments indiqués par l'art. 1710 à propos du contrat de louage d'ouvrage ; c'est une erreur : le contrat de louage exige, aux termes de ce texte « un prix » et un salaire modéré n'est pas un prix.

([1]) N. 31.
([2]) N. 9.
([3]) *Loc. cit.*, § 2.
([4]) Ulpien, L. 5, § 2, D., *Comm. vel contra*, 13. 6. On oppose la L. 1, §§ 8 et 9, D., *Dépos. vel contra*, 6. 3, mais ces textes supposent la stipulation d'un prix équivalent au service.

1170. Le contrat par lequel, moyennant un salaire, un commerçant ou un industriel, qui en fait profession, garde certains objets n'est pas un dépôt, mais un louage d'ouvrage [1]; meubles ou tapis confiés à un tapissier ou à un garde-meuble, fourrures confiées à un marchand de fourrures, farines confiées à un fabricant.

La principale question à laquelle donne naissance ce contrat est celle des droits du locateur et du maître vis-à-vis d'un assureur [2].

1171. Le contrat par lequel une personne ou un établissement de crédit s'engage, moyennant un salaire modéré, à garder des fonds ou valeurs, peut être, comme nous l'avons montré, un dépôt [3].

Il en est de même du contrat portant sur la garde de marchandises [4].

Mais la cour de cassation a jugé avec raison qu'il faut voir un bail à loyer, et non un dépôt salarié, dans la convention aux termes de laquelle le propriétaire d'une maison s'engage à y recevoir des marchandises moyennant une somme fixée suivant la quantité de marchandises, sans contracter l'obligation de *rendre* les marchandises ni celle de les *surveiller* [5].

1172. En cas de dépôt irrégulier, le salaire que prévoit l'art. 1928 peut être stipulé sous forme d'intérêts des sommes déposées [6]. Il n'y a là, en effet, qu'un mode spécial de calcul du salaire, lequel est proportionnel aux sommes déposées, et ce mode de calcul n'a rien que de très naturel, les difficultés de la surveillance croissant avec le montant de la somme déposée.

Même alors que l'intérêt est peu élevé, il n'y a pas nécessairement dépôt; l'intérêt du prêt peut être peu élevé puisqu'il

(1) Cpr. Massigli, *Rev. crit.*, XVI, 1887, p. 450.
(2) V. *supra*, n. 1075 s.
(3) V. *supra*, n. 1012. — *Contra* Guillouard, n. 16.
(4) *Contra* Guillouard, n. 16.
(5) Cass., 23 janv. 1884, S., 85. 1. 60. — *Contra* Riom, 30 mai 1881, D., 82. 2. 38. — Pascaud, *Rev. crit.*, XII, 1883, p. 184.
(6) Wahl, *Note*, S., 91. 1. 274 et *Ex. doct. de la jurispr. d'enreg.*, *Rev. crit.*, XXI, 1892, p. 196.

peut même ne pas exister ([1]). Nous avons vu quel critérium il faut employer à cet égard ([2]).

1173. Le paiement du salaire repose sur la convention qui a fixé ce salaire. Le véritable propriétaire n'en est donc pas tenu, alors même que la restitution lui est faite au lieu d'être faite au déposant, puisqu'il n'a pas participé à cette convention; il serait d'ailleurs inique de lui réclamer le paiement d'une garde dont il n'a pas profité.

En revanche le salaire peut, en toute hypothèse, être réclamé au déposant non propriétaire.

III. *Solidarité entre les déposants.*

1174. Les déposants ne sont pas tenus solidairement des obligations qu'ils contractent vis-à-vis du dépositaire ([3]), car la solidarité ne se présume pas et toutes les dettes de sommes d'argent se divisent entre les débiteurs.

Il s'est élevé quelques difficultés à cet égard pour le séquestre, où on a invoqué en sens contraire certains arguments qui pourraient être également opposés ici à notre solution ([4]).

IV. *Garanties de l'exécution des obligations du déposant.*

1175. Pour garantir l'exécution des diverses obligations dont le déposant est tenu à raison du dépôt, la loi accorde au dépositaire un droit de rétention sur la chose déposée ([5]).

Il est consacré par l'art. 1948, ainsi conçu : « *Le dépositaire peut retenir le dépôt jusqu'à l'entier paiement de ce* » *qui lui est dû à raison du dépôt* ».

([1]) Trib. civ. Remiremont, 20 mars 1880, S., 81. 2. 221. — Wahl, *Note*, S., 91. 1. 274.

([2]) V. *supra*, n. 1094 s.

([3]) Guillouard, n. 171.

([4]) V. *infra*, n. 1265.

([5]) L'art. 175 de la cout. de Paris accordait ce droit de rétention à l'hôtelier sur les effets du voyageur. — Le droit commun allemand refuse au dépositaire le droit de rétention et le code civil n'en fait pas mention, mais le code général prussien lui accorde ce même droit. La plupart des autres codes le lui accordent. — Bas-Canada, C. civ., art. 1812 ; Espagne, C. civ., 1780; Hollande, C. civ., 1766 ; Italie, C. civ., 1863; Uruguay, C. civ., 2245.

Le dépositaire peut notamment retenir la chose pour ce qui lui est dû pour son salaire.

Ainsi le banquier, dépositaire de titres que les propriétaires le chargent de remettre à une société, ne peut être forcé de les remettre à cette dernière avant le paiement de ses droits de commission [1].

Mais le droit de retenir la chose déposée n'est accordé au dépositaire, comme le montrent les termes de l'art. 1948, que pour les créances résultant du dépôt [2].

Il est donc certain que le dépositaire qui a restitué les choses déposées ne peut, pour ce qui lui est dû à l'occasion de ces choses, retenir d'autres choses qui lui ont été également déposés [3].

Il en est ainsi même si tous ces objets ont été déposés en même temps [4].

Mais le dépositaire qui a restitué une partie des objets déposés peut retenir le surplus même pour les frais qu'il a faits sur les objets restitués [5].

1176. On admet que le droit de rétention est réel, c'est-à-dire opposable non seulement au déposant, mais aussi aux tiers, par exemple à l'acquéreur de la chose déposée [6] ou au créancier du déposant [7].

1177. Quoique l'art. 1948 ne fasse aucune distinction, le droit de rétention n'existe que contre le déposant ou ses représentants; il ne peut être opposé au véritable propriétaire

(1) *Contra* Paris, 13 avril 1892, D., 93. 2. 228 (cet arrêt prétend que la commission n'est pas due pour le dépôt; c'est une erreur de fait).

(2) Paris, 18 déc. 1884, D. *Rép., Suppl.*, v° *Dépôt*, n. 50. — Aix, 24 fév. 1887, *Bull. d'Aix*, 87. 373. — Trib. civ. Chambéry, 1er août 1888, *Mon jud. Lyon*, 18 oct. 1888 (aubergiste). — Trib. civ. Chambéry, 6 mars 1889, *Mon jud. Lyon*, 27 avril 1889 (aubergiste).

(3) Rouen, 1er avril 1892, *Gaz. Pal.*, 93. 1. 2e p., 47. — Rouen, 24 mai 1892, *Rec. de Rouen*, 92. 1. 154.

(4) Rouen, 13 avril 1892, *Rec. du Havre*, 92. 2. 47.

(5) Gênes, 20 fév. 1885, cité par Franchi, *Ann. du dr. com.*, I, 1886-87, *Doctr.*, p. 54. — Le contraire a cependant été décidé pour des objets divisibles, comme des sacs de grains. — Rouen, 24 mai 1892, *Rec. de Rouen*, 92. 1. 154.

(6) Cass., 10 déc. 1850, S., 51. 1. 243, D., 54. 1. 399. — Cass., 8 déc. 1868, S., 69. 1. 272, D., 69. 1. 77. — Lyon, 27 août 1849, S., 49. 2. 557, D., 50. 2. 14. — Pont, I, n. 511; Aubry et Rau, IV, p. 627, § 404, note 4; Guillouard, n. 115.

(7) Mêmes auteurs.

réclamant la restitution du dépôt fait par un tiers. En effet, l'art. 1948 sert de sanction aux dispositions qui la précèdent, et qui visent exclusivement les rapports du dépositaire avec le déposant. D'un autre côté, le droit de rétention est, d'après nous, de droit étroit et ne peut résulter que d'un texte formel.

Aussi les auteurs qui accordent au dépositaire un droit de rétention contre le véritable propriétaire ne se fondent-ils pas sur l'art. 1948, mais bien sur une théorie générale qui n'est pas la nôtre et d'après laquelle le droit de rétention peut être exercé sur une chose pour toutes les dépenses faites à l'occasion de cette chose [1].

Dans cette opinion, le dépositaire peut opposer le droit de rétention au véritable propriétaire pour ses impenses [2].

Mais il ne peut l'opposer pour son salaire, car ce n'est pas là une dépense faite sur la chose; au surplus, il serait singulier que le véritable propriétaire pût être tenu, même indirectement, d'une dette qui ne lui a causé aucun profit.

1178. Le droit de rétention est, comme son nom l'indique, subordonné à la possession de la chose [3].

1179. Il ne permet pas au dépositaire de se payer par préférence sur le prix de la vente de l'objet déposé, même s'il provoque cette vente avec l'autorisation de la justice [4].

1180. Indépendamment de ce droit de rétention, le dépositaire a un privilège sur la chose déposée pour les impenses de conservation (art. 2102-3°), c'est-à-dire pour les dépenses nécessaires [5]. Il n'existe pas pour les dépenses utiles [6] ou les pertes faites à l'occasion de la chose [7].

Ce privilège a sur le droit de rétention la supériorité de

[1] Guillouard, n. 31.

[2] Guillouard, *loc. cit.*

[3] Duvergier, n. 506; Troplong, *Tr. des priv. et hyp.*, I, n. 257; Pont, I, n. 512; Aubry et Rau, IV, p. 627, § 404, note 5; Guillouard, n. 117.

[4] Duvergier, n. 508; Troplong, *Tr. des priv. et hyp.*, I, n. 257; Guillouard, n. 118. — *Contra* Cass., 10 déc. 1850, S., 51. 1. 243, D., 54. 1. 399 — Lyon, 27 août 1849, S., 49. 2. 557, D., 50. 2. 14.

[5] Duvergier, n. 506; Troplong, *Tr. des priv. et hyp.*, I, n. 257; Pont, I, n. 512; Aubry et Rau, IV, p. 627, § 404, note 6; Colmet de Santerre, VIII, n. 159 *bis*, II et III; Guillouard, n. 116.

[6] Guillouard, n. 117.

[7] Guillouard, n. 117.

n'être pas subordonné à la possession de la chose et de ne pas se perdre en cas de vente de la chose aux enchères sur la réquisition du dépositaire.

§ V. *Du dépôt volontaire en droit international.*

1181. Les règles du droit international relatives au dépôt sont l'application du droit commun. La capacité de chaque partie est réglée par sa loi nationale, la forme du contrat par le lieu où il est fait, la preuve par la loi du lieu où l'exécution est demandée (¹).

Quant à la manière dont se forme le dépôt et aux obligations des parties, on leur appliquera, conformément au droit commun, la loi nationale des parties, si les parties appartiennent à la même nationalité et, dans le cas contraire, la loi du lieu où le contrat a été passé (²). Cependant certains auteurs se réfèrent dans ce dernier cas à la loi du domicile du dépositaire, par la raison que le dépôt « comporte la garde de la chose, fait d'une certaine durée qui doit se réaliser au lieu du domicile du débiteur » (³); mais d'une part, la continuité de l'obligation n'a rien de spécial au dépôt; d'autre part, on ne voit pas pourquoi elle conduirait à écarter les principes ; enfin ce n'est pas toujours au domicile du dépositaire que doit avoir lieu la garde.

SECTION V

DU DÉPÔT NÉCESSAIRE

1182. Le dépôt est *volontaire,* lorsque le déposant a pu choisir en toute liberté la personne du dépositaire. Au cas où son choix a été dicté, sinon imposé par les circonstances, on est dans l'hypothèse du dépôt nécessaire. La loi établit assez

(¹) Albéric Rolin, *Princ. du dr. int. privé,* III, n. 1359. — Cependant cet auteur dit que l'application des art. 1925, al. 2 et 1926, reposant sur l'équité, doit être faite en toute hypothèse par les tribunaux du pays où ces articles sont en vigueur.

(²) Vincent et Penaud, *Dict. de dr. int.,* v° *Dépôt,* n. 1.

(³) Rolin, *op. cit.,* III, n. 1357 et 1358. — Pour les obligations de l'héritier du dépositaire qui a vendu de bonne foi la chose dont il ignorait le dépôt, il applique la loi qui règle la succession (n. 1360).

mal cette opposition : « *Le dépôt volontaire se forme par le » consentement réciproque de la personne qui fait le dépôt et » de celle qui le reçoit* », nous a dit l'art. 1921 ; et on lit dans l'art. 1949 : « *Le dépôt nécessaire est celui qui a été forcé par » quelque accident, tel qu'un incendie, une ruine, un pillage, » un naufrage ou autre événement imprévu* ». Il semblerait résulter de la combinaison de ces deux textes que le consentement des parties, essentiel à la formation du dépôt volontaire, ne l'est plus pour la formation du dépôt nécessaire et, en effet, les travaux préparatoires qualifient le dépôt nécessaire de quasi-contrat [1] et certains auteurs ont adopté cette manière de voir [2]. Mais telle n'a pu être la pensée du législateur. Le dépôt ne cesse pas d'être un contrat, quand il devient nécessaire à raison des circonstances; or il n'y a pas de contrat sans consentement (art. 1108) [3]. Tout ce que la loi veut dire, c'est que le dépôt nécessaire est celui qui est imposé par les circonstances et que le déposant peut être obligé, au cas de dépôt nécessaire, de confier le dépôt à la première personne qui consentira à s'en charger. Aussi l'art. 1917 dit-il en termes généraux que le dépôt est un contrat et l'art. 1951 soumet-il le dépôt nécessaire aux règles du dépôt volontaire.

Les circonstances qui donnent naissance au dépôt nécessaire sont presque toujours malheureuses, et c'est pourquoi la loi romaine désignait ce dépôt sous la dénomination de *depositum miserabile*.

Voici les principales hypothèses où un dépôt est considéré comme nécessaire :

L'incendie [4];

Le pillage [5];

Le naufrage [6];

[1] Exposé des motifs de Réal, Fenet, XIV, p. 507.

[2] Troplong, n. 208.

[3] Duvergier, n. 509; Pont, I, n. 515; Aubry et Rau, IV, p. 627, § 405, note 1; Laurent, XXVII, n. 132; Guillouard, n. 123.

[4] L. 1, §§ 2 et 3, D., *Depos. vel contra*, 16. 2. — Pothier, n. 75; Duvergier, n. 508; Rivier, *loc. cit.*

[5] Pothier, n. 75, Rivier, *loc. cit.*

[6] Pothier, n. 75; Rivier, *loc. cit.*

La ruine d'une maison (1).

Ces quatre événements sont indiqués par l'art. 1949 qui, d'après ses termes mêmes, n'a rien de limitatif (2).

Ajoutons :

L'invasion (3) ;

L'émeute (4) ;

L'inondation (5) ;

Un tremblement de terre (6).

1183. On a considéré comme nécessaire le dépôt de meubles fait à son mari par une femme séparée de biens, en se fondant sur ce que la femme est tenue d'habiter avec son mari (7). Mais cela est évidemment inadmissible ; ce n'est pas là un *accident* ou *un événement imprévu*, et, d'autre part, la femme est libre de se choisir un autre dépositaire.

Nous pensons également qu'il n'y a pas dépôt nécessaire dans le dépôt, effectué par une personne qui entre dans un asile ou dans un établissement hospitalier, de ses effets ou de son argent entre les mains du directeur ou de l'économe (8). Ici encore, il n'y a pas d'*événement imprévu* forçant le déposant à remettre ces objets au premier venu.

1184. Le dépôt n'est pas nécessaire par cela seul que le déposant a éprouvé une grande difficulté à trouver un dépositaire (9).

Il ne suffit même pas, pour que le dépôt soit nécessaire, qu'un danger puisse être prévu ; il faut que ce danger soit assez pressant pour que le déposant ait besoin de faire le dépôt et n'ait pas le temps de trouver un dépositaire (10).

1185. La précipitation avec laquelle il faut agir au cas de

(1) Pothier, n. 75 ; Duvergier, n. 508.
(2) Troplong, n. 207 ; Laurent, XXVII, n. 134 ; Guillouard, n. 122.
(3) Guillouard, n. 122.
(4) Guillouard, n. 122.
(5) Guillouard, n. 122.
(6) Guillouard, n. 122.
(7) Trib. civ. Valence, 9 mai 1888, *Mon. jud. Lyon*, 13 juil. 1888.
(8) *Contra* Lyon, 23 juil. 1897, D., 97. 2. 244.
(9) Cass., 12 août 1848, S., 49. 1. 298, D., 48. 5. 99. — Guillouard, n. 29.
(10) Cass., 17 mai 1810, D. *Rép.*, v° *Dépôt*, n. 150. — Cass., 12 août 1848, S., 49. 1. 298, D., 48. 5. 99. — Rennes, 2 août 1819, S. chr., D. *Rép.*, *loc. cit.* — Trib. civ. Chartres, 2 juil. 1830, D. *Rép.*, *loc. cit.* — Guillouard, n. 122.

dépôt nécessaire ne permet pas au déposant de songer à se procurer une preuve écrite du dépôt. C'est la raison pour laquelle [1] l'art. 1950, dérogeant sur ce point aux règles du droit commun, dispose, à l'exemple de l'ancien droit [2] : « *La preuve par témoins peut être reçue pour le dépôt nécessaire, même quand il s'agit d'une valeur au-dessus de cent cinquante francs* ». C'est une application de l'art. **1348-2°**. Il y a lieu de remarquer que la preuve testimoniale est admissible, non seulement pour établir le fait du dépôt, mais aussi pour prouver la nature et la valeur des choses déposées.

Nous examinerons d'une manière plus détaillée les questions de preuve à propos du dépôt d'hôtellerie [3].

1186. « *Le dépôt nécessaire est d'ailleurs régi par toutes les règles précédemment énoncées* » (art. 1951).

SECTION VI

DU DÉPÔT D'HÔTELLERIE

§ I. *Motifs de la responsabilité spéciale. Droit comparé.*

1187. Pothier donne le nom de dépôt d'hôtellerie aux dépôts que les voyageurs font de leurs effets dans les hôtelleries.

L'art. 1952 assimile le dépôt d'hôtellerie au dépôt nécessaire. « *Les aubergistes ou hôteliers sont responsables, comme dépositaires, des effets apportés par le voyageur qui loge chez eux ; le dépôt de ces sortes d'effets doit être regardé comme un dépôt nécessaire* ».

En réalité, non seulement il ne s'agit pas d'un dépôt nécessaire, il ne s'agit même pas d'un dépôt, puisque la responsabilité de l'aubergiste n'est pas subordonnée à une remise faite entre ses mains et que, d'autre part, ce dépôt n'a rien de gratuit de la part de l'aubergiste.

Aussi le droit romain ne rangeait-il pas le dépôt d'hôtellerie au nombre des dépôts.

Il donnait contre les hôteliers (*nautæ, caupones aut stabu-*

[1] Pothier, n. 76; Guillouard, n. 124 et 125.
[2] Ordonnance de 1667, tit. XX, art. 3.— Argou, liv. III, ch. XXXIII, II, p. 333.
[3] V. *infra*, n. 1229 s.

larii) une action *de recepto,* pour les forcer à restituer les choses qui leur avaient été confiées et une action *in factum* au double dans le cas de détournement, de destruction ou de détérioration provenant de l'hôtelier ou de ses préposés.

1188. La raison première de la disposition de l'art. 1952 est dans la défiance dont on environnait les aubergistes à Rome et dans le mauvais renom qui s'attachait à l'exercice de cette profession [1].

Dans l'ancien droit, même avant l'ordonnance de 1667, on décidait que le dépôt fait dans une hôtellerie, au patron d'un navire ou dans des étables publiques, ainsi qu'à tous ceux qui font des commerces publics et ont l'habitude de recevoir des dépôts, pouvait être prouvé par témoins [2]. On donnait comme motif de cette solution la nécessité où se trouvaient les particuliers de s'adresser à ces dépositaires [3], le peu de confiance qu'on avait en eux [4] et l'usage établi de ne pas demander des reçus aux aubergistes [5].

L'ordonnance de 1667 (tit. 20, art. 4) consacra cette solution en ce qui concerne les « dépôts faits en logeant dans une hotellerie entre les mains de l'hôte ou de l'hôtesse », en permettant aux juges d'admettre les preuves qu'ils jugeraient utiles « suivant la qualité des personnes et les circonstances du fait ».

Des mesures de police complétèrent cette règle et vinrent attester en même temps le peu de confiance qu'on avait dans les hôteliers. Une ordonnance de police du 12 février 1367 leur défendait d'ouvrir leur porte le matin avant d'avoir demandé à leurs hôtes s'ils n'avaient rien perdu durant la nuit précédente [6].

[1] Laurent, XXVII, n. 138; Kayser, Holzendorff's *Rechtslexikon*, v° *Receptum nautarum*. — Sur cette réputation des aubergistes à Rome, V. Friedlander, *Sittengesch. Roms*, II, p. 40 s.

[2] Arrêt du 25 oct. 1584, cité par Louet, let. D, n. 33. — Argou, liv. III, ch. XXXIII, II, p. 334; Danty sur Boiceau, *Tr. de la preuve par témoins en matière civile*, add. sur le ch. III, n. 18 et 19, d'après lequel la jurisprudence de tout le royaume était en ce sens.

[3] Danty, *loc. cit.*; Argou, *loc. cit.*

[4] Danty, *loc. cit.*

[5] Argou, *loc. cit.*

[6] Denisart, v° *Aubergiste*, § 3, n. 2.

1189. Aujourd'hui que les aubergistes et hôteliers sont placés sous une surveillance étroite de la police et qu'ils ne méritent plus, au reste, la défiance dont ils étaient environnés autrefois, ce motif a disparu [1]. Mais il en est un autre qui justifie la disposition de l'art. 1952, c'est que, les hôtels et auberges étant ouverts à tout le monde, les vols y sont faciles et ne peuvent être évités que par les constantes précautions de l'aubergiste [2].

Les législations étrangères suivent en général, sur la responsabilité des aubergistes, les principes du droit français [3].

(1) Guillouard, n. 128.

(2) Guillouard, n. 128.

(3) *Allemagne*. Le droit commun et l'art. 701 C. civ. admettent la responsabilité spéciale de l'aubergiste. — Kayser, *loc. cit.*; Goldschmidt, *Ztsch. f. Handelsrecht*, III, p. 61 s. — C. gén. prussien. C. civ. du roy. de Saxe. Le C. bavarois est muet. — *Autriche*. Le dépôt d'hôtellerie est soumis aux règles du dépôt ordinaire. — *Angleterre*. L'hôtelier est responsable des bagages des voyageurs (26 et 27 Vict. c. 41). Il n'est pas responsable des bagages laissés ou déposés dans un café annexé à l'hôtel (*Law Times Rep.*, N. S., 774) ou laissés dans l'hôtel par une personne qui n'y séjourne pas et se rend seulement dans un café annexe (Haute-Cour, Banc de la Reine, 22 nov. 1883, *Journ. dr. int.*, XIII, 1886, p. 115). Du reste, l'hôtelier est responsable, si brève que soit la durée de ses rapports avec le voyageur. Bennett c. Mellor, 5, *Times Rep.*, 273. L'*act* sur les aubergistes (26 et 27 Vict. c. 41) exempte l'aubergiste de toute responsabilité pour les effets d'une valeur excédant 30 livres, à condition d'un avis dans les chambres, et sauf la faute ou la négligence de l'aubergiste ou de ses serviteurs. — *Bas-Canada*. C. civ., art. 1677 et 1816. Responsabilité ordinaire, mais le voyageur est cru sur son serment pour la valeur en ce qui concerne ses bagages et à condition qu'ils soient « d'une valeur modérée et convenable à la condition du voyageur ». Ceci s'applique à ceux qui tiennent auberge, maison de pension, et hôtellerie (art. 1815). La responsabilité comprend le fait « des étrangers allant et venant dans la maison », sauf, dans ce dernier cas, si le dommage est arrivé par la négligence ou l'incurie de la personne qui en réclame le montant. — *Espagne*. C. civ., art. 1783. Le dépôt dans les auberges et hôtelleries est réputé nécessaire, mais à la condition que les aubergistes ou leurs préposés soient avertis de l'introduction des effets dans leur maison et que les voyageurs observent les précautions qui leur sont recommandées en vue de la garde. — *Etats-Unis*. Même responsabilité de l'aubergiste qu'en France. Kent, *Commentaries*, II, p. 595 et les décisions citées *infra, passim*; l'aubergiste y échappe, dans l'Etat de New-York, par un avis de déposer les objets entre ses mains (statut de 1857). V. appel New-York, nov. 1883, *Journ. dr. int.*, XI, 1884, p. 530. Dans l'Etat de New-York, le tenancier d'une *maison garnie* n'est pas soumis à la responsabilité exceptionnelle. Appel New-York, nov. 1883, précité. *Maine*. L'aubergiste est responsable « pour les habits, objets portés sur la personne, d'une valeur raisonnable, bagage personnel et argent nécessaire pour les dépenses du voyage et l'usage personnel » (Statuts révisés, ch. XXVII, art. 7). Il est responsable pour la montre et autres bijoux personnels,

§ II. *Nature des objets auxquels s'applique la responsabilité spéciale.*

1190. Le mot *effets*, qu'emploient les art. 1952 et 1953, comprend certainement tous les objets à son usage que le voyageur transporte avec lui ([1]) : linge, vêtements, etc., même les bijoux ([2]). Il comprend aussi l'argent comptant ([3]), les billets de banque et les autres titres au porteur que le voyageur apporte dans l'hôtellerie. Cela était autrefois admis sans aucune difficulté et cela résulte implicitement de la loi du 18 avril 1889 qui, en pareil cas, se contente de limiter le montant de la responsabilité ([4]).

L'art. 1952 s'applique également aux marchandises que le voyageur emporte avec lui ([5]).

1191. Mais on ne peut considérer comme effets les chevaux ou autres animaux et les voitures du voyageur ([6]). Le sens du mot est opposé à cette extension; du reste, la loi

C. supr. Maine, 3 juin 1885, *Journ. dr. int.*, XIV, 1887, p. 655. *Michigan*. Même responsabilité qu'en France; au-dessus d'un certain chiffre, obligation pour le voyageur de déclarer les bagages. Décidé que cette déclaration n'est pas nécessaire pour les marchands en ce qui concerne les objets de leur commerce. C. sup. Michigan, 18 juin 1884, *Journ. dr. int.*, XII, 1885, p. 578. — *Italie*. L'art. 1866 C. civ. reproduit à peu près les termes de notre art. 1952. — *Monaco*. Les art. 1791 et 1792 C. civ. de 1889 reproduisent les art. 1952 et 1953. Le code de 1818 contenait une limitation analogue à celle de notre loi de 1889, mais cette limitation a disparu. V. de Rolland, *Journ. dr. int.*, XX, 1893, p. 454. Décidé que l'aubergiste est responsable des objets qui ne lui ont été ni confiés ni déclarés, pourvu que ces objets ne soient pas d'une valeur excessive étant donné la condition et la fortune du voyageur. Trib. sup. Monaco, 6 mai et 11 nov. 1892, *Journ. dr. int.*, XX, 1893, p. 454. — *Suisse*. C. féd., art. 486. L'aubergiste est responsable, sauf s'il prouve que le dommage est imputable « soit au voyageur lui-même, soit à l'une des personnes qui l'accompagnent ou qui sont à son service, ou qu'il résulte d'un événement de force majeure ou de la nature même de la chose déposée ».

([1]) Guillouard, n. 142.

([2]) Rouen, 18 juil. 1889, *Gaz. Pal.*, 90. 1. 125 (et un grand nombre de décisions citées *infra* dans les notes suivantes).

([3]) Paris, 7 mai 1838, D. *Rép.*, v° *Dépôt*, n. 174. — Laurent, XXVII, n. 155; Guillouard, n. 142.

([4]) V. *infra*, n. 1225.

([5]) Guillouard, n. 142.

([6]) *Contra* Rennes, 26 déc. 1833, S., 34. 2. 286. — Besançon, 21 mai 1859, D., 59. 2. 166. — Trib. civ. Lyon, 23 déc. 1865, D., 66. 3. 40. — Trib. civ. Orange, 5 déc. 1890, *Rec. proc. civ.*, 91. 154. — Guillouard, n. 142.

parle d'effets *apportés* et on ne peut dire que le voyageur *apporte* sa voiture et ses chevaux; enfin, comme la disposition de l'art. 1952 est exceptionnelle, elle ne peut être étendue.

La solution contraire est cependant exacte dans l'opinion qui applique l'art. 1952 aux locateurs d'écuries [1].

1192. Dans tous les cas, à raison des règles générales, l'aubergiste répond de l'accident survenu dans son hôtel au cheval d'un voyageur, lorsque la cause de cet accident est inconnue ou si l'hôtelier ne démontre pas qu'il n'est pas en faute [2].

1193. Mais les objets qui se trouvent sur la voiture du voyageur donnent lieu à la responsabilité de l'art. 1952 [3].

1194. L'aubergiste est également tenu de veiller à la sécurité personnelle du voyageur [4], mais cela en vertu du droit commun. Il n'est pas responsable des accidents causés au voyageur par la faute ou l'imprudence de celui-ci [5].

§ III. *Point de départ et conditions de la responsabilité de l'aubergiste.*

1195. L'aubergiste est responsable, dans les limites fixées par l'art. 1952, à partir du moment où les objets ont été confiés à lui ou à ses préposés et avant même que ces objets n'aient pénétré dans l'auberge [6]; la responsabilité commence, par exemple, au moment où les objets du voyageur ont été remis au préposé qui accompagne un omnibus de l'hôtel à une gare de chemin de fer [7].

[1] V. *infra*, n. 1245.

[2] Trib. com. Saint-Nazaire, 5 janv. 1894, *Pand. franç.*, 95. 2. 104. — Trib. civ. Toulouse, 2 juin 1894, *Gaz. Trib.*, 24 août 1894. — Comme en toute matière, l'imprudence du voyageur atténue la responsabilité de l'hôtelier. Trib. com. Saint-Nazaire, 5 janv. 1894, précité (voyageur qui ne veille pas à ce que sa jument soit placée loin d'un autre de ses chevaux, lequel est difficile).

[3] Parlement de Paris, 14 août 1582, cité par Charondas le Caron, *Obs. du dr. franç.*, éd. 1614, p. 530.

[4] *Angleterre*, Ch. Lords, 26 mars 1886, *Journ. dr. int.*, XIV, 1887, p. 643 (motifs).

[5] Ch. Lords, 26 mars 1886, précité (pas de responsabilité si le voyageur, croyant aller aux cabinets d'aisance, entre dans une autre pièce fermée et renverse un meuble qui le tue).

[6] Trib. com. Le Havre, 21 mars 1892, *Rec. du Havre*, 92. 1. 149.

[7] Milan, 19 oct. 1886, *Journ. dr. int.*, XV, 1888, p. 427. — Chrétien, *Journ. dr. int.*, XV, 1888, p. 427; Kayser, *loc. cit.*

A plus forte raison la responsabilité ne date-t-elle pas seulement du moment où les bagages ont été apportés dans la chambre du voyageur [1].

1196. La responsabilité de l'aubergiste ne se restreint pas aux effets que le voyageur apportait avec lui, lors de son entrée dans l'auberge; elle s'étend aux effets que le voyageur y introduit dans le cours de son séjour [2].

De même l'hôtelier répond, dans les termes de l'art. 1952, des effets par lesquels le voyageur s'est fait précéder à l'hôtel [3].

1197. Dans notre ancien droit, on pouvait soutenir que l'aubergiste n'était responsable des effets apportés par les voyageurs dans l'hôtellerie qu'autant que le dépôt en avait été fait entre ses mains.

Cela résultait de l'ord. de 1667, qui parlait exclusivement du dépôt fait entre les mains de l'hôte ou de l'hôtesse, et telle était l'opinion de Pothier [4]. Cependant la jurisprudence s'était prononcée en sens contraire [5].

On admettait que si l'aubergiste n'avait pas reçu entre ses mains, avec désignation détaillée, les objets précieux, l'aubergiste n'en était pas responsable, à cause de la difficulté qu'il y avait à en apprécier l'existence et la valeur [6].

1198. Au contraire, aujourd'hui, l'aubergiste est responsable même des effets qui n'ont pas été déposés entre ses mains [7].

[1] Trib. sup. Cologne, 29 déc. 1894, S., 97. 4. 5 (cet arrêt en conclut que l'hôtelier est responsable du vol fait par le commissionnaire auquel le voyageur a confié ses bagages si ce vol est postérieur à l'entrée des marchandises dans l'hôtel.

[2] Trib. sup. Berlin, 19 juin 1856, *Archiv f. Rechtsfaelle*, XXXIII, p. 107. — Kayser, *loc. cit.*

[3] Trib. sup. Berlin, 30 sep. 1875, *Archiv f. Rechtsfaelle*, XCIV, p. 181, *Journ. dr. int.*, IV, 1877, p. 239. — Flach, *Journ. dr. int.*, IV, 1877, p. 240.

[4] N. 79.

[5] Parlement de Paris, 14 août 1582, cité par Charondas le Caron, *Observ. du droit français*, 1614, p. 530. — Danty sur Boiceau, *op. cit.*, addit. sur le ch. III, n. 21.

[6] Arrêts des 27 août 1677 et 3 fév. 1687 cités par Merlin, *Rép.*, v° *Hôtellerie*, § 1; Denisart, v° *Aubergiste*, § 3, n. 3.

[7] Cass., 11 mai 1846, S., 46. 1. 364. — Paris, 15 sept. 1808, S. chr. — Paris, 14 mai 1839, S., 39. 2. 264. — Amiens, 4 déc. 1846, S., 47. 2. 237, D., 47. 2. 76. — Rouen, 4 fév. 1847, S., 48. 2. 452. — Rouen, 18 juil. 1889, *Gaz. Pal.*, 90. 1. 125. — Trib. paix Rennes, 19 août 1893, *Rev. just. paix*, 94. 210. — Cass. Belgiq., 26 nov.

Car une disposition en ce sens du projet a été repoussée sur observations suivantes du tribunat : « Il a paru beaucoup trop rigoureux d'assujettir les aubergistes ou hôteliers, sans distinguer aucune circonstance et sans excepter aucun cas, à la responsabilité de tout ce qu'un voyageur aurait apporté chez eux, quand même ce serait des objets du plus léger volume et du plus grand prix et que même le voyageur n'aurait prévenu personne. Cette extrême rigueur deviendrait quelquefois une grande injustice et, comme il est impossible que la loi prévoie ces différents cas, elle doit se contenter d'établir le principe général et doit laisser le reste à l'arbitrage du juge » (1).

C'est à la suite de ces observations qu'on supprima l'art. 39 du projet, lequel disposait : « L'hôtelier ou aubergiste est responsable des effets apportés par le voyageur, encore qu'ils n'aient point été remis à sa garde personnelle ».

La comparaison entre les termes de l'art. 1952 et ceux de l'ordonnance de 1667 conduit à la même solution, surtout si l'on songe que sous l'empire de l'ordonnance de 1667 et malgré ses expressions très catégoriques en apparence, la jurisprudence ne restreignait pas la responsabilité de l'aubergiste au cas d'un dépôt fait entre ses mains.

Enfin, notre solution est seule d'accord avec les motifs dont s'est inspiré l'art. 1952 : c'est que, par sa destination, un hôtel doit être ouvert à tout moment et être l'objet d'une surveillance incessante qui garantit la sécurité de tout ce qui s'y trouve.

L'aubergiste est donc responsable des effets déposés dans un endroit quelconque de son auberge, par exemple, comme cela a été jugé dans l'ancien droit, dans une écurie (2).

1199. Toutefois, il ne suffit pas, pour que l'hôtelier soit responsable dans les termes de l'art. 1952, ni même pour qu'il encoure aucune responsabilité, que les effets du voyageur aient été introduits dans l'hôtel; il faut qu'ils l'aient été

1896, *Pasicr.*, 97. 1. 24. — Troplong, n. 207 et 218; Duvergier, n. 515; Pont, I, n. 530 s.; Aubry et Rau, IV, p. 628, § 406, notes 5 et 6; Guillouard, n. 144.

(1) Fenet, XIV, p. 495.

(2) Parlement de Toulouse, 27 fév. 1584, Maynard, *Arrêts*, ch. LXXXIII, n. 8.

avec le consentement de l'hôtelier ou de l'un de ses préposés [1]. D'abord, on ne comprendrait pas que l'hôtelier fût tenu de surveiller des effets dont il ne connait même pas l'existence dans son hôtel. Ensuite la responsabilité de l'hôtelier est une responsabilité essentiellement contractuelle, et, dans l'hypothèse que nous envisageons, il n'y a pas de contrat.

1200. Si le voyageur arrive en état d'ébriété, l'hôtelier n'en est pas moins responsable de ses bagages [2], car le dépôt ne s'en est pas moins effectué par le consentement des deux parties.

1201. L'aubergiste ne répond pas, dans les termes de l'art. 1952, des effets déposés par un voyageur qui loge ailleurs [3], car l'art. 1952 parle seulement du voyageur *qui loge chez l'aubergiste* auquel sont confiés ses effets. On conçoit, d'ailleurs, que l'aubergiste n'exerce pas une surveillance plus étroite que tout autre dépositaire sur les objets que lui confie un voyageur logeant ailleurs.

1202. L'art. 1952 ne s'applique donc pas aux objets confiés à un hôtelier par un voyageur qui quitte l'hôtel [4] ; cette hypothèse est en dehors du texte, qui y est également étranger par son esprit ; car le voyageur, s'il lui est difficile de se séparer de ses effets pendant son séjour à l'hôtel, peut, lors de son départ, les confier aussi bien à toute autre personne qu'à l'aubergiste.

Aussi assimilerons-nous à cette hypothèse celle du voyageur qui s'absente momentanément [5].

1203. Il en est de même de l'hypothèse où une personne confie des objets à un hôtelier pour être remis à un tiers qui descendra ultérieurement dans l'hôtel [6].

(1) *Contra* Danty, *loc. cit.* — Guillouard, n. 144.

(2) C. sup. Michigan, 18 juin 1884, *Journ. dr. int.*, XII, 1885, p. 578.

(3) *Contra* Metz, 17 avril 1812, S. chr., D. *Rép.*, v° *Dépôt*, n. 160. — Trib. civ. Orange, 5 déc. 1890, *Rec. proc. civ.*, 91. 154. — Flach, *Journ. dr. int.*, IV, 1877, p. 240.

(4) Cass., 4 juill. 1814, S. chr. — Cass., 10 janv. 1832, S., 32. 1. 91. — Guillouard, n. 141 ; Kayser, *loc. cit.* — *Contra* Flach, *Journ. dr. int.*, IV, 1877, p. 240.

(5) Trib. com. Seine, 3 déc. 1890, *Loi*, 7 janv. 1891.

(6) Laurent, XXVII, n. 154 ; Guillouard, n. 141. — *Contra* Paris, 6 avril 1829, S. chr. — Pont, I, n. 534.

1204. Nous montrerons plus loin que, pour certains objets précieux, la responsabilité de l'aubergiste est limitée s'ils n'ont pas été remis entre ses mains [1].

§ IV. *Cas d'application de la responsabilité de l'aubergiste et personnes dont il est responsable.*

1205. Le dépositaire, même quand le dépôt est nécessaire, ne répond en principe que de la faute qu'il ne commettrait pas dans ses propres affaires, *culpa levis in concreto* (art. 1927). C'est une exception aux règles du droit commun, d'après lesquelles le débiteur, obligé de veiller à la conservation d'une chose, est tenu de la faute que ne commettrait pas un bon père de famille, de la *culpa levis in abstracto* (art. 1137). Mais nous savons que cette exception cesse elle-même de s'appliquer, et que par conséquent on rentre dans la règle, lorsque le dépositaire a stipulé un salaire (art. 1928-2°) [2]. C'est précisément le cas de l'aubergiste, qui ne fait rien gratuitement pour les voyageurs qu'il reçoit. Aussi telle était la solution et tel était le motif donnés par le droit romain [3] et Pothier [4]. L'aubergiste est donc tenu de la *culpa levis in abstracto* [5]. Nous voyons même que l'art. 1953 aggrave singulièrement, à première vue, pour lui la responsabilité du droit commun, en mettant à sa charge, sans distinction aucune, des évènements, qui, dans bien des circonstances, semblent constituer des cas fortuits : « *Ils sont responsables du vol ou du dommage des effets* » *du voyageur, soit que le vol ait été fait ou que le dommage* » *ait été causé par les domestiques et préposés de l'hôtellerie,* » *ou par des étrangers allant et venant dans l'hôtellerie* ».

En tant que ce texte déclare l'aubergiste responsable du vol ou du dommage commis par les domestiques et préposés de l'hôtellerie, il ne fait que lui appliquer la responsabilité du droit commun; mais il semble, à première vue, la dépasser

(1) V. *infra*, n. 1225 s.

(2) V. *supra*, n. 1061.

(3) L. 5, D., *Nautæ, caup., stabul.*, 4. 9.

(4) N. 77.

(5) Trib. paix Oran, 30 nov. 1892, *Loi*, 15 déc. 1892. — Guillouard, n. 130 ; Kayser, *loc. cit.*

en le rendant responsable en outre du vol ou du dommage commis par les personnes *allant et venant dans l'hôtellerie* : expressions qui paraissent bien comprendre dans leur généralité, non seulement les voyageurs habitant l'hôtellerie, mais aussi les étrangers qui s'y sont introduits furtivement [1]. L'aubergiste, nous venons de le dire, peut ainsi avoir à répondre de vols, qui, dans toute autre circonstance, demeureraient, ce semble, à la charge du propriétaire comme constituant des cas fortuits. C'était déjà la solution du droit romain [2].

1206. Toutefois la dérogation au droit commun n'est qu'apparente. D'après le droit commun l'aubergiste tomberait sous l'application de l'art. 1384 C. civ., qui rend le patron responsable du fait de ses préposés, et cela quoique la responsabilité de l'aubergiste soit contractuelle ; l'art. 1384 est, en effet, une disposition générale qui ne s'applique pas seulement à la responsabilité délictuelle ; il ne fait que formuler cette règle que le patron coupable d'avoir insuffisamment surveillé ses préposés commet une faute personnelle, et on est responsable de ses fautes personnelles autant en matière de contrat qu'en matière de délit.

C'est à ce défaut de surveillance que tous les auteurs rattachent l'art. 1384 [3]. Or le même fondement devait conduire la loi à rendre l'hôtelier responsable du dommage causé aux effets du voyageur même par un tiers. Le dommage causé à un voyageur dans un hôtel (et il en est de même pour une voiture, un chemin de fer ou un navire), est toujours causé par la faute de l'hôtelier, qui doit choisir des préposés offrant les garanties nécessaires et pratiquer sur eux une surveillance étroite, et exercer un contrôle efficace sur tous ceux qui circulent dans l'auberge, et qui ne peuvent s'y introduire sans le consentement ou la négligence de l'hôtelier.

L'art. 1953 n'est donc pas, comme on le prétend généralement [4], une aggravation du droit commun formulé par

[1] Pont, I, n. 537; Aubry et Rau, IV, p. 629, § 406, note 7; Laurent, XXVII, n. 141; Guillouard, n. 145. — Cpr. Paris, 29 août 1844, D., 46. 2. 84.

[2] L. 1, § 8; L. 2, 3; L. 5, D., *de recept.* — Kayser, *loc. cit.*

[3] V. les auteurs cités par M. Wahl, *Note*, S., 95. 1. 417.

[4] Pont, II, n. 536 et 537 ; Guillouard, n. 145.

l'art. 1384 ; il est, comme l'art. 1384 lui-même, une application du principe que chacun, dans les contrats comme dans les délits, répond de sa faute personnelle. On ne s'expliquerait pas d'ailleurs pourquoi la responsabilité du droit commun serait aggravée au préjudice de l'aubergiste : de dire que la rigueur de la loi à son égard s'explique « par l'impossibilité où l'on serait de descendre dans les hôtels si l'on n'était pas assuré d'y trouver la sécurité » [1], c'est taxer la loi d'injustice, car c'est reconnaître que ces cas fortuits sont à la charge de l'hôtelier, et ce serait là une dérogation injustifiable aux principes généraux relatifs aux risques [2].

Les observations qui précèdent sont, comme on le verra, d'une très grande importance pour la solution de diverses questions.

1207. L'aubergiste est responsable du vol commis par ses domestiques ou préposés, même agissant en dehors de l'exercice de leurs fonctions [3], et notamment si ces derniers s'introduisent dans la chambre du voyageur dans le but spécial de le voler [4]. Ce n'est pas, comme le dit la jurisprudence [5], parce qu'à la différence de l'art. 1384, l'art. 1953 ne limite pas textuellement la responsabilité de l'hôtelier au cas où le préposé a agi dans l'exercice de ses fonctions (il resterait, en effet, à démontrer que ce silence s'explique par l'intention non pas de se référer, pour les conditions de la responsabilité, à l'art. 1384 formulant le droit commun, mais de déroger à cet article), c'est parce que dans le cas de dépôt d'hôtellerie, le dommage causé au voyageur par le préposé est toujours imputable à une faute de l'aubergiste. Tandis que, dans les autres cas, le maître n'a à s'inquiéter que des qualités professionnelles du préposé et, d'ailleurs, n'est pas en situation de le surveiller au dehors, l'aubergiste doit choisir ses domestiques de manière à pouvoir offrir une sécurité absolue

(1) Guillouard, *loc. cit.*

(2) Wahl, *loc. cit.*

(3) Cass. req., 5 fév. 1894 (impl.), S., 95. 1. 417 (voiturier). — Saïgon, 13 mai 1893, sous Cass., 5 fév. 1894, S., 95. 1. 417 (*Id.*). — Wahl, *Note*, S., 95. 1. 417.

(4) Saïgon, 13 mai 1893, précité. — Wahl, *loc. cit.*

(5) Arrêts précités.

aux voyageurs, auxquels le domestique doit donner ses soins; à raison de ce rôle même, le domestique peut être, d'ailleurs, regardé comme agissant toujours dans l'exercice de ses fonctions, puisqu'obligé de veiller à la sécurité du voyageur, il attente lui-même à cette sécurité. On peut ajouter, d'autre part, qu'autant il est difficile au maître de surveiller ses domestiques au dehors de l'immeuble qui lui appartient, autant il lui est facile de les surveiller dans cet immeuble même. Enfin l'aubergiste, répondant du fait des étrangers qui ne sont aucunement sous sa surveillance, doit à plus forte raison répondre du fait des préposés soumis à cette surveillance.

1208. Au nombre des personnes dont l'aubergiste est responsable figurent celles auxquelles il a loué les écuries ou la cour de l'auberge [1].

1209. La loi ne décharge l'aubergiste que lorsque le vol constitue, non plus simplement un cas fortuit, mais un cas de force majeure [2]. C'est du moins ce qui paraît résulter de l'art. 1954, ainsi conçu : « *Ils ne sont pas responsablees des* » *vols faits avec force armée ou autre force majeure* ».

1210. L'enlèvement par des soldats ennemis est un vol; il n'est donc pas d'une manière absolue à la charge du voyageur [3], il ne l'est que s'il est fait à main armée.

1211. Un vol commis avec de fausses clefs ne soustrait pas l'aubergiste à sa responsabilité [4]; ce n'est pas là une force majeure, car il aurait pu être évité par des verroux ou des serrures de sûreté.

Il en est de même du vol avec escalade et effraction [5]; on a beau objecter que le père de famille le plus diligent ne saurait l'éviter : une surveillance très attentive de la part de l'hôtelier le mettra à l'abri.

De même encore du vol commis à l'aide d'un trou fait dans

(1) Caen, 19 mai 1890, *Pand. franc.*, 90. 2. 236.

(2) Bourges, 17 déc. 1877, S., 78. 1. 112, D., 78. 2. 39. — Paris, 14 déc. 1881, S., 82. 2. 219. — Guillouard, n. 146; Kayser, *loc. cit.*

(3) *Contra* Trib. paix Amiens, 16 mars 1871, D., 71. 3. 101. — Guillouard, n. 147.

(4) Pont, I, n. 540; Guillouard, n. 147.

(5) Cass., 2 thermidor an VIII, S. chr. — Paris, 3 mai 1831, S., 33. 2. 186. — Troplong, n. 235; Aubry et Rau, IV, p. 629, § 406, note 9; Laurent, XXVII, n. 142; Guillouard, n. 147. — *Contra* Pont, I, n. 540.

la muraille ([1]). Cela a été ainsi jugé dans l'ancien droit ([2]).

1212. L'incendie, comme en toute matière, et notamment comme en cas de dépôt ordinaire, n'exonère pas par lui-même l'hôtelier; il faut que ce dernier fasse la preuve d'une force majeure ayant donné lieu à l'incendie ([3]), mais alors il est libéré ([4]).

1213. L'aubergiste est, par exception, responsable même de la force majeure, si elle est le fait de ses préposés ([5]); il est, en effet, de principe que le patron ne peut s'affranchir du fait de son domestique en démontrant qu'il n'a pu l'empêcher, car il est, en ce cas, coupable d'avoir mal choisi son domestique.

1214. L'aubergiste cesse d'être responsable, s'il prouve que la perte dont se plaint le voyageur a été occasionnée par la faute ou l'imprudence de celui-ci ([6]). En effet, on admet d'une manière générale que l'imprudence ou la faute de la victime viennent à la décharge de l'auteur de l'accident; c'est une conséquence de l'idée qu'il n'y a pas, en pareil cas, faute de la part de ce dernier; spécialement l'accident causé au voyageur par sa faute ou son imprudence ne sont pas imputables

([1]) Guillouard, n 147.

([2]) Parlement de Toulouse, 27 fév. 1584, cité par Maynard, *Arrêts*, liv. LXXXIII, n. 8.

([3]) Colmar, 8 avril 1845, D., 49. 5. 345. — Paris, 17 janv. 1850, S., 50. 2. 167, D., 51. 2. 122. — Trib. paix Saint-Astier, *Mon. just. paix*, 94. 216. — Aubry et Rau, IV, p. 629, § 406, note 8; Laurent, XXVII, n. 146; Guillouard, n. 146.

([4]) C. Michigan, 30, *Michigan*, 259, *Anal. journ. dr. int.*, IV, 1877, p. 265. — C. Michigan, 13, *Alb. law journ.*, 430. — La loi de 1866, de l'Etat de Michigan (ch. 658), le dit textuellement. — *Contra* C. New-York, 33, *New-York*, 571.

([5]) Cass., 11 mai 1846, S., 46. 1. 364, D., 46. 1. 192. — Amiens, 4 déc. 1846, S., 47. 2. 237. — Trib. empire d'Allemagne, 11 déc. 1885, S., 87. 4. 18. — Trib. paix Reims, 19 août 1893, *Rev. just. de paix*, 94. 46. — Trib. paix Doullens, 5 sept. 1894, *Pand. franç.*, 95. 2. 199 (impl.). — Pont, I, n. 536; Wahl, *Note*, S., 95. 1. 419.

([6]) Parlement de Paris, 27 août 1677, cité par Merlin, *Rép.*, v° *Hôtellerie*. — Paris, 2 avril 1811, S. chr. — Rouen, 4 fév. 1847, S., 48. 2. 452, D., 47. 2. 74. — Bordeaux, 27 avril 1854 (motifs), S., 55. 2. 95. — Angers, 15 juillet 1857, D., 57. 2. 167. — Trib. civ. Seine, 16 janv. 1884, D. *Rép.*, *Suppl.*, v° *Dépôt*, n. 67. — Trib. sup. Cologne, 29 déc. 1894, S., 97. 4. 5. — Delangle, *Conclusions*, sous Cass., 11 mai 1846, S., 46. 1. 364; Duranton, XVIII, n. 80; Troplong, n. 237; Massé et Vergé, V, p. 14, § 739, note 7; Duvergier, n. 520; Pont, I, n. 541; Aubry et Rau, IV, p. 630, § 406, note 13; Laurent, XXVII, n. 144; Guillouard, n. 152; Wahl, *Note*, S., 95. 1. 418. — V. cep. Cass., 11 mai 1846, S., 46. 1. 364, D., 46. 1. 192.

à un relâchement de surveillance de l'aubergiste. Tel serait le cas soit où le voyageur, ayant oublié de retirer la clé du secrétaire dans lequel il avait mis son argent [1], aurait été volé par une personne du dehors qui se serait furtivement introduite dans l'hôtellerie, soit où le voyageur aurait négligé de fermer la porte de sa chambre [2].

Le voyageur ne commet pas une imprudence en laissant ses effets dans une malle non fermée à clef [3], ou sur des meubles ou des patères [4], puisque l'aubergiste est responsable dans le cas même où le voyageur n'a pas de malles [5].

1215. L'imprudence ou la faute du voyageur sont également à la décharge de l'hôtelier si le vol émane d'un autre voyageur, à la différence du cas où il est le fait d'un étranger qui s'est introduit furtivement dans l'hôtel [6]. En vain objecterait-on que l'hôtelier peut refuser d'accueillir les voyageurs suspects, ou épier leurs démarches. Il n'en reste pas moins vrai que le voyageur, dans un hôtel aussi bien que partout ailleurs, doit manifester une attention suffisante.

1216. L'aubergiste n'est pas responsable du vol commis ou du dommage causé par les domestiques du voyageur [7]; car d'abord, le voyageur est en faute de n'avoir pas surveillé ou bien choisi ses domestiques; ensuite, et par application de l'art. 1384 C. civ., l'aubergiste a un recours contre celui

(1) Guillouard, n. 152; Wahl, *loc. cit.*

(2) C. d'appel Haute-Cour Angleterre, 36, *Law Times*, 150, *Anal. journ. dr. int.*, IV, 1877, p. 433. — Rouen, 4 fév. 1847, précité. — Trib. Bordeaux, 12 déc. 1894, *Rec. Bordeaux*, 95. 2. 20. — Guillouard, n. 152; Wahl, *loc. cit.* — Décidé cependant que ce fait ne dégage pas l'hôtellier si le voyageur a fermé ses malles. — Trib. sup. Monaco, 6 mai 1892, *Anal. journ. dr. int.*, XX, 1893, p. 454. — Dans tous les cas, il ne décharge pas l'hôtelier si, ensuite, le domestique qui a fait la chambre a également négligé de fermer la porte, et si l'aubergiste ne peut pas prouver que l'accident ait été causé avant ce moment. — Rouen, 18 juillet 1889, *Gaz. Pal.*, 90. 1. 125.

(3) Trib. paix Doullens, 5 sept. 1894, *Pand. franç.*, 95. 2. 199.

(4) Trib. paix Doullens, 5 sept. 1894, précité.

(5) Peu importe même que la chambre soit à deux lits et ne ferme pas à clef. Trib. paix Doullens, 5 sept. 1894, précité.

(6) Wahl, *Note*, S., 95. 1. 419. — *Contra* Paris, 14 déc. 1881, S., 82. 2. 219. — V. *supra*, n. 1205.

(7) Troplong, n. 237; Guillouard, n. 145. — Il ne lui suffit pas de prouver la présence d'un domestique du voyageur dans la chambre de celui-ci. Bruxelles, 31 janv. 1896, *Pasicr.*, 96. 2. 152.

dont le préposé a commis le vol; l'éventualité de ce recours empêche d'aboutir l'action du voyageur contre l'aubergiste.

Il avait été statué en ce sens dans l'ancien droit [1].

1217. Mais la règle que l'aubergiste n'est pas tenu du dommage causé au voyageur par sa faute ou son imprudence n'est pas applicable dans le cas où le dommage est causé par les préposés de l'aubergiste [2]. Vis-à-vis de ces préposés, la négligence du voyageur n'est pas une faute; le voyageur, en effet, n'a aucune précaution à prendre vis-à-vis des domestiques de l'hôtelier, lesquels, loin de mériter sa défiance, sont destinés à le protéger contre les tiers. D'ailleurs on ne peut plus ici prétendre que l'hôtelier n'ait rien à se reprocher : il a eu le tort de ne pas choisir des préposés offrant des garanties suffisantes.

Telle a été la solution de la jurisprudence quand elle a eu à statuer directement sur ce cas [3], et les arrêts qui ont soustrait l'aubergiste à toute responsabilité dans le cas de faute du voyageur sont relatifs à l'hypothèse où le dommage est causé par un tiers [4].

1218. Cette restitution donne lieu à des difficultés de preuve : l'auteur du vol, dans la plupart des cas, reste inconnu. On peut admettre que la grande connaissance des lieux manifestée par le voleur permet d'imputer le vol à un domestique de l'hôtel [5]. Mais, en dehors de cette présomption, il appartient au voyageur de prouver que le vol est imputable à un domestique; l'hôtelier ayant démontré que le voyageur a commis une imprudence, ce dernier, qui soutient que cette imprudence n'aggrave pas sa situation, à raison de la qualité du voleur, doit démontrer cette qualité [6].

(1) Arrêt des Grands Jours de Clermont cité par Merlin, *loc. cit.*

(2) Trib. paix Reims, 19 août 1893, *Rev. just. paix*, 94. 210. — Delangle, *Conclusions* sous Cass., 11 mai 1846, cité *infra;* Massé et Vergé, *loc. cit.*; Wahl, *Note*, S., 95. 1. 418.

(3) Cass., 11 mai 1846, S., 46. 1. 364, D., 46. 1. 192. — Cass. req., 5 fév. 1894 (impl.), S., 95. 1. 417. — Amiens, 4 déc. 1846, S., 47. 2. 237. — Saïgon, 13 mai 1893, S., 95. 1. 417.

(4) S'ils n'indiquent pas cette circonstance, c'est parce que, jusqu'à preuve contraire, le vol est censé avoir été commis par un étranger. — V. *infra*, n. 1231.

(5) Wahl, *Note*, S., 95. 1. 419.

(6) Wahl, *loc. cit.* — V. cep. Trib. paix Reims, 19 août 1893, précité.

1219. La faute du voyageur peut, si elle s'unit à celle de l'hôtelier, mitiger seulement la responsabilité de l'hôtelier [1].

1220. Aux termes formels de l'art. 1952, l'aubergiste est responsable non seulement du vol, mais du dommage causé aux effets du voyageur. On a cité comme exemples les accidents causés aux chevaux du voyageur dans les écuries de l'hôtelier [2], à moins que l'accident ne provienne du manque de précautions nécessitées par la nature de l'animal, sur lequel le voyageur n'a pas attiré l'attention de l'hôtelier [3].

Nous avons dit que l'aubergiste répond, dans les conditions du droit commun, du dommage causé au voyageur lui-même [4].

§ V. *Montant de la responsabilité.*

1221. En droit romain, l'aubergiste était tenu, par une *actio in factum*, du double de la valeur des effets. Cette obligation au double a disparu dans les législations mêmes qui suivent de très près le droit romain [5].

Mais l'aubergiste est tenu de la valeur totale des effets disparus ou de la valeur totale de la détérioration.

1222. Nous avons déjà vu que, dans l'ancien droit, l'aubergiste n'était pas responsable des objets précieux qui ne lui avaient pas été confiés avec désignation détaillée [6].

Au contraire, sous l'empire du code civil (et sauf le tempérament introduit par la loi du 18 avril 1889) [7], l'aubergiste est tenu indéfiniment des objets les plus précieux [8]. Car la loi ne fait aucune distinction et les art. 1952 et 1953 s'expriment en termes généraux. Au surplus on peut dire que l'au-

(1) Trib. com. Nantes, 10 juill. 1886, *Rec. Nantes*, 86. 413. — Trib. civ. Saint-Nazaire, 5 janv. 1894, *Droit*, 25 janv. 1894. — Trib. paix Doullens, 5 sept. 1894, précité.

(2) Besançon, 21 mai 1859, D., 59. 2. 166. — Bourges, 17 déc. 1877, S., 78. 2. 112, D., 78. 2. 39. — Trib. civ. Lyon, 23 déc. 1865, D., 66. 3. 40. — Guillouard, n. 143.

(3) Mêmes arrêts. — Guillouard, n. 143.

(4) V. *supra*, n. 1194.

(5) Kayser, *loc. cit.*

(6) V. *supra*, n. 1197.

(7) V. *infra*, n. 1225.

(8) Rouen, 18 juil. 1889, *Gaz. Pal.*, 90. 1. 125 (bijoux). — Trib. paix Reims, 19 août 1893, *Rev. just. paix*, 94. 210. — Laurent, XXVII, n. 156 et 157.

bergiste, étant en mesure de fournir une surveillance très étendue, ne peut se plaindre. D'autre part, les bijoux et l'argenterie étaient, lors de la promulgation du code civil, presque les seuls objets précieux connus et le législateur, guidé par une pensée traditionnelle de défiance à l'égard des aubergistes, a pu craindre que, malgré une description très exacte, l'aubergiste, si des bijoux lui étaient confiés, ne les remplaçât par des bijoux faux.

Cette opinion nous paraît implicitement consacrée par la loi du 18 avril 1889, qui a admis la responsabilité indéfinie de l'aubergiste pour les objets précieux, en se contentant d'exiger que certains d'entre eux fussent remis entre ses mains.

1223. Cependant on admet généralement que la responsabilité des aubergistes, en ce qui concerne les objets précieux, est limitée à la valeur des objets précieux que, suivant sa condition, le voyageur a dû raisonnablement emporter avec lui (1).

On a invoqué en ce sens l'équité; nous avons montré qu'au contraire l'équité commande notre solution.

On a invoqué aussi l'ancien droit, mais l'ancien droit allait plus loin encore, il affranchissait l'aubergiste de toute responsabilité relativement aux objets précieux et cette solution n'est évidemment plus admissible.

On a rappelé, en outre, que l'art. 1348 permet d'admettre ou de rejeter la preuve testimoniale suivant la qualité des personnes et les circonstances du fait; l'art. 1348 n'a rien à voir dans une question de responsabilité, puisqu'il concerne exclusivement la preuve.

Enfin on s'est prévalu de la suppression, sur les observations du tribunat, de la disposition qui restreignait la responsabilité de l'aubergiste au cas où les effets lui avaient été remis; il est indéniable que les observations du tribunat donnaient la solution de nos adversaires, mais en présence d'un texte formel il n'y a rien à inférer de ces observations, lesquelles n'ont d'ailleurs aucun rapport avec le texte supprimé.

(1) Paris, 21 nov. 1836, S., 37. 2. 78. — Paris, 26 déc. 1838, D. *Rép.*, v° *Dépôt*, n. 174. — Paris, 29 août 1844, D., 46. 2. 84. — Rouen, 4 fév. 1847, S., 48. 2. 452, D., 47. 2. 74.— Trib. civ. Nantes, 20 avril 1864, D., 73. 5. 161.— Troplong, n. 225 et 226 ; Duvergier, n. 519 ; Aubry et Rau, IV, p. 630, § 406, note 10 ; Guillouard, n. 149.

L'opinion que nous avons réfutée a encore trouvé des partisans depuis la loi du 18 avril 1889 (1).

1224. Dans tous les cas, si le dommage est causé par les domestiques de l'hôtelier, ce dernier en est toujours tenu indéfiniment, par application de l'art. 1384 C. civ. (2).

1225. La responsabilité illimitée s'applique-t-elle à l'argent, aux billets de banque et autres titres au porteur?

L'affirmative était admise avec raison par une jurisprudence constante, et les aubergistes se trouvaient ainsi soumis à une responsabilité écrasante, dépassant de beaucoup les prévisions des auteurs du code civil, car les voyages se sont beaucoup multipliés, les valeurs au porteur de toute nature ont singulièrement augmenté depuis le commencement du siècle, et il n'est pas rare aujourd'hui que des voyageurs transportent avec eux des sommes ou valeurs considérables. C'est en vue de restreindre cette responsabilité dans les limites raisonnables qu'a été décrétée, sur la pétition des aubergistes eux-mêmes, la loi du 18 avril 1889 (3). En voici le texte :

Article unique. — Il sera ajouté à l'article 1953 du code civil un paragraphe ainsi conçu : — « Cette responsabilité est » limitée à mille francs (1,000 fr.), pour les espèces mon- » nayées et les valeurs ou titres au porteur de toute nature » non déposés réellement entre les mains des aubergistes ou » hôteliers ».

Ce texte laisse subsister intacte la responsabilité de l'hôtelier pour tous les effets du voyageur autres que les espèces monnayées et les titres au porteur (4).

La situation de l'aubergiste n'est modifiée qu'en ce qui concerne les espèces monnayées et les titres ou valeurs au porteur de toute nature apportés par le voyageur dans l'hôtellerie et non déposés réellement entre les mains de l'hôte-

(1) Guillouard, *loc. cit.* (cet auteur cependant paraît dire le contraire au n. 159).

(2) Cass., 11 mai 1846, S., 46. 1. 364, D., 46. 1. 192. — Amiens, 4 déc. 1846, S., 47. 2. 237. — Aubry et Rau, IV, p. 630, § 406, note 11; Guillouard, n. 120. — V. cep. Douai, 19 août 1842, S., 42. 2. 422.

(3) Rapport Bérenger au Sénat, annexe au procès-verbal de la séance du 11 avril 1889.

(4) Rouen, 18 juil. 1889, précité (bijoux). — V. *supra*, n. 1223.

lier. Celui-ci n'en est responsable dans les termes des art. 1952 et 1953 que jusqu'à concurrence de 1,000 fr. Inutilement donc le voyageur prouverait-il que les espèces ou titres par lui apportés dans l'hôtellerie avaient une valeur plus considérable.

Certains codes étrangers contiennent des règles analogues [1].

1226. La loi de 1889 laisse subsister dans son intégrité la législation du code civil relativement aux espèces monnayées et aux valeurs ou titres au porteur déposés réellement entre les mains de l'hôtelier. Comme par le passé, ce dépôt continue à être un dépôt d'hôtellerie, un dépôt nécessaire par conséquent, dont la preuve peut être faite par témoins, quelle que soit la valeur; il ne devient pas un dépôt volontaire dont la preuve devrait être faite par écrit au-dessus de 150 fr. [2].

Pour la preuve, il en est de même si le dépôt n'a pas lieu entre les mains de l'hôtelier [3].

1227. En limitant la responsabilité de l'hôtelier, la loi ne dispense évidemment pas le voyageur de prouver qu'il avait en sa possession des espèces ou des valeurs [4].

Cette preuve peut être faite par témoins et par présomptions [5].

1228. Si l'existence d'une faute de l'hôtelier est démontrée, ce dernier est responsable de la valeur entière des objets non

[1] *Bas-Canada*. C. civ., art. 1677 et 1816. Pas de responsabilité pour « des sommes considérables en deniers, billets ou autres valeurs, ni de l'or, de l'argent, des pierres précieuses et autres articles d'une valeur extraordinaire contenus dans des paquets..., à moins qu'on ne leur ait déclaré que le paquet contenait tel argent ou tel objet ». Pour l'argent que le voyageur porte dans ses bagages, il y a lieu à remboursement s'il n'est pas supérieur à la condition du voyageur. — *Espagne*. V. *supra*, n. 1189. — *Suisse*. C. féd., art. 486. Pas de responsabilité si le voyageur ne les a pas confiés à la garde de l'hôtelier, pour « les sommes d'argent considérables ou autres objets de grande valeur ». Exception pour la faute de l'hôtelier ou celle des gens qui sont à son service.

[2] V. *infra*, n. 1229.

[3] Guillouard, n. 158; Wahl, *Tr. théor. et prat. des titres au porteur*, II, n. 1128.

[4] Riom, 7 nov. 1894, D., 95. 2. 558 (présomption résultant de l'honorabilité du voyageur). — Trib. civ. Reims, 14 déc. 1893, *Mon. jud. Lyon*, 22 fév. 1894. — V. *infra*, n. 1229.

[5] Trib. civ. Reims, 14 déc. 1893, précité.

déposés entre ses mains [1]. C'est l'application des art. 1382 et suiv. Le rapport de la loi de 1889 à la Chambre dit également : « Cette responsabilité spéciale est indépendante de celle du droit commun, dérivant des art. 1382 à 1386 », et le rapport au Sénat porte que rien n'est changé « aux règles ordinaires du code, lorsqu'il y a eu faute de l'hôtelier » [2].

Il en est de même s'il y a faute des personne dont l'hôtelier répond aux termes de l'art. 1384 C. civ. [3]. Nous avons vu que cette solution a toujours été admise avant la loi de 1889.

Mais, conformément au droit commun, c'est au voyageur qu'il appartient de prouver cette faute [4].

§ VI. *Preuve en matière de dépôt d'hôtellerie.*

1229. Conformément au droit commun, c'est au voyageur qu'il appartient de prouver le fait du dépôt.

La preuve par témoins est admissible, même au-dessus de 150 fr., pour établir en cas de besoin le fait du dépôt d'hôtellerie et son importance. Cela résulte de l'art. 1348 C. civ. et de ce que l'art. 1952 assimile le dépôt d'hôtellerie au dépôt nécessaire [5].

Et toutefois, le principe de l'admission indéfinie de la preuve testimoniale reçoit ici une importante limitation, qui d'ailleurs n'est pas particulière au dépôt d'hôtellerie : elle s'applique à tous les autres cas de dépôt nécessaire : et, si nous en parlons ici, c'est qu'elle reçoit surtout son application au dépôt d'hôtellerie. Cette limitation résulte des mots qui terminent l'art. 1348-3° et qui sont la reproduction littérale du texte de l'ordonnance de 1667 (tit. XX, art. 4) : « le tout » suivant la qualité des personnes et les circonstances du

[1] Bordeaux, 20 mai 1892, S., 93. 2. 51, D., 93. 2. 182 (le voyageur prévient l'hôtelier de bruits suspects). — Caen, 13 déc. 1892, *Rec. Rouen*, 93. 2. 127. — Guillouard, n. 158.

[2] Rapport Bérenger, S., *Lois annotées*, 1885-1890, p. 551, 1re col.

[3] Bordeaux, 20 mai 1892, précité. — Caen, 13 déc. 1892, précité. — Guillouard, n. 158. — Rapport Bérenger, précité.

[4] Bordeaux, 20 mai 1892, précité. — Caen, 13 déc. 1892, précité. — Décidé qu'il lui suffit de prouver le vol. — Riom, 7 nov. 1894, *Loi*, 24 déc. 1894.

[5] Paris, 14 déc. 1881, S., 82. 2. 219, D. *Rép., Suppl.*, v° *Dépôt*, n. 64. — Bordeaux, 20 mai 1892, S., 93. 2. 51, D., 93. 2. 182. — Guillouard, n. 148.

» fait ». La loi investit donc le juge d'un pouvoir discrétionnaire d'appréciation en ce qui concerne l'admission ou le rejet de la preuve testimoniale [1], et c'est ce qu'ont formellement indiqué les travaux préparatoires [2]. « Autrement, comme le dit Pothier, si cette preuve était indistinctement accordée à toutes sortes de personnes, les aubergistes seraient à la discrétion des filous ; un filou viendrait loger dans une auberge, demanderait à faire la preuve d'un prétendu dépôt qu'il prétendrait avoir fait à l'aubergiste ; et pour faire cette preuve, il ferait entendre comme témoins deux filous de ses camarades » [3].

1230. Comme en matière de dépôt ordinaire, le déposant peut agir contre l'aubergiste alors même qu'il n'était pas propriétaire de la chose [4]. Il n'a donc pas à prouver sa propriété.

1231. Le voyageur doit prouver qu'il avait en sa possession les objets qui lui ont été enlevés [5]. La preuve peut être faite par tous moyens [6].

C'est au voyageur qu'il appartient également de prouver le fait de la soustraction ou de l'endommagement [7].

Mais c'est à l'aubergiste, conformément au droit commun, qu'il appartient de faire la preuve de la force majeure [8].

Nous avons également montré que c'est à lui qu'il appartient de prouver la faute du voyageur [9], et nous avons examiné d'autres difficultés de preuve relativement au cas où le dommage provient d'un étranger ou d'un préposé de l'aubergiste [10].

(1) Bourges, 9 fév. 1820, S. chr. — Duvergier, n. 517 ; Pont, I, n. 524 ; Laurent, XXVII, n. 139 ; Guillouard, n. 148.

(2) Observations du tribunat, Fenet, XIV, p. 495.

(3) N. 80.

(4) Rivier, *loc. cit.* ; Kayser, Holtzendorff's *Rechtslexikon*, v° *Receptum nautarum*.

(5) Trib. civ. Bordeaux, 12 déc. 1894, *Rec. Bordeaux*, 95. 2. 20. — V. pour les effets précieux, *supra*, n. 1225 s.

(6) V. *supra*, n. 1227.

(7) Trib. paix Reims, 30 déc. 1893, *Loi*, 2 janvier 1894, *Rev. just. paix*, 94. 319. — Trib. sup. Monaco, 11 nov. 1892, *Anal. journ. dr. int.*, XX, 1893, p. 454.

(8) Bourges, 17 déc. 1877, S., 78. 2. 112, D., 78. 2. 39. — Paris, 14 déc. 1881, S., 82. 2. 219.

(9) V. *supra*, n. 1214. — Guillouard, n. 146.

(10) V. *supra*, n. 1218.

1232. Les règles relatives à la charge de la preuve subissent, pour les effets précieux, des modifications que nous avons déjà indiquées [1].

§ VII. *Actes et conventions modifiant les règles de la responsabilité.*

1233. La disposition de l'art. 1952 n'est pas d'ordre public; comme elle repose sur l'idée que le voyageur n'a pas pu connaître le degré d'honnêteté de l'aubergiste, une convention formelle peut écarter cette disposition. Il n'y a aucun doute sur ce point [2].

Une déclaration formelle de l'aubergiste, portée à la connaisssance du voyageur, produit le même résultat [3], car le voyageur, par son entrée dans l'auberge, a accepté cette déclaration.

Aussi faut-il que la déclaration soit antérieure, non pas, comme on le dit, à l'entrée du voyageur, mais à l'entrée des effets dans l'auberge [4].

1234. L'aubergiste peut-il limiter l'étendue de sa responsabilité à l'aide d'un avis affiché dans la chambre du voyageur ou dans les corridors de l'auberge? La question se pose également pour le voiturier. Elle doit être tranchée par la négative [5], car il faut, pour que la loi cesse de s'appliquer au profit du voyageur, que ce dernier ait renoncé à son droit; or on ne peut affirmer qu'il ait connaissance de l'avis, ni,

(1) V. *supra*, n. 1225 s.

(2) Trib. sup. Cologne, 29 déc. 1894, S., 97. 4. 5. — Kayser, *loc. cit.*

(3) Kayser, *loc. cit.* C'était la solution du droit romain (*si prædixerit*, dit la loi 7 pr., D., *De recept.*).

(4) Kayser, *loc. cit.*

(5) Rouen, 4 fév. 1847, S., 48. 2. 452, D., 47. 2. 74. — Caen, 17 déc. 1875, D., 76. 2. 190. — Rouen, 18 juil. 1889, *Gaz. Pal.*, 90. 1. 125. — Trib. civ. Toulouse, 2 juin 1894, *Gaz. Trib.*, 24 août 1894. — C. supr. Massachusetts, 7 janv. 1887, *Journ. dr. int.*, XIV, 1887, p. 500. — Trib. sup. Cologne, 29 déc. 1894, S., 97. 4. 5. — Troplong, I, n. 241; Pont, I, n. 543; Aubry et Rau, IV, p. 630, § 406, note 12; Laurent, XXVII, n. 146; Guillouard, n. 151; Wahl, *Tr. des titres au porteur*, II, n. 1125. — C. féd. suisse, art. 487. — *Contra* Jug. dans Seuffert, *Archiv*, X, p. 162, et *Blaett. f. Rechtsanwendung in Baiern*, XVII, p. 193. — Goldschmidt, *Zeitschr. f. Handelsrecht*, III, p. 331 s.; Kayser, *loc. cit.* — V. notre *Tr. du contr. de louage*, n. 1723, 1732 *bis*.

s'il en a eu connaissance, qu'il ait entendu s'y conformer.

On a dit, dans le même sens, que, le voyageur étant forcé de descendre dans un hôtel, l'opinion contraire permettrait aux hôteliers de modifier, par une entente entr'eux, les règles de leur responsabilité. Si cet argument était sérieux, il reviendrait à dire que l'hôtelier ne peut, même par une convention faite avec le voyageur, se décharger de sa responsabilité, ce qui est inadmissible.

Toutefois, il en est autrement si l'attention du voyageur a été spécialement portée sur l'avis et s'il n'a pas protesté.

De même, s'il a connu l'avis et qu'en fait on puisse dire qu'il a commis une faute en ne s'y conformant pas (1).

1235. De même l'aubergiste peut, par une convention formelle, subordonner sa responsabilité à un dépôt fait entre ses mains.

Ici encore un règlement ne suffit pas (2).

1236. Une convention formelle peut aller jusqu'à dégager l'aubergiste de sa faute (3), car tel est le droit commun ; il n'y a d'exception que pour la faute lourde et le dol.

§ VIII. *De ce qu'il faut entendre par aubergistes ou hôteliers et par voyageurs.*

1237. Les textes relatifs au dépôt d'hôtellerie ont un caractère exceptionnel.

Or ils parlent des *aubergistes* ou *hôteliers* ; si cette expression doit être considérée comme comprenant tous ceux qui font profession de loger les voyageurs, elle doit néanmoins être interprétée restrictivement et ne s'applique pas à toutes les personnes qui font profession de recevoir, moyennant salaire, chez elles les objets d'une nature déterminée qu'on voudra leur déposer ou les personnes qui se présenteront (4).

(1) Troplong, Pont, Laurent, Guillouard, *loc. cit.*
(2) *Contra* Guillouard, n. 137.
(3) *Contra* Trib. sup. Cologne, 29 déc. 1894, S., 97. 4. 5.
(4) Duvergier, n. 522 ; Aubry et Rau, IV, p. 628, § 406, note 1 ; Pignon, *Concl.* sous Trib. civ. Seine, 14 mai 1892, S., 92. 2. 156, D., 93. 2. 179, — et les autorités ci-après. — Jug. dans Seuffert, *Archiv*, II, n. 372 et XVII, n. 42 ; Goldschmidt,

L'opinion contraire s'appuie sur l'idée que les motifs de décider sont les mêmes; mais cet argument n'est, on le sait, d'aucune valeur quand il s'agit de dispositions exceptionnelles. On invoque encore un avis du conseil d'Etat du 10 octobre 1811, qui n'a pas le sens qu'on lui prête et dont nous donnerons l'explication [1].

1238. Toutefois l'art. 1952 s'applique aux aubergistes qui ne fournissent pas la nourriture, c'est-à-dire à ceux qui tiennent des hôtels garnis [2], ou aux aubergistes en ce qui concerne les effets des voyageurs auxquels ils ont loué une chambre au mois sans leur fournir la nourriture [3]. Non seulement les motifs de décider sont les mêmes, mais il s'agit bien là de véritables hôteliers. Aussi le conseil d'Etat, dans un avis interprétatif du 10 octobre 1811, a-t-il appliqué aux vols commis dans une maison ou hôtel garni l'art. 386 C. pén., qui punit les vols commis dans les hôtels.

Il en est de même des personnes qui louent des appartements garnis [4]; d'abord on peut bien les qualifier de tenanciers d'hôtels garnis; ensuite il n'y aurait aucune raison de les distinguer de ces derniers; enfin la loi du 25 mai 1838 (art. 2) assimile, au point de vue de la compétence des juges de paix, « les contestations entre les hôteliers, aubergistes ou logeurs, et les voyageurs ou locataires en garni » et c'est encore une preuve que ces professions sont en réalité considérées comme étant les mêmes.

Peu importe, d'ailleurs, que la location soit faite à des personnes qui sont de passage ou qui sont à demeure [5].

Zeitsch. f. Handelsrecht, III, p. 61; Harder, *Giess. Zeitsch.* (nouv. sér., XVIII, p. 221); Kayser, *loc. cit.* — *Contra* Guillouard, n. 133, — et les autorités ci-après.

(1) V. *infra*, n. 1238.

(2) Trib. paix Reims, 30 déc. 1893, *Loi*, 2 janv. 1894. — Trib. paix Doullens, 5 sept. 1894, *Pand. franç.*, 95. 2. 199, *Droit*, 17 janvier 1895. — Duvergier, n. 522; Aubry et Rau, IV, p. 628, § 406, note 1; Guillouard, n. 135 et 136. — *Contra* Kent, *Comment.*, II, p. 595. — Décisions américaines citées *Journ. dr. int.*, V, 1878, p. 548.

(3) *Contra* Kayser, *loc. cit.*

(4) Nîmes, 18 mai 1825, S. chr. — Trib. paix Reims, 30 déc. 1893, précité. — Trib. paix Doullens, 5 sept. 1894, *Pand. franç.*, 95. 2. 199. — Duvergier, n. 522; Aubry et Rau, IV, p. 628, § 406, note 1; Guillouard, n. 135 et 136.

(5) Trib. paix Reims, 30 déc. 1893, *Loi*, 2 janv. 1894.

1239. Mais l'hôtelier n'est plus soumis à la responsabilité exceptionnelle de l'art. 1952 lorsqu'il loue des appartements à un tiers qui en assume lui-même l'entretien.

Par exemple, un hôtelier loue à l'année des magasins et une chambre à un négociant pour lui servir de bureau [1].

L'art. 1952 ne s'applique pas davantage à ceux qui accidentellement louent une chambre garnie à une personne qu'ils connaissent, ou sur laquelle ils ont des renseignements particuliers, en un mot à raison des qualités personnelles du locataire; non seulement on ne peut qualifier de logeurs en garni ces locateurs, — car ils ne font pas profession de loger en garni, — mais les motifs d'appliquer l'art. 1952 n'existent pas, car il ne s'agit pas de personnes qui s'offrent au public pour le recevoir.

Mais il en est autrement si accidentellement, à l'occasion d'une foire, d'une fête, d'une exposition, d'un concours régional, d'une saison d'eau, etc., un propriétaire fait des locations en garni [3]; il exerce bien alors la profession de logeur en garni, il s'offre au public pour le recevoir, et la seule différence entre sa situation et celle des logeurs en garni dont nous avons parlé jusqu'alors, c'est qu'il n'exerce pas cette profession d'une manière permanente; mais la loi n'exige rien de ce genre. Sans doute aussi il est exempté de la patente (L. 25 avril 1844, art. 13, n. 4; L. 15 juill. 1880, art. 17, n. 3), mais c'est que la patente ne frappe que ceux qui exercent un commerce.

1240. Etablies en faveur des *voyageurs*, les dispositions exceptionnelles de nos articles ne peuvent être invoquées par ceux qui n'ont pas cette qualité, par exemple par une personne qui, ayant loué un appartement dans une hôtellerie de la localité qu'elle habite, y a apporté des effets [4]. D'ailleurs le motif de la loi manque ici aussi bien que son texte.

1241. Les art. 1952 à 1954 ne s'appliquent pas si le dépôt

(1) Angers, 15 juillet 1857, D., 57. 2. 167. — Guillouard, n. 140.

(2) Kayser, *loc. cit.*

(3) Guillouard, n. 136. — *Contra* Nîmes, 18 mai 1825, S. chr. (pour une foire ou une affluence extraordinaire d'étrangers).

(4) Aubry et Rau, IV, p. 628, § 406, note 1. — *Contra* Guillouard, n. 136.

est fait à un cafetier-restaurateur (1), sauf si, en fait, celui-ci reçoit des hommes pour y passer la nuit (2).

1242. Les art. 1952 à 1954 ne s'appliquent pas au dépôt de vêtements faits dans le vestiaire d'un théâtre, quoique ce dépôt ne puisse pas être fait ailleurs et qu'il ne soit (en réalité) pas gratuit (3).

1243. Ils ne s'appliquent pas aux objets apportés dans un bateau-lavoir (4); du reste, il faut dire que ces objets sont sous la surveillance constante, pendant le blanchissage, des blanchisseuses qui les apportent et que, si, pendant le séchage, ils sont étendus dans des cabines, il appartient encore aux blanchisseuses de les surveiller.

1244. Les art. 1952 et 1953 ne s'appliquent pas au dépôt fait dans les bains publics (5). Ici encore on n'a pu invoquer en sens contraire que l'identité de motifs, et nous avons vu pourquoi cet argument est insuffisant.

Certains partisans de l'opinion contraire (6) exigent une

(1) Trib. civ. Seine, 30 juil. 1867, D., 75. 2. 220. — Trib. civ. Pontoise, 30 nov. 1892, *Loi*, 10 déc. 1892. — Duranton, XVIII, n. 78; Duvergier, n. 52; Pont, I, n. 528; Aubry et Rau, IV, p. 628, § 406, note 3; Guillouard, n. 139; Goldschmidt, *Zeitsch. f. Handelsrecht*, III, p. 61; Harder, *Giess. Zeitsch.* (nouv. sér.), XVIII, p. 221 s.; Kayser, *loc. cit.*; Kent, *Commentaries*, II, p. 595 et décisions américaines citées *Journ. dr. intern.*, V, 1878, p. 548. — *Contra* Merlin, *Quest.*, v° *Dép. nécess.*; Troplong, n. 229; Sourdat, *Tr. de la responsab.*, II, n. 939. — On cite aussi en sens contraire Aix, 20 juin 1867, qui n'a pas ce sens. — V. la note suivante.

(2) Aix, 20 juin 1867, D., 67. 5. 332 (par exemple dans un but de libertinage).

(3) *Contra* Trib. civ. Seine, 5 janv. 1888, S., 88. 2. 45. — Trib. paix Bordeaux, 3 fév. 1892, *Loi*, 14 mars 1892. — Guillouard, n. 138. — En tout cas il a été décidé que le directeur n'encourt pas de responsabilité si, faute de vestiaire, les spectateurs ont suspendu leurs effets à des porte-manteaux se trouvant dans les couloirs. — Trib. com. Verviers, 5 avril 1888, *Gaz. Pal.*, 88. 2., *Suppl.*, 50.

(4) Cass., 26 janv. 1875, S., 75. 1. 256, D., 75. 1. 219 (cet arrêt s'appuie encore sur ce qu'il s'agit non de dépôt, mais de bail, ce n'est pas une raison. V. *infra*, n. 1248). — Guillouard, n. 139.

(5) Trib. corr. Seine, 22 juin 1870, D. *Rép.*, *Suppl.*, v° *Dépôt*, n. 74-3°. — Duvergier, n. 522; Aubry et Rau, IV, p. 628, § 406, note 4; Laurent, XXVII, n. 151; Ortlieb, *Note*, S., 75. 2. 49. — *Contra* Trib. civ. Rouen, 21 mars 1883, S., 85. 2. 167, D., 84. 3. 8. — Trib. paix Paris, 27 juil. 1887, *Mon. Juges de paix*, 87. 402. — Trib. civ. Bruxelles, 10 fév. 1896, *Pasicr.*, 96. 3. 98. — Merlin, *Quest.*, v° *Dép. néces. et Concl.*, sous Cass., 4 juil 1814, S. chr.; Troplong, n. 219; Pont, I, n. 527; Guillouard, n. 137. — En tout cas ils ne s'appliquent pas aux objets que le baigneur n'était pas obligé d'apporter avec lui. — Trib. civ. Bruxelles, 10 fév. 1896, précité (bicyclette déposée dans un endroit aménagé à cet effet par le tenancier).

(6) Pont, *loc. cit.*

vigilance moins grande du tenancier qui demande un salaire très faible; cette distinction n'a aucune raison d'être.

Il en est de même, pour les mêmes motifs, des effets laissés par un baigneur dans une cabane de bains qui lui est louée sur une plage (1).

1245. Nos textes ne s'appliquent pas aux objets ou animaux confiés à un navire. La solution contraire était sur ce point admise en droit romain et se trouve reproduite par certaines législations modernes (2).

La solution exceptionnelle de la loi ne s'applique par davantage au cas d'un dépôt d'animaux fait au propriétaire d'une étable ou d'un autre local, comme cela est fréquent les jours de foire ou de marché (3). Le droit romain était, il est vrai, en sens contraire (4); mais c'est une raison pour décider que l'art. 1952, n'en ayant pas reproduit les termes, a voulu y déroger. Cela est d'autant plus exact que ce propriétaire, à la différence d'un aubergiste, ne donne pas la nourriture aux animaux (5).

1246. Récemment les tribunaux ont eu à examiner le point de savoir si l'art. 1952 s'applique à la compagnie des wagons-lits.

La compagnie des wagons-lits se charge, par un contrat qu'elle passe avec les compagnies de chemins de fer, et auquel les voyageurs restent étrangers, de transporter ces derniers dans ses wagons, de les y coucher dans des sortes de lits qui sont situés dans les compartiments (6); elle offre même, mais

(1) Caen, 17 déc. 1875, S., 76. 2. 49, D., 76. 2. 190. — Trib. civ. Bruxelles, 16 déc. 1876, *Pasicr.*, 76. 3. 213, *Anal. journ. dr. int.*, III, 1876, p. 476. — Ortlieb, *loc. cit.*

(2) Etats-Unis, C. sup. Kentucky, 29 oct. 1884, *Alb. law journ.*, XXX, p. 424, *Anal. journ. dr. int.*, XIII, 1886, p. 742 (motifs) (bateau à vapeur qui transporte les voyageurs et leur donne la nourriture). — Allemagne, *Droit commun.* — Kayser, *loc. cit.*

(3) Trib. civ. Lyon, 3 juin 1892, *Gaz. Pal.*, 93. 1. 10 (surtout dans le cas où les chevaux sont remisés par les propriétaires eux-mêmes) — *Contra* Trib. civ. Domfront, 26 fév. 1887, *Rec. Caen*, 88. 562 (blessure par un cheval à un autre cheval). — Guillouard, n. 135.

(4) Allemagne, *Droit commun.* — Kayser, *loc. cit.*

(5) Trib. civ. Lyon, 3 juin 1892, précité.

(6) D'après Cass. civ., 3 fév. 1896, S., 96. 1. 165, il paraîtrait que le contrat est quelquefois passé entre le voyageur et la compagnie des wagons-lits, qui se charge directement du transport.

moyennant un prix spécial, directement payé à ses préposés, la nourriture aux voyageurs dans ses wagons-restaurants. Enfin elle fait exercer sur les voyageurs une surveillance par ses préposés.

En cas de perte d'un colis voyageant avec lui, le voyageur a-t-il le droit de considérer la compagnie des wagons-lits comme un aubergiste responsable en vertu de l'art. 1952, ou cette compagnie n'est-elle, au contraire, regardée que comme un voiturier?

La jurisprudence adopte cette dernière solution (1), à laquelle nous croyons devoir nous ranger.

L'argument qui nous décide est que le rôle de la compagnie des wagons-lits est uniquement de se substituer à la compagnie des chemins de fer en opérant le transport que le voyageur a stipulé par la convention passée avec cette dernière; la compagnie des wagons-lits est donc un sous-voiturier qui remplit les obligations imposées au voiturier; on admettra évidemment que si le voyageur ne trouve pas dans le convoi le wagon-lit auquel son billet lui donne droit, il a une action contre la compagnie du chemin de fer; c'est donc cette dernière qui s'est engagée envers lui et la compagnie des wagons-lits ne fait qu'exécuter cet engagement. Cela étant, on ne voit pas pourquoi cette compagnie, avec laquelle le voyageur n'a pas contracté, et qui exécute un contrat de transport, serait un hôtelier.

Il est bien vrai que les wagons contiennent des lits; mais

(1) Cass. civ., 3 fév. 1896, S., 96. 1. 165. — Trib. civ. Nice, 9 fév. 1892, D., 93. 2. 179 (cependant la compagnie est responsable des bagages rendus par ses employés à un autre que le voyageur. — V. notre *Tr. du louage*, n. 1736). — Trib. civ. Seine, 14 mai 1892, S., 92. 2. 156, D., 93. 2. 179. — Trib. civ. Seine, 25 nov. 1892, S., 93. 2. 107, D., 93. 2. 587. — Denisse, *Ann. dr. com.*, 94. 2. 170. — C. sup. Kentucky, 29 oct. 1884, *Alb. law journ.*, XXX, p. 424, *Anal. journ. dr. int.*, XIII, 1886, p. 742. — *Contra* Pignon, *Conclusions*, sous Trib. Seine, 14 mai 1892, précité. — C. Illinois, *Amer. law review*, XII, p. 175, *Anal. journ. dr. int.*, V, 1878, p. 547 (sleeping-cars de la compagnie Pullmann). — C. sup. Pennsylvanie, 12 nov. 1883, *Alb. law journ.*, XXIX, p. 8, *Anal. journ. dr. int.*, XI, 1884, p. 548. — La jurisprudence américaine décide même que la compagnie de chemins de fer peut être actionnée en responsabilité, le voyageur devant supposer que tout le train est sous sa direc ion. — C. sup. Ohio, 7 déc. 1882, *Amer. law rev.*, IV, n. 8, p. 146, *Anal. journ. dr. int.*, X, 1883, p. 406. — Sur la responsabilité qui en découle, V. *Tr. du contr. de louage*, n. 1695 s.

les compagnies de chemins de fer ont également des wagons où se trouvent des lits, et personne ne songe à dire qu'elles peuvent être traitées, vis-à-vis des voyageurs qui occupent ces wagons, comme des aubergistes ; cette réponse nous paraît suffire ; elle est bien supérieure à celle que nous lisons dans les décisions judiciaires, et qui consiste à nier que le logement roulant soit un véritable logement ou qu'un wagon contenant plusieurs lits soit une chambre d'hôtel. D'une part, s'il est habituel qu'un hôtel, comme tout immeuble, soit fixe, aucune raison juridique ne s'opposerait à ce qu'un hôtel fût mis en mouvement. D'autre part, il y a bien des chambres d'hôtel qui contiennent plusieurs lits, et n'y en eût-il pas dans la pratique, que ce fait ne constituerait pas encore une raison juridique. Il est donc très insuffisant de répondre que si certaines chambres d'hôtel contiennent plusieurs lits, ce n'est pas dans le monde auquel appartiennent les occupants des wagons-lits.

Il est bien vrai également qu'en ce qui concerne la nourriture fournie aux voyageurs, la compagnie des wagons-lits est un restaurateur ; mais on ne peut conclure de là qu'elle soit un hôtelier pour les lits qu'elle fournit ; car tandis que le logement du voyageur lui est promis par la compagnie du chemin de fer aux termes du contrat de transport, la nourriture est fournie par la compagnie des wagons-lits aux termes d'une convention spéciale, et dans le cas seulement où le voyageur la demande.

On a invoqué encore, en faveur de la doctrine que nous défendons, l'idée que la surveillance dans les wagons-lits est plus difficile que dans les hôtels ; ce n'est là qu'une considération de fait, qui nous paraît sans influence sur la question.

Nous en dirons autant de la considération que les règlements n'imposent aucune surveillance à la compagnie des wagons-lits et de l'argument tiré de ce qu'à la différence d'un hôtelier la compagnie des wagons-lits ne peut refuser les voyageurs suspects. Ne pourrait-on pas dire avec autant de vérité que la compagnie de chemins de fer, à la différence d'un voiturier ordinaire, doit accepter tous les voyageurs ? Il est cependant certain qu'une compagnie de chemins de fer est un voiturier.

Il n'est pas plus exact de dire que l'art. 1952, fournissant au voyageur la compensation du droit de rétention et du privilège conférés à l'hôtelier pour le paiement du prix (art. 1948 et 2102, § 5), ne peut s'appliquer à une société qui exige d'avance le prix et n'a besoin, par conséquent, ni de privilège ni de rétention. Si la compagnie des wagons-lits était un dépositaire, cet argument serait sans valeur, car l'art. 1952 s'exprime en termes généraux. Au reste, il est entièrement faux que ce texte soit la contre-partie des art. 1948 et 2102; il s'explique tout autrement.

Il suit de notre opinion que la responsabilité de la compagnie des wagons-lits obéit aux règles de la responsabilité d'une compagnie de transports.

En tout cas, la compagnie doit exercer une surveillance sur les effets du voyageur (1).

1247. L'art. 1952 est inapplicable aux maîtres de pensions (2).

Le patron dans l'établissement duquel le domestique, l'employé ou l'ouvrier laisse ses effets ou ses outils n'est pas non plus un dépositaire nécessaire (3).

1248. Dans toutes les hypothèses dont nous venons de parler, c'est le droit commun qui redevient applicable.

Nous pensons donc que, la garde des objets ayant été confiée au commerçant, celui-ci doit les restituer, s'il ne démontre pas qu'ils ont disparu par cas fortuit (4). La seule différence entre ces hypothèses et celle de l'art. 1952 est que la preuve d'un simple cas fortuit suffit (5).

§ IX. *Exercice de l'action.*

1249. L'action peut être dirigée contre les héritiers de l'aubergiste (6).

(1) C. sup. Massachussetts, 7 janv. 1887, *Journ. dr. int.*, XIV, 1887, p. 500.

(2) Trib. civ. Caen, 12 mars 1888, *Rec. Caen*, 89, 133 (mais ce jugement dit à tort que la faute du maître de pension doit être démontrée pour qu'il soit responsable).

(3) V. notre *Tr. du contr. de louage*, n. 1281 s.

(4) Trib. paix Paris, 31 mai 1889, *Loi*, 6 juil. 1889 (restaurateur).

(5) Décidé que le vol n'entraîne aucune responsabilité. Trib. civ. Pontoise, 30 nov. 1892, *Loi*, 10 déc. 1892.

(6) L. 3, § 4, D., *De recept.*; Kayser, *loc. cit.*

1250. Si les objets ont été confiés à plusieurs aubergistes, ils n'en sont pas tenus solidairement (1).

Il en est autrement cependant si les effets ont été confiés à un préposé commun à ces divers aubergistes (2).

1251. L'action en dommages-intérêts pour la perte d'un objet déposé doit être portée devant le tribunal civil.

1252. Il en est ainsi même si le dépositaire est un commerçant, quand le dépôt ne se rattache pas à son commerce et n'est pas commercial.

Telle doit être la solution pour le dépôt au vestiaire d'un théâtre, car ce dépôt est gratuit et le directeur du théâtre n'en tire aucun profit direct (3).

CHAPITRE III

DU SÉQUESTRE

SECTION PREMIÈRE

DÉFINITION ET NATURE DU SÉQUESTRE

1253. Le séquestre constitue une mesure conservatoire. C'est la remise à un tiers, à l'amiable ou sur l'ordre du juge, d'une chose sur laquelle plusieurs personnes ont ou prétendent avoir ou s'attribuer respectivement des droits, en attendant le règlement définitif de ces droits.

Il résulte de cette définition qu'il existe deux espèces de séquestre, le séquestre *conventionnel* et le séquestre *judiciaire*. C'est en effet ce que va nous apprendre l'art. 1955 (4).

Le plus souvent, le séquestre a lieu à l'occasion d'une chose *contentieuse* ou *litigieuse,* ce qui explique le langage des art. 1956 et 1961; mais cette condition n'est pas essentielle; ainsi l'art. 602 porte que si l'usufruitier ne trouve pas de caution, les immeubles sont donnés à ferme *ou mis en séquestre*.

Le mot *séquestre* est aussi employé quelquefois pour dési-

(1) L. 7, § 5, D., *De recept.*; L. 4, pr., D., *De exercit. act.*, 14. 1; Kayser, *loc. cit.*
(2) Mêmes textes. — Kayser, *loc. cit.*
(3) Trib. com. Alger, 21 mars 1887, *Rev. algér.*, 87. 467.
(4) V. aussi n. 1310.

gner la personne qui se charge du dépôt (C. civ., art. 2066-4°, C. proc., art. 681).

1254. Le séquestre est, selon le code, une variété du dépôt. Cette conception, qui était admise dans l'ancien droit [1], est également adoptée à l'étranger [2].

Cependant, on considère quelquefois le séquestre comme un mandataire [3] et, abstraction faite des textes, cela est plus exact, car le séquestre n'a pas seulement la garde de la chose, il l'administre dans une certaine mesure [4] et en retire les produits. Nous verrons, d'autre part, que si le séquestre est salarié, il se rapproche du locateur d'ouvrage [5].

En tout cas, entre le séquestre et le dépôt, il existe de grandes différences que les développements qui suivent feront ressortir :

1° Le dépôt ne peut avoir pour objet que des meubles; le séquestre peut avoir pour objet des immeubles;

2° Le dépôt est un contrat; le séquestre peut être ordonné par la justice;

3° Le dépôt est gratuit, sauf convention contraire; le séquestre est souvent salarié, sauf convention contraire;

4° Le salaire du dépositaire ne peut être égal à ses peines sans dénaturer le contrat; le salaire du séquestre est égal à ses peines;

5° Le dépôt n'est pas relatif à une chose litigieuse; le séquestre est relatif à une chose litigieuse;

6° Le dépositaire doit restituer la chose à première réquisition du déposant; il en est autrement du séquestre;

7° Le dépositaire peut, d'après beaucoup d'auteurs, restituer le dépôt quand il lui convient; il en est autrement du séquestre;

8° Le séquestre peut et doit accomplir des actes d'administration sur la chose.

(1) Domat, *Lois civ.*, *Du dépôt et du séq.*, *introd.*

(2) Pothier, n. 14.

(3) *Allemagne*. Keil, Holtzendorff's *Rechtslexikon*, v° *Sequester*. — Cependant, si le séquestre est chargé d'administrer, on décide qu'il y a mandat ou louage d'ouvrage. Keil, *loc. cit.*

(4) Lyon, 7 mai 1890, *Gaz. Pal.*, 90. 2. 201. — V. la note qui précède.

(5) V. *infra*, n. 1257.

SECTION II

DU SÉQUESTRE CONVENTIONNEL

1255. Le séquestre est « *ou conventionnel ou judiciaire* » (art. 1955). Nous verrons qu'il existe aussi un séquestre légal [1].

« *Le séquestre conventionnel est le dépôt fait, par une ou* » *plusieurs personnes, d'une chose contentieuse entre les mains* » *d'un tiers qui s'oblige de la rendre, après la contestation* » *terminée, à la personne qui sera jugée devoir l'obtenir* » (art. 1956).

Pothier [2], à qui cette définition a été empruntée, dit avec raison [3] : *par* DEUX *ou plusieurs personnes;* et, en effet, si la chose contentieuse est déposée par un seul des prétendants, c'est le cas du dépôt ordinaire et la chose doit être rendue à première réquisition au déposant [4]. *Licet deponere tam unus quam plures possunt, attamen apud sequestrum nonnisi plures deponere possunt* [5]. La différence de rédaction entre Pothier et l'art. 1956 ne peut guère s'expliquer que par une inadvertance des rédacteurs du code civil.

1256. Aux termes de l'art. 1957 : « *Le séquestre peut* » *n'être pas gratuit* ». C'est dire qu'il est gratuit de sa nature : une convention spéciale est nécessaire pour que celui qui s'est chargé du séquestre conventionnel ait droit à un salaire.

Les effets de ce contrat varient suivant qu'il est gratuit ou salarié.

1257. Si le séquestre est salarié, le contrat, comme le remarque fort justement Pothier [6], tient alors plutôt du louage que du dépôt [7] : ce qui a surtout de l'importance au point de vue de la prestation des fautes, celui qui loue ses

[1] V. *infra*, n. 1310.

[2] N. 85.

[3] Duranton, XVIII, n. 85; Troplong, n. 249; Aubry et Rau, IV, p. 630, § 408, note 1; Pont, I, n. 547; Laurent, XXVII, n. 163; Guillouard, n. 164 et 166. — V. cep. Colmet de Santerre, VIII, n. 168 *bis*, I et III.

[4] Mêmes auteurs.

[5] L. 17, D., *Depos. vel contra.*

[6] N. 90.

[7] Laurent, XXVII, n. 166; Guillouard, n. 167.

services étant tenu de la *culpa levis in abstracto,* tandis que le dépositaire n'est tenu que de la *culpa levis in concreto* (art. 1927) [1]. C'est encore ce que disait Pothier [2].

Si le séquestre est gratuit, le contrat est un véritable dépôt, sauf quelques différences.

Aussi l'art. 1958 dit-il que si le séquestre est gratuit, « il est soumis aux règles du dépôt proprement dit, sauf les différences ci-après ».

C'est même un mandat en ce qui concerne les immeubles [3], si on attribue au sequestre les pouvoirs que lui reconnaissent la généralité des auteurs.

1258. Le séquestre est, du reste, gratuit par sa nature, de sorte qu'une convention formelle est nécessaire pour y attacher un salaire [4]. Cela résulte de ce que la loi en fait une variété du dépôt et aussi de ce que les mots « le séquestre peut n'être pas gratuit » paraissent considérer la gratuité comme la règle.

Et ce salaire doit, en raison de l'intention des parties, rémunérer exactement les peines du séquestre, car ce dernier n'a pas agi dans une pensée libérale.

1259. « *Le séquestre peut avoir pour objet, non seulement » des effets mobiliers, mais même des immeubles* » (art. 1959). Au contraire, le dépôt ne peut avoir que des meubles pour objet.

La mission du séquestre, au moins en ce qui concerne les immeubles, ne diffère-t-elle pas de la mission du dépositaire?

La plupart des auteurs disent que, s'il s'agit d'immeubles, le séquestre conventionnel a la charge de les administrer, de les louer, d'y faire les réparations, de percevoir les revenus [5].

1260. Tandis que dans le contrat de dépôt le dépositaire est tenu de restituer la chose au déposant à première réquisition, nous avons dit que, dans l'hypothèse du séquestre,

(1) Guillouard, n. 167.
(2) N. 90.
(3) Guillouard, n. 168.
(4) Guillouard, n. 167.
(5) Pont, I, n. 553; Laurent, XXVII, n. 168; Guillouard, n. 168. — V. n. 1266.

celui qui est chargé de la garde de la chose ne peut la rendre qu'après la contestation terminée (cela résulte de l'art. 1960) [1], et seulement à celui des déposants qui a obtenu gain de cause, à moins que tous les intéressés ne s'entendent pour en demander la restitution avant cette époque.

1261. Les « parties intéressées » dont le consentement est nécessaire sont toutes celles entre lesquelles existe le litige et non pas seulement celles qui ont fait le dépôt [2]. C'est, en effet, le sens naturel de l'expression et il est encore renforcé par l'addition des mots « *toutes* les parties intéressées ». La discussion au conseil d'Etat fait apparaître chez les rédacteurs du code l'intention de décider en ce sens [3] et il en est de même de l'Exposé des motifs [4]. On peut dire, pour justifier cette solution, qu'en paraissant au litige les intéressés ont implicitement accepté la désignation du séquestre, laquelle était faite par certains d'entr'eux en leur propre nom et comme gérants d'affaires des autres. Cela est plus juridique que de dire, avec l'un des orateurs du conseil d'Etat [5], que le séquestre, par le fait du litige, est un dépositaire judiciaire.

1262. Tandis que le dépositaire peut, en principe, renoncer quand il le juge à propos, d'après beaucoup d'auteurs, à la garde du dépôt, le séquestre ne peut pas renoncer avant la fin du litige à la garde de la chose qui lui a été confiée, et cela est vrai même du séquestre gratuit [6] ; il peut cependant s'en faire décharger pour une cause jugée légitime.

Ces deux dernières différences résultent de l'art. 1960, ainsi conçu : « *Le dépositaire chargé du séquestre ne peut être » déchargé avant la contestation terminée, que du consente- » ment de toutes les parties intéressées ou pour une cause jugée » légitime* ».

On peut citer avec Pothier, parmi les causes légitimes, une

(1) V. *infra*, n. 1262. — M. Guillouard (n. 169) rattache cette solution à l'idée que le séquestre reçoit un salaire; cela conduirait à donner la solution contraire pour le cas du séquestre gratuit, ce qui est inexact.

(2) Guillouard, n. 170.

(3) Fenet, XIV, p. 487 s.

(4) Réal (Fenet, XIV, p. 508).

(5) Regnault (de Saint-Jean d'Angély), Fenet, XIV, p. 493.

(6) V. cep. Guillouard, n. 169.

infirmité habituelle [1] ou un long voyage que le séquestre aurait à entreprendre [2].

En cas de contestation sur la légitimité de la cause invoquée, le tribunal appréciera [3].

1263. Nous savons qu'en cas de dépôt l'action du dépositaire contre les déposants pour l'exécution des obligations n'est pas solidaire, et que chacun des déposants doit être actionné pour sa part virile dans le montant de ces obligations.

En cas de séquestre, on admet tout d'abord que le séquestre peut réclamer la totalité de la créance résultant de ses impenses à celui des intéressés qui a gagné le procès [4], car c'est à ce dernier que les frais ont profité.

Et cela est exact même si le gagnant a été étranger à la mise sous séquestre ; le séquestre est vis-à-vis de lui dans la même situation que le dépositaire de la chose d'autrui vis-à-vis du propriétaire de cette chose, et nous avons montré que la créance du dépositaire peut être réclamée à ce dernier.

1264. Il nous paraît plus douteux que le séquestre puisse réclamer son salaire au gagnant étranger au dépôt.

Quant aux intéressés non déposants qui n'ont pas eu gain de cause, une action dirigée de ce chef contre eux n'aurait aucun fondement.

Enfin, les déposants qui n'ont pas eu gain de cause peuvent être actionnés en payement des salaires, puisqu'ils ont promis ces salaires [5].

Mais le séquestre n'a aucune action contre eux pour ses impenses, même nécessaires [6] ; cette action n'est, d'après les principes, accordée que contre celui qui a ordonné les dépenses, et, du reste, nous avons montré qu'elle ne peut être intentée contre le déposant dans le cas où la restitution est faite à un tiers. On se contente de dire en sens contraire que le séques-

(1) Guillouard, n. 169.
(2) Guillouard, n. 169.
(3) Guillouard, n. 169.
(4) Guillouard, n. 171.
(5) Guillouard, n. 171.
(6) *Contra* Guillouard, n. 171.

tre doit avoir en équité une action contre tous ceux qui lui ont confié la garde de la chose ; cela est insuffisant.

1265. Dans le cas où les déposants non gagnants sont soumis à l'action du dépositaire, y sont-ils soumis solidairement ou seulement pour leur part dans la dette commune? Nous adoptons cette seconde solution [1], qui a le double avantage d'être d'accord avec les principes que nous avons rappelés en parlant de l'action du dépositaire contre les déposants, et avec la solution qu'on admet sur ce dernier point.

Pothier [2] exprimait l'avis contraire, auquel se sont rangés plusieurs auteurs modernes [3]. Il se fondait sur ce que chacune des parties est déposante pour le tout ; mais ne peut-on pas dire aussi bien que toutes les fois que diverses personnes confient une chose à une autre, elles la confient chacune pour le tout ?

On a dit encore que le dépositaire a suivi la foi de tous les déposants; mais ne pourrait-on pas en dire autant dans le dépôt ordinaire?

On a invoqué enfin l'art. 2002 C. civ., mais ce texte est spécial au mandat.

1266. Les pouvoirs du séquestre conventionnel sur la chose qui lui est confiée sont les mêmes qu'en matière de séquestre judiciaire [4].

SECTION III

DU SÉQUESTRE JUDICIAIRE

1267. De la rubrique de la section III (du séquestre *ou* dépôt judiciaire), il résulte qu'aux yeux de la loi, le séquestre judiciaire et le dépôt judiciaire ne sont qu'une seule et même opération [5], et c'est encore ce qui ressort de l'art. 1961, qui énumère les différents cas de séquestre ou de dépôt avec la qualification unique de séquestre. Pothier [6] disait égale-

(1) Guillouard, n. 171.
(2) N. 89.
(3) Pont, I, n. 549 ; Aubry et Rau, IV, p. 631, p. 408, note 3. — Cpr. Laurent, XXVII, n. 167.
(4) V. *infra*, n. 1293 s., et *supra*, n. 1259.
(5) Guillouard, n. 172.
(6) N. 91.

ment : « il y a plusieurs cas de dépôt judiciaire » et en énumérant ces cas il leur donnait indifféremment le nom de dépôt ou de séquestre ; il importe donc peu qu'il traite ensuite séparément le *séquestre* des choses litigieuses et le *dépôt* des choses non litigieuses.

Cependant divers auteurs disent qu'il y a séquestre en cas de litige (art. 1961-2°) et dépôt dans le cas contraire (art. 1961-1° et 2°) (1). On n'attache à cette solution aucun intérêt pratique.

§ I. *Cas dans lesquels il y a lieu à la nomination du séquestre judiciaire.*

1268. « *La justice peut ordonner le séquestre. — 1° Des* » *meubles saisis sur un débiteur; — 2° D'un immeuble ou* » *d'une chose mobilière dont la propriété ou la possession est* » *litigieuse entre deux ou plusieurs personnes; — 3° Des cho-* » *ses qu'un débiteur offre pour sa libération* » (art. 1961).

Pothier, outre ces cas (2), en citait d'autres (3) : celui d'une contestation sur une succession ; mais il disait ne formuler que des exemples (4).

1269. C'est déjà une raison suffisante pour affirmer avec la jurisprudence, et contrairement à une opinion assez répandue, que l'art. 1961 n'est pas limitatif (5).

(1) Troplong, n. 275; Duvergier, n. 536; Laurent, XXVII, n. 171.

(2) N. 91 et 98.

(3) N. 98.

(4) N. 98.

(5) Cass., 21 déc. 1826, D. *Rép.*, v° *Dépôt*, n. 226. — Bourges, 8 mars 1822, S. chr. — Agen, 8 janv. 1825, S. chr. — Bordeaux, 17 mai 1831, S., 31. 2. 287. — Paris, 6 et 23 janv. 1866, S., 66. 2. 41, D., 67. 2. 157. — Paris, 4 août 1871, D., 73. 2. 21. — Nancy, 26 fév. 1876, sous Cass., 10 juill. 1876, S., 76. 1. 405, D., 76. 1. 313. — Bordeaux, 29 mai 1883, D. *Rép.*, *Suppl.*, v° *Divorce*, n. 347. — Paris, 15 avril 1885, S., 87. 2. 183, D., 86. 2. 127. — Nancy, 31 oct. 1885, S., 86. 2. 239. — Paris, 21 avril 1886, S., 87. 2. 203, D., 87. 2. 52. — Trib. com. Nantes, 11 août 1886, *Rec. Nantes*, 87. 36. — Trib. com. Nantes, 20 nov. 1886, *Rec. Nantes*, 87. 97. — Trib. civ. Bruxelles, 3 avril 1895, *Pasic.*, 95. 3. 164, — et les arrêts cités dans notes suivantes. — De Belleyme, *Ordonn.*, II, p. 208 s. ; Larombière, *Th. et prat. des oblig.*, art. 1180, n. 6 ; Laurent, XXVII, n. 173 ; Colmet de Santerre, VIII, n. 172 *bis*, II ; Guillouard, n. 175. — *Contra* Cass., 13 juill. 1851, D., 51. 1. 269. — Cass., 10 juill. 1876, S., 76. 1. 405, D., 76. 1. 313. — Paris, 5 mars 1870, S., 70. 2. 204, D., 71. 2. 89. — Paris, 5 mars 1885, D. *Rép.*, *Suppl.*, v° *Dépôt*, n. 84. — Paris, 2 avril 1895, *Gaz. Pal.*, Table, 1er sem. 1895, v° *Séquestre*, n. 1. — Trib. civ. Oran, 2 oct. 1894, *Droit*, 11 oct. 1894.

Ce qui confirme la tradition historique, c'est que l'ordonnance d'avril 1667 (tit. 19, art. 2) disait plus clairement encore : « Les séquestres pourront être ordonnés tant sur la demande des parties que d'office, en cas que les juges estiment qu'il y ait nécessité de le faire ».

Les travaux préparatoires n'indiquent pas l'intention d'innover, et cependant cette innovation est trop grave pour qu'on puisse facilement l'admettre en dehors d'une intention manifestée par le législateur.

Quant au texte de l'art. 1961, il contient, à la vérité, une énumération, mais rien n'indique qu'elle soit limitative; et la preuve qu'elle ne l'est pas, c'est que nous rencontrerons d'autres textes autorisant, dans diverses hypothèses, l'établissement d'un séquestre.

Au surplus, l'interprétation contraire aboutit à un résultat des plus fâcheux, car elle empêche les tribunaux de s'opposer à de mauvaises gestions ou à des dilapidations. En vain dit-on que le possesseur apparent doit pouvoir, en équité, profiter des avantages de sa possession; sa situation, tout d'abord, n'est pas plus favorable que toutes celles où la loi autorise formellement un séquestre, et, d'autre part, l'établissement d'un séquestre, chargé d'administrer pour le mieux, n'est pas de nature à nuire au possesseur.

1270. Enfin certains auteurs admettent le caractère limitatif de l'art. 1961 en dehors des instances relatives à la possession, et, au contraire, permettent, dans toutes les instances de ce genre, la nomination d'un séquestre [1]. Les arguments que nous avons invoqués nous empêchent d'accepter cette distinction; notamment divers textes, autres que l'art. 1961, prévoient des cas de nomination de séquestre en dehors de toute instance.

1271. Par application du principe qui précède, en cas de procès en divorce ou en séparation de corps, les tribunaux peuvent, pour empêcher les dilapidations du mari, ordonner le séquestre des valeurs de la communauté [2].

[1] Pont, I, n. 560; Aubry et Rau, IV, p. 632 et 633, § 409, notes 4 s.

[2] Guillouard, n. 175. — *Contra* Trib. civ. Bruxelles, 25 nov. 1893, *Pasicr.*, 94. 3. 43.

Il peut être encore nommé un séquestre :

Après l'ordonnance du président qui a envoyé le légataire en possession, à la requête des héritiers qui contestent la validité du legs et, en attendant que la question soit tranchée au fond, craignent les dilapidations du légataire [1];

Pendant une expertise destinée à apprécier le bien fondé d'une demande en résolution intentée par le bailleur contre le preneur [2];

Lorsqu'une donation est réductible, jusqu'au partage entre le donataire et les héritiers [3];

Pour percevoir le prix de la vente de marchandises faite par le preneur, si les droits du bailleur sont en danger [4];

Pour empêcher qu'un débiteur ne détruise les biens qu'il a affectés à la garantie de sa dette [5].

1272. Mais en dehors d'un texte, le séquestre ne peut être ordonné qu'en cas de litige [6]. Cela résulte des exemples mêmes de la loi et aussi de ce qu'en dehors d'une contestation les tribunaux n'ont aucun pouvoir que ceux que les textes leur accordent, leur rôle étant exclusivement, en principe, de trancher des contestations.

Toutefois, en décidant qu'il faut que ce litige porte sur la propriété [7], on a interprété trop étroitement l'art. 1961-2°.

1273. Il est même arrivé aux tribunaux d'ordonner le séquestre d'un document dont la propriété n'était pas contestée, à raison de l'intérêt que des tiers pouvaient avoir à les consulter [8].

1274. Le séquestre ne peut porter sur des objets dont la gestion n'est pas susceptible d'être confiée à des tiers. Ainsi,

(1) Nancy, 20 déc. 1892, D., 94. 2. 9 (legs universel). — Cohendy, *Note*, D., 94. 2. 9.

(2) Cass. req., 9 janv. 1893, D., 93. 1. 120.

(3) Paris, 17 avril 1894, *Gaz. Pal.*, 94. 2. 25.

(4) V. notre *Tr. du contr. de louage*, n. 552.

(5) Trib. civ. Orthez, 21 fév. 1893, *Loi*, 28 mars 1893.

(6) Nancy, 31 oct. 1885, S., 86. 2. 239.

(7) Nancy, 31 oct. 1885, précité. — Comp. *supra*, n. 1270.

(8) Trib. civ. Nancy, 12 fév. 1895, *Rec. Nancy*, 95. 157 (dossiers et archives dépendant de la succession d'un architecte et transmis à son successeur; séquestre pour que les héritiers les aient à leur disposition en vue des actions en responsabilité dirigées contre eux).

on a décidé que la gestion d'une pharmacie ne peut être confiée à un séquestre [1]. Il en serait de même d'un office ministériel.

1275. Le séquestre des choses qu'un débiteur offre pour sa libération et dont parle l'art. 1961, § 3, est une reproduction de l'art. 1264, qui décide que si le corps certain dû est offert par le débiteur et refusé par le créancier, le débiteur pourra obtenir de la justice la permission de le mettre en *dépôt* dans quelque autre lieu.

Pour le cas où il s'agit *d'argent*, les art. 1257 à 1263 organisent la procédure, laquelle est poursuivie sans la permission du juge. D'ailleurs, le séquestre d'une somme d'argent ne peut jamais être ordonné, l'ordonnance du 3 juillet 1816 (art. 3) défendant aux tribunaux d'autoriser ou ordonner des consignations ailleurs qu'à la caisse des dépôts et consignations [2].

C'est une question délicate et étrangère à notre sujet que de savoir laquelle de ces deux procédures est applicable aux dettes de genre.

Quoiqu'on soutienne que l'art. 1264 ne s'applique qu'aux meubles, à raison du mot d'*enlèvement* qu'il emploie, l'art. 1961, qui use du terme de *choses*, s'applique aux immeubles [3].

1276. D'après l'art. 465 C. inst. crim., si un accusé ne se présente pas, le président de la cour d'assises ordonne que les biens seront « séquestrés » sous la garde de l'administration des domaines.

1277. L'art. 681 C. pr. établit un cas de séquestre dans les termes suivants : « Si les immeubles saisis ne sont pas loués ou affermés, le saisi restera en possession jusqu'à la vente, *comme séquestre judiciaire,* à moins que sur la demande d'un ou plusieurs créanciers, il n'en soit autrement ordonné par le président du tribunal, dans la forme des ordonnances sur référé ».

[1] Lyon, 12 mai 1894, *Loi*, 9 fév. 1895.

[2] Rouen, 17 fév. 1894, *Rec. Rouen*, 94. 1. 178.

[3] V. en ce sens Larombière, *Th. et prat. des oblig.*, art. 1264, n. 8; Guillouard, n. 202.

Il suit de là que le président peut nommer séquestre le créancier saisissant ou toute autre personne [1].

1278. L'art. 602 C. civ. porte que si l'usufruitier ne trouve pas de caution, « les immeubles sont donnés à ferme ou *mis sous séquestre* ».

1279. L'art. 29 du décret du 28 fév. 1852, sur les sociétés de crédit foncier, dispose qu'en cas de retard du débiteur, la société peut, en vertu d'une ordonnance rendue sur requête par le président du tribunal civil de première instance, et quinze jours après une mise en demeure, se mettre en possession des immeubles hypothéqués, aux frais et risques du débiteur en retard.

D'après l'art. 30 : « Pendant la durée du séquestre, la société perçoit, nonobstant toute opposition ou saisie, le montant des revenus ou récoltes, et l'applique par privilège à l'acquittement des termes échus d'annuités et des frais ; ce privilège prend rang, etc. ».

Il ne résulte pas de ce texte que les saisies et oppositions faites sur les objets séquestrés soient nulles [3], elles sont seulement sans influence sur la perception des revenus et des récoltes par le Crédit foncier [4]. L'opinion contraire aurait le grave inconvénient d'empêcher tout créancier, même privilégié et quelque favorable que soit son privilège, de se manifester vis-à-vis du Crédit foncier, alors cependant l'art. 30 fait passer avant le privilège du Crédit foncier certains autres privilèges.

En vain dit-on qu'une saisie implique main-mise sur l'objet saisi et que cette main-mise appartient déjà au Crédit foncier ; la saisie n'implique pas main-mise effectuée sur les objets saisis.

En vain encore dit-on que le séquestre du Crédit foncier est une antichrèse ; c'est une erreur. Il s'agit bien, dans le décret

[1] Montpellier, 14 août 1849, S., 50. 2. 16, D., 50. 5. 419. — Guillouard, n. 175.

[2] Lyon, 27 mars 1873, D., 75. 2. 149. — Guillouard, n. 175.

[3] Cass. civ., 23 fév. 1892, S., 92. 1. 237, D., 93. 1. 425. — S., *loc. cit.*, D., *loc. cit.*

[4] Cass. civ., 23 fév. 1892 précité. — S., *loc. cit.*, D., *loc. cit.*; Josseau, *Tr. du crédit fonc.*, I, n. 424 ; Montagnon, *Tr. sur les soc. de crédit fonc.*, n. 169; Girault, *Les privil. du crédit fonc.*, n. 123.

de 1852, d'une mise en séquestre [1], et non pas, comme on l'a prétendu, d'une antichrèse [2]. En effet le droit conféré aux sociétés de Crédit foncier est opposable aux tiers sans transcription, tandis que l'antichrèse est soumise à la transcription. En outre, tandis que l'antichrésiste impute sur les fruits qu'il perçoit des intérêts de sa créance, le Crédit foncier ne peut imputer sur les fruits que les annuités en retard.

1280. Si l'immeuble est loué, la quittance de loyers ou fermages donnée (ou, si elle est porte sur trois ans au moins de loyers ou fermages non échus, transcrite conformément à l'art. 2 de la loi du 23 mars 1855) avant l'inscription hypothécaire prise par le Crédit foncier lui est opposable, conformément au droit commun [3].

Si la quittance est postérieure (ou transcrite postérieurement) à l'inscription du Crédit foncier, elle ne lui est pas opposable, quoique le Crédit foncier n'en soit pas encore mis en possession ; car la mise en possession a sa cause générative sans l'hypothèque, et produit ses effets du jour de l'inscription [4].

A plus forte raison la quittance n'est-elle pas opposable au Crédit foncier si elle est donnée (ou transcrite) postérieurement à la mise en possession de ce dernier [5].

1281. Le cas de meubles saisis sur un débiteur, que l'art. 1961 a rangé au nombre des séquestres judiciaires, est un cas de séquestre légal que nous traiterons à part.

1282. Un séquestre ne peut être, d'après l'opinion générale, nommé pour gérer et liquider le patrimoine entier d'un débiteur [6]. D'une part en effet, dit-on, le séquestre n'est, par essence, qu'une mesure conservatoire, puisque la loi le

(1) Girault, n. 123.

(2) Montagnon, n. 168.

(3) Josseau, *op. cit.*, 3e éd., I, n. 425 ; Girault, *op. cit.*, n. 122.

(4) Aix, 2 mars 1891, S., 94. 2. 172. — Josseau, *loc. cit.* — *Contra* Girault, *loc. cit.*

(5) Josseau, *loc. cit.* ; Girault, *loc. cit.*

(6) Cass., 17 janv. 1855, S., 55. 1. 97. — Cass. civ., 10 juill. 1876, S., 76. 1. 405, D., 76. 1. 313. — Cass. civ., 13 nov. 1889, S., 90. 1. 8, D., 90. 1. 34. — Poitiers, 20 juill. 1892, *Gaz. Trib.*, 20 août 1892. — Trib. civ. Orthez, 21 fév. 1893, *Loi*, 28 mars 1893. — Garraud, *De la déconfiture*, p. 224; Charmont, *Rev. crit.*, XX, 1891, p. 81 s. — *Contra* Guillouard, n. 176.

qualifie de dépôt. D'autre part, l'art. 1961 n'admet le séquestre que sur un immeuble déterminé et non pas sur un patrimoine tout entier. Enfin, le séquestre, à moins d'être ordonné sur la demande de tous les créanciers, porte préjudice à certains d'entre eux, puisque les créanciers qui n'auraient pas participé à la demande de séquestre verraient, malgré eux, suspendre leur droit de poursuites individuelles. On ne peut donc, d'après l'opinion commune, nommer un séquestre au patrimoine d'un débiteur en déconfiture.

L'opinion contraire est peut-être préférable; d'abord elle n'arrive pas à soutenir nécessairement, comme on le prétend, que les poursuites individuelles soient alors suspendues [1]. Ensuite, une fois admis que l'art. 1961 n'est pas limitatif, il n'y a aucune raison de distinguer entre certains biens déterminés et un patrimoine tout entier; au contraire, l'art. 465 C. instr. crim. nous fournit un cas où le séquestre s'applique au patrimoine.

Enfin, en équité, la distinction qu'on propose n'a aucune base.

1283. En matière de succession *ab intestat*, la jurisprudence a organisé, sous le nom d'administration provisoire, de nombreux cas de séquestre portant sur le patrimoine tout entier [2].

De même, les auteurs admettent qu'on peut nommer un séquestre pour l'administration des biens d'un non-présent [3].

1284. Dans l'opinion que nous avons combattue, le tribunal ne peut, même pas si le débiteur y consent, nommer un séquestre à tout le patrimoine [4]. Car il n'appartient pas aux tribunaux de nommer un séquestre en dehors d'une contestation. Du reste, le jugement n'a aucune importance si on le déclare inopposable aux créanciers qui ne l'ont pas sollicité [5] et peut, dans cette opinion, être remplacé par une convention; si au contraire on le déclare opposable aux créanciers

(1) V. *infra*, n. 1297.
(2) V. notre *Tr. des successions*, II, n. 2678 s., 2681 s.
(3) Demolombe, II, n. 18; Guillouard, n. 175.
(4) *Contra* Charmont, *Rev. crit.*, XX, 1891, p. 84.
(5) En ce sens Charmont, *loc. cit.*

qui ne l'ont pas sollicité, on méconnaît le caractère relatif de l'autorité de la chose jugée.

1285. Une fois que le jugement qui a mis illégalement une chose sous séquestre a acquis force de chose jugée, il doit évidemment être observé [1].

1286. Dans les hypothèses où il y a lieu à la nomination d'un séquestre, le tribunal n'est jamais tenu de faire cette nomination [2]; l'art. 1961 dit qu'il « peut » ordonner le séquestre, et il est, du reste, naturel qu'on ne recoure pas à cette mesure si les circonstances ne l'exigent pas.

Ainsi il n'y a lieu à nomination d'un séquestre pendant le litige relatif à la propriété d'un immeuble, que si une mauvaise gestion est à craindre du possesseur [3].

§ II. *Mode de nomination du séquestre judiciaire.*

1287. La nomination du séquestre judiciaire doit être faite en audience publique et non en chambre du conseil, car le séquestre est nommé à la suite d'une contestation [4].

1288. Le juge des référés peut ordonner le séquestre judiciaire [5], sauf en matière commerciale, où il n'a aucun pouvoir [6] et aussi, par application du droit commun,

[1] Rouen, 17 fév. 1894, *Rec. Rouen*, 94. 1. 278.

[2] Guillouard, n. 180.

[3] Cass., 28 avril 1813, S. chr. — Guillouard, n. 180.

[4] D'une statistique dressée par M. Bertin en 1876, il résulte que le tribunal de la Seine a nommé des séquestres sept fois à l'audience et quatre fois en chambre du conseil. Bloch, préface de Bertin, *Chambre du conseil*, 3e édit., 1894, p. 9.

[5] Cass., 12 avril 1869, S., 69. 1. 252, D., 69. 1. 433. — Cass., 14 mars 1882, S., 82. 1. 349, D., 82. 1. 241. — Bordeaux, 4 avril 1855, S., 56. 2. 117. — Paris, 23 janv. 1866, S., 66. 2. 41, D., 66. 2. 28. — Paris, 18 nov. 1871, S., 71. 2. 197. — Nancy, 26 fév. 1876, sous Cass., 10 juill. 1876, S., 76. 1. 405, D., 76. 1. 313. — Caen, 23 juill. 1878, S., 79. 2. 15. — Riom, 6 déc. 1878, D., 80. 2. 3. — Paris, 15 avril 1885, S., 87. 2. 183, D., 86. 2. 127. — Nancy, 31 oct. 1885, S., 86. 2. 239. — Paris, 21 avril 1886, S., 87. 2. 203, D., 87. 2. 52. — Paris, 12 janv. 1887, *Mon. jud. Lyon*, 22 avril 1887. — Grenoble, 16 janv. 1888, *Rec. Grenoble*, 88. 76. — Angers, 26 juin 1889, S., 89. 2. 237. — Nancy, 20 déc. 1892, D., 94. 2. 9. — Bordeaux, 31 janv. 1893, *Rec. Bordeaux*, 94. 1. 23 (choses formant l'objet d'une instance). — Trib. civ. Orthez, 21 fév. 1893, *Loi*, 28 mars 1893. — De Belleyme, *Ord. sur req.*, II, p. 208 s.; Guillouard, n. 178; Cohendy, *Note*, D., 94. 2. 9.

[6] Paris, 5 mai 1888, *Ann. dr. com.*, 1888, p. 153 (faillite).

si la mesure préjuge le fond [1] ou n'est pas urgente [2].

Ainsi il est certain qu'en ordonnant l'expulsion du locataire, le juge des référés peut mettre sous séquestre ses meubles pour le paiement du loyer ou pour l'exécution des obligations dérivant du bail [3]. Cette mesure ne préjuge pas le fond, puisqu'elle est purement conservatoire. L'art. 1961, fût-il limitatif, est étranger à la question que résout l'art. 806 C. pr., en permettant au juge des référés de prendre toutes mesures conservatoires.

Le président du tribunal peut également nommer un séquestre par une ordonnance rendue sur requête [4]. Car tout d'abord, il y a des cas nombreux où la nomination d'un séquestre ne fait pas partie de la juridiction contentieuse, et, comme on ne peut alors s'adresser au tribunal (le tribunal n'est compétent en matière gracieuse que dans les cas où un texte établit cette compétence), il faut bien s'adresser au président. D'un autre côté, l'art. 54 du décret du 30 mars 1808 dispose : « Toutes requêtes à fin d'arrêt ou de revendication de meubles ou *autres mesures d'urgence* seront présentées au président du tribunal, qui répondra par son ordonnance ». Quant à l'art. 1961, il dit simplement que la *justice* peut ordonner le séquestre, et c'est arbitrairement qu'on traduit ce mot comme désignant le tribunal.

Mais les partisans de notre système l'appliquent sans distinguer entre le cas où il y a contestation et le cas où le séquestre est demandé en dehors de toute contestation. Or il nous semble que dans la première de ces hypothèses le

[1] Nancy, 31 oct. 1885, précité (le juge des référés doit refuser de nommer un séquestre des fonds d'une loterie, si les défendeurs contestent la qualité d'administrateurs de la loterie qui leur est attribuée par les demandeurs).

[2] Grenoble, 16 janv. 1888, précité (il n'y a pas urgence lorsque la personne qui demande la nomination d'un séquestre à une succession n'établit pas l'existence de ses droits).

[3] Paris, 21 août 1876, S., 76. 2. 317. — Paris, 21 avril 1886, S., 87. 2. 203, D., 87. 2. 52. — Paris, 10 fév. 1888, 24 fév. 1888, 6 août 1889, S., 92. 2. 249 (sous-note), D., 89. 2. 233. — Paris, 21 janv. 1891, S., 92. 2. 249. — Gérard, *Ord. sur placet*, p. 120; Agnel, *Code man. du locataire*, n. 1131; Tissier, *Note*, S., 92. 2. 251, § 3.

[4] *Note*, D., 66. 2. 25; Berlin, *Droit*, 6 et 9 janv. et 15 mars 1866. — *Contra* Paris, 6 et 23 janv. 1866, S., 66. 2. 41, D., 66. 2. 27. — Paris, 4 mai 1867, S., 67. 2. 169, D., 67. 2. 157. — Riom, 6 déc. 1878, D., 80. 2. 3.

séquestre ne peut être nommé par une ordonnance sur requête ; cette ordonnance a un caractère essentiellement gracieux.

§ III. *Choix du séquestre judiciaire. Caractère de sa mission.*

1289. Aux termes de l'art. **1963** : « *Le séquestre judiciaire » est donné, soit à une personne dont les parties intéressées » sont convenues entre elles, soit à une personne nommée d'of- » fice par le juge. — Dans l'un et l'autre cas, celui auquel la » chose a été confiée est soumis à toutes les obligations qu'em- » porte le séquestre conventionnel* ».

Il résulte de ce texte que le juge ne peut désigner un séquestre que si les parties ne s'entendent pas sur le choix [1] ; la désignation faite par le juge ne figure en effet dans le texte qu'en second lieu ; du reste, Pothier [2] s'exprimait formellement en ce sens ; et il est enfin naturel que les parties, qui connaissent mieux les qualités des personnes, puissent s'accorder sur le choix du séquestre. Aussi le choix du juge n'est-il que subsidiaire et ne doit-il l'emporter que si les parties ne s'entendent pas [3].

1290. Nous avons déjà dit que le caractère du séquestre judiciaire se rapproche du dépôt [4].

Le séquestre judiciaire est nommé pour sauvegarder des intérêts privés. Cependant la jurisprudence le considère comme chargé d'un service public [5].

1291. On s'est demandé si la nomination d'un séquestre judiciaire est un contrat ; la question n'a d'ailleurs aucune intérêt pratique, puisque la loi détermine les obligations du séquestre.

Elle nous paraît singulière ; la nomination du séquestre est

[1] Guillouard, n. 181 *bis*. — *Contra* Laurent, XXVII, n. 181.
[2] *Tr. de la proc. civile*, n. 306.
[3] Guillouard, *loc. cit.* — *Contra* Laurent, *loc. cit.*
[4] V. *supra*, n. 1254.
[5] Cass. crim., 16 déc. 1893, S., 95. 1. 201 et Trib. corr. Carcassonne, 17 oct. 1893, *Lois nouvelles*, 94. 2. 5 (qui en concluent que l'injure adressée à un séquestre tombe sous l'application de l'art. 224 C. pén.).

un jugement et on n'a jamais songé à qualifier un jugement de contrat ou de quasi-contrat.

C'est ce que dit Domat [1]. Pothier admet qu'il y a contrat si le juge sanctionne le choix des parties et quasi-contrat dans le cas contraire [2] et la même idée a été reproduite sous le code civil [3]. Cela est faux, car si même les parties s'entendent sur le choix du séquestre, il n'en est pas moins vrai que l'ordre de mise sous séquestre est donné par le juge.

Enfin certains auteurs disent qu'il y a toujours quasi-contrat [4].

1292. Le séquestre n'est pas forcé d'accepter la mission qui lui est confiée [5].

Il en est ainsi même des séquestres ou administrateurs inscrits sur une liste dressée d'avance par le tribunal [6].

§ IV. *Droits et obligations du séquestre judiciaire.*

1293. Aux termes de l'art. 1962 : « *L'établissement d'un* » *gardien judiciaire produit entre le saisissant et le gardien* » *des obligations réciproques. Le gardien doit apporter pour* » *la conservation des effets saisis les soins d'un bon père de* » *famille. — Il doit les représenter, soit à la décharge du* » *saisissant pour la vente, soit à la partie contre laquelle les* » *exécutions ont été faites, en cas de main-levée de la saisie.* » *— L'obligation du saisissant consiste à payer au gardien le* » *salaire fixé par la loi* ».

1294. Le séquestre est soumis aux obligations du dépositaire même dans les cas où l'opinion commune voit un dépôt judiciaire [7].

1295. La nomination d'un séquestre, étant spéciale et provisoire, laisse, à la différence de la faillite, intacte la capacité

(1) *Lois civiles, Du dépôt et du séquestre*, Introduction.
(2) N. 98.
(3) Laurent, XXVII, n. 172.
(4) Guillouard, n. 181.
(5) Paris, 17 janv. 1889, S., 89. 2. 230 (impl.). — Massé et Vergé, V, p. 17, § 742, note 8 ; Aubry et Rau, IV, p. 633, § 409, note 8.
(6) Paris, 17 janv. 1889, précité.
(7) Guillouard, n. 172.

de la personne dont les biens sont séquestrés; elle peut donc s'engager et ses engagements sont valables sur tous ses biens [1]. C'est ce que Loisel exprimait ainsi : « Séquestre garde, et la main de justice ne dessaisit et ne préjudicie à personne » [2].

Elle peut donc aussi disposer de ses biens [3].

Elle peut notamment donner un mandat [4] et ce mandat l'oblige à rembourser les frais et les avances du mandataire [5].

De même le mandataire reste comptable envers la personne dont les biens sont séquestrés et ne le devient pas envers le séquestre [6], et la compensation légale est admise entre sa créance et sa dette [7].

1296. La possession des biens séquestrés n'est même pas enlevée au débiteur [8].

C'est contre lui et non contre le séquestre que les actions en justice doivent être intentées [9].

1297. Pour la même raison, en admettant qu'un séquestre puisse être nommé aux biens d'un débiteur en déconfiture [10], cette nomination n'enlève pas aux créanciers le droit d'exercer des poursuites individuelles contre le débiteur [11], car la déconfiture, dans notre droit, n'entraîne aucun dessaisissement.

1298. Le séquestre, aux termes de l'art. 1962, ne peut faire que les actes *conservatoires*, c'est-à-dire les actes destinés à empêcher que les objets qui lui sont confiés ne se détériorent. Cela résulte aussi de l'assimilation que la loi établit entre le séquestre et le dépositaire.

(1) Cass. belg., 6 oct. 1892, S., 93 4. 19. — Mesdach de ter Kiele, *Concl.* sous Cass. belg., 6 oct. 1892, précité.
(2) Liv. V, tit. IV, n. 769.
(3) Cass. belg., 6 oct. 1892, précité. — Mesdach de ter Kiele, *loc. cit.*.
(4) Cass. belg., 6 oct. 1892, précité.
(5) Cass. belg., 6 oct. 1892, précité.
(6) Cass. belg., 6 oct. 1892, précité.
(7) Cass. belg., 6 oct. 1892, précité.
(8) Dumoulin, *Cout. de Paris,* tit. I, *Des fiefs,* § 1, n. 21.
(9) Trib. civ. Lyon, 15 mars 1889, *Mon. jud. Lyon,* 12 juin 1889.
(10) V. *supra,* n. 1282
(11) Cass., 17 janv. 1855, S., 55. 1. 97, D., 55. 1. 11. — Nancy, 26 fév. 1876, sous Cass., 10 juil. 1876, S., 76. 1. 405, D., 76. 1. 313. — Amiens, 22 fév. 1884, D. *Rép., Suppl.,* v° *Dépôt,* n. 84. — Guillouard, n. 176. — *Contra* Lyon, 27 mars 1873, D., 75. 2. 149. — Charmont, *Rev. crit.,* XX, 1891, p. 81 s.

Toutefois, l'opinion commune permet au séquestre de faire les actes d'administration provisoire ([1]), par la raison qu'ils sont nécessaires à la conservation de la chose. Cela est évidemment inexact.

On admet que le séquestre peut faire les baux de courte durée ([2]), et on entend par là les baux de trois ans ([3]), par analogie avec la situation de l'administrateur des biens d'un aliéné.

1299. Le séquestre peut faire les dépenses nécessaires à l'entretien de la chose ([4]).

Les fournisseurs et ouvriers employés par le séquestre dans les limites de ses pouvoirs ont le droit d'agir directement contre la partie qui a obtenu gain de cause, puisque le séquestre est mandataire de cette dernière ([5]).

Ils ont même le privilège des frais de justice sur les biens sequestrés ([6]).

1299 ***bis.*** Le séquestre doit consigner à la caisse des dépôts et consignations les fonds qu'il touche ([7]), car l'ordonnance du 3 juil. 1816 (art. 2, n. 5) le dit expressément pour tous les capitaux touchés par les séquestres.

Il ne peut en faire emploi, même au profit des biens séquestrés ([8]).

Le séquestre qui omet de faire à la caisse des dépôts et consignations le dépôt des capitaux, en doit les intérêts, car il a commis une faute dont il est responsable.

On décide cependant qu'il ne doit les intérêts que des sommes dont il tire profit ([9]).

([1]) Cass., 17 janv. 1855, S., 55. 1. 97, D., 55. 1. 11. — Lyon, 18 avril 1874, D., 76. 2. 195. — Laurent, XX, n. 183; Guillouard, n. 177.

([2]) Rennes, 23 déc. 1818, S. chr. — Toulouse, 26 avril 1893, S., 96. 2. 252, D., 94. 2. 556 (par exemple deux ans). — Guillouard, n. 182.

([3]) Guillouard, n. 182. — Il ne peut faire un bail de neuf ans. Trib. civ. Bruxelles, 14 fév. 1894, *Pasicr.*, 94. 3. 340.

([4]) Bordeaux, 27 juill. 1830, S. chr. — Guillouard, n. 183.

([5]) Bordeaux, 27 juill. 1830, S. chr. — Guillouard, n. 183.

([6]) Cass., 29 juin 1875, S., 75. 1. 397, D., 75. 1. 471. — Cass., 26 juin 1878, S., 78. 1. 460, D., 78. 1. 343. — Cass., 18 mai 1882, S., 82. 1. 57. — Cass., 30 mars 1886, S., 86. 1. 264. — Guillouard, n. 183.

([7]) Chambéry, 15 juill. 1890, *Rec. de Grenoble*, 91. 2. 67 (pour les sommes touchées et pour le reliquat de compte). — Guillouard, n. 187.

([8]) *Contra* Chambéry, 15 juill. 1890, précité.

([9]) Guillouard, n. 187.

Mais il ne doit les intérêts qu'au taux servi par la caisse des dépôts et consignations, car c'est à cela que se réduit le préjudice causé aux parties [1].

1300. Le séquestre judiciaire est, comme tout détenteur de la chose d'autrui, responsable de sa faute.

S'il reçoit un salaire il répond de sa faute légère *in abstracto* [2].

S'il ne reçoit pas de salaire, on admet qu'il ne répond que de sa faute lourde, comme dépositaire [3].

1301. Les tribunaux ne peuvent donner au séquestre judiciaire des pouvoirs que la loi ne lui accorde pas, c'est-à-dire, d'après la jurisprudence, le droit de faire les actes excédant l'administration provisoire [4].

Les tribunaux ne peuvent donc pas confier au séquestre la mission de vendre les biens séquestrés [5], de toucher des sommes dues [6], d'exercer, d'une manière générale, toutes poursuites [7], de procéder à des distributions amiables entre créanciers [8].

Cependant, en matière de succession, les tribunaux s'autorisent à donner de larges pouvoirs au séquestre [9].

1302. Le séquestre judiciaire peut de plein droit, à moins de décision contraire, réclamer un salaire, car telle est la règle pour tous ceux qui obtiennent une mission de justice [10].

Ces honoraires sont fixés par les tribunaux [11].

[1] Chambéry, 15 juillet 1890, *Rec. Grenoble*, 91. 2. 67. — Guillouard, n. 187. — V. cep. Trib. com. Marseille, 17 mai 1867, D., 67. 3. 79.

[2] Guillouard, n. 186.

[3] Trib. civ. Saint-Lô, 12 fév. 1886, *Pand. franç.*, 87. 2. 138.

[4] Cass., 14 nov. 1883, S., 85. 1. 423. — Cass. civ., 13 nov. 1889, S., 90. 1. 8, D., 90. 1. 34. — Lyon, 16 janv. 1879, S., 81. 2. 69. — Caen, 23 juillet 1878, S., 79. 2. 15. — Poitiers, 20 juillet 1892, *Gaz. Trib.*, 20 août 1892. — Trib. civ. Orthez, 19 mars 1891, *Loi*, 26 juin 1891. — Guillouard, n. 177. — *Contra* Grenoble, 22 déc. 1888, *Rec. Grenoble*, 89. 70.

[5] Trib. civ. Liège, 1er août 1874, *Pasicr.*, 75. 3. 32. — Mesdach de ter Kiele, *loc. cit.*

[6] Cass. civ., 13 nov. 1889, précité.

[7] Cass. civ., 13 nov. 1889, précité.

[8] Cass. civ., 13 nov. 1889, précité.

[9] V. notre *Tr. des success.*, II, n. 2137 s.

[10] Caen, 23 juil. 1878, S., 79. 2. 15. — Chambéry, 15 juil. 1890, *Rec. Grenoble*, 91. 2. 67. — Guillouard, n. 184.

[11] Lyon, 7 mai 1890, *Gaz. Pal.*, 90. 2. 201. — Ces honoraires ne sont pas de

Si le séquestre judiciaire est nommé au cours d'un litige, les frais et honoraires du séquestre sont taxés par le juge qui connaît de l'instance et non par le juge qui a ordonné le séquestre, car c'est un incident de l'instance [1].

En dehors d'une instance, la taxe est faite par le juge qui a ordonné le séquestre [2].

1303. On décide que le séquestre judiciaire a, pour le payement de son salaire et le remboursement de ses frais, une action solidaire contre toutes les parties qui ont figuré dans l'instance [3], par analogie de la règle adoptée en matière de séquestre conventionnel.

A plus forte raison a-t-il pour le tout une action contre celui qui aurait l'attribution de l'objet litigieux [4].

1304. Les contestations qui s'élèvent entre le séquestre et l'un des intéressés doivent être déférées au tribunal civil, même si le séquestre a été nommé en matière commerciale [5].

§ V. *Cessation des pouvoirs du séquestre judiciaire.*

1305. Les pouvoirs d'un séquestre nommé pour un litige cessent lorsque le litige est terminé [6].

Le séquestre nommé en dehors d'un litige cesse ses pouvoirs quand sa mission a pris fin [7].

1306. Le séquestre qui veut se démettre de ses fonctions avant l'époque normale de cessation de ses pouvoirs doit faire agréer sa démission par le tribunal qui l'a nommé et en invoquant des causes légitimes [8]. En principe donc, sa démis-

plein droit ceux fixés par les art. 34 à 45 du tarif du 16 fév. 1807. — Chambéry, 15 juil. 1890, précité.

[1] Angers, 12 fév. 1868, sous Cass., 22 août 1871, S., 71. 1. 228, D., 71. 1. 136. — Guillouard, n. 184.

[2] Angers, 12 fév. 1868, précité. — Guillouard, n. 184.

[3] Cass., 27 avril 1859, D., 59. 1. 171. — Guillouard, n. 185.

[4] Cass., 27 avril 1859, précité. — Guillouard, n. 185.

[5] Aix, 5 janv. 1887, *Bull. d'Aix*, 87. 332.

[6] Trib. civ. Charleroi, 2 mai 1895, *Pasicr.*, 95. 3. 294. — Guillouard, n. 188. — Il importe peu que le séquestre n'ait pas été partie à l'instance. — Trib. civ. Charleroi, 2 mai 1895, précité.

[7] Guillouard, n. 188.

[8] Guillouard, n. 188.

sion ne peut être acceptée; cette solution dérive de ce qu'il touche un salaire.

1307. L'ordonnance sur requête qui nomme un séquestre judiciaire ou remplace un séquestre judiciaire décédé ou démissionnaire rentre dans la juridiction gracieuse et n'est pas susceptible d'appel [1].

1308. Le tribunal, sur une demande tendant à désigner un séquestre pour remplacer une personne désignée par certaines parties et qui ne satisfait pas les autres, ne peut statuer que sur une instance contradictoire et non sur requête, puisqu'il y a contestation [2].

1309. Le séquestre, si on admet qu'il a un droit et un devoir d'administration, a un compte à rendre comme tout mandataire [3].

SECTION IV

DU SÉQUESTRE LÉGAL

1310. On peut dire que le séquestre est légal lorsque la loi l'impose et que la justice n'y intervient pas.

Le séquestre « des meubles saisis sur un débiteur », que l'art. 1961 range au nombre des séquestres judiciaires, est, en réalité, un séquestre légal. Car les art. 596 et 597 C. pr. exigent l'établissement de ce séquestre, dont le gardien est choisi par la partie saisie, à la condition qu'il soit solvable et se charge de la garde « volontairement et sur le champ » (art. 596) et, à défaut de ces conditions, par l'huissier.

Pothier [4] essayait cependant de justifier la qualité de dépôt judiciaire que déjà il attribuait à cette sorte de séquestre; il se fondait sur ce que le gardien est choisi par un huissier, c'est-à-dire un officier de justice. Pothier confondait donc avec l'autorité qui ordonne le séquestre, — c'est la loi, —celle qui choisit le séquestre.

1311. On admettait généralement, sous l'empire de l'ordon-

[1] Paris, 25 avril 1874, D., 74. 5. 205. — Caen, 20 nov. 1893, D., 94. 2. 167.

[2] Lyon, 26 nov. 1880, D., 82. 2. 88. — Bertin, *Ch. du conseil*, 3e éd., I, n. 25.

[3] Lyon, 23 juin 1831, S., 32. 2. 344, D. *Rép.*, vo *Vente*, n. 1377. — Guillouard n. 189.

[4] N. 91.

nance de 1667, que le gardien choisi par l'huissier ne pouvait refuser sa mission, cette ordonnance décidant que le séquestre peut être « contraint par amende et saisie de ses biens à prêter serment » (tit. IX, art. 6) [1].

Il en est autrement aujourd'hui, en l'absence de textes [2].

1312. La nomination du séquestre aux meubles saisis est un contrat de dépôt régi, quant à sa preuve, par le droit commun applicable au dépôt volontaire [3].

1313. On a cependant décidé que le gardien n'est tenu des obligations du dépositaire qu'à la condition que le procès-verbal de saisie soit signé sur l'original et la copie par le gardien ou qu'il y soit fait mention que le gardien ne sait pas signer [4].

1314. Si le gardien est désigné par l'huissier, il n'est le mandataire que du saisissant au nom duquel il a agi [5]; si, au contraire, le gardien est désigné par la partie saisie, il est le mandataire de cette dernière et du saisissant [6]. Cette différence était déjà signalée par Pothier [7]. La première de ces deux solutions résulte de l'art. 1962-1°, d'après lequel « l'établissement d'un gardien judiciaire produit, *entre le saisissant et le gardien,* des obligations réciproques ».

1315. Le gardien désigné par l'huissier peut, de plein droit, exiger un salaire [8]. On a prétendu qu'il en est autrement du gardien choisi par le saisi [9]. Cela n'est pas exact, car l'art. 1962, § 3 dit que « l'obligation du saisissant consiste à payer au gardien le salaire fixé par la loi ».

Ce salaire est fixé par l'art. 34 du tarif du 16 fév. 1807.

[1] Jousse, *Nouveau comment. sur l'ord. civ. d'avril 1667*, tit. XIX, art. 6.

[2] Merlin, *Rép.*, v° *Séquestre;* Carré, *Lois de la procéd., De la saisie exécut.*, n. 2052; Aubry et Rau, IV, p. 633, § 409, note 8; Guillouard, n. 193.

[3] Cass., 15 nov. 1844, S., 45. 1. 398, D., 45. 1. 66. — Guillouard, n. 196.

[4] Cass., 15 nov. 1844, S., 45. 1. 398, D., 45. 1. 66 (cet arrêt, outre la solution donnée au texte, dit que cette formalité est la *preuve* du séquestre; cela est contradictoire. — Lyon, 5 janv. 1881, S., 81. 2. 252, D., 81. 2. 168. — Guillouard, n. 196 (cet auteur s'exprime dans les mêmes termes que l'arrêt de 1844).

[5] Guillouard, n. 192.

[6] Guillouard, n. 192.

[7] N. 95.

[8] Guillouard, n. 192.

[9] Guillouard, n. 192. — V. cep. le même auteur, n. 198.

1316. Si le gardien des meubles saisis rend un service gratuit, il est traité plus favorablement au point de vue de la responsabilité que le gardien auquel sont dus des honoraires [1]. Pothier le disait déjà [2].

Il répond toujours, conformément au droit commun, de sa faute lourde [3].

1317. Le gardien choisi par le saisissant n'a pas de responsabilité directe envers le saisi [4], puisqu'il ne s'est établi aucun lien juridique entre eux.

Mais le saisi, qui a une action contre le saisissant pour les fautes du gardien, dont le saisissant est responsable (C. civ., 1384), peut, comme exerçant les droits du saisissant, agir contre le gardien [5].

D'autre part, si la saisie est levée, le saisi a une action en représentation des objets saisis contre le gardien, conformément à l'art. 1962, § 2, d'après lequel le gardien est tenu de « représenter les objets saisis, soit à la charge du saisissant pour la vente, soit à la partie contre laquelle les exécutions ont été faites, en cas de main-levée de la saisie ».

1318. Le gardien peut demander sa décharge, si la vente n'a pas lieu au jour indiqué, et, en cas d'empêchement ne provenant pas du saisissant, deux mois après la saisie (C. proc., 605).

(1) Guillouard, n. 192.
(2) N. 96.
(3) Nancy, 22 janv. 1840, D. *Rép.*, vº *Saisie-exécution*, n. 224. — Guillouard, n. 195. — Il y a faute lourde à ne pas veiller à la nourriture des animaux saisis. Nancy, 22 janv. 1840, précité — Guillouard, *loc. cit.*
(4) Guillouard, n. 195.
(5) Cass., 31 janv. 1820, S. chr., D. *Rép.*, vº *Saisie-exécution*, n. 223. — Guillouard, n. 195.

FIN

TABLE DES MATIÈRES

DU CONTRAT DE SOCIÉTÉ

CHAPITRE PREMIER

FORME ET PREUVE DU CONTRAT DE SOCIÉTÉ

CHAPITRE II

CONTRATS QUI CONSTITUENT DES SOCIÉTÉS

CHAPITRE III

DÉFINITION ET CARACTÈRES DE LA SOCIÉTÉ

SECTION PREMIÈRE

DE LA FORME DU CONTRAT, DE LA PROMESSE D'ENTRER EN SOCIÉTÉ

SECTION II

PREUVE DU CONTRAT

CHAPITRE IV

DES CONDITIONS ESSENTIELLES A L'EXISTENCE ET A LA VALIDITÉ DU CONTRAT DE SOCIÉTÉ

SECTION PREMIÈRE

DU CONSENTEMENT ET DES VICES DU CONSENTEMENT

SECTION II

DE LA CAPACITÉ ET DU POUVOIR

SECTION III

DE L'OBJET ET DE LA CAUSE

CHAPITRE V

DES DIVERSES ESPÈCES DE SOCIÉTÉS

SECTION PREMIÈRE

DES SOCIÉTÉS CIVILES ET DES SOCIÉTÉS COMMERCIALES

CHAPITRE VI

POINT DE DÉPART DE LA SOCIÉTÉ

CHAPITRE VII

OBLIGATIONS DES ASSOCIÉS ENVERS LA SOCIÉTÉ

SECTION PREMIÈRE

OBLIGATION DE FOURNIR LES APPORTS

SECTION III

OBLIGATION DE TENIR COMPTE DES VALEURS SOCIALES DONT L'ASSOCIÉ A TIRÉ PROFIT

SECTION IV

OBLIGATION DE VEILLER AUX INTÉRÊTS DE LA SOCIÉTÉ

SECTION V

SANCTION DES OBLIGATIONS DE L'ASSOCIÉ

CHAPITRE VIII

DROITS DES ASSOCIÉS ENVERS LA SOCIÉTÉ

SECTION PREMIÈRE

INDEMNISATION DES DÉPENSES FAITES ET DES OBLIGATIONS CONTRACTÉES POUR LA SOCIÉTÉ

SECTION II

DROIT D'USER DES CHOSES APPARTENANT A LA SOCIÉTÉ

SECTION III

DROIT DE CÉDER SA PART OU DE S'ASSOCIER UN TIERS

§ I. *Association avec un tiers.*

§ II. *Cession des droits de l'associé.*

§ III. *Retrait social.*

SECTION IV

RÉPARTITION DES BÉNÉFICES ET DES PERTES

§ I. *Principes généraux sur la répartition des pertes et des bénéfices.*

CHAPITRE X

RAPPORTS DES ASSOCIÉS ET DE LA SOCIÉTÉ AVEC LES TIERS

SECTION PREMIÈRE

EFFETS DES ENGAGEMENTS CONTRACTÉS ENVERS LES TIERS

§ I. *Engagements contractés au nom personnel des associés.*

§ II. *Engagements contractés au nom de la société.*

I. *Engagements contractés par tous les associés.*

II. *Engagements contractés par un associé.*

CHAPITRE XI

DE LA DISSOLUTION DE LA SOCIÉTÉ ET DU PARTAGE DE LA SOCIÉTÉ

SECTION PREMIÈRE

CAUSES DE DISSOLUTION DE LA SOCIÉTÉ ET PERSONNES QUI PEUVENT LES INVOQUER

(Nos) Pages.

§ III. *Scellés et inventaire.*

§ IV. *Du partage du fonds social.*

§ V. *Reprise des apports.*

SECTION III

ADMINISTRATION DE LA CHOSE COMMUNE

SECTION IV

FIN DE LA COMMUNAUTÉ

CHAPITRE XIII

DES ASSOCIATIONS

SECTION PREMIÈRE

FAITS QUI CONSTITUENT L'ASSOCIATION

SECTION II

VALIDITÉ DES ASSOCIATIONS

SECTION III

CARACTÈRE JURIDIQUE DES ASSOCIATIONS

SECTION IV

DROITS ET OBLIGATIONS DES ASSOCIÉS. FIN DE L'ASSOCIATION

DU PRÊT

CHAPITRE PREMIER

CARACTÈRES GÉNÉRAUX DU PRÊT

CHAPITRE II

DU PRÊT A USAGE OU COMMODAT

SECTION PREMIÈRE

CARACTÈRES DU PRÊT A USAGE. ACTES QUI LE CONSTITUENT. PROMESSE DE PRÊT

SECTION II

DU CONSENTEMENT ET DE SES VICES

SECTION III

CAPACITÉ EN MATIÈRE DE PRÊT A USAGE

§ I. *Capacité du prêteur.*

SECTION II

CARATÈRES DU PRÊT DE CONSOMMATION. DE LA PROMESSE DE PRÊT

SECTION III

FORME ET PREUVE DU CONTRAT

SECTION IV

CAPACITÉ DES PARTIES

§ I. *Capacité du prêteur.*

§ II. *Capacité de l'emprunteur.*

SECTION V

OBJET ET MODALITÉS DU PRÊT

SECTION VI

CARACTÈRE UNILATÉRAL DU PRÊT ET OBLIGATIONS DU PRÊTEUR

§ I. *Caractère unilatéral du prêt.*

§ II. *Obligations du prêteur.*

I *Obligation de verser les fonds.*

(1) Cette loi, promulguée pendant l'impression de ce volume, n'a pu y être citée.

SECTION II

CARACTÈRES DU DÉPÔT. DIVERSES ESPÈCES DE DÉPÔT

CHAPITRE II

DU DÉPÔT PROPREMENT DIT

SECTION PREMIÈRE

DÉFINITION ET CARACTÈRES DU DÉPÔT

SECTION II

OBJETS SUR LESQUELS PEUT PORTER LE DÉPÔT

SECTION III

DIVERSES SORTES DE DÉPÔT ORDINAIRE

SECTION IV

DU DÉPÔT VOLONTAIRE

§ I. *Conditions essentielles à la formation et à la validité du contrat.*

I. *Consentement.*

II. *Capacité.*

A. Capacité du déposant.

(1) Nous avons dit au n. 1135 « le dépositaire peut et doit *restituer* la chose déposée si elle a été volée ». C'est *retenir* qu'il faut lire.

§ IV. *Cas d'application de la responsabilité de l'aubergiste et personnes dont il est responsable.*

§ V. *Montant de la responsabilité.*

(Nos) Pages.

SECTION II

DU SÉQUESTRE CONVENTIONNEL

SECTION III

DU SÉQUESTRE JUDICIAIRE

§ I. *Cas dans lesquels il y a lieu à la nomination du séquestre judiciaire.*

§ II. *Mode de nomination du séquestre judiciaire.*

§ III. *Choix du séquestre judiciaire. Caractère de sa mission.*

§ IV. *Droits et obligations du séquestre judiciaire.*

§ V. *Cessation des pouvoirs du séquestre judiciaire.*

SECTION IV

DU SÉQUESTRE LÉGAL

TABLE

DES TEXTES DE LOIS

EXPLIQUÉS DANS CE VOLUME

I. CODE CIVIL

Articles du Code civil.	Numéros.
1832	2 s., 251.
1833	6, 44, 65 s., 158 s.
1834	4, 35 s.
1835	125.
1836	137.
1837	138 s.
1838	145 s.
1839	148.
1840	127 s.
1841	149.
1842	149.
1843	150, 151.
1844	381 s., 383 s.
1845	152 s., 182 s.
1846	177 s., 190 s., 246, 541.
1847	189.
1848	200, 201.
1849	202 s., 545.
1850	195 s.
1851	168 s., 500 s.
1852	214 s., 303.
1853	252, 258 s.
1854	255 s.
1855	254, 266 s., 693.
1856	294 s., 301 s., 312.
1857	310.
1858	310.
1859	221 s., 305, 314 s., 326.
1860	327 s., 353, 358.
1861	224 s.
1862	349.
1863	338 s.
1864	334, 341 s.

Articles du Code civil.	Numéros.
1865	378 s., 381 s., 383 s.
1866	372.
1867	164, 167, 433 s.
1868	387 s.
1869	438 s., 546.
1870	438 s.
1871	367 s., 457 s.
1872	244, 479 s.
1873	1.
1874	601 s.
1875	604.
1876	606.
1877	620, 676 s.
1878	619 s.
1879	679 s.
1880	633 s., 648 s.
1881	644 s.
1882	640 s.
1883	639
1884	637 s.
1885	669, 670.
1886	667.
1887	662.
1888	652 s., 663.
1889	656 s., 663.
1890	664 s.
1891	671 s.
1892	687, 725.
1893	700 s. 726.
1894	601, 725.
1895	751 s.
1896	751 s.
1897	751 s.

II. CODE DE PROCÉDURE

III. CODE DE COMMERCE

IV. CODE PÉNAL

V. CODE D'INSTRUCTION CRIMINELLE

VI. LOIS SPÉCIALES

8 avril 92

22,121. — Bordeaux, Y. Cadoret, impr., rue Montméjan, 17.